er Str 39
35 06 54
ner Carl
zwedeler Str 14
Dr. Chlb 4 Roscher-
96 04 90
tner Erich
r 16
Georg Gasth. z. gold.
Bernauer Str 1
56 84 67
stner
Lindenbg

Hartmut Jäckel
Menschen in Berlin

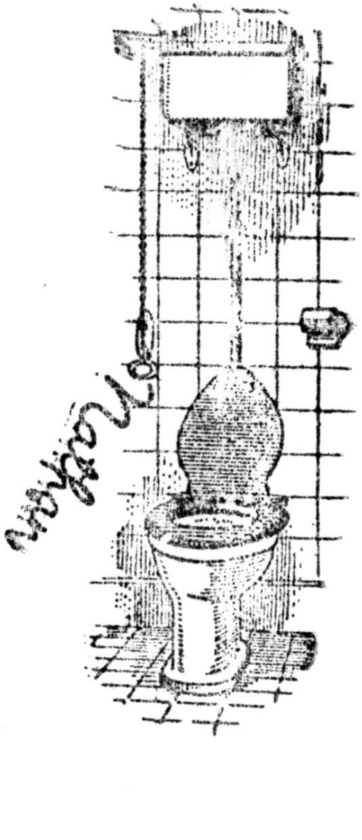

Hartmut Jäckel

# Menschen in Berlin

## Das letzte Telefonbuch der alten Reichshauptstadt 1941

Deutsche Verlags-Anstalt
Stuttgart München

Die Deutsche Bibliothek – CIP-Einheitsaufnahme
Ein Titeldatensatz für diese Publikation ist bei
Der Deutschen Bibliothek erhältlich.

3., durchgesehene Auflage 2001

Umschlagentwurf und typographische Gestaltung:
Christiane Gerstung, München
Satz: Verlagsservice G. Pfeifer / EDV-Fotosatz Huber, Germering
Druck und Bindearbeiten: Friedrich Pustet, Regensburg
Printed in Germany
ISBN 3-421-05421-5

Alle Erinnerung ist Gegenwart.

*Novalis*

Was ist die Wahrheit der Geschichte? Wie »es« war, oder vielmehr wie A und B und M und N waren – verständlich gemacht aus ihrem Vergleich mehr als aus ihrer Summe, die es eigentlich nicht geben kann?

*Hartmut von Hentig*
*(in: Golo Mann zum 70. Geburtstag, 1979)*

# Inhalt

# Porträt eines Telefonbuchs

## I.

Theodor Heuss und Heinrich Lübke, Kurt Georg Kiesinger und Eugen Gerstenmaier, Adolf Arndt und Hans Globke, Felix von Eckardt und Wolf Graf Baudissin gemeinsam in dem Telefonbuch einer deutschen Regierungshauptstadt, — wann und wo könnte das gewesen sein? Daß eine solche Frage die Fähigkeit des gebildeten Lesers, sich in der jüngeren deutschen Geschichte zurechtzufinden, entschieden unterfordert, liegt auf der Hand. Das war natürlich, wird die Antwort lauten, in den Gründerjahren der Bundesrepublik Deutschland. Etwa noch bestehende Zweifel werden durch ein paar weitere Namen aus derselben Quelle rasch zerstreut. Angeschlossen an das hauptstädtische Fernsprechnetz sind damals auch Wilhelm Grewe und Ernst Lemmer, Heinrich Krone und Johann Baptist Gradl, Erich Kuby und Theodor Eschenburg, die »Bonner Fahnenfabrik«, der »Bund heimattreuer Schlesier« und eine »Baugenossenschaft vertriebener Ostdeutscher«. Doch halt! Hat Theodor Eschenburg, der prominente Politikwissenschaftler und Publizist, nicht in Tübingen gelebt und gelehrt? Aber der hatte dann sicher in der Hauptstadt am Rhein seinen Zweitwohnsitz.

## II.

Otto Grotewohl, Georg Dertinger, Max Fechner, Ernst Melsheimer, Manfred von Ardenne und Robert Havemann gemeinsam in dem Telefonbuch einer deutschen Regierungshauptstadt, — wann und wo könnte das gewesen sein? Erinnern wir uns: Otto Grotewohl — der erste Ministerpräsident der Deutschen Demokratischen Republik, Georg Dertinger — sein Außenminister, Max Fechner — sein Justizminister, Ernst Melsheimer — der erste Generalstaatsanwalt der DDR, Manfred von Ardenne — das unübertroffen vielseitige Forscher- und Entdeckergenie, und Robert Havemann — der standhafte Dissident, dem eine furchtsame Staatsmacht 1965 das häusliche Telefon auf Lebenszeit abschaltete. Auch bei dieser Frage dürfte allein die punktgenaue Datierung des Fernsprechbuchs Schwierigkeiten bereiten. Es könnte in den frühen fünfziger Jahren erschienen sein — aber auch ein volles Jahrzehnt später: Otto Grotewohl, seit 1949 Regierungschef, ist im September 1964 gestorben, just ein halbes Jahr, nachdem Robert Havemann in allerhöchste Ungnade gefallen und zur Unperson erklärt worden ist. Wie dem auch sei: Bei der in Frage stehenden Regierungshauptstadt kann es sich jedenfalls nur um jene östliche Hälfte Berlins handeln, die sich vierzig Jahre lang »Hauptstadt der DDR« nennen lassen mußte, bis es den Staat, dessen Kapitale sie war, plötzlich nicht mehr gab. Doch halt! Hat der gefeierte Entdecker Manfred von Ardenne nicht in Dresden gelebt? Aber der hatte dann sicher in der Hauptstadt an der Spree seinen Zweitwohnsitz.

## III.

Ganz von selbst beantwortet sich endlich die Frage, in welchen zeitlichen Kontext das Telefonbuch einer deutschen Regierungshauptstadt gehört, das Auskunft gibt über Anschlüsse und Anschriften der NSDAP und der Hitlerjugend, der Reichsschrifttumskammer und der Geheimen Staatspolizei, der Deutschen Arbeitsfront und des Horst-Wessel-Gymnasiums, der Antisemitischen Aktion und des Universitätsinstituts für Rassenhygiene sowie einiger Hundertschaften hoher und mittlerer SA- und SS-Chargen. Wer wissen will, wo der Hauptschriftleiter des »Schwarzen Korps« Gunter d'Alquen, der Chef der Reichskanzlei Hans-Heinrich Lammers, der Reichsfinanzminister Lutz Graf Schwerin von Krosigk, der Architekt und Generalbauinspekteur Albert Speer, der Präsident des Volksgerichtshofs Otto Georg Thierack oder aber Militärs wie der General der Panzertruppe Heinz Guderian, der Generalfeldmarschall Wilhelm Keitel, der Großadmiral Erich Raeder und der Generaloberst der Luftwaffe Ernst Udet gewohnt haben — hier kann er es erfahren.

Auch das zivile, das unpolitische oder zu politischer Enthaltsamkeit genötigte Bürgervolk der Hauptstadt ist in diesem historischen Telefonbuch prominent vertreten. Neben Gelehrten wie Max Planck, Adolf Butenandt, Otto Hahn, Max von Laue, Otto Warburg, Hermann Oncken, Friedrich Meinecke, Romano Guardini und Carl Friedrich von Weizsäcker finden wir Ferdinand Sauerbruch und Peter Suhrkamp, Werner Finck und Walter Felsenstein, bildende Künstler wie Georg Kolbe und Käthe Kollwitz, Gerhard Marcks und Richard Scheibe, als »entartet« diffamierte Maler wie Erich Heckel, Karl Hofer, Emil Nolde, Max Pechstein, Christian Schad und Karl Schmidt-Rottluff und nicht zuletzt Schriftsteller wie Gottfried Benn, Günter Eich, Erich Kästner, Jochen Klepper, Elisabeth Langgässer, Clara Viebig und Günther Weisenborn. Übergangen seien auch nicht die Theologen, aus deren Reihen Martin Niemöller, Otto Dibelius, Heinrich Grüber, Kurt Scharf und Helmut Gollwitzer hervorragen. Sie alle sind in dem Amtlichen Fernsprechbuch verzeichnet, das 1941 in der Reichshauptstadt Berlin erschienen ist. Der besonders geschichtskundige Leser mag dieses

Datum bereits aus dem Hinweis auf Keitels Rang und Thieracks Amt abgeleitet haben: Wilhelm Keitel, Chef des Oberkommandos der Wehrmacht, ist nämlich erst im Juli 1940, nach dem siegreich beendeten Feldzug im Westen, zusammen mit elf weiteren Generalen des Heeres und der Luftwaffe von Hitler zum Generalfeldmarschall befördert worden, und Otto Georg Thierack hat als Präsident des Volksgerichtshofs nur bis zum August 1942 amtiert.

## IV.

Natürlich sind die eingangs gestellten Fragen nichts weiter als ein Spiel mit gezinkten Karten gewesen. Arglistig zusammengemischte Namen haben politische Konstellationen vorgetäuscht, die in Raum und Zeit ihren festen Platz haben und dort scheinbar eindeutig zu lokalisieren sind.

Tatsächlich begegnen uns alle genannten Personen, die deutsch-deutschen Nachkriegspolitiker Theodor Heuss und Otto Grotewohl, Kurt Georg Kiesinger und Georg Dertinger eingeschlossen, zusammen mit den Größen des NS-Staats, zusammen auch mit Gottfried Benn und Erich Kästner, Emil Nolde und Käthe Kollwitz, Martin Niemöller und Otto Dibelius, Max Planck und Otto Hahn friedlich vereint in ein und derselben zeitgenössischen Quelle: dem Berliner Telefonbuch von 1941. Wer versucht war, hier auf die Bundeshauptstadt Bonn und dort auf die Hauptstadt der DDR zu setzen, hat sich in dem absichtsvoll geknüpften Netzwerk von Namen verfangen. Die schier unbegrenzte Breite des politischen und gesellschaftlichen Spektrums, das mitten im Kriege im Fernsprechbuch der Hauptstadt des Dritten Reichs anzutreffen ist, dürfte freilich auch den erstaunen, der die von dieser Vielfalt inspirierte Irreführung von Anfang an durchschaut hat.

## V.

Die Reichshauptstadt unter dem Hakenkreuz, Berlin im Zweiten Weltkrieg: das »Amtliche Fernsprechbuch für den Bezirk der Reichspostdirektion Berlin 1941« ist ein bislang kaum gewürdigter Teil davon. Noch ist wenig oder nichts davon zu spüren, daß der acht Jahre zuvor begonnene Weg des auf ein Jahrtausend veranschlagten Dritten Reichs vier Jahre später beendet sein wird. Die Macht Hitlers und Großdeutschlands steht auf ihrem Höhepunkt. Das westliche Polen, Frankreich, Belgien die Niederlande, Luxemburg, Norwegen und Dänemark befinden sich fest in deutscher Hand oder unter deutscher Kontrolle. Im Februar 1941 werden zur Unterstützung des italienischen Bundesgenossen Panzertruppen nach Nordafrika entsandt, die Vorhut des von General Erwin Rommel befehligten Afrika-korps; wenige Wochen später stößt Rommel bis an die Grenze Ägyptens vor. Im April 1941 erobern deutsche, italienische und ungarische Truppen Jugoslawien, dessen Regierung am 17. April kapituliert. Ein paar Tage später folgt der deutsche Einmarsch in Griechenland. Die dort eingesetzten britischen Truppen ziehen sich zwei Wochen später zurück; Athen, der Peloponnes und die ägäischen Inseln werden besetzt. Nach harten und verlustreichen Kämpfen wird am 1. Juni 1941 Kreta erobert. Am 22. Juni beginnt Hitler unter Bruch des im August 1939 geschlossenen Nichtangriffspaktes den Feldzug gegen die Sowjetunion. Auch er beschert den deutschen Armeen überwältigende Anfangserfolge. Am 1. Oktober 1941 richtet Hitler an die »Soldaten der Ostfront« zum Auftakt der Offensive in Richtung Moskau eine Proklamation: Nun gehe es um den »letzten gewaltigen Hieb, der noch vor Einbruch des Winters diesen Gegner zerschmettern soll«.

Unter solchen Auspizien wird im Juni 1941 das letzte vollständige Telefonbuch ausgeliefert, das in der Hauptstadt des Dritten Reichs erschienen ist. So wie diese sich dem Besucher damals noch unzerstört und friedensmäßig präsentiert, vermittelt auch das Fernsprechbuch 1941 durchaus nicht den Eindruck eines aus den Fugen geratenen oder seinem Untergang entgegen treibenden Gemeinwesens. Im Gegenteil: zumindest der erste Augenschein bietet das Bild einer intakten und, gemessen an der Auskunftsfreudigkeit der Anschlußinhaber, betont offenen Zivilgesellschaft. Bei näherer Betrachtung verstärken sich freilich die regimebedingten Schatten. Insgesamt erweist sich dieses Buch als ein Zeitdokument von unwiderstehlichem Reiz. Wer darin blättert, um nach einem entfernten Familienmitglied oder dem alten Lehrer Ausschau zu halten, wird fortgesetzt aufregende und anrührende Entdeckungen machen. Namen mit dem verordneten Zusatz »Israel« stehen in einer Spalte mit gleichnamigen SS-Führern, Einrichtungen und Personen der Bekennenden Kirche stehen neben denen der Glaubensbewegung »Deutsche Christen«, die Mennonitengemeinde neben der Methodistenkirche, die Heilsarmee (Nationales Hauptquartier) neben der Rudolf-Steiner-Schule, der S. Fischer-Verlag neben dem Kurt-Wolff-Verlag, die Telegraphen-Agentur der UdSSR (Tass) neben der Chase National Bank of the City of New York und das Romanische Caféhaus (W 50, Budapester Str. 53) neben dem Speiselokal Lutter & Wegner. Eine Fülle von Titeln und Rängen, Ämtern und Institutionen der tiefgestaffelten NS-Hierarchie ruft überdies dem Älteren die Binnenstruktur des Führerstaats Deutschland begriffsklar und lebensecht in Erinnerung. Und wer sich nicht vorsieht, mag gar versucht sein, über das längst unbenutzbar gewordene Fernsprechbuch ein Buch zu schreiben.

## VI.

Das großformatige, gut 2,5 Kilogramm schwere Telefonverzeichnis, herausgegeben von der Reichspostdirektion Berlin mit dem redaktionellen Vermerk »Stand vom 1. Februar 1941«, umfaßt exakt 1574 Seiten, wenn wir die als Anlage beigefügten »Änderungen während des Druckes« hinzurechnen. Auf jeder Seite sind rund zweihundert überwiegend private Anschlußinhaber aufgeführt. Mithin hat es im Ortsnetz der um ein paar Nachbargemeinden wie Birkenwerder, Kleinmachnow und Schöneiche erweiterten Hauptstadt im Jahre 1941 rund 315 000 Fernsprechteilnehmer gegeben. Bei einer Einwohnerzahl von 4 242 501 (so das Ergebnis der Volkszählung vom Juni 1933) bedeutet das, daß nahezu jeder dritte Berliner Haushalt schon damals über ein Telefon verfügt hat.

Trotz seiner hohen Auflage wird das Telefonbuch 1941, dessen Deckel auf rotem Grund der Hoheitsadler mit dem Hakenkreuz sowie ein Wasserflugzeug der Lufthansa als Werbung der Deutschen Luftpost ziert, heute nur noch gelegentlich (und zu stetig steigenden Preisen) auf den Berliner Flohmärkten oder bei Antiquaren feilgeboten. Druckerzeugnisse dieser Art pflegen von ihren Besitzern nicht lange aufgehoben zu werden, wenn das Verfallsdatum mit der Aushändigung des Nachfolgebandes erreicht und überschritten ist. Daß die Ausgabe von 1941 überhaupt noch relativ häufig vorhanden und in Nachlässen zu finden ist, hat natürlich Gründe. Die Berliner haben dieses letzte komplette Telefonverzeichnis immerhin vier lange Jahre, bis in die Nachkriegszeit hinein, genutzt. Mancher mag sich dann von diesem letzten Zeugnis einer vergangenen Epoche nicht gern getrennt haben. Jedenfalls ist das Berliner Fernsprechbuch von 1940 sehr viel schwieriger aufzutreiben als das des folgenden Jahrgangs.

## VII.

Als 1942 die gewohnte Neuausgabe des Telefonbuchs ausbleibt, ist dies zwar nicht das erste, aber doch ein gewichtiges Indiz der langsam fühlbarer werdenden kriegswirtschaftlichen Zwänge und Engpässe. Im März 1943 erscheint immerhin noch ein schmaler »Nachtrag zur Ausgabe 1941«.

Auf seinen knapp 160 Seiten taucht neben den üblichen umzugs- und zuzugsbedingten Addenda und Korrekturen manches auf, was im Frühjahr 1941 noch nicht zeitgemäß war. Aus dem 1939 entfesselten Krieg ist inzwischen ein alle fünf Kontinente erfassender Weltkrieg geworden. Die Großmächte UdSSR und USA, die eine noch bis zum 22. Juni, die andere bis Anfang Dezember 1941 in Berlin diplomatisch vertreten, sind nun Feindmächte. Jetzt kann es wieder einen unter dem Stichwort »Antikomintern« geführten »Gesamtverband deutscher antikommunistischer Vereinigungen e.V.« geben, und jetzt spiegelt sich der eingetretene Wandel auch in den neuen Aufgaben, die einige Stützen des Regimes übernommen haben. Das gilt etwa für Alfred Rosenberg, den »Beauftragten des Führers für die Überwachung der gesamten geistigen und weltanschaulichen Schulung und Erziehung der NSDAP« und Chef der »Reichsleitung des Außenpolitischen Amtes der NSDAP«. Beide Funktionen, mit denen das Fernsprechbuch 1941 ihn ausgewiesen hat, sind infolge der Kriegsereignisse immer bedeutungsloser geworden. 1943 ist für den Tatendrang des ehrgeizigen Parteimannes besser gesorgt. Ihm untersteht nun der auf Kunstraub spezialisierte »Einsatzstab Reichsleiter Rosenberg für die besetzten Gebiete«. Zudem hat Hitler ihn am 20. April 1941 zum »Beauftragten für die zentrale Bearbeitung der Fragen des osteuropäischen Raumes« und wenig später, am 17. Juli 1941, zum »Reichsminister für die besetzten Ostgebiete« ernannt. Der Telefonbuch-Nachtrag informiert nicht nur über die erweiterten Kompetenzen des Reichsleiters, sondern listet die sechzehn Abteilungen des neuen Ost-Ministeriums so akribisch auf, als gelte es zu belegen, wie umsichtig selbst im Kriege geplant und gegliedert, verwaltet und vorausgedacht wird. Wenn etwa für die Ukraine eine andere Abteilung zuständig ist als für Rußland, so mutet das fast als prophetischer Vorgriff auf eine Zukunft an, die erst 1991 mit der Auflösung der Sowjetunion beginnen wird.

Namen wie UdSSR und Sowjetunion tauchen im Nachtrag nirgends mehr auf. Zwei Jahre zuvor ist die Unter den Linden 63 gelegene »Botschaft der Union der Sozialistischen Sowjet-Republiken in Deutschland« noch korrekt benannt und mit den Nummern ihrer drei Amtsleitungen verzeichnet gewesen. Schließlich sind unter den der NSDAP. (der Punkt hinter dem P entspricht der parteiamtlichen Schreibweise) zugeordneten Organisationen und Einrichtungen nun erstmals auch die Waffen-SS sowie eine »Germanische Freiwilligen-Leitstelle« vertreten.

## VIII.

Bei einer Durchsicht der privaten Neuzugänge in dem Nachtrag 1943 bleiben neben den Namen einiger ranghoher Militärs vor allem diese Namen haften: Eugen Gerstenmaier, Otto Eduard Hasse, Schauspieler, Hermann Henselmann, Architekt, Werner Höfer, Schriftleiter, Josef Wagner, Gauleiter, und Marie Prinzessin Wassiltschikoff.

Von ihnen wird an anderer Stelle die Rede sein. Eingetragen ist nun auch ein Dr. Hans E. Schneider aus Schöneberg, Innsbrucker Str. 23. Er, ein in manche Übeltat des Regimes verstrickter Germanist und SS-Hauptsturmführer, taucht nach Ablegung seiner Totenkopfmontur in den Wirren des Zusammenbruchs unter, erschleicht sich einen amtlichen Totenschein (»am 25. April 1945 in Berlin gefallen«), um als vorgeblicher Vetter des Gefallenen dessen Witwe 1946 (wieder)heiraten zu können, und beginnt unter dem Namen Hans Schwerte ein neues Leben, das ihn bis zum Lehrstuhl und langjährig ausgeübten Amt des Rektors der Technischen Hochschule Aachen trägt, ehe ihm Journalisten 1995 auf die Spur kommen.

Im Nachtrag 1943 verzeichnet sind schließlich zwei Persönlichkeiten, die ihren Widerstand gegen Hitler mit dem Leben bezahlt haben: zum einen der sozialdemokratische Pädagoge Adolf Reichwein (Südende, Seestr. 7), der im April 1933 seine Professur an der Pädagogischen Akademie in Halle/Saale aus politischen Gründen verliert, später dem Kreisauer Kreis angehört und am 20. Oktober 1944 in Berlin-Plötzensee erhängt wird; zum anderen die Mitarbeiterin des Deutschen Roten Kreuzes und Leiterin eines Soldatenheims bei Paris Elisabeth von Thadden (Charlottenburg, Carmerstr. 12), die als Gastgeberin der »Teegesellschaft« von dem Gestapospitzel Dr. med. Paul Reckzeh jun. (Grunewald, Seebergsteig 20a) verraten wird und am 8. September 1944, ebenfalls in Plötzensee, unter dem Fallbeil stirbt.

## IX.

Die Firma Lindenberg & Co., dem »Import von Feinfischen, Hummern, Austern und Kaviar« gewidmet, läßt im Nachtrag wissen, daß sie sich nicht mehr in NW 7 (Berlin-Mitte), Luisenstr. 27/28, befindet, sondern, mit veränderter Rufnummer, in NW 7, Luisenstr. 21. Vermutlich reicht im vierten Kriegsjahr ein kleineres Kontor zur Abwicklung derart nobler Importgeschäfte aus. Neu aufgenommen ist die »Auskunftsstelle Slowakische Bäder«, die vom »Delegierten für das Deutsche Reich der Fremdenverkehrsdirektion des slowakischen Wirtschaftsministeriums« geleitet wird. Es darf vermutet werden, daß dieser verlockende Service von den Berlinern trotz wachsender Erholungsbedürftigkeit nicht allzu häufig in Anspruch genommen worden ist.

Da sich der Nachtrag darüber ausschweigt, welche Anschlüsse und Teilnehmer seit 1941 weggefallen sind (darunter nahezu alle damals noch mit einem Telefon versehenen jüdischen Bürger), sind die Auskünfte des Fernsprechbuchs 1941 im Jahr 1943 natürlich nur noch bedingt richtig. Aber es hat noch während der Schlacht um Berlin und über die Eroberung Berlins durch die Rote Armee hinaus den in der geschundenen Stadt ausharrenden Bewohnern geholfen, das auf wundersame Weise bis zuletzt leidlich intakt gebliebene Telefonnetz zu nutzen und miteinander zu kommunizieren. Nach Bombenangriffen rief man sich gegenseitig an. Kaum war am späten Abend des 22. November 1943 das Gedröhn der Hunderte von Flugzeugen der Royal

Air Force über uns verstummt, heißt es im Tagebuch der Marie Wassiltschikoff, »klingelte, Wunder über Wunder, das Telefon in der Küche. Es war Gottfried Bismarck, der aus Potsdam anrief, um festzustellen, ob wir alle unversehrt seien.« Auch ist vielfach bezeugt, daß selbst militärische Stäbe auf deutscher Seite im April 1945 Erkundigungen über den aktuellen Frontverlauf einholten, indem sie auf gut Glück Rufnummern in den umkämpften Bezirken anwählten und eine einzige Frage stellten: »Ist der Russe schon bei euch?« Und als Paul Rosbaud, der Berliner Wissenschaftsspion, Anfang Mai 1945 in seine Wohnung zurückkehrt, stellt er fest, daß inmitten der Zerstörung sein Telefon »als einziger Gegenstand« noch funktioniert.

## X.

Abgelöst wird das Telefonbuch 1941 erst im Dezember 1945. Da erscheint, herausgegeben von der Zentralverwaltung für Wirtschaft und Handel, ein »Amtliches Fernsprechbuch für Berlin 1945«. Es enthält nur einen Bruchteil der 1941 verzeichneten Teilnehmer, und entsprechend bescheiden ist seine Auflage: 15 000 Stück. Es sind vor allem Ärzte und Rechtsanwälte, Wirtschaftsunternehmen und Handelsleute, Behörden und Amtspersonen, die in diesem kleinformatigen Band zu finden sind. Wer wissen will, wer zu jener Zeit zur Berliner Prominenz gehört und wer welchen Titel geführt hat, kann sich hier verläßlich unterrichten. Ferdinand Friedensburg beispielsweise firmiert darin als »Präsident der Deutschen Zentralverwaltung der Brennstoffindustrie«. Zu beziehen war dieses erste Nachkriegs-Telefonverzeichnis nur auf Antrag und gegen Gebühr.

## XI.

Auch der Geschichtskundige dürfte die durch das Fernsprechbuch des Kriegsjahres 1941 belegte öffentliche Kohabitation so verschiedenartiger und gegensätzlicher Persönlichkeiten in der Hauptstadt des Dritten Reichs in mancher Hinsicht überraschend finden. Sie ist es vor allem dann, wenn man, bewußt oder unbewußt, der Ansicht zuneigt, aufgrund des nach außen gekehrten Erscheinungsbildes totalitärer Staaten auch deren Gesellschaft für ganz oder überwiegend gleichgeschaltet zu halten. Womöglich ist dies das entscheidende Mißverständnis, das auch kritische Zeitgenossen allzu oft daran hindert, die gesellschaftliche Wirklichkeit von Diktaturen angemessen wahrzunehmen.

Hinter Vorhängen aus Eisen oder aus Bambus, hinter der illuminierten Fassade einer keinen Widerspruch duldenden Herrschaft, gibt es für den aufmerksamen Betrachter fast immer eine erstaunlich vielgestaltige und geistig regsame Innenwelt zu entdecken. Das gilt vor allem für solche Gemeinwesen, die erst seit wenigen Jahren das Joch einer Diktatur tragen. Aber selbst ausgedehnte Zeiträume und drakonische Sanktionen sind kaum imstande, tradierte Überzeugungen und Verhaltensweisen eines Volkes oder den Freiheitsdrang seiner Eliten auszulöschen. Die Vorstellung, ein mit Feuer und Schwert durchgesetzter oder nach einer Machtübernahme mehrheitlich akzeptierter neuer Glaube finde keine Gegnerschaft mehr, hat mit den uns gerade vom 20. Jahrhundert erteilten Lehren wenig gemein.

Vor wenigen Jahren noch sind ja nicht wenige, die ihren Blick fest auf die inzwischen abgelebte DDR gerichtet hatten, einer Selbsttäuschung zum Opfer gefallen, weil sie die nach außen zur Schau gestellte Geschlossenheit des SED-Staates und seine massenhafte Gefolgschaft für die ganze und endgültige Wahrheit genommen haben. Kluge Leute haben sich mit der Miene subtiler Sachkennerschaft bis in das Jahr 1989 hinein überzeugt gezeigt, das innerlich längst marode Staatswesen DDR erfreue sich nach wie vor einer hinreichend soliden Anhänglichkeit seitens der Bürger. Wer sich der Schwierigkeit, den Mikrokosmos einer unterdrückten Gesellschaft mit bloßem Auge zu erkunden, nicht ständig bewußt ist, gerät fast zwangsläufig in Gefahr, aus einem Ensemble richtiger Beobachtungen falsche Schlüsse zu ziehen.

**XII.**

Das soll nicht besagen, daß eine Diktatur wie das Dritte Reich auch nur im Ansatz über eine pluralistisch vernetzte Gesellschaft verfügt hat. Aber selbst im Kriegsjahr 1941 gehört noch immer die Mehrheit der Deutschen weder der NSDAP noch einer ihrer Gliederungen aus freiem Entschluß an. Wiewohl diese mitgliedschaftliche Abstinenz nur selten mit einer Option für den Mehrparteienstaat nach dem Muster von Weimar oder gar einer latenten Bereitschaft zum Widerstand verbunden gewesen sein dürfte, ist das Beiseitestehen der Bürger zumindest für eine Großstadt von dem sozialen, gesellschaftlichen und kulturellen Zuschnitt Berlins auch politisch bedeutsam. George F. Kennan, der als amerikanischer Diplomat von 1939 bis 1941 in Berlin lebte, schreibt in seinen Erinnerungen an diese Zeit: »Die Berliner selber — ich meine die einfachen Leute — waren von allen Bevölkerungsteilen in Stadt und Land am wenigsten vom Nazismus angesteckt. Sie waren nicht zu bewegen, den Nazi-Gruß zu benutzen ... Sie zeigten auch keine besondere Kriegsbegeisterung. Ich kann bezeugen (weil ich an jenem Tage mitten unter ihnen in einer großen Menschenmenge auf dem Pariser Platz vor unserer Botschaft stand), daß sie die Siegesparade anläßlich der Beendigung des Polenfeldzuges mit zurückhaltendem, mürrischen Schweigen an sich vorüberziehen ließen ... Die Nachricht von der Einnahme von Paris wurde mit derselben Reserve und demselben undurchdringlichen Schweigen aufgenommen ... In der Tat war es die ebenso undemonstrative wie unverkennbare innere Distanziertheit der Bevölkerung von den anmaßenden Parolen des Regimes, die mir in Berlin während des Krieges am meisten auffiel; das und die Art, wie das Alltagsleben so gut wie möglich, trotz ausnehmender Fühlbarkeit der Kriegsmaßnahmen, weiterging.« Für die Berliner sei dies »ein Krieg des Regimes und nicht der ihre« gewesen. Was Kennan, der durch Gespräche mit Helmuth Graf Moltke übrigens auch zum deutschen Widerstand Kontakt gehabt hat, hier mitteilt, findet sich andernorts durch unverdächtige Zeugen bestätigt. So zieht es etwa den 1933 als Regierungspräsident in Kassel aus seinem Amt entfernten Ferdinand Friedensburg umgehend zurück nach Berlin, weil das vergleichsweise liberale Klima dieser Stadt für Andersdenkende entschieden bekömmlicher als das in der Provinz herrschende sei.

Aber natürlich vermögen auch die kritischen Großstädter, die dem Parteibonzentum mit demonstrativer Geringschätzung begegnen, gegen das propagandistisch geschönte Bild einer verschworenen, kampfbereiten und opferwilligen Volksgemeinschaft nichts auszurichten. Als äußerlich Angepaßte sind sie in der Masse der Parteigänger und Mitläufer kaum auszumachen. In privaten Freiräumen — etwa einem Berliner Zigarrengeschäft, einer Wohnung in der Carmerstraße oder auf einem Gut im niederschlesischen Kreisau — suchen sie der staatlichen Überwachung, deren Schwachstellen mit Geschick und Geduld nutzend, zu entgehen. Der Durchschnittsbürger übt sich in einem Verhalten, das für den Marxisten Jürgen Kuczynski zu den »unschuldigsten und entschuldbarsten menschlichen Fehlern« gehört: der Feigheit unter der Diktatur. Die Zahl der Mutigen ist nach allem, was wir heute darüber wissen, ähnlich groß oder gering gewesen wie die Zahl jener, die das Regime mit ganzer Kraft stützten und an seinen Verbrechen, mittelbar oder unmittelbar, teilhatten. In Berlin, dem Sitz der Regierung und des Reichssicherheitshauptamts, waren es immerhin einige Tausend, die zu einen oder anderen Kategorie zählten. Daß die Hauptstadt des Reichs insoweit ein ›Ballungsraum‹ war, machen auch die in diesem Buch enthaltenen Porträtskizzen sichtbar.

Im übrigen war die seit dem Ende der Weimarer Republik vergangene Zeit viel zu kurz, um den von Hitler verheißenen neuen, nationalsozialistisch geprägten Menschen zu schaffen. Das Bildungsbürgertum, die christlichen Kirchen, das politikferne Vereinswesen und selbst die noch unter Wilhelm II. soldatisch geformte preußische Generalität wurden von Hitler bis weit in den Krieg hinein zumindest im Kern unangetastet gelassen.

## XIII.

Die alte Berliner Gesellschaft, die weltläufig, wohlhabend und kunstverständig war, ist 1941 nicht mehr dieselbe wie 1931. Sie ist nicht nur durch den überwiegend jüdischen Exodus, sondern auch durch die innere Emigration, in die der entlassene Staatsbeamte ebenso flüchtet wie der verfemte Autor oder Maler, in ihrer Substanz, ihrem Selbstverständnis und in ihren Ausdrucksmitteln aus den Fugen geraten. Aber sie war nicht, wie dies etwa für die kulturellen Eliten in den russischen Metropolen Moskau und St.Petersburg galt, von den neuen Herren gewaltsam zerbrochen und physisch vernichtet worden. Daß die nationalsozialistische Revolution mit dem deutschen Bildungsbürgertum, ihren Repräsentanten, tradierten Werten und geistigen Bedürfnissen, ungeachtet des Vandalenakts der Bücherverbrennung, der Beseitigung der Kunstfreiheit und der Leugnung des jüdischen Anteils an der Nationalkultur, glimpflicher umgegangen ist, bestätigt schon ein flüchtiger Blick auf die aus den Tagen der Weimarer Republik bekannten Namen, die im Telefonbuch 1941 zu finden sind.

Spätestens seit dem 3. September 1939, jenem Tag, an dem Frankreich und Großbritannien dem Deutschen Reich den Krieg erklären, spüren die gebildeten Deutschen jene Gefahr, die Ernst Jünger in einem Tagebucheintrag vom 25. Oktober 1941 hellsichtig benennt: »Die Wiederkunft der Formen des absoluten Staates, doch ohne Aristokratie, will sagen ohne innere Distanz, macht Katastrophen möglich, von deren Umfang man noch keine Vorstellung besitzt. Doch werden sie in einem Gefühl der Furcht geahnt, das selbst die Triumphe noch schattiert.« Manchen mag auch der zufällige Blick auf eine Dr. med. Edith Sara Freund oder einen Dr.jur. Hans Israel Friedeberg im Fernsprechbuch als Anstoß zum Nachdenken gedient haben. Zumindest bei den Empfindsamen unter den christlich Gesinnten mußte diese Etikettierung die gleiche Befangenheit auslösen wie der Judenstern auf dem Mantel einer Frau oder dem Jäckchen eines sechsjährigen Kindes. Aber wem fiel es schon auf, daß es zahlreiche jüdische Mitbürger — Ärzte und Anwälte, Kaufleute und Kunsthändler, Handwerker und Privatgelehrte, ehemalige Staatsbeamte und Richter —, die es im Fernsprechbuch von 1940 noch gegeben hatte, nun nicht mehr gab?

**XIV.**

Die Führungsspitze des Dritten Reichs ist im Fernsprechbuch der Reichshauptstadt eher spärlich vertreten. Es fehlen die Namen und Wohnanschriften von Joseph Goebbels, Heinrich Himmler, Martin Bormann oder Joachim von Ribbentrop. Allein die Reichsleiter der NSDAP Hans Frank, seit 1939 Generalgouverneur der nicht in das Reich eingegliederten polnischen Gebiete unter deutscher Besatzung und Alfred Rosenberg sind nebst ihrer Dienstanschrift namentlich genannt. Rosenberg erscheint auf den der NSDAP und ihren Gliederungen reservierten sieben Telefonbuchseiten mit dem längsten Amtstitel, den es im Dritten Reich gegeben hat: »Der Beauftragte des Führers für die Überwachung der gesamten geistigen und weltanschaulichen Schulung und Erziehung der NSDAP«. Da bleibt selbst eine ähnliche Bandwurmbezeichnung aus unseren Tagen — »Der Bundesbeauftragte für die Unterlagen des Staatssicherheitsdienstes der ehemaligen Deutschen Demokratischen Republik« — mit ihren 111 Buchstaben auf der Strecke, freilich nur um einen einzigen Zähler. Rosenberg ist, gleichfalls unter »NSDAP«, noch mit einem weiteren, kaum weniger pompösen Eintrag präsent: »Verwaltungsamt der Dienststellen des Reichsleiters Rosenberg« heißt es da.

Neun Mitglieder der Reichsregierung sind im Telefonbuch 1941 verzeichnet: Julius Dorpmüller (Verkehr), Hans Frank (Minister ohne Geschäftsbereich), Hans Heinrich Lammers (Reichskanzlei), Konstantin Freiherr von Neurath (bis Februar 1938 Auswärtiges, dann Minister ohne Geschäftsbereich), Alfred Rosenberg (seit Juli 1941 Minister für die besetzten Ostgebiete), Hjalmar Schacht (bis November 1937 Wirtschaft, dann Minister ohne Geschäftsbereich), Lutz Graf Schwerin von Krosigk (Finanzen) und Albert Speer (Bewaffnung und Munition). Im August 1942 gesellt sich Otto Georg Thierack als Reichsminister der Justiz hinzu; er ist im Telefonbuch 1941 noch als Präsident des Volksgerichtshofs eingetragen. Zu nennen ist ferner als einziger aktiver Minister, der seinen Widerstand gegen Hitler mit dem Leben bezahlt, der preußische Finanzminister Johannes Popitz.

Auf der nächsten Ebene gibt es die Staatsminister August Lentze und Otto Meissner sowie sieben Staatssekretäre: Hans Pfundtner (Inneres), Roland Freisler und Franz Schlegelberger (beide Justiz), Ernst Freiherr von Weizsäcker (Auswärtiges Amt), Fritz Landfried und Hans Ernst Posse (beide Wirtschaft) sowie Jakob Nagel (Reichspost). Mit Ausnahme Freislers, der im August 1942 Präsident des Volksgerichtshofs wird, sind sie alle mit ihren privaten Anschriften aufgeführt. Unübersehbar groß ist schließlich die Schar der Ministerialräte, Ministerialdirigenten und Ministerialdirektoren.

Zur NSDAP-Prominenz zählen neben Hans Frank und Alfred Rosenberg der Reichsärzteführer Leonardo Conti, der ehemalige Interpret des Parteiprogramms Gottfried Feder, der auch einmal Staatssekretär gewesen ist, und die Schriftleiter von *Das Schwarze Korps* und *Der Angriff*, Gunter d'Alquen und Hans Schwarz van Berk. Sogar zwei Gauleiter der NSDAP sind mit ihrer Wohnanschrift verzeichnet: nicht der Berliner Gauleiter Goebbels, der auf Schwanenwerder residiert, wohl aber der aus Österreich stammende ehemalige Wiener Gauleiter Alfred Eduard Frauenfeld sowie — im Nachtrag 1943 — der gebürtige Lothringer Josef Wagner, den Hitler ein Jahr zuvor im Zorn verstoßen hat. Das ist in der Wagner gewidmeten biographischen Skizze im einzelnen nachzulesen.

**XV.**

Stark vertreten ist die Generalität und Admiralität der Deutschen Wehrmacht. Mit Dienstgrad, Wohnung und privater Rufnummer sind im Fernsprechbuch verzeichnet: Fedor von Bock, Walter Buhle, Erich Fellgiebel, Fritz Fromm, Heinz Guderian, Franz Halder, Paul von Hase, Walter Heitz, Siegfried Henrici, Erich Hoepner, Alfred Jodl (1943), Wilhelm Keitel, Emil Leeb, Friedrich Olbricht, Friedrich Paulus, Erich Raeder, Hermann Reinecke, Wilhelm Reinhard, Günther Rüdel (1943), Alfred Saalwächter, Hans von Salmuth, Otto Schniewind, Kurt Student, Otto von Stülpnagel, Hans Jürgen Stumpff, Georg Thomas, Kurt von Tippelskirch und Ernst Udet. Andere, die 1941 noch als Oberstleutnant oder Oberst eingetragen sind, werden schon bald General sein, so die Truppenführer Hans Hube und Walter Warlimont oder die Generalstäbler Günther Blumentritt, der 1944 als General der Infanterie Chef des Stabes beim Oberbefehlshaber West in St. Germain ist, Hans Krebs, der Ende März 1945 Guderian als Generalstabschef des Heeres ablöst, und Rudolf Schmundt, der als Generalleutnant und Chefadjutant der Wehrmacht im Führerhauptquartier am 20. Juli 1944 durch die von Stauffenberg gelegte Bombe tödlich verletzt wird. 1941 ahnt noch keiner der hohen Militärs, welches bittere Los einem jeden von ihnen wenige Jahre später beschieden sein wird.

Daß es vor sechs Jahrzehnten üblich gewesen ist, sich der Mitwelt im Telefonbuch mit der Angabe des Berufs vorzustellen, kam schon zur Sprache. Die Angehörigen der Wehrmacht und der für sie zuständigen Ministerien (Reichskriegsministerium, Reichsluftfahrtministerium) machen dabei keine Ausnahme. Eine Blütenlese ausgewählter Berufs- und Rangbezeichnungen, zwischen Name und Wohnanschrift mitgeteilt, mag das verdeutlichen: Direktor der Reichsstelle für Sippenforschung; Erbhofgerichtsrat; Frauenwalterin der Deutschen Arbeitsfront; Frisörmeister Leibstandarte SS Adolf

Hitler, Führer in der SS-Verfügungstruppe; Gaubetriebsgemeinschaftswalter; Hauptamtswalter im Reichsarbeitsdienst; Kreisstabsleiter im Reichsnährstand; Ministerialdirektor in der Präsidialkanzlei des Führers und Reichskanzlers; Oberbannfüher im Obergericht der Reichsjugendführung; Oberstleutnant im Reichsluftfahrtministerium; Oberstluftschutzführer; Ortsfrauenschaftsleiterin; Ortsgruppenleiter; Reichsamtsleiter der NSDAP; Reichsanwalt beim Volksgerichtshof; Reichsberufshauptgruppenleiter; Reichsfachgruppenwalter für Bäckerei und Konditorei; Reichsgefolgschaftswart; Stabsamtswalter; Wehrkreisunterrichtsleiter.

**XVI.**

Die Bundeswehr hat in ihrer Aufbau- und Konsolidierungsphase ebenso wie die Nationale Volksarmee der DDR vielfach auf die Kompetenz, die Kenntnisse und Erfahrung der Wehrmachtoffiziere zurückgegriffen. Dafür stehen Namen wie Wolf Graf von Baudissin, Friedrich Foertsch, Adolf Heusinger und Johann Adolf Graf von Kielmansegg. Graf Baudissin figuriert im Berliner Telefonbuch 1941 als Hauptmann an der Kriegsakademie, Foertsch als Major im Generalstab, Heusinger als Oberst im Generalstab des Heeres und Graf Kielmansegg als Hauptmann. Später, in den Streitkräften der Bundesrepublik Deutschland, wird Graf Baudissin das Soldaten-Leitbild des »Bürgers in Uniform« entwerfen und zeitweilig der stellvertretende Chef des NATO-Generalstabs Europa-Mitte sein, Foertsch Generalinspekteur der Bundeswehr (nach Heusinger) und Chef ihres Führungsstabes, Heusinger erster Generalinspekteur der Bundeswehr und Chairman des Ständigen Militärausschusses der NATO (NATO Military Committee) in Washington und Graf Kielmansegg Oberbefehlshaber der NATO-Landstreitkräfte Europa-Mitte. 1941, als die Genannten noch damit beschäftigt waren, Hitlers Krieg zu gewinnnen, hätte sich keiner von ihnen solche Karrieren träumen lassen.

**XVII.**

Vergeblich sucht man Namen wie Adolf Eichmann, Reinhard Heydrich, Ernst Kaltenbrunner oder Heinrich Müller, der seit 1939 Chef der Geheimen Staatspolizei ist. Ihr Fehlen ist ebenso verständlich wie das des Chefs der militärischen Abwehr, Admiral Wilhelm Canaris, oder des Berliner Polizeipräsidenten Wolf-Heinrich Graf von Helldorf (beide werden noch in der letzten Phase des Krieges auf Befehl Hitlers exekutiert). Was Canaris betrifft, so ist seine private Anschrift immerhin dem Berliner Adressbuch von 1939 zu entnehmen: Schlachtensee, Dianastr. 17 (der Konteradmiral ist als Eigentümer des Hauses ausgewiesen).

Lückenlos im Telefonbuch verzeichnet sind dagegen die Ämter und Dienststellen von Partei und Staat, bis hinauf zur Reichskanzlei und zur »Präsidialkanzlei des Führers und Reichskanzlers« (beide in W 8, Voßstr. 6–7). Ausgewiesen sind auch die Dienststellen der Gestapo und des Sicherheitsdienstes (SD). Denunziationswillige Volksgenossen sollen schließlich wissen, wo man rund um die Uhr ein offenes Ohr für sie hat. Unter G sind im Fernsprechbuch die »Geheime Staatspolizei — Staatspolizeileitstelle Berlin« sowie das »Geheime Staatspolizeiamt« mit ihren zentralen Rufnummern aufgeführt. Zugleich wird auf das Stichwort »Sicherheitspolizei« verwiesen. Dort, unter »Sicherheitspolizei und SD / Der Chef der Sicherheitspolizei und des SD«, finden sich folgende Behörden genannt: (1) das Reichssicherheitshauptamt (RSHA), SW 11, Prinz-Albrecht-Str. 8, und SW 68, Wilhelmstr. 102, (2) das Reichssicherheitshauptamt — Reichskriminalpolizeiamt, C2, Werderscher Markt 5, (3) der Inspekteur der Sicherheitspolizei und des SD in Berlin, NW 87, Jagowstr. 18, (4) die Staatspolizeileitstelle Berlin, C 2, Grunerstr. 12, sowie (5) der SD-Leitabschnitt Berlin, C 2, Kaiser-Wilhelm-Str. 22.

Eine ganze Reihe von höheren Chargen des Reichssicherheitshauptamts, des SD und der SS findet sich 1941 mit Wohnanschrift und privater Rufnummer im Fernsprechbuch verzeichnet. Es sind Gottlob Berger, Rudolf Bilfinger, Alfred Filbert, Karl Genzken, Paul Hausser, August Heissmeyer, der die Aufsicht über sämtliche Napolas genannten Nationalpolitische Erziehungsanstalten führte, Gerhard Maurer, Joachim Mrugowsky, Arthur Mülverstedt, Erich Naumann, Arthur Nebe, Wilhelm Spengler und Karl Zech. Über acht von ihnen wird im biographischen Teil nähere Auskunft gegeben.

## XVIII.

Angesichts dieser alles in allem recht bemerkenswerten Offenheit, die mit der andernorts dominierenden Geheimhaltungsmentalität des Regimes eigentümlich kontrastiert, fällt manche unerwartete Abwesenheit besonders auf. Warum sich etwa der Generaloberst a. D. Ludwig Beck (Lichterfelde, Goethestr. 9), der Diplomat a. D. Ulrich von Hassell (Charlottenburg, Fasanenstr. 28), der Kunsthistoriker Wilhelm Pinder (Grunewald, Humboldtstr. 30) oder der Philosoph und Pädagogikprofessor Eduard Spranger (Dahlem, Fabeckstr. 13) nicht in das Telefonbuch haben aufnehmen lassen, ist schwer zu sagen. Beck war vor seinem Ausscheiden (im Oktober 1938) als Chef des Generalstabs im Oberkommando des Heeres mit der Lichterfelder Privatanschrift verzeichnet, etwa im Fernsprechbuch 1935 als »Generalleutnant im Reichswehrministerium«.

**XIX.**

Durchweg auf Diskretion bedacht sind, damals wie heute, die Stars von Bühne und Film. Daß im Telefonbuch 1941 nur wenige von ihnen zu entdecken sind, ist freilich auch eine Frage des Wohnsitzes: mancher hat seine Zelte im märkischen Umland vor den Toren der Hauptstadt aufgeschlagen.
Immerhin kommen doch an die vierzig namhafte Schauspieler, Regisseure, Komponisten, Bühnenbildner, Kabarettisten, Drehbuchautoren, Schlagertexter, Sänger und Tänzer zusammen (die feminine Form ist immer mitgemeint). Es sind Axel von Ambesser, Lale Andersen, Josef von Baky, Boleslaw Barlog, Nico Dostal, Blandine Ebinger, Manon Ehrfur (1. Solotänzerin an der Staatsoper), Walter Felsenstein, Albert Florath, Otto Gebühr, Trude Hesterberg, Loni Heuser, Lucie Höflich, Friedrich Kayssler, Hilde Koerber, Wolfgang Kühne, Paul Lincke, Wolfgang Lukschy, Bernhard Minetti, Rudolf Caspar Neher, Erik Ode, Rudolf Platte, Hans Quest, Arthur Maria Rabenalt, Fritz Rasp, Herbert Reinecker, Oda Schottmüller, Ernst Schröder, Norbert Schultze, Elisabeth Schwarzkopf, Ralph Maria Siegel, Lotte Spira-Andresen, Wolfgang Staudte, Agnes Straub, Aribert Wäscher, Agnes Windeck, Eduard von Winterstein sowie, last not least, die in Berlin verbliebenen Mitglieder der 1935 aufgelösten »Comedian Harmonists«: Robert Biberti, Erwin Bootz und Ari Leschnikoff.

**XX.**

Reicht dieses Ensemble klangvoller Namen am Ende schon aus, um dem Vorurteil zu begegnen, die Hauptstadt des Dritten Reichs sei 1941 durchgängig von NS-Gefolgsleuten und mausgrauen Mitläufern bevölkert gewesen? Wohl nicht. Denn die Welt des Theaters, der Oper, des unterhaltenden Films, des Schlagers, kurz: der leichten bis mittelgewichtigen Muse hat sich gegen die Wechselfälle des politischen Lebens immer als bemerkenswert resistent erwiesen. Die Musensöhne und -töchter pflegen auch in dürftiger Zeit über Freiräume und Privilegien zu verfügen, die andernorts unbekannt sind.

Lenken wir also den Blick auf Berufe, deren Angehörige nicht von vornherein auf einen Platz an der Sonne zählen dürfen, wenn ein Machthaber sich anschickt, Land und Leute seinem eisernen Willen zu unterwerfen. Wie steht es etwa mit den bildenden Künstlern, den Schriftstellern, den Historikern? Sind sie 1941 allesamt gleichgeschaltet? Kämpfen sie freudig an der ihnen vom Regime zugewiesenen Front? Sind die Lauen und Widerspenstigen unter ihnen von der Bildfläche verschwunden, den Augen der Öffentlichkeit entzogen?

Die Antwort darauf kann, wenn als Quelle ein Telefonbuch dient, nur in der Sammlung und Sichtung einzelner Namen bestehen. Sie sagen uns, wer damals als bildender Künstler, Schriftsteller oder Historiker in der Hauptstadt gelebt und gearbeitet hat, gefeiert, geduldet oder verfemt. Die Namen sagen uns auch, welcher Vorrat an kultureller und intellektueller Substanz, an geistiger und moralischer Kraft jenem Gemeinwesen verblieben ist, das zehn Jahre zuvor noch als Kulturmetropole Europas galt.

**XXI.**

Unter den bildenden Künstlern begegnen wir den großen Gestalten des deutschen Expressionismus und der »Brücke«: Erich Heckel, Karl Hofer, Emil Nolde, Max Pechstein, Karl Schmidt-Rottluff, dazu Käthe Kollwitz. Der Staat hat ihre Kunst für entartet erklärt und ihre Werke aus den öffentlichen Museen und privaten Galerien verbannt. Sie selbst wohnen nach wie vor im Machtzentrum dieses Staates, ansprechbar und anrufbar. Ihre dem Regime ergebenen Antipoden heißen Arno Breker und Fritz Klimsch, Arthur Kampf und Wolfgang Willrich. Aber neben ihnen gibt es eine ganze Reihe von Malern und Bildhauern, die ihren eigenen Weg gehen: Friedrich Ahlers-Hestermann, Otto Antoine, Heinrich Ehmsen, Conrad Felixmüller, Ludwig Gies, Karl Hartung, Richard Holst, Willy Jaeckel, Ludwig Kasper, Max Kaus, Georg Kolbe, Gerhard Marcks, Hans Meid, Otto Nagel, Hans Purrmann, Christian Schad, Richard Scheibe, Gustav Seitz, Renée Sintenis und Georg Wilke sowie den Zeichner Erich Ohser, der sich E.O. Plauen nennt und am 5. April 1944 in der Haft Selbstmord verübt. Sie alle sind im Berliner Fernsprechbuch 1941 verzeichnet.

**XXII.**

Dort sind auch gut hundert Zeitgenossen versammelt, die sich mit der anspruchsvollen, aber ungeschützten Berufsbezeichnung eines Schriftstellers schmücken. Die meisten von ihnen bleiben zeitlebens unbekannt. Unter den übrigen bilden jene, die wie Arnolt Bronnen, Kurt Eggers, Max Jungnickel, Jakob Schaffner, Franz Schauwecker oder Giselher Wirsing dem seit 1933 herrschenden Zeitgeist mit ihrem Talent Tribut zollen, eine fast marginale Minderheit. Die Mehrheit verhält sich zu Partei und Staat erkennbar indifferent oder kritisch (was nicht immer schon innere Emigration oder gar Wille zum Widerstand bedeuten muß). Zu dieser Mehrheit zählen, alphabetisch geordnet, Gertrud Bäumer, Marie Baum, Gottfried Benn, Günther Birkenfeld, Günter Eich, Axel Eggebrecht, Ernst Wilhelm Eschmann, Johannes von Guenther, Theodor Heuss, Kurt Heynicke, Walther von Hollander, Herbert Ihering, Erich Kästner, Martin Kessel, Helmut Kindler, Jochen Klepper, Erich Knauf, Adam Kuckhoff, Kurt Kusenberg, Friedo Lampe, Elisabeth Langgässer, Ilse Langner, Oskar Loerke,

Friedrich Luft, Rudolf Pechel, Gerhard Pohl, Hans Reimann, Karl Scheffler, Ernst Schnabel, August Scholtis, Peter Suhrkamp und Günther Weisenborn. Gewissermaßen im Niemandsland befinden sich Autoren wie Paul Eipper, Felix Riemkasten und Heinrich Spoerl: Sie liefern Literatur, die mit Politik auch entfernt nichts zu schaffen hat.

**XXIII.**

Aus der Zunft der Historiker haben gewiß nicht alle das Dritte Reich unbeschädigt überstanden. Aber keiner der bedeutenden Köpfe der Berliner Geschichtswissenschaft hat sich zum Nationalsozialismus bekannt. Die Mehrzahl von ihnen hat kaum jenes Minimum an Anpassungsbereitschaft an den Tag gelegt, das in Diktaturen als durchaus verzeihlich gilt. Erich Marcks, Friedrich Meinecke, Otto Hintze, Hermann Oncken, Otto Hoetzsch und Fritz Hartung — sie alle sind geraume Zeit vor 1933 an die Friedrich-Wilhelms-Universität berufen worden, als letzter Fritz Hartung im Jahre 1922. Das mag dem Glauben an den Anbruch einer neuen Zeit eher hinderlich gewesen sein. Otto Hoetzsch wiederum ist den braunen Machthabern derart zuwider (und vice versa), daß er 1935 seines Lehramts enthoben und, anders als Marcks, Meinecke, Hintze und Oncken, nicht einmal mehr im Vorlesungsverzeichnis seiner Alma mater als Emeritus geführt wird. Seit 1919 ist in Berlin ein geschichtskundiger Archivar namens Ludwig Dehio tätig, den das Telefonbuch 1941 als Staatsarchivrat ausweist. Auch er, der 1948 Professor für mittlere und neuere Geschichte an der Universität Marburg (Lahn) wird, hat sich dem NS-Regime nicht angedient.

Und wie steht es mit den jüngeren Historikern, die im Telefonbuch 1941 genannt werden? Da ist Egmont Zechlin, Jahrgang 1896, der 1940 als Ordinarius an die Berliner Universität berufen wird; er befaßt sich mit Bismarck und Wilhelm II. und schreibt 1941 über »Die großen Entdeckungen und ihre Vorgeschichte«. Da ist ferner Karl Griewank, Jahrgang 1900, der seit 1934 der Bekennenden Kirche angehört, sich 1942 an der Universität Frankfurt habilitiert und 1947 als Ordinarius für mittlere und neue Geschichte nach Jena wechselt (wo er sich am 27. Oktober 1953 das Leben nimmt). Da ist Helmut Krausnick, Jahrgang 1905, der während des Zweiten Weltkriegs in der Berliner Zentralstelle für Nachkriegsgeschichte und der Archivkommission des Auswärtigen Amtes beschäftigt ist; 1950 gründet er das Münchner Institut für Zeitgeschichte mit. Da ist Gerhard Oestreich, Jahrgang 1910, der 1941 Mitarbeiter des Instituts für allgemeine Wehrlehre der Berliner Universität ist und nach dem Krieg mittlere und neuere Geschichte in Berlin, Hamburg und Marburg lehrt, und da ist endlich der 1909 in Berlin geborene Wilhelm Treue, der sich noch 1945 an der Friedrich-Wilhelms-Universität habilitiert und 1954 einen Lehrstuhl für Geschichte an der Technischen Hochschule Hannover erhält.

Nimmt man noch die Namen jener hinzu, die sich, ohne vom Fach zu sein, nach 1945 als Politik- oder Kulturwissenschaftler auch mit zeitgeschichtlichen Themen befassen — Theodor Eschenburg (seit 1952 Tübingen), Michael Freund (seit 1951 Kiel), Otto Heinrich von der Gablentz (seit 1948 Berlin) und Romano Guardini (seit 1948 Tübingen, später München) —, so ergibt sich wiederum ein überraschend differenziertes Bild, das die Vermutung einer rundum gleichgeschalteten Wissenschaft widerlegt. Hilfskräfte oder gar Prediger der herrschenden Ideologie sind unter den profilierten Historikern nicht zu entdecken.

Natürlich will das nicht heißen, es habe in der Philosophischen Fakultät der Berliner Universität 1941 keine staatstragenden Historiker gegeben. Die gab es sehr wohl auch. Das Telefonbuch nennt zwei von ihnen: Alfred Baeumler und Wilhelm Ziegler, der seinen Lehrauftrag zur »Geschichte der Judenfrage« wohl vor allem als Auftrag zur Förderung des Antisemitismus verstanden hat. Über beide, Baeumler und Ziegler, gibt es in den biographischen Skizzen mehr zu erfahren. Im übrigen hatte in der Reichshauptstadt damals auch das »Reichsinstitut für Geschichte des neuen Deutschlands« seinen Sitz (W 35, Viktoriastr. 31), dessen Leiter Walter Frank sich lange als Wächter der deutschen Geschichtsschreibung feiern ließ, ehe er am 9. Mai 1945, 40 Jahre alt, freiwillig aus dem Leben schied.

**XXIV.**

Ziehen wir ein vorsichtiges Fazit: Die hier versammelten Namen ganz unterschiedlicher Provenienz vermitteln ein unverkennbar mehrschichtiges, ja pluralistisch getöntes Bild. Die oft beschworene, das ganze Volk erfassende Willens- und Kampfgemeinschaft, hat es selbst auf der Höhe der Macht Hitlers nicht gegeben. Gewiß darf der Einfluß derer, die das Regime innerlich abgelehnt und sein Ende herbeigewünscht haben, nicht überschätzt werden. Ihr Einfluß war letztlich nur virtuell. Er konnte sich allein in den Nischen entfalten, die auch Polizeistaaten nicht zu schließen vermögen: im Gespräch mit Gleichgesinnten oder, das bezeugen Gottfried Benns Briefe an den Verlegerfreund Oelze, in einer — freilich nicht risikolosen — Korrespondenz. Die kritischen Gespräche zumindest sind Tag für Tag geführt worden. Aber die Gegenkräfte der Zensur, der Verbote, der Ausgrenzung, der Einschüchterung und des Terrors waren bis zuletzt stärker. Sie schlossen schon im Ansatz aus, was nur die freie Debatte herbeizuführen vermag: die Bildung einer eigenständigen öffentlichen Meinung.

Es wäre gleichwohl verfehlt, dem bloß virtuell Vorhandenen jede Wirksamkeit abzusprechen. Auch eine zum Schweigen gebrachte Kritik verschafft sich oft auf wundersame Weise Gehör. Zudem nagt der Zwang, die einmal verordnete Knebelung des freien Worts auf Dauer fortsetzen und wohl gar verschärfen zu müssen, sichtbar am Selbstvertrauen der Herrschenden. Bei den Beherrschten löst die Erkenntnis, mundtot und damit entmündigt zu sein, Unmut aus. Das belegen etwa die zwischen 1938 und 1945 gefertigten geheimen Lageberichte des Sicherheitsdienstes der SS, die als »Meldungen aus dem Reich« erstmals 1965 veröffentlicht worden sind. Mit Blick auf die anders und doch ähnlich gewirkte DDR hat Robert Havemann in seinem Buch »Fragen Antworten Fragen« (1970) dazu angemerkt: »Von außen betrachtet erscheint der stalinistische Staat mit seinem bis ins Feinste verästelten Herrschaftssystem und seinem allgewaltigen Polizeiapparat als absolut unerschütterlich. Von innen erkennt man aber, daß der Schein trügt« (S. 82). Langfristig jedenfalls sind Polizeistaaten eben deshalb, weil sie einen Großteil ihrer administrativen und personellen Energie auf die eigene Sicherheit verwenden, weit instabiler als eine Tag für Tag von ihren Bürgern in Frage gestellte, aber als Lebensform bejahte Demokratie (Ausnahmen wie das Schicksal der Weimarer Republik bestätigen auch hier die Regel).

**XXV.**

Viele, die 1941/43 in unserem Telefonbuch verzeichnet sind, haben nach dem Ende des Krieges den politischen und gesellschaftlichen Neuanfang aktiv mitgestaltet. Das gilt natürlich vor allem für den Wiederbeginn des politischen Lebens in Berlin selbst, aber eben auch für die Staatswerdung im Westen. Das läßt sich an den Namen derer ablesen, die 1949 oder später in den Deutschen Bundestag gewählt worden sind (einige haben bereits dem Parlamentarischen Rat angehört). Nach Fraktionen geordnet handelt es sich dabei um:

CDU: Felix von Eckardt, Ferdinand Friedensburg, Eugen Gerstenmaier, Johann Baptist Gradl, Heinrich Krone, Kurt Georg Kiesinger, Ernst Lemmer, Otto Lenz, Heinrich Lübke, Gerhard Schröder, Elisabeth Schwarzhaupt und Robert Tillmanns;

SPD: Adolf Arndt, Paul Löbe, Lauritz Lauritzen, Walter Menzel, Fritz Sänger und Otto Suhr;

FDP: William Borm, Rolf Dahlgrün, Theodor Heuss, Hermann Höpker-Aschoff, Marie-Elisabeth Lüders, Viktor Emanuel Preusker, Hans Reif und Eberhard Wildermuth;

DP: Hans Joachim von Merkatz (er tritt später der CDU bei).

Theodor Heuss und Heinrich Lübke haben zwischen 1949 und 1969 als Bundespräsidenten amtiert, Kurt Georg Kiesinger von 1966 bis 1969 als Bundeskanzler. Immerhin zwölf der Fünfundzwanzig werden, zu unterschiedlichen Zeiten, Bundesminister in Bonn sein: Dahlgrün (Finanzen), Gradl (Vertriebene), Krone (besondere Aufgaben), Lauritzen (Wohnungswesen, Post und Verkehr, Städtebau), Lemmer (Gesamtdeutsche Fragen, Vertriebene), Lübke (Ernährung), von Merkatz (Justiz, Bundesrat, Vertriebene), Preusker (Wohnungsbau), Schröder (Inneres, Auswärtiges), Schwarzhaupt (Gesundheit), Tillmanns (besondere Aufgaben) und Wildermuth (Wohnungsbau). Ludger Westrick endlich, Ludwig Erhards rechte Hand, wird, ohne Mitglied des Bundestags zu sein, von 1964 bis 1966 Bundesminister für besondere Aufgaben. Keinem von ihnen wäre 1941 der Gedanke gekommen, ein paar Jahre später Abgeordneter, Minister, Kanzler oder gar Präsident eines demokratischen Staatswesens zu sein.

Immerhin sechs der im Fernsprechbuch 1941 verzeichneten späteren Mitglieder des Bundestags sind bereits Mitglieder des Reichstags gewesen. Ihre Rückkehr in die Politik ist eben dort erfolgt, wo ihr Wirken 1933 endete: in einem frei gewählten Parlament. Die Rückkehrer sind Theodor Heuss, Hermann Höpker-Aschoff, Heinrich Krone, Ernst Lemmer, Paul Löbe und Marie-Elisabeth Lüders. Löbe und Marie-Elisabeth Lüders haben überdies der 1919 in Weimar tagenden verfassunggebenden Nationalversammlung angehört.

So ließe sich noch eine Weile fortfahren, etwa mit den Namen ehemaliger Reichsminister der Weimarer Republik oder mit einem Hinweis auf Kuno Graf von Westarp (1864–1945), der 22 Jahre im Reichstag des Kaiserreichs (von Ende 1908 bis November 1918) und im Reichstag der Weimarer Republik (von Juni 1920 bis Juni 1932) hinter sich gebracht hat; fast fünf Jahre hat er die Fraktion der Deutschnationalen Volkspartei (DNVP) geführt. Westarp, 1941 als Oberverwaltungsgerichtsrat i.R., Grunewald, Charlottenbrunner Str. 42 verzeichnet, ist drei Monate nach dem Einmarsch der Roten Armee in Berlin gestorben.

Mitteilen ließe sich auch, daß zwei spätere Bundespressechefs 1941 in Berlin lebten: Felix von Eckardt (Beruf: Schriftsteller) und Fritz von Twardowski, der sich als Gesandter und Leiter der kulturpolitischen Abteilung des Auswärtigen Amts zu erkennen gibt. Das Auswärtige Amt hat nach seiner Rekonstruktion 1950/51 übrigens besonders viele frühere Mitarbeiter aus der Wilhelmstraße wieder an sich gezogen. Dazu kamen Altberliner Neuzugänge, zum Beispiel Wilhelm Grewe, dem ein biographisches Porträt gewidmet ist, und Ellinor von Puttkamer (Grunewald, Hubertusallee 14a), die Anfang 1969 zur ersten Botschafterin in der Geschichte des AA ernannt und zum Europarat nach Straßburg entsandt wird.

## XXVI.

Von keiner Berufsgruppe, die dem Bereich der Politik nahe ist und ihm jedenfalls in Zeiten der Diktatur nicht zu entkommen vermag, wird das Moment systemübergreifender Kontinuität so augenfällig verkörpert wie von den Angehörigen der schreibenden Zunft, den Journalisten. Berlin ist auch unter dem Hakenkreuz und auch im Krieg noch immer eine Zeitungsstadt, wenngleich es die belebende Konkurrenz von Ullstein und Mosse nicht mehr gibt und an die Stelle der Vielfalt von ehedem die rigide staatliche Presselenkung getreten ist. Aber von den ›bodenständigen‹ Journalisten der Hauptstadtblätter abgesehen hatte jede Zeitung, die in den anderen Großstädten und Provinzen des Reichs erscheint, in seiner Hauptstadt wenn nicht eine redaktionelle Vertretung, so doch ein paar Korrespondenten und freie Mitarbeiter. Vorsichtig gerechnet dürften es etwa fünfhundert Zeitungsschreiber und Blattmacher gewesen sein, die, zumeist als »Schriftleiter« oder »Hauptschriftleiter«, im Berliner Telefonbuch des Jahres 1941 verzeichnet sind.

Nicht wenige von ihnen haben ihre Karriere nach 1945 erfolgreich fortgesetzt oder erst richtig begonnen. Ihre Namen zu nennen und sich dabei ohne Selbstgerechtigkeit die Frage zu stellen, was es in Ermangelung einer schon 1933 in Verlust geratenen Pressefreiheit bedeutet hat, im Dritten Reich Zeitungsschreiber zu sein, mag dem Verständnis für manche letztlich unverschuldete Verstrickung förderlich sein. Wer etwa 1958 als Zwanzigjähriger Journalist geworden ist, hat sicher ein leichteres Los gezogen als einer, der zwanzig Jahre früher seine ersten Artikel über eine Dichterlesung oder einen Staatsbesuch dem Schriftleiter vom Dienst zur Prüfung vorgelegt hat.

Mit einer Skizze ihres Lebenswegs sind auf den folgenden Seiten immerhin zwölf der damals in Berlin arbeitenden Schriftleiter und publizistisch tätigen Schriftsteller bedacht worden. Es sind Gunter d'Alquen, Georg Dertinger, Günter Eich, Joachim Fernau, Kurt Kusenberg, Ernst Lemmer, Friedrich Luft, Rudolf Pechel, Hermann Proebst, Hans Schwarz van Berk, Peter Suhrkamp und Wilhelm Weiß. An Werner Höfer wird in dem Porträt des Pianisten Karlrobert Kreiten erinnert. Bei der Auswahl hat das Bemühen Pate gestanden, ein möglichst vielfarbiges Abbild der damals weitgehend eingeebneten Medienlanschaft zu erzielen. Dieses Bild ließe sich durch einige weitere Namen aus der bundesdeutschen Nachkriegspublizistik leicht ergänzen. Genannt sei wiederum ein rundes Dutzend: Heinrich Bechtold, Johannes von Günther, Heinz Höpfl, Karl Korn, Leonhard Miksch, Joachim Moras, Josef Müller-Marein, Heddy Neumeister, Fritz Sänger, Karl Silex, Jürgen Tern und Giselher Wirsing.

**XXVII.**

Außerordentlich groß ist die Zahl jener Berliner Bürgerinnen und Bürger, die dem Dritten Reich, in welcher Form auch immer, widerstanden und diesen Widerstand mit ihrem Leben bezahlt haben. Viele von ihnen werden in diesem Buch porträtiert. Sie alle aufzunehmen, hätte bedeutet, den zahlreichen und leicht greifbaren Darstellungen des deutschen Widerstands eine weitere hinzuzufügen. Deshalb sind nicht wenige, an die zu erinnern uns auch in Zukunft aufgegeben ist, unberücksichtigt geblieben. Das gilt namentlich für Klaus Bonhoeffer, Eduard Brücklmeier, Hans von Dohnanyi, Georg Groscurth, Ernst von Harnack, Otto Kiep, Adam Kuckhoff, Wilhelm Leuschner, Helmuth Graf von Moltke, Friedrich Justus Perels, Johannes Popitz, Adolf Reichwein, Rüdiger Schleicher, Oda Schottmüller, Johanna Solf, Wilhelm Staehle, Werner Sylten, Elisabeth von Thadden, Adam von Trott zu Solz und Josef Wirmer. Sie alle sind ebenfalls im Berliner Telefonbuch 1941 aufgeführt, und auch zu ihnen gibt das Literaturverzeichnis eine Reihe bibliographischer Hinweise.

**XXVIII.**

Ein Kapitel für sich ist schließlich die Präsenz von über fünfhundert jüdischen Anschlußinhabern im Fernsprechbuch 1941. Nach der Volkszählung vom Juni 1933 lebten in Berlin 160 564 Juden; zu Anfang des Zweiten Weltkriegs ist ihre Zahl, überwiegend durch Auswanderung, auf etwa 75 000 zurückgegangen. Zu den zahlreichen, sich von Jahr zu Jahr verschärfenden Diskriminierungen tritt am 17. August 1938 die »Zweite Verordnung zur Durchführung des Gesetzes über die Änderung von Familiennamen und Vornamen«, die von den Reichsministern des Innern und der Justiz gemeinsam erlassen worden ist. Nach dieser Verordnung müssen alle Juden deutscher Staatsangehörigkeit vom 1. Januar 1939 an als weiteren Vornamen den Namen »Israel« (für männliche Personen) oder »Sara« (für weibliche Personen) annehmen. Ausnahmen gelten für jene, die bereits einen »jüdischen Vornamen« tragen und durch ihn als Juden zu erkennen sind.

Ein Verzeichnis dieser jüdischen Vornamen ist im »Ministerial-Blatt des Reichs- und Preußischen Ministeriums des Innern« vom 24. August 1938 abgedruckt. Es enthält nicht weniger als 276 Namen — 185 männliche (von Abel und Abieser bis zu Zeruja und Zewi) sowie 91 weibliche (von Abigail und Baschewa bis zu Zirel und Zorthel). Juden, die mit einem dieser Vornamen ausgestattet sind, waren der Pflicht enthoben, sich im Rechtsverkehr gegenüber Dritten als Israel oder Sara zu bezeichnen und auszuweisen. In der biographischen Studie über den Juristen Berl Coper ist nachzulesen, was dies im konkreten Fall bedeutet hat. Wer genauer wissen will, wer die verordneten Vornamen Israel und Sara ersonnen hat, und welche Rolle ein Ministerialrat Hans Globke dabei gespielt hat, greife zu dem Buch des Kölner Rechtsanwalts Winfried Seibert »Das Mädchen, das nicht Esther heißen durfte« (2. Aufl. Leipzig 1997).

Die von der Verordnung Betroffenen sind verpflichtet, von sich aus bei der Ortspolizeibehörde anzuzeigen, daß sie ab Jahresbeginn 1939 einen der beiden zusätzlichen Vornamen führen. Ihre Ausweispapiere wurden auf den Meldestellen der Einwohnerämter entsprechend geändert. Gleiches gilt für die Korrektur der Einträge im Telefonbuch. Wer es versäumt, die Fernsprechbuchstelle in Berlin C 2, Spandauer Str. 13/14, rechtzeitig von der Namensänderung in Kenntnis zu setzen, wird wegen Verletzung der Anzeigepflicht zur Rechenschaft gezogen. In einem Schreiben des Reichspostministers vom 16. Dezember 1940 an die »Herren Präsidenten der Reichspostdirektionen« heißt es dazu, es sei »im Benehmen mit der Geheimen Staatspolizei eine größere Zahl jüdischer Teilnehmer festgestellt«, die es unterlassen haben, »die Aufnahme ihres zusätzlichen Vornamens (Israel oder Sara) in das Amtliche Fernsprechbuch zu beantragen«. Dem Verfasser liegt eine vom Januar 1941 datierte Namensliste von 189 jüdischen Fernsprechteilnehmern vor, gegen die »wegen Unterlassung der ordnungsmäßigen Berichtigung des Fernsprechbucheintrags« Strafanzeige erstattet worden ist. Aber selbst diese umfängliche Liste ist unvollständig. In ihr fehlt beispielsweise Dr. Arnold Berliner, der jüdische Herausgeber des Magazins *Naturwissenschaften*. Das Telefonbuch 1941 führt ihn ohne den Zusatznamen »Israel«, mit der Anschrift Schöneberg, Kielganstr. 5, auf. Am 23. März 1942 nimmt sich der 79jährige Arnold Berliner das Leben, um der Deportation in den Tod zu entgehen. Die Zahl der noch 1941 im Berliner Fernsprechbuch anzutreffenden Juden läßt sich somit nur schätzen; sie dürfte bei etwa 600 liegen.

## XXIX.

Im Berliner Fernsprechbuch 1940 waren demgegenüber noch weit über achttausend in der Reichshauptstadt verbliebene Juden verzeichnet. Auf manchen Seiten entspricht ihre Zahl fast jener der Nichtjuden. So sind beispielsweise auf Seite 764 — von William Israel Loewenheim bis Arthur Lohe — insgesamt 220 Anschlußinhaber aufgeführt. Siebzig von ihnen tragen den Zusatz Israel, 31 den Zusatz Sara und weitere drei als jüdisch geltende Vornamen (Isaak, Rahel und Recha). Ein ähnliches Bild bietet sich im Umfeld der Familiennamen Herzberg/Herzfeld oder Lewin/Lewy, um nur diese zu nennen. Am 29. Juli 1940, im Monat der Ausgabe des Fernsprechbuchs 1940, wird allen Juden in Deutschland der Telefonanschluß entzogen.

Der Zeitpunkt legt die Vermutung nahe, daß diese Maßnahme auch durch das jetzt erstmals für jeden Telefonbuchbenutzer augenfällige Vorhandensein so vieler Berliner Juden veranlaßt worden ist.

Auf Antrag konnte auch Juden weiterhin der Besitz eines Fernsprechers samt Eintrag in das Telefonbuch genehmigt werden. So sind 1941 noch 358 jüdische Ärzte (»Behandler«), 54 Rechtsanwälte (»Konsulenten«), drei Rabbiner und neunzig aus anderen Gründen bevorrechtigte Berliner Juden verzeichnet. Mit anderen Worten: nur noch knapp zehn Prozent der 1940 über ein Telefon verfügenden Juden ist damit auch 1941 noch ausgestattet. Gab es beispielsweise 1940 noch 26 jüdische Träger des Namens Fränkel oder Fraenkel, so ist deren Zahl 1941 auf drei zurückgegangen. Gleichzeitig werden Maßnahmen getroffen, um »zu verhindern, daß Juden, die selbst nicht mehr Fernsprechteilnehmer sein dürfen, eine Sprechgelegenheit dadurch behalten, daß sie die Fernsprechanschlüsse arischer Teilnehmer benutzen, mit denen sie als Inhaber der Wohnung oder als Untermieter in Wohngemeinschaft leben« (Schreiben des Reichspostministers vom 16. Dezember 1940). Da es 1941 keine Möglichkeit der Auswanderung mehr gibt, dürfte der größte Teil der damals noch im Telefonbuch verzeichneten Juden dem Holocaust zum Opfer gefallen sein. Im Herbst 1941 beginnen die Transporte in die Vernichtungslager.

## XXX.

Dieses Buch will erzählen. Es erzählt von Menschen, die während des Zweiten Weltkriegs in Berlin lebten oder doch hier ihr Zuhause, ihre Wohnung, ihre Familie hatten. Viele hat der Krieg damals genötigt, über Jahre hinweg abwesend zu sein, — als Soldaten oder Truppenführer an der Front, als Stabsoffiziere in einem Hauptquartier oder als Zivilisten, die Berlin der Bomben wegen den Rücken gekehrt und sich in rasch wachsender Zahl an weniger gefährdete Orte begeben haben. Erzählt wird von Menschen, deren Schicksal etwas auszusagen vermag über jene nun lange vergangene Epoche, die für immer ein Stück von uns selbst sein wird.

Die in alphabetischer Folge vorgestellten Porträtskizzen von Konrad Adenauer bis Konrad Zuse wollen möglichst verläßlich und verständlich Auskunft über Lebenswege geben, die durch das Geschehen zwischen 1933 und 1945 berührt und geprägt worden sind. In ihrer Summe mögen sie den Schluß nahelegen, daß es offenbar keiner Staatsform und keiner Staatsführung so recht gelingen will, eine Gesellschaft durch Verführung oder durch Terror so radikal zu entmündigen und zu uniformieren, daß sie am Ende gesichtslos wird. Selbst millionenfach verkündete und bejubelte Parolen wie »Ein Volk, ein

Reich, ein Führer«, »Du bist nichts, dein Volk ist alles« oder »Führer befiehl, wir folgen« löschen weder die Stichwortgeber noch die Adressaten als auf sich gestellte Individuen aus — und befreien sie erst recht nicht von der Verantwortung für ihr Handeln.

**XXXI.**

Von der Bestätigung solcher Einsichten abgesehen, erhebt dieses Buch nicht den Anspruch, eine Botschaft zu vermitteln, jedenfalls keine, die auf eine Umdeutung oder Neubewertung allgemein bekannter zeitgeschichtlicher Vorgänge hinausläuft. Es gibt in Kants »Einleitung in die Kritik der Urteilskraft« (Erste Fassung) eine Stelle, die, leicht abgewandelt, auf das hier dargebotene biographische Panorama trefflich zu passen scheint: Die Mannigfaltigkeit und Ungleichheit empirischer Befunde, heißt es da, könne so groß sein, daß es dem Betrachter zwar teilweise möglich wäre, »Wahrnehmungen ... zu einer Erfahrung zu verknüpfen«, niemals aber, die empirischen Befunde selbst »zur Einheit ... unter einem gemeinschaftlichen Prinzip zu bringen«. Wir haben es, wenn uns die Berliner Gesellschaft in der Zeit des Krieges vor Augen tritt, in der Tat mit empirischen Befunden zu tun, deren Mannigfaltigkeit und Ungleichheit beeindruckend groß ist. Es bedarf keiner Mühe, der Versuchung zu widerstehen, sie über den Leisten eines »gemeinschaftlichen Prinzips« zu schlagen.

Aus den mitgeteilten Auskünften zur Person, ihren Leistungen und Fehlleistungen auf ständig wechselnden Schauplätzen, aus der Fülle einander widerstreitender Urteile und Ansichten generalisierende Schlüsse zu ziehen, verbietet sich schon deshalb, weil der Auswahl der »Menschen in Berlin« kein repräsentativer Querschnitt durch die hauptstädtische Gesellschaft unter dem Hakenkreuz zugrunde liegt. Gemeinsames empirisches Gesetz war und ist — von zwei Ausnahmen abgesehen — allein die namentliche Präsenz der Porträtierten im Amtlichen Berliner Fernsprechbuch 1941 oder in seinem Nachtrag von 1943.

**XXXII.**

Ein sechs Jahrzehnte altes Telefonbuch ist auch ein Totenbuch. Wer darin blättert, betritt, Seite für Seite, ein dicht bevölkertes Schattenreich. Die Spuren fast aller in diesem Buch verzeichneten Personen sind längst in die Geschichte abgesunken und nur aus den Archiven und der Literatur zu rekonstruieren. Eine Reihe der biographischen Skizzen ist dabei bewußt nicht den mehr oder minder bekannten Persönlichkeiten der Zeitgeschichte gewidmet worden, sondern ›Menschen in Berlin‹, die — wie etwa Berl (Alexander) Coper, Jakob

Deurer, Emma Gumz oder Ulrich Haacke — der öffentlichen Wahrnehmung bislang nicht ausgesetzt waren und deren Lebenswege sich oft nur durch private Recherchen erkunden ließen.

Zur historischen Dimension des Buches mit den 315 000 Namen gehört auch das Faktum, daß, vorsichtig geschätzt, wohl jeder zehnte der darin Verzeichneten, mithin weit über dreißigtausend Menschen, in dem 1941 beginnenden Jahrzehnt keines natürlichen Todes — also an einer Krankheit, einem Herzinfarkt oder an Altersschwäche — gestorben ist. Tausende sind als Soldaten der Wehrmacht an einer der Fronten des Kriegs oder als Angehörige des Volkssturms in der Schlacht um Berlin gefallen, Tausende sind als zivile Opfer des Luftkriegs erschlagen oder verbrannt, als Opfer des Holocaust erschossen oder vergast, als Staatsfeinde oder Volksschädlinge hingerichtet und als Attentäter füsiliert worden. Andere sind, nachdem das Reich zertrümmert war, als Kriegsverbrecher zum Tode verurteilt und gehenkt worden oder haben in sowjetischen Lagern ihr Leben verloren. Tausende haben, zumal im Frühjahr 1945, Selbstmord verübt oder sind Gewalttaten von Angehörigen der Roten Armee zum Opfer gefallen. Wer die Größenordnung der Schätzung für zu gering veranschlagt hält, mag berücksichtigen, daß die unter 30-Jährigen, die das Gros der Waffenträger und der Gefallenen stellen, in einem Fernsprechbuch kaum anzutreffen sind. Gleiches gilt für die Frauen, die erwachsenen Töchter, die Kinder, die oft das Schicksal des pater familias teilten.

Für die meisten, selbst die Irregeleiteten, gilt eine Betrachtung, die der Publizist und ehemalige Chefredakteur des *Berliner Tageblatts* Theodor Wolff (1868 — 1943) im August 1940 in seinem südfranzösischen Exil in der Gascogne über seine Weggefährten von einst angestellt hat: »Sie hatten herrliche Träume und Ideale, denen sie nachzogen wie den glitzernden Sternen, Phantasie mit goldenen Flügeln, die Schöpferkraft des Geistes und die Zärtlichkeit des Herzens, oder sie waren kühl, ehrgeizig, spielten mit Glück und Unglück ihre Rolle (und) stießen einander im Raum« (zit. nach Margit Bröhan, S. 207).

## XXXIII.

Sechzig Jahre sind, andererseits, keine Ewigkeit. Viele der damals Jungen haben das Jahr 1941 und die Reichshauptstadt, »die einst so schön war« (Gottfried Benn), noch in klarer Erinnerung, als sei es gestern gewesen. Und eine Anzahl mehr oder minder prominenter Berliner, die im Fernsprechbuch 1941 verzeichnet sind, lebt noch heute: die Fliegerin Elly Beinhorn, die 1941 nach ihrem bei einem Rekordversuch am 28. Januar 1938 tödlich verunglückten Mann, dem Rennfahrer Bernd Rosemeyer, Elly Rosemeyer heißt, der »Reichsfilmintendant« von Goebbels' Gnaden, Fritz Hippler, der amerikanische Diplomat und Historiker George F. Kennan, der Berufsoffizier und spätere Oberbefehlshaber der NATO-Streitkräfte Europa-Mitte Johann Adolf Graf von Kielmansegg, die Islamwissenschaftlerin Annemarie Schimmel, die Opernsängerin Elisabeth Schwarzkopf, der irische Dichter Francis Stuart, der Naturwissenschaftler und Philosoph Carl Friedrich Freiherr von Weizsäcker und der Journalist und Fernsehstar Peter von Zahn. Andere, wie Theodor Eschenburg, Wilhelm Grewe und Reinhard Höhn, sind erst wenige Monaten vor dem Abschluß dieser Studie verstorben.

## XXXIV.

»Wie konnte man in einem Regime, das den Menschen ›total‹ für sich in Anspruch nahm, überleben, ohne Verrat an dem zu üben, was für die eigene Selbstachtung unverzichtbar erschien?« Es war der Jurist, homme de lettres und spätere sozialdemokratische Politiker Carlo Schmid (1896–1979), der diese Frage rückblickend gestellt hat und der sich selbst auf schwierigem Posten — Schmid diente im Zweiten Weltkrieg als Militärverwaltungsrat in Belgien und Nordfrankreich — mit ihr konfrontiert sah. Dies war in der Tat für viele, vielleicht die meisten, die sich als zwischen den Fronten stehend empfanden und die widrigen Zeitläufte zu überleben gedachten, die alles entscheidende Frage. Sie sollte bei der Lektüre der Lebenswege immer ein wenig mitbedacht werden.

Ob die Bewohner Berlins besser als andere gewußt haben, was sie der eigenen Selbstachtung schuldeten, ist hier nicht zu entscheiden. Als die Emigrantin Hannah Arendt zum ersten Mal nach dem Krieg wieder in die Stadt kam, die ihr von früher vertraut war, merkte sie folgendes an: »Vor allem gibt es da Berlin, dessen Bevölkerung mitten in der schrecklichsten physischen Vernichtung intakt geblieben ist. Ich weiß nicht, warum das gerade so ist, aber Sitten und Gebräuche und die Art zu sprechen und auf Menschen zuzugehen, sind bis in die kleinsten Details so anders als alles, was man sonst im übrigen Deutschland sieht ..., daß Berlin fast schon wie ein anderes Land wirkt. Es gibt in Berlin kaum ein Ressentiment gegen die Sieger ... Es gibt keine Verlegenheit und kein Schuldgefühl, sondern offene und detaillierte Berichte darüber, was zu Kriegsbeginn mit den Berliner Juden passierte.«

## XXXV.

Ein persönliches Wort zum Schluß. Der Verfasser lebt seit 1963 in Berlin. Als zwölfjähriger Schüler ist er im Kriegsjahr 1942 zum ersten Mal in diese Stadt gekommen, um hier mit seiner Mutter und den

Brüdern die Sommerferien bei Verwandten zu verbringen, deren einziger Sohn im Juli 1941 bei Smolensk gefallen war. Zu den Eindrücken, die aus diesen Wochen haften geblieben sind, gehört auch das Unter den Linden dargebotene Schauspiel eines Staatsbegräbnisses: der mit der Reichskriegsflagge bedeckte Sarg des im Alter von 75 Jahren verstorbenen Generals der Flieger von der Lieth-Thomsen (wohnhaft in Lichterfelde, Holbeinstr. 59), wurde an diesem sonnigen 10. August 1942 auf einer Lafette an den Schaulustigen vorbeigefahren. Erste Vorarbeiten für die hier vorliegende Studie sind schon damals geleistet worden. So schnitt der Tertianer im August 1943 aus der *Deutschen Allgemeinen Zeitung* die Todesanzeige des Generalstabschefs der Luftwaffe Hans Jeschonnek aus und archivierte sie, natürlich ohne zu wissen, daß diese Anzeige eine Selbsttötung zu verdecken sucht und eben deshalb zeitgeschichtlich von Interesse ist. Erhalten hat sich auch ein Zeitungsausschnitt vom 29. Juli 1944 mit der Überschrift »Die Verräterclique vom 20. Juli«. Damals werden der deutschen Öffentlichkeit erstmals die Namen von drei weiteren Teilnehmern an dem »Putschversuch« mitgeteilt: es handelt sich um den General der Infanterie Olbricht, den ehemaligen Generalstabschef Generaloberst Beck und — in falscher Schreibweise — »den Generaloberst Höppner, der verhaftet wurde und seiner Aburteilung entgegensieht«. Die Lebenswege Olbrichts und Hoepners findet der Leser in diesem Buch skizziert.

Der Verfasser ist alt genug, um einigen der »Menschen in Berlin« noch persönlich begegnet zu sein. Es sind, in alphabetischer Ordnung, Manfred von Ardenne, Adolf Arndt, Wolf Graf Baudissin, Theodor Eschenburg, Otto-Heinrich von der Gablentz, Helmut Gollwitzer, Wilhelm Grewe, Carl Schmitt, Albert Speer und Carl Friedrich Freiherr von Weizsäcker. Mit Robert Havemann bin ich seit 1964 befreundet gewesen, jenem Jahr, in dem Havemann von der Humboldt-Universität entfernt und aus der SED sowie der Akademie der Wissenschaften der DDR ausgeschlossen wurde. Mit Rudolf Pechel, dem Herausgeber der *Deutschen Rundschau*, habe ich als Tübinger Student Briefe gewechselt.

## XXXVI.

Zu danken habe ich allen, die meine Arbeit mit Hinweisen und Auskünften bereitwillig unterstützt haben: insbesondere meinem Bruder Eberhard Jäckel sowie den Kollegen Peter Steinbach, Hans-Peter Schwarz und Wolfgang Scheffler. Wertvolle Hilfe habe ich von den Mitarbeitern des Militärgeschichtlichen Forschungsamts in Potsdam und der Außenstelle des Bundesarchivs in Berlin erfahren. Mein Dank gilt nicht zuletzt Wolf Jobst Siedler für die Anregung und Ermutigung, dieses Buch zu schreiben. Wolf Jobst und Imke Siedler besuchten uns, kurz nachdem ich das Fernsprechbuch 1941 auf dem Flohmarkt an der Straße des 17. Juni erstanden hatte, und sie waren auch die ersten, denen ich später einige der biographischen Skizzen vorgelesen habe. Endlich danke ich meiner Frau für die Geduld, die sie während der fast vierjährigen Spurensuche aufgebracht hat. Ich habe ihr versprochen, mich künftig nur noch mit Telefonbüchern zu befassen, deren Umfang das Ortsnetz einer mittleren Kreisstadt nicht übersteigt.

Sicherlich wird dieses Buch Leser finden, die über manche Einzelheit, manchen Zusammenhang besser als der Verfasser Bescheid wissen. Vorabdrucke aus dem Manuskript, die 1998 und 1999 in verschiedenen Zeitungen erschienen sind, haben ein überraschend großes Echo gefunden. Für kritische Anmerkungen und Ergänzungen sage ich deshalb schon im voraus Dank.

# Menschen in Berlin

## Konrad Adenauer

***Dr., Charlottenburg 2, Uhlandstr. 2***

Wer diesem Namen unverhofft im Berliner Fernsprechbuch 1941 begegnet ist, mag einen Augenblick gestutzt haben: Konrad Adenauer — so hieß doch der 1933 abgesetzte Oberbürgermeister von Köln, der lange Jahre auch Präsident des Preußischen Staatsrats gewesen ist. Richtig. Aber bei dem hier verzeichneten Dr. Konrad Adenauer handelt es sich gar nicht um den prominenten Zentrumspolitiker aus den Tagen der Weimarer Republik und späteren Gründungskanzler der Bundesrepublik Deutschland, sondern um dessen ältesten Sohn. Der Junior, geboren am 21. September 1906 in Cöln (1919 wird daraus Köln), kommt 1940 vom Rhein an die Spree, um in der Hauptverwaltung der AEG, der Allgemeinen Elektricitäts-Gesellschaft, tätig zu sein. Von langer Dauer ist für den jungen Juristen das Berlin-Engagement nicht. Die 1943 an Heftigkeit zunehmenden Luftangriffe sorgen für ein vorzeitiges Ende. Aber die Vorstellung, daß der in Rhöndorf am Rhein lebende Pensionär Konrad Adenauer damals mit dem Sohn in der fernen Reichshauptstadt gelegentlich telefoniert haben mag, ist nicht ohne historischen Reiz.

Übrigens hat der Vater, dem ein etwas gestörtes Verhältnis zu Berlin nachgesagt worden ist, diese Stadt gut gekannt: bis 1918 als Mitglied des Preußischen Herrenhauses, von 1920 bis 1933 als Präsident des Staatsrats, durch den die dreizehn preußischen Provinzen an der Gesetzgebung und Verwaltung des Freistaats mitwirkten. Adenauer nimmt seine Berliner Dienstwohnung im Westflügel des Preußischen Herrenhauses noch einmal in Anspruch, als er Köln nach der verlorenen Kommunalwahl vom 12. März 1933 fluchtartig verläßt. Später bietet ihm das Kloster Maria Laach, dessen Abt sein Schulfreund ist, für ein paar Monate Asyl. Dann, im Frühjahr 1934, ist es wieder Berlin, in dessen Umkreis die Familie sich sammelt. Bis zum Einzug in das Rhöndorfer Haus im Mai 1935 wohnen die Adenauers in einer gemieteten Villa in Babelsberg, Augustastr. 40, die heute Rosa-Luxemburg-Straße heißt.

Konrad Adenauer d.Ä. ist am 19. April 1967, 91 Jahre alt, in Rhöndorf gestorben, sein Sohn Konrad am 22. August 1993, fast 87 Jahre alt, in seiner Heimatstadt Köln.

A

## Wilhelm Ahlmann

***Dr. jur., Dr. phil., W 35, Tiergartenstr. 44***

Wilhelm Ahlmann, geboren am 17. April 1895 in Kiel als Sohn eines Bankiers, wächst in einem wohlhabenden und liberalen Elternhaus auf. Er besucht das altsprachliche Gymnasium — die sogenannte Gelehrtenschule — seiner Heimatstadt. In der Freizeit wird geritten, Tennis gespielt und gesegelt. Nach dem Abitur geht es, der Familientradition gemäß, nach England. Als 1914 der Krieg ausbricht, kehrt Ahlmann mit dem letzten Dampfer nach Deutschland zurück. Er meldet sich kriegsfreiwillig bei den Husaren in Schleswig, gilt als bester Reiter seiner Schwadron und wird, knapp 20jährig, Leutnant. Pfingsten 1915 wird er durch Schüsse in Kopf und Bein schwer verwundet. Im Januar 1916 erblindet er.

Wenige Monate später beginnt Ahlmann an der Berliner Friedrich-Wilhelms-Universität ein rechtswissenschaftliches Studium. Im Dezember 1918 promoviert er summa cum laude zum Dr. jur. Er geht nach Kiel, um Philosophie zu studieren. Ein Freund sieht ihn damals so: »sehr bleich, die Züge steinern, ein lebloser Ernst im Ausdruck, die ganze Gestalt dabei getragen von einer inneren Energie, aber von einer wahrhaft erschütternden Freudlosigkeit«. Im Juli 1923 promoviert Ahlmann mit einer Arbeit über das »optische Vorstellungserleben« (Untertitel: »Ein Beitrag zur Blindenpsychologie«) ein zweites Mal. 1925 folgt er dem Kieler Philosophen Hans Freyer nach Leipzig. Von dort kehrt er nach Berlin zurück.

Im Frühjahr 1933 läßt der 38jährige sich überreden, als Hilfsreferent für Berufungen in die Hochschulabteilung des Preußischen Kultusministeriums einzutreten. Ahlmann, der die Offenheit und Unbestimmtheit der »vitalen Aktion« des politischen Umbruchs deutlich spürt, glaubt in das Geschehen ordnend eingreifen zu können. Aber schon im September gibt er das Amt ernüchtert wieder auf.

Seine Wohnung wird nun zum Treffpunkt von Menschen, die über Staatsphilosophie, männliche Tugenden, die Geschichte der großen Mächte oder Deutschlands Zukunft miteinander reden und streiten. In der Tiergartenstraße begegnen sich die Juristen Ernst Forsthoff und ↑Carl Schmitt, der Verleger ↑Peter Suhrkamp, der Schriftsteller Hermann Kasack und der Historiker Percy Ernst Schramm. Oft ist Jens Jessen dabei, der Nationalökonom, Mitglied der illustren Mittwochs-Gesellschaft: 1933 ein Bewunderer Hitlers, endet er 1944 auf dem Schafott. Mit Claus Graf Stauffenberg führt der Gastgeber Gespräche über das Ethos des Offiziers und den Tyrannenmord, den Ahlmann aus politischen wie ethischen Gründen ablehnt.

Den Ende 1943 einsetzenden schweren Luftangriffen auf die Reichshauptstadt fällt auch Ahlmanns Wohnung und damit die Tafelrunde zum Opfer. Der ›spätgeborene Stoiker‹ führt fortan ein unstetes Leben zwischen Kiel und Berlin. Nicht wenige seiner Freunde stehen nach dem 20. Juli 1944 vor dem Volksgerichtshof. Als auch Ahlmann Ende 1944 die Verhaftung droht, wählt er den Tod, um seine Freiheit zu wahren. Er ist nicht bereit, sich von der Gestapo verhören zu lassen und Auskünfte zu geben, die Dritte gefährden könnten. Am 7. Dezember 1944 stirbt Wilhelm Ahlmann, 49 Jahre alt, an einem Kopfschuß von eigener Hand. Fast 29 Jahre seines Lebens ist er, der Klarsichtige, blind gewesen.

1951 erscheint in einem Berliner Verlag das Gedenkbuch »Tymbos für Wilhelm Ahlmann«. Zwanzig überlebende Weggefährten erinnern darin »für die Gegenwart und für kommende Geschlechter« an einen ungewöhnlichen Mann und sein sehr deutsches Schicksal.

## Gunter d'Alquen

***Hauptschriftleiter, Wannsee, Kronprinzessinnenweg 16***

Gunter d'Alquen, geboren am 24. Oktober 1910 in Essen als Sohn eines Kaufmanns, ist neben dem Rundfunkkommentator Hans Fritzsche und dem Journalisten ↑ Hans Schwarz van Berk der Star unter den Publizisten des Dritten Reichs: jung, dynamisch, intelligent, tiefbraun und bis zum Ende, ja noch darüber hinaus, treu zur Fahne stehend.

Als 14jähriger schließt sich d'Alquen 1925 der damals noch höchst unscheinbaren Hitlerjugend an. Am 25. August 1927 wird er, noch nicht 17jährig, als Mitglied Nr. 66 689 in die NSDAP aufgenommen. Mit dem Beitritt zur SA (1927) und SS (1931) sind alle Weichen für eine glanzvolle Parteikarriere gestellt. Daß sein Studium ohne Abschluß bleibt, wird durch das Engagement im örtlichen NS-Studentenbund ausgeglichen.

D'Alquen ist nicht nur ein glühender Gefolgsmann Hitlers; er kann auch schreiben. Er wird Journalist bei der *Bremer Nationalsozialistischen Zeitung*. Von dort wechselt er 1932 geradenwegs in die Berliner Redaktion des *Völkischen Beobachter*, Zimmerstr. 88. In den *Nationalsozialistischen Monatsheften* (Untertitel: »Zentrale politische und kulturelle Zeitschrift der NSDAP«) erscheint im Januar 1934 d'Alquens Aufsatz über »Das Gewissen der nationalsozialistischen Revolution«. Der Autor kommt zu dem Schluß, daß dieses kollektive Gewissen unbedingten Vorrang vor dem Gewissen des einzelnen hat. Solche Thesen gefallen dem Reichsführer-SS Heinrich Himmler. Er beruft den kaum 25jährigen im März 1935 zum Hauptschriftleiter des *Schwarzen Korps*, der »Zeitung der Schutzstaffeln der NSDAP«. Das Blatt ist zugleich das Organ der Reichsführung der SS. Es befleißigt sich, darin dem *Stürmer* Julius Streichers ebenbürtig, einer abstoßend rüden Diktion. Mit missionarischem Eifer schürt das Blatt, das vor keiner Verleumdung und Denunziation zurückschreckt, Woche für Woche die Intellektuellen-, Kirchen- und Judenfeindschaft.

D'Alquen, der seit Mai 1935 in Friedenau, Ahrweilerstr. 36, wohnt, wird 1936, inzwischen mit dem schwarzen Rock eines SS-Standartenführers (Oberst) ausgestattet, in den Präsidialrat der Reichspressekammer berufen. Er legt Wert darauf, daß sein Name »Dálken« ausgesprochen wird, damit er zumindest phonetisch als deutsch erscheint. Daß Leute seines Schlages kultiviert und liebenswürdig aufzutreten wissen, trägt vermutlich nicht wenig zur Täuschung der Zeitgenossen über den wahren Charakter krimineller Regime bei. Margret Boveri etwa, nach 1945 eine Grande Dame der bundesdeutschen Publizistik, lernt Gunter d'Alquen 1935 auf einer Journalistenreise in die Ägäis kennen, die sie als Vertreterin des *Berliner Tageblatts* unternimmt. Sie stellt fest, daß er keine brutale Bestie, sondern »ganz anders« ist, und zieht daraus den Schluß, daß »wir mit Klischees gelebt hatten« (Gillessen, S. 386 ff.). Sie, die Tochter einer US-Amerikanerin, gebärdet sich fortan zunehmend nationalistisch und lobt Hitlers Außenpolitik. Daraus entsteht ein »schwelender Dauerkonflikt« mit den Kollegen von der *Frankfurter Zeitung*, für die Margret Boveri seit 1939 schreibt.

Der Einfluß des *Schwarzen Korps* wird widersprüchlich beurteilt. Als ↑ Gottfried Benn sich Mitte Mai 1936 auf einer Dienstreise in Göttingen aufhält, macht er diese Beobachtung: »Das *Schwarze Korps* hängt ja jetzt überall in Kästen aus u. wird viel gelesen. Ich hatte in der Göttg. Universität zu tun, da hing es, es war gerade Pause u. die Studenten standen alle es lesend herum. Hätten sie geahnt, wie nahe ihnen der Teufel in Person stand, sie hätten eine Kerze angezündet.« Gunter d'Alquen sieht das natürlich ein wenig anders. Der Zeitungsmann im Dritten Reich, verkündet er im Februar 1937, sei »des größten Vertrauens würdig, denn in erster Linie ist er Soldat der Bewegung«. Soldat mit Stahlhelm, Gasmaske und Karabiner wird der für unabkömmlich erklärte Hauptschriftleiter allerdings nicht. Aber er geht gleich im September 1939 als Kriegsberichter an die Front. Der SS-Standartenführer befehligt 1941 das Kriegsberichterstatterbataillon der Waffen-SS, zu dem auch ↑ Kurt Eggers stößt. Am 28. Mai 1940 wird d'Alquen Zeuge des Massakers, das am Vortage in der Nähe der belgischen Ortschaft Le Paradis von Angehörigen des 2. SS-Totenkopf-Infanterieregiments an britischen Gefangenen verübt worden ist.

Zwischen den Frontbesuchen kehrt er immer wieder an den Berliner Arbeitsplatz zurück. Schließlich will auch der Kampf um die Köpfe gewonnen sein. Im Juli 1940 beanstandet er im *Schwarzen*

*Korps* die politisch viel zu neutralen Englisch-Lehrbücher, nach denen deutsche Schüler unterrichtet werden. Im Januar 1944 sorgt sich das Blatt um die Volkssubstanz: »Wenn nicht so viele Eltern den Irrlehren der Geburtenbeschränkung zum Opfer gefallen wären, könnten wir eine halbe Million Mann mehr unter den Waffen haben. Ein Beispiel: die Familie der Großeltern hat 12 Kinder, jedes dieser Kinder hat wiederum 12, so wäre das schon in der zweiten Generation eine Nachkommenschaft von 144 Enkeln. Nun den gleichen Kinderreichtum in der Generation der Enkel angenommen, ergibt die erstaunliche Zahl von 1728 Urenkeln von einem Paar.«

Als der Feldzug gegen die Sowjetunion zu scheitern droht, tritt d'Alquen nach einem Besuch der Nordfront im September 1943 bei Himmler dafür ein, auf die russischen Frontsoldaten verstärkt mit »großeuropäischer« Propaganda einzuwirken, um sie zum Überlaufen, aber auch zum Mitkämpfen zu bewegen. Das von Himmler nach langem Zögern gestattete »Unternehmen Skorpion« geht auf d'Alquens Anstöße zurück; sie verhelfen schließlich auch der »russischen Befreiungsbewegung« unter General Wlassow zur Anerkennung als Waffenbrüder im Kampf gegen den Bolschewismus. Das ist bei Gerald Reitlinger im einzelnen nachzulesen (S. 413 ff.).

Im Herbst 1944 drängt es d'Alquen, eine Lanze für die seit dem 20. Juli im Verborgenen praktizierte Sippenhaft zu brechen. Es gebe für Nationalsozialisten keinen Grund, sich nicht offen zu ihr zu bekennen, da doch das Bild eines die Sippe umschlingenden Bandes guter germanischer Tradition entspreche. Aber das Imprimatur, um das d'Alquen seinen Reichsführer-SS brieflich bittet, bleibt aus. Wie die Tötungen im Zeichen der Euthanasie, wie die ›Endlösung der Judenfrage‹, so soll auch die Sanktion der Sippenhaft nicht öffentlich erörtert werden.

1945 wird der hartgesottene NS-Propagandist in der US-Zone verhaftet und interniert. Aber schon wenig später genießt er offenbar einen Sonderstatus. Im Berliner *Telegraf* deckt Arno Scholz 1947 auf, was ihm eine Rüge des britischen Stadtkommandanten einträgt: Die Amerikaner hätten d'Alquen veranlaßt, sich »in rechtsradikale Organisationen einzuschmuggeln«. Erst im Juli 1955 wird er von einer Spruchkammer in Berlin (West) zu einer Geldbuße von 60 000 Mark und zum Verlust der bürgerlichen Ehrenrechte auf drei Jahre verurteilt. Zugleich werden ihm alle Ansprüche auf öffentliche Pensions- oder Rentenleistungen aberkannt. Im Januar 1958 erlegt ihm die gleiche Spruchkammer nach Überprüfung seiner Vermögenslage eine weitere Geldbuße in Höhe von 28 000 Mark auf.

Der Chef des *Schwarzen Korps* hat die Bewegung, der er mit Hingabe diente, um mehr als ein halbes Jahrhundert überlebt. Am

15. Mai 1998 ist Gunter d'Alquen, 87 Jahre alt, in Mönchengladbach gestorben. In einer Todesanzeige, die in der *Frankfurter Allgemeinen Zeitung* erscheint, dankt er posthum »seinen Freunden, seinen Kameraden und seinen ehemaligen Mitarbeitern«.

## Jürgen von Alten

***Grunewald, Egerstr. 11***

Jürgen von Alten, geboren am 12. Januar 1903 in Hannover als Sohn eines preußischen Berufsoffiziers, der es bis zum General und Kommandeur der Garde-Ulanen in Potsdam bringt, liest nach eigener Aussage nie Karl May, sondern bevorzugt Sagen und Märchen. Schon als Schüler entdeckt er seine Leidenschaft für das Theater. Kadett will er nicht werden. Nach dem Abitur nimmt er ohne Wissen der Eltern in Heidelberg Schauspielunterricht. Nach frühen Engagements in Hannover, Detmold, Allenstein und Stettin kommt er nach Leipzig, wo er erstmals auch Regie führt. 1933/34 leitet er das Komödienhaus in Dresden.

1934 wird Jürgen von Alten Direktor des Schillertheaters in Berlin. Er wohnt im Grunewald, Wissmannstr. 22; 1940 zieht er in die Egerstraße. Im Schauspielhaus am Gendarmenmarkt, dem führenden Preußischen Staatstheater, dessen Intendant Gustaf Gründgens ist, wird er Gastregisseur. Dann lockt ihn die Leinwand. 1937 gelingt Alten mit der Verfilmung von Gerhart Hauptmanns Schauspiel »Der Biberpelz«, das er zuvor in der »Komödie« am Kurfürstendamm inszeniert hat, ein großer Erfolg. 1938 ist er als Autor und Regisseur eines Fernsehfilms unter den ersten, die sich mit diesem noch unfertigen Medium anfreunden. Dem Theater bleibt er bis 1944 als Mitglied im Bühnenvorstand der von seinem Freund Hans Wölffer geführten »Komödie« verbunden.

Die später in Babelsberg gedrehten Lustspiele, Kriminal-, Arzt- und Heimatfilme folgen dem Geschmack der Zeit. Mit zwei Militärhumoresken erfüllt Alten das propagandistische Soll, um der Kriegsunlust des Volkes zu begegnen. Beide Streifen werden 1945 im Zuge des Ausmerzung des deutschen Militarismus von den Alliierten verboten. Andere unliebsame Spätfolgen zeitigt Altens Wirken im Dritten Reich nicht. Schon 1945 gründet er in Hannover ein eigenes Theater, die »Kammerspiele«. Sie fallen 1948 der Durststrecke zum Opfer, die der Währungsreform folgt; nur die dem Theater angeschlossene Schauspielschule, an der Klaus Kammer, Stefan Wigger und Helmut Wildt sich ausbilden lassen, überlebt. Alten geht nach München, um in Geiselgasteig noch einmal zu filmen: »Die Sterne lügen nicht«, »Herzen im Sturm« und »Die große Schuld« (1950–1953) sind sämtlich nur mäßig erfolgreich. Als Gastregisseur kommt er wieder nach Berlin, engagiert sich für das Kinder- und Jugendtheater. Schließlich zieht er sich in nach Lilienthal zurück, einem niedersächsischen Dorf an der Wörpe, unweit der Wümme.

Am 28. Februar 1994 ist Jürgen von Alten, 91 Jahre alt, in Bremen gestorben

## Werner von Alvensleben

***W 62, Burggrafenstr. 16***

Werner Graf v. Alvensleben, geboren am 4. Juli 1875 in Neugattersleben in der preußischen Provinz Sachsen als Sohn eines politisch ambitionierten Gutsherrn, hat zumindest eine Fußnote zur Zeitgeschichte beigesteuert: 1934 zieht er sich den Zorn des Diktators zu, wird verhaftet und kommt trotz der ihm öffentlich entgegengeschleuderten Vorwürfe inmitten einer Orgie der Gewalt mit dem Leben davon.

Am frühen Morgen des 30. Juni 1934 beginnt im bayerischen Bad Wiessee jene Mordaktion, die Hitler als Reichskanzler und Führer der NSDAP gegen einen ›Putsch‹ des Stabschefs der SA, seines Duzfreundes Ernst Röhm, inszeniert hat. Hitlers Bestreben ist es, die innerparteiliche Diskussion um die Notwendigkeit einer »zweiten Revolution« ein für allemal zu beenden und sich der selbstherrlich gewordenen SA-Führung zu entledigen. Am 13. Juli 1934 spricht Hitler im Reichstag, um sein Vorgehen vor der Nation zu rechtfertigen. In der Rede brandmarkt er Alvensleben, den er einen »Herrn von A., Ihnen allen bekannt«, nennt, als »durch und durch korrupten Hochstapler«. Mit dessen Hilfe habe Röhm hoch- und landesverräterische Fäden zu General Kurt von Schleicher, dem letzten Reichskanzler der Weimarer Republik, geknüpft.

Schon die unmittelbar nach der blutigen Abrechnung im München ausgegebene »Erklärung der Reichspressestelle der NSDAP« verurteilt die Machenschaften »einer von Adolf Hitler schärfstens abgelehnten, in Berlin bekannten obskuren Persönlichkeit«. Die Heftigkeit der Attacke läßt das Leben des Grafen als auf der Stelle verwirkt erscheinen. Warum er, der am Morgen des 30. Juni in Berlin verhaftet wird, die tödlichen Tage überlebt hat, ist ungeklärt. Immerhin sind dieser Aktion, die aller Welt signalisiert, daß Deutschland kein Rechtsstaat mehr ist, mehr als achtzig SA-Führer und Regimegegner, darunter Ernst Röhm und das mit Alvensleben befreundete Ehepaar Schleicher, zum Opfer gefallen.

Die Schonung mochte familiär bedingt sein. Der so unliebsam aufgefallene Graf gehört dem 1924 gegründeten »Deutschen Herrenklub« an, einem konservativen Zirkel, der sich zum »freien deutschen Herrenmenschen« bekennt und von der parlamentarischdemokratischen Ordnung nichts hält. Erster Vorsitzender des Klubs, der sich seit Ende 1933 »Deutscher Klub« nennt, ist damals Hans Bodo Graf v. Alvensleben-Neugattersleben, Werners jüngerer Bruder. Die Führer der NSDAP wissen es zu schätzen, daß ihnen der Klub mit seinen etwa 5000 handverlesenen Mitgliedern lukrative Kontakte zur Wirtschafts- und Finanzwelt erschließt.

Werner v. Alvensleben gefällt sich darin, hinter der Bühne als Zwischenträger, als »politischer Hasardeur« (Domarus) zu agieren. Auch Hitler ist er schon zu Diensten gewesen: In der Berliner Wohnung des Grafen trifft sich der Führer der NSDAP am 13. Juni 1932 mit dem Reichskanzler Franz von Papen, um von ihm die Aufhebung des SA-Verbots zu fordern. Am 29. Januar 1933 soll Alvensleben das Gerücht gestreut haben, der Reichskanzler Schleicher und der Chef der Heeresleitung Generaloberst ↑Hammerstein-Equord wollten die Reichswehr marschieren lassen, falls Hindenburg Hitler zum Kanzler berufe.

Alvensleben tritt den Rückzug ins Private an. Erst nach dem 20. Juli 1944, als im ganzen Reich »konservative Militärs und Adlige, die ihre Verbundenheit mit monarchistischen Traditionen nie kaschiert hatten«, in Gewahrsam genommen werden, gerät er noch einmal in Gefahr. Die Tochter Annali erinnert sich daran in ihrer Autobiographie »Abgehoben« (1998) so: »Vater, als stiller Opponent des Regimes ohnehin ständig observiert, wurde verhaftet und zunächst ins KZ Ravensbrück, dann zu Vernehmungen zurück nach Berlin ins Lehrter Gefängnis gebracht.« Im Januar 1945 wird Alvensleben vom Volksgerichtshof zu einer Haftstrafe verurteilt; im Blick auf die Restdauer des Regimes kommt das einem Freispruch gleich.

Am 30. Juni 1947, genau dreizehn Jahre nach dem »Röhm-Putsch«, ist Werner Graf v. Alvensleben, fast 72 Jahre alt, in Bremen gestorben.

## Wichard von Alvensleben

**W 30, *Martin-Luther-Str. 30***

Wichard Graf v. Alvensleben, geboren am 19. Mai 1902 auf Wittenmoor im Kreis Stendal als Sohn eines Königlich preußischen Kammerherrn, ist mit dem Vorgenannten nur weitläufig verwandt: beide gehören zur ›Schwarzen Linie‹ ihres Geschlechts, Werner aber zum 1., Wichard zum 2. Ast. Der Unterschied ist beträchtlich, wenn man bedenkt, daß jeder Ast sich wieder in ›Zweige‹ und jeder Zweig sich in ›Häuser‹ teilt.

Der Hauptmann des Heeres Wichard v. Alvensleben trägt am Ende des Zweiten Weltkriegs entscheidend zur Rettung von 160 NS-Gegnern und Sippenhäftlingen bei. Im Frühjahr 1945 ist er Kommandant des Stabsquartiers beim Oberbefehlshaber Südwest (Italien), das von Bozen ein letztes Mal verlegt werden soll, in die Hochdolomiten. Alvensleben bereitet die Verlegung nach Sexten vor. Dort erreicht ihn am Abend des 28. April ein Anruf aus Bozen. Der Generalstabschef Hans Röttiger (er wird später Inspekteur des Heeres in der Bundeswehr sein) teilt ihm über das Feldtelefon mit: »In Niederdorf ist ein Konvoi mit prominenten Leuten eingetroffen. Schauen Sie einmal nach, was los ist. Nötigenfalls für Unterbringung und Verpflegung sorgen.« Der General ist kurz zuvor von dem ehemaligen Chef der Operationsabteilung im Generalstab des Heeres, Oberst Bogislav von Bonin, telefonisch alarmiert und um Hilfe gebeten worden. Bonin, bei Hitler in Ungnade gefallen, ist einer der Häftlinge in Niederdorf.

Röttiger sagt seinem Hauptmann kein Wort von Befreiung. Die Lage ist brisant: es ist ein SS-Kommando, das den Gefangenenkonvoi aus dem KZ Buchenwald bei Weimar bis nach Südtirol begleitet hat. Alvensleben begibt sich noch am selben Abend mit seinem Fahrer in den 20 km entfernten Ort. Dort erfährt er von einem SS-Obersturmführer, daß sich unter den Gefangenen ↑Martin Niemöller, ↑Franz Halder und ↑Hjalmar Schacht befinden, ferner die Witwe des Hitler-Attentäters Claus Graf Stauffenberg, Angehörige des Stalingrad-Verteidigers ↑Friedrich Paulus und des hingerichteten Carl Goerdeler, der ehemalige österreichische Bundeskanzler Schuschnigg, der 1944 verhaftete ungarische Ministerpräsident Graf Nicholas Kallay, ein Neffe Molotows, ein britischer Geheimdienstler und mehrere Offiziere des griechischen Generalstabs. Zu den zahlreichen Frauen gehört auch die Berlinerin Isa Vermehren, die im Februar 1944 wegen der Desertion ihres Bruders in Sippenhaft genommen worden ist. Ihr Buch »Reise durch den letzten Akt« gibt nach dem Krieg erste Einblicke in die diabolische Welt der KZ-Lager.

Der Hauptmann bekommt keine Auskunft darüber, was mit den Häftlingen geschehen soll; aber ihm wird bewußt, daß rasches Handeln geboten ist. Im Morgengrauen des folgenden Tages fährt er erneut nach Niederdorf. Mit einer Truppe aus verläßlichen Unteroffizieren gelingt es ihm, das unter dem Befehl eines SS-Obersturmbannführers stehende Kommando friedlich zu überrumpeln. Alvensleben ruft den SS-General Karl Wolff in Bozen an und schildert ihm die Situation. Wolff, der bereits mit den Alliierten über einen Waffenstillstand verhandelt, will kein Blutvergießen mehr. Er beordert die SS-Mannschaft zu sich — ohne die Häftlinge. Die bleiben in Niederdorf, um am 4. Mai 1945 unversehrt den anrückenden Amerikanern übergeben zu werden. Martin Niemöller erklärt später zu Protokoll: »Hauptmann von Alvensleben hat durch sein Dazwischentreten dem gesamten Gefangenentransport das Leben gerettet.«

Der »Retter vom Pustertal«, auch darin spiegelt sich der alltägliche Horror jener Zeit, hat seine drei Jahre jüngere Frau am 29. Januar 1945 beim Einzug der Russen auf dem Familienbesitz in der Neumark verloren. Im August 1946 heiratet er die Witwe eines Majors, der 1943 einer in Rußland erlittenen Verwundung erlegen ist. Am 14. August 1982 ist Wichard v. Alvensleben, 80 Jahre alt, in Ascheberg bei Plön (Holstein) gestorben.

## A Axel von Ambesser

***Charlottenburg 2, Sophienstr. 13***

Axel von Ambesser, geboren als Axel von Oesterreich am 22. Juni 1910 in Hamburg, führt zusammen mit ↑Jürgen von Alten und ↑Lale Andersen die stattliche Reihe der alphabetisch 1941 im Berliner Telefonbuch verzeichneten Künstler der leichten Muse an. Ambessers Karriere im NS-Staat bestätigt, was für Schauspieler, Regisseure, Sänger, Komponisten und Autoren gleichermaßen gilt: Erfolg in der volksnahen Unterhaltung befreit vom Kriegsdienst und wird, ein gewisses Maß an Anpassungswilligkeit vorausgesetzt, bis zuletzt mit recht ungewöhnlichen Freiheiten belohnt.

Die tiefen Schatten, die 1933 auf Deutschlands Kunstszene fallen, hat jemand wie Ambesser kaum wahrgenommen. Ein ziviles Leben, mit kleinen Zugeständnissen hier und der Bereitschaft zum Wegsehen dort, — das ist unter Hitlers Herrschaft der Regelfall. Die Ansicht, das ganze Volk sei damals genötigt gewesen, sich aktiv und permanent zum Regime zu bekennen, ist irrig. Der US-Filmregisseur Stanley Kubrick hätte, so die Auskunft seiner Witwe im *Spiegel* vom 30. August 1999, gern noch einen Film »über das absolut normale Leben unter der Schirmherrschaft von Joseph Goebbels« gedreht.

Sein Debüt als Schauspieler gibt Axel von Ambesser 1930 in Hamburg. Über Berlin (Deutsches Theater), Augsburg und Wien (Burgtheater und Staatsoper) gelangt er an die Münchner Kammerspiele. Aber schon 1937 kehrt er mit dem Vorsatz, nun selbst Bühnenstücke und Filmskripte zu schreiben, zurück an die Spree. Anspruchslose Schwänke wie »Der Hut« (1940), »Wie führe ich eine Ehe?« (1940) und »Lebensmut zu hohen Preisen« (1943) kommen dem Regime gerade recht, um die Moral der Heimatfront zu stärken. In dem Maria-Stuart-Film »Das Herz der Königin« (1940) steht Ambesser neben Zarah Leander, Willy Birgel, Erich Ponto und Will Quadflieg wieder selbst vor der Kamera (das historische Frauendrama mit ein paar anti-englischen Spitzen wird nach dem Krieg auf Geheiß der britischen Besatzer zeitweilig verboten).

In Ambessers Erinnerungen »Nimm einen Namen mit A« (1985), gibt es etliche Szenen aus der Zeit des Dritten Reichs, die wenig glaubwürdig wirken, weil sie den Autor allzu forsch in die Rolle eines wissenden Dissidenten bugsieren. Bei einem Künstler-Empfang in der Neuen Reichskanzlei fallen Ambesser, als sich der Führer an seinen Tisch setzt, vor allem Hitlers »fleckige« und »sehr nervöse« Augen auf: »sie zitterten unruhig hin und her«. Aber der Autor trägt noch dicker auf. In der zweiten Hälfte des Jahres 1943 habe sich eines Nachmittags Helmuth Graf v. Moltke zum Tee bei ihm angesagt. Ambesser: »Wir waren von den Grundlseer Tagen her befreundet, sahen uns aber fast nie mehr«. Moltke kommt ohne Umschweife zur Sache: »Freunde und ich haben eine Widerstandsgruppe ins Leben gerufen. Wir sind der Überzeugung, daß Deutschland verloren ist, wenn der Hitler nicht beseitigt wird — ja, auch durch ein Attentat ... Du könntest Leute aufnehmen, die wir verstecken müssen. Gerade weil Du mit Politik und dem Militär nichts zu tun hast.« Ambesser ist konsterniert: »Tausend Gedanken der Angst jagten mir als erstes durch den Kopf.« Dann kommt ihm ein gutes Gegenargument in den Sinn: »Ich bin überzeugt, wenn der Krieg verloren ist, wird es in Deutschland eine kommunistische Diktatur geben, und um die herbeizuführen, möchte ich mich wirklich nicht gefährden.« So sei es im Blick auf das, »was sich im Osten etablierte«, dann ja auch gekommen. Gleichzeitig wirft sich Ambesser wortreich vor, »versagt zu haben, feige gewesen zu sein«, statt jenem Männertyp gemäß zu handeln, den er so oft auf der Bühne und im Film verkörpert habe.

Als Berlin Anfang April 1945 zur Festung erklärt wird, soll auch der uk-gestellte Ambesser als Volkssturmmann an die innerstädtische Front. Wechselnde Unterkünfte bewahren ihn eine Zeitlang davor, aufgegriffen zu werden. Dann hat er wie ↑Erich Kästner das Glück, die noch nicht umzingelte Hauptstadt verlassen zu dürfen: ein Bavaria-Dramaturg in München fordert ihn zu kriegswichtiger Filmarbeit dringend an. Drei Berliner Dienststellen — die Reichsfilmkammer, das Wehrbereichskommando in Charlottenburg und das Volkssturmbüro in Wannsee — müssen den zur Ausreise benötigten Passierschein noch mit Stempeln versehen, ehe Ambesser und seine als Schreibkraft engagierte Frau in einem Zug der Deutschen Reichsbahn dem nahenden Inferno entkommen. Auf dem Schloß der Guttenbergs bei Bamberg endet die Absetzbewegung. Dort hängt Ambesser, als die Amerikaner im Anmarsch sind, rechtzeitig »ein Bettuch als weiße Fahne zum höchsten Giebelfenster hinaus«.

Nach 1945 wird das Leichte und Heitere in dem zerstörten und zerrissenen Land erst recht zum Lebenselixier. Schon 1946 erzielt Ambesser, der nun in München wohnt, mit der Komödie »Das Abgründige in Herrn Gerstenberg« einen ansehnlichen Bühnenerfolg. In Wien und Salzburg inszeniert er Stücke von Nestroy, daheim schreibt er Drehbücher für das Fernsehen. »Kohlhiesls Töchter« (1963) erreichen ein Millionenpublikum.

Am 6. Juni 1988 ist Axel von Ambesser, knapp 78 Jahre alt, in München gestorben.

## Alexander Amersdorffer

***Prof. Dr., Zehlendorf, Kleiststr. 19–21***

Alexander Amersdorffer, geboren am 9. November 1875 in Nürnberg, studiert an der TH München Architektur, sodann Kunstgeschichte, Geschichte und Philosophie in Berlin. Nach der Promotion zum Dr. phil. tritt er 1904 in das preußische Kultusministerium ein. 1907 wird er Titularprofessor, drei Jahre später als Erster Ständiger Sekretär an die Preußische Akademie der Künste zu Berlin berufen. Er bleibt, als Wilhelm II. Thron und Krone verliert und die 1696 gegründete Akademie republikanisch wird. Zu der im März 1926 nach langem Hin und Her eingerichteten Sektion für Dichtung verfaßt Amersdorffer 1929 die Schrift »Die Akademie der Künste und die Dichter«.

Unmittelbar nach dem 30. Januar 1933 gerät die Akademie in den Strudel der politischen Gleichschaltung. Heinrich Mann, seit 1930 Präsident der Sektion für Dichtung, hat vor der Reichstagswahl vom 5. März 1933 mit mehreren Künstlern und Intellektuellen, unter ihnen ↑Käthe Kollwitz, einen Aufruf unterzeichnet, der für ein Aktionsbündnis von SPD und KPD wirbt. Das empört die neuen Machthaber. Noch im Februar 1933 verlassen die beiden prominenten Mitglieder unter Druck und Drohungen die Akademie. Heinrich Manns Nachfolger als Präsident der Sektion, die fortan auf gut Deutsch ›Abteilung‹ heißt, wird vorübergehend der von der Woge der nationalen Erhebung mitgerissene ↑Gottfried Benn.

In der Folgezeit legt der Hausmeier der Akademie am Pariser Platz neben dem Brandenburger Tor jenes Lavieren an den Tag, das nun zwölf Jahre lang zum Habitus auch der kritischen Köpfe unter den deutschen Kulturschaffenden gehören wird. Amersdorffer führt aus, was von ihm erwartet wird. Als Max Liebermann, von 1920 bis 1932 Präsident der Akademie, am 8. Februar 1935 in Berlin stirbt, weist er den Wunsch einiger Mitglieder, die Akademie möge am Grab des als Jude verfemten Malers wenigstens einen Kranz niederlegen, schroff ab. Seine Reaktion hat Ernst Barlach in einem Brief vom 15. Februar 1935 so überliefert: »Nein, kommt gar nicht in Frage, das wäre ja eine offizielle Ehrung, die ist vom Ministerium dienstlich verboten« (Piper, S. 122). Ähnlich feinfühlig ist das Schreiben formuliert, das Amersdorffer im Juli 1937 im Auftrag des Präsidenten an zehn bildende Künstler richtet, darunter ↑Ludwig Mies van der Rohe, ↑Emil Nolde, ↑Max Pechstein und der in Wien lebende Oskar

Kokoschka. Der Kernsatz des Briefes lautet: »Da nach den mir gewordenen Informationen nicht zu erwarten ist, daß Sie künftig weiter zu den Mitgliedern der Akademie zählen werden, möchte ich Ihnen in Ihrem Interesse nahelegen, möglichst sofort selbst Ihren Austritt aus der Akademie zu erklären.« Schon im Juli 1933 war der »Sachverständige für Rasseforschung beim Reichsministerium des Innern« zu Kokoschka befragt worden; er ermittelte, daß der Maler keine jüdischen Vorfahren hat. Jetzt liefert das Verdikt über die in München an den Pranger gestellte »Entartete Kunst« den Vorwand, sich all jener Akademiemitglieder zu entledigen, die, wiewohl aus rassischen Gründen unangreifbar, ausweislich ihrer Werke ›undeutsch‹ sind.

1940 eröffnet Amersdorffer die traditionelle Frühjahrsschau der Akademie mit den Worten: »Bevor wir uns nun zu einem ersten Rundgang in die Ausstellung begeben, wollen wir unseres Führers gedenken, dem auch in dieser ernsten Zeit, in der Deutschland zum Kampf um seine kulturelle Geltung angetreten ist, die Pflege unseres edelsten Besitzes, der deutschen Kunst, am Herzen liegt. Ich bitte Sie, in diesem Gedenken mit mir einzustimmen in den Ruf: Unser Führer Adolf Hitler, Siegheil!«

Gelegentlich aber trotzt auch Amersdorffer dem herrschenden Ungeist, wie es wohl jeder getan hat, der sich in diesen Jahren nicht gänzlich aufgeben wollte. Seine Gedenkrede für den am 24. Februar 1941 verstorbenen Lyriker ↑Oskar Loerke, der bis zu seiner Vertreibung aus der Akademie im März 1933 ihr Dritter Ständiger Sekretär gewesen ist, beschließt Amersdorffer mit dem fast prophetischen Satz: »In treuem Gedenken und in Dankbarkeit wird die Erinnerung an ihn auch in der Akademie für immer wach bleiben.«

Schon im Mai 1945, die Schlacht um Berlin ist kaum beendet, hält sich der vor Ort ausharrende Amersdorffer bereit, um ›seiner‹ Akademie auch unter der neuen Obrigkeit dienstbar zu sein. Ein Büroraum findet sich in der Hardenbergstraße 33. Alle Mitglieder werden aufgefordert, auf einer Postkarte mitzuteilen, wo sie in nächster Zeit zu erreichen sind und ob sie der NSDAP oder einer ihrer Gliederungen angehört haben. Der Rücklauf ist spärlich.

In seinen Denkschriften und Eingaben an den Magistrat der Stadt ist Amersdorffer kein Argument zu billig. »Eine Beseitigung der alten Akademie«, trägt er etwa vor, »müßte ja auch wie eine Bestätigung der von A. Hitler oft wiederholten Behauptung empfunden werden, daß seine Niederlage das Ende der deutschen, ja der europäischen Kultur bedeuten würde.« Ohne Scham wird nun auf Liebermanns enge Verbundenheit mit der Akademie gepocht. Doch die Hoffnung, den 250. Geburtstag würdig begehen zu können, trügt.

Während die Preußische Akademie der Wissenschaften nach ihrer Umbenennung in Deutsche Akademie der Wissenschaften schon am 1. August 1946 feierlich wiedereröffnet wird, darf der Sekretär der schönen Künste noch nicht einmal den zum Jubiläum seines Hauses verfaßten Gedenkartikel drucken lassen.

Am 13. August 1946 ist Alexander Amersdorffer, 70 Jahre alt, in Leipzig gestorben. Erst 1949 kommt es im zweigeteilten Berlin zu getrennten Initiativen, die Akademie der Künste neu zu errichten. 1950 entsteht in der Hauptstadt der DDR eine Deutsche Akademie der Künste, 1954 in Berlin (West) die Akademie der Künste. Beide beanspruchen, an die guten Traditionen der Preußischen Akademie anzuknüpfen. Erst 1993 laufen die Wege wieder zusammen: die Länder Berlin und Brandenburg einigen sich auf eine gemeinsame Akademie. Ihr Sitz ist vorerst das Haus der Akademie im Bezirk Tiergarten, Hanseatenweg 10, bis sie an ihren angestammten Ort am Pariser Platz wird zurückkehren können. Der Grundstein für den Neubau ist im Mai 2000 gelegt worden.

## A | Lale Andersen

***Schauspielerin, Halensee, Cicerostr. 49***

Lale Andersen, die Sängerin des Liedes »Lili Marleen«, wird am 23. März 1905 in Wesermünde-Lehe (heute ein Teil von Bremerhaven) als Liselotte Bunnenberg geboren. Über dem Jahr der Geburt liegt ein charmanter Schleier: es war1908, sagen das »Lexikon der Frau« (1953) und der »Große Brockhaus« von 1977. Es war 1910, sagt »Meyers Enzyklopädisches Lexikon« (1971). Es war 1911, sagt die letzte Ausgabe von »Wer ist wer« (1969/70), in der Lale Andersen zu Lebzeiten verzeichnet ist. Wir folgen mit der Datierung auf das Jahr 1905 dem Kenntnisstand der »Deutschen Biographischen Enzyklopädie« von 1995 und des »Großen Brockhaus« von 1996.

Als Liselotte Wilke — die Scheidung ihrer Ehe steht kurz bevor und die drei kleinen Kinder sind bei Verwandten untergebracht — kommt die selbstbewußte junge Frau Anfang 1931 nach Berlin, um hier ihr Glück zu suchen und Erfolg zu haben. Sie wohnt in der Caspar-Theiß-Str. 34 im Grunewald. Schon am 23. Januar 1931 singt sie der Kabarettistin und Sängerin ↑ Blandine Ebinger vor. In Liselottes Tagebuch heißt es: »Bekam von Ebinger ehrliche, beglückende Kritik.« Binnen kurzem hat sie in dem brodelnden Kulturleben der Hauptstadt Fuß gefaßt. Sie singt Chansons im Rundfunk, tritt im eben gegründeten Kabarett »Ping-Pong« auf, steht im »Theater am Kurfürstendamm« in Brechts »Mahagonny« auf der Bühne, spielt zwischendurch ein paar Sketche im »Cabaret Mascotte« in Zürich, um der in Küsnacht bei ihrer Schwester lebenden Tochter nahe zu sein, und zählt Friedrich Hollaender und ↑Erich Kästner zum Kreis ihrer Freunde und Förderer.

Im März 1933 tritt sie bei einem Gastspiel in Stuttgart erstmals als »Lale« Wilke auf. Im Juni 1933 singt sie im Hamburger Kaffeehaus »Vaterland« Lieder von der Waterkant — und bekommt die NS-Zensur zu spüren: Die Chansons seien zum Teil »verdächtig sozial«, eines habe überdies einen jüdischen Autor. Alles Protestieren ist vergeblich. Die Sängerin bricht das Hamburger Gastspiel ab, widersteht aber der Versuchung, in die Schweiz zu emigrieren.

Seit Oktober 1934 nennt sie sich Lale Andersen-Wilke; ein Jahr später fällt »Wilke« weg. In München spielt sie an der Seite von ↑Axel von Ambesser, am »Schauspielhaus« in Zürich übernimmt sie an der Seite von Albert und Else Bassermann eine Männerrolle in Shakespeares »Richard der Dritte«. In Berlin sind zwischen 1938 bis 1942 das »Kabarett der Komiker« und die »Scala« ihre Bühnen.

1938 singt Lale Andersen zum ersten Mal das 1915 von Hans Leip gedichtete und von Norbert Schultze neu vertonte Wachtposten-Lied mit dem »Lili Marleen«-Refrain. Viel Beachtung findet es nicht. Die stellt sich erst ein, als Hitler halb Europa mit Krieg überzogen hat. Im Sommer 1941 legt der deutsche Soldatensender Belgrad mehrmals die Andersen-Platte auf. Als sie abgesetzt wird, hagelt es Hörerproteste: bitte weitermachen! Seitdem schickt Belgrad jeden Abend um kurz vor zehn Uhr das sehnsuchtsvolle Soldatenlied der »Lili Marleen« in den Äther. Die Andersen ist von dem Siegeszug des Liedes, dessen Ausstrahlung im fernen Belgrad ihr übrigens nichts einbringt, überrascht und beglückt. »Vor der Kaserne, vor dem großen Tor« wird, mehrfach übersetzt, bei Freund und Feind zum populärsten Schlager des Zweiten Weltkriegs.

Am 19. Oktober 1942 richtet der Reichskulturwart Hinkel im Auftrag des Propagandaministers Goebbels ein vertrauliches Schreiben an acht hohe NS-Kulturfunktionäre. Er teilt mit, Lale Andersen dürfe »nicht mehr künstlerisch tätig« sein. Außerdem »hat die Gestapo bei Lale Andersen-Wilke eine Pass- und Ausreisesperre verhängt«. Die Sängerin habe bis Mitte 1942 »mit jüdischen Emigranten in der Schweiz — besonders mit dem berüchtigten Dramaturgen Dr. Samuel Hirschfeld in Zürich — in fortlaufender Korrespondenz gestanden«. Ein »Auftrittsverbot für Rundfunk, Bühne und Film« ist die Antwort auf diese »besondere Würdelosigkeit«. Lale Andersen unternimmt einen Selbstmordversuch

Das Publikum erfährt davon nichts. Aber es gibt Gerüchte, die auf die Stimmung drücken. Der Soldatensender Belgrad spielt »Lili Marleen« weiterhin Abend für Abend. Goebbels lenkt ein. Mitte Juni 1943 tritt Lale Andersen erstmals wieder öffentlich auf. In Dresden singt sie vor 3000 Menschen — und ist selig. Nur ›ihr‹ Lied darf sie nicht singen. Sie hat Hinkels Drohung im Ohr: »Jegliche Verbindung Ihres Namens mit dem Soldatenlied ›Lili Marleen‹ hat in jedem Fall zu unterbleiben.« Dabei weiß jeder, daß Lale Andersen vor allem die ›Lili Marleen‹ ist.

Nach dem Krieg sind die Hinkels fort. Die Sängerinnen singen wieder, was sie wollen. Lale Andersen, die 1949 den Schweizer Komponisten Arthur Beul geheiratet hat, eilt als Legende ihrer selbst von Auftritt zu Auftritt. In den USA wird sie ebenso gefeiert wie in Rußland, auf der großen »Alamein Reunion« der britischen Afrikakämpfer in London 1949 ebenso wie beim 5. Bundestreffen des Deutschen Afrika-Korps in Düsseldorf 1956.

Am 29. August 1972 ist Lale Andersen, 67 Jahre alt, in Wien nach einem Blutsturz gestorben. Wenige Tage zuvor hat sie in Bremerhaven ihre romanhaft ausgeschmückte Autobiographie vorgestellt: »Der Himmel hat viele Farben«. 1981 zeichnet die Tochter Litta Magnus Andersen das Leben ihrer Mutter anhand von Tagebuchaufzeichnungen und Dokumenten nach: »Lale Andersen — die Lili Marleen«. Im selben Jahr kommt auch Rainer Werner Fassbinders »Lili-Marleen«-Film in die deutschen Kinos.

## A Herbert Antoine

***Dr., Volkswirt, Zehlendorf, Zinsweiler Weg 23***

Herbert Antoine wird am 5. Februar 1902 in Berlin als Sohn des Kunstmalers Otto Antoine geboren. Der Vater (1865–1951) hat Straßen, Plätze und Bauten der alten Hauptstadt und des benachbarten Potsdam immer wieder mit Zeichenstift und Pinsel porträtiert. Der Sohn studiert nach einer kaufmännischen Lehre Wirtschaftswissenschaften. 1926 tritt er in die kurz zuvor gegründete Reichsrundfunk-Gesellschaft ein. Das junge Medium Radio, das den drahtlosen Transport von Stimmen und Tönen über weite Entfernungen möglich macht, schickt sich eben an, die Welt zu erobern. 1928 werden in Deutschland bereits zweieinhalb Millionen Hörer erreicht.

Im April 1933 wird der aktive Sozialdemokrat als politisch unzuverlässig fristlos entlassen. Antoine hatte sich 1932 geweigert, Radiozeitungen der NSDAP bei der Berliner Funkausstellung auszuhängen. Der Staat der »nationalen Revolution« sieht im Radio von Anfang an ein Führungsmittel, das vor allem der Festigung seiner Herrschaft dient. Die Reichsrundfunk-Gesellschaft wird folgerichtig der Aufsicht des im März 1933 errichteten Reichsministerium für Volksaufklärung und Propaganda unterstellt. Wie zahlreiche andere, die unter Hitler den öffentlichen Dienst quittieren müssen, findet der 31jährige Antoine seine Nische in der expandierenden privaten Wirtschaft. Im Mai 1944 spricht er mit Julius Leber über die Gestaltung des Rundfunks unter einer neuen Regierung. Am 5. Juli 1944 wird Leber von der Gestapo verhaftet und am 5. Januar 1945 in Plötzensee hingerichtet. Später übermittelt ↑Annedore Leber einen letzten Gruß ihres Mannes: Er hoffe, den Zehlendorfer Freunden einen großen Dienst erwiesen zu haben; er habe keinen Namen preisgegeben.

Im Mai 1945 stellt sich der in Berlin ausharrende Antoine alsbald dem Wiederaufbau der in Trümmern liegenden Stadt und ihres politischen Lebens zur Verfügung. Nach der Neugründung der SPD und den ersten freien Wahlen führt er die SPD-Fraktion im Zehlendorfer Bezirksparlament. Am 1. November 1949 als Hauptreferent für das Rundfunkwesen in der Abteilung Volksbildung des Magistrats berufen, begleitet er die frühen Jahre des Senders Freies Berlin. Später ist er für Film und Funk beim Senator für Volksbildung zuständig.

Bürger wie Antoine haben unspektakulär dazu beigetragen, daß die deutsche Hauptstadt für das NS-Regime stets ein schwieriger Ort geblieben ist. Ungeachtet der verständlichen Neigung, bei der Würdigung des Widerstands vor allem die Totenlisten zu befragen, soll auf diesen Seiten auch jener gedacht werden, die sich in dunkler Zeit treu geblieben und mit dem Leben davongekommen sind. Am 6. Juni 1992 ist Herbert Antoine, 90 Jahre alt, in Berlin gestorben.

## Manfred Baron von Ardenne

***Versuchslaboratorium, Lichterfelde, Jungfernstieg 19***

Manfred Baron von Ardenne, geboren am 20. Januar 1907 in Hamburg als Sohn eines Offiziers, wächst in Berlin auf. Der Vater ist kurz vor dem Ausbruch des Ersten Weltkriegs in das Preußische Kriegsministerium versetzt worden; der Kriegsminister, General von Falkenhayn, ist ein Freund der Familie.

Ardenne beginnt sein langes Forscher- und Erfinderleben schon in den Kinderschuhen, und er bleibt von Anfang an fast monomanisch dem technischen Fortschritts auf der Spur. Gute Gesundheit, hartnäckiger Fleiß und ein unversiegbarer Optimismus — das sind für ihn die notwendigen Grundstoffe einer »erfolgreichen und harmonischen Lebensführung«. An keinem dieser Güter leidet er Mangel. Die politischen Machtwechsel, deren Zeuge und Spielball er wird, läßt er mit der selbstgewissen Ruhe eines den Erschütterungen der Außenwelt entzogenen und auf geschmeidige Art anpassungsbereiten Wissenschaftlers über sich ergehen. Er kann darauf bauen, daß sein Können und seine Geniestreiche von jedem Regime gebraucht und angemessen honoriert werden. Fast unübersehbar viele Felder, von der Elektronik bis zur Atomphysik, von der Saatgutbeize bis zur Krebstherapie, hat das Phänomen Ardenne anwendungsorientiert beackert und dabei eine Ernte von über 600 Patenten eingefahren.

Das Tempelhofer Realgymnasium verläßt der 16jährige ohne Abitur. Das Scheitern ist seine Chance; es macht ihn frei für das, wovon er besessen ist. Im elterlichen Haus wird mit wachsendem Erfolg experimentiert. Aber auf den Rat des Berliner Naturwissenschaftlers und Nobelpreisträgers Walther Nernst schreibt sich der Autodidakt 1925 dann doch an der Friedrich-Wilhelms-Universität ein und hört vier Semester lang Vorlesungen über Physik, Chemie, Mathematik. Das »lebendige Vorbild der großen Wissenschaftler«, darunter ↑Max Planck, Albert Einstein und Max von Laue, beeindruckt ihn tief. 1930 gelingt Ardenne mit der Weiterentwicklung der Braunschen Röhre ein bedeutender Beitrag zum Einstieg in die Ära des Fernsehens.

Als Hitler Kanzler wird, verfügt der eben 26jährige bereits über ein eigenes Forschungslabor für Elektronenphysik. Der Wirtschaftsaufschwung bringt lukrative Aufträge, unter anderem von der Reichspost, und staatliche Förderung. 1937 baut Ardenne das erste voll funktionstüchtige Raster-Elektronenmikroskop (scanning electron microscope). 1938 grüßt er von der Hochzeitsreise über eine zwischen München und Berlin geschaltete Fernseh-Sprechverbindung die Schwiegereltern. Nach der Funkmeßtechnik, die später zur Erfindung des Radar führt, wendet sich Ardenne der kernphysikalischen Isotopenforschung zu, in der Deutschland führend ist. Aber es kommt weder zu einer planvollen Kooperation mit den Kollegen der Berliner Kaiser-Wilhelm-Institute, vor allem mit ↑Otto Hahn und ↑Carl Friedrich von Weizsäcker, noch zu klaren Zielvorgaben der politischen Führung.

Im Telefonbuch-Nachtrag von 1943 ist Ardenne mit einer zusätzlichen Rufnummer verzeichnet: Indiz dafür, daß sein Forschungslabor floriert. Doch nun setzen die Kriegsnöte andere Prioritäten. »Welch tiefes Glück umgab uns zuweilen selbst in den Zeiten der Bombennächte über Berlin, wenn wir die Gesichter unserer schlafenden Kinder betrachteten«, erinnert sich der Vater. Anfang 1945 wird Ardenne noch in den Reichsforschungsrat berufen. Später wird er sagen, den damals Herrschenden Arbeitsergebnisse bewußt vorenthalten zu haben.

Ende April 1945 erreicht die Front Lichterfelde, wo Ardenne neben seinem Institut im Schutz eines privaten Bunkers mit der Familie ausharrt. Dann treten die sowjetischen Sieger auf den Plan und nehmen ihn in Gewahrsam. Am 19. Mai 1945 wird ihm ›vorgeschlagen‹, mit allem, was nicht niet- und nagelfest ist, in die Sowjetunion überzusiedeln und dort ein technisch-physikalisches Forschungsinstitut zu leiten. Acht Jahre lebt und arbeitet Ardenne in Sinop bei

Suchumi am Schwarzen Meer. Nach zwei weiteren Jahren beschäftigungsloser Quarantäne, auf der die Sowjets bestehen, kehrt der Stalinpreisträger im Sommer 1955 zurück in die Heimat, freilich nicht nach Lichterfelde in den Westteil Berlins, sondern nach Dresden.

Ardennes Tatendrang ist ungebrochen, der Lebensstil rastlos. Sein (privates) Forschungsinstitut hat zeitweise über 500 Mitarbeiter. Bald ist kein Wissenschaftler der DDR, drinnen wie draußen, bekannter und angesehener als er. Den SED-Staat stützt der parteilose Baron, der unverkürzte Reisefreiheit genießt, bereits durch seine Präsenz, sein freiwilliges Bleiben und Mitmachen. Die Führung ist es zufrieden, wenn Ardenne ab und an eine öffentliche Rede hält, vor dem Nationalrat der Nationalen Front etwa oder, so im Mai 1985, auf dem XII. FDJ-Parlament. Seit 1963 gehört Ardenne der Volkskammer an und spielt dort wie alle anderen den Ja-Sager.

Doch dann geht er auf Distanz zu den Machtverwaltern. Er hat handfeste Gründe dafür: »Seit 1970 war bei uns wie in den meisten anderen Betrieben der DDR jede Weiterentwicklung und Modernisierung durch die törichte, totale Gewinnabschöpfung (90% Besteuerung!) blockiert.« Natürlich ist auch Ardenne in die »Lebenslüge der DDR-Intellektuellen« (Jens Reich) verstrickt. Als ich ihn 1978 bei einer Begegnung im Westteil Berlins frage, was er von der Regimekritik seines Kollegen Robert Havemann halte, antwortet er knapp, Havemann sei »ein paar Jahre zu früh gekommen«.

Am 26. Mai 1997 ist Manfred von Ardenne, 90 Jahre alt, in seinem Haus auf dem »Weißen Hirsch« in Dresden gestorben. Auf den bis zuletzt erhofften Nobelpreis hat er vergeblich gewartet.

## Adolf Arndt

***Dr., Rechtsanwalt, W 15, Kurfürstendamm 186***

Adolf Arndt, geboren am 12. März 1904 in Königsberg (Ostpreußen) als Sohn des Staatsrechtlers Adolf Arndt (1849–1926), lernt Berlin wie der Vater, der das Französische Gymnasium besucht hat, schon in jungen Jahren kennen: als Schüler des Kaiserin-Augusta-Gymnasiums. In Berlin studiert er Jura und besteht mit 21 Jahren sein Referendarexamen, hier heiratet er ein Jahr später, und hier läßt der Einser-Jurist sich am 15. Juli 1933 als Anwalt nieder.

Kurz zuvor ist Arndt, seit August 1931 Richter am Kriminalgericht in Moabit, aus dem preußischen Justizdienst entlassen worden. Kurz nach der Verabschiedung des Ermächtigungsgesetzes durch den Reichstag am 23. März 1933 wird allen ›nichtarischen‹ Richtern und Staatsanwälten im Deutschen Reich dienstlich mitgeteilt, sie seien mit Wirkung vom 1. April 1933 beurlaubt. »Das Betreten der Gerichtsgebäude wird ihnen verboten«, heißt es in der für Preußen geltenden

Einstweiligen Anordnung, die Hans Kerrl, der nationalsozialistische Justizminister, erlassen hat. Diese Maßnahme eilt dem Reichsgesetz vom 7. April 1933, das als »Gesetz zur Wiederherstellung des Berufsbeamtentums« ausgegeben wird, voraus. Danach sind Beamte und Richter »nicht arischer Abstammung« ohne Pensionsanspruch in den Ruhestand zu versetzen, »wenn sie nicht mindestens eine zehnjährige Dienstzeit vollendet haben«. Vier Tage später legt eine Verordnung fest, was »nicht arische Abstammung« bedeutet: »Es genügt, wenn ein Elternteil oder ein Großelternteil nicht arisch ist.«

Adolf Arndt, evangelisch getauft, stammt väterlicherseits von jüdischen Großeltern ab. Er zählt somit zu den Betroffenen (und wird deshalb auch als Assistent der Juristischen Fakultät der Berliner Universität entlassen). Als der junge Richter am 1. April 1933 — an diesem Tage werden in Deutschland erstmals jüdische Geschäfte boykottiert und antisemitische Ausschreitungen begangen — vorbei an bewaffneten SA-Posten das Moabiter Gericht betritt, ist sein Platz in der Strafkammer bereits mit einem ›arischen‹ Ersatzrichter besetzt. Arndts Protest bleibt vergeblich.

Später wird das am 15. September 1935 in Nürnberg vom Reichstag einstimmig beschlossene »Gesetz zum Schutze des deutschen Blutes und der deutschen Ehre« ihn und seinesgleichen als »Halbjuden« kennzeichnen. Die Erste Verordnung zum Reichsbürgergesetz vom 14. November 1935 ist in der Wortwahl noch hemmungsloser: Wer wie der evangelische Christ Adolf Arndt zwei jüdische Großelternteile hat, gilt als »jüdischer Mischling ersten Grades«. Die schon bald tödlich bedrohten »Volljuden« definieren sich durch ihre Abstammung von mindestens drei jüdischen Großelternteilen oder aber ihre Zugehörigkeit zur israelitischen Religionsgemeinschaft, mögen die Vorfahren dieser sogenannten Glaubensjuden auch sämtlich arisch sein.

Die nichtarischen Anwälte, selbst die ›volljüdischen‹ unter ihnen, sind als Freiberufler vorerst besser gestellt als die Beamten und Richter. Nach dem »Gesetz über die Zulassung zur Rechtsanwaltschaft« vom 7. April 1933 kann ihnen die Zulassung versagt werden; sie muß es aber nicht. Am 9. April 1933 stellt Adolf Arndt den Antrag, als Anwalt zugelassen zu werden. Er verweist darin auch auf ein Urteil »gegen den Herrn Reichsminister Dr. Goebbels« vom Oktober 1931, an dem er mitgewirkt habe: Goebbels habe »gegen dieses Urteil keine Rechtsmittel eingelegt«. Arndts Antrag wird alsbald stattgegeben, wohl auch deshalb, weil seine Frau arisch und sein Schwiegervater Otto Helbing (wohnhaft in Zehlendorf, Machnower Str. 37) Ministerialdirigent im preußischen Finanzministerium ist.

Arndt beweist erneut Mut. Statt eine eigene Kanzlei zu eröffnen, schließt er sich einem ›volljüdischen‹ Anwalt als Partner an: Fritz

Schönbeck, einem Mitglied der gerade aufgelösten SPD, der eben noch, als Ministerialrat, wohlbestallter preußischer Beamter gewesen ist. Sozietäten zwischen arischen und nichtarischen Anwälten sind seit dem 20. Juli 1933 ohnehin verboten. Bald dürfen letztere auch keine deutschen Klienten mehr betreuen, die arisch sind.

Ende November 1938 wird allen ›volljüdischen‹ Anwälten die Zulassung entzogen. Auf Antrag kann ihnen gestattet werden, fortan als ›Konsulenten‹ ohne Zugang zu den Gerichten beratend tätig zu sein. Schönbeck stellt keinen solchen Antrag, sondern betreibt auf Drängen Arndts seine Auswanderung. Er schafft es, Deutschland im August 1939, kurz vor Toresschluß, zu verlassen. 1971 ist er hochbetagt in London gestorben.

Arndt bleibt allein zurück. Er übernimmt wie bisher politisch riskante Mandate, berät jüdische Bürger in Vermögensfragen, vertritt das legendäre Frankfurter »Institut für Sozialforschung« sowie eine Reihe amerikanischer Firmen und Stiftungen. Er ist erfolgreich, kauft Bilder verfemter Künstler und zieht sich, sooft er kann, in das niederschlesische Landhaus der Familie bei Marklissa (Kreis Lauban) zurück. Dort geht seine Kunstsammlung später verloren.

Im Juli 1944 wird der ›Halbjude‹ Arndt in Frankreich in ein Arbeitslager der Organisation Todt (O.T.) eingewiesen, — neben dem »Volkssturm« das letzte Aufgebot zur Stärkung einer wankenden Front. Es ist eine reichsweite Aktion. »Hiesige Halbjuden«, schreibt der Schriftsteller Hermann Stresau am 15. Oktober 1944 in sein Göttinger Tagebuch, »werden zur O.T. zum Schippen verschickt auf Veranlassung der Gestapo«.

Adolf Arndt überlebt. Ein einziges Mal hat er später, als er im Hessischen Justizministerium mit dem Neuaufbau des Rechtswesens befaßt ist, öffentlich über sein Schicksal im Dritten Reich gesprochen. Am 4. Juni 1947 flicht er in sein Referat über »Das Verbrechen der Euthanasie« auf dem Konstanzer Juristentag die Sätze ein: »Zwölf Jahre war ich von Hitler außerhalb des Rechts gestellt und befand mich Ende des Krieges am Beginn des Weges zur Gaskammer. Mir ist widerfahren, was Sklaverei bedeutet. Wir waren damals Russen und Spanier, Holländer und Tschechen, Franzosen und Deutsche, aber hatten Nation und Namen verloren.« Bitter beklagt er, »daß zur gleichen Zeit, als Hitler mir Ehre und Freiheit nahm und mir nach dem Leben trachtete, er meinen einzigen Sohn, ein Kind noch, an die Kanone stellen ließ, um Berlin zu verteidigen, aber mit dem Befehl des Vorgesetzten, daß die anderen Soldaten mit diesem ›Juden‹ keine Kameradschaft pflegen sollten. Seit über zwei Jahren (ist mein) Sohn nun in Kriegsgefangenschaft ... So bin ich erbarmungslos von beiden Seiten geschlagen und gelte für die ›Arier‹ als Jude, für die Juden als ›Arier‹, für die

Alliierten als Deutscher und für manchen Deutschen sozusagen als Alliierter und will doch nur ein Mensch sein.«

1946 ist Arndt der SPD beigetreten. 1948/49 gehört er dem Frankfurter Wirtschaftsrat, dem westdeutschen Vorparlament, an. 1949 wird er in den Bundestag gewählt und bleibt volle zwei Jahrzehnte Abgeordneter. Als Fraktionsgeschäftsführer (1949–1961), als Mitglied des Vorstands der SPD (1956–1964), vor allem aber als ihr unbestrittener ›Kronjurist‹ ist sein Einfluß groß. Allein der Ausflug in die Berliner Landespolitik bleibt glücklos: Am 11. März 1963 zum Senator für Wissenschaft und Kunst im letzten von Willy Brandt geführten Senat gewählt, tritt Arndt bereits ein Jahr später, am 31. März 1964, zurück.

Der geistvolle und eloquente Jurist hat Baudelaire und Valéry übersetzt und zahlreiche Aufsätze und Essays zu Kunst- und Kulturfragen verfaßt. Am 13. Februar 1974 ist Adolf Arndt, fast 70 Jahre alt, in Berlin gestorben.

## A | Hans von Arnim

***Dr. jur., Oberkonsistorialrat, Wilmersdorf, Landauer Str. 13***

Hans von Arnim, geboren am 12. Oktober 1889 auf dem Rittergut Willmine im Kreis Templin (Uckermark) als Sohn eines Landrats, besucht das Gymnasium in Prenzlau und folgt nach dem Abitur dem väterlichen Wunsch, der Sohn möge Verwaltungsbeamter werden. Er studiert Rechtswissenschaft in Göttingen, Kiel, Straßburg und Grenoble. An der Straßburger Reichsuniversität hört er auch den Nationalökonomen Georg Friedrich Knapp, den Vater von Elly Heuss-Knapp. Als im August 1914 der Krieg ausbricht, meldet sich der frischgebackene Referendar, wie Hunderttausende andere auch, freiwillig zu den Waffen. Seiner schwachen Gesundheit wegen wird er ausgemustert, noch ehe sein Ulanen-Regiment von Fürstenwalde an die Front rückt. Im Juli 1915 wird Arnim als Adjutant des Chefs der deutschen Zivilverwaltung in Belgien nach Brüssel geschickt; später ist er in Gent verwaltend tätig. Im November 1918 glückt ihm mit knapper Not die Rückkehr in die Heimat.

Nach dem Assessorexamen tritt Hans von Arnim 1919 in Berlin in das Wiederaufbauministerium ein; zu seinen Aufgaben gehört die Betreuung deutscher Staatsangehöriger, die sich vor Gerichten der Siegermächte zu verantworten haben. 1921 wechselt er zur Reichsfinanzverwaltung. Er sieht die innere Zerrissenheit der jungen Republik und empfindet die Friedensbedingungen, die dem Deutschen Reich »in Verkennung der Lage und ohne Weitblick« auferlegt sind, als »furchtbar hart«. Doch inmitten der Misere entfaltet sich in der Hauptstadt die inzwischen legendäre Blüte eines unvorstellbar reichen geistigen und künstlerischen Lebens.

Im Mai 1928 verläßt der 38jährige den Staatsdienst, um als Konsistorialrat in die Verwaltung der Evangelischen Kirche einzutreten. Als das Dritte Reich ausbricht, gerät die Kirche alsbald in heftige Turbulenzen. Der NS-Staat setzt auf den Sieg der nationalen und regimetreuen Glaubensbewegung der Deutschen Christen. Als Gegengründung tritt im Mai 1934 die Bekennende Kirche (BK) um die Berliner Theologen ↑Otto Dibelius und ↑Martin Niemöller auf den Plan. Ihr schließt sich auch Arnim an. Trotzdem wird er 1935 vom Kirchenminister Hanns Kerrl zum Leiter der kurzerhand unter staatliche Kuratel gestellten kirchlichen Finanzabteilung ernannt. Arnim nutzt die Funktion, um der BK die für ihre Arbeit dringend benötigten Mittel zuzuweisen. 1938 wird er wegen seiner Teilnahme an den Synoden und Tagungen der BK amtsenthoben. Zugleich wird sichtbar, daß die Bekennende Kirche auf den erhofften breiten Zuspruch der deutschen Protestanten nicht rechnen kann. Die Strafverfahren gegen Dibelius, Niemöller und andere werden vom Kirchenvolk schweigend hingenommen. So sind die — in der Hauptstadt besonders zahlreichen — Bekenntnispfarrer darauf verwiesen, vor Ort das ›wahre Evangelium‹ zu verkünden, in Not geratenen Pfarrbrüdern Hilfe zu leisten und über zeitgemäße Bibelworte wie dieses zu predigen: »Man muß Gott mehr gehorchen als den Menschen« (Apostelgeschichte 5, Vers 29).

In den Erinnerungen Hans von Arnims gibt es eine Szene, die hier wörtlich zitiert sei: »Meine Fühlung mit der Bekennenden Kirche wurde mit der Zeit enger. Ich nahm häufig an Besprechungen im größeren Kreise teil, auch im Kriege noch. So war ich einmal in einer Juristenbesprechung anwesend, zu der unvermutet auch Dibelius erschien. Er erzählte, daß er vor kurzem das Vertrauen eines jungen SS-Mannes erworben hatte.« Der habe ihm aus eigenem Erleben berichtet, in einem abgelegenen Lager träfe »täglich eine Reihe von Zügen mit Juden ein. Man ließe sie aussteigen und sich bald danach ausziehen unter dem Vorgeben, sie sollten zunächst ein Bad nehmen. Tatsächlich würden sie aber sogleich in Gaskammern geführt. Wenige Minuten später seien sie dann tot« (S. 61). Der ›junge SS-Mann‹ dürfte Kurt Gerstein (1905–1945) gewesen sein, der auch Niemöller von dem blutigen Geschehen hinter der Front und den Gaskammern in den Vernichtungslagern unterrichtet hat. Bis zuletzt ist dieses Wissen von keiner Kirchenkanzel zur Sprache gebracht worden; es hat nicht einmal zu der Frage Anlaß gegeben, wie es komme, daß derartige Gerüchte die Runde machten. In der Tat hätte sich wohl nur der römische Papst eine solche verbale Intervention leisten können, ohne sogleich ein Opfer des staatlichen Terrors zu werden.

Im Sommer 1943 wird die Wilmersdorfer Wohnung der Arnims durch Bomben zerstört. Sie ziehen nach Kleinmachnow und von dort nach Zehlendorf. Hier erlebt die Familie den letzten Akt: »Am 25. April standen plötzlich zwei Russen auf der Straße vor unserem Hause. Sie unterhielten sich, soweit möglich, mit den herausgekommenen Menschen und verteilten Zigaretten. Das Verhalten beruhigte manchen, jedoch nur vorläufig. Denn schon, als ich wenig später zum Kaufmann gehen mußte, kehrte ich ohne Uhr zurück« (S. 73). Schlimm sind erst die nächsten Tage — es wird geplündert und vergewaltigt. Langsam kehrt der Alltag zurück. Hans von Arnim, zum Gründungsausschuß der Berliner CDU gehörig, wird von Bischof Dibelius zum Präsidenten des Konsistoriums der Evangelischen Kirche Berlin-Brandenburg ernannt (1982 wird Manfred Stolpe in dieses Amt berufen). Der Arbeitsplatz des Kirchenbeamten, der jetzt in der Lindenthaler Allee 11 nahe dem Mexikoplatz wohnt, ist vormittags im Westen, nachmittags im Osten der noch ungeteilten Stadt.

1959, ehe noch der Mauerbau die Reste der kirchlichen Einheit beseitigt, tritt Hans von Arnim in den Ruhestand. Am 9. Juni 1971 ist er, 81 Jahre alt, in Berlin gestorben.

## B Leo Israel Baeck

***Dr., Schöneberg, Am Park 15***

Leo Baeck, geboren am 23. Mai 1873 als Sohn eines Rabbiners in Lissa (preußische Provinz Posen, seit 1919 polnisch), entscheidet sich frühzeitig für den Beruf des Vaters. 1897 wird er Rabbiner in Oppeln, 1907 in Düsseldorf. 1912 wird er nach Berlin, an die bedeutendste jüdische Gemeinde im Deutschen Reich, berufen. Hier bleibt er bis 1943.

Der Historiker Raul Hilberg schreibt in seinem Buch »Täter, Opfer, Zuschauer« (1992) über den frühen Baeck: »Er gehörte zu den liberalen Juden, blieb aber in seiner Religionsauffassung traditionell. Weder war er Zionist, noch verurteilte er den Zionismus. Kurz nach Ausbruch des Ersten Weltkriegs hatte er sich freiwillig als ›Feldrabbiner‹ gemeldet. Er kam jedoch nicht als Kriegspfarrer in Frage, weil die deutsche Reichswehr (recte: das preußische Heer; eine Reichswehr gibt es erst in der Weimarer Republik. H.J.) nur protestantische und katholische Geistliche einstellte; dennoch durfte er deutsche Uniform tragen und darin öffentlich für den Kaiser und das Deutsche Reich beten.«

Schon während der Weimarer Republik wird Leo Baeck zur führenden Gestalt der deutschen Juden. Seine Schriften zur jüdischen Identität und zur Religionsphilosophie tragen dazu nicht wenig bei. Baecks Hauptwerk »Das Wesen des Judentums« ist bereits 1905 erschienen. Auf ihn, den Präsidenten des Allgemeinen Deutschen Rabbinerverbandes und Vorsitzenden der Zentralwohlfahrtsstelle der jüdischen Gemeinden in Deutschland, fällt 1933 die Wahl, als es den Präsidenten einer »Reichsvertretung der deutschen Juden« zu bestimmen gilt. Aber gegen die Flut antijüdischer Gesetze, Verordnungen und Erlasse richtet die Vertretung nichts aus. So leistet sie Hilfe bei der massenhaft einsetzenden Emigration.

1935 wird Baeck erstmals verhaftet. Er hat für die jüdischen Gemeinden ein Gebet verfaßt, in dem es heißt: »Mit derselben Kraft, mit der wir unsere Sünden bekannt, die Sünden des einzelnen und die der Gesamtheit, sprechen wir es mit dem Gefühl des Abscheus aus, daß wir die Lüge, die sich gegen uns wendet, die Verleumdung, die sich gegen unsere Religion und ihre Zeugnisse kehrt, tief unter unseren Füßen sehen. Wir bekennen uns zu unserem Glauben und unserer Zukunft.« Zu Baecks Entlassung trägt auch ein langer Bericht des Berliner Korrespondenten der Londoner *Times* bei.

1939 wird die Vertretung genötigt, sich in »Reichsvereinigung der Juden in Deutschland« umzubenennen; ›deutsche Juden‹ kennt der NS-Staat nicht. Unter dem neuen Namen ist sie im Telefonbuch 1941 verzeichnet; in Charlottenburg, Kantstr. 158, hat sie ihren Sitz.

Wenig später erklärt sich die Führung der Reichsvereinigung unter dem massiven Druck der Gestapo und des durch einen Erlaß Himmlers vom 27. September 1939 errichteten Reichssicherheitshauptamts (RSHA) bereit, bei der Erfassung und Deportation der deutschen Juden mitzuwirken. Die Situation ist ausweglos. Im Weigerungsfall, so argumentieren Baeck und ↑ Moritz Henschel, begebe man sich jeder Chance, mäßigenden Einfluß auszuüben, Im Rückblick freilich erscheint die Entscheidung fatal; bei vielen hat sie scharfe Kritik gefunden. Im Dezember 1997 hat Baecks Sekretärin sich an jene Jahre in einem Aufsatz erinnert, der den Titel trägt: »Als Leo Baeck mit Eichmann verhandelte …«. Eichmann, heißt es dort, »machte einen intelligenten, immer wachen Eindruck. Er war höflich-verbindlich, aber gleichzeitig zynisch, arrogant und eiskalt.«

Der Bekenntnispfarrer ↑ Heinrich Grüber erinnert sich an seine Zusammenarbeit mit dem Vorstand der Reichsvertretung der Juden so: »Meine Gesprächspartner waren meistens Oberrabbiner Dr. Leo Baeck und Ministerialrat Otto Hirsch. Nun standen wir fast täglich miteinander in Verbindung. Bei einem meiner ersten Besuche (im) Reichssicherheitshauptamt der SS erschien ich noch gemeinsam mit drei Herren von der Reichsvertretung. Es war ein Stuhl da, und der wurde mir angeboten. Meine Begleiter sollten stehen. Daraufhin habe ich gesagt: ›Wenn die drei Herren stehen, stehe ich auch.‹ Seitdem wurde ich nicht mehr mit ihnen zusammen vorgelassen.«

Im Herbst 1943, als die letzten Transportzüge Berlin in Richtung Osten verlassen haben, wird auch Leo Baeck nach Theresienstadt deportiert. Wie ↑Berl Coper überlebt er das Ghetto. Nach dem Kriege nimmt Baeck seine schriftstellerische und humanitäre Arbeit wieder auf. In London gründet er das »Council of Jews from Germany«. Am 2. November 1956 ist Leo Baeck, 83 Jahre alt, in London gestorben. Der Zentralrat der Juden in Deutschland verleiht alljährlich einen Leo-Baeck-Preis.

## B Gertrud Bäumer

***Dr., W 15, Nikolsburger Str. 10***

Gertrud Bäumer, geboren am 12. September 1873 im westfälischen Hohenlimburg als Tochter eines Pfarrers, besucht in Magdeburg die Höhere Mädchenschule und das Lehrerinnenseminar. Kaum 19jährig beginnt sie zu unterrichten, erst an der Volksschule in Kamen, dann in Magdeburg. Der Berufsalltag läßt sie über die genossene Lehrerbildung »sehr ketzerisch« denken. 1898 quittiert sie den Schuldienst, um als eine der ersten Frauen in Deutschland an der Berliner Universität Germanistik, Staatswissenschaften und Philosophie zu studieren. 1904 promoviert sie.

Da hat Gertrud Bäumer mit Beiträgen zur Frauenbewegung und zur Sozialpolitik schon von sich reden gemacht. Später wird sie sagen, was die Lage der Frauen vor dem Ersten Weltkrieg entscheidend verbessert hat: die preußische Mädchenschulreform und das reformierte Vereinsrecht. Dr. Bäumer wird Dozentin der Sozialen Frauenschule Berlin und der Berliner Humboldtakademie. 1910 erscheint ihr Buch »Die soziale Idee in den Weltanschauungen des 19. Jahrhunderts«. Im gleichen Jahr tritt sie an die Spitze des »Bundes Deutscher Frauenvereine«, dem 1910 nicht weniger als 36 Verbände und 255 Vereine angehören. 1916 verläßt sie Berlin, um mitten im »Steckrübenwinter« in Hamburg ein »Sozialpädagogisches Institut« zu gründen.

Am 19. Januar 1919 wird Gertrud Bäumer für die bürgerlich-liberale Deutsche Demokratische Partei (DDP) in die Weimarer Nationalversammlung gewählt. Sie gehört zu der Minderheit, die am 22. Juni 1919 die deutsche Unterschrift unter den Versailler Vertrag ablehnt, obwohl sie sich der Folgen eines Nein bewußt ist. Am 6. Juni 1920 zieht sie in den Reichstag und im gleichen Jahr als Ministerialrat (so maskulin stellt sie sich im Reichstagshandbuch vor) in die Kulturabteilung des Reichsinnenministeriums ein. Bald ist die reformfreudige Politikerin und Publizistin eine der bekanntesten Frauen in Deutschland — und nicht nur dort. Mit den Worten »Gertrud Bäumer beherrschte die Szene« hat der Pädagoge Wilhelm Flitner ihr Auftreten bei den Davoser Hochschulwochen im Frühjahr 1931 beschrieben.

1932 verliert Gertrud Bäumer ihr Reichstagsmandat. 1934 wird sie von den neuen Machthabern »mit empörender Rücksichtslosigkeit«, wie ↑ Marie-Elisabeth Lüders sich erinnert, als Ministerialrätin entlassen. Die von ihr und Helene Lange gegründete Zeitschrift *Die Frau* kann sie noch ein paar Jahre weiterführen, weil sie sich den ihr aufgenötigten Kompromissen beugt. Daß nun auch die NS-Frauenschaft dort zu Wort kommen will, mag noch angehen, daß aber die frauenfeindlichen Maßnahmen des Regimes (Abschaffung des passiven Wahlrechts, Ausschluß der Frauen aus Anwaltschaft und Richteramt) nicht entschieden verurteilt werden, empfinden viele als unwürdig. Gertrud Bäumer gerät ins Zwielicht. »Deshalb waren wir alle froh«, so ihre jetzt radikal kritische Weggefährtin Lüders, »als *Die Frau* schließlich doch eingehen mußte«.

Obwohl der repressive NS-Staat mit Gertrud Bäumers Verständnis von Demokratie und Emanzipation ganz unvereinbar ist, lassen sie die Volksstimmung und die schier märchenhaften außenpolitischen Erfolge Hitlers nicht unbeeindruckt. Korrigierendes Gegengewicht ist dann freilich das Erschrecken über Vorgänge, wie sie etwa in dem von oppositionellem Geist durchwehten Gesprächskreis der ↑ Anna von Gierke zur Sprache kommen. Als Autorin erreicht Gertrud Bäumer weiterhin ihre bildungsbürgerlichen Leser. »Kürschners Literatur-Kalender« nennt 1939 allein sieben Bäumer-Bücher, die nach 1933 erschienen sind. Im nächsten »Kürschner«, 1943, sucht man ihren Namen vergebens. So ist sie am Ende doch noch in Ehren zur Unperson geworden.

Nach dem Kriege nimmt Gertrud Bäumer von Bad Godesberg aus ihr öffentliches Wirken noch einmal auf. Mit Elly Heuss-Knapp, der Freundin aus den Berliner Jahren, ist sie dabei, wenn in der Evangelischen Akademie Bad Boll, die Ende September 1945 ihre Pforten öffnet, Wege aus der geistigen und moralischen Not der geschlagenen Nation gesucht werden. Vor allem aber schreibt sie Bücher über Frauengestalten, die ihr nahe sind: Goethes Mutter, Helene Lange und Ricarda Huch.

Am 25. März 1954 ist Gertrud Bäumer, 80 Jahre alt, in Bethel bei Bielefeld gestorben.

## Alfred Baeumler

***Dr., Prof. an der Universität, Dahlem, Miquelstr. 57***

Alfred Baeumler, geboren am 19. November 1887 in Neustadt an der Tafelfichte (Österreich) als Sohn eines Porzellanmalers, studiert an den Universitäten München, Berlin und Bonn und promoviert 1914 in München über Immanuel Kant. Dann ist er vier Jahre Soldat im österreichischen Heer und wird mehrfach dekoriert. Als der Krieg verloren ist, sind auch die Tage der habsburgischen Monarchie gezählt. Da Baeumlers Heimat an den neuen Staat Tschechoslowakei fällt, wird er ipso iure dessen Bürger. 1920 wird er auf seinen Antrag deutscher Staatsangehöriger.

1924 habilitiert sich Baeumler mit einer Arbeit über »Das Irrationalitätsproblem in der Ästhetik und Logik des 18. Jahrhunderts bis zur Kritik der Urteilskraft«. 1927 begegnet er dem Sozialisten und »deutschen Revolutionär« Ernst Niekisch. Mit seiner Hilfe erhält Baeumler 1928 eine Professur für Philosophie und Pädagogik an der Technischen Hochschule Dresden; ein Jahr später wird er Ordinarius. 1931 macht ihn das Buch »Nietzsche, der Philosoph und Politiker« fast über Nacht bekannt. Es spiegelt einen antimaterialistischen, heroischen Zeitgeist, der eben jetzt Deutschland erfaßt. Nach Jahren der Demütigung, der Verwirrung und immer wieder enttäuschter Hoffnung verlangt vor allem die akademische Jugend nach dem Unbedingten, das die Nation befreit. Baeumlers Philosophie nimmt diese Sehnsucht auf. Sie steht für ein Denken, das die Mythen, Instinkte und nicht zuletzt das »kriegerische Wesen« der Deutschen revitalisiert.

Der 30. Januar 1933 ist auch Baeumlers Triumph. Das erlebt in Dresden der wenig später aus seinem Lehramt verstoßene Romanist Victor Klemperer bedrückend mit. »Es stand in den Zeitungen«, notiert er am 21. Februar 1933, »daß Baeumler als Kandidat für das preußische Kultusministerium unter Hitler genannt wurde ... In einer Abteilungssitzung benahm er sich, als sei er schon Minister.« Das wird Baeumler zwar nicht, aber Bernhard Rust, der es wird, beruft ihn im Eilverfahren auf einen neugeschaffenen Lehrstuhl für politische Pädagogik an die Berliner Universität.

Am 1. Mai 1933 ist Baeumler, nun auch formell Mitglied der NSDAP, in Berlin zur Stelle. In seiner Antrittsvorlesung am 10. Mai beschwört er den Anbruch einer großen und tatenreichen Epoche: »Sie ziehen jetzt hinaus, um Bücher zu verbrennen, in denen ein uns fremder Geist sich des deutschen Wortes bedient hat, um uns zu bekämpfen.« Wie die Presse berichtet, erscheint der größte Teil der Studenten in SA-Uniformen. Von einer ›Fahnenabordnung‹ wird das Hakenkreuzbanner in den Hörsaal getragen. Dann ziehen, von Baeumler demonstrativ angeführt, die fackelbewehrten Kolonnen mit klingendem Spiel zum Studentenhaus in der Oranienburger Straße und von dort, bei einbrechender Dunkelheit, mit den Bücherwagen zum Opernplatz. Dort findet der Mitte April »wider den undeutschen Geist« ausgerufene Kampf seinen Höhepunkt. Ein paar tausend Bände werden, begleitet von markigen Feuersprüchen, in die Flammen geworfen. Unter den Zuschauern steht einer, der selbst betroffen ist: ↑ Erich Kästner.

Am Kupfergraben 7 bezieht Baeumler im Juli 1933 sein »Institut für politische Pädagogik«. Aber er wird überall gebraucht. 1934 etwa als Wissenschaftlicher Leiter der auf NS-Kurs zu trimmenden Deutschen Hochschule für Leibesübungen. Ebenfalls 1934 übernimmt er, mit dem Titel eines »Reichsamtsleiters«, das Amt Wissenschaft bei Alfred Rosenberg, dem »Beauftragten des Führers für die Überwachung der gesamten geistigen und weltanschaulichen Schulung und Erziehung der NSDAP«. Baeumler soll eine Deutsche Geschichte schreiben und das Programm für eine »Hohe Schule« der NS-Elite entwerfen. Seit 1936 gibt er die Zeitschrift *Weltanschauung und Schule* heraus. 1937 führt er die deutsche Delegation beim IX. Internationalen Kongreß für Philosophie in Paris an.

Zwölf Jahre sorgt Baeumler im Bildungs- und Erziehungswesen der Nation für den rechten NS-Ton, geadelt mit der Deutungskompetenz für alles, was ihm auf diesem Felde vor Augen tritt. Sein Urteil ist scharf und hat Gewicht. Im Dezember 1934 nimmt Baeumler in der *Bücherkunde*, einem Prüfstand der Linientreue des deutschen Schrifttums, die Zeitschrift *Widerstand* des Niekisch-Kreises aufs Korn; alsbald wird das Blatt, dem Baeumler selbst als Autor verbunden war, verboten (was Ernst Jünger Niekisch gegenüber lebhaft beklagt), Als es 1935 den allzu liberalen Herausgeber der *Internationalen Zeitschrift für Erziehungswissenschaft* abzulösen gilt, tritt Baeumler, Initiator des Komplotts, ohne Zögern an seine Stelle. Zeigen Kollegen sich weltanschaulich ungefestigt, weist Baeumler sie vom hohen Roß zurecht.

Daß dieser nimmermüde Kämpfer für eine nationalsozialistische Wissenschaft bald selbst nur noch Durchschnittskost zu liefern imstande ist, nimmt nicht wunder. Baeumlers neue Bücher »Politik und Erziehung« (1937) und »Bildung und Gemeinschaft« (1942) sind platte Traktate, gesättigt mit Ideologie. Immerhin hat einst auch Thomas Mann dem jungen Gelehrten Beifall gezollt: seinem Essay »Metaphysik und Geschichte« (1920) ebenso wie »der großen und geistvollen Einleitung« zur Werkauswahl Johann Jakob Bachofens: »Man kann nichts Interessanteres lesen, die Arbeit ist tief und prächtig, und wer sich auf den Gegenstand versteht, ist bis in den Grund gefesselt« (»Pariser Rechenschaft«, 1926). Jetzt nennt der Emigrant im fernen Kalifornien den NS-Pädagogen einen Nietzsche-Verhunzer (»Leiden an Deutschland«, 1940) und merkt in einem Brief vom 19. Juni 1942 lakonisch an: »Baeumler nun gar ist mir ein Graus.«

In den »Studien zur deutschen Geistesgeschichte« (1937), einer Sammlung von Essays, die bis auf zwei vor 1933 entstanden sind, wird der Abstieg zum NS-Barden peinlich sichtbar: »Und wenn wir dieser Jugend zurufen: Heil Hitler! — so grüßen wir mit diesem Rufe zugleich Friedrich Nietzsche.« Auch Baeumlers Fall ist ein Lehrstück:

Wer immer sich den Dogmen und Zielen einer unduldsamen Ideologie intellektuell dienstbar macht, wird am Ende ihr Opfer.

Dem Berliner Inferno entkommen, das die Spuren seines Wirkens vernichtet, wird Baeumler wie ↑ Carl Schmitt bis 1947 in Lagern interniert, die von der amerikanischen Besatzungsmacht für Hoheits- und Würdenträger des Dritten Reiches sowie Angehörige der Waffen-SS unter anderem im bayerischen Hammelburg und in Ludwigsburg bei Stuttgart errichtet werden. In den Aufzeichnungen Baeumlers aus dieser Zeit paart sich das Erkennen der verbrecherischen Natur Hitlers mit Grübeleien über die Ursachen des Irrwegs: »Welche Eigenschaft brachte uns das Verderben?« Baeumlers Antwort: »Das Gehorchen, der Servilismus ... Auch das beste Volk kann an einer einzigen Eigenschaft zugrunde gehen.«

Der Freigelassene zieht sich wortlos zurück. Die Schwere seiner Verstrickung schließt eine Rückkehr in die akademische Welt aus. Am 19. März 1968 ist Alfred Baeumler, 80 Jahre alt, in Eningen bei Reutlingen gestorben. Den Neudruck seiner Frühschriften, darunter »Das mythische Weltalter« (München 1965), hat er noch erlebt.

## B Josef von Baky

***Regisseur, Halensee, Westfälische Str. 26***

Josef von Baky, geboren am 23. März 1902 in Zombor (Ungarn), studiert nach dem Abitur zunächst an der Technischen Hochschule, dann an der Universität der ungarischen Hauptstadt. Für kurze Zeit ist er in einem Budapester Bankhaus und anschließend zwei Jahre in einem Hotel in Italien tätig. 1927 kommt er nach Berlin, angezogen vom Ruf der damals führenden Film-Metropole Europas.

Als Assistent des Regisseurs Geza von Bolvary lernt er fast zehn Jahre lang die Kunst des Regieführens. Seit 1936 arbeitet er selbst als Regisseur. Dem ersten Kinofilm »Intermezzo« folgen zahlreiche weitere, mit denen Baky sich im Genre der anspruchsvollen Unterhaltung dauerhaft etabliert. 1942 ist er es, dem die UFA die Regie des aus Anlaß ihres 25jährigen Bestehens geplanten großen Farbfilms »Münchhausen« anvertraut. Das Drehbuch schreibt kein Geringerer als ↑ Erich Kästner, in der Titelrolle glänzt der UFA-Star Hans Albers. Der mitten im Kriege mit märchenhaftem Aufwand und nie zuvor erprobten optischen Tricks gedrehte Film fasziniert noch heute das Publikum.

Nach 1945 setzt Baky, der nun in Halensee, Küstriner Str. 4, wohnt und wenig später nach München übersiedelt, seine Erfolgskarriere fort. Sein erster Nachkriegsfilm »... und über uns der Himmel« (1947), wieder mit Hans Albers in der Hauptrolle, steht neben

Helmut Käutners »In jenen Tagen« und dem DEFA-Melodram »Ehe im Schatten« für den Versuch, ohne didaktisch erhobenen Zeigefinger das Bewußtsein der Zeitgenossen für die Abgründe der NS-Diktatur zu schärfen. Bakys größter Regieerfolg wird 1950 »Das doppelte Lottchen«, auf dem gleichnamigen Kinderbuch von Erich Kästner beruhend und alsbald mit dem Bundesfilmpreis ausgezeichnet. Aber auch »Hotel Adlon« (1955), »Fuhrmann Henschel« (1956) oder »Robinson soll nicht sterben« (1957) dokumentieren das Können des Meisterregisseurs.

Am 30. Juli 1966 ist Josef von Baky, 64 Jahre alt, in München gestorben.

## Boleslaw Barlog

***W 35, Goebenstr. 29***

Boleslaw Barlog, geboren am 28. März 1906 in Breslau als Sohn eines Rechtsanwalts, wächst in Berlin auf. Die Schule verläßt er ohne Abitur. Nach einer Buchhändlerlehre ist er zeitweise als Posthelfer tätig, ehe er 1930 Regieassistent an der Volksbühne Berlin wird. Doch das Glück währt nicht lange; Barlog wird 1932 arbeitslos. Im Vorfeld der Olympischen Spiele 1936 heuert ihn das Olympia-Komitee der Reichshauptstadt an. Dadurch findet er Zugang zur Ufa in Babelsberg. Zwischen 1940 und 1945 dreht Barlog dort acht Filme.

Als mit dem Reich auch die Ufa in Scherben fällt, reifen erneut Barlogs Theaterträume. Politisch unbelastet und selbstbewußt übernimmt der 39jährige, der nun in Lichterfelde, Jägerndorfer Zeile 5, wohnt, mit US-Lizenz das Schloßpark-Theater in Steglitz (»Da ist aber 'ne Brandbombe reingefallen. Da müssen wir erst die Löcher wieder zumachen. Außerdem brauchen wir Stühle. Die sind auch verbrannt«). Es wird ein Haus mit Kammerspielcharakter. Im November 1945 wird es mit der Komödie »Hokuspokus« von Curt Goetz eröffnet. Ihr folgt Romain Rollands »Ein Spiel um Liebe und Tod«, in dem die junge Hildegard Knef ihr Nachkriegsdebüt gibt.

Schon Ende 1945 wird das Schloßpark-Theater zur städtischen Bühne und Barlog ihr Intendant. 1950 wird ihm auch das Schiller-Theater anvertraut, das bis 1945 Heinrich George geleitet hat. Barlogs Tatkraft, mit »Mut und Behutsamkeit« (Walter Jens) gepaart, läßt die zertrümmerte und 1961 eingemauerte Weststadt bald zu einem Mekka der Schauspielkunst werden. An den Kritiken ↑ Friedrich Lufts (»Berliner Theater 1945–1961«) ist das noch heute ablesbar. Höhepunkte der sechziger Jahre sind die deutsche Erstaufführung von Edward Albees »Wer hat Angst vor Virginia Woolf?« (Regie Barlog) und die grandiose Uraufführung des Marat-de Sade-Stücks von Peter Weiß (Regie Konrad Swinarski).

1972 nimmt Barlog, seit 1963 mit dem Titel »Generalintendant der Städtischen Bühnen« versehen, seinen Abschied. Da überstrahlt der Stern der Schaubühne des Peter Stein bereits die subventionierten Spielstätten des Altmeisters. Als deren Glanz verblaßt und die Landeskasse leer ist, verfügt der Senat von Berlin im Juni 1993 ihre Schließung. Barlog ist tief getroffen. Noch im September richtet er »auf den Knien meines Herzens« einen letzten Appell an die Abgeordneten: »Verhindern Sie mit ihrer Stimme den geplanten Doppelmord an meinen beiden Ziehkindern.« Bernhard Minetti spricht von einem Verbrechen. Vergeblich. Erst drei Jahre später kommt es zur Versöhnung: der 90jährige Barlog läßt sich im — nun verpachteten — Schloßpark-Theater öffentlich ehren; nur der für die Kultur zuständige Senator muß der Feier fern bleiben.

Am 17. März 1999 ist Boleslaw Barlog, fast 93 Jahre alt, in der Stadt gestorben, für die er Theatergeschichte geschrieben hat. Die Knef ruft ihm nach: »Er war ein Genie. Es war großartig für eine passionierte Schauspielerin wie mich, mit ihm zu arbeiten.«

## B Peter Beckmann

***Dr. med., praktischer Arzt, Nikolassee, Kirchweg 30a***

Peter Beckmann ist der Sohn des am 12. Februar 1884 in Leipzig geborenen, mit Berlin eng verbundenen Malers und Graphikers Max Beckmann, eines Titanen unter den bildenden Künstlern des 20. Jahrhunderts. Seine mythisch verschlüsselte Bilderwelt, die apokalyptische Visionen in ein sinnenhaftes Diesseits projiziert, ist Ausdruck des Lebensgefühls einer Moderne, die im Einbruch des Barbarischen sich selbst erkennt. Für Max Beckmann gilt, was Max Horkheimer 1941 niederschrieb: »Die authentischen Kunstwerke der letzten Zeit verzichten auf die Illusion einer realen Gemeinsamkeit unter den Menschen; sie sind Monumente eines einsamen und verzweifelten Lebens, das keine Brücke zum anderen oder auch nur zum eigenen Bewußtsein findet« (»Neue Kunst und Massenkultur«).

Max Beckmann ist früh erfolgreich. 1905 wird ihm der Ehrenpreis des Künstlerbundes und ein Stipendium für die Villa Romana in Florenz zuerkannt. Er heiratet, zieht nach Berlin und baut in Hermsdorf das Haus, in dem am 31. August 1908 der Sohn Peter geboren wird. Beckmanns Tagebuch (»Leben in Berlin«) gibt über diese Zeit Auskunft. Der Sohn wächst in Darmstadt, Dessau und Graz auf. 1930 nimmt er in Berlin das Studium der Medizin auf. 1935 wird er Klinikarzt an der Charité.

Gleich nach Hitlers Machtantritt verliert der Vater sein Lehramt am Städelschen Kunstinstitut in Frankfurt. Er kehrt zurück nach Berlin, wo die Last der Isolation weniger drückend ist. Am 30. Oktober

1936, die Olympischen Spiele sind vorbei, wird die Neue Abteilung der Nationalgalerie im Kronprinzenpalais Unter den Linden geschlossen, der einzige Ort in Deutschland, wo Beckmann noch ausgestellt war. Der Gedanke an Emigration wird nun zum täglichen Begleiter. Die Entscheidung fällt, als Hitler am 18. Juli 1937 bei der Einweihung des »Hauses der Deutschen Kunst« in München erklärt, er werde »von jetzt ab einen unerbittlichen Säuberungskrieg führen gegen die letzten Elemente unserer Kulturzersetzung«. Am 19. Juli wird in den Münchner Hofgarten-Arkaden die Ausstellung »Entartete Kunst« eröffnet. Die Menschen stehen vor dem Einlaß Schlange. Zu den öffentlich Geächteten gehört auch Beckmann.

Tags darauf gehen der Maler und seine (zweite) Frau Mathilde, genannt Quappi, »jeder nur einen Koffer mit dem Nötigsten« in der Hand, außer Landes, nach Amsterdam. Amerikas Küste erreichen sie nicht. Ungeachtet einer Einladung des Art Institute of Chicago verweigert das US-Konsulat in Den Haag Anfang 1940 die Visa. Am 10. Mai 1940 fällt die Wehrmacht in die Niederlande ein. Beckmann verbrennt seine Tagebücher, bleibt unter der deutschen Besatzung aber unbehelligt. Und auch dies gehört zur Wirklichkeit jener Zeit: Der Sohn, 1941 als Arzt an der Ostfront, dann in einem Lazarett in Bayern, besucht den Vater mehrmals im Amsterdamer Exil und »nimmt Bilder mit«, wie es im Tagebuch des Malers heißt.

In das besiegte und zerstörte Deutschland kehrt Max Beckmann nicht mehr zurück. Die Berliner Hochschule für bildende Künste bemüht sich noch im Sommer 1947 vergeblich um ihn. Am 29. August 1947 verläßt Beckmann Amsterdam, um einer Einladung der George Washington University in St. Louis, Missouri, zu folgen. Später ist er, lehrend und malend, Gast des Mills College in Oakland, Kalifornien, und der Art School in Boulder, Colorado. Ende August 1949 zieht er nach New York, »neuen Leiden entgegen, das ist sicher«. In der Wohnung 38 West 69$^{th}$ Street entstehen die letzten Bilder.

Am 27. Dezember 1950 ist Max Beckmann, 66 Jahre alt, in New York gestorben. Der Sohn, in Gauting bei München lebend, gibt 1953 den Anstoß zur Gründung der Max-Beckmann-Gesellschaft und wird einer der ersten Sammler von Kunst aus der DDR. Am 25. Februar 1990 ist er, 81 Jahre alt, in München gestorben.

## Gottfried Benn

***Dr., Oberfeldarzt, Facharzt für Hautkrankheiten, Schöneberg, Bozener Str. 20***

Gottfried Benn, geboren am 2. Mai 1886 in dem 200-Seelen-Dorf Mansfeld (Kreis Westprignitz) als Sohn eines Pfarrers, zählt als Lyriker und Essayist zu den großen Gestalten der Literatur des 20. Jahrhunderts. Sein Lebensweg spiegelt die Wirrnis der Zeit: frühem Ruhm folgt die Verblendung durch eine politische Illusion, der Illusion die Verfemung, der Verfemung die Flucht in den Kittel des Militärarztes. Am Ende ist Benn mit allen Heimsuchungen der Resignation und des Fatalismus vertraut.

Nach dem Abitur am Friedrichs-Gymnasium in Frankfurt/Oder studiert Benn Theologie, Philosophie und Germanistik in Marburg und Berlin. 1905 bricht Benn das Studium ab, läßt sich zum Militärarzt ausbilden und leistet beim 2. Garderegiment zu Fuß seine Dienstzeit ab. 1912 promoviert er »Über die Häufigkeit des Diabetes mellitus im Heer« zum Dr. med.

Im gleichen Jahr publiziert Benn die ersten Gedichte, artifizielle, hermetische Gebilde in den Schockfarben des Expressionismus. Anfang 1914 fährt er als Schiffsarzt nach New York. Den Ersten Weltkrieg erlebt er in der Etappe, im besetzten Brüssel. Ende 1917 wird er ausgemustert. In der Belle-Alliance-Straße (heute Mehringdamm) in Kreuzberg eröffnet er eine Praxis für Haut- und Geschlechtskrankheiten. In rascher Folge erscheinen mehrere Gedicht- und Prosabände. 1928 wird Benn in den PEN-Club, 1932 in die Preußische Akademie der Künste aufgenommen. 1931 widmet ihm Klaus Mann ein Buch: »Dem verehrten Gottfried Benn — den ich, noch wo ich ihm zu widersprechen wage, mehr bewundere als die meisten, die ich lobe.«

Als Hitler die Macht ergreift, läßt sich dieser skeptische Einzelgänger und, so das Urteil der Völkischen, zwischen Nihilismus und Zynismus angesiedelte Zivilisationsliterat vom Sog des nationalen Aufbruchs widerstandslos mitreißen. Als einer der ersten, die in der Welt des Geistes Rang und Namen haben, tritt er öffentlich gegen jene an, die sich dem Absturz in das Verderben entgegenstemmen. Im Rundfunk hält Benn am 24. April 1933 seine Rede »Der neue Staat und die Intellektuellen«, die der »zerfallenden europäischen Demokratie« den Totenschein ausstellt. Es ist eine tief romantische, der apolitischen Tradition deutscher Eliten verhaftete Attitüde, mit der Benn einer Jugend Beifall zollt, »die aus dem Dunkel kam wie kaum eine zuvor«. »Lange genug, sagte sich diese Jugend, haben wir das mit angehört, Geistesfreiheit: Zersetzungsfreiheit — antiheroische Ideologie! Aber der Mensch will groß sein, das ist seine Größe; dem Absoluten gilt unausweichlich sein ganzes inneres Bemühen.« Mit ähnlichen Sätzen ohne Sinn ruft wenig später ↑ Alfred Baeumler zur Bücherverbrennung auf.

Am 24. Mai 1933 sendet der Rundfunk die »Antwort an die literarischen Emigranten«, mit der Benn auf einen beschwörenden Appell Klaus Manns reagiert (»Sie schreiben mir einen Brief aus der Nähe von Marseille«). Benn belehrt ihn, es gehe bei den Vorgängen in

Deutschland »um eine neue Vision von der Geburt des Menschen, vielleicht ... um die letzte großartige Konzeption der weißen Rasse«. Was heute grotesk anmutet, deckt sich damals mit dem Rausch von Millionen, als deren unverdächtiger Interpret Benn sich empfindet: »ich gehöre nicht zu der Partei, habe auch keine Beziehung zu ihren Führern, ich rechne nicht mit neuen Freunden.«

Als die Reden »für den neuen Staat« im Sommer 1933 als Buch erscheinen, nennt der Autor sie das »Resultat meiner fünfzehnjährigen gedanklichen Entwicklung«. Schließlich sei er »nie links gewesen, nicht eine Stunde, die Behauptung ist absurd ... Ich habe immer das Leben gleich angesehen: als tragisch, aber mit der Aufgabe, es zu leben«. Im Oktober 1933 unterzeichnet Benn das Treuegelöbnis, das 88 deutsche Schriftsteller dem Reichskanzler Adolf Hitler ablegen.

Schon im folgenden Jahr erkennt Benn, welchen Mächten er, ihre Diabolik verkennend, die Hand gereicht hat. Fortan begleitet und bedrückt ihn das Verhängnis, das über Deutschland hereinbricht. Im Frühjahr 1935 löst er seine Praxis auf (»In Berlin ist meine Lage unhaltbar geworden«). Als »Oberstabsarzt bei den Offizieren zur Verfügung des Oberkommandos des Heeres« geht er nach Hannover. Zwei Jahre später ist er wieder in Berlin. 1937 wird Benn in der Presse als Kulturbolschewist angeprangert, im März 1938, kurz nach seiner Heirat, aus der Reichsschrifttumskammer ausgeschlossen. Benn quält die Frage, wie es möglich war, »daß Deutschland dieser sogenannten Regierung unentwegt folgte, diesem halben Dutzend Krakeeler, ... die glauben, daß sie allein es besser wüßten als die Jahrhunderte vor ihnen und als die Vernunft der übrigen Welt«.

Die Briefe an den Verleger-Freund Oelze bezeugen Benns innere Emigration. 1940 vernimmt er hinter dem Schmettern der Siegesfanfaren das ferne Grollen, das die meisten Deutschen erst geraume Zeit später erreicht. »Die neuen englischen Bomber«, schreibt er am 22. Dezember 1940, »die offenbar jetzt Stil sind und aus U.S.A. stammen, wirken unvergleichlich intensiver. Die beiden letzten Angriffe hier waren recht unangenehm.« Damals ließen sich die abgeworfenen Bomben immerhin noch zählen. Am 25. März 1941, drei Monate vor dem Angriff auf die Sowjetunion, heißt es sarkastisch über das — noch hochgeheime — »Unternehmen Barbarossa«: »Rußland wird beiläufig mit 3 Armeekorps erledigt, Ukraine und die Küste des Schwarzen Meers für immer besetzt.« Am 9. Juni 1941: »Nun geht es also doch im Osten los. Alle die vielen Nachrichten sind Bluff und Tarnung gewesen.« Am 4. Juli 1941, zwölf Tage nach dem Überfall: »Was den Osten angeht, so scheint es doch nicht so flott voranzugehen, wie man dachte ... Ich halte es überhaupt für möglich, daß dieser Teil des Krieges anders verläuft, als man erwartete.« Am 24. August 1941, als noch alle Signale auf Sieg stehen: »Ich sprach allerhand Leute. Keiner übersieht mehr, daß die Katastrophe naht.« Auch der Holocaust scheint in den Briefen auf, lange bevor er beginnt. »Wir sind wie Trinker, gelassen über unseren Mord gebeugt«, schreibt Benn an Oelze am 27. Oktober 1940 und fährt fort: »der Vers ist 25 Jahre alt, von einem Juden, Werfel, der jetzt in Mexico gelandet ist«. Der früh nach Frankreich emigrierte Schriftsteller Franz Werfel war, was freilich nur über ›Feindsender‹ zu erfahren war, im Juni 1940 dem Zugriff der Häscher mit knapper Not entkommen.

Dank seiner Stellung als Uniformträger im Oberstenrang, mit Dienstzimmer im Oberkommando des Heeres (OKH) im ›Bendlerblock‹, ist Benn weit besser als andere informiert, zumal sein Bruder in der Abwehr-Abteilung des Oberkommandos des Wehrmacht (OKW) arbeitet. Ungewöhnlich ist freilich die Offenheit des Briefwechsels. Dazu Benn: »Meine Frau hat Besorgnis, ob niemand meine Briefe bei Ihnen findet in Anbetracht der bewegten und zufallsreichen Zeitläufe. Vielleicht ist es ratsam, wenn Sie vernichten ...« Aber Oelze zieht das Verstecken vor.

1944 sind es die aus der Hitler-Jugend hervorgegangenen ›Leutnants‹, in denen Benn den kulturellen Niedergang verkörpert sieht: »Ferngehalten von noch gebildeten, im alten Sinne geschulten Eltern, Erziehern, Geistlichen, humanistischen Kreisen« vollziehen sie »die Erdteilzerstörung als arischen Auftrag«.

Im August 1943 ist Benns Einheit nach Landsberg an der Warthe verlegt worden, der Luftangriffe wegen. Als am 12. Januar 1945 an der Weichsel die sowjetische Offensive losbricht, schlägt Benn sich nach Berlin, in die »fahle Trümmerstadt am Rande der Hungersnot«, durch. Er will ein Essay »Willkommen den literarischen Emigranten« schreiben und sich darin rechtfertigen. In dem halbzerstörten Haus in der Bozener Straße erlebt Benn am 30. April, Hitlers Todestag, den Einzug der Roten Armee.

Als Gottfried Benn am 7. Juli 1956, 70 Jahre alt, in Berlin stirbt, ist er wie Thomas Mann und Bertolt Brecht ein Klassiker der modernen Literatur. »Der ich im Benn-Bann bin« — dieses Wortspiel bleibt noch lange geflügelt. Der Fehltritt von 1933 verblaßt, seit jeder nachlesen kann, wie innig Benn das Dritte Reich nicht erst in seiner Agonie verabscheut hat.

## B Fritz Berber

***Dr. jur., Univ.-Prof., Charlottenburg 9, Tannenbergallee 22b***

Der Lebensweg des Völkerrechtlers Fritz Berber, geboren am 27. November 1898 in Marburg/Lahn, steht sinnbildhaft für das hohe Maß an Wandlungsfähigkeit, das die ›bewegten und zufallsreichen Zeitläufe‹ (Benn) nicht zuletzt den deutschen Wissenschaftlern abverlangt haben. Ob Weimarer Republik, Drittes Reich oder das doppelte Deutschland der Nachkriegszeit, — sich auf kommode Weise mit der jeweils herrschenden staatlichen Ordnung und ihrem ideologischen Vorgabeu zu arrangieren, waren die meisten bestrebt. Einige haben dabei ihr Gesicht verloren.

Im Oktober 1920 ist in der Bauakademie am Werderschen Markt die Deutsche Hochschule für Politik (DHfP) eröffnet worden. Ihrem Lehrkörper gehören »mit Ausnahme der Kommunisten und Völkischen« (so das Statut) akademisch ausgewiesene Publizisten und Praktiker ganz unterschiedlicher Provenienz und Denkart an. Die DHfP versteht sich als Bildungsstätte der freiheitlichen Demokratie. 1930 wird der junge Jurist Fritz Berber als Dozent an die Hochschule berufen; seit 1931 leitet er ihre Forschungsabteilung. 1933 ist er einer der ersten, der sich auf die Seite der »nationalen Revolution« schlägt. Ernst Jäckh, Gründer und Präsident der DHfP, stellt rückblickend fest, nur drei Dozenten seien »dem Geist der Hochschule untreu geworden und haben von 1933 an Hitler mit Hingabe gedient«, unter ihnen der spätere »Ribbentrop-Berater« Fritz Berber.

Der wendige Jurist, seit dem 1. Mai 1937 Mitglied der NSDAP, zieht mit der alsbald gleichgeschalteten und von Lehrern wie ↑Theodor Heuss und ↑Otto Suhr gesäuberten Hochschule in die neue Zeit. Aber ein leiser Makel haftet dem Konvertiten offenbar noch an. Das bezeugt die fast denunziatorische Kritik eines Fachkollegen, der an Berbers Buch »Sicherheit und Gerechtigkeit« (1934) ideologisch Anstoß nimmt. Der »Gehalt der Ideen des Führers« werde darin kaum untersucht und »die Wendung, die das Rasseprinzip dem Völkerrecht gibt«, nicht einmal erwähnt. »Daß Gemeinschaft, Politik und Recht aus Rasse und Volkstum folgern, kommt nirgends zum Ausdruck.« Fazit: »Das Buch erscheint somit nicht nur wissenschaftlich wertlos, sondern zeugt auch von einem auffallenden Mangel an politischem Gefühl für den Geist des heutigen Staates« (Walter Hamel, in: *Deutsches Recht*, 1935, S. 133 f.; Hamel lehrt nach 1945 öffentliches Recht an der Universität Marburg). Doch bald darauf ist Berber rehabilitiert: Das angesehene *American Journal of International Law* bescheinigt seinem Buch »a typically National Socialist conception of International Law«.

1936 wird Berber stellvertretender Leiter des Instituts für auswärtige Politik in Hamburg. 1937 kehrt er als Professor und Direktor des Deutschen Instituts für Außenpolitische Forschung nach Berlin zurück. Die Nähe zum Machthaber ist damit gesichert, und Berber, zum Beraterkreis des Reichsaußenministers gehörig, weiß sie zu nutzen. 1940 werden seine Verdienste mit der Erhebung zum Ordinarius honoriert.

Ob das Diktat von Versailles, der Anschluß Österreichs oder das Münchener Abkommen von 1938 Berbers Thema ist: Seine Texte lesen sich wie Erläuterungen zur Regierungspolitik. »Berber war es, der die Aufkündigung von Locarno und die militärische Besetzung der Rheinlands juristisch rechtfertigte — ebenso wie später andere Gewaltakte der NS-Außenpolitik« (↑Wilhelm Grewe, 1992). 1942 erscheint »Der Mythos der Monroe-Doktrin« (2. Aufl. 1943), wenig später »Die Amerikanische Neutralität im Kriege 1939–1941« mit der These, zum zweiten Mal sei es den Kriegstreibern in den USA gelungen, ihr Land in den Krieg mit Deutschland zu stürzen.

Seit 1935 gibt Berber das *Jahrbuch für Auswärtige Politik* heraus. Im Jahresband 1940 orakelt er, nun gelte es, den »von Deutschland nicht gewollten und ihm aufgezwungenen Krieg zu einem siegreichen Ende zu führen, um ... endlich den Weg freizumachen für die dauernde Befriedung des europäischen Kontinents«; das setze freilich »die Beseitigung der Vorherrschaft der beiden westlichen Plutokratien« voraus.

Als 1945 wider Erwarten nicht die Herrschaft der westlichen Plutokratien, sondern der großdeutsche Führerstaat beseitigt ist, bricht für den gründlich diskreditierten Professor eine längere Zwangspause an. Doch dank »einer raffinierten und weitverzweigten Rückversicherungsstrategie bei ausländischen Kontaktpersonen« kommt er »glimpflicher davon ... als Carl Schmitt: er entschwand einige Jahre nach Indien und tauchte dann zur Überraschung aller, die ihn näher gekannt hatten, als Lehrstuhlinhaber in München auf« (Grewe). Dorthin wird Friedrich Berber, wie er sich nun nennt, 1954 auf Vorschlag einer Fakultät berufen, der auch der braungetönte Staatsrechtler und spätere bayerische Kultusminister Theodor Maunz angehört.

In München leitet Berber bis zu seiner Emeritierung 1968 das Institut für Völkerrecht, Rechts- und Staatsphilosophie. Sein dreibändiges »Lehrbuch des Völkerrechts« (1960/64; 2. Aufl. 1975/77) und mehr noch seine 1986 postum erschienenen Lebenserinnerungen lehren uns, die subtile Wahrheit des Satzes »Tempora mutantur, nos et mutamur in illis« recht zu verstehen.

Am 23. Oktober 1984 ist Friedrich Berber, 85 Jahre alt, in Kreuth/Tegernsee gestorben.

## B Heinrich Berger

***Reichstagsstenograph, Lankwitz, Seydlitzszr. 47***

Hätte der Regierungsrat Heinrich Berger, der jahrelang in der nächsten Umgebung Hitlers tätig gewesen ist, das Dritte Reich überlebt, wäre er gänzlich unbehelligt geblieben. Die Mitarbeit Bergers beschränkte sich darauf, den Ablauf der militärischen Lagebesprechungen im Führerhauptquartier stenographisch aufzuzeichnen. Am 20. Juli 1944 fällt Berger der Bombe zum Opfer, die Oberst Claus Graf Stauffenberg gegen 13 Uhr in der Lagebaracke der »Wolfsschanze« zur Explosion gebracht hat. Berger ist der einzige, der noch am Tage des Attentats stirbt. Zwei Tage später erliegen Oberst Heinz Brandt und General Günther Korten den erlittenen Verletzungen; am 1. Oktober 1944 stirbt Generalleutnant ↑Rudolf Schmundt. Hitler, zwei Meter von der Bombe entfernt, kommt fast unversehrt davon.

## Alfred-Ingemar Berndt

***Ministerialdirigent im Propagandaministerium, Charlottenburg 9, Stallupöner Allee 46***

Alfred-Ingemar Berndt, geboren am 22. April 1905 im westpreußischen Bromberg, tritt 1924 der NSDAP bei. Als die NSDAP die Macht erobert hat, zählt der knapp 28jährige bereits zu den »alten Kämpfern«. Da Berndt zusätzlich über Intelligenz und Tatkraft verfügt, steht er 1933 am Anfang einer verheißungsvollen Karriere. Der Mitgründer des Bundes »Deutscher Osten«, der sich der Rückgewinnung Westpreußens verschrieben hat, beginnt das Jahr 1 der »nationalen Revolution« als Ministerialrat und stellvertretender Pressechef der Reichsregierung. Von dort wechselt er als Ministerialdirigent (seit 1943 Ministerialdirektor) in das Reichsministerium für Volksaufklärung und Propaganda. Hier leitet er zunächst die Abteilung Rundfunk, dann die Hauptabteilung Propaganda. Zugleich ist er Vorsitzender der Deutschen Rundfunk-Arbeitsgemeinschaft e.V., Vorsitzender des Aufsichtsrates der Reichs-Rundfunk-GmbH, Amtsleiter ›Rundfunk‹ in der Reichsleitung der NSDAP sowie Hauptschriftleiter des Deutschen Nachrichten-Büros (DNB).

Der Ehrgeiz des mit dem Rang und dem kleidsamen Rock eines SS-Obersturmbannführers (Oberstleutnant) geadelten Berndt ist damit freilich nicht gestillt. So wird er denn auch ein emsiger Buchautor. »Gebt mir 4 Jahre Zeit« (1937), »Meilensteine des Dritten Reiches« (1938), »Der Marsch ins Großdeutsche Reich« (1939), »Panzerjäger brechen durch« (1940) und, als fortlaufende Chronik der Eriegnisse des Zweiten Weltkriegs, »Der Großdeutsche Freiheitskampf« — das sind Titel und Themen, die dem heroischen Zeitgeist nichts schuldig bleiben.

Daneben gibt es die Schreibtischarbeit im Ministerium. Eine seltsame Mischung aus skrupelloser Parteilichkeit und strenger Observanz bürokratischer Regeln hat bis zuletzt die Hoheitsverwaltung im Dritten Reich gekennzeichnet. Aktenvermerke über erfolgtes Weiterleiten und Unterrichten, Protokollnotizen über Abstimmungs- und Zustimmungsvorgänge tragen den sich verschränkender Zuständigkeiten und Dienstwegen akkurat Rechnung. Ein von Berndt am 29. Oktober 1941 an seinen Chef, den Reichsminister Joseph Goebbels, gerichtetes Schreiben lautet so:

»Betr.: Bischof von Galen Geheim!

Über die Frage, ob ein strafrechtliches Vorgehen gegen den Bischof von Galen auf Grund seiner Hetzpredigten möglich ist, hat Min.-Rat Dr. Gast in meinem Auftrage mit der Reichsführung SS, dem Kirchenministerium und dem Reichsjustizministerium Fühlung genommen. Dabei wurde folgendes festgestellt: Das Reichsjustizministerium prüft zur Zeit, ob man gegen Galen strafrechtlich vorgehen kann. Möglich ist zwar auf jeden Fall eine Anklage wegen Kanzelmißbrauchs und nach dem Heimtückegesetz. Dabei kann Galen jedoch höchstens zu einigen Jahren Gefängnis verurteilt werden. Sehr schwere Strafen könnten dagegen verhängt werden, wenn eine Verurteilung wegen Landesverrats möglich wäre. Das ist jedoch fraglich, da Galen seine Reden sorgfältigst formuliert hat. Das Reichsjustizministerium prüft diese Frage und wird nach Abschluß der Prüfung dem Führer die Frage unterbreiten, ob Anklage erhoben werden soll. Zugleich muß auch entschieden werden, was in den zahlreichen Fällen geschehen soll, in denen Galen seinerseits gegen Amtswalter der Partei wegen Beleidigung Klage erhoben hat, wobei er offensichtlich den Zweck verfolgt, die von ihm behandelten Fragen vor Gericht ausführlich zu erörtern.

Von hier aus wurde der Standpunkt vertreten, daß eine Anklage nur dann psychologisch richtig ist, wenn eine schwere Strafe wegen Landesverrats zu erwarten ist. Falls dagegen nur eine kürzere Gefängnisstrafe herauskommt, so würde dies bei der Bevölkerung als Rehabilitierung wirken und Galen zu einem Märtyrer stempeln. In diesem Falle würde also eine Entfernung von seinem Posten, ohne ein ordentliches Gerichtsverfahren, durch Inschutzhaftnahme zweckmäßiger sein.

Das Reichsjustizministerium wird uns über die weitere Entwicklung auf dem Laufenden halten. Reichskirchenministerium und Reichsführung SS sind mit diesem Vorgehen einverstanden. Ich werde weiter berichten. Heil Hitler!«

Ganz ähnlich verfährt 25 Jahre später der SED-Staat mit dem Dissidenten ↑ Robert Havemann. Hier wie dort gilt es, verbliebene Reste von Rechtsstaatlichkeit unauffällig zu überspielen und unerwünschte Nebenfolgen gerichtlicher Verfahren unter dem Primat politischer Opportunität vorauszubedenken. An die Stelle einer »Inschutzhaftnahme« tritt in der DDR die vom Telefonentzug bis zum Hausarrest reichende Isolation.

Alfred-Ingemar Berndt hat das Ende des Dritten Reiches nicht überlebt. Der SS-Oberführer stößt 1942 als schlichter Leutnant der

Reserve zu Rommels Afrika-Korps. Im April 1943 wird er zum SS-Brigadeführer (Generalmajor) befördert. Als Führer einer Einheit der Waffen-SS ist er, 40 Jahre alt, 1945 gefallen.

## Werner Best

***Dr., Ministerialdirigent, Zehlendorf, Thanner Pfad 1***

Werner Best, geboren am 10. Juli 1903 in Darmstadt als Sohn eines Postinspektors, schließt sich schon als Schüler völkischen Bünden und der Deutschnationalen Volkspartei (DNVP) an. 1921 legt er in Mainz das Abitur ab und studiert in Frankfurt a.M., Freiburg i.Br. und Gießen Jura. Während der Rheinland- und Ruhrbesetzung wird er 1924 zweimal von einem französischen Militärgericht wegen Widerstands gegen die Besatzer zu kurzen Haftstrafen verurteilt. Am 1. November 1930 wird Best Mitglied der NSDAP. Im November 1931 erregen die »Boxheimer Dokumente« die deutsche Öffentlichkeit: ein Katalog terroristischer Maßnahmen, die nach einem Planspiel der hessischen NSDAP die Herrschaft Hitlers sichern sollen, falls dieser durch einen Staatsstreich die Macht erringt. Best wird als Verfasser ermittelt, als Gerichtsassessor entlassen und wegen versuchten Hochverrats angeklagt. Am 12. Oktober 1932 spricht ihn der 4. Strafsenat des Reichsgerichts aus Mangel an Beweisen frei.

Ein anderes Urteil hätte kaum lange Bestand gehabt. 1933 steht Best auf der Seite der Sieger. Er wird Kreisleiter der NSDAP in Mainz, Mitglied des Hessischen Landtags und für kurze Zeit Landespolizeipräsident von Hessen. Im Juni 1933 tritt er der SS bei. Zwei Jahre später ist er Oberregierungsrat im Geheimen Staatspolizeiamt in Berlin, Chef des Amtes Verwaltung und Recht im Hauptamt Sicherheitspolizei und SS-Standartenführer (Oberst). Als das Telefonbuch 1941 erscheint, ist Best bereits zum Ministerialdirektor im Reichsministerium des Innern und Leiter des Amtes I (Verwaltung und Recht) im Reichssicherheitshauptamt aufgestiegen. Da ist er in seinem Element. Schon 1936 hat er in einem Aufsatz über »Die Geheime Staatspolizei« geschrieben: »Politische Polizei ist die unzulängliche Bezeichnung für die staatliche Einrichtung, die aus politischen Beweggründen entstandene Angriffe gegen Staat und Volk mit den Mitteln der unmittelbaren Exekutive abwehrt und sich zur Vorbereitung dieser Abwehr die erforderlichen Informations- und Überwachungsmöglichkeiten schafft« (in: *Deutsches Recht*, 1936, S. 125 ff.).

Als Best, der auch den Ausschuß für Polizeirecht der Akademie für Deutsches Recht leitet, 1941 sein Buch »Die deutsche Polizei« veröffentlicht, hat er, Folge eines Zerwürfnisses mit dem Amtschef Reinhard Heydrich, Berlin und die Gestapo bereits hinter sich gelassen. Nach dem Sieg im Westen wird Best 1940 Kriegsverwaltungschef im

Verwaltungsstab des Militärbefehlshabers im besetzten Frankreich. Von Paris wechselt er, inzwischen SS-Gruppenführer (Generalleutnant), Anfang Mai 1942 als Gesandter und Reichsbevollmächtigter in das besetzte Dänemark. In der NS-Hierarchie gehört er fortan zu der schmalen Spitzengruppe derer, die in ihrem Befehlsbereich über ein beträchtliches Maß an Autarkie verfügen. Auf seinen Außenposten erweist sich dieser Zögling des SS- und Polizeiwesens als vergleichsweise moderat: ein politischer Administrator, der bei aller Bereitschaft zum Durchgreifen Wert darauf legt, auch kritische Stimmen zu hören. Als der durch seinen klaren Blick immer wieder faszinierende Diplomat und Hitler-Gegner Ulrich von Hassell Best Ende Januar 1941 in Paris begegnet, vermerkt er im Tagebuch: »Unter den Gästen ... in Zivilgeneralsuniform Dr. Best, Jurist, früher großer Mann bei der SS (Heydrich), jetzt Kriegsverwaltungschef im besetzten Frankreich, der nachher ein langes Gespräch mit mir herbeiführte ... (und) weitere Fühlung in Berlin in Aussicht stellte.« Er sei ein ganz interessanter Kopf »mit etwas fanatischem Ausdruck«, historisch gebildet, einer, »der etwas weiter sehe als die meisten und ein Haar in mancher Suppe gefunden habe«. Hassell zitiert auch die Einschätzung Dritter, wonach Best »Verständnis für die Lage in Dänemark zeige, die gänzlich unbrauchbaren dänischen Nazis entschlossen liquidiere und die Fehler vermeide, die (sein Vorgänger) aus zitternder Angst vor der Partei begangen habe« (9. Juni 1943). Im Oktober 1943 sabotiert Best mit Geschick die Deportation der dänischen Juden: von mehr als 7800 werden nur 477 ergriffen und nach Theresienstadt verbracht; fast alle überleben.

1948 wird Best von einem Kopenhagener Gericht zunächst zum Tode, dann zu fünf Jahren und 1950 vom Obersten Dänischen Gerichtshof zu 12 Jahren Haft verurteilt. Schon Ende August 1951 wird Best aus der Haft entlassen. In der Bundesrepublik ist er zunächst als Anwalt, seit 1953 als Justitiar beim Stinnes-Konzern tätig. Die Spruchkammer in Berlin (West) stuft ihn im September 1958 als ›Hauptschuldigen‹ ein und verurteilt ihn zu einer Geldbuße von 70 000 DM; im Berufungsverfahren kommt er 1962 billiger davon. Aber im März 1969 wird Best noch einmal von der Vergangenheit eingeholt. Der Generalstaatsanwalt beim Berliner Kammergericht erwirkt seine Verhaftung. Best steht unter Verdacht, Ende 1939 an Mordtaten in Polen, dem »Unternehmen Tannenberg«, mitgewirkt zu haben. 1972 wird der Haftbefehl aufgehoben, im August 1983 das Verfahren wegen Verhandlungsunfähigkeit des Beschuldigten eingestellt.

Am 23. Juni 1989 ist Werner Best, fast 86 Jahre alt, in Mühlheim/Ruhr gestorben.

## Robert Biberti

***Leiter des Meister-Sextetts, Charlottenburg 2, Carmerstr. 11***

Robert Biberti, geboren am 5. Juni 1902 in Berlin, ist bis 1935 Bassist und Sprecher der »Comedian Harmonists«, jener berühmten deutschen Gesangsgruppe, die um die Jahreswende 1927/28 in einer Mansarde im Berliner Bezirk Schöneberg, Stubenrauchstr. 47, gegründet worden ist. Eine dort im September 1990 angebrachte Bronzetafel erinnert daran.

Am 1. September 1928 treten die »Comedian Harmonists« zum ersten Mal öffentlich auf: in den Zwischenakten der Revue »Casanova«, die im Großen Schauspielhaus Premiere hat und ein halbes Jahr lang ausverkauft ist. Aber das Konzert, das für die fünf Sänger und den Pianisten den Durchbruch bedeutet, findet am 26. Januar 1930 im Leipziger Schauspielhaus statt. Tags darauf urteilen die *Leipziger Neuesten Nachrichten*, sehr oft werde sich das Theater die »Comedian Harmonists« nicht einladen dürfen, »sonst wird das Haus in Trümmer gestampft. Diesmal fiel den Besuchern des Parketts schon der Stuck auf die Köpfe, so raste und trampelte das Publikum, das trotz der vormittäglichen Stunde in hellen Haufen gekommen war«. Und über die Interpreten heißt es: »Dann sangen sie ihre Songs. Wunderbar ausgeglichen, wunderbar süß, wunderbar witzig, jedem saß der Schelm im Nacken und jeder legte sein Herz in seine Stimme. Die Schlager wurden zu Kunstwerken ... Ihre Rhythmik war straff wie Stahl und ihr Gesang lauter wie Gold.«

Seitdem benötigen die »Comedian Harmonists« bei ihren Auftritten kein Zusatzprogramm mehr, etwa einen Schauspieler als Rezitator oder ↑ Blandine Ebinger als Tänzerin. Schon 1929 haben sie einen Exklusivvertrag mit der Plattenfirma Electrola geschlossen. »Mein kleiner grüner Kaktus« und »Das ist die Liebe der Matrosen« gehen millionenfach über die Ladentische. Der internationale Erfolg des Sextetts beruht auf der geglückten »Mischung aus amerikanischem Swing und deutscher Liedertafel«, wie ein Kritiker bemerkt.

Der Anbruch des Dritten Reichs wird von der Gruppe zunächst kaum wahrgenommen. Als sie im Dezember 1933 in der Philharmonie in der Bernburger Straße auftritt, geschieht das, wie auf den Plakaten zu lesen ist, »zum Besten des Winterhilfswerks«. 1934 geht das Sextett auf eine 13-wöchige Amerika-Tournee. Das letzte Konzert findet im Februar 1935 in Norwegen statt. Ein paar Tage später teilt der Präsident der Reichsmusikkammer den Künstlern mit, weitere gemeinsame Auftritte seien nicht möglich, weil drei der Sänger jüdischer Abstammung sind und ihnen die Mitgliedschaft in der Kammer verweigert worden sei. Die Drei emigrieren nach Wien und treten schon bald als »Comedian Harmonists« wieder auf. Die Zurückgebliebenen müssen den alten Namen ablegen; sie nennen sich nun »Meistersextett«. Als 1938 der Pianist und Arrangeur Erwin Bootz ausscheidet, ist die Gruppe nur noch ein Schatten ihrer selbst. 1941 löst das Sextett sich auf.

Im Fernsprechbuch 1941 ist der Tenor und gebürtige Bulgare Ari Leschnikoff (1897–1978) noch immer als »Sänger von Comedian Harmonists« verzeichnet, wohnhaft Charlottenburg, Giesebrechtstr. 4, während Bootz (1907–1982) nun als »Komponist« firmiert, wohnhaft Wilmersdorf, Zähringer Str. 14. Wie Biberti überleben beide das Dritte Reich und den Krieg in Berlin, Bootz nur mit knapper Not: Er soll noch Ende April 1945 als Volkssturmmann das Regierungsviertel verteidigen. Ein paar Jahre später heißt es im Berliner Telefonbuch hinter dem Namen Biberti und vor seiner Anschrift (Charlottenburg, Schlüterstr. 55) wieder nostalgisch »Comedian Harmonist«. Aber ein Comeback gibt es nicht mehr.

Am 2. November 1985 ist Robert Biberti, 83 Jahre alt, in Berlin gestorben. Überlebt hat ihn nur Roman Cycowski, der 1901 als Pole im damals russisch beherrschten Lodz geborene Bariton der Gruppe. Er ist auf Umwegen in die USA gelangt und hat sich dort als jüdischer Prediger einen Namen gemacht. Er stirbt im November 1998, 97 Jahre alt, in Palm Springs (Kalifornien).

Eberhard Fechners Buch »Die Comedian Harmonists. Sechs Lebensläufe« (1988), Tilo Köhlers Roman »Comedian Harmonists« (1997) und vor allem Joseph Vilsmaiers gleichnamiger Spielfilm (1997) haben das wohl erfolgreichste Sextett der Welt und sein beschämendes Ende wieder in Erinnerung gerufen.

## B Ludwig Bieberbach

***Dr. phil., ord. Professor an der Universität, Dahlem, Gelfertstr. 16***

Ludwig Bieberbach, geboren am 4. Dezember 1886 im hessischen Goddelau, habilitiert sich 1910 an der Universität Königsberg i.Pr. und wird 1913, 26 Jahre alt, als Ordinarius für Mathematik nach Basel berufen. Über eine Professur in Frankfurt a.M. kommt er 1921 an den Ort, der Deutschlands akademischer Elite, damals jedenfalls, als Mekka gilt: Berlin. Und Bieberbach, bekannt durch seine Arbeiten zur Funtionentheorie, Mitglied der Deutschen Akademie der Naturforscher »Leopoldina« in Halle/Saale (seit 1921) und der Preußischen Akademie der Wissenschaften (seit 1924), ist ohne Zweifel eine Koryphäe seines Fachs.

Als 1933 der Sieg der »nationalen Revolution« auch die hohen Schulen in Deutschland durcheinanderschüttelt, mausert sich der bisher politisch nicht in Erscheinung getretene Bieberbach zum rabiaten Vorkämpfer einer »deutschen Mathematik«, die ebenso wie die »deutsche Physik« allein von arischen Wissenschaftlern recht verstanden und gelehrt werden könne. Dieses absurde Credo, dem gleichwohl niemand offen zu widersprechen wagt, rechtfertigt die von der Reichsregierung verfügte Vertreibung der Juden von ihren Lehrstühlen als vom Fach und von der Sache her zwingend geboten. Schon kurz nach dem Machtantritt Hitlers hat ein Studentenboykott den Göttinger Zahlentheoretiker Edmund Landau zur Aufgabe seines Lehrstuhls genötigt. Bieberbach kommentiert den Vorgang mit den Worten, »daß Vertreter allzu verschiedener menschlicher Rassen nicht als Lehrer und Schüler zusammenpassen. Der Instinkt der Göttinger Studenten fühlte in Landau einen Typus undeutscher Art«. Viele deutsche Universitäten sind bereits lange vor 1933 zu Brutstätten nationaler Verblendung geworden.

Edmund Landau stirbt 1938, 51 Jahre alt, verfemt und verfolgt in Berlin. Da steht Bieberbach, NSDAP-Mitglied seit dem 1. Mai 1937, weithin sichtbar im Licht: als Direktor des Mathematischen Seminars der Friedrich-Wilhelms-Universität, als Dekan ihrer Mathematisch-Naturwissenschaftlichen Fakultät und als Herausgeber einer Zeitschrift, die wahrhaftig den Titel *Deutsche Mathematik* trägt. Just im Jahre 1938 erscheint auch Bieberbachs Schrift zu einem beziehungsreichen Thema: »Galilei und die Inquisition« (2. Aufl. 1942).

Mit dem Ende des NS-Staates endet auch diese glanzvolle Karriere. Die Zunft wendet sich von ihrem diskreditierten Wortführer ab. Der Emeritus zieht sich ins Bayerische zurück und verfaßt im Ruhestand noch vier weitere Bücher.

Am 1. September 1982 ist Ludwig Bieberbach, 95 Jahre alt, in Oberaudorf am Inn gestorben.

## Rudolf Bilfinger

***Dr., Regierungsrat, Zehlendorf, Pasewaldtstr. 16***

Rudolf Bilfinger, geboren am 20. Mai 1903 im württembergischen Eschenbach, schließt sich im Frühjahr 1923 als Jurastudent der NSDAP an; 1929 verläßt er die Partei wieder. Nach der zweiten Staatsprüfung im Herbst 1932 arbeitet er einige Monate bei einem Tübinger Rechtsanwalt. Als Hitler Reichskanzler geworden ist, strebt Bilfinger in den öffentlichen Dienst. Seit Mai 1934 ist er, zunächst als Regierungsassessor, seit dem 1. Juni 1936 als Regierungsrat, bei der Staatspolizeileitstelle des Württembergischen Landespolizeiamts in Stuttgart tätig.

Ein Jahr später wird Bilfinger, wie es in seiner Personalakte heißt, »endgültig in den Dienst der Geheimen Staatspolizei übernommen«. Als er im Mai 1937 nach dem Ende der vierjährigen Aufnahmesperre erneut NSDAP-Mitglied wird, hat er es in der allgemeinen SS immerhin schon zum Hauptsturmführer (Hauptmann) gebracht. Im November 1937 wird er in das »Hauptamt Sicherheitspolizei« nach Berlin versetzt. Das von ihm wenig später geleitete Referat I B 1 (Organisation der Sicherheitspolizei) im Reichssicherheitshauptamt ist unter anderem für die Einsatzgruppen im besetzten Polen zuständig.

Ende 1940 wird Bilfinger, inzwischen Oberregierungsrat, für drei Monate zum Befehlshaber der Sicherheitspolizei im Generalgouvernement nach Krakau abgeordnet. Dann warten auf ihn neue Aufgaben: Er wirkt bei der Organisation der »Endlösung der Judenfrage« mit. Als SS-Obersturmbannführer (Oberstleutnant) ranggleich mit Adolf Eichmann, nimmt er an den zahlreichen Besprechungen teil, die der berüchtigten »Wannsee-Konferenz« vom Januar 1942 folgen. Am 6. März 1942 wird beispielsweise die von Staatssekretär ↑Stukkart befürwortete Zwangssterilisierung der »Mischlinge 1. Grades« in Aussicht genommen. In einem Rundschreiben vom 14. Mai 1942, das von Bilfinger unterzeichnet ist, heißt es: »Juden, die neben der deutschen Staatsangehörigkeit eine fremde Staatsangehörigkeit besitzen, verlieren die deutsche Staatsangehörigkeit« — mit der Konsequenz, daß ihr Vermögen dem Reich verfällt. Im Falle der Tochter ↑Elisabeth Langgässers wird freilich anders verfahren.

1943 wird Bilfinger als Kommandeur der Sicherheitspolizei nach Toulouse versetzt. Die Amerikaner, die ihn nach Kriegsende festnehmen, liefern ihn deshalb 1946 nicht an Polen, sondern an Frankreich aus. Am 13. Juni 1953 verurteilt ihn ein französisches Gericht zu acht Jahren Zwangsarbeit. Die Strafe gilt aufgrund der langen Untersuchungshaft als verbüßt, Bilfinger ist frei — und nach kurzer Zeit wohlbestallter Richter am Verwaltungsgerichtshof Baden-Württemberg in Mannheim. Mehrere Jahre vergehen, ehe die deutsche Justiz gegen den ehemaligen SS-Obersturmbannführer aus dem Reichssicherheitshauptamt erstmals ermittelt. Anfang Januar 1964 erklärt der Stuttgarter Oberstaatsanwalt Erwin Schüle, Leiter der »Zentralen Stelle der Landesjustizverwaltungen zur Aufklärung nationalsozialistischer Verbrechen« in Ludwigsburg, die Vorwürfe gegen Bilfinger seien seit langem bekannt. Er sei aber bereits in Frankreich rechtskräftig verurteilt worden und habe seine Strafe verbüßt. Ungesagt bleibt, daß dies eine erneute Anklage nur hinsichtlich jener Straftaten ausschließt, die von der französischen Justiz rechtskräftig abgeurteilt worden sind. Schüle, ehemals selbst Mitglied der NSDAP, wird in den Medien mit wachsender Heftigkeit kritisiert und Ende 1965 durch den Oberstaatsanwalt Adalbert Rückerl abgelöst. Bilfinger bleibt bis zum Erreichen der Altersgrenze Oberverwaltungsgerichtsrat in Baden-Württemberg.

## Karl Blessing

***Zehlendorf, Boeckelweg 8***

Karl Blessing, geboren am 5. Februar 1900 im württembergischen Enzweihingen, tritt mit dem Diplom der Handelshochschule Berlin 1925 in den Dienst der Reichsbank. Von ↑ Hjalmar Schacht tatkräftig gefördert, nimmt Blessing schon bald an internationalen Konferenzen teil, auf denen es um die den Deutschen auferlegten Reparationszahlungen geht. Blessing ist dabei, als 1929 in Paris der Young-Plan verabschiedet wird: binnen einer Laufzeit von 58 Jahren sollen die deutschen Schulden über eine in Basel zu errichtende Bank für Internationalen Zahlungsausgleich abgetragen werden. Von 1930 bis 1934 ist Blessing als deutscher Vertreter an dieser Bank tätig. Danach ist sein Arbeitsplatz im Reichswirtschaftsministerium, das damals — von August 1934 bis zu seiner Entlassung Ende November 1937 — von Schacht geleitet wird.

Als die im April 1933 verhängte Aufnahmesperre 1937 aufgehoben wird, tritt Blessing der NSDAP bei. Fast zeitgleich wird er in das Direktorium der Reichsbank berufen, dessen Präsident Schacht geblieben ist. Am 12. November 1938 sieht sich Blessing, der nun auch dem Beirat der Deutschen Bank angehört, unverhofft abermals mit Reparationsfragen konfrontiert. Er nimmt an einer von Hermann Göring, dem »Beauftragten für den Vierjahresplan«, einberufenen Konferenz teil, auf der eine erste Schadensbilanz der von oben gesteuerten Ausschreitungen gegen jüdische Bürger und jüdisches Eigentum in der »Reichskristallnacht« gezogen und das weitere Vorgehen erörtert wird. Nach einem Referat Reinhard Heydrichs vom Reichssicherheitshauptamt erörtern die Anwesenden »Druckmittel und Verfahren, mittels deren die Stigmatisierung und Vertreibung der Juden effektiver organisiert« werden können (Arno J. Mayer, S. 266). Zu der illustren Runde, die hier die weltweite Isolierung Deutschlands betreibt, zählen der Reichspropagandaminister Joseph Goebbels, der Reichsminister des Innern Wilhelm Frick, der Reichsminister der Justiz Franz Gürtner, der Reichsminister für Wirtschaft Walter Funk, der Reichsminister der Finanzen Lutz Graf Schwerin von Krosigk, der SS-Obergruppenführer Kurt Daluege als Chef der Ordnungspolizei — und eben auch Karl Blessing als Vertreter der Reichsbank. Man kommt überein, den »Juden deutscher Staatsangehörigkeit«, also den Opfern der Ausschreitungen, als »Sühneleistung« eine »Kontribution« von 1 Milliarde Reichsmark, zahlbar an das Deutsche Reich, aufzuerlegen. So bestimmt es die Verordnung, die der »Beauftragte für den Vierjahresplan« noch am selben Tage erläßt (Reichsgesetzblatt 1938, Teil I, S. 1579). Ihr Wortlaut wird in allen Zeitungen des Reichs veröffentlicht.

Anfang Februar 1939 hat Blessing das Glück, zusammen mit dem bei Hitler endgültig in Ungnade gefallenen Reichsbankpräsidenten Schacht und seinem Kollegen Wilhelm Vocke aus dem Direktorium der Reichsbank ausscheiden zu müssen (Blessing hat mehrfach vor den währungspolitischen Folgen der mit enormen Krediten finanzierten Aufrüstung gewarnt). Die private Wirtschaft fängt den arbeitslos gewordenen Banker auf. Bis 1941 ist er Generaldirektor der deutschen Betriebe (Firmenname: Margarine Union AG) des niederländischen Unilever-Konzerns, danach lenkt er bis Kriegsende die Geschicke der Kontinentale Öl AG. Und obwohl Blessing seit 1939 dem wirtschaftlich orientierten »Freundeskreis Reichsführer SS« angehört und der NSDAP zu beträchtlichen Spenden verhilft, wird er von Goerdeler und den Verschwörern des 20. Juli 1944 als Fachmann geschätzt und für eine spätere Regierung als Reichsbankpräsident und Wirtschaftsminister vorgesehen (Gerhard Ritter, S. 575 f.). Mit Theodor Eschenburg, der seit Anfang 1938 Blessings Nachbar im grünen Vorort Zehlendorf ist, führt der Manager, der das Reich unaufhaltsam in den Abgrund rollen sieht, regimekritische Gespräche. Dem Widerstand ist gleichwohl keiner der beiden zuzurechnen.

1945 teilt Blessing das Schicksal, das der Einflußelite des Dritten Reichs fast ausnahmslos beschieden ist: er wird von den westlichen Alliierten interniert. Aber er hat, nicht zuletzt im Ausland, gewichtige Fürsprecher. Einer von ihnen ist der deutsch-jüdische Emigrant Hans Schäffer (1886–1967), ebenfalls Experte in Reparationsfragen. Der jetzt in Schweden lebende Schäffer hat Blessing in den Weimarer Jahren als einen »ehrenhaften und vertrauenswürdigen Menschen« kennengelernt (Wandel, S. 275). Nun kümmert er sich um den Inhaftierten und trägt dazu bei, daß dessen Nachkriegskarriere ähnlich glanzvoll verläuft wie die von Hermann J. Abs oder Berthold Beitz. Bald ist Blessing in den Aufsichtsräten zahlreicher Großunternehmen zu finden. 1950 wird er zum Senator der Max-Planck-Gesellschaft zur Förderung der Wissenschaften berufen. Vor allem aber hütet er von 1958 bis 1969 als Präsident der Bundesbank in Frankfurt a.M. die immer härter werdende westdeutsche Währung.

Am 25. April 1971 ist Karl Blessing, 71 Jahre alt, in Rasteau (Provence) gestorben.



## Georg Brandt

***General der Kavallerie, Charlottenburg 9, Kaiserdamm 95***

Der General Georg Brandt wird hier genannt, weil sein Sohn, der Oberst im Generalstab Heinz Brandt, dem Attentat vom 20. Juli 1944 zum Opfer gefallen ist. Diese Auskunft läßt spontan vermuten, damit werde an einen Offizier aus dem Kreis der Verschwörer erinnert, die nach dem Scheitern des Staatsstreichs Hitlers Rache schutzlos ausgeliefert sind. Es verhält sich anders. Heinz Brandt nimmt am Mittag des 20. Juli 1944 an jener Lagebesprechung im ostpreußischen Führerhauptquartier teil, die durch die von Oberst Graf Stauffenberg gelegte Bombe ihr vorzeitiges Ende findet. Vier der um den langen Kartentisch Versammelten werden so schwer verletzt, daß sie den Anschlag nicht überleben. Fast auf der Stelle wird der Mitarbeiter ↑Heinrich Berger getötet. Der General der Flieger Günther Korten stirbt wie Heinz Brandt am 22. Juli, Generalleutnant ↑Rudolf Schmundt neun Wochen später, am 1. Oktober 1944.

Bemerkenswert ist der Text der Todesanzeige, den die Familie des — nach dem Anschlag zum Generalmajor beförderten — Heinz Brandt in der *Deutschen Allgemeinen Zeitung* erscheinen läßt. Sie lautet: »Für seinen Führer und das Reich gab sein Leben mein lieber Mann, der liebevolle Vater seines kleinen Peter, unser guter Sohn und Bruder / Generalmajor Heinz Brandt / Er erlag am 22. Juli im Alter von 37 Jahren den schweren Verletzungen, die er bei dem ruchlosen Attentat auf den Führer erlitten hatte.«

Unter den Hinterbliebenen werden auch die Eltern mit ihrer Charlottenburger Anschrift genannt. Die Einschätzung, das Attentat sei ›ruchlos‹ gewesen, wird damals von einer großen Mehrheit der Deutschen geteilt. Die Frage, warum das so war, gibt den Nachgeborenen noch immer Rätsel auf. Denn sie beruhen auf dem Unvermögen, sich einen Zeitgeist zu vergegenwärtigen, der nahezu spurlos in die Geschichte abgesunken ist und den die Zeitgenossen erst im Nachhinein als Ausdruck einer aus vielen Quellen gespeisten Verblendung erkannt haben.

## Arno Breker

***Prof., Bildhauer, Grunewald, Koenigsallee 65***
***Staatsatelier: Dahlem, Käuzchensteig 12***

Mit der bildenden Kunst des Dritten Reiches ist kein Name enger verknüpft als der seine: Arno Breker, geboren am 19. Juli 1900 in Elberfeld, nimmt unter den von Hitler favorisierten Bildhauern vor ↑Fritz Klimsch und Josef Thorak unangefochten den Spitzenplatz ein. Zumal seine männlichen Monumentalfiguren entsprechen so sehr dem heroisierenden Geist der neuen Zeit und ihrem auf das Schönheitsideal der Antike fixierten Kunstsinn, daß der seit 1933 in Berlin lebende Breker zum maßgeblichen Mitgestalter der nationalsozialistischen Formensprache wird. Keine Ausstellung, kein repräsentativer Neubau des Reiches ohne ein Werk des 1938 an die Staatliche Hochschule für bildende Künste in Berlin berufenen Meisters. Vom Olympiastadion bis zur Neuen Reichskanzlei, für die er eine Skulptur mit dem Titel »Die Partei« fertigt, ist Breker allgegenwärtig.

Das Haus Koenigsallee 65 gehörte dem am 24. Juni 1922 ermordeten deutschen Außenminister Walter Rathenau. Später hat hier die vom Reichskunstwart Edwin Redslob ins Leben gerufene Walter-Rathenau-Gesellschaft ihren Sitz; dann bewohnt Rathenaus jüngere Schwester mit ihrer Familie das Anwesen. Nach deren Emigration als rassisch Verfolgte im Juli 1939 zieht Breker in die verwaiste Villa ein, ehe er sich in Dahlem, Kronprinzenallee 54–56 (die neue Anschrift ist dem Telefonbuch-Nachtrag 1943 zu entnehmen), auf eigenem Grund niederläßt.

Als Breker vierzig wird, steht er auf dem Gipfel seines Ruhms. Der *Völkische Beobachter*, das Zentralorgan der NSDAP, feiert ihn als Wegbereiter der »Renaissance der deutschen Kunst«. Hitler wartet mit einer besonderen Gabe auf. »Dem Bildhauer Arno Breker übereigne ich«, heißt es in einer von des Führers Hand ausgefertigten Urkunde, »zu seinem heutigen 40. Geburtstage schenkungsweise das Haus Jäckelsbruch bei Wriezen mit Park und dem in diesem errichteten Atelierneubau. Ich gebe hierdurch meiner dankbaren Anerkennung seiner schöpferischen Arbeit im Dienste der deutschen Kunst Ausdruck ...« Später wird Breker behaupten, er habe das »kleine Landhaus« bei Wriezen im Kreis Oberbarnim nicht geschenkt erhalten, sondern selbst gekauft.

Eine andere Auszeichnung liegt damals kaum drei Wochen zurück: Brekers Teilnahme an einer historischen Visite. Als Adolf Hitler am 28. Juni 1940 in frühester Stunde nach Paris fliegt, um die kampflos eroberte Stadt zu besichtigen, ist neben den Architekten ↑ Albert Speer und Hermann Giesler auch Arno Breker an des Führers Seite. Dessen Augen sind an diesem Morgen ganz auf die Baudenkmäler der noch schlafenden Hauptstadt und den Sarkophag Napoleons I. gerichtet. Photos vom Pulk der Begleiter, darunter jenes, das den siegreichen Feldherrn beim Verlassen der Kirche St. Madeleine zeigt, dokumentieren Brekers Nähe zum Machthaber.

Im Verlauf des Krieges treten die kraftstrotzenden Leiber und heldischen Köpfe des Bildhauers in den Dienst einer Propaganda, die den Wehrwillen und die Siegeszuversicht einer zunehmend kriegsmüden Nation unablässig zu stärken sucht. 1944 verschickt auch der 23jährige Panzergrenadier Wolfgang Borchert, im zivilen Leben Schauspieler und Autor, eine Postkarte, auf der ein gelockter Jünglingskopf mit zum Schrei aufgerissenen Mund zu sehen ist. Borchert, seit dem Herbst 1941 an der Ostfront, mehrfach verhaftet und wegen Zersetzung der Wehrkraft kriegsgerichtlich verurteilt, schreibt dazu: »Ist der Kopf von Breker auf der Umseite der Ausdruck unserer Zeit?

Ist er heroisch verzweifelt oder nur brutal? Ja, es fehlt uns wohl heute an jeder Klarheit — alles ist in Nebel gehüllt ...«

1945 verliert Breker mit seinen Privilegien auch das idyllisch am Rande des Grunewalds gelegene Staatsatelier — und natürlich die jetzt in der Sowjetzone gelegene Dotation aus der Hand seines Führers. Private Bewunderer aber bleiben ihm treu. Daß mancher von ihnen jenseits des Rheins wohnt, hat eine Vorgeschichte. Der junge Breker hat von 1927 bis 1933 in Paris gelebt; Aristide Maillol ist sein frühes Vorbild. Mitten im Krieg, im April 1942, wird in der französischen Metropole eine Breker-Ausstellung eröffnet, die Publikum und Kritik gleichermaßen beeindruckt. Jean Cocteau widmet Breker ein Gedicht. Henri Bouchard, Leiter der Pariser Meisterschule für Bildhauerei an der »École Nationale Superieure des Beaux Arts«, preist nach einem Besuch des berühmten Kollegen in Berlin das »großzügige Leben«, das der NS-Staat den Künstlern biete. Breker selbst reist wiederholt in das besetzte Paris. Im Tagebuch des Hauptmanns Ernst Jünger (»Strahlungen«) heißt es am 2. Februar 1942: »Abends im Ritz, bei Breker, der mich eingeladen hatte, und seiner Frau, einer intelligenten Griechin.«

Wenige Tage später ist Breker zum Bericht bei Goebbels in Berlin. Der notiert in sein Tagebuch: »Die Stimmung in Paris selbst ist uns gegenüber nicht negativ.« Bei besserer Versorgungslage »könnten wir moralische Erfolge ohne Ende erreichen«.

Auch in der nachkriegsdeutschen Wohlstandsgesellschaft gerät Breker nicht ganz in Vergessenheit. Seine Bronzebüsten sind bei Prominenten (darunter Ludwig Erhard) ebenso gefragt wie bei Banken und Konzernen seine großkalibrige ›Kunst am Bau‹. Am 13. Februar 1991 ist Arno Breker, 90 Jahre alt, in Düsseldorf gestorben.

Nachzutragen bleibt, daß Arno Breker sich im Mai 1981 anläßlich einer von Protesten begleiteten Ausstellung seiner Werke in Berlin vom NS-Regime nachdrücklich distanziert hat. Er sei, heißt es in seiner Erklärung, begeistert gewesen, »als ich nach 1933 bildhauerische Aufträge einer Größenordnung erhielt, wie sie nur der Staat vergeben kann. In dieser Zeit und mit dieser Arbeit habe ich einem Regime gedient, dessen Verbrechen, dessen Unmenschlichkeit, dessen Unterwertigkeit gerade mir weder bewußt noch von mir unterstützt wurde. Ich wollte sicherlich kein verbrecherisches System verherrlichen.«

## Arnolt Bronnen

***Kladow, Maubachstraße***

Arnolt Bronnen, geboren am 19. August 1895 in Wien als Sohn des Gymnasialprofessors und Schriftstellers Ferdinand Bronner (mit R), darf für sich in Anspruch nehmen, eine der umstrittensten und absonderlichsten Figuren der deutschsprachigen Literatur des 20. Jahrhunderts zu sein. Im Ersten Weltkrieg kämpft Bronnen als Kaiserjäger in Südtirol. Dann kommt er nach Berlin, schlägt sich als Kommis beim Kaufhaus Wertheim durch und schreibt. 1920 wird sein Stück »Vatermord« ein Skandalerfolg. Von der Kritik als Bürgerschreck und genialischer Vollblutdramatiker gefeiert, mit Bert Brecht und Carl Zuckmayer befreundet, beim renommierten Rowohlt-Verlag unter Vertrag, ist Bronnen Produkt und Nutznießer der »Goldenen Zwanziger Jahre«. Mit ↑Caspar Neher bezieht er im November 1922 eine Wohnung in der Passauerstraße

Am Ende dieses Jahrzehnts wird der politisch linke Autor, die Witterung der Zeit aufnehmend, fast übergangslos zum rabiaten Nationalisten. Sein 1929 erschienener Roman »O.S.« (O.S. steht für Oberschlesien), im expressionistischen Stakkato verfaßt, wird ein Kultbuch der Rechten, Bronnen selbst zum Verächter der Republik. Am 17. Oktober 1930 stört er lautstark die »Deutsche Ansprache« Thomas Manns im Berliner Beethovensaal. Klaus Mann beschreibt die Szene in »Der Wendepunkt« und spottet: »Mit dem Talent hörte es dann bald auf, woraufhin der Wicht prompt seine nationale Gesinnung entdeckte.«

1933 paktiert Bronnen offen mit der neuen Macht, tritt der NSDAP aber nicht bei. Goebbels holt ihn als Propagandisten und Programmleiter zur Reichsrundfunk GmbH. Später wirkt Bronnen beim Aufbau des Berliner Fernsehsenders mit. Als das Telefonbuch 1941 erscheint, ist der Exzentriker bereits in Ungnade gefallen, wohl auch der Schatten wegen, die auf seiner Herkunft liegen. Seine Mutter nötigt er zu der Erklärung, er sei nicht der Sohn seines jüdischen Vaters, sondern ohne rassischen Makel im Ehebruch gezeugt. Als Bronnen 1942 das begehrte »Reinheitssiegel der Arierschaft« (Barbara Bronnen) erhält, ist es nicht mehr viel wert. Der nunmehr Wehrwürdige, dessen neue Stücke unaufgeführt bleiben, wird zur Truppe eingezogen.

Bronnen entgeht der Gefangenschaft. Schon im Mai 1945 hat er sich, fern vom Schauplatz Berlin, mit der neuen Lage arrangiert: er wird kommunistischer Bürgermeister eines österreichischen Dorfes und bereut öffentlich seinen ›Irrtum‹, den Nazis gefolgt zu sein. In Linz wird er Redakteur einer marxistischen Kulturzeitschrift, dann zieht er weiter nach Wien. 1954 erscheinen seine Erinnerungen: »Arnolt Bronnen gibt zu Protokoll«. Im Februar 1956, letzte Pointe dieses verworrenen Lebens, kommt der Österreicher Bronnen als Emigrant in die Hauptstadt der DDR und dient sich, erfolglos, den Kulturfunktionären der SED an.

Am 12. Oktober 1959 ist Arnolt Bronnen, 64 Jahre alt, in Berlin (Ost) gestorben. Seine 1938 in Berlin geborene Tochter Barbara hat sich 1980 in ihrem Roman »Die Tochter« mit dem als tyrannisch und labil beschriebenen Vater literarisch auseinandergesetzt, — fast ein Nachvollzug des väterlichen »Vatermords«. Ganz vergessen ist Bronnen gleichwohl nicht. Im Januar 1993 geht der Friedrich-Luft-Preis für die beste Theaterinszenierung in Berlin an die »Volksbühne« am Rosa-Luxemburg-Platz: ausgezeichnet wird die Aufführung des Bronnen-Stücks »Rheinische Rebellen«.

## Walter Bruch

***Ingenieur, Schöneberg, Innsbrucker Str. 53***

Berühmt geworden ist Walter Bruch, geboren am 2. März 1908 in Neustadt an der Weinstraße, erst geraume Zeit nach dem Ende des Dritten Reichs — als Erfinder des PAL-Farbfernsehsystems, das inzwischen von mehr als 65 Staaten der Erde adoptiert worden ist. PAL steht für »Phase Alternation Line«. Mit diesem »zeilenweisen Phasenwechsel« wird ein besonders farbtreues und stabiles Fernsehbild erzielt. Anhänger des Konkurrenzsystems SECAM, für das Frankreich und ehemals die DDR sich entschieden haben, heben natürlich dessen Vorzüge hervor.

Zum Fernsehpionier wird der junge Ingenieur nach einer Lehrzeit bei dem Tüftler und Tausendsassa ↑Manfred von Ardenne, als Bruch in den Dienst von Telefunken tritt, der Gesellschaft für drahtlose Telegraphie (GmbH). Deren Stammhaus befindet sich damals im Vorort Zehlendorf. Als das Unternehmen den 28jährigen 1935 anheuert und zum Leiter einer Forschungsgruppe macht, wird gerade jene riesige elektronische Ikonoskop-Kamera entwickelt, mit der bei den in Berlin ausgetragenen Olympischen Spielen 1936 die ersten Live-Übertragungen der Wettkämpfe im Fernsehen gelingen. Bruch bedient die Kamera während der Spiele zeitweilig selbst. Er ist auch dabei, als 1938 in der Witzlebenstraße, nahe dem heutigen Theodor-Heuß-Platz, das erste Fernsehstudio der Welt eingerichtet wird.

Nicht viel später endet diese zivile Idylle. Im Zweiten Weltkrieg gehört Bruch dem bataillonsstarken Aufgebot an Wissenschaftlern und Technikern an, die in Peenemünde die Raketen für den Endsieg schmieden. Als dieses Ziel trotz der so genannten Vergeltungswaffen V1 und V2 gründlich verfehlt und das Regime 1945 in Stücke gehauen wird, kehrt Bruch zu seiner Bastelarbeit am Bildschirm zurück. Zusammen mit einem russischen Techniker entwickelt er im Werk Oberschöneweide bei Berlin die erste 625-Zeilen-Fernsehnorm. Das eigene Labor für Elektrophysik gibt er auf, als ihm 1950 sein alter Arbeitgeber Telefunken, der sich in Hannover niedergelassen hat, den Aufrag erteilt, die ersten marktgängigen Farbfernseher und Farbvideorecorder made in Germany zu bauen. Schließlich trägt Bruch auch zum technischen Erfolg des Satelliten-Farbfernsehens sein Scherflein bei.

Am 5. Mai 1990 ist Walter Bruch, 82 Jahre alt, in Hannover gestorben.

## Theodor Brugsch

***Dr. med., Prof. der Medizin, W 15, Bleibtreustr. 27***

Vom Gegner des NS-Regimes zum Leibarzt Walter Ulbrichts: auch der Lebensweg des Theodor Brugsch, geboren am 11. Oktober 1878 in Graz als Sohn eines Professors der Ägyptologie, ist von kräftigen zeitgeschichtlichen Bezügen geprägt.

1882 zieht die Familie Brugsch nach Charlottenburg, damals eine Kleinstadt vor den Toren Berlins. Theodor besucht das Kaiserin-Augusta- und das Cöllnsche Gymnasium, studiert Medizin und wird 1906 an der Charité Assistenzarzt. Habilitation und Professur folgen 1909. Als im Sommer 1914 die Mobilmachung droht, lehnt Brugsch die Bitte, den von Albert Einstein und Georg Friedrich Nicolai verfaßten »Aufruf gegen den Krieg« zu unterzeichnen, entschieden ab, setzt sich aber für den von ›vaterländischen‹ Studenten boykottierten Kollegen Nicolai ebenso entschieden ein. 1917 zieht Brugsch als Stabsarzt der IX. Armee in das besetzte Rumänien; erst Anfang 1919 kehrt er aus der Internierung nach Berlin zurück. 1927 wechselt er als Ordinarius für Innere Medizin an die Universität Halle. Seit 1932 gehört er der Naturforscher-Akademie »Leopoldina« an.

Als im Sommer 1933 im ganzen Reich beamtete Hochschullehrer aus politischen und rassischen Gründen entlassen werden (darunter 235 Mediziner und Biologen), fordert Brugsch seine nichtbetroffenen Kollegen auf, ihre Ämter aus Protest niederzulegen. Vergeblich. Brugsch, mit einer Jüdin verheiratet, wird verdächtigt, selbst Halbjude zu sein. Als ein von ihm organisierter Kongreß, der am 1. September 1935 in Halle beginnen soll, zwei Tage vor der Eröffnung abgesagt wird, gibt der Internist, den die örtliche NSDAP längst für untragbar hält, auf. Auf seinen Antrag entbindet der für das Hochschulwesen in Preußen zuständige Reichsminister Rust den 56jährigen Kliniker von seinen Pflichten als beamteter Hochschullehrer. Der Ruheständler läßt sich als privater Arzt in Berlin nieder. Einen Ruf an die Universität Ankara lehnt er 1937 ab. Als Brugsch sich 1944 scheiden lassen will, besorgt er, wie sein Biograph mitteilt, der hochgefährdeten Frau einen »Arierpaß« (gemeint sind wohl falsche Papiere, die sie als ›deutschblütig‹ ausweisen); sie überlebt das Dritte Reich.

Im Juli 1945 kehrt Brugsch als Ordinarius an die Charité zurück. Alle Türen stehen ihm nun offen. 1946 wird er Vizepräsident der »Deutschen Zentralverwaltung für Volksbildung« in der sowjetisch besetzten Zone. 1948 gehört er dem Präsidium des SED-gesteuerten Deutschen Volksrates an, der die erste Verfassung der DDR zu verabschieden hat. 1949 zieht der parteilose Mediziner über die Kandidatenliste des »Kulturbundes zur demokratischen Erneuerung Deutschlands« in die Volkskammer ein. Als »Verdienter Arzt des Volkes« (1950) und »Hervorragender Wissenschaftler des Volkes« (1953) spielt Brugsch nun die plakative Rolle eines »aktiven Mitgestalters der sozialistischen Gesellschaftsordnung«. Mehr noch: er wird der behandelnde Arzt von Walter Ulbricht, zu dem bald »ein enges persönliches Verhältnis« besteht.

Am 11. Juli 1963 ist Theodor Brugsch, 84 Jahre alt, in Berlin (Ost) gestorben. Sein Nachfolger als Leibarzt Ulbrichts wird 1964 Arno Linke, der davon in seinen 1999 erschienenen Erinnerungen berichtet. Das Leben des Theodor Brugsch hat die noch ganz im DDR-Stil abgefaßte Biographie von Jürgen Konert (Leipzig 1988) für die Nachwelt festgehalten.

## Adolf Butenandt

***Prof. Dr. phil., Direktor des Kaiser-Wilhelm-Instituts für Biochemie, Dahlem, Van't-Hoff-Str. 2–4***

Adolf Butenandt wird am 24. März 1903 als Sohn eines Kaufmanns in Lehe (preußische Provinz Hannover) geboren; der Ort gehört heute zu Bremerhaven. In Marburg (Lahn) beginnt Butenandt, Chemie und Biologie zu studieren. 1927 promoviert er in Göttingen bei dem Naturstoffchemiker Adolf Windaus, der 1928 mit dem Nobelpreis für Chemie ausgezeichnet wird. Auf Windaus' Rat wendet sich Butenandt der Hormonforschung zu. Unterstützt von den Labors der Berliner Schering-Kahlbaum AG gelingt ihm erstmals die Isolierung und Entschlüsselung der Sexualhormone. Die Entdeckung wird Grundlage seiner 1930 vorgelegten Habilitationsschrift. 1933 wird der 30jährige ordentlicher Professor für organische Chemie an der Technischen Hochschule Danzig.

Seine Arbeiten zu Struktur und Synthese der Hormone sowie zu den biochemischen Prozessen, die Erbfaktoren wirksam werden lassen, machen Butenandt bald international bekannt. Nach einem Besuch der USA erhält er 1935 einen Ruf an die Harvard Universität, den er unter nicht ganz geklärten Umständen ablehnt. Dabei mag eine Rolle gespielt haben, daß ihm die Zusammenarbeit mit dem nach New York emigrierten jüdischen Kollegen Rudolf Schoenheimer von den deutschen Behörden untersagt worden ist. Vielleicht ist ihm aber bereits zugesagt worden, was sich 1936 realisiert: Butenandt wird als Nachfolger des 1934 aus rassischen Gründen entlassenen (und 1938 nach Palästina emigrierten) Carl Neuberg zum Direktor des Kaiser-Wilhelm-Instituts für Biochemie in Dahlem berufen.

1939 wird Butenandt zusammen mit dem Schweizer Leopold Ruzicka der Nobelpreis für Chemie zuerkannt. Er muß ihn frelich, wie ein Jahr zuvor sein Heidelberger Kollege Richard Kuhn (1900–1967), zurückweisen. Seit der Friedensnobelpreis 1935 dem in einem KZ inhaftierten Publizisten Carl von Ossietzky verliehen worden ist, darf nach dem Willen Hitlers kein Deutscher diese Auszeichnung mehr annehmen; erst 1948 wird der Preis Butenandt nachträglich durch den schwedischen Konsul in Frankfurt a.M. überreicht.

1944 wird das Institut für Biochemie von Berlin nach Tübingen ausgelagert. In der Universitätsstadt am Neckar, die von Bomben verschont bleibt, wirkt Butenandt seit 1946 wieder als Professor. 1956 folgt er dem schon 1952 angenommenen Ruf an die Universität München, als das dort für ihn errichtete Max-Planck-Institut für Biochemie bezugsfertig ist. 1960 wird er als Nachfolger ↑ Otto Hahns Präsident der Max-Planck-Gesellschaft zur Förderung der Wissenschaften. Bis 1972 nimmt er in diesem Amt Einfluß auf die Entwicklung der bundesdeutschen Grundlagenforschung.

Butenandt hat, anders als Otto Hahn, keine Gegnerschaft zum NS-Regime erkennen lassen. 1936 ist er Mitglied der NSDAP geworden. Ihn deshalb als Nationalsozialisten zu bezeichnen, wie dies der Historiker Robert Proctor (USA) Ende Mai 2000 in einem Vortrag im Max-Planck-Institut für Wissenschaftsgeschichte in Berlin getan hat, ist dennoch zu grobkörnig. »Die Tatsache, Parteimitglied gewesen zu sein, spricht nicht unbedingt gegen einen Mann« (Otto Hahn 1945) und ganz gewiß nicht gegen einen Spitzenforscher, der sich, um seine existenznotwendigen Freiräume abzusichern, den Gegebenheiten anpaßt. Offen ist freilich, ob Butenandt von den Menschenversuchen in Auschwitz Kenntnis hatte. Einer seiner Mitarbeiter war an einem Forschungsprojekt des Berliner Kaiser-Wilhelm-Instituts für Anthropologie, menschliche Erblehre und Eugenik (↑ Eugen Fischer) beteiligt und so in diese Verbrechen verstrickt. Darauf hat Benno Müller-Hill schon 1984 in seinem Buch »Tödliche Wissenschaft« aufmerksam gemacht. Anfang 1945 soll Butenandt angeordnet haben, alle Akten, die den Vermerk »Geheime Reichssache« tragen, zu vernichten.

Der Biochemiker, 14facher Ehrendoktor, wird 1962 Mitglied der Friedensklasse des Ordens Pour le mérite, 1968 Mitglied der Royal Society in London, 1969 Kommandeur der französischen Ehrenlegion und 1985 — als zweiter Wissenschaftler nach Otto Hahn — mit dem

Großkreuz des Verdienstordens der Bundesrepublik Deutschland ausgezeichnet.

Am 18. Januar 1995 ist Adolf Butenandt, 91 Jahre alt, in München gestorben.

## Leonardo Conti

***Dr. med., Wilmersdorf, Landauer Str. 9***

Leonardo Conti, geboren am 24. August 1900 in Lugano (Tessin) als Sohn eines italo-schweizerischen Vaters, besteht 1918 am Berliner Friedrich-Wilhelm-Gymnasium das Abitur und geht als Soldat in einem Feldartillerie-Regiment an die Front. Heimgekehrt wird er noch im November 1918 Mitgründer eines antisemitischen »Kampfbundes für Deutsche Kultur«. Als Medizinstudent schließt er sich der völkischen Studentenbewegung und einem Freikorps an, das im März 1920 den Kapp-Putsch unterstützt. Nach dem 1923 in Erlangen abgelegten Staatsexamen und der Promotion (Berlin 1925) läßt er sich als Arzt nieder.

1923 hat Conti begonnen, in Berlin einen Sanitätsdienst der SA aufzubauen. Seit 1927 gehört er als Mitglied Nr. 72 225 der NSDAP an. Wenig später ist er »Gauobmann im Nationalsozialistischen Ärztebund für Groß-Berlin«. Der SS tritt er 1930 bei, nachdem er dem Führer der Berliner SS, Kurt Daluege. Informationen über eine drohende SA-Revolte gegen Hitler zugespielt hatte (»Stennes-Putsch«). Am 24. April 1932 wird Conti für die NSDAP in den Preußischen Landtag gewählt. Bei seiner Wiederwahl am 5. März 1933 (die NSDAP verfehlt wie im Reich so auch in Preußen mit 211 der 476 Mandate erneut die absolute Mehrheit) ist der Karrieresprung bereits geschafft: vier Wochen zuvor ist Conti als ›Kommissar zur besonderen Verwendung des Ministers‹ in das Preußische Innenministerium eingezogen, das seit dem 4. Februar von Hermann Göring, eben als Reichsminister in das Kabinett Hitler berufen, verwaltet wird. Man erinnert sich: Durch die Notverordnung des Reichspräsidenten vom 20. Juli 1932 war die SPD-geführte preußische Regierung abgesetzt und der Reichskanzler (damals Franz von Papen) zum Reichskommissar für Preußen bestellt worden — mit allen Befugnisse des Preußischen Ministerpräsidenten. Dieser sogenannte ›Preußenschlag‹ liefert den größten deutschen Einzelstaat ein halbes Jahr später Hitler aus.

Am 11. April 1933 wird der gerade in Rom weilende Göring von Hitler telegrafisch zum Preußischen Ministerpräsidenten ernannt. Conti avanciert zum Ministerialrat und Mitglied des (inzwischen gleichgeschalteten) Preußischen Staatsrats. 1934 wird er zum Leiter der Abteilung Gesundheit in der Reichsleitung der NSDAP berufen.

Als Chef des Berliner Gesundheitswesens mit dem Titel eines Stadtmedizinalrats betreibt er mit Eifer die Diskriminierung der jüdischen Ärzte, die bald nur noch Juden behandeln dürfen. Aber auch dort, wo es um die Hygiene der Schwimmbäder geht, bewährt sich Conti als Scharfmacher. Am 3. Juni 1937 befassen sich die Ratsherren der Reichshauptstadt mit dem Tagesordnungspunkt »Verdrängung der Juden aus den öffentlichen Badeanstalten«. Zwar hat es am Freibad Wannsee schon 1935 ein Schild mit der Aufschrift gegeben: »Juden ist das Baden und der Zutritt verboten«. Das mußte aber auf Drängen des Auswärtigen Amtes mit Rücksicht auf die Olympischen Spiele 1936 wieder entfernt werden. Nun, da die Spiele vorbei sind, hat man freie Hand. Laut Protokoll empfiehlt Conti, »alle Badeanstalten mit Verbotstafeln zu versehen bis auf eine, die wir ohne Verbotstafel belassen. Man kann dann, wenn ein Jude kommt und baden will, ihm sagen: Du kannst dahin gehen«.

Am 20. April 1939 wird Conti Reichsgesundheitsführer und Leiter des NS-Hauptamtes für Volksgesundheit, vier Monate später Staatssekretär für das Gesundheitswesen im Reichs- und Preußischen Ministerium des Innern. Als Reichsärzteführer ist er oberster Standesvertreter aller zugelassenen Ärzte. Im Kriege ist Conti mitverantwortlich für die jeder gesetzlichen Grundlage entbehrende Euthanasie. Er entwirft Pläne zur Ausrottung der polnischen Intelligenz durch Sterilisation. 1942 ordnet er Menschenversuche im KZ Buchenwald zur Erprobung von Fleckfieberimpfstoffen an. Als sein Einfluß schwindet, wird Conti im August 1944 abgelöst, aber mit einem letzten Gunstbeweis bedacht: Himmler erhebt ihn in den Generalsrang eines SS-Obergruppenführers.

Im Mai 1945 wird der umtriebige Mediziner verhaftet. Am 6. Oktober 1945 erhängt sich Leonardo Conti, 45 Jahre alt, in seiner Zelle im Nürnberger Gerichtsgefängnis. So findet der Ärzteprozeß vor dem 1. amerikanischen Militärtribunal, der am 9. Dezember 1946 beginnt und am 20. August 1947 mit sieben Todesurteilen endet, ohne ihn statt. Das Urteil ›Tod durch Erhängen‹ wäre sonst wohl ein achtes Mal gesprochen worden.

## Berl Coper

***Dr., Konsulent, C 2, Königstr. 20/21; Wohnung: NW 40, Calvinstr. 12***

Der Konsulent Berl Coper, der bis 1938 der Rechtsanwalt und Notar Alexander Coper war, trägt keinen prominenten Namen. Auch sein Lebensweg findet sich nirgends aufgezeichnet. Aber das Schicksal, das Coper im Dritten Reich zuteil geworden ist, läßt uns ahnen, was es damals bedeutete, einer der 54 jüdischen Konsulenten zu sein, die das Berliner Telefonbuch 1941 namentlich aufführt.

Was ist ein Konsulent? Konsulenten sind in der Sprache des NS-Staates freiberuflich tätige Juristen, die aufgrund des für Juden geltenden Sonderrechts ihre Zulassung als Rechtsanwalt verloren haben, denen es aber gestattet ist, jüdische Klienten rechtlich zu beraten. In der V. Verordnung zum Reichsbürgergesetz vom 27. September 1938 heißt es: »Juden ist der Beruf des Rechtsanwalts verschlossen.« Im Zeichen der Einheit von Recht, Volk und Rasse gelten Juden als weder fähig noch würdig, Wahrer deutschen Rechts zu sein. Stichtag für ihr Ausscheiden aus der Anwaltschaft ist der 30. November 1938. Auf den Stempeln und Praxisschildern der Konsulenten muß fortan deutlich zu lesen sein: »Zugelassen nur zur rechtlichen Beratung und Vertretung von Juden.« Auch in den Telefonbüchern von 1940 und 1941 ist dieser Zusatz immer wieder zu finden.

Für die meisten Betroffenen ist die neue Maßnahme folgenschwerer als alles, was ihr vorausging; vielen entzieht sie die Grundlage ihrer beruflichen Existenz. Die Zahl der in Deutschland lebenden Juden (1933 waren es etwa 500 000; von ihnen lebten über 160 000 in Berlin) ist von Jahr zu Jahr rückläufig. Da Juden seit Ende 1938 faktisch rechtlos sind, benötigen sie kaum mehr anwaltlichen Schutz. Die Wartezimmer der Konsulenten sind entsprechend leer.

Alexander Berl Coper, geboren am 17. Oktober 1891 in der westpreußischen Kleinstadt Tuchel als jüngster Sohn eines Fleischers, wird im Ersten Weltkrieg an der Ostfront schwer verwundet und verliert ein Bein. Er muß nicht zurück in die Schützengräben. 1916 beginnt er an der Berliner Universität sein Jura-Studium. Der junge, in Greifswald promovierte Assessor läßt sich nach ersten Berufsjahren in Frankfurt a.M. 1926 in Berlin als Anwalt und Notar nieder. Wie viele assimilierte Juden ist er deutschnational gesinnt und im Habitus konservativ. Einer Partei gehört er nicht an.

Den Machtantritt Hitlers verspürt die Familie zunächst kaum als Einschnitt. Der Anwalt lebt in einer sogenannten privilegierten Mischehe: seine Frau, Protestantin, ist in der Sprache der neuen Zeit deutschblütig. Zwar ruft die NSDAP schon Ende März 1933 zum Boykott jüdischer Anwälte auf. Bindend ist dieser Appell aber nur für Parteimitglieder. In den folgenden Jahren wird der Gedanke, Deutschland zu verlassen, im Blick auf die insgesamt erträgliche Lebenssituation von den Copers immer wieder verworfen. Erst 1938 zeichnet sich das drohende Unheil schärfer ab. Eine ›Mischehe‹, wie Coper sie führt, bewahrt ihn nicht davor, aus der Anwaltschaft ausgeschlossen und als Konsulent stigmatisiert zu werden. Aber mit einer List bleibt es ihm erspart, den zusätzlichen Vornamen »Israel« führen zu müssen, der seit dem 1. Januar 1939 für alle männlichen deutschen Juden obligatorisch ist. Alexander Coper hat im Ministerialblatt den von ↑ Hans Globke ausgetüftelten Erlaß des Reichsministers des Innern vom 18. August 1938 sorgfältig gelesen. Dem Text ist als Anlage ein »Verzeichnis jüdischer Vornamen« beigefügt, das auch den Namen Berl enthält. Wer Träger eines typisch jüdischen Vornamen ist, braucht mit der Begründung, er (oder sie) sei ja bereits eindeutig als Jude kenntlich, den Beinamen Israel (oder Sara) nicht anzunehmen. Coper beantragt eine Namensänderung. Er möchte künftig seinen zweiten Vornamen Berl als ersten führen. Dem Antrag wird stattgegeben. Statt eines Alexander Israel Coper gibt es nun einen schlichten Berl Coper, was zumal in Berlin nicht unbedingt jüdisch geklungen hat.

Auch den gelb-schwarzen Judenstern, seit dem 15. September 1941 das ausgrenzende Erkennungsmerkmal aller deutschen Juden, die sechs Jahre und älter sind, muß Coper nicht tragen. Das wiederum verdankt er dem Umstand, daß in seiner Mischehe zwei Kinder geboren wurden (der jüdische Partner in kinderlosen Mischehen genießt dieses Privileg nicht). Ohne Stern ist auch Juden die Nutzung der öffentlichen Verkehrsmittel möglich. Sternträgern dagegen ist es — selbst das wird reichseinheitlich geregelt — nicht einmal gestattet, sich von einem arischen Friseur die Haare schneiden zu lassen.

Im November 1943 fällt das Haus in der Calvinstraße einem Bombenangriff zum Opfer. Kurz darauf wird Coper unter einem Vorwand verhaftet; erst Monate später kehrt er zu seiner Familie zurück. Inzwischen nimmt der Krieg auch an der Heimatfront an Härte zu. Am 24. April 1944 wird Magdalene Coper bei einem Tagesangriff der Royal Air Force im Luftschutzkeller ihrer Arbeitsstätte in der Mauerstraße getötet. Das Ehe-Refugium, das den Mann vor dem Tragen des Judensterns, aber eben auch vor der Deportation geschützt hat, ist damit zerbrochen. Berl Coper versucht, auf legale Weise unterzutauchen. Als Großstädter, der vor den Bomben flüchtet, setzt er sich in ein brandenburgisches Landgasthaus ab. Eines Tages sagt der Wirt, jemand habe nach ihm gefragt. Als er brieflich aufgefordert wird, sich in Berlin mit Gepäck dann und dort einzufinden, gibt Coper auf. Dem Gerücht, die Transporte in den Osten seien Reisen in den Tod, schenkt er nach wie vor keinen Glauben.

Im Oktober 1944 wird Berl Coper in einem Güterwaggon der Deutschen Reichsbahn in das Getto von Theresienstadt verbracht. In einem Gedicht, das er dort verfaßt, steht der Vers: »In düsterer Oktobernacht / per Schub ward ich hinweggeschafft,/ uns Juden Büttel-dienste machen,/ ein Paradox und fast zum Lachen«, Fehlte es an Belegen, daß jüdische ›Ordner‹ bis zuletzt bei den Deportationen mitgewirkt haben, — Copers Zeilen sind eine authentische Quelle. Wie ↑ Leo Baeck überlebt Coper das Getto. Im Sommer 1945 findet er in der Trümmerwüste Berlins seine Kinder wieder. Zwölf Jahre, die gesamte Lebensdauer des Dritten Reichs, sind dem Anwalt und Notar, der nun den Vornamen Berl wieder ablegt, noch vergönnt.

Am 6. Februar 1958 ist Alexander Coper, 66 Jahre alt, in Berlin gestorben. Begraben wird er auf dem jüdischen Friedhof an der Charlottenburger Heerstraße, an der Seite der auf seinen Wunsch umgebetteten ›deutschblütigen‹ protestantischen Frau. Von Copers sieben Geschwistern — zwei seiner Brüder sind als Carl Israel Coper und Jacob Israel Coper im Berliner Fernsprechbuch 1940 verzeichnet — haben den Holocaust allein jene beiden Schwestern überlebt, die in den zwanziger Jahren nach Amerika ausgewandert sind.

## Max de Crinis

***Prof.Dr., Direktor der Universitäts-Nervenklinik, Charité***
***Wohnung: Wannsee, Alsenstr. 20***

Max de Crinis, geboren am 29. Mai 1889 in Ehrenhausen (Steiermark) als Sohn eines Arztes, studiert in Graz und Innsbruck Medizin, habilitiert sich 1920 für das Fach Neurologie und wird 1924 außerordentlicher Professor in Graz. 1934 wird er als Ordinarius an die Universität Köln berufen. Für de Crinis, der in seiner Heimat der extremen Rechten angehört und als Anhänger der alldeutschen Bewegung die Vereinigung mit Deutschland propagiert, kommt der Ruf an den Rhein zur rechten Zeit. Denn in Wien verdächtigt man den Mediziner, in den gescheiterten Putschversuch vom Juli 1934 verwickelt zu sein, dem der österreichische Bundeskanzler Dollfuß zum Opfer gefallen ist.

Max de Crinis, als Wissenschaftler durchaus angesehen, ist ein in der Wolle gefärbter Antisemit. Siegmund Freud gilt ihm als talentierter Scharlatan. 1936 tritt de Crinis der SS bei, und zwar ihrem Sicherheitsdienst, dem SD. Durch seinen Freund Walter Schellenberg, seit Ende 1941 Leiter des Amtes VI (Auslandsnachrichtendienst) im Reichssicherheitshauptamt, lernt er auch Himmler, den Reichsführer-SS, persönlich kennen. So ist es nicht weiter verwunderlich, daß de Crinis 1938 einen Ruf an die Universität Berlin erhält, genauer: daß er gegen den Willen der Fakultätsmehrheit von Rust, dem Reichs- und Preußischen Minister für Wissenschaft, Kunst und Volksbildung, zum Nachfolger von Karl Bonhoeffer bestimmt wird. Besser als dieser soll de Crinis den gesundheitspolitischen Kurs der Machthaber unterstützen. In Heinrich Schellers Bericht »Zur Geschichte der Psychiatrie an der Berliner Universität« figuriert de Crinis als »ein politisch verrannter, persönlich aber integerer Grenzlanddeutscher aus der südlichen Steiermark« (S. 310). Für Michael H. Kater ist er »ein treuer und skrupelloser Diener des Regimes, an das er als fanatischer Nazi wirklich glaubte« (S. 216).

Seit dem 1. Januar 1940 leitet de Crinis nebenamtlich und informell die Abteilung Medizin in Bernhard Rusts Reichserziehungsministerium, wo er »bis zum Kriegsende praktisch bei allen Berufungen an den medizinischen Fakultäten des Landes allein die Fäden« zieht (Kater). Mag er auch, verglichen mit dem zuletzt wenig einflußreichen Reichsgesundheitsführer ↑Leonardo Conti, kein Mann der scharfen Gangart sein, so pflegt er doch seinen (und Himmlers) Willen gegenüber den Dekanen ohne Abstriche durchzusetzen. Mediziner, die dem Schwarzen Orden der SS angehören, werden von ihm bevorzugt bedient.

Im Gegensatz zu vielen seiner Kollegen harrt Max de Crinis im eingeschlossenen Berlin bis zum bitteren Ende aus. Anfang Mai 1945, unmittelbar nach dem Einzug der Roten Armee in Wannsee, nimmt er sich, knapp 56 Jahre alt, in seinem Haus in der Alsenstraße das Leben.

## D Gustav Dahrendorf

***Kaufmann, Zehlendorf, Süntelsteig 28***

Gustav Dahrendorf, geboren am 8. Februar 1901 in Hamburg als Sohn eines Arbeiters, schließt sich mit 13 Jahren der Sozialistischen Arbeiterjugend und vier Jahre später der SPD an. Nach Volksschule und kaufmännischer Lehre arbeitet er als Journalist und Redakteur für das sozialdemokratische *Hamburger Echo*. Er teilt Max Webers undogmatisches Politikverständnis und beklagt schon 1923, daß die erstarrte Theorie seiner Partei sie an der »nüchternen Einsicht in die realen Mächte der Zeit« hindere.

1928 wird Dahrendorf Abgeordneter der Hamburger Bürgerschaft, im November 1932 Mitglied des Deutschen Reichstags. Am 5. März 1933 wird er wiedergewählt. Die SPD erhält in diesem letzten leidlich freien Urnengang 18,3 % der Stimmen, die NSDAP erreicht 43,9 %. Am 23. März folgt die Abstimmung über das Ermächtigungsgesetz, das Hitler zum Diktator macht. Die Fraktion der SPD lehnt das Gesetz geschlossen ab. Tags darauf wird Dahrendorf erstmals für kurze Zeit verhaftet. Später, von Mai bis August 1933, ist er Schutzhäftling im KZ Fuhlsbüttel. Als er entlassen wird, sind alle Parteien außer der NSDAP aufgelöst und verboten. Dahrendorf findet seine Nische in der Märkischen Brikett-Handelsgesellschaft (mit Niederlassungen in Berlin, Nürnberg und München). Er wird ihr Geschäftsführer. Seine Reisen erlauben es ihm, Verbindung zu den alten Freunden zu halten, vor allem zu ↑Theodor Haubach, ↑Wilhelm Leuschner, Hermann Maass, Carlo Mierendorff, ↑Adolf Reichwein und Ernst Schneppenhorst, der noch am 24. April 1945 in Berlin von der SS erschossen wird. Im Eggepfad, nur ein paar Schritte vom Süntelsteig entfernt, wohnen Julius und ↑ Annedore Leber mit ihren Kindern Katharina und Matthias; die Familien fahren gemeinsam in die Sommerfrische nach Ahrenshoop. Dagegen kommt der Kontakt zu ↑ Erich Gniffke, der um die Ecke im Ithweg wohnt und mit ↑ Otto Grotewohl befreundet ist, offenbar erst nach dem Kriege zustande, obwohl auch sie SPD-Genossen sind.

Am 23. Juli 1944 (die Familie lebt, um Schutz vor den Bomben zu finden, nun in Buckow in der Märkischen Schweiz, die 1940 nach Zakopane ›kinderlandverschickten‹ Söhne sind heimgekehrt) kommt die Gestapo erneut: ein verschlüsseltes Fernschreiben der Verschwörer im OKH an den Kommandeur des Wehrkreises X (Hamburg) hat Dahrendorf als kommissarischen Bürgermeister der Hansestadt nach dem Sturz der NS-Herrschaft benannt. Weil die Gefängnisse in Berlin überfüllt sind, wird Dahrendorf zunächst in das KZ Ravensbrück verbracht, dann in das Gestapo-Gefängnis Lehrter Straße. Am 20. Oktober 1944 steht er zusammen mit Leber, Maass und Reichwein vor dem Volksgerichtshof. Sechs Tage später werden drei Todesurteile gefällt. Dahrendorf kommt mit dem Leben davon: wegen der Nichtanzeige eines hochverräterischen Unternehmens wird er zu sieben Jahren Haft verurteilt und zur Strafverbüßung in das Zuchthaus Brandenburg-Görden eingeliefert. Dort werden er und seine Mitgefangenen, unter ihnen Erich Honecker und der zum Tode verurteilte ↑ Robert Havemann, am 27. April 1945 von der Roten Armee befreit.

Kurz darauf nimmt Dahrendorf in Berlin an der Wiedergründung der SPD teil. Das »Kommuniqué über die Bildung des Blocks der antifaschistisch-demokratischen Parteien« vom 14. Juli 1945 trägt auch seine Unterschrift. Im August beruft die Sowjetische Militäradministration ↑ Ferdinand Friedensburg (CDU) an die Spitze der »Deutschen Zentralverwaltung der Brennstoffindustrie«; Dahrendorf wird Vizepräsident. Seit Herbst verhandelt er an der Seite von Gniffke, Grotewohl, ↑ Fechner und ↑ Löbe mit der KPD über eine Fusion der beiden Parteien. Dahrendorf lehnt die Einheit der Arbeiterbewegung, die auch Wilhelm Leuschners Traum gewesen ist, nicht grundsätzlich ab. Am Ende aber sagen er und Löbe, dem Rat Kurt Schumachers und dem Mehrheitswillen der Basis folgend, ein klares Nein: »Die Sozialdemokratie bekennt sich zur Demokratie und ist Gegner jeder Form der Diktatur.« Grotewohl, Fechner und Gniffke erliegen dem kommunistischen Druck. Am 14. April 1946 wird im sowjetischen Machtbereich die SED ausgerufen. Nur in der Viermächtestadt Berlin bleibt die SPD in allen Sektoren bestehen.

Im Februar 1946 kehrt Gustav Dahrendorf nach Hamburg zurück. Er wird Geschäftsführer einer Konsumgenossenschaft und Mitglied der Bürgerschaft. Seit Mai 1947 gehört er als Vertreter Hamburgs dem Rat des Vereinigten Wirtschaftsgebietes (Bizone) in Frankfurt a.M. an, dem ersten überregionalen Gremium, das Amerikaner und Briten den besiegten Deutschen gestatten. Dahrendorf wird Vizepräsident. Als das Präsidium nach der Aufstockung des Rats auf 104 Delegierte Anfang 1948 neu zu wählen ist, stimmen nur die sechs Kommunisten gegen seine Wiederwahl. 1949 tritt Dahrendorf für die relative Mehrheitswahl nach britischem Muster ein. Der Parlamentarische Rat in Bonn entscheidet sich mit den Stimmen der SPD für das Gegenmodell: die Verhältniswahl.

»Es gab kaum eine politische Frage, in der er mit Kurt Schumacher übereinstimmte«, schreibt später der Sohn Ralf. Der Vater zieht sich auf sein Amt als Vorsitzender des Zentralverbands deutscher Konsumgenossenschaften zurück. Am 30. Oktober 1954 ist Gustav Dahrendorf, 53 Jahre alt, in Braunlage im Harz gestorben. Unter dem Titel »Der Mensch das Maß aller Dinge« gibt Ralf Dahrendorf 1955 Reden und Schriften des Vaters heraus. Dort wird auch der Freunde gedacht, die das NS-Regime nicht überlebt haben.

## D Ludwig Dehio

***Dr. phil., Staatsarchivrat, Neu Westend, Badenallee 19***

Ludwig Dehio, geboren am 25. August 1888 in Königsberg als Sohn des berühmten Kunsthistorikers Georg Dehio (1850–1932), studiert Philosophie, Philologie und Geschichte. 1919 wird er zunächst Mitarbeiter, später Archivrat am Geheimen Staatsarchiv in Berlin-Dahlem. Dem Nationalsozialismus steht er fern; nach den Nürnberger Rassegesetzen gilt er als »jüdischer Mischling zweiten Grades« (*ein* nichtarischer Großelternteil). Der Übergang in die Nachkriegszeit gelingt ihm ohne berufliche Auszeit: 1945 wird er Leiter des nach Marburg (Lahn) verlagerten Staatsarchivs. An der Philipps-Universität lehrt er seit 1948 als Professor für mittlere und neuere Geschichte. Seit 1949 gibt er, ↑ Friedrich Meinecke nachfolgend, die angesehene *Historische Zeitschrift* heraus. 1954 geht er in den Ruhestand.

In seinen Schriften setzt Dehio sich mit der allzu sehr auf die eigene Nation fixierten deutschen Historiographie auseinander. »Die Erneuerung des Geschichtsbildes — das ist eine der großen Aufgaben der Gegenwart«, heißt es 1948 in »Gleichgewicht oder Hegemonie«. Dort findet sich auch ein Schlüssel zum Verständnis des Sonderwegs, der in das als Gral der Verheißung gefeierte Dritte Reich mündete: »Unerfüllt durch die deutsche Geschichte und durch das deutsche Geschick ungebrochen erwartete der deutsche Lebensdrang noch immer alles von der Zukunft: noch immer fühlten wir uns jung« (S. 16). In der Tat: Wörter wie Jungvolk, Lieder wie »Ein junges Volk steht auf zum Sturm bereit ...«, Sätze wie »Ein Volk ist wieder aufgestanden, ein Reich ist neu geworden!« (so Hitler am 31. Juli 1937) verkünden allesamt eine messianische Botschaft. Allein ein Leben in »geschichtlicher Kontinuität« könne, so Dehio, diesen Bann brechen. Der Gedanke, daß dabei auch der Blick in ein sechzig Jahre altes Telefonbuch hilfreich sein kann, dürfte dem an klassischen Archivalien geschulten Historiker freilich noch fremd gewesen sein. In »Deutschland und die Weltpolitik im 20. Jahrhundert« (1955), einer Sammlung von Aufsätzen und Vorträgen, wird den Ursachen des deutschen Unvermögens nachgespürt, die eigenen Kräfte und Interessen richtig einzuschätzen.

Am 24. November 1963 ist Ludwig Dehio, 75 Jahre alt, in Marburg gestorben.

## Heinrich Deiters

***Dr., Oberschulrat a. D., Lichterfelde, Moltkestr. 24***

Heinrich Deiters, geboren am 2. Juli 1887 in Osnabrück als Sohn eines Landmessers, wächst in Siegen auf, wo sein Vater seit 1889 das staatliche Katasteramt leitet. Über ihn, der nicht studiert hat, wird der Sohn später sagen: »Eine solche Stellung unter den Menschen, wie er sie besaß, begründet auf Unabhängigkeit des Charakters und fachliches Können, ist mir immer als das Wertvollste erschienen, was ein Mensch innerhalb der Gesellschaft zu erreichen vermag.«

Deiters studiert in Heidelberg, Münster und Berlin Germanistik, Geschichte und Philosophie. Zu seinen Lehrern zählen Ernst Troeltsch, Georg Simmel und ↑Otto Hintze. Nach der Promotion und dem mit Auszeichnung bestandenen Staatsexamen wird Deiters in Berlin Gymnasiallehrer. 1914 zieht er als Leutnant der Reserve in den Krieg. Im Dezember 1918 tritt der Heimkehrer der eben gegründeten Deutschen Demokratischen Partei (DDP) bei, wechselt aber im Sommer 1920 zur SPD, da sie den Generalstreik gegen den Kapp-Putsch ausgerufen und damit die Republik gerettet hat. 1924 wird Heinrich Deiters Direktor des Gymnasiums in Höchst (preußische Provinz Hessen-Nassau) und 1927 Oberschulrat im Provinzialschulkollegium in Kassel. Als Mitglied des Republikanischen Lehrerbunds setzt er sich für den Abbau der Bildungsprivilegien der Oberschicht ein. Zum 1. April 1933 soll er als Oberschulrat nach Hannover versetzt werden. Ende März erfährt er, daß er aus politischen Gründen beurlaubt sei. Im September wird der 45jährige aus dem Staatsdienst entlassen.

Deiters kehrt mit seiner Familie nach Berlin zurück. Das Haus in der Moltkestraße hat die Mutter seiner Frau vor der Jahrhundertwende erworben. Der Pensionär betätigt sich schriftstellerisch. 1935 erscheint sein Buch »Die deutsche Schulreform nach dem Weltkriege«. Eine Studie über den französischen Humanisten Charles-Augustin Sainte-Beuve wird erst 1947 veröffentlicht. Im März 1944 brennt das Lichterfelder Haus in einer Bombennacht ab.

1945 zählt Deiters zu den mit der Lupe gesuchten erfahrenen und politisch unbelasteten Pädagogen. Ende Mai wird er Direktor eines Steglitzer Gymnasiums. Er tritt der wiedergegründeten SPD bei und bekommt vom Berliner »Amt für Liegenschaften« eine Villa in Dahlem, Schwendener Str. 51, zugewiesen. Auch dieses Haus spiegelt ein Stück Zeitgeschichte. Noch drei Jahre zuvor lebte hier sein Eigentümer, der Kaufmann Ulrich S. Weinberg. Im Telefonbuch 1940 ist er als Ulrich Israel Weinberg eingetragen. Mit dem 30. September 1940 verliert er wie fast alle Berliner Juden seinen Fernsprechanschluß. Am 25. August 1942 wird er mit dem 49. Alterstransport in einem Güterwaggon der Deutschen Reichsbahn nach Theresienstadt deportiert. Dort ist der 73jährige wenige Wochen später, am 27. Oktober 1942, zu Tode gekommen. Nach ihm bewohnt ein hoher SS-Offizier das enteignete Haus. Nun folgt dem Opfer des Holocaust und dem SS-Führer ein 1933 entlassener Schulmann, der täglich in die Wilhelmstraße fährt. Dort, in der Deutschen Zentralverwaltung für Volksbildung der SBZ, ist Deiters Referent für Lehrerbildung. Anfang 1946 wird er Professor für Pädagogik an der Berliner Universität.

Deiters entscheidet sich, beeindruckt von der hohen Anerkennung, die ihm hier zuteil wird, für den Neuanfang im sowjetischen Machtbereich. Nach der manipulierten Vereinigung von SPD und KPD tauscht er sein SPD-Mitgliedsbuch in das Parteibuch der SED um. Er ist im Vorstand der Lehrergewerkschaft und Leiter der pädagogischen Kommission des »Kulturbunds zur demokratischen Erneuerung Deutschlands«. Die Familie wohnt jetzt in Johannisthal, Waldstr. 33. Auf der Liste des Kulturbunds zieht er, wie ↑ Robert Havemann, 1949 in die Volkskammer der DDR ein. Bis 1958 hebt er dort gehorsam die Hand, wenn es Beschlüsse des SED-Politbüros abzusegnen gilt. Auch das ist ein deutsches Schicksal, geprägt von einer Vergangenheit, die selbst Stalin als Bezwinger des deutschen Faschismus zur Lichtgestalt verklärt hat.

Am 31. Januar 1966 ist Heinrich Deiters, 78 Jahre alt, in Berlin (Ost) gestorben. Gewürdigt findet er sich jüngst in den Erinnerungen seines an der Humboldt-Universität lehrenden Ziehsohns Fritz Klein (»Drinnen und Draußen. Ein Historiker in der DDR«, Frankfurt a.M. 2000).

## Georg Dertinger

***Schriftleiter, Kleinmachnow, Im Tal 12***

Georg Dertinger, geboren am 25. Dezember 1902 in Berlin, ist für die Laufbahn eines preußischen Offiziers bestimmt. Aber 1919, als Krieg und Krone verloren sind, ändert er seinen Sinn. Er verläßt die Kadettenanstalt in Berlin-Lichterfelde, um seine Schulzeit an einem Realgymnasium seiner Heimatstadt zu beenden und nach dem 1922 bestandenen Abitur Jura und Volkswirtschaft zu studieren.

Dertinger wird Journalist. Er volontiert bei der *Magdeburger Zeitung* und redigiert dann das in Magdeburg erscheinende Blatt des Wehrverbandes »Stahlhelm — Bund der Frontsoldaten«, dessen Ehrenpräsident Paul von Hindenburg ist, Generalfeldmarschall a. D. und (seit 1925) Reichspräsident. 1929 kehrt Dertinger nach Berlin zurück. Er schließt sich Hugenbergs Deutschnationaler Volkspartei (DNVP) an, genauer: dem im Januar 1930 von Hugenbergs Gegenspieler Treviranus gebildeten Parteiflügel, der sich »Volkskonservative Vereinigung« nennt. Er verkehrt im »Herrenclub« des Zentrumspolitikers und späteren Reichskanzlers Franz von Papen und pflegt Kontakte zum »Tatkreis« des Publizisten Hans Zehrer.

Nach Hitlers Machtantritt begleitet Dertinger von Papen, der sich im Juni 1932 vom Zentrum gelöst hat und bis Anfang August 1934 Vizekanzler in Hitlers »Regierung der nationalen Konzentration« ist, zu den Verhandlungen über das Konkordat mit dem Heiligen Stuhl. Für eine NS-Karriere ist der kirchlich und konservativ gesinnte Dertinger nicht geschaffen. Er findet seine berufliche Nische als Schriftleiter der Korrespondenz *Dienst aus Deutschland*, der die Auswahl und Verbreitung von Nachrichten aus dem Reich obliegt. Der Dienst wird, um ihm einen Anschein von Objektivität zu verleihen, nicht von Goebbels' Ministerium, sondern einem »Auslandspressebüro« herausgegeben, das dem Reichspressechef Otto Dietrich untersteht. Als verantwortlicher Schriftleiter dieses Blattes zählt Dertinger bis 1945 zu den unauffälligen Stützen des Regimes. Daß er es innerlich ablehnt, belegt seine Verbundenheit mit dem Freundeskreis um Jakob Kaiser, Heinrich Krone, Otto Lenz und Josef Wirmer. Auch ↑ Ernst Lemmer begegnet Dertinger damals in einem »Freundeskreis von Journalisten, die mit unbedingter Offenheit miteinander diskutierten und von denen keiner Nationalsozialist war«.

Wenige Wochen nach Kriegsende tritt Georg Dertinger als Mitgründer und Pressereferent der Berliner CDU öffentlich in Erscheinung. Fast vier Jahre, von Januar 1946 bis Oktober 1949, ist er Generalsekretär der Ost-CDU. Ihrer von der SED geforderten Gleichschaltung widersetzt er sich nicht. Im Gegenteil: Er sucht den Konflikt mit dem freiheitlich gesinnten Jakob Kaiser, drängt ihn aus der Partei und betreibt deren ›Säuberung‹. Frühzeitig tritt er für die Anerkennung der Oder-Neiße-Linie ein. Das alles empfiehlt ihn zu Höherem. Dertinger gehört der am 7. Oktober 1949 gebildeten Provisorischen Volkskammer an und wird fünf Tage später als Minister für Auswärtige Angelegenheiten in die erste Regierung der DDR unter ↑ Otto Grotewohl berufen.

Gut drei Jahre übt Dertinger dieses Amt aus. Dann meldet ADN, die DDR-Nachrichtenagentur, sein spektakuläres Ende: »Von den Organen der Staatssicherheit ... wurde Georg Dertinger, Außenminister, am 15. Januar 1953 festgenommen. Die Festnahme erfolgte auf Grund seiner feindlichen Tätigkeit ..., die er im Auftrage imperialistischer Spionagedienste durchführte.« Nicht einmal die Wendung »unter dem Verdacht« wird ihm zugebilligt. Die Ost-CDU distanziert sich umgehend von ihrem stellvertretenden Vorsitzenden. Sie sieht dessen »hinterhältige Spionage- und Zersetzungstätigkeit« als erwiesen an und begrüßt die »Wachsamkeit unserer Sicherheitsorgane«. Die fast zeitgleich auf einer CDU-Tagung in Weimar gefaßte Entschließung dokumentiert beschämende Unterwürfigkeit. »Das erweiterte Sekretariat der Parteileitung«, heißt es dort, »verurteilt mit größter Empörung Dertingers verräterisches Treiben. Er hat es durch beispiellose Doppelzüngigkeit verstanden, sich das Vertrauen der Partei und der demokratischen Kräfte in ganz Deutschland zu erschleichen, (und) schändlichen Verrat an der Partei und an den hohen Zielen unseres nationalen Kampfes um Einheit und Frieden geübt.« Das verbrecherische Verhalten müsse in seinem ganzen Ausmaß aufgedeckt werden. Die Rede ist von einer »traurigen Kette verräterischer Doppelzüngigkeit in unserer Partei«. Man sei dennoch »zutiefst überzeugt, daß unsere Republik als festes, unbezwingliches Bollwerk unseres Ringens um Frieden, Einheit und Sozialismus alle hinterhältigen Anschläge auf ihren Bestand ... siegreich abwehren wird.«

Am 9. Juni 1954 verurteilt das Oberste Gericht der DDR Dertinger wegen Verschwörung und Spionage zu 15 Jahren, seine Sekretärin wegen Beihilfe zu drei Jahren Zuchthaus. Ende Mai 1964 entlassen, tritt er eine bescheidene Stelle als Verlagslektor in Leipzig an und widmet sich der karitativen Arbeit der katholischen Kirche.

Am 31. Januar 1968 ist Georg Dertinger, 65 Jahre alt, in Berlin (Ost) gestorben.

## D | Jakob Deurer

***Architekt, Wilmersdorf, Hohenzollerndamm 39***

»Vorgestern kamen mir fast die Tränen«, notiert die Journalistin Ursula von Kardorff am 12. April 1944 in ihrem Berliner Tagebuch, »als ich las, daß jetzt fünfzig der besten Fotografen die in Deutschland noch vorhandenen Kunstwerke und Bauten, Kirchen und Schlösser fotografieren sollen. Diese Aufnahmen werden eines Tages das einzige Zeugnis sein, das noch von den vernichteten Denkmälern Kunde gibt.«

Tatsächlich hat die von düsteren Ahnungen ausgelöste Vorsorge schon viel früher begonnen. Einer ihrer Pioniere ist Jakob Deurer, geboren am 18. August 1897 in Urbar bei Koblenz als Sohn eines Tischlermeisters. Der Architekt und Konservator im Staatsdienst erhält 1941 von der Organisation Todt (OT) den Auftrag, Danzigs Kunst- und Baudenkmäler so exakt zu dokumentieren, daß ihre Rekonstruktion nach einer eventuellen Kriegszerstörung möglich ist. Außerdem obliegt es Deurer und seiner Baugruppe, Teile des wertvollen Danziger Bestandes an Kunstgütern für die Dauer des Krieges an sichere Orte auszulagern. Öffentlich verlautet über den Auftrag nichts.

Drei Jahre ist Jakob Deurer in Danzig tätig. Mitte März 1945, als die Stadt von der Roten Armee bereits umzingelt ist, gelangen er und seine Helfer zusammen mit umfangreichem Archivmaterial auf dem Frachtschiff »Pillau« im Geleitschutz der Kriegsmarine in den Westen. Die in Danzig verbliebenen, in Bunkern der Bauverwaltung eingelagerten Aufzeichnungen und Photos gehen fast sämtlich verloren. Anderes hat den Krieg im Keller des zerbombten Hauses am Hohenzollerndamm überstanden. Deurers Wunsch, eines Tages mit seinen Unterlagen und Erfahrungen nach Danzig zurückzukehren, um am Wiederaufbau der Stadt mitzuwirken, erfüllt sich nicht. Der Sohn Wolfgang, Architekt auch er, der in Danzig zur Schule ging, setzt das Werk des Vaters fort und legt 1996 eine umfassende Dokumentation über 52 historische Kirchen Danzigs vor. Manche der seinerzeit ausgelagerten Kunstgüter sind heute wieder an ihren alten, zum großen Teil rekonstruierten Standorten zu besichtigen.

Am 29. Dezember 1960 ist Jakob Deurer, 63 Jahre alt, in Wesel, wo er sich nach dem Kriege dem Wiederaufbau des Domes gewidmet hat, gestorben.

## Otto Dibelius

***Dr., Generalsuperintendent, Lichterfelde, Brüderstr. 5***

Den evangelischen Theologen Otto Dibelius, geboren am 15. Mai 1880 in Berlin als Sohn eines höheren Postbeamten, verzeichnet das Berliner Telefonbuch 1941 als Inhaber eines Kirchenamts, das er längst nicht mehr innehat. Schon Ende Juni 1933 wird Dibelius vom Staatskommissar für die Landeskirchen Preußens als Generalsuperintendent der Kurmark beurlaubt und am 4. Oktober 1933 aus dem Amt, in das er 1925 berufen worden war, in den Ruhestand versetzt. Als Pfarrer, als Seelsorger bleibt Dibelius tätig. Er wird neben ↑Martin Niemöller und Dietrich Bonhoeffer eine der Leitfiguren des evangelisch-kirchlichen Widerstands gegen das Regime.

Seit Mai 1934 gehört Dibelius dem Bruderrat der Bekennenden Kirche (BK) an, die sich als selbstorganisierter Zusammenschluß von Pfarrrern und Gemeindemitgliedern dem NS-Staat ebenso klar widersetzt wie der regimetreuen Glaubensbewegung der »Deutschen Christen«. Noch am 21. März 1933, am »Tag von Potsdam«, hat Dibelius die evangelische Festpredigt in der Potsdamer Nikolaikirche gehalten (und den Reichspräsidenten Paul von Hindenburg am Kircheneingang begrüßt), bevor um zwölf Uhr der propagandistisch ungemein wirkungsvolle Staatsakt zur Eröffnung des neugewählten Reichstags in der Potsdamer Garnisonskirche beginnt. Daß Dibelius in seiner Predigt den Segen Gottes für die neue, von Hitler geführte Regierung erfleht hat, ist ihm von manchen verübelt worden. »Dadurch glaubten Millionen gläubiger Protestanten, auch ihrerseits den Frieden mit dem Nationalsozialismus schließen zu können«, urteilt noch 30 Jahre später der SPD-Politiker Walter Menzel (in: *Die Welt* vom 6. April 1963); Menzel ist im Berliner Telefonbuch 1941 übrigens als Rechtsanwalt eingetragen. Andere haben »die Predigten eines Otto Dibelius« ihrer patriotischen Gesinnung wegen gar in die Nähe des Weltbildes der »Deutschen Christen« gerückt (so Weißbecker, S. 324). Dies zumindest hat mit der Wirklichkeit wenig gemein.

Den engagierten Prediger der Bekennenden Kirche treffen bald Reise- und Redeverbote. 1936 erregt Dibelius mit seinem Buch »Friede auf Erden?« Anstoß, weil es zwischen den Zeilen zur Kriegsdienstverweigerung aufrufe. Anfang August 1937 wird Dibelius verhaftet, in dem Strafprozeß, den Hanns Kerrl, seit Juli 1935 Reichsminister für die kirchlichen Angelegenheiten, gegen ihn angestrengt hat, jedoch freigesprochen. Zu den Judenpogromen im November 1938 schweigt auch die Bekennende Kirche. Sie wendet sich aber entschieden gegen die Ausgrenzung evangelischer Christen jüdischer Abstammung und trägt die Initiative ↑Heinrich Grübers vorbehaltlos mit. Als in Rußland nicht nur ein Angriffskrieg geführt, sondern hinter der Front barbarisch gemordet wird, ist es der 1941 als »Spion Gottes« in die SS eingetretene Kurt Gerstein, der Dibelius aus eigenem Erleben vom Auftrag und von den Aktionen der SS-Einsatzgruppen unterrichtet. Gerstein gehört zum Stab des Hygiene-Instituts der Waffen-SS, das von ↑Joachim Mrugowsky geleitet wird. Erst jetzt will sich Dibelius über den Charakter des NS-Regimes vollends klar geworden sein. Er gibt die Kenntnis von den Verbrechen an seine Freunde weiter; wie beispielsweise ↑Hans von Arnim bezeugt. Das furchtbare Wissen auch von den Kanzeln zu verkünden, — dazu hat dem kirchlichen

Widerstand denn doch der Mut gefehlt, wie ja auch die in aller Öffentlichkeit vollzogene Deportation der deutschen Juden ohne ein Wort des Protests von seiten der beiden christlichen Kirchen geblieben ist.

Als im April 1945 die Schlacht um Berlin beginnt, bleibt Dibelius in der zerstörten Hauptstadt. Im Sommer 1945 traut er die Kinder von ↑ Theodor Heuss und ↑ Fritz Elsas; Elly Heuss-Knapp hat er schon als Schöneberger Pfarrer in den zwanziger Jahren kennengelernt. Als Mitverfasser des »Stuttgarter Schuldbekenntnisses« vom Oktober 1945, als Bischof von Berlin-Brandenburg mit der Ostberliner Marienkirche als Predigtstätte, als Vorsitzender im Rat der Evangelischen Kirche in Deutschland (von 1949 bis 1961) und als Co-Präsident des Weltrats der Kirchen (von1954 bis 1961) wirkt er weit über den kirchlichen Raum hinaus. Am 7. September 1949 hält Dibelius, inzwischen Mitglied der CDU, erneut die evangelische Festpredigt zur Eröffnung eines deutschen Parlaments. Es ist der Deutsche Bundestag, der sich im Haus der Pädagogischen Hochschule in Bonn an diesem Tage konstituiert. An den 21. März 1933 mochte da niemand erinnern.

Otto Dibelius hat wohl klarer als andere das Grundgesetz totalitärer Regime erkannt: der zwanghafte Drang ihrer Machthaber, sich früher oder später die Gesamtheit der Lebensformen und Lebensäußerungen eines Volkes durch Gebote und Verbote, durch Organisation und Propaganda und schließlich durch Terror zu unterwerfen. »Alles, das Materielle und das Geistige, der Sport und die Freizeit — alles wird ›erfaßt‹«. Der Nationalsozialismus hatte, so Dibelius, lediglich »nicht genug Zeit, diese Art der Planung weit zu entwickeln.« Die DDR, so fürchtet er, werde diese Zeit haben. So oft wie möglich fährt er nach drüben. Beim gesamtdeutschen Kirchentag in Leipzig 1954 tritt er mit Otto Nuschke, dem Vorsitzenden der Ost-CDU und stellvertretenden Ministerpräsidenten der DDR, und mit Johannes Dieckmann, dem Präsidenten der Volkskammer, gemeinsam auf. Die Kontakte reißen 1957 ab: die DDR sperrt den unbequemen Bischof aus. 1959 bestreitet Dibelius in seiner Schrift »Obrigkeit« den Staatsorganen der DDR jegliche Legitimität und löst damit auch im Westen heftige Kontroversen aus.

Am 31. Januar 1967 ist Otto Dibelius, 86 Jahre alt, in Berlin gestorben.

## Carl Diem

***Dr., Grunewald, Falterweg 31***

Als das Internationale Olympische Komitee im Jahre 1931 mit 43 gegen 16 Stimmen bei acht Enthaltungen nicht Barcelona, sondern Berlin zum Austragungsort der XI. Olympischen Spiele bestimmt, kann niemand wissen, daß Deutschland 1936 eine Diktatur und Adolf Hitler der Nutznießer dieser Wahl sein wird. Für Carl Diem, geboren am 24. Juni 1882 in Würzburg als Sohn eines Kaufmanns, ist das Votum des IOC schicksalhaft. Es läßt ihn zum erfolgreichsten deutschen Sportfunktionär des Jahrhunderts werden.

1887 zieht die Familie Diem nach Berlin, wo der Vater ein zweites Mal geschäftlich scheitert. Der Sohn wird nach dem Abitur Schriftführer der Deutschen Sportbehörde für Athletik. 1904 gründet er den Verband Berliner Athletik-Vereine. Fortan ist Carl Diem von Beruf Sportfunktionär. Im Vorfeld der Olympischen Spiele 1916, die in Berlin stattfinden sollen, wird er an die Spitze des nationalen Organisationskomitees berufen. Der Ausbruch des Krieges verhindert die Spiele. Diem geht als Leutnant an die Front. 1917 wird er Leiter des Deutschen Reichsausschusses für Leibesübungen, drei Jahre später Prorektor der von ihm mitgegründeten Deutschen Hochschule für Leibesübungen. An ihr schreibt sich 1926 ein ↑Josef Herberger ein. 1931 betraut das Nationale Olympische Komitee Diem erneut mit der Vorbereitung der erneut nach Berlin vergebenen Spiele.

1933 wird der parteilose Diem als Generalsekretär des Olympischen Organisationskomitees bestätigt. In seinen Memoiren »Ein Leben für den Sport« legt er Wert auf die Feststellung, keiner der maßgebenden Sportführer habe vor 1933 zur NSDAP »irgendwelche Beziehungen unterhalten«. Er selbst habe als Dozent der Hochschule aus seiner Meinung nie einen Hehl gemacht. Das sind wohlfeile Beteuerungen. Denn natürlich hat sich der deutsche Sport und haben sich seine Funktionäre nach Hitlers Machtantritt freudig in den Dienst der »nationalen Erhebung« gestellt, mag die einzelne sportliche Leistung selbst auch ganz unpolitisch sein.

1936 sorgt Diem für einen perfekt inszenierten Ablauf der Sommerspiele, die mit dem von ihm erfundenen und seitdem beibehaltenen Fackellauf beginnen und mit einer triumphalen Medaillenbilanz für das deutsche Aufgebot enden. Auf Diem geht auch der Name »Reichssportfeld« zurück (der Berliner Magistrat ersetzt ihn am 12. Juni 1950 durch »Olympiastadion«). Zum Dank wird der Organisator 1937 mit einem »Internationalen Olympischen Institut« in Berlin belohnt. 1945 hat das viergeteilte und inmitten der Sowjetzone gelegene Berlin seine Rolle als Sporthauptstadt ausgespielt. Diem setzt nun auf Köln. Dort wird am 29. November 1947 die Deutsche Sporthochschule neu eröffnet. Diem wird ihr Rektor und zugleich Professor an der Kölner Universität. Noch volle fünfzehn Jahre übt er bestimmenden Einfluß auf das bundesdeutsche Sportgeschehen aus. Mit seiner Karriere, die im Kaiserreich begann und drei politische Umstürze zu überdauern vermochte, hat der vom Sport besessene Grandseigneur einen schwer zu überbietenden Kontinuitätsrekord aufgestellt.

Am 17. Dezember 1962 ist Carl Diem, 80 Jahre alt, in Köln gestorben.

## Walter Dornberger

***Dr.-Ing. e.h., Major, Charlottenburg 5, Riehlstr. 1***

Walter Dornberger, geboren am 6. September 1895 in Giessen, ist einer der Pioniere der deutschen Raketenforschung. Sie beginnt 1929 in der südlich von Berlin gelegenen Heeresversuchsanstalt Kummersdorf, einem Dorf im Kreis Teltow, wo sich seit den siebziger Jahren des 19. Jahrhunderts ein mit Meßgeräten ausgestatteter Artillerie-Schießplatz der preußischen Armee befand. Da der Versailler Vertrag Deutschland den Bau schwerer Geschütze untersagt, wird an ihrer Stelle die strikt geheime Entwicklung von Flüssigstoff-Raketen angeordnet. Unter Dornbergers Leitung entstehen zwischen den Schießbahnen die ersten Prüfstände und Brennöfen. Im Mai 1932 steigt eine erste Rakete etwa 900 Meter hoch. Seit Oktober 1932 verstärkt Wernher Freiherr von Braun das Team der führenden Mitarbeiter.

Anfang 1936 befiehlt Hitler, das Heereswaffenamt möge umgehend eine größere Raketenbau- und Erprobungsanlage errichten. Sie entsteht 1937 bei Peenemünde auf der Insel Usedom. Wieder wird Dornberger ihr Leiter. Am 3. Oktober 1942 (nach einer anderen Version bereits am 13. Juni 1942) wird der Prototyp einer 14 m langen und fast 13 t schweren Flüssigstoffrakete erstmals erfolgreich gestartet (sie kommt im Herbst 1944 als »Vergeltungswaffe« V2 gegen England zum Einsatz). Am 7. Juli 1943 empfängt Hitler in seinem Hauptquartier »Wolfsschanze« ihre Erbauer: Walter Dornberger, inzwischen Oberst, und Wernher von Braun. Deren Mitbringsel — ein Farbfilm über die Entwicklung und Erprobung der neuen Waffe — versetzt Hitler in Hochstimmung. Er befördert Dornberger zum Generalmajor und ernennt den 30jährigen Braun zum Professor. In der Presse verlautet über diesen Vorgang nichts. Eine Wende des Kriegsglücks, von Millionen Deutschen bis zuletzt gläubig erwartet, führen die Raketenwaffen nicht herbei.

Bis 1945 ist Dornberger, seit 1944 im Rang eines Generalleutnants, Kommandeur der Versuchsanstalt für Raketenwaffen Peenemünde und Chef des gesamten deutschen Raketenwaffen-Programms. Nach zwei Jahren in britischer Kriegsgefangenschaft geht Dornberger 1947 als Berater der US-Air-Force nach Dayton (Ohio). 1950 heuert ihn die Bell Aircraft Corporation in Buffalo (New York) an; von 1959 bis 1965 ist er Mitglied ihres Vorstandes. In seinem Buch »Der Schuß ins All« (1952) hat Dornberger insbesondere seine Arbeit und Erfahrung während des Dritten Reichs geschildert. Am 26. Juni 1980 ist Walter Dornberger, 84 Jahre alt, in Ottersweier (bei Rastatt) gestorben.

## Julius Dorpmüller

***Dr.-Ing., Reichs- und Preußischer Verkehrsminister und Generaldirektor der Deutschen Reichsbahn, Zehlendorf, Prinz-Handjery-Str. 70***

Julius Heinrich Dorpmüller, geboren am 24. Juli 1869 in Elberfeld als Sohn eines Eisenbahningenieurs, studiert wie sein Vater Eisenbahn- und Straßenbau. 14 Jahre steht er im Dienst der Eisenbahndirektion Saarbrücken. Dann lockt ihn der Ferne Osten. Seit 1907 widmet er sich dem Aufbau der chinesischen Staatsbahn. Als China dem Deutschen Reich im August 1917 den Krieg erklärt, kehrt Dorpmüller nach wochenlanger Odyssee in die Heimat zurück. Hier leitet er die Reichsbahndirektionen Oppeln und Essen, ehe er 1926 zum Generaldirektor der Deutschen Reichsbahn avanciert.

Dorpmüller bleibt Herr der Schienen, als Hitler ihn 1933 zusätzlich mit dem Vorsitz des Beirats im Unternehmen Reichsautobahnen betraut. 1934 erhält der 65jährige die Goldene Medaille der Preußischen Akademie für das Bauwesen. Im Februar 1937 wird Dorpmüller zusätzlich zu seiner Verantwortung für die Reichsbahn Reichsverkehrsminister. Aufgrund dieser Doppelfunktion ist er, der erst am 1. Februar 1941 der NSDAP beitritt, von Anfang an Mitwisser die »Endlösung der Judenfrage«: ihm obliegt es, das rollende Material zur Deportation der Juden bereitzustellen. Im Mai 1942 nötigt ihm Hitler den weit skrupelloseren Albert Ganzenmüller als Staatssekretär auf; den dubiosen Vorgang im ostpreußischen Führerhauptquartier hat ↑ Albert Speer in seinen »Erinnerungen« geschildert. Ganzenmüller notiert am 28. Juli 1942: »Seit dem 22. Juli fährt täglich ein Zug mit 5000 Juden von Warschau über Malkinia nach Treblinka, außerdem zweimal wöchentlich ein Zug mit 5000 Juden von Przemysl nach Belsec.« Über drei Millionen Juden werden bis Ende 1944 in Güterzügen der Reichsbahn in die Vernichtungslager verschickt, obwohl es schon bald für die Versorgung der Front und die zivilen Bedürfnisse an Waggons, Lokomotiven und Personal fehlt.

Im Frühjahr 1944 sucht Dorpmüller das Hauptquartier des Oberbefehlshabers West im Schloß La Roche-Guyon auf, »um sich in der Oase des Rommelschen Stabes, fern von den Fängen der Gestapo, auszusprechen und Wege zu einer Rettung aus der immer hoffnungsloser werdenden Lage zu suchen« (Hans Speidel). Im Mai 1945, nach der bedingungslosen Kapitulation, bietet sich der in Chesnay bei Versailles internierte Minister den westlichen Alliierten als Helfer beim Wiederaufbau des deutschen Eisenbahnwesens an. Der Tod kommt dem erstrebten Ruf, vor allem aber einem drohenden Gerichtsverfahren zuvor.

Am 5. Juli 1945 ist Julius Dorpmüller, 75 Jahre alt, in Malente-Gremsmühlen gestorben.

## Emil Dovifat

***Dr., Universitätsprofessor, Zehlendorf, Charlottenburger Str. 2***

Emil Dovifat, geboren am 27. Dezember 1890 im neutralen Teil von Preußisch-Moresnet bei Aachen, hat sich als Mitgründer und Nestor der deutschen Zeitungswissenschaft einen Namen gemacht. Er verkörpert zugleich das Dilemma all jener, die dem von den Machthabern des Dritten Reichs verordneten Wertewandel zu widerstehen suchten und dann doch den Kampf gegen die Anpassungszwänge verloren haben.

Nach einem Studium der Germanistik, Geschichte, Nationalökonomie und Publizistik in München und Leipzig wird der Kriegsheimkehrer Dovifat Journalist: 1922 tritt er in die Berliner Redaktion der christlichen Gewerkschaftszeitung ein. Von 1923 bis 1928 leitet er ehrenamtlich den Landesverband Berlin im »Reichsverband der Deutschen Presse«.

Im Januar 1925 weist Dovifat im Organ des Reichsverbandes eine Schmähkritik zurück, derzufolge bemerkenswert viele Journalisten »verkrachte Existenzen« seien und auch charakterlich wenig taugten. Die Attacke auf seinen Berufsstand erbost auch den Publizisten Carl von Ossietzky, der als Schulversager bestens in das Raster ›verkrachte Existenz‹ paßt. In der Zeitschrift *Das Tagebuch* vom 31. Januar 1925 setzt sich Ossietzky aber weniger mit dem Kritiker als mit der Replik Dovifats auseinander, die »wahrhaft schwächlich« sei: »Anstatt dem unerbetenen Berater mit der Narrenpritsche über den gelehrten Hohlkopf zu fahren und ihn mit einem Höllengelächter nach Hause zu schicken, wird todernst nachgewiesen, daß er im Irrtum sei, und daran werden allerhand Vorschläge für das Vor- und Fortbildungsproblem des Journalisten geknüpft.«

Dovifat ist damit trefflich charakterisiert. 1924 hebt er das Institut für Zeitungswissenschaft an der Universität Berlin mit aus der Taufe. Die Qualifikation und mit ihr das Ansehen der schreibenden Zunft durch Ausbildungsgänge zu mehren, die begabte Autodidakten wie Ossietzky nie gebraucht haben, wird ihm zur Lebensaufgabe.

1931 tritt Dovifat, bekennender Katholik und seit Juli 1928 außerordentlicher Professor für Zeitungswissenschaft an der Berliner Universität, dem Zentrum bei. Als es zwei Jahre später nur noch die NSDAP geben darf, plädiert Dovifat dafür, »daß sich der Nationalsozialismus mit der katholischen Kirche versöhnen möge«. Dem nun

Parteilosen verlangt das Fach, das er vertritt, mannigfache Unterwerfungsgesten und die Bereitschaft ab, die neue Ordnung, das Ende der Pressefreiheit eingeschlossen, ohne sichtbaren Vorbehalt zu akzeptieren. Vorlesungen über »Die publizistischen Führungsmittel« oder »Deutschland im Kampf um die Weltmeinung im Weltkrieg und in der Gegenwart« (Beispiele aus 1938/39) lassen sich im Dritten Reich nur systemkonform halten.

Die Auskunft, Dovifats berufliche Arbeit sei in der NS-Zeit »stark eingeschränkt« gewesen, färbt schön. Das bezeugen vor allem Publikationen wie die »Zeitungslehre« von 1937. Die Ziele der NS-Kulturpolitik erläutert der Autor mit Zitaten aus Hitlers »Mein Kampf«. Von stiller Distanzierung ist hier nichts zu spüren. Dem Staat, so Dovifats Fazit, sei es aufgegeben, »die geistigen und idealen Fähigkeiten unseres Volkstums, die rassischen Urelemente als kulturspendend für die Schönheit und Würde eines höheren Menschentums zu entwickeln«.

Hitlers Leitsätze für die Propaganda (einfache Formen, starke, unermüdliche Wiederholung, mehr gefühlsmäßige als verstandesmäßige Mittel) kommentiert Dovifat mit dem Satz: »Nicht zuletzt an den schweren Fehlschlägen der Volksführung im Kriege hat Adolf Hitler gelernt, wie es nicht gemacht werden soll.« 1944 erscheint die Neuauflage der »Zeitungslehre« mit betont markiger Einleitung: »Im nationalsozialistischen Staate wurde die Zeitung berufen, nicht mehr Mittel des innerpolitischen Machtkampfes, sondern Führungsmittel zur inneren Einheit der Nation zu sein. Im Krieg ist ihr diese Aufgabe nur noch entschiedener gestellt. Eine besonders schlagkräftige Waffe hat sie in dem geistigen Weltkampf zu sein, der die soldatischen Waffengänge begleitet.«

Die Schrift »Rede und Redner« (1937) durchweht Weihrauchduft, wenn darin Hitlers Redekunst so gewürdigt wird: »... das Spiel der Hände ist von unnachahmlicher Eindringlichkeit. Gebend und nehmend öffnet sich die geschlossene Hand; sie zeigt, gießt aus, wehrt ab, holt zurück, umgreift, hebt hoch, zeigt auf und wirft wieder ab.« 1942 fordert Dovifat für den Beruf des Schriftleiters »sichere Kenntnis der Geschichte und des nationalsozialistischen Gedankenguts und seiner weltanschaulichen Einwirkung auf alle Lebensgebiete«. Von »negativen Vorzeichen zwischen den Zeilen«, auf die sich Dovifat nach 1945 beruft, ist auch hier nichts zu spüren.

Es ist wahr: Wer sich damals wissenschaftlich mit der Rolle der Presse im Führerstaat befaßte, kam nicht umhin, mit den Wölfen zu heulen. Aber statt das selbstkritisch einzuräumen, hat Dovifat geltend gemacht, bei den anstößigen Texten handele es sich um Äußerungen, »die ganz einfach die Deckung abgaben, hinter der sich unsere Opposition und unser Widerstand vollzog«. Wenn das zutrifft, wiegt noch immer schwer, daß Dovifat über Jahre hinweg diktatur-dienliche Thesen ex cathedra verbreitet und mit seiner akademischen Autorität gedeckt hat. Das unterscheidet ihn nur graduell von einem ↑ Alfred Baeumler, der von der Richtigkeit seiner herrschafts- und ideologiekonformen Kathedersprüche überzeugt gewesen ist.

Bei all dem ist Dovifats Nähe zu einer Reihe erprobter Regimegegner unbestritten. Wie Gerhard Ritter in seinem Goerdeler-Buch anmerkt, hat Dovifat 1942 zum Pfingsttreffen des Kreisauer Kreises ein Memorandum über das Pressewesen vorgelegt; andere sahen in ihm wie auch in ↑ Hans Globke vertrauenswürdige Gesprächspartner.

Bernd Sösemann hat 1998 in seinem gut dokumentierten Aufsatz »Auf dem Grat zwischen Entschiedenheit und Kompromiß« dargelegt, daß sich Emil Dovifat im Dritten Reich weit weniger angepaßt verhalten habe, als es seine Schriften belegen. Sösemanns Bemerkung, »alltägliches Leben in einer Diktatur ist schwer zu erfassen«, könnte vielen der auf diesen Seiten versammelten Porträts vorangestellt werden. Unbestreitbar bleibt aber, daß öffentliche Äußerungen in wissenschaftlichen Publikationen von besonderem Gewicht sind und die Qualität der ihnen unsichtbar unterliegenden *reservatio mentalis* mindern.

Unmittelbar nach Kriegsende wird Dovifat politisch aktiv. Am 26. Juni 1945 tritt er als Unterzeichner des Gründungsaufrufs der Berliner CDU hervor. Er bringt eine CDU-Zeitung auf den Weg, macht sich um den Hamburger Sender NWDR verdient, leitet sechs Jahre den Rundfunkrat des SFB und wirkt bis zu seiner Emeritierung 1959 als Zeitungswissenschaftler an der Freien Universität Berlin. Er hält daran fest, daß die Presse ein »Führungsmittel« sei, jetzt natürlich auf dem Boden der freiheitlich-demokratischen Grundordnung.

Am 8. Oktober 1969 ist Emil Dovifat, 78 Jahre alt, ausgezeichnet mit einem hohen päpstlichen Orden und dem Großen Bundesverdienstkreuz (1961), in Berlin gestorben.

## Günter von Drenkmann

***Assessor, Schöneberg, Hauptstr. 37***

Günter von Drenkmann, geboren am 9. November 1910 in Berlin, wird wie sein Großvater Jurist. Im Dezember 1937 legt er die zweite juristische Staatsprüfung ab. Da er den Nationalsozialismus ablehnt und nicht in die NSDAP will, meidet er den Staatsdienst. Erst nach dem Ende des Dritten Reichs beginnt für Drenkmann, der im Sommer 1945 der SPD in Berlin-Friedrichshain beitritt, eine glänzende Karriere. Er wird Anwalt, Richter, Vizepräsident des Landgerichts, Personalreferent in der Senatsverwaltung für Justiz und Senatsdirektor, ehe er 1967 zum Präsidenten des höchsten Berliner Gerichts, des Kammergerichts, berufen wird. Dessen erste Gerichtsordnung von 1516 faßt bereits in Worte, was den gerechten Richter — und gewiß auch Drenkmann — auszeichnet: Rechtstreue, Unparteilichkeit und Gleichbehandlung aller Rechtsuchenden.

Der Jurist wohnt jetzt im bürgerlichen Westend, Bayernallee 10/11. Es ist ein Haus mit Vergangenheit. Hier lebte von 1922 bis 1943 der Maler ↑ Emil Nolde. Das Telefonbuch 1941 verzeichnet außer ihm noch eine weitere Person der Zeitgeschichte, die hier gelebt hat: Elly Rosemeyer, die Witwe des 1938 tödlich verunglückten Rennfahrers Bernd Rosemeyer, die unter ihrem Mädchennamen Elly Beinhorn als Fliegerin Berühmtheit erlangt.

Am Abend des 10. November 1974, kurz vor neun Uhr, läutet es bei Drenkmanns. Über die Sprechanlage teilt eine Stimme mit, es seien Blumen für den Hausherrn abzugeben. Drenkmann, der tags zuvor seinen 64. Geburtstag gefeiert hat, öffnet — und wird an der Wohnungstür aus nächster Nähe niedergeschossen. Er stirbt noch am Ort des Attentats. Wenig später bekennt sich die »Rote-Armee-Fraktion« in einem Anruf beim Düsseldorfer Büro der Deutschen Presse-Agentur zu der heimtückischen Tat, die einen Tag nach dem Hungertod des inhaftierten Terroristen Holger Meins verübt worden ist.

Am 21. November 1974 nehmen rund 20 000 Berliner auf dem John-F.-Kennedy-Platz vor dem Rathaus Schöneberg an der Trauerkundgebung für den Ermordeten teil. Bundespräsident Walter Scheel und der Präsident des Bundesverfassungsgerichts Ernst Benda sprechen von einem Anschlag auf den freiheitlichen Rechtsstaat. »Aber wir dürfen uns von einer kleinen Gruppe extremistischer Gewalttäter gerade jetzt nicht von unserer Besonnenheit abbringen lassen« (Scheel). Im Foyer des Kammergerichts in der Charlottenburger Witzlebenstraße erinnert eine Bronzetafel mit einem Reliefporträt Drenkmanns an dieses Opfer irrationaler Gewalt.

## E Blandine Ebinger

***Schauspielerin, Schmargendorf, Ruhlaer Str. 7***

Blandine Ebinger, geboren am 4. November 1899 in Berlin, gehört seit 1921, als sie mit den »Liedern eines armen Mädchens« erstmals auf der Bühne steht, für fast sechs Jahrzehnte zur Chanson-, Tanz- und Theaterszene ihrer Heimatstadt. Bald sanft, bald tragisch, bald verrucht beherrscht sie alle Töne und Zwischentöne, um Texte von Klabund, Mehring, Ringelnatz oder Tucholsky mit kabarettistischer Nonchalance zum Besten zu geben. In ihrer Schauspielkarriere sind es am Ende weit mehr als 200 Rollen, die sie auf der Bühne, im Film und im Fernsehen verkörpert hat.

Der Titel ihrer Erinnerungen, die 1985 erscheinen, deutet an, wie sie sich selbst gesehen hat: »Blandine — von und mit Blandine Ebinger, der großen Diseuse der Zwanziger Jahre und kongenialen Muse von Friedrich Hollaender«. Dieser große Mann des Musiktheaters, der 1933 emigrieren wird, himmelt sie mit den Worten an: »Wie gleichst du, Blandine, dem Bild, das mir vorschwebte! Oder sollte ich sagen: Wie schwebtest du mir vor, da ich es nachzeichnen konnte? Wie warst du, was du spieltest! Wie spieltest du, was du warst! Und das ist die lautere Wahrheit. Amen.«

Im Dritten Reich verblaßt der frühe Starruhm dieser Großstadtpflanze. Zu sehr ist sie mit dem Tingeltangel-Amüsement der ›roaring twenties‹ verbunden, mit einem Ambiente, das nach dem Geschmack der neuen ›Kulturwalter‹ weder volksnah noch jugendfrei genug ist, von der jüdischen Dominanz in den Sparten Text, Regie und Choreografie einmal ganz abgesehen. Im *Deutschen Bühnen-Jahrbuch* 1941 wird zwar noch Ebingers Name genannt, aber keiner Spielstätte mehr zugeordnet.

Im November 1999, zur Wiederkehr ihres 100. Geburtstags, erinnert der Berliner *Tagesspiegel* an einen Auftritt im September 1977: »Graziös, naiv, fast hilflos machte sich die Lady des Berliner Chansons mit ihren 78 Jahren noch einmal auf, die Weddinger Göre in den Charlottenburger Salon einzuführen. Da lag alles in der Luft, da war ein halbes Jahrhundert vergessen, da offenbarten sich die zwanziger Jahre authentisch, und am nächsten Morgen überschlug sich im Radio die ›Stimme der Kritik‹ von Friedrich Luft, weil ›der beste Geist, die flotte Gangart, die kesse Ironie, die traurige Lustigkeit und die hohe Intelligenz jener Jahre wieder da war, ganz Leichtes ohne Leichtsinn, aber doch zärtlich frech, ernsthaft und mit verhaltenem Jubel‹.« Der gestrenge ↑Friedrich Luft hat die Ebinger in den Jahren nach dem Krieg oft auf der Bühne (meist des Schloßpark-Theaters) gesehen; sein Urteil variiert zwischen »ganz ausgezeichnet«, »ganz himmlisch« und dem Ausruf »Was ist sie für eine Meisterin des komischen Piepstons!« Den Bundesfilmpreis (Filmband in Gold) erhält die Schauspielerin zweimal: 1961 für die beste weibliche Nebenrolle in »Der letzte Zeuge«, 1983 für ihre langjährigen Verdienste um den deutschen Film.

Am 25. Dezember 1993 ist Blandine Ebinger, 94 Jahre alt, in Berlin gestorben. Zuletzt hat sie, wohlhabend verheiratet, in Dahlem, Pücklerstraße 8, gewohnt. Der Videofilm ihres Abschiedskonzerts von 1982 ist am 7. November 1999 im Berliner Renaissancetheater uraufgeführt worden.

## Axel Eggebrecht

***W 15, Sächsische Str. 10/11***

Axel Eggebrecht, geboren am 10. Januar 1899 in Leipzig als Sohn eines Arztes, wird 1917 Soldat. 1918 kehrt er schwer verwundet und republikanisch gesinnt heim. Er studiert Germanistik und Philosophie in Kiel und Leipzig. 1921 kommt er nach Berlin. Den Lebensunterhalt bestreitet er unter anderem als Reisevertreter, Klavierspieler und Packer. Dann macht er als Filmdramaturg (»Der Kampf der Tertia«, 1927) und Journalist mit einer spitzen linken Feder auf sich aufmerksam. Am 17. Mai 1927 würdigt er im *Berliner Tageblatt* die Verfilmung von Gerhart Hauptmanns »Die Weber« mit den Worten: »Ein großer Sieg des deutschen Films.« Diese Hommage an eine deutsche Revolution sei freilich »nicht denkbar ohne die großen Russenfilme«, die »mit sozialem Ernst, mit dem Willen zur künstlerischen Wahrheit« neue Wege gewiesen hätten.

1927 erscheint auch Eggebrechts erstes Buch, der Prosaband »Katzen«. Ihm folgt 1929 der am Zarenhof spielende Roman »Leben einer Prinzessin«. Als Eggebrecht Ende 1931 in Carl von Ossietzkys *Weltbühne* ein offensichtlich mißratenes Buch des zur Arbeiterklasse gestoßenen Dichters Johannes R. Becher verreißt, wirft die *Linkskurve*, das Organ der »bundesproletarisch-revolutionären Schriftsteller Deutschlands«, ihm »kleinbürgerlichen Individualismus« und »snobistisches Literatentum« vor. Fazit der Replik: »Die Zeit, wo sich Herr Eggebrecht ›Genosse‹ nannte, war kurz.«

Im Dritten Reich ist Eggebrecht vielfältigen Schikanen ausgesetzt. 1933 wird er inhaftiert: erst im Gefängnis Zittau, dann in einem Unterlager des KZ Sachsenburg. Die publizistische Weiterarbeit verhindert ein Berufsverbot. Aber ähnlich wie ↑ Erich Kästner findet er seine Nische als Drehbuchautor von Unterhaltungsfilmen. So schreibt er etwa das Skript zu dem Film »Bel Ami« (nach dem Roman Guy de Maupassants), der 1938 in die Kinos kommt.

Über sein Schicksal in diesen Jahren hat Eggebrecht dem 1933 aus Berlin emigrierten, bis 1947 in den USA lebenden Schriftsteller und Literaturwissenschaftler Alfred Kantorowicz berichtet. Der Brief, auch er ein Dokument der Zeit, lautet leicht gekürzt: »Hamburg, den 9. August 1946. Mein lieber Kanto, — das war eine Freude! ... Daß Sie in Amerika sind, hörte ich im Juni in Berlin ... Und nun wollen Sie also herkommen: Vortrefflich, wir brauchen Euch; denn wir sind viel zu wenige, wie sich jetzt erst so recht zeigt. Vieles hier wird Sie ärgern, enttäuschen, erbittern. Wirrköpfigkeit und Heuchelei regieren überall. Abrupt wechseln Anfälle tiefer Resignation mit solchen von aberwitziger Konflikthoffnung; wobei natürlich an Ost-West-Konflikte gedacht wird ... Damit bin ich beim Privaten. In

Umrissen: 33, Gefängnisse und KZ, davon haben Sie vielleicht noch gehört; mit viel Glück nach wenigen Monaten wieder frei. Dann lange verboten. Seit 35 vorsichtige, bald auch einträgliche Arbeit an Filmdrehbüchern; vor allem mit Willi Forst, einem der Aufrechten ... 42 verlor ich bei einer Blutvergiftung das rechte Hand- und linke Schultergelenk. Unangenehm; aber es hat mich vor allen etwaigen Volkssturmnötigungen bewahrt. 43 verlor ich alles ... durch Bomben und war unter den brennenden Trümmern 20 fatale Minuten hindurch verschüttet. Also wieder viel Glück ... Als Ende März 45 die Partei-Goldfasanen mit Masch(inen)-Pistolen zu fuchteln begannen, ›setzte‹ ich mich [aus Berlin — H.J.] ›ab‹, gerade noch zur Zeit. Seit Juni 45 habe ich hier den Sender mit aufgebaut. Die äußeren Umstände sind schwierig. Von 1000 sollen wir jetzt, heißt es, wieder auf 1250 Kalorien kommen. Das unaufhörliche Hungergefühl wird dadurch auch nicht gleich schwinden. Die tatsächlich vorhandene Unterernährung wird zum brennenden Problem ...« Der Empfänger des Briefs notiert unter dem 14. August 1946 in sein New Yorker Tagebuch, Eggebrecht sei »einer, der drüben redlich überlebt hat, ohne sich je mit den Verbrechern und den Verbrechen gemein zu machen«. Seinen Leiden habe er, Kantorowicz, »sogar unter Anrechnung meiner Lager- und Gefängniszeiten in Frankreich kaum Gleichwertiges entgegenzusetzen«.

In den ersten Nachkriegsjahren zählt Eggebrecht wie Walter Dirks, Eugen Kogon, ↑Rudolf Pechel, Erik Reger, Benno Reifenberg und Dolf Sternberger zu jenem Kreis einflußreicher Publizisten, die ihre Handwerk noch in der Weimarer Republik gelernt haben. Sie prägen nun den demokratischen Neubeginn. Eggebrecht wird Lizenzträger, Mitbegründer und politischer Kommentator des Nordwestdeutschen Rundfunks (NWDR). Seit 1946 gibt er mit ↑Peter von Zahn auch eine der wichtigen Zeitschriften jener frühen Jahre heraus, die *Nordwestdeutschen Hefte*. 1947 findet Eggebrechts Hörspiel »Was wäre, wenn ...« ein starkes Echo, während sein Roman »Volk ans Gewehr« (1959), die Chronik eines Berliner Hauses um 1933, wohl wegen seiner belehrenden Attitüde erfolglos bleibt. Von 1963 bis 1971 leitet Eggebrecht das Nachwuchs-Studio des Norddeutschen Rundfunks (NDR), das Rundfunkjournalisten ausbildet.

Am 14. Juli 1991 ist Axel Eggebrecht, 92 Jahre alt, in Hamburg gestorben.

## Kurt Eggers

***Schriftsteller, Charlottenburg 9, Stallupöner Allee 34***

Von den im Dritten Reich gefeierten Autoren hat keiner die Goebbels-Parole »Das Buch — ein Schwert des Geistes« so ernst genommen wie Kurt Eggers, geboren am 10. November 1905 in Berlin als Sohn eines Bankangestellten. Ausgestattet mit einem elitären Bewußtsein profiliert sich Eggers als Barde von beispielhafter Überzeugungstreue. Mitglied der NSDAP wird er freilich erst 1937, nach Ablauf der vierjährigen Aufnahmesperre, gleicht dieses Manko aber durch seine Mitgliedschaft in der SS aus. In seinem Antrag auf Aufnahme in die Partei vom 4. Juni 1937 (vorgedruckter Text: »Ich verspreche, als treuer Gefolgsmann des Führers die Partei mit allen meinen Kräften zu fördern«) beantwortet er die Frage nach dem Beruf mit »SS-Führer«. Als Autor ist er ein Herold des Heroischen, der in Kämpfernaturen wie Ulrich von Hutten und Martin Luther Zeugen der urdeutschen Sturm-, Drang- und Trotz-Tradition erkennt.

In rascher Folge erscheint Buch um Buch: »Die Geburt des Jahrtausends« (1936, 2. Aufl. 1941), »Vom mutigen Leben und tapferen Sterben« (1938), »Von jungen Herzen« (1938), »Das Ketzerbrevier« (1939, 3. Aufl. 1940), »Die kriegerische Revolution« (1940, 4. Aufl. 1944), »Rom gegen Reich« (2. Aufl. 1941)«, »Der Berg der Rebellen« (1941), »Von der Freiheit des Kriegers« (1941), »Vater aller Dinge. Ein Buch des Krieges« (1942, 3. Aufl. 1943), »Deutsche Gedichte« (1943). In der Werbung für »Die Heimat der Starken« (1938) heißt es: »Die Absage an das Ideal des schwachen Menschen, an Erlösungssehnsucht und jede Form jüdischen Denkens, wird mit unbestechlicher Härte bis zu Ende geführt: der geistigen Befreiung des germanischen Menschen von einer durch die Jahrhunderte planvoll betriebenen Knebelung und Irreleitung seiner geistigen und seelischen Kräfte. Vor der Wucht dieser Gedanken und dem Gewicht der anklagenden ... Tatsachen ist der Leser unausweichlich vor eines gestellt: die Entscheidung.«

Der Schriftsteller Hermann Stresau notiert im Oktober 1940 in sein Tagebuch (S. 225 f.): »Auf dem Bonner Studententag 1939 ... hat sich ein Dichter namens Kurt Eggers über das Thema Freiheit des Geistes ergossen ... Das Christentum habe die deutsche Seele in einen Kerker gesperrt, aber sie sprengte ihn in der Gotik ... Freiheit des Geistes erwachse aus Wikinger-Blut ... Diese Rodomontaden sind das genaue Gegenteil dessen, was sie vortäuschen: Innere Schwäche, Ausgeleertheit ... (Diese Generation) ist körperlich gesund und kann in der Taktik moderner Panzerverbände und Sturzkampfflieger Erstaunliches zuwege bringen. Aber geistig hat sie keinen Boden mehr unter den Füßen.«

Kurt Eggers steht ein für das, was er glaubt und schreibt. Den Kreuzzug gegen die Sowjetunion begleitet er als Kriegsberichter der Waffen-SS. Er fällt, 37 Jahre alt, am 12. August 1943 in den Rückzugskämpfen bei Bjelograd in der Ukraine. Um den Gefolgsmann über den Tod hinaus zu ehren, wird die Einheit der Kriegsberichterstatter der Waffen-SS in »SS-Standarte Kurt Eggers« umbenannt.

In Eggers' Schrift »Vater aller Dinge«, von der 1944 das 460. Tausend ausgeliefert wird, heißt es: »Zwar ist der Blutzoll, den ein Volk im Kriege geben muß, furchtbar, und nie sind die Opfer eines Krieges zu ersetzen. Aber die Bildung, die ein ganzes Volk durch den Krieg erfährt, ist so wertvoll und auch so notwendig, daß der Krieg im großen gesehen zu einer Bereicherung der seelischen Substanz einer Nation führt.«

## Günter Eich

***Schriftsteller, Wilmersdorf, Prinzregentenstr. 96***

Manches aus dem lyrischen Werk Günter Eichs, geboren am 1. Februar 1907 in Lebus/Oderbruch als Sohn eines Landwirts, verspricht dem Härtetest der Zeit standzuhalten. Die ersten Proben seines Talents legt der 20jährige Student der Sinologie in einer — von Klaus Mann mitherausgegebenen — »Anthologie jüngster Lyrik« ab. 1930 erscheint ein Band »Gedichte«. Zwei Jahre später entschließt sich Eich, der seit seinen Studententagen in Berlin lebt, das Schreiben und Dichten zu seinem Beruf zu machen.

Der Ausbruch des Dritten Reichs hat ihn, der immer »etwas tun wollte, was niemandem besonders nützen könnte«, nicht froh gestimmt. Gleichwohl versichert Eich im Juli 1933 per Fragebogen, den alle Angehörigen der schreibenden Zunft auszufüllen haben, sich »jederzeit für das deutsche Schrifttum im Sinne der nationalen Revolution einsetzen« zu wollen. Das reicht aus, um unverdächtig zu sein. Da Lyrik allein nicht satt macht, sucht sich Eich ein zweites Standbein: als Verfasser von Hörspielen, Schulfunktexten und federleichten Essays für den Berliner Rundfunk ist er auf Anhieb erfolgreich. Von Oktober 1933 bis Mai 1940 versorgt er den Sender, manchmal von Paris aus, mit immer neuen *Monatsbildern des Königswusterhäuser Landboten*, für den Politik und Ideologie unbekannte Größen sind. Ob dagegen Eichs Hörspiel »Radium«, mit Heinrich George als Sprecher, tatsächlich als »kaum verhüllte Kritik am Unrechtsstaat« (Harald Hartung) gedeutet worden kann, ist zumindest fraglich. Gedichte Eichs erscheinen in der fast hermetisch abgeschotteten Kulturzeitschrift *Das Innere Reich* (1934–1944), in der neben lupenreinen NS-Autoren auch Johannes Bobrowski, Peter Huchel, Max Kommerell, Karl Krolow, Reinhold Schneider und Rudolf Alexander Schröder publizieren.

1939 wird Eich Soldat, aber schon Anfang 1940 für einen ›Sondereinsatz‹ beurlaubt. Als Beitrag für die von Goebbels ausgerufene Anti-England-Kampagne schreibt er ein Hörspiel über den wilden Streik der weißen Goldminenarbeiter in Südafrika 1922 und seine blutige Unterdrückung. Bis zur letzten Ausgabe (1943) ist Eich in

Kürschners Literatur-Kalender verzeichnet. Ihm aber ein »bewußtes Optieren für den nationalsozialistischen Staat« zu unterstellen (so Axel Vieregg in »Günter Eichs Realitäten 1933–1945«), ist denn doch verfehlt. Eich hat, wie fast alle, das lebensnotwendige Deputat an Anpassung ausgeschöpft, nicht mehr und nicht weniger.

Bevor Eich 1939 in die Prinzregentenstraße nach Wilmersdorf zieht, hat er in Tiergarten, Landgrafenstr. 12, gewohnt. Als er 1946 aus amerikanischer Kriegsgefangenschaft heimkehrt, läßt er sich in Geisenhausen bei Landshut nieder. Das Angebot, der »inneren Emigration« zugerechnet zu werden, weist er 1947 mit den Worten zurück: »Ich habe dem Nationalsozialismus keinen aktiven Widerstand entgegengesetzt. Jetzt so zu tun als ob, liegt mir nicht.« 1948 wird Eichs Gedichtband »Abgelegene Gehöfte« zum literarischen Ereignis. 1950 erhält der Gefeierte den Jahrespreis der »Gruppe 47«. Seine Hörspiele erreichen in der noch fernsehlosen Zeit Hunderttausende, seine Lyrik wird auch in der DDR gedruckt. Nur die Prosa (»Maulwürfe«, 1958) bleibt Mittelmaß.

Wer in der Normandie den deutschen Soldatenfriedhof La Cambe besucht, begegnet in der Eingangshalle einem Eich-Gedicht, das mit dem Ausruf endet: »Bleibt bei uns, ihr Toten, helft uns vor neuer Schuld!« Am 20. Dezember 1972 ist Günter Eich, 65 Jahre alt, in Salzburg gestorben. Einer Ausgabe seiner Werke ist 1999 eine Sammlung aller erhaltenen Rundfunkarbeiten gefolgt, auch jener vor 1945.

## E Fritz Elsas

***Dr., Bürgermeister i.R., Dahlem, Patschkauer Weg 41***

Fritz Elsas, geboren am 11. Juli 1890 im schwäbischen Cannstatt als Sohn eines Fabrikanten, studiert Jura und verschreibt sich, da sein Wunsch, Wissenschaftler zu werden, unerfüllbar scheint, dem Dienst in der öffentlichen Verwaltung. 1918 wird er zum Stadtrat und Leiter des Rechtsamts in Stuttgart bestellt. 1919 tritt er der liberalen Deutschen Demokratischen Partei (DDP) bei. 1924 wird er Abgeordneter des Württembergischen Landtags, 1926 Vizepräsident des Deutschen Städtetags. Sein Ruf, ein ungewöhnlich fähiger Kommunalpolitiker zu sein, dringt bis nach Berlin: 1931 wird er als Erster Bürgermeister der Reichshauptstadt Vertreter ihres Oberbürgermeisters.

Zwei Jahre später endet diese glänzende Laufbahn. Fritz Elsas hat jüdische Vorfahren; er ist ›Halbjude‹. Der Entfernung aus dem Amt folgt die soziale Isolation. 1935 erreicht ihn das Angebot der türkischen Regierung, als Sachverständiger für den öffentlichen Personennahverkehr nach Ankara zu kommen. Elsas lehnt ab. Statt seiner geht Ernst Reuter, bis 1933 Oberbürgermeister von Magdeburg, dann bis August 1934 KZ-Häftling, jetzt mittellos in London lebender Emigrant, in die Türkei. Erst im November 1946 wird er von dort heimkehren, nach Berlin.

Weil Fritz Elsas ohne Genehmigung jüdische Auswanderer beraten hat, wird er 1937 verhaftet. Nach ein paar Monaten ist er wieder frei. Im August 1944 kommt die Gestapo ein zweites Mal. Das Haus wird durchsucht, Fritz Elsas abgeführt. Die Familie wird in Sippenhaft genommen. ↑ Annedore Leber hat darüber berichtet: »Nach dem Fehlschlag des 20. Juli erschien Karl Goerdeler vor dem Elsasschen Hause im Dahlemer Patschkauer Weg, wo er so oft geweilt hatte. Es ist nicht wahrscheinlich, daß er in diesem Augenblick wie sonst ein sehr willkommener Gast gewesen ist, wenigstens ›objektiv‹, aber subjektiv wurde er freundschaftlich aufgenommen — sowohl am 27. wie am 30. Juli; ein anderes Verhalten hätte Elsas' menschlicher Honorigkeit widersprochen.«

Frau Elsas hat später ausgesagt, daß sie ganz unbekümmert mit ihrem Gast, der nach dem Sturz des NS-Regimes Reichskanzler werden sollte, im Garten auf- und abgegangen sind. Ob Nachbarn Goerdeler dabei erkannt haben oder ob dieser selbst in den Verhören nach seiner Festnahme am 11. August 1944 die Namen seiner Quartiergeber preisgegeben hat, ist ungewiß. Jedenfalls ist das Schicksal von Fritz Elsas mit der erwiesenen Beherbergung des flüchtigen Staatsfeindes besiegelt (auf seine Ergreifung ließ Hitler ein Kopfgeld von 1 Million Reichsmark aussetzen und später an eine junge Frau namens Helene Schwärzel, die Goerdeler in einem ostpreußischen Gasthaus wiedererkennt, auch auszahlen).

Vor Gericht wird Elsas nicht mehr gestellt. Ende Oktober 1944 schreibt er ein letztes Mal aus dem Gestapo-Gefängnis in der Lehrter Straße an seine Frau. Er hat mit dem Leben abgeschlossen: »Hölderlins Briefe an Diotima zeigen, wie im Leiden und im Leid der Mensch trotz allem an Kraft und Stärke zu gewinnen vermag.« Im Dezember liefert man ihn in das KZ Sachsenhausen ein. Dort wird Fritz Elsas am 4. Januar 1945, 54 Jahre alt, von der SS erschossen.

Die Familie überlebt. Eine Tochter heiratet wenige Monate später Ernst Ludwig Heuss, den Sohn von ↑ Theodor Heuss und Elly Heuss-Knapp. Das junge Paar wird am 4. August 1945 in der Dahlemer St. Annenkirche von Bischof ↑ Dibelius getraut. Die in Heidelberg lebenden Eltern Heuss bleiben fern. Reisen in Deutschland, zumal nach Berlin, sind noch für lange Zeit ein Abenteuer.

## Hasso von Etzdorf

***Vortragender Legationsrat, W 15, Uhlandstr. 155***

Hasso von Etzdorf, geboren am 2. März 1900 in Elbing (Westpreußen) als Sohn eines höheren preußischen Verwaltungsbeamten, zieht noch 1918 in den Ersten Weltkrieg, kehrt nach schwerer Verwundung als Leutnant zurück und studiert in Berlin und Göttingen Jura und Volkswirtschaft. Nach der Promotion zum Dr. jur. dient Etzdorf freiwillig in einem Kavallerieregiment der Reichswehr und tritt 1928 in den Auswärtigen Dienst ein. 1933 schließt er sich der NSDAP und der SA an. Er wird persönlicher Sekretär des (bis Februar 1938 amtierenden) Reichsaußenministers ↑ Konstantin Freiherr von Neurath, geht 1936 als Sekretär des Botschafters Ulrich von Hassell nach Rom und von dort als Konsul nach Palermo. Im September 1939 wird der inzwischen zum Rittmeister (Hauptmann) der Reserve aufgestiegene Diplomat Verbindungsmann des Auswärtigen Amts zum Generalstab des Heeres unter General ↑ Franz Halder. Im Oktober 1939 gehört Etzdorf zu den Verfassern einer Denkschrift (»Das drohende Unheil«), in der vor der Ausweitung des Krieges gewarnt und die militärische Führung zum Handeln aufgefordert wird.

Nach dem glänzenden Sieg über Frankreich schert der Legationsrat aus der Front der aktiven Regimegegner aus; er mißt einem Umsturzversuch keine Erfolgschance mehr bei. Die russische Prinzessin ↑ Marie Wassiltschikoff, die Etzdorf im April 1940 in Berlin kennenlernt, schreibt ein Vierteljahr später hellsichtig in ihr Tagebuch: »Er steht im Ruf, ein sehr guter Mann zu sein, aber diese Was-geht-es-mich-an-Einstellung statt offener Kritik, die selbst einige der besten Deutschen als eine Art Selbstschutz an den Tag legen, während sie sich zugleich von den gegenwärtigen Herren des Landes und ihren Taten distanzieren, beängstigt mich zuweilen. Denn wenn sie nicht für ihre Überzeugungen einstehen, wo soll dann alles enden?« Das Scheitern des Attentats vom 20. Juli 1944, an dessen Vorbereitung Etzdorf nicht beteiligt ist, bringt freilich auch ihn in Gefahr: er steht im Verdacht, Mitwisser gewesen zu sein. Als Verbindungsmann zum OKH wird Etzdorf umgehend abgelöst, aber er bleibt in Freiheit. Im Februar 1945 geht er als Generalkonsul in das noch nicht in alliierter Hand befindliche Genua. Dort erlebt er das Kriegsende.

Fünf Jahre später gehört der 45jährige zu den Aufbauhelfern des Auswärtigen Amts in Bonn; längere Zeit leitet er die wichtige Westabteilung. Zuletzt, von 1961 bis 1965, ist er Botschafter in London. Die von Etzdorf 1936 in Rom erfundene Phantom-Figur des Ministerialdirigenten a. D. Dr. h. c. Edmund F. Dräcker, die unlängst sogar in das »Biographische Handbuch des deutschen Auswärtigen Dienstes« (Band 1, Paderborn 2000) Eingang gefunden hat, hat ihn überlebt.

Am 7. Juli 1989 ist Hasso von Etzdorf, 89 Jahre alt, in Eichtling in Oberbayern gestorben.

## Ernst Féaux de la Croix

***Dr., Amtsgerichtsrat, Lichterfelde-West, Prausestr. 26***

Lebensweg und Tätigkeit des Juristen Ernst Féaux de la Croix, geboren am 27. Juli 1907 in Frankfurt a.M., illustrieren auf eindringliche Weise die Folgelasten einer fatalen Kontinuität. Die Berlinerin Inge Deutschkron, seit dem 15. September 1941 zum Tragen des Judensterns verpflichtet, taucht 1942 als 10jährige unter und entkommt so der Deportation nach Auschwitz. In ihrem Buch »Mein Leben nach dem Überleben« (1992) rügt sie die Unlust des ersten Finanzministers der Bundesrepublik Deutschland, Fritz Schäffer (CSU), die überlebenden Opfer des NS-Regimes finanziell zu entschädigen. Er konnte, schreibt sie nicht ohne Sarkasmus, insoweit »volles Vertrauen in seine Mitarbeiter haben. Der Mann, der zu jener Zeit als oberster Beamter mit Wiedergutmachungsfragen betraut war, war der ehemalige Nazi Ernst Féaux de la Croix.« Er habe ab 1934 in der völkerrechtlichen Abteilung des Reichsjustizministeriums gearbeitet. »1938 beteiligte er sich an einer Denkschrift ›Rasse, Volk, Staat und Raum in der Begriffs- und Wortbildung‹. Darin heißt es, ›Deutsche sind alle jene Arier, die der deutschen Volksgemeinschaft zugehören ... Fremdrassige können nicht zum deutschen Volk gehören.‹ In seinen Arbeiten aus der NS-Zeit seien Ausdrücke wie ›Weltjudentum‹ oder ›Judenschaft‹ reichlich zu finden (S. 195). Auch Kurt R. Grossmann, Verfasser des Buches »Die Ehrenschuld« (1967), nennt den Namen Féaux de la Croix, als er darüber Klage führt, »daß die Ministerialbürokratie einen zu starken Einfluß in ihrer ›Beratung‹ der Gesetzgeber ausübe« (S. 123).

Es kann offen bleiben, ob der Bonner Spitzenbeamte, der nach dem Ausscheiden Schäffers noch drei weiteren Bundesfinanzministern gedient hat, tatsächlich in die Kategorie der Unverbesserlichen gehört. Sicher ist, daß seine kräftig angebräunte Biographie bei Betroffenen wie Inge Deutschkron fast unvermeidlich den Verdacht wecken muß, in Teilen der Hoheitsverwaltung des demokratischen Deutschland lebe eine Gesinnung fort, die bei den Verbrechen des Dritten Reichs Pate gestanden hat. Solche Verdachtsgründe nicht wirksam ausgeräumt (oder gar nicht erst geliefert) zu haben, zählt zu den gravierendsten Versäumnissen, die der Ära Adenauer, beginnend mit dem Schadensfall ↑ Globke, anzulasten sind.

Nachbemerkung: Es ist nicht leicht gefallen, die Identität des im Telefonbuch als Amtsgerichtsrat Verzeichneten mit dem seit 1934 im Reichsjustizministerium tätigen Beamten gleichen Namens wider jeden Zweifel festzustellen. Das im Bundesarchiv eingesehene Stammblatt aus der Mitgliederkartei der NSDAP — Féaux de la Croix ist ihr am 1. April 1933 beigetreten und hat dem Aufnahmeantrag ein Paßbild in SA-Uniform beigefügt — ist eindeutig ›unserem‹ Ministerialbeamten zuzuordnen. Es spricht jedoch weder von einem Amtsgerichtsrat noch nennt es die Prausestraße als Berliner Anschrift. Klarheit schafft ein Blick in das Telefonbuch 1940. In ihm wird als Adresse des Amtsgerichtsrats Ernst Féaux de la Croix die Lichterfelder Tulpenstraße genannt. Und siehe da: auch die NSDAP-Karteikarte nennt als Wohnung diese Straße und die gleiche Hausnummer. Zwischen 1940 und 1941 hat also ein Wohnungswechsel stattgefunden. Verwunderlich bleibt, warum ein Ministerialrat es vorzieht, sich im Fernsprechbuch unverändert als Amtsgerichtsrat zu präsentieren.

## Max Fechner

***Neukölln, Zietenstr. 1/2***

Ehe Max Fechner, geboren am 27. Juli 1892 in Rixdorf bei Berlin (seit 1912 Neukölln) als Sohn eines Maurers, 1946 Mitglied des Parteivorstands der SED und, im Oktober 1949, Justizminister der DDR wird, hat er bereits ein an Höhen und Tiefen reiches politisches Leben hinter sich.

Seit 1908 in der Sozialistischen Arbeiterjugend aktiv, tritt der gelernte Werkzeugmacher 1912 der SPD bei. Im April 1917 schließt er sich der radikalen USPD an, die einen Frieden um jeden Preis, den Sturz der bürgerlichen Ordnung und ein Rätesystem will. Aber die im Dezember 1920 vollzogene Fusion mit der KPD lehnt Fechner, inzwischen Mitarbeiter im Zentralkomitee der USPD, dann doch ab. Mit der Rest-USPD kehrt er im September 1922 in den Schoß der den Weimarer Verfassungsstaat bejahenden SPD zurück.

Zwölf Jahre ist Fechner sozialdemokratischer Mandatsträger: als Bezirksverordneter in Berlin-Neukölln, dann als Stadtverordneter und schließlich als Mitglied des Preußischen Landtags (Wahlkreis Potsdam II). Seit 1924 leitet er das Ressort Kommunalpolitik beim SPD-Parteivorstand. Als am 5. März 1933 in Preußen und im Reich die letzten freien Wahlen stattfinden, zieht Fechner erneut in den Landtag ein. Nach dem Verbot der SPD am 22. Juni 1933 wird er verhaftet und vor Gericht gestellt. Ernst Fraenkel, der später emigriert und noch später der Berliner Politikwissenschaft Profil geben wird, verteidigt ihn. Dem Freispruch folgt die einjährige KZ-Haft. 1935 eröffnet Fechner in Neukölln ein Milchgeschäft, das zugleich die illegale Parteiarbeit tarnt. Nach dem Attentat vom 20. Juli 1944 wird er in das KZ Sachsenhausen eingeliefert. Dort befreit ihn Ende April 1945 die Rote Armee.

Seit Juni 1945 gehört Max Fechner mit ↑Gustav Dahrendorf, ↑Erich Gniffke, ↑Otto Grotewohl und ↑Paul Löbe dem Zentralausschuß der wiedergegründeten SPD (Sowjetzone und Berlin) an. Dem kommunistischen Druck, sich mit der KPD zur SED zusammen zu schließen, hält er nicht lange stand. Am 15. April 1946 wird dem ZK der Allrussischen Kommunistischen Partei (1952 in KPdSU umbenannt) aus Berlin telegrafiert, daß Fechner, Gniffke und Grotewohl, »die im November noch gegen eine schnelle Vereinigung waren, im Januar noch geschwankt haben, jetzt aber fest und überzeugt auf dem Standpunkt der Einheit« stünden.

Der Lohn für den Sinneswandel bleibt nicht aus. Fechner wird — in Parität mit Walter Ulbricht — stellvertretender Vorsitzender der SED, Präsident der Deutschen Zentralverwaltung für Justiz in der Sowjetischen Besatzungszone, Mitglied des Deutschen Volksrates und der Volkskammer sowie, im Oktober 1949, erster Justizminister der DDR. Dann bewirkt der Volksaufstand vom 17. Juni 1953 den erneuten, jähen Sturz: Fechner wird ohne Vorwarnung aus der SED ausgestoßen, als Minister abgesetzt, aus der Volkskammer entfernt und wegen staatsfeindlicher Tätigkeit angeklagt. Seine Missetat: er hat den Streik der Bauarbeiter der Stalinallee anfangs für verfassungsmäßig erklärt.

Mitte Juli 1953 wird Fechner in einem Geheimprozeß zu acht Jahren Zuchthaus verurteilt. Erich Honecker, damals Kandidat des SED-Politbüros, behauptet dazu 1990, er habe nie gehört, daß Fechner verhaftet und verurteilt worden war und im Gefängnis saß. »Ich wußte wirklich nicht, warum man solche Repressivmaßnahmen gegen Max Fechner unternahm ... Es waren aber nicht unsere Organe, die bei seiner Verhaftung die entscheidende Rolle spielten. Es waren die Organe der Sowjetunion.« Und: »Max Fechner war natürlich durch die Inhaftierung sehr gebrochen und spielte danach keine aktive Rolle mehr« (Andert/Herzberg, S. 228 f.).

Am 26. April 1956 kommt Fechner frei. Ende Juni 1958 wird er wieder in die SED aufgenommen. 1965, zum 75. Geburtstag, erhält er den Vaterländischen Verdienstorden in Gold.

Am 13. September 1973 ist Max Fechner, 81 Jahre alt, in Berlin (Ost) gestorben.

## Gottfried Feder

***Staatssekretär und Professor, Charlottenburg 2, Marchstr. 3***

Der bayerische Diplom-Ingenieur Gottfried Feder, geboren am 27. Januar 1883 in Würzburg als Sohn eines Regierungsdirektors, spielt eine Schlüsselrolle in Hitlers Aufstieg zur Macht. Feder hat als Korpsstudent bei einer Mensur eine Schädelverletzung erlitten und ist deshalb nicht militärdiensttauglich. Er gründet in München eine Baufirma und mischt in der völkisch-germanischen Thule-Gesellschaft mit. Ende 1918 legt er sein »Manifest zur Brechung der Zinsknechtschaft« zunächst dem Kommunisten Kurt Eisner, dem Anführer der revolutionären Münchner Räteregierung, vor. Es bleibt ohne Resonanz. Erst Hitler, der Feder im Juni 1919 in einem Kurs für Angehörige der »vorläufigen Reichswehr« begegnet, greift die schwärmerischen Ideen des Laien-Ökonomen auf. In »Mein Kampf« (1924) liest sich das so: »Nachdem ich den ersten Vortrag Feders angehört hatte, zuckte mir auch sofort der Gedanke durch den Kopf, nun den Weg zu einer der wesentlichsten Voraussetzungen zur Gründung einer neuen Partei gefunden zu haben.«

Den 30jährigen Hitler beeindruckt Feders »prinzipielle Auseinandersetzung mit dem internationalen Börsen- und Leihkapital«. Der Ruf nach Brechung der Zinsknechtschaft, um den Sieg des ›schaffenden‹ über das ›raffende‹ Kapital sicherzustellen, gehört bald zum klassischen Repertoire aller NS-Parteiredner. Die daraus abgeleitete Verachtung für Banken, Börsen und Big Business (vor allem in jüdischer Hand) durchzieht das am 24. Februar 1920 verkündete 25-Punkte-Programm der jungen NSDAP wie ein roter Faden.

Parteimitglied wird Feder erst 1922. Aber schon seine 1923 erschienene Schrift »Der deutsche Staat auf nationaler und sozialer Grundlage« wird von Hitler als »Katechismus der Bewegung« ausgegeben. Feder ist ihr finanzpolitischer Sprecher, seit 1926 aber auch ihr Schiedsrichter in ideologischen Streitfragen. Die in immer neuen Auflagen gedruckte Schrift »Das Programm der N.S.D.A.P. und seine weltanschaulichen Grundgedanken« (1927) festigt Feders Führungsanspruch als Parteitheoretiker. 1933 ist das 500. Tausend der für 50 Pfennig feilgebotenen Schrift erreicht.

Gleichwohl stößt die These, daß eine blühende Wirtschaft staatliche Zinsverbote und Enteignungen voraussetze, nicht nur auf Kritik von außen. Auch in den eigenen Reihen wird Feders finanzpolitische Kompetenz angezweifelt und sein Rigorismus als Gift für die Wahlchancen der Partei erkannt. Vor allem deshalb wird das Parteiprogramm im April 1928 um eine — nach NS-Lesart lediglich klarstellende — Anmerkung erweitert. Sie besagt, daß die NSDAP — entgegen »den verlogenen Auslegungen des Punktes 17 des Programms« — »auf dem Boden des Privateigentums steht«.

Schon im Mai 1924 ist Gottfried Feder mit acht Genossen als Abgeordneter der »Großdeutschen Freiheitsbewegung« in den Reichstag eingezogen (die NSDAP entsteht nach ihrer Auflösung im November 1923 erst 1925 neu). 1931 wird Feder Vorsitzender des Wirtschaftsrates der Partei, im Juli 1933 Staatssekretär im Reichswirtschaftsministerium, 1934 Reichskommissar für das Siedlungswesen und schließlich, als Kompensation für den Verlust aller dieser Ämter, Honorarprofessor an der Technischen Hochschule Charlottenburg. Die Genugtuung, jene Ideen, die ihn einst beseelten, im Dritten Reich politisch umgesetzt zu sehen, bleibt ihm versagt. Im privaten Umgang ist der hartgesottene Ideologe und Antisemit konziliant. Ernst Hanfstaengl, der Deutschland 1937 als Renegat verläßt, erinnert sich, im August 1923 in Hitlers Troß Feders Gast in Murnau gewesen zu sein. Der Hausherr »erwies sich in seinen vier Wänden als Mann von beachtlicher Bildung und Kultur. Gleiches galt von seiner Frau, deren Schwester mit dem bekannten Historiker Karl Alexander von Müller verheiratet war«.

Am 24. September 1941 ist Gottfried Feder, 58 Jahre alt, in Murnau gestorben. Die von ↑Ferdinand Sauerbruch ausgeführte Operation konnte den Krebskranken nicht mehr retten. An seinem Grab in München läßt Hitler, im fernen Ostpreußen mit dem Rußlandfeldzug beschäftigt, nur einen »Kranz des Führers« niederlegen.

## Erich Fellgiebel

***General der Nachrichtentruppe, Steglitz, Wrangelstr. 10***

Erich Fellgiebel, geboren am 4. Oktober 1886 in Pöpelwitz, das später ein Stadtteil von Breslau wird, als Sohn eines Gutsbesitzers, besucht in Breslau das Gymnasium und tritt 1905 als Offiziersanwärter in ein Nachrichtenbataillon des preußischen Heeres ein. Im Ersten Weltkrieg gehört er dem Generalstab eines Armeeoberkommandos an. 1919 wird er in das 100 000-Mann-Heer der Reichswehr übernommen und kommt als Generalstäbler nach Berlin. 1938 wird er Chef des Heeresnachrichtenwesens und der Nachrichtenverbindungen im Oberkommando der Wehrmacht. Am 25. August 1939 wird die Effizienz seiner Truppe dramatisch auf die Probe gestellt: Am Abend dieses Tages widerruft Hitler den für den Morgen des 26. August erteilten Befehl zum Angriff auf Polen. Fellgiebel, der sich über diese Zumutung empört zeigt, gelingt es buchstäblich in letzter Stunde, alle an der langen Front zwischen Ostpreußen und den Sudeten postierten Wehrmachtsverbände von dem Widerruf zu benachrichtigen. Nur einige der bereits ausgeschickten Spähtrupps können nicht mehr zurückgeholt werden.

Bereits damals zählt Fellgiebel zu den Gegnern der Kriegspolitik Hitlers. Am Staatsstreichversuch des 20. Juli 1944 ist er als Stauffenbergs Mann in der Nachrichtenzentrale des Führerhauptquartiers »Wolfsschanze« aktiv beteiligt. Im Fall des Gelingens soll Fellgiebel Postminister werden. Als erster der Verschwörer wird er nach dem Anschlag verhaftet. Denn sobald der in auffälliger Eile vom Ort des Geschehens nach Berlin aufgebrochene Oberst Stauffenberg als mutmaßlicher Attentäter in Verdacht geraten ist, wird General Fellgiebel der Komplizenschaft verdächtigt: es war bemerkt worden, daß er nach der Ankunft Stauffenbergs im Hauptquartier wiederholt mit ihm gesprochen hatte. Und es wird auch schnell ermittelt, daß kein anderer als Fellgiebel unmittelbar nach dem Anschlag den Befehl erteilt hat, alle Nachrichtenverbindungen zur »Wolfsschanze« zu kappen, damit die »Operation Walküre« von Berlin aus nach Plan anlaufen kann. Zu diesem Zeitpunkt ist dem General bereits bekannt, daß Hitler das Attentat überlebt hat. Er beweist gleichwohl »die Geistesgegenwart, die Einsicht und den Mut, ... die einmal begonnene Ausführung des Unternehmens konsequent fortzusetzen« (Peter Hoffmann).

Erst drei Wochen später werden mehrere in die Attentatspläne eingeweihte Mitarbeiter Fellgiebels verhaftet, Indiz dafür, daß der General auch unter der Folter über die Verstrickung Dritter lange geschwiegen hat. Hitler hat Fellgiebel später verdächtigt, »alle seine großen Pläne in Rußland« an die Sowjets verraten zu haben, namentlich die im Juli 1943 nach wenigen Tagen gescheiterte letzte großangelegte Angriffsoperation »Zitadelle« im Raum von Kursk (Picker, S. 331). Aber nicht Fellgiebel hatte Verrat geübt, sondern zwei mit der »Roten Kapelle« verbundene Stenotypistinnen der Nachrichtentruppe, die in der Funk–, Telefon– und Fernschreibzentrale des OKW in der Bendlerstraße Dienst taten.

Fellgiebel, von dem eilends gebildeten »Ehrenhof des Heeres« aus der Wehrmacht ausgestoßen, wird am 10. August 1944 vom Volksgerichtshof zum Tode durch den Strang verurteilt. Das Urteil wird am 4. September in Plötzensee vollstreckt. Einen Monat später wäre Erich Fellgiebel 58 Jahre alt geworden.

## F Walter Felsenstein

***Regisseur, Charlottenburg 5, Windscheidstr. 31***

Walter Felsenstein, geboren am 30. Mai 1901 in Wien, hat fast vierzig Jahre als österreichischer Staatsbürger an deutschen Bühnen gewirkt. Als das Berliner Fernsprechbuch 1941 erscheint, ist er freilich Deutscher: der im März 1938 vollzogene Anschluß seiner Heimat an das Deutsche Reich, das seitdem Großdeutsches Reich heißt, hat die Republik Österreich vorübergehend ausgelöscht.

Dem Schauspielstudium in Wien folgen Engagements in der Theaterprovinz: Lübeck 1923, Mannheim 1924, Beuthen, Gleiwitz und Hindenburg 1926. An diesem oberschlesischen Bühnenverbund darf Felsenstein erstmals auch Regie führen; seitdem kennt er seinen Weg. Über die Stationen Basel, Freiburg i.Br., Köln und Frankfurt a.M. kommt er 1938 als Oberspielleiter nach Zürich, aber schon 1939 zieht ihn ein unwiderstehlicher Drang zum Musiktheater nach Berlin. Der Erfolg seiner Gastinszenierung des »Zigeunerbaron« von Johann Strauß trägt ihm einen Ruf an das »Schiller–Theater der Reichshauptstadt« ein. Dessen Intendant ist damals der große Mime Heinrich George, der 1945, nach dem Fall Berlins, in das von der siegreichen Sowjetmacht weiter betriebene KZ Sachsenhausen verbracht wird und dort zu Tode kommt.

Daß jemand das sichere Zürich 1940 verläßt und dorthin geht, wo Krieg und Diktatur herrschen, ist bereits ein kühner Schritt. Aber Felsenstein ist obendrein ›jüdisch versippt‹; die Reichskulturkammer hat ihn deshalb aus ihren Reihen ausgeschlossen. Den ganz auf seine Arbeit fixierten Regisseur ficht das nicht an. Oder ist es doch ein Zeichen von Gefügigkeit, daß er gleich zu Beginn das sehr mittelmäßige Stück »Obrist Michael« (mit Heinrich George in der Titelrolle) am Schillertheater inszeniert? Autor ist ein ›Dietrich-Eckart-Preisträger‹ namens Max Geisenheyner, der im Telefonbuch 1941 als Schriftleiter verzeichnet und ansonsten unbekannt ist. Der Theaterkritiker des Parteiorgans *Völkischer Beobachter* findet an Felsensteins Berliner Debüt jedenfalls nicht das Geringste auszusetzen (VB vom 2. November 1940).

Ein Jahr später sieht manches anders aus. Am 17. November 1941 notiert der mit einer protestantisch getauften Jüdin verheiratete ↑Jochen Klepper besorgt in sein Tagebuch, schon wieder seien »zwei der Mischehen-Theaterleute, (darunter) der Regisseur Felsenstein, der schon in der Schweiz gewesen war und mit seiner Frau mit großen Zusicherungen zurückgeholt wurde«, zu Goebbels oder dem Reichskulturwart Hinkel beordert worden. Aber Felsenstein geschieht nichts. 1942 darf er sogar »Figaros Hochzeit« bei den Salzburger Festspielen inszenieren. Erst 1944, als alle Theater in Deutschland schließen müssen, wird er zur Arbeit bei Siemens dienstverpflichtet.

Nach der Kapitulation faßt Felsenstein, der nun wieder Österreicher ist, weil der Anschluß für null und nichtig erklärt wird, im Kulturleben der verwüsteten Hauptstadt dauerhaft Fuß, zunächst als Spielleiter des Hebbeltheaters. Dann verwirklicht sich sein Traum: Ende 1946 verschafft ihm der legendäre russische Oberst Sergej Tulpanow die Lizenz der sowjetischen Militärverwaltung für ein »städtisches Operettentheater«. Am 28. Mai 1947 beschließt der Berliner Magistrat, eine »Komische Oper« unter Felsensteins Leitung zur Pflege der klassischen Operette zu errichten. Am 23. Dezember 1947 wird sie mit der »Fledermaus« von Johann Strauß eröffnet. Über fast dreißig Jahre hinweg sind diesem Musiktheater spektakuläre Erfolge beschieden. Offenbachs »Orpheus in der Unterwelt« (1948), Smetanas »Verkaufte Braut« (1950), Lortzings »Freischütz« (1951), Mozarts »Zauberflöte« (1954) und Verdis »Othello« (1959) werden von Publikum und Kritik gleichermaßen gefeiert.

In der Komischen Oper, für die das Haus des alten Metropol-Theaters in der Behrenstraße notdürftig hergerichtet wird, begegnen sich auch nach dem Mauerbau im August 1961 die Musikliebhaber aus Ost und West. Die Inszenierungen von Offenbachs »Ritter Blaubart« und »Hoffmanns Erzählungen«, von Mozarts »Don Giovanni« und Janaceks »Das schlaue Füchslein« oder der »Salome« von Richard Strauss erreichen scheinbar mühelos, was der DDR bis ans Ende ihrer Tage fehlt: Weltniveau. Nach außen gibt sich Felsenstein als regimetreuer Sozialist. Aber in seiner Theaterarbeit kennt er weder Ideologie noch Kompromisse. Natürlich stehen ihm, der zu den ›Reisekadern‹ zählt, auch im Westen alle Türen und Bühnen offen. Aber er kehrt immer wieder an den Platz seiner Erfolge zurück.

Am 8. Oktober 1975 ist Walter Felsenstein, 74 Jahre alt, in Berlin (Ost) gestorben.

F

## Joachim Fernau

***Steglitz, Kellerstr. 1***

Wenn ein Schriftleiter sich im Berliner Telefonbuch 1941 nicht als Schriftleiter bezeichnet, werden Zweifel an der Identität des Gesuchten geweckt. Das Verschweigen des Berufs ist damals unüblich. Ein Blick in das Berliner Adressbuch 1939 beseitigt die Zweifel: »Joachim Fernau, Schriftleiter, Steglitz, Kellerstr. 1«, heißt es da. Also kann der Werdegang eines der erfolgreichsten deutschen Autoren der Nachkriegszeit hier auf gesichertem Grund skizziert werden.

Fernau, geboren am 11. September 1909 in Bromberg (Westpreußen), besucht im schlesischen Hirschberg das evangelische Gymnasium und kommt nach dem Abitur in das Berlin der späten 20er Jahre. An der Friedrich-Wilhelms-Universität widmet er sich, ohne am Ende ein Examen abzulegen, philosophischen und geisteswissenschaftlichen Studien. Er kann schreiben und tritt als Journalist in den Dienst des Ullstein-Verlags. Im Dritten Reich zählt er alsbald zum Kreis der besonders gesinnungstreuen Schriftleiter. Als Fernau 1939 zum Wehrdienst einberufen wird, meldet er sich zur Waffen-SS und ist an verschiedenen Fronten als SS-Kriegsberichter tätig. Am 30. August 1944 lüftet er im *Völkischen Beobachter*, dem »Kampfblatt der nationalsozialistischen Bewegung Großdeutschlands«, auf einer halben Zeitungsseite »Das Geheimnis der letzten Kriegsphase«. Der schonungslosen Bilanz deutscher Niederlagen folgt ein Schwall von Durchhalteparolen. »Sieg — das ist das Wort, um das unsere Gedanken ununterbrochen kreisen, Frieden allein gibt es nicht mehr, es gibt nur noch Sieg«, heißt es da. Und die von den Feinden Deutschlands angeblich längst erkannte Furchtbarkeit der Vergeltungswaffen beschwörend, steht am Ende in Sperrdruck die Heilsbotschaft: »Der Sieg ist wirklich ganz nahe«.

Als dann doch alles anders kommt, beginnt der NS-Barde ein neues Leben als bürgerlicher Journalist in Stuttgart. 1952 zieht Fernau als freier Schriftsteller nach München. Da hat die Erfolgsserie der zwei Dutzend Bücher, die er schreiben wird, gerade begonnen. Ob »Rosen für Apoll« (1961), »Disteln für Hagen« (1966), »Caesar läßt grüßen« (1971) oder »Sappho. Ein griechischer Sommernachtstraum« (3. Aufl. 1986), der lockere Ton des gewitzt und ohne Tiefgang durch die Kulturgeschichte schweifenden Autors sorgt für traumhafte Auflagen. Auch vor Goethes letzter Liebe macht Fernau nicht halt (»War es schön in Marienbad?«, 2. Aufl. 1982). Anfang 1967 aber holt ihn die Vergangenheit ein: der Germanist Peter Wapnewski löst in der Wochenzeitung *Die Zeit* durch die Wiedergabe und engagierte Kritik von Texten des SS-Kriegsberichterstatters eine lange Debatte über die Rolle des Bestsellerautors im Dritten Reich aus.

Am 24. November 1988 ist Joachim Fernau, 79 Jahre alt, in Florenz gestorben.

## [Alfred] Filbert

***Dr., Wannsee, Waltharistr. 34***

Vor dem Doktortitel steht nur der Familienname. Der Vorname fehlt. So knapp und unverfänglich präsentiert sich im Berliner Fernsprechbuch 1941 ein SS-Offizier, der just in jenem Jahr als Führer des Einsatzkommandos 9 die Verantwortung für den Mord an mindestens 11 000 jüdischen Bürgern der UdSSR, darunter Frauen und Kinder, trägt. Ehe Filbert im Juli 1941 das Killer-Kommando in Weißrußland übernimmt, ist er stellvertretender Amtschef im Reichssicherheitshauptamt in der Prinz-Albrecht-Straße. Bis zum Kriege gehörte es zu seinen Aufgaben, V-Leute im Ausland zu werben und nachrichtendienstliche Erkenntnisse über Frankreich zu beschaffen. Die professionelle Diskretion, die solche Arbeit erfordert, mag Filbert veranlaßt haben, sich im Telefonbuch fast unkenntlich zu machen. Viel bemerkenswerter ist freilich, daß sich damals überhaupt führende Angehörige der geheimen Dienste mit ihrer Wohnanschrift und privaten Rufnummer im Telefonbuch verzeichnet finden.

Vier Monate lang geht Filbert hinter der Front im besetzten Westteil der Sowjetunion seinem blutigen Handwerk nach. Später wird ermittelt, daß er mit den Erschießungen nicht nur Untergebene beauftragt, sondern selbst zur Waffe gegriffen hat. Im Oktober 1941 kehrt Filbert in die Berliner Zentrale zurück. Als das Regime im Mai 1945 in Scherben fällt, bekleidet er — wie Adolf Eichmann — den Rang eines SS-Obersturmbannführers (Oberstleutnant).

Es dauert Jahre, bis die ermittelnden Staatsanwaltschaften die Mordtaten der Einsatzgruppen so weitgehend geklärt und einem festen Täterkreis zugeordnet haben, daß Verhaftungen erfolgen und Anklageschriften verfaßt werden können. Erst im Februar 1959 wird der untergetauchte Alfred Filbert festgenommen. Am 14. Mai 1962 beginnt gegen ihn und fünf weitere frühere SS- und Polizeioffiziere der Strafprozeß vor dem Schwurgericht in Berlin-Moabit. Die deutsche Öffentlichkeit hat diese Verfahren kaum zur Kenntnis genommen, wiewohl die Presse es an genauer Information nicht hat fehlen lassen. Die *Frankfurter Allgemeine Zeitung* berichtet am 15. Mai 1962 ausführlich von der Vernehmung des Hauptangeklagten zur Person. Filbert, heißt es da, »sieht sich selbst als einen korrekten Mann, der immer nur seine Arbeit kannte und in dessen Leben die Besoldung keine Rolle spielte.« Die Kindheit habe er, Sohn eines Berufsfeldwebels, in der Kaserne verbracht, dann als Banklehrling mit Obersekundareife ein Jahr lang zur Aushilfe beim Finanzamt in Worms gearbeitet und später auf einer Privatschule das Abitur nachgeholt. Filbert studiert Jura, wird 1933 Referendar und promoviert mit einer Arbeit über das Konkursrecht. 1932 sei er als überzeugter Nationalsozialist in die NSDAP und die SS eingetreten. Nach einem Lehrgang auf der SS-Führerschule habe man ihn überraschend in das Sicherheitshauptamt nach Berlin berufen.

Das intrigenreiche Betriebsklima stößt Filbert ab. 1938 habe er aus dem Dienst ausscheiden und zur Industrie gehen wollen. Doch Heydrich sei dagegen gewesen. Der Mann, der keine Parteiversammlung besuchte »und nur zur Arbeit ging bis in die Nacht hinein«, will den Unrechtscharakter des NS-Regimes erst wahrgenommen haben, als sein Bruder wegen herabsetzender Äußerungen über Hitler zu drei Jahren Gefängnis verurteilt und anschließend in ein KZ gebracht wurde, wo er umkam. Filbert bestreitet seine Teilnahme an einer Amtschefbesprechung im September 1939 über die in Polen geplanten Maßnahmen des Sicherheitsdienstes mit dem Bemerken: »Wenn es mir bekannt wäre, würde ich es sagen; so ehrlich bin ich.«

Am 22. Juni 1962 wird Alfred Filbert vom Schwurgericht Berlin wegen Mordes zu einer lebenslangen Gefängnisstrafe verurteilt. Die von ihm eingelegte Revision wird vom Berliner Kammergericht verworfen.



## Werner Finck

***Wilmersdorf, Aßmannshauserstr. 21***

Der Lebensweg des Schauspielers und Kabarettisten Werner Finck, geboren am 2. Mai 1902 in Görlitz als Sohn eines Apothekers, widerlegt das Sprichwort, daß ein Apfel nicht weit vom Stamm fällt: »Mein Vater war ein national-liberaler, ost-preußischer Patriot. Kaisertreu und gottesfürchtig. Hurra und Amen. Ein' feste Burg war ihm sein Gott, und es ging ihm Deutschland, Deutschland über alles.« Der Sohn besucht als 17jähriger die Kunstschule Dresden, volontiert dann bei einer Zeitung, zieht als Märchenerzähler umher und wird schließlich Schauspieler: von einer Laienspielgruppe gelingt ihm der Sprung zum Schlesischen Landestheater in Bunzlau und von dort, 1928, zum Landestheater Darmstadt. Die Figur des Polonius im »Hamlet« ist seine Lieblingsrolle.

Als Finck nach 1945 gefragt wird, warum er nicht emigriert sei, gibt er zur Antwort: »Man konnte doch Deutschland nicht einfach den Nazis überlassen. Zum Widerstand wurden doch auch Leute gebraucht.« Ähnlich haben das ↑Adolf Arndt, ↑Erich Kästner und ↑Käthe Kollwitz gesehen. Ob Widerstand oder nur beharrliche Renitenz — riskiert hat Finck, ein Meister im Umgang mit der Waffe des doppelbödigen Worts, jedenfalls manches. In seinem Kabarett »Die Katakombe«, das Finck am 16. Oktober 1929 im Keller des Berliner Künstlerhauses in der Bellevuestr. 3 eröffnet hat, werden nach dem 30. Januar 1933 selbst Gesten und Sätze, die ungesagt bleiben, zu kapitalen Blattschüssen. Bis zuletzt zählen auch Parteileute, so der Schriftleiter ↑Hans Schwarz van Berg, zu Fincks Publikum.

Anfang Mai 1935 wird das Kabarett wegen »gehässiger Äußerungen« über die neue Obrigkeit staatspolizeilich geschlossen. Finck wird zum Verhör in die Prinz-Albrecht-Straße abgeholt und von dort in das Konzentrationslager Esterwegen eingeliefert, wo man Wolfgang Langhoffs Lied »Wir sind die Moorsoldaten« singt. Hier begegnet Finck Carl von Ossietzky, Julius Leber und ↑Theo Haubach. Leber ist sein ›Barackenältester‹. Auf Betreiben der Schauspielerin Käthe Dorsch, die einen Draht zu Göring hat, ist Finck am 1. Juli 1935 wieder frei. Aber er steht unter Arbeitsverbot. Mit privaten Auftritten hält er den Kopf über Wasser. 1938 darf er sich mit einem Gedichtband (»Das Kautschbrevier«) und einem Filmdrehbuch (»Straße der Liebe«) wieder öffentlich zu Wort melden. Nebenbei trifft er sich mit Leuten, die wie er dem Regime nicht über den Weg trauen. Fincks Freund ↑Friedrich Luft berichtet später, er habe in Fincks Wohnung auch »die Moltkes, den Schwerin und die anderen vom 20. Juli 1944« kennengelernt. 1939 wird Finck aus der Reichskulturkammer ausgeschlossen und zur Wehrmacht eingezogen. Die neue Existenzform bietet ihm, ähnlich wie dem Militärarzt ↑Gottfried Benn, Schutz. Aber dann sitzt Finck wegen seines losen Mundwerks doch noch einmal im Wehrmachtsuntersuchungsgefängnis in Berlin ein. Aber er überlebt.

Natürlich will Finck, als alles vorüber ist, wieder Kabarettist sein. Ein Angebot des neuen Frankfurter Zoodirektors ↑Bernhard Grzimek, ihm als Wiederaufbauhelfer zur Seite zu stehen, schlägt er aus. Stattdessen gründet er 1948 in Stuttgart das Kabarett »Die Mausefalle« (der Name ist Shakespeares »Hamlet«, 3. Akt, 2. Szene, entlehnt).

1951 zieht Finck nach Hamburg und spricht im NWDR, dem Nordwestdeutschen Rundfunk, wöchentliche Kommentare. Als der Intendant Ernst Schnabel einen wohlgemeinten Zensurversuch unternimmt, kündigt Finck. Seit 1954 lebt er in München von kleineren Filmrollen und von Gastspielen. Die Tournee mit seiner »akustischen Autobiographie« führt ihn bis in die USA. Mit Fincks Hilfe zeichnet Helmut Heiber 1966 die Gestapo-Aktion von 1935 in dem Buch »Die Katakombe wird geschlossen« nach. Fincks Lebensrückschau »Alter Narr — was nun?« erscheint 1972.

Am 31. Juli 1978 ist Werner Finck, 76 Jahre alt, in München gestorben.

## F Eugen Fischer

***Prof. Dr., Direktor des Kaiser-Wilhelm-Instituts für Anthropologie, Dahlem, Ihnestr. 22–24***

Unter allen, die im Dritten Reich fähig und bemüht gewesen sind, die nationalsozialistische Rassenideologie und Vererbungslehre wissenschaftlich zu vertreten, steht Eugen Fischer, geboren am 5. Juni 1874 in Karlsruhe als Sohn eines Kaufmanns, unbestritten in vorderster Front. Der ausgebildete Anatom ist, was ihn den Machthabern des NS-Staates besonders wertvoll macht, überdies der einzige deutsche Rassenkundler mit einer lange vor 1933 erworbenen internationalen Reputation.

Fischer studiert in Freiburg i.Br., München und Berlin Medizin, Volkskunde und Vorgeschichte. In Freiburg, wo er 1898 zum Dr. med. promoviert, habilitiert er sich 1900, 26 Jahre alt, für das noch junge Fach Anthropologie. In der damaligen Kolonie Deutsch-Südwest-Afrika entsteht wenig später die Studie, mit der Fischer Aufsehen erregt und Vorurteile bedient. Die Untersuchung befaßt sich mit einer über Generationen in sich geschlossenen Kleingruppe aus Nachkommen von eingewanderten Buren und eingeborenen Hottentotten. Fazit der Fischer-Forschung: »Noch wissen wir nicht sehr viel über die Wirkungen der Rassenmischung. Aber das wissen wir ganz sicher: Ausnahmslos jedes europäische Volk …, das Blut minderwertiger Rassen aufgenommen hat — und daß Neger, Hottentotten und viele andere minderwertig sind, können nur Schwärmer leugnen –, hat diese Aufnahme minderwertiger Elemente durch geistigen, kulturellen Niedergang gebüßt. Daß einzelne Mischlinge persönlich hochwertige Individuen sind — Amerika hat viele solche Paradefälle –, widerspricht dem auf keine Weise.« Seit 1912 lehrt Fischer als ao. Professor in Freiburg.

Als Fischer 1921 mit zwei Kollegen das Buch »Menschliche Erblehre und Rassenhygiene« publiziert (1925 erscheint eine schwedische, 1931 eine englische Ausgabe), wird den völkischen Kräften nicht nur das klangvolle Stichwort für ihre antisemitische Agitation, sondern auch und vor allem eine wissenschaftlich drapierte Legitimation für die Ausgrenzung und Ausscheidung Fremdrassiger geliefert. Es ist Adolf von Harnack, der bedeutende erste Präsident der Kaiser-Wilhelm-Gesellschaft, der 1925 die beantragte Errichtung einer eigenen Forschungsstätte für die von Fischer maßgeblich vorgeprägte Disziplin befürwortet. 1927 wird das »Institut für Anthropologie, menschliche Erblehre und Eugenik« an dem neuen Berliner Wissenschaftsstandort in Dahlem gegründet und Fischer zum Direktor berufen. Er kann im Institutsgebäude eine Dienstwohnung beziehen.

Im selben Jahr findet Fischer Aufnahme in die exklusive, seit 1863 bestehende Berliner »Mittwochs-Gesellschaft«, der immer nur sechzehn Persönlichkeiten, meist aus dem Gelehrtenstand, angehören und die bis zu ihrem Ende im Juli 1944 ein Stück geistiges Deutschland verkörpert. Wie ist es möglich, daß ein Mann wie Fischer in dieser Runde willkommen war und dort am 7. Juni 1933, ohne Anstoß zu erregen, über »Die Rassen der Juden« referieren konnte? Klaus Scholder, der die Geschichte der Gesellschaft aufgezeichnet und die Vortragsprotokolle von 1931 bis 1944 ediert hat, gibt darauf diese Antwort: »Eugen Fischer war zweifellos das, was man heute einen ›Rassisten‹ nennen würde. Im nachhinein machen es seine öffentlichen Äußerungen ... schwer begreiflich, daß dieser Kreis ihn — soviel wir wissen, ohne Anstoß — ertrug, bis der Emeritus 1943 ins heimatliche Freiburg zog. Aber die Tatsache, daß es so war, macht eben jene unüberbrückbare Kluft deutlich, die die Lebensbedingungen und das Bewußtsein der damaligen Zeit von der heutigen trennt. Dazwischen liegt die Kenntnis der grauenhaften Folgen, die die wissenschaftlichen Theorien über die Verschiedenheiten der menschlichen Rassen in den Händen der neuen Machthaber zeitigten. Dies läßt uns heute allein das Wort ›Rasse‹ nur zögernd aussprechen und macht es schlechterdings unmöglich, der wissenschaftlichen Diskussion dieser Frage in den zwanziger Jahren unbefangen zu folgen.«

Damals erscheint auch die »Rassenkunde des deutschen Volkes« von Hans F.K. Günther (geboren 1891), die Fischer als »gewaltige Leistung« preist und die nach 1933 zum Bestseller wird. Fischers Gesinnung illustriert ein Satz, mit dem er 1934 das »Bekenntnis der Professoren an den deutschen Universitäten und Hochschulen zu Adolf Hitler und dem nationalsozialistischen Staat« untermalt hat: »Einen nationalen Staat haben wir aufgerichtet, und wir sind dabei, ihn auszubauen, einen Staat aus Blut und Boden, einen Staat aus der deutschen Volksverbundenheit heraus aufgebaut auf Volkstum, Rasse und deutscher Seele.« Im gleichen Jahr wird Fischer Rektor der Friedrich-Wilhelms-Universität.

Aus Fischers Institut wird entfernt, wer sich, wie ↑Hermann Muckermann, dem neuen Denken verweigert. Eugen Fischers Schrift »Der völkische Staat biologisch gesehen« (Berlin 1933) begrüßt das »Streben nach Rassereinheit« und fordert, jedes Volkstum müsse »seine Schöpfung für gut und richtig, ja für die beste halten und alles ablehnen, was ihr fremde Züge verleihen könnte«. 1937 wird Fischer Mitglied der Preußischen Akademie der Wissenschaften. Am 28. Dezember 1939 beantragt er die Aufnahme in die NSDAP; er wird Mitglied Nr. 7383062. Bis 1942 lehrt Fischer an der Berliner Universität. Seine im *Archiv für Rassen- und Gesellschaftsbiologie* nachzulesenden Beiträge weisen ihn als geistigen Wegbereiter der ›Endlösung‹ aus. Gleichwohl ernennt ihn die »Deutsche Anthropologische Gesellschaft« noch 1952 zu ihrem Ehrenmitglied. 1961 erscheinen »Die Rehobother Bastards« von 1913 als Neudruck.

Am 9. Juli 1967 ist Eugen Fischer, 93 Jahre alt, als Emeritus in Freiburg i.Br. gestorben. Ebendort lebt bis September 1968 auch sein Berliner Mitstreiter Hans F.K. Günther, kurz ›Rasse-Günther‹ genannt.

## F Werner Forßmann

***Dr. med., Arzt, NW 87, Holsteiner Ufer 20***

Immerhin neun bereits gekürte oder künftige Nobelpreisträger sind im Berliner Telefonbuch 1941 verzeichnet. Der Chirurg und Urologe Werner Forßmann, geboren am 29. August 1904 in Berlin, ist der zweitjüngste unter ihnen. Er hat wie vor ihm Otto Warburg (1931) den Nobelpreis für Medizin erhalten. Den Nobelpreis für Physik erhielten Max von Laue (1914), ↑Max Planck (1918), Gustav Hertz (1926) und ↑Ernst Ruska (1986), den Nobelpreis für Chemie Peter Debye (1936) ↑Adolf Butenandt (1939) und ↑Otto Hahn (1944).

Nach seinem Studium an der Berliner Universität wird Forßmann Assistenzarzt im brandenburgischen Eberswalde. Dort führt er sich 1929 einen Katheter ins Herz ein und beschreibt den Selbstversuch als ersten Schritt zu einem Verfahren, das eine bessere Diagnose von Herzkrankheiten erlaubt. Die Methode wird zehn Jahre später von zwei Wissenschaftlern in den USA aufgegriffen, fortentwickelt und klinisch angewendet.

Forßmann bemüht sich an der Berliner Charité vergeblich um eine Habilitation; ↑Sauerbruch weist ihn ab. Nach Stationen in Mainz und Dresden kehrt Forßmann 1938 nach Berlin, an die Chirurgische Universitätsklinik des Robert-Koch-Krankenhauses, zurück. Am Zweiten Weltkrieg nimmt er als Sanitätsoffizier teil. Danach ist er in der urologischen Praxis seiner Frau tätig. Als ihm 1956 für seine 27 Jahre zurückliegende Pioniertat mit dem Herzkatheter der Nobelpreis für Medizin zuerkannt wird, steht er unverhofft im Blickpunkt der Öffentlichkeit. 1958 geht er als Chefarzt an die Chirurgische Abteilung des Evangelischen Krankenhauses in Düsseldorf; seit 1964 lehrt er als Honorarprofessor an der dortigen Medizinischen Akademie. 1970 zieht er sich zurück und schreibt die Geschichte seines Lebens: »Vorstoß ins Herz« (1972).

Am 1. Juni 1979 ist Werner Forßmann, 74 Jahre alt, in Schopfheim im Schwarzwald gestorben.

## Hans Frank

***Dr., Reichsminister, W 9, Leipziger Platz 15***

Hans Frank, geboren am 23. Mai 1900 in Karlsruhe als Sohn eines Rechtsanwalts, schließt sich 1919 in München der völkisch-antisemitischen Thule-Gesellschaft an, in der sich auch Dietrich Eckart, ↑Gottfried Feder und Rudolf Heß Gedankenspielen über einen Umsturz von rechts hingeben. Frank, ein Mann der Tat, der als Zuspätgeborener den Ersten Weltkrieg versäumt hat, will mehr: er tritt in das Freikorps Epp ein, um deutsches Grenzland zu verteidigen. Noch als Student wird er Mitglied der NSDAP. Am 9. November 1923 nimmt er an dem legendären ›Marsch zur Feldherrnhalle‹ teil.

1924 promoviert Frank in Kiel zum Dr. jur. Der NSDAP dient er zunächst als Anwalt und Rechtsberater. 1928 gründet er den »Bund Nationalsozialistischer Deutscher Juristen«. 1930, eben in den Reichstag gewählt, übernimmt er die Rechtsabteilung der Reichsleitung der NSDAP. Von März 1933 bis Ende 1934 ist Frank bayerischer Justizminister. Seit Oktober 1933 leitet er die Akademie für Deutsches Recht. Im Dezember 1934 ernennt ihn Hitler zum Reichsminister ohne Geschäftsbereich.

Am 12. Oktober 1939 wird Hans Frank als Generalgouverneur nach Krakau enstandt. Im Frühjahr 1944 erklärt er vor der ausländischen Presse in Berlin, Polen sei heute »eine der ruhigsten Zonen des gesamteuropäischen Gebiets«. Das polnische Volk habe unter der deutschen Führung seinen inneren, wirtschaftlichen und kulturellen Frieden gefunden. Noch am 15. Oktober 1944 hält der Generalgouverneur Frank auf der Burg zu Krakau einen Vortrag zur Feier des 100. Geburtstags von Friedrich Nietzsche. Er würdigt darin auch die »Grenadiere an der Front Europas, die den furchtbaren Ansturm der materialistischen Weltmächte gegen unser ideales Deutschland als Schutzhort zu bestehen haben«.

Am 16. Januar 1945 nimmt er laut Tagebucheintrag ›ergriffen‹ Abschied von der Krakauer Burg, von der aus er die nicht in das Deutsche Reich eingegliederten polnischen Gebiete mit harter Hand regiert hatte. Mit seinem Stab flüchtet er in das Schloß der Grafen Richthofen in Seichau (Schlesien), von dort weiter nach Bad Eibling und endlich nach Neuhaus, wo Frank am 4. Mai 1945 von einem Offizier der US–Army verhaftet wird.

Seit dem 20. November 1945 steht Frank vor dem Alliierten Militärgerichtshof in Nürnberg. Er erklärt sich zunächst als nicht schuldig, wird unter dem Eindruck des Beweismaterials der Anklage aber anderen Sinnes. In seinem Schlußwort bekennt er sich zu seiner Verantwortung für den Vernichtungskampf gegen das Judentum und fügt hinzu: »Tausend Jahre werden vergehen, und diese Schuld Deutschlands wird immer noch nicht ausgelöscht sein.« Tags darauf wird Frank zum Tode verurteilt. Während seiner Haft bekehrt er sich zum Katholizismus und schreibt seine Lebensgeschichte »Im Angesicht des Galgens«; sie erscheint 1953.

Am 16. Oktober 1946 ist Hans Frank, 46 Jahre alt, in Nürnberger Gefängnis durch den Strang hingerichtet worden.

## F Ehrengard Frank–Schultz

***Wilmersdorf, Zähringerstr. 24a***

Ehrengard Frank–Schultz, geboren am 23. März 1885 in Magdeburg, trifft sich nach dem 20. Juli 1944 mehrmals mit der Schwesternhelferin Erika Roeder in ihrer Wohnung in der Zähringerstraße. Als die Besucherin bemerkt, es wäre doch furchtbar gewesen, wenn das Attentat geglückt wäre, bekommt sie zur Antwort: »Was heißt furchtbar? Es ist ein Jammer, daß es nicht geglückt ist. Hätte der Stauffenberg doch die Aktentasche richtig aufgesetzt, daß die Explosion zur vollen Wirkung gekommen wäre!« Bei der nächsten Begegnung sagt Frau Frank–Schultz, die beteiligten Offiziere, die nun degradiert und in ein Arbeitslager gebracht würden, »werden stolz sein, dabei mitgewirkt zu haben«. Bei einem dritten Besuch fragt Erika Roeder, was man sich denn eigentlich von dem Attentat versprochen hätte. Edelgard Frank–Schultz: »Dann wäre schon einige Tage Frieden. Es gäbe keine Bombenangriffe mehr. Besser einige Jahre unter englisch–amerikanischer Herrschaft als unter der gegenwärtigen Gewaltherrschaft.« Schrecklich sei auch, daß ein Mann wie der Reichsführer–SS, der gar nicht aus dem Offiziersstand stamme, nun zum Oberbefehlshaber des Ersatzheeres berufen worden sei.

Die Zitate sind einem Urteil entnommen, das der Volksgerichtshof am 6. November 1944 »im Namen des Deutschen Volkes« gefällt hat. Die Volksgenossin Erika Roeder hat ihre Gesprächspartnerin nämlich angezeigt und »das alles mit einer solch ruhigen Bestimmtheit und mit einer von Gewissenhaftigkeit zeugenden Zurückhaltung uns eben bekundet«, daß das Gericht unter Vorsitz ↑ Freislers »keinen Zweifel an der Richtigkeit der Darstellung« hat, zumal die Angeklagte gar nicht bestreitet, sich so oder ähnlich geäußert zu haben. Aber sie sagt, als Urenkelin des Theologen Friedrich Schleiermacher (1768–1834) sehr religiös eingestellt zu sein. Dieser Versuch einer Verteidigung wird im Urteil ausdrücklich zurückgewiesen. »Schleiermacher, einer der Vorkämpfer im Befreiungskampfe unseres Volkes gegen Napoleon«, heißt es da, würde »sich im Grabe herumdrehen, wenn er wüßte, daß seine Urenkelin eine solche Verräterseele hat und außerdem sich auch noch erfrecht, sich dabei auf ihn zu berufen«.

Das Urteil schließt mit den Sätzen: »Edelgard Frank-Schultz hat nach dem allen mit den Verrätern vom 20. Juli gemeinsame Sache gemacht. Sie hat damit einen Angriff auf die seelische Kriegskraft unseres Volkes unternommen ... Wer so handelt, der ist die personifizierte Schande selbst. Wer so handelt, hat sich als Verräter an unserem Volke und als Helfershelfer unserer Kriegsfeinde für immer ehrlos gemacht ... Wer so handelt, muß aus unserer Mitte verschwinden. Würde hier ein anderes Urteil als das Todesurteil gefällt werden, so würden unsere Soldaten an der Front mit Recht zweifelnd fragen, ob denn die Eiterbeule des 20. Juli wirklich ganz herausgeschnitten ist, damit wir gesund und stark den Kampf zum Siege führen können.«

Am 8. Dezember 1944 hat Edelgard Frank-Schultz, 59 Jahre alt, in der Richtstätte des Strafgefängnisses Plötzensee ihr Leben beendet. Im Protokoll der Hinrichtung heißt es: »Die Verurteilte, die ruhig und gefaßt war, ließ sich ohne Widerstreben auf das Fallbeilgerüst legen, worauf der Scharfrichter die Enthauptung mit dem Fallbeil ausführte und sodann meldete, daß das Urteil vollstreckt sei.«

## Roland Freisler

***Staatssekretär Dr., Reichsjustizministerium, W 8, Wilhelmstr. 65***

Roland Freisler, geboren am 30. Oktober 1893 in Celle als Sohn eines Diplom-Ingenieurs und späteren Lehrers an der Aachener Baugewerbeschule, besteht sein Abitur an einem Humanistischen Gymnasium, nimmt in Jena das Jurastudium auf und zieht im Herbst 1914 als Fahnenjunker in den Krieg. Im Oktober 1915 gerät er in russische Kriegsgefangenschaft. Er lernt fließend russisch und stellt sich in seinem sibirischen Lager nach der Oktoberrevolution 1917 als Kommissar an die Seite der Bolschewisten. Erst im Sommer 1920 kehrt er nach Deutschland zurück, setzt sein Studium in Jena fort und promoviert 1921 »summa cum laude« zum Dr. jur. 1924 läßt er sich in Kassel als Rechtsanwalt nieder.

Am 9. Juli 1925 tritt Freisler als Mitglied Nr. 9679 der NSDAP bei. 1932 zieht er als Abgeordneter für Hessen-Nassau in den Preußischen Landtag ein; seit dem 5. März 1933 gehört er dem wenig später gleichgeschalteten Reichstag an. Im Februar 1933 wird der knapp 40jährige als Ministerialdirektor zum Leiter der Personalabteilung im preußischen Justizministerium berufen. Nach dessen Auflösung und Überleitung wird Freisler am 1. April 1934 Staatssekretär im Reichsjustizministerium. In zahlreichen Veröffentlichungen – über »Das Werden der Juristen im Dritten Reich«, über das »Führertum in der Rechtspflege« oder »Volk und Staat in gegenseitiger Durchdringung« – profiliert er sich als stramm nationalsozialistischer Rechtspolitiker. Am 20. Januar 1942 nimmt er im Haus Am Großen Wannsee 56/58 an der Besprechung über die »Endlösung der Judenfrage« teil.

Als das Telefonbuch 1941 erscheint, übt Freisler noch nicht jenes Amt aus, das seinen Namen zum Synonym für eine ideologisch pervertierte und unverhüllt terroristische Justiz hat werden lassen. Präsident des Volksgerichtshofs (VGH) wird er erst am 23. August 1942, als sein Vorgänger Otto Thierack zum Reichsminister der Justiz ernannt wird. Nach seiner Berufung richtet Freisler an Hitler ein Dankschreiben, in dem es heißt: »Mein Führer! Ihnen, mein Führer, bitte ich melden zu dürfen: das Amt, das Sie mir verliehen haben, habe ich angetreten und mich inzwischen eingearbeitet ... (Ich bin) stolz, Ihnen, mein Führer, dem obersten Gerichtsherrn und Richter des deutschen Volkes, für die Rechtsprechung Ihres höchsten politischen Gerichtes verantwortlich zu sein. Der Volksgerichtshof wird sich stets bemühen, so zu urteilen, wie er glaubt, daß Sie, mein Führer, den Fall selbst beurteilen würden. Heil mein Führer! In Treue Ihr politischer Soldat Roland Freisler«.

»Der Justizminister Thierack hatte«, schreibt Ernst Niekisch in »Das Reich der niederen Dämonen«, »als schlechter Richter ein böses Vorbild gegeben. Auf die Spitze getrieben wurde aber diese mißbrauchte Justiz durch seinen Nachfolger Freisler. Freisler wahrte nicht einmal mehr den Schein der Unparteilichkeit ... Er deckte schamlos auf, wie die Justiz nichts anderes mehr sein wollte als ein nacktes Machtinstrument der Diktatur« (S. 295 f.). Wurden 1941 vom Volksgerichtshof und den Sondergerichten 102 Todesurteile gefällt, so waren es 1942 bereits 1192, 1943 1662 und im ersten Halbjahr 1944 2097. Nach dem 20. Juli 1944 leitet Freisler die berüchtigten Schauprozesse gegen die an dem mißglückten Staatsstreich beteiligten Offiziere und Zivilisten. Am 3. Februar 1945 wird Freisler bei dem schwersten Luftangriff, den die US Air Force je gegen Berlin unternommen hat, im Hof des Volksgerichtshofs durch einen Bombensplitter getötet. Nach einer anderen Version soll er im Gebäude von einem durchgebrochenen Deckenbalken erschlagen worden sein. Noch tags zuvor hat Freisler seine letzten Todesurteile verkündet: gegen Klaus Bonhoeffer, den Bruder des Theologen Dietrich Bonhoeffer, Rüdiger Schleicher, Friedrich Perels und Hans John. Von ihnen hat nur John das Dritte Reich überlebt.

Roland Freisler hat in einer Villa in Dahlem, Hüttenweg 14a, gewohnt. Mit seiner Wohnanschrift ist der hochgestellte Jurist im Berliner Fernsprechbuch 1941 freilich nicht verzeichnet. Er findet sich aber unter dem Stichwort Ministerien im Unterabschnitt Reichsjustizministerium namentlich genannt. Anfang 1985 wird bekannt, daß die in München unter einem neuen Namen lebende Witwe Freislers seit 1974 vom Landesversorgungsamt des Freistaats Bayern neben ihrer Grundrente (Kriegsopferrente) eine zusätzliche Schadensausgleichsrente erhält. In der Begründung der Behörde heißt es, Freisler wäre, wenn er überlebt hätte, nach dem Kriege »als Rechtsanwalt oder Beamter des höheren Dienstes tätig gewesen«. Der Protest der bayerischen SPD führt dazu, daß auch der Landtag mit diesem Vorgang befaßt wird. Es stellt sich freilich heraus, daß ein derartiger begünstigender Verwaltungsakt nach zwei Jahren selbst dann nicht mehr zurückgenommen werden kann, wenn er rechtswidrig zustande gekommen ist.

## Ferdinand Friedensburg

***Dr., Regierungspräsident a. D., Nikolassee, Hoiruper Str. 14a***

Ferdinand Friedensburg, geboren am 17. November 1886 im schlesischen Schweidnitz als Sohn eines Richters und Enkel eines Oberbürgermeisters von Breslau, studiert in Marburg und Berlin Bergbau, Rechtswissenschaft und Volkswirtschaft. Auf einer Studienreise vom Ausbruch des Weltkriegs überrascht, gerät der junge Bergassessor bei der Rückkehr von einer Amerikareise im August 1914 in englische Gefangenschaft und wird in Gibraltar interniert. Sein waghalsiger Fluchtversuch scheitert: bei einem mißglückten Sprung verletzt sich Friedensburg schwer und wird für die Dauer des Krieges in die neutrale Schweiz entlassen. Sie wird für ihn eine Lehrstätte der Demokratie.

1919 beginnt der Heimgekehrte seine Laufbahn in der preußischen Verwaltung. Er wird Mitglied der Deutschen Demokratischen Partei (DDP), jener in den Wirren der Revolution gegründeten bürgerlich-liberalen Partei, die zum Sammelbecken republikanisch gesinnter Aufsteiger wird. Der frühe Tod des Vorsitzenden Friedrich Naumann am 24. August 1919 trifft die Partei schwer.

Friedensburg wird 1921 Landrat des Kreises Rosenberg im Regierungsbezirk Marienwerder (Westpreußen). Anfang 1925 kommt er als

Polizeivizepräsident nach Berlin, wo die Reichstagswahl vom Dezember 1924 der DDP einen Stimmenanteil von 10,1 Prozent beschert hat. Wenig später wendet sich Friedensburg gegen die Wahl des Generalfeldmarschalls a. D. und Weltkriegshelden Paul von Hindenburg zum Reichspräsidenten. Wohl auch deshalb schickt die preußische Regierung den eigenwilligen Beamten Anfang 1927 als Regierungspräsidenten nach Kassel. Daß Hindenburg Hitler am 30. Januar 1933 zum Kanzler ernannt hat, erfährt Friedensburg auf dem Krankenlager. »Als ich am 3. Februar wieder meinen Dienst übernahm, fand ich eine veränderte Welt vor. Einzelne hohe Regierungsbeamte ließen deutlich erkennen, daß sie mit mir nicht zu rechnen brauchten. Auch die gutgesinnten und getreuen Beamten waren unsicher und bedenklich …«

Am 12. Februar wird Friedensburg durch ein Telegramm des kommissarischen preußischen Ministerpräsidenten Göring mit sofortiger Wirkung beurlaubt und kurz darauf in den Ruhestand versetzt. Ein Viertel seiner Pension wird ihm aberkannt, — eine Sanktion, die nach dem »Gesetz zur Wiederherstellung des Berufsbeamtentums« vom 7. April 1933 all jene trifft, »die nach ihrer bisherigen politischen Betätigung nicht die Gewähr dafür bieten, daß sie jederzeit rückhaltlos für den nationalen Staat eintreten«. Kassels »vertraute schöne Umgebung« ist Friedensburg »über Nacht fremd geworden«. In großer Eile kehrt er dorthin zurück, wo die Bevölkerung »ganz überwiegend in heftiger Opposition gegen die neue Bewegung« steht: nach Berlin. Als letzte Amtshandlung schildert er in einem Brief an den Vizekanzler Franz von Papen »die jüngsten Schreckenstage Kassels«. Er tut das handschriftlich, »da ich keine der früheren Mitarbeiterinnen mit einer solchen Verantwortung belasten durfte«.

Am 6. Februar 1935 wird Friedensburg verhaftet und in das Gestapogefängnis im Prinz-Albrecht-Palais verbracht. Doch das Ermittlungsverfahren wegen landesverräterischer Amtspflichtverletzung wird im Juni eingestellt, die Haft aufgehoben. Der Ruheständler verfaßt Aufsätze und Bücher zu Rohstoff- und Energiefragen. Seine 1934 abgeschlossene Geschichte der Weimarer Republik bleibt ungedruckt (sie erscheint 1946). Im Dezember 1940 zollt auch er dem von den deutschen Siegen berauschten Zeitgeist einen Tribut. Die *Deutsche Allgemeine Zeitung* veröffentlicht in fünf Folgen Friedensburgs Erlebnisse als britischer Gefangener (»Im Felsen von Gibraltar«) anno 1914, eine irritierend patriotische Fußnote zu der, so der Autor, »atemberaubenden Weltgeschichte, die wir damals wie heute« erleben. 1941 wird gegen Friedensburg, Mitglied der Bekennenden Kirche, ein Sondergerichtsverfahren nach dem ›Heimtücke-Gesetz‹ eröffnet und ein Publikationsverbot verhängt. Im Februar 1945 kommt er nochmals für kurze Zeit in Gestapohaft.

Nach dem Ende der NS-Herrschaft zählt der 58jährige zu den politisch unbelasteten Administratoren, die nun dringend gebraucht werden. Noch im Mai 1945 wird er Präsident des (1925 gegründeten) Deutschen Instituts für Wirtschaftsforschung. Ende August setzen die Sowjets ihn, den bürgerlichen Mitgründer der Berliner CDU, an die Spitze der »Deutschen Zentralverwaltung der Brennstoffindustrie in der sowjetischen Besatzungszone«. Aber im September 1946 widerfährt Friedensburg eine ähnliche Kränkung, wie sie ein Jahr zuvor dem Kölner Oberbürgermeister Konrad Adenauer von britischer Seite zuteil geworden ist: er wird von Marschall Sokolowski, dem Chef der Sowjetischen Militäradministration, als Präsident der Zentralverwaltung mit der Begründung abgesetzt, in seinem Amtsbereich, so bei der Bergakademie Freiberg, faschistische Mitarbeiter und Umtriebe geduldet zu haben. Friedensburg protestiert und teilt dem »hochgeehrten Herrn Marschall« am 14. September 1946 brieflich mit, unter den 183 Angehörigen seiner Verwaltung gebe es nur ein einziges früheres Mitglied der NSDAP. Dieser eine sei der Partei »aus echter antifaschistischer Gesinnung« beigetreten, »um den Kampf gegen die heraufziehende Gefahr besser führen zu können«.

Der von der Besatzungsmacht Verstoßene wird kurz darauf in die Groß-Berliner Stadtverordnetenversammlung gewählt. Bald zählt er zu den markantesten Persönlichkeiten in der noch ungeteilten Stadt. Dem SPD-geführten Magistrat (später Senat) gehört der Christdemokrat von Dezember 1946 bis Januar 1951, mithin in der das Nachkriegsschicksal Berlins entscheidenden Zeit, als Bürgermeister an. Sein Verhältnis zum Spitzenmann Ernst Reuter, dem historische Größe beschieden ist, bleibt gestört; die Rivalen sind sich in vielem allzu ähnlich.

1951 nimmt Friedensburg Abschied von der Stadtpolitik. Als Honorarprofessor lehrt er Bergwirtschaft an der Technischen Universität. Im Februar 1952 zieht er als Nachrücker in den Deutschen Bundestag ein, 1954 in das Europaparlament. Beide Mandate übt er bis 1965 aus. Als Ende 1971 der zweite Band seiner Lebenserinnerungen (»Vergessene Jahre«) erscheint, wendet sich Hanna Reuter (im *Tagesspiegel* vom 1. Januar 1972) vehement gegen die an ihrem Mann geübte Kritik.

Am 11. März 1972 ist Ferdinand Friedensburg, 85 Jahre alt, in Berlin gestorben. Das Haus in der Hoiruper Straße hat er bis zuletzt mit seiner Familie bewohnt. Nur wenigen der auf diesen Seiten Porträtierten ist inmitten einer aus den Fugen geratenen Welt so viel Beständigkeit vergönnt gewesen.

## Fritz Fromm

***Generaloberst, Dahlem, Im Dol 38***

Fritz (Friedrich) Fromm, geboren am 8. Oktober 1888 in Berlin als Sohn eines preußischen Artillerieoffiziers, der als Bürgerlicher bis zum Generalleutnant aufsteigt, wird wie sein Vater Berufssoldat. Aus dem Ersten Weltkrieg, an dem er bis zum bitteren Ende als Frontoffizier teilnimmt, kehrt der 30jährige als Hauptmann zurück. 1919 tritt er in das 100 000–Mann–Heer ein, das die Siegermächte in Versailles dem besiegten Reich zugebilligt haben.

1933 zum Oberst befördert, wird Fromm 1934 Chef des Allgemeinen Heeresamtes im Reichswehrministerium. Mit dem Gros der Generalität und namentlich der jüngeren Offiziere begrüßt er Hitlers Machtantritt als Chance, Deutschlands Ehre und Geltung in der Welt wiederherzustellen. Die Entmachtung Röhms und seiner SA am 30. Juni 1934, die Einführung der allgemeinen Wehrpflicht, die konkurrenzlose Priorität der Aufrüstung und nicht zuletzt Hitlers außenpolitische Erfolge beschwichtigen aufkeimende Bedenken.

Im September 1939 wird der Organisationsfachmann Fromm, inzwischen General der Infanterie, Chef der Heeresrüstung und Befehlshaber des Ersatzheeres. Wie kaum ein anderer kennt er Ausbildungsstand und Kampfstärke der Truppe. Er zählt zu den deutschen Generälen, die »aus technischen Gründen beständig gegen einen Krieg im Jahre 1939 (stritten), und je besser das Urteilsvermögen, um so energischer war die Opposition« (A.J.P. Taylor). Aber die Serie glänzender Siege trübt die Blicke der Skeptiker. Als Hitler Ende Juli 1940 Fromms Urteil über die Aussicht einholt, die Sowjetunion in einem raschen Feldzug niederzuringen, hält Fromm, soeben zum Generaloberst befördert, die Bereitstellung ausreichender Angriffskräfte bis zum Frühjahr 1941 für möglich. Doch schon im August 1941 warnt er angesichts der horrenden Verlustzahlen vor der Gefahr, das Ostheer zu überfordern. Ende Oktober 1941 tritt Fromm gegenüber dem Oberbefehlshaber des Heeres, Generalfeldmarschall Werner von Brauchitsch, erstmals für einen Verhandlungsfrieden mit der Sowjetunion ein. Im August 1942 legt er diese düstere Einschätzung des Ostfeldzuges in einer Denkschrift nieder, die er an Hitler richtet.

Als nichts geschieht, resigniert Fromm. Sein einziger Sohn fällt bei den Rückzugskämpfen in Rußland. Aber obwohl er weiß, daß der Krieg verloren ist, verschließt sich Fromm dem Gedanken an offenen Protest und Widerstand. Sein Chef des Stabes ist seit Anfang 1944 der in Afrika schwer verwundete Claus Graf Stauffenberg. Der trägt ihm beständig vor, wie die Lage an den Fronten einzuschätzen ist: als in jeder Hinsicht hoffnungslos. Nur einer sei schuld an der Misere: Hitler. Da Fromm Stauffenberg nicht widerspricht, schlußfolgern die Verschwörer, im Ernstfall auf ihn zählen zu können.

Das erweist sich als Irrtum. Am Nachmittag des 20. Juli erklärt Fromm, das Stichwort für innere Unruhen, die Operation »Walküre«, nur auslösen zu können, wenn Hitlers Tod erwiesen sei. Es ist ↑Keitel, der Fromm frühzeitig, ehe noch Stauffenberg aus Ostpreußen in die Bendlerstraße zurückgekehrt ist, am Telefon versichert, der Führer lebe. Fromm widersteht daraufhin allen Pressionen zum Mitmachen und wird von den Frondeuren nach kurzem Handgemenge verhaftet. Als das Scheitern des Umsturzversuchs am Abend klar ist, läßt Fromm seinerseits die an ihm beteiligten Offiziere festnehmen. Er beruft ein mit drei Generalen besetztes Standgericht ein und befiehlt, die gefällten Urteile sofort zu vollstrecken. Generaloberst ↑Hoepner bleibt auf seine Bitte vorerst verschont; Generaloberst Beck wird gestattet, von eigener Hand zu sterben.

Kurz darauf wird auch Fromm verhaftet. Er, der in den Attentatsplan nicht eingeweiht war und ernstlich glaubt, sich am 20. Juli loyal verhalten zu haben, zeigt sich tief getroffen. Selbst die Ankläger wissen nicht recht, was Fromm vorzuwerfen ist. Zwei Umstände belasten ihn: daß der Attentäter Fromms vertrauter Stabschef gewesen ist und daß Fromm eigenmächtig angeordnet hat, die Schuldigen an Ort und Stelle zu füsilieren. Ist dieses soldatische Ende nicht in Wahrheit ein Gunsterweis für die Verschwörer gewesen? Und spricht nicht vieles dafür, daß Fromm so versucht hat, Mitwisser zu beseitigen, um den eigenen Kopf zu retten?

Der Nachweis, daß Fromm mit den Verschwörern gemeinsame Sache gemacht hat, gelingt nicht. Fromm räumt ein, die Vorschriften über militärische Standgerichte mißachtet zu haben. Aber ein Todesurteil läßt sich kaum darauf gründen, daß ein Befehlshaber regelwidrig mit einer Clique von Hochverrätern abgerechnet hat. Auf höchste Weisung wird Fromm sein Verhalten am Nachmittag des 20. Juli 1944 schließlich als Feigheit zur Last gelegt. Am 7. März 1945 verurteilt ihn der Volksgerichtshof zum Tode.

Fünf Tage später wird das Urteil im Schießstand des Zuchthauses Brandenburg-Görden, in dem tags zuvor der Todeskandidat ↑Robert Havemann 35 Jahre alt geworden ist, vollstreckt. Mit den Worten »Ich sterbe, weil es befohlen wurde. Ich habe immer das Beste für Deutschland gewollt« (und nicht, wie zuweilen kolportiert, mit dem Ruf »Es lebe der Führer!«) ist Fritz Fromm, 56 Jahre alt, gestorben. In den Ehrentafeln der Toten des 20. Juli wird sein Name nicht genannt.

G **Friedrich Gaus**

***Dr. jur., Dahlem, Wichernstr. 20***

Auch das Leben des Friedrich Gaus, geboren am 26. Februar 1881 im 500-Seelen-Dorf Mahlum (Herzogtum Braunschweig) als Sohn eines Landwirts, spiegelt die politischen Brüche der ersten Hälfte des 20. Jahrhunderts exemplarisch wider. Gaus studiert Jura in Genf, München, Berlin und Heidelberg, promoviert in Leipzig und tritt 1907 in den Dienst des Auswärtigen Amts (AA). Als 1914 der Erste Weltkrieg beginnt, eilt der Reserveoffizier zu den Fahnen. Im Sommer 1916 kehrt er, zum Hauptmann befördert, in die Zentrale des AA nach Berlin zurück.

Im April 1919 wird Gaus als juristischer Berater der deutschen Delegation zu den Friedensverhandlungen in Versailles entsandt. 1920 übernimmt er das Referat für Internationales Recht, Anfang Mai 1923 die Rechtsabteilung des Auswärtigen Amts. 1924 wird er Ministerialdirektor, im April 1929 Unterstaatssekretär. Dem Demokraten Gustav Stresemann ist der Rechtsexperte und erprobte Stilist in Locarno 1925 ebenso dienstbar wie dem Diktator Hitler. Ende August 1939 begleitet Gaus den Außenminister Ribbentrop zum Abschluß des spektakulären Paktes mit der UdSSR nach Moskau. 1943 wird der 62jährige als Leiter der Rechtsabteilung unvermittelt abgelöst; juristischer Sachverstand wird für die Außenbeziehungen des Dritten Reichs nun nicht mehr gebraucht. Als Botschafter zur besonderen Verfügung bleibt Gaus dem AA bis zuletzt verbunden.

Nach Kriegsende wird die ›graue Eminenz‹ des Auswärtigen Amtes von den Amerikanern inhaftiert. Im Nürnberger Prozeß gegen die Hauptkriegsverbrecher tritt er als Zeuge der Verteidigung für den angeklagten Reichsaußenminister auf. Ein von Gaus gefertigtes Affidavit über das deutsch-russische Geheime Zusatzprotokoll vom August 1939 wird am 1. April 1946 gegen den Einspruch des Hauptanklägers der UdSSR im Gerichtssaal verlesen. Es belegt, daß Stalin Hitler freie Hand zum Angriff gegen Polen gelassen und damit die Entfesselung des Zweiten Weltkriegs befördert hat. Später, im Wilhelmstraßen-Prozeß gegen ↑Ernst von Weizsäcker und andere, wechselt Gaus die Front. Er ist jetzt ein sogenannter Sachverständiger Zeuge im Dienst der US-Anklagebehörde. Mit einiger Bitterkeit vermerkt Weizsäcker in seinen »Erinnerungen« (S. 386 f.), der Rechtsberater aller deutschen Außenminister von Rathenau bis Ribbentrop habe sich und die deutsche Beamtenschaft Anfang 1947 für schuldig erklärt und das Vorzimmer Ribbentrops mit dem des Anklägers Robert M.W. Kempner getauscht. Aus dem Kronjuristen des Deutschen Reichs sei der Kronzeuge der Gerichte der USA geworden. »Seinem Beispiel zu folgen spürte ich weder Neigung noch Begabung.« Das »Biographische Lexikon zum Dritten Reich« (1998) weiß noch mehr: Kempner habe Gaus mit der Drohung, ihn an die UdSSR auszuliefern, unter Druck gesetzt. Seither habe der Jurist sich in Selbstbezichtigung geübt, aber auch von den Qualen berichtet, die ihm seine Kollegen im Auswärtigen Amt dadurch bereitet hätten, daß sie »trotz innerlicher Ablehnung« dem NS-Regime folgsam und ergeben gewesen seien.

Am 17. Juli 1955 ist Friedrich Gaus, 74 Jahre alt, in Göttingen gestorben.

## Karl Genzken

***Dr. med., SS-Standartenführer, Grunewald, Dauerwaldweg 13***

Als Hitler den Zweiten Weltkrieg entfesselt, ist der Mediziner Karl Genzken Chefarzt des SS-Lazaretts in Berlin-Lichterfelde, Fabeckstr. 62. Zugleich untersteht ihm das SS-Sanitätspersonal in den Konzentrationslagern und seit Mai 1940 auch das Sanitätswesen der Waffen-SS. 1942 zieht Genzken mit seinen Aufsichtsfunktionen in das Reichssicherheitshauptamt in der Prinz-Albrecht-Straße ein. Im Mai 1943 nimmt er an der »Dritten Arbeitstagung Ost der beratenden Fachärzte der Militärärztlichen Akademie Berlin« teil, auf der über Menschenversuche im KZ Ravensbrück berichtet wird: weibliche Häftlinge werden dort seit 1942 mit Staphylokokken, Gasbrandbazillen, Flecktyphus- und Tetanuserregern infiziert, um die Heilwirkung von Sulfonamiden zu testen.

Als das Dritte Reich zerbricht, ist Karl Genzken SS-Gruppenführer und Generalleutnant der Waffen-SS. Er wird verhaftet und 1946 als Mittäter bei den zwangsweise ausgeführten und oftmals tödlichen Experimenten an Häftlingen gemeinsam mit ↑ Siegfried Handloser und anderen im Nürnberger Ärzteprozeß angeklagt. Am 20. August 1947 verurteilt ihn das amerikanische Militärgericht zu lebenslanger Haft.

## Rudolf-Christoph Freiherr von Gersdorff

***Rittmeister, NW 87, Brückenallee 31***

Rudolf-Christoph Freiherr von Gersdorff, geboren am 27. März 1905 in Lüben (Niederschlesien), ist nach dem Angriff auf die UdSSR Stabsoffizier (Ic) im Oberkommando der Heeresgruppe Mitte. Im Spätsommer 1941 erhält er Kenntnis von den Massakern, die hinter der deutschen Front von den Einsatzgruppen der SS und der Polizei an jüdischen Männern, Frauen und Kindern verübt werden. Gersdorff weigert sich, diese Mordtaten durch Schweigen zu decken. Hitlers Weisung, gefangene Politoffiziere der Roten Armee auf der Stelle zu exekutieren, empört ihn. Er ermutigt Truppenkommandeure, den »Kommissarbefehl« zu mißachten. Am 9. Dezember 1941 vermerkt er im Kriegstagebuch seiner Heeresgruppe:

»Bei allen längeren Gesprächen mit Offizieren wurde ich ... nach den Judenerschießungen gefragt. Ich habe den Eindruck gewonnen, daß die Erschießung der Juden, der Gefangenen und auch der Kommissare fast allgemein im Offizierskorps abgelehnt wird, die Erschießung der Kommissare vor allem auch deswegen, weil dadurch der Feindwiderstand besonders gestärkt wird. Die Erschießungen werden als eine Verletzung der Ehre der deutschen Armee, in Sonderheit des Deutschen Offizierskorps betrachtet.«

Erster Generalstabsoffizier (Ia) der anfangs von Feldmarschall Fedor von Bock, seit dem 18. Dezember 1941 von Feldmarschall Günther von Kluge befehligten Heeresgruppe Mitte ist Generalmajor Henning von Tresckow. Er, der sich 1938 von seiner anfänglichen Bejahung des Nationalsozialismus losgesagt hat, wird nach Hitlers Überfall auf die Sowjetunion führender Kopf und treibende Kraft des militärischen Widerstands. Im Sommer 1942 beauftragt Tresckow Gersdorff, inzwischen Oberstleutnant, ihm geeignetes Material für ein Attentat zu beschaffen: Sprengstoff von geringem Volumen und großer Wirkungskraft, Zünder mit geräuschloser Zeituhr. Gersdorff erhält von der Abteilung Abwehr der Heeresgruppe Plastiksprengstoff britischer Provenienz, der in Frankreich erbeutet worden ist.

Mit dem Untergang der 6. Armee in Stalingrad wachsen Anfang 1943 die Zweifel an einem deutschen Sieg. Den Einsichtigen erscheint die Niederlage besiegelt und ein Verhandlungsfrieden unerreichbar, solange Hitler an der Spitze des Reiches steht. Aber kein Befehlshaber wagt es, nach dieser Einsicht zu handeln. »Unsere subalternen Generäle könnte man prügeln«, so Ulrich von Hassell am 13. November 1942, »sie denken teils wie Unteroffiziere, teils nur an sich«. Allein dort, wo nicht nur die Kategorien von Befehl und Gehorsam zählen, sondern auch das Gewissen mit in die Waagschale geworfen wird, löst die Katastrophe an der Wolga den Entschluß zum Handeln aus. Erstmals besteht Hoffnung, daß eine Aktion, die mit dem Tod des Diktators vollendete Tatsachen schafft, in der über den Kriegsverlauf tief beunruhigten Bevölkerung auf Verständnis stößt.

Am 13. März 1943 bietet Hitlers Besuch im Smolensker Hauptquartier der Heeresgruppe Mitte die Chance, einen Sprengstoffanschlag als Unfall zu tarnen. Beim Essen im Kasino bittet Tresckow einen Oberstleutnant in Hitlers Begleitung, für Oberst ↑ Stieff im Oberkommando des Heeres ein Geschenk mitzunehmen. Kurz vor dem Abflug wird das Päckchen mit der Bombe übergeben. Doch ihr Zünder versagt. Hitlers Maschine, eine Focke-Wulf »Condor«, die bei Minsk hätte abstürzen sollen, landet ohne Zwischenfall im ostpreußischen Rastenburg.

Acht Tage später, am 21. März 1943, folgt der zweite Versuch. Hitler hat zugesagt, eine zum Heldengedenktag von der Heeresgruppe Mitte vorbereitete Ausstellung erbeuteter sowjetischer Waffen im Berliner Zeughaus zu besichtigen. Gersdorff, inzwischen Oberst, ist bereit, die in seiner Manteltasche verborgene Bombe zu zünden und sich mit Hitler in die Luft zu sprengen. Der aber durchmißt die Ausstellung im Eilschritt, ohne sich, wie erwartet, auf Gespräche einzulassen. Gersdorff bricht den bereits ausgelösten Zündvorgang ab. Hitler kehrt unversehrt in die nahegelegene Neue Reichskanzlei zurück.

Als der Stalingrad-Schock nachläßt, ist der psychologisch günstige Moment zum Handeln verstrichen. Erst 16 Monate später, nach dem Erfolg der alliierten Invasion in der Normandie, wird erneut ein Anschlag gewagt. Wieder ist es eine Bombe, die Hitler töten soll. Obwohl sie nur einen Meter von ihm entfernt explodiert und mehrere Opfer fordert, wird auch am 20. Juli 1944 das Ziel der Rettungstat schicksalhaft verfehlt.

Tresckow gibt sich am 21. Juli 1944 an der Front bei Ostrow/Polen mit einer Gewehrsprenggranate den Tod. Gersdorff überlebt, weil die Mitwisser schweigen. Nach dem Kriege ist er Zeuge in dem Verfahren gegen Generaloberst Wilhelm Ritter von Leeb und andere vor einem amerikanischen Militärgerichtshof. Später wird er sagen, er habe den Zünder der Bombe damals gar nicht betätigt. Womöglich lag ihm daran, im Nachhinein nicht als jemand angesehen zu werden, der bereit war, ahnungslose Freunde und Offizierskameraden in den Tod zu schicken, ohne wirklich sicher zu sein, auch Hitlers Leben durch das Selbstopfer auszulöschen.

Am 26. Januar 1980 ist Rudolf-Christoph Freiherr von Gersdorff, 74 Jahre alt, in München gestorben.

## Eugen Gerstenmaier

***Dr.habil., Charlottenburg 2, Goethestr. 12 (1943)***

Eugen Gerstenmaier, geboren am 25. August 1906 in Kirchheim/Teck, läßt sich zum Textilkaufmann ausbilden, ehe er in Tübingen und Rostock Philosophie, Literaturwissenschaft und Theologie studiert. Als er sich 1935 an der Berliner Universität habilitiert, hat er als Mitglied der Bekentniskirche bereits eine kurze Gestapo-Haft hinter sich. 1937 wird ihm die Lehrbefugnis entzogen. Seit 1936 ist er unter dem Bischof Theodor Heckel im Außenamt der Evangelischen Kirche tätig. Wie dieser kann Gerstenmaier mit Genehmigung des Auswärtigen Amtes (und unter Zustimmung der Parteikanzlei) auch nach 1939 noch Reisen in das neutrale Ausland unternehmen. Namentlich in und über Schweden wirbt er um Verständnis und Unterstützung für die Opposition in Deutschland. Mehrfach nimmt der Theologe an Treffen des »Kreisauer Kreises« teil.

Am Nachmittag des 20. Juli 1944 hält sich Gerstenmaier im Bendlerblock auf, Zentrum der Aktion in Berlin. Dort wird er am Abend verhaftet, steht also sofort unter dem dringendem Verdacht der Mittäterschaft. Aber er überlebt. Am 11. Januar 1945 verurteilt ihn der Volksgerichtshof lediglich zu einer siebenjährigen Zuchthausstrafe. Gerstenmaiers Gestapo-Vernehmer ist übrigens ein Theologe gewesen: Dr. Karl Neuhaus, von April bis November 1944 Leiter des Kirchenreferats (IV A 4a) im Reichssicherheitshauptamt. Nach dem Attentat in die »Sonderkommission 20. Juli« beordert, greift er bei den Verhören auch zum Mittel der körperlichen Mißhandlung. Im Dezember 1953 holt die Vergangenheit ihn ein: Er wird vom Landgericht Siegen wegen Aussageerpressung zu zwei Jahren Zuchthaus verurteilt. 1950 war er aufgrund falscher Angaben im Entnazifizierungsverfahren als »entlastet« eingestuft und später in Hessen als Religionslehrer eingestellt worden, obwohl er im Mai 1942 aus der evangelischen Kirche ausgetreten war.

Der Jesuitenpater Alfred Delp (1907–1945), der mit Gerstenmaier vor dem Volksgerichtshof steht und zum Tode verurteilt wird, sucht in seinen vor der Hinrichtung verfaßten letzten Aufzeichnungen die milde Bestrafung Gerstenmaiers zu deuten. Obwohl dessen Verwicklung in den Widerstand »doch viel schlimmer als meine« sei, werde er »als protestantischer Pfarrer, von dem man sich, wie er mir selber sagte, eine baldige Brauchbarkeit erhofft, zum ›blassen Theoretiker‹ erklärt, und dann übersieht man alles: Goerdeler, den 20. Juli, Moltke, Kreisau, alles. Ich sage nichts gegen Gerstenmaier. Er ist ein feiner tiefgläubiger Mensch, dem ich sein Leben herzlich gönne und der noch viel Gutes tun wird. Aber so wurden die Kulissen gestellt, und das ist dann das ›Recht‹«.

Schon bald nach seiner Befreiung durch amerikanische Truppen aus dem Zuchthaus Bayreuth am 14. April 1945 gehört Gerstenmaier zu den führenden Mitgestaltern des politischen Neubeginns, zunächst als Leiter des Hilfswerks der Evangelischen Kirche in Deutschland und als Mitglied im Flüchtlingskomitee des Weltrats der Kirchen, dann als markanter und streitbarer Vertreter der Christlich-Demokratischen Union. Für die CDU zieht Gerstenmaier 1949 in den Deutschen Bundestag ein. Am 16. November 1954 wird er erstmals zu seinem Präsidenten gewählt. Als ihn am 31. Januar 1969 eine finanzielle Affäre (sein Anspruch auf Entschädigung für die ihm im Dritten Reich entgangene Professur wird allerseits als ungehörig betrachtet) zum Rücktritt nötigt, fällt ein tiefer Schatten auf einen ebenso bewegten wie tapferen Lebensweg.

Am 13. März 1986 ist Eugen Gerstenmaier, 79 Jahre alt, in Remagen gestorben.

## Anna von Gierke

***Schriftleitung der »Sozialen Arbeit«, Charlottenburg 2, Carmerstr. 12***

Anna von Gierke wird am 14. März 1874 in Breslau als Tochter des berühmten Rechtsgelehrten Otto von Gierke (1841–1921) geboren. Im Alter von 13 Jahren kommt sie nach Berlin, als ihr Vater von der Friedrich-Wilhelms-Universität der schlesischen Hauptstadt an die gleichnamige Universität der Reichshauptstadt berufen wird. 1894 gründet sie den Verein Jugendheim und steht ihm 25 Jahre vor. Als Jugendfürsorgerin leitet sie die Ausbildungsstätte des Vereins in Charlottenburg. Sie fordert eine bessere berufliche Förderung der weiblichen Jugend und ein hauswirtschaftliches Pflichtjahr für alle schulentlassenen 14jährigen Mädchen.

Auf das bedrückende Ende des Weltkriegs reagiert Anna von Gierke politisch: Sie kandidiert für die im November 1918 gegründete Deutschnationale Volkspartei (DNVP) im Wahlkreis Potsdam und wird am 19. Januar 1919 in die Weimarer Nationalversammlung gewählt. Als die rechtskonservative Partei sich nicht bereit zeigt, sie als Kandidatin für die Reichstagswahl 1920 zu nominieren, erklärt sie ihren Austritt. Der Versuch, eine eigenständige Frauenpartei zu gründen, scheitert.

Mit ihrem sozialen Engagement folgt die gläubige Protestantin dem Vorbild des Vaters, der mit seiner Schrift »Die soziale Aufgabe des Privatrechts« (Berlin 1889) nachhaltig auf Gesetzgebung und Rechtsprechung des Kaiserreichs eingewirkt hat. 1933 ist es für Anna von Gierke, die ihr Leben den vom Schicksal benachteiligten jungen Frauen widmet, eine schockierende Erfahrung, daß die jüdischen Mitarbeiterinnen ihres Mädchenheims entlassen werden. Sie selbst, die nun als ›Halbjüdin‹ gilt, wird am 1. November 1933 aus dem Amt gedrängt. Seit Januar 1934 kann sie aber das private Landjugendheim Finkenkrug in der Nähe Berlins leiten. Damals schreibt sie: »Solange in Deutschland noch ein jüdisches Kind lebt und leidet, dem ich helfen kann, solange bleibe ich in Deutschland.«

Anna von Gierke schließt sich der Bekennenden Kirche an. 1936, nach dem Tod der Mutter, zieht sie in ihr Elternhaus in der Carmerstraße. Die Wohnung wird zum Ort von Bibelstunden, aber auch zum Treffpunkt eines Kreises von Gleichgesinnten, die sich meist am Mittwochabend zu Gesprächen über religiöse, literarische und historische Themen zusammenfinden. Zu denen, die Vorträge halten, zählen ↑ Martin Niemöller, Romano Guardini, Helmut Gollwitzer, ↑ Gertrud Bäumer, Elly Heuss-Knapp und ↑ Theodor Heuss. Auch Verfolgte finden in der Carmerstraße Zuflucht, so die Tochter des im Mai 1919 in München ermordeten Schriftstellers und Rätepolitikers Gustav Landauer; ihr gelingt es noch 1940, Berlin und Deutschland zu verlassen und so dem sicheren Tod zu entgehen.

Unter den Augen der Gestapo, der die Aktivitäten nicht verborgen geblieben sind und die Anna von Gierke dazu verhört hat, trifft sich der Mittwochskreis bis in das Spätjahr 1942. Dann erkrankt die unbeugsame Gastgeberin. Am 3. April 1943 ist Anna von Gierke, 69 Jahre alt, in Berlin gestorben. Ihren Lebensweg hat die mit ihr befreundete Schriftstellerin Marie Baum (Hermsdorf, Silvesterweg 27) nachgezeichnet.

## G Hans Globke

***Dr., Ministerialrat, W 30, Treuchtlingerstr. 7***

Was der Mehrheit der Deutschen bis zum Ende des Krieges verborgen bleibt und eine Minderheit immerhin ahnt, wissen einige Zehntausend im Reich und namentlich in Berlin recht genau: daß im Spätsommer 1941 ein gigantisches Ausrottungsprogramm unter dem Decknamen »Endlösung der Judenfrage« in Gang gesetzt worden ist und daß dieser Völkermord hinter der Front im Osten und in eigens zu diesem Zweck errichteten Vernichtungslagern mit eiskalter Präzision vollzogen wird.

Zu dem Personenkreis, der davon frühzeitig und verläßlich Kenntnis hat, gehört Hans Globke, geboren am 10. September 1898 in Düsseldorf als Sohn eines Textilkaufmanns. Bis 1933 verläuft sein Lebensweg in gerader Bahn. Der 18jährige Abiturient zieht 1916 in den Krieg, studiert heimgekehrt Rechts- und Staatswissenschaften und promoviert 1922 zum Dr. jur. Im selben Jahr schließt der kirchentreue Katholik sich der Zentrumspartei an. Nach dem Assessorexamen wird Globke 1925 in Aachen Stadtkämmerer. 1929 tritt er als Regierungsrat in das preußische Ministerium des Innern ein, wechselt 1932 als Referent für Staatsangehörigkeitsfragen in das Reichsministerium des Innern. Er wirkt nach Hitlers Machtantritt als williger Vollzugsbeamter der NS-Politik. Er entwirft für das preußische Staatsministerium das Gesetz über den Staatsrat vom 8. Juli 1933, das an die Stelle des alten einen gleichgeschalteten neuen Staatsrat setzt. In der Abteilung des späteren Staatssekretärs ↑ Wilhelm Stukkart ist der nun parteilose Ministeralrat Globke für die Ausarbeitung eines großen Teils der antijüdischen Gesetze, Verordnungen und Richtlinien des Dritten Reichs zuständig. Zusammen mit Stuckart verfaßt er überdies den Kommentar, der für die Auslegung der »Nürnberger Gesetze« vom 15. September 1935 de facto verbindlich ist.

Als Rechtsexperte für die von Jahr zu Jahr verschärfte Diskriminierung der Juden bestimmt Globke in Einzelfällen den einzuschlagenden Weg. So trägt die »Zweite Verordnung zur Durchführung des Gesetzes über die Änderung von Familiennamen« vom 17. August 1938 auch inhaltlich seine Handschrift. Aufgrund dieser Verordnung müssen alle deutschen Juden, um sich von Nichtjuden eindeutig zu unterscheiden, seit dem 1. Januar 1939 zwangsweise einen weiteren Vornamen führen: Israel oder Sara. Verschont davon bleibt nur, wer bereits einen »typisch jüdischen« Vornamen wie Awigdor, Berl, Chaim, Israel, Samuel oder Salomon trägt. Im Berliner Fernsprechbuch 1940 kann das Resultat dieser Regelung erstmals besichtigt werden: Über 5000 ›Israels‹ und ›Saras‹ sind darin verzeichnet. Ein Jahr später, im Telefonbuch 1941, ist davon nur jeder zehnte übriggeblieben. Es war Globkes Vorschlag, auf diese Weise ›Ariern‹ mit jüdisch klingenden Nachnamen (zum Beispiel Bernstein, Goldschmidt oder Löwenthal) entgegenzukommen und ihnen die Prozedur einer Namensänderung zu ersparen. Auf das exakt 276 Namen enthaltende »Verzeichnis der jüdischen Vornamen«, das am 24. August 1938 im Ministerialblatt des Reichs- und Preußischen Ministeriums des Innern veröffentlicht wird, hat übrigens Hitler selbst Einfluß genommen.

Gleichwohl wird diesem loyalen Ministerialrat und lenkbaren Juristen Globke nachgesagt, sich damals im Kreis vertrauter Freunde, zu denen Heinrich Krone und Otto Lenz gehören, zunehmend regimekritisch geäußert zu haben. Sich selbst sieht Globke, der nach 1945 vor kein alliiertes oder deutsches Gericht gestellt wird, nur als subalternes Rädchen, als untergeordneten Erfüllungsgehilfen einer mörderischen Politik. Im letzten der dreizehn Verfahren des Nürnberger Militärtribunals, dem im Januar 1948 eröffneten sogenannten Wilhelmstraßen-Prozeß gegen ↑ Ernst von Weizsäcker und zwanzig weitere hochrangige Staatsdiener (darunter vier Reichsminister und sieben Staatssekretäre) wird Globke am 10. August 1948 als Zeuge vernommen. Unter Berufung auf seine Aussage heißt es im Urteil: »Innerhalb des Reichsinnenministeriums war die Ausrottung der Juden kein Geheimnis.« Originalton Globke: »Ich wußte, daß die Juden massenweise umgebracht wurden, aber ich war immer der Auffassung, daß es daneben auch Juden gab, die entweder in Deutschland lebten oder die, wie in Theresienstadt oder dergleichen, in einer Art Ghetto zusammengefaßt waren.« Frage des Verteidigers des Angeklagten Stuckart: »Sie meinen also, daß es sich nur um Exzesse handelte und nicht um eine systematische Ausrottung?« Globke: »Nein, das wollte ich nicht sagen. Ich bin der Auffassung, und ich habe es gewußt, daß diese Ausrottung der Juden systematisch vorgenommen ist, aber ich wußte nicht, daß sie sich auf alle Juden bezog.« Zur Vornamen-Verordnung hat sich Globke damit herausgeredet, es habe »eine mildere Lösung« bedeutet, wenn nicht, wie anfangs vorgesehen, die jüdisch klingenden Familiennamen von Ariern auf deren Antrag geändert werden müßten, »sondern die Juden lediglich verpflichtet wären, einen zusätzlichen jüdischen Vornamen zu führen«.

Es erregt Befremden, Empörung und heftigen Widerspruch, als Bundeskanzler Adenauer den wegen seiner Verstrickung in die Rassenpolitik des Dritten Reichs schwer belasteten Globke 1950 zum Staatssekretär und Chef des Bundeskanzleramtes beruft. Adenauer macht geltend, Globke habe als gläubiger Katholik innerlich immer auf der Seite der Verfolgten gestanden und sei bei der Auslegung des NS-Unrechts darauf bedacht gewesen, jede Unklarheit zu ihren Gunsten zu nutzen. Das Argument, Schlimmeres verhütet zu haben, ist im Blick auf Globkes Wirken freilich monströs. Läßt sich Schlimmeres denken als das, was tatsächlich geschehen ist?

Auch während seiner ›zweiten‹ Amtszeit bewährt sich Globke als zuverlässiger Diener seines Herrn. Auf Staatsbesuchen in das befreundete Ausland glänzt er durch Abwesenheit. Im Bundestag wird seine sinistre Vergangenheit nicht nur von der Opposition thematisiert: in der auswärtigen Debatte vom 23. Januar 1958 ist es der Koalitionspartner FDP, der auf Globke mit dem Finger zeigt. Am 7. September 1959 zeichnet ihn Bundespräsident ↑ Heuss mit dem Bundesverdienstkreuz aus.

Mit Adenauers Rücktritt verläßt Hans Globke im Oktober 1963 das Kanzleramt. Am 13. Februar 1973 ist er, 74 Jahre alt, in Bad Godesberg gestorben.

## G Erich W. Gniffke

***Heibacko-Grude Vertrieb, Zehlendorf, Ithweg 16; Büro: W 35, Bülowstr. 7***

Erich W. Gniffke, geboren am 14. Februar 1895 in Elbing als Sohn eines Werftarbeiters, absolviert nach dem Besuch der Volksschule eine kaufmännische Lehre. 1913 tritt der 18jährige der SPD und der Sozialistischen Arbeiterjugend (SAJ) bei. Nach dem Ersten Weltkrieg, in dem Gniffke zwei Jahre Soldat ist, betätigt er sich im Großhandel und als Ex- und Importkaufmann. Er ist Prokurist, Vorstandsmitglied, Firmeninhaber. 1926 wechselt er die Seiten: er wird hauptamtlicher Gewerkschaftsfunktionär im Zentralverband der Angestellten und drei Jahre später Geschäftsführer der Arbeitsgemeinschaft freier Angestelltenverbände in Braunschweig. Dort ist Gniffke auch politisch aktiv: als Gauführer des Reichsbanners und Mitglied im SPD-Landesvorstand, dessen Vorsitzender ↑ Otto Grotewohl ist. Bald nach Hitlers Machtantritt werden die Gewerkschaften aufgelöst und die demokratischen Parteien verboten.

Gniffke, zunächst arbeitslos, kehrt im Mai 1933 nach Berlin und bald darauf in die private Wirtschaft zurück. 1935 überträgt ihm die Braunschweiger Herdfabrik »Heibacko« den Alleinverkauf ihrer Erzeugnisse für das Reichsgebiet. Gniffke erwirbt ein Haus im Ithweg, nahe der Krummen Lanke. Grotewohl, der 1933 nach Hamburg ausgewichen ist, wird dort sein Bezirksvertreter und später, als sich zeigt, daß er als Verkäufer »eine Niete« (Gniffke) ist, sein Geschäftsführer in der Bülowstraße. Über das Netz von auswärtigen Verkaufsstellen und über Konzerte der »Berliner Liederfreunde 1879« hält Gniffke Kontakt zu vielen verstreuten und verfolgten Kampfgefährten aus den Tagen der Republik. Im Mai 1938 werden die »Liederfreunde« verboten, im August Gniffke und weitere siebzehn Berliner Sozialdemokraten verhaftet. Ein Gestapo-Spitzel in Gniffkes Umfeld hat laufend über ihn berichtet. Gniffke wird beschuldigt, das Reichsgesetz gegen die Neubildung von Parteien vom 14. Juli 1933 verletzt zu haben. Danach ist es verboten, »den organisatorischen Zusammenhalt einer anderen politischen Partei aufrechtzuerhalten oder eine neue politische Partei zu bilden«. Doch zum Prozeß kommt es nicht. Anfang 1939 sind Gniffke und die meisten seiner Freunde wieder frei. Bis zum Ende der NS-Herrschaft steht er unter Polizeiaufsicht.

1945 ist Gniffke in führender Rolle dabei, die Berliner SPD neu zu gründen. Zusammen mit Grotewohl und ↑ Max Fechner unterstützt er die Vereinigung von SPD und KPD. Zwei Jahre führt Gniffke das Leben eines SED-Spitzenfunktionärs, mit einer Villa in Glienicke-Aue. Doch den Weg in eine neue Diktatur will er nicht mitgehen. Am 27. Oktober 1948 vollzieht er den Absprung und übernachtet bei Freunden im Westteil der Stadt. Zwei Tage später kommen Pieck und Grotewohl nach Reinickendorf und bedrängen ihn zurückzukehren. Vergeblich. Das Haus im Ithweg sichert nun ein Polizeiposten. Dann läßt der Renegat, inzwischen aus der SED ausgeschlossen, sich nach Frankfurt a.M. ausfliegen. Er wird wieder Mitglied der SPD und Firmengeschäftsführer.

Am 4. September 1964 ist Erich W. Gniffke, 69 Jahre alt, gestorben. 1966 erscheinen, mit einem Vorwort von Herbert Wehner, Gniffkes Erinnerungen »Jahre mit Ulbricht«: das Lehrbuch einer kommunistischen Machtergreifung aus der Sicht eines abgefallenen Gefolgsmannes.

## Reinhard Freiherr von Godin

***Rechtsanwalt und Notar, Büro und Wohnung W 62, Maienstr. 5***

Reinhard Freiherr von Godin, geboren am 5. Oktober 1884 in München, studiert Rechtswissenschaft und beendet sein Studium mit der großen Staatsprüfung als bester unter mehr als dreihundert Kandidaten. Er wird Wirtschaftsjurist im Bankwesen, ehe er sich 1926 in Berlin als Anwalt und (seit 1931) Notar niederläßt. Als Kapazität im Gesellschaftsrecht wird er nach 1933 in den Ausschuß für das Recht der Personengesellschaften in der NS-gesteuerten »Akademie für Deutsches Recht« berufen. Von seinen acht Kindern sind bereits zwei Söhne im Rußlandfeldzug gefallen, als der Anwalt Ende 1943 von der Gestapo verhaftet wird.

Am 26. April 1944 findet vor dem Volksgerichtshof unter Vorsitz ↑ Roland Freislers die Hauptverhandlung gegen Godin statt. Die Anklage wirft ihm vor, in vier Briefen an die Geschwister eines aus Österreich stammenden Freundes, der kurz zuvor »wegen separatistischen Hochverrats« zugunsten des Hauses Habsburg zum Tode verurteilt worden ist, Folgendes geschrieben zu haben: »... so hätte doch das Todesurteil gar nicht gefällt werden können, wenn das Gericht nicht ... offenbar von oben angewiesen worden wäre, ein Todesurteil zu fällen.« Der Justiz des Dritten Reichs zu unterstellen, sie sei nicht unabhängig, sondern ein Werkzeug, gar ein Büttel der politischen Führung, ist in den Augen der Volksrichter eine so ungeheuerliche Schmähung, daß sie nur mit dem Tod gesühnt werden kann. Vergeblich trägt der angeklagte Anwalt in der Vernehmung zur Person vor, er habe bis Mitte der zwanziger Jahre die Bayerische Volkspartei, dann aber stramm nationalsozialistisch gewählt. Sein Bemühen, Mitglied der NSDAP zu werden, sei erfolglos geblieben, weil einer seiner Urgroßväter Jude gewesen sei. Er stehe jedenfalls auf dem Boden des Nationalsozialismus und bejahe das Reich.

Am bemerkenswertesten ist jener Teil der Urteilsbegründung, in dem Godins Aussage zur Sache referiert wird: »Er habe doch nur gesagt, was nationalsozialistisches Gedankengut sei. Denn der Führer habe doch das Recht, in jedem Falle vorher zu befehlen, welches Urteil als Ergebnis eines Gerichtsverfahrens gefällt werden solle.« Dazu das Gericht: »Selbstverständlich ist der Führer der Träger der ungeteilten und unteilbaren Staatsmacht in unserem Reich. Selbstverständlich ist er daher auch der oberste Richter, der deutsche Richter schlechthin. Selbstverständlich arbeitet jeder Richter im Reich als sein Gefolgsmann, und selbstverständlich ist in dem allen die Möglichkeit enthalten, daß der Führer jeden Fall unseres Gemeinschaftslebens selbst aburteilen oder durch ein von ihm besonders zusammengesetztes Gericht aburteilen lassen kann, und selbstverständlich kann eine Willensäußerung unseres Führers der Aburteilung eines Falles, einer Gruppe von Fällen oder aller Fälle des Lebens eine bestimmte Weisung für die Wertung des Sachverhaltes geben.«

Was der Angeklagte von Godin behauptet habe, sei aber etwas ganz anderes. »Es ist die Behauptung, unser Führer habe hier befohlen, daß ein Theaterprozess, ein Scheinverfahren, aufgezogen werde; daß der Volksgerichtshof vor dem Deutschen Volke so tue, als suche er ein gerechtes Urteil, während von Suchen gar keine Rede gewesen sei, während nämlich das Ergebnis vorher zwingend befohlen worden sei. Daß so etwas in unserem Großdeutschen Reich nie vorgekommen ist, daß unser Führer so etwas nie tut, das weiß von Godin wie jeder Deutsche, der vertrauensvoll auf den Führer schaut, sehr gut.« Fazit der Volksrichter: Godin habe sich einer »öffentlichen Ehrbeschimpfung von Volk und Reich« nach § 90 f. Strafgesetzbuch schuldig gemacht. Seine verbrecherische Tat enthalte »darüber hinaus einen öffentlichen Angriff auf unsere Bereitschaft, im Lebenskampf unseres Reiches bedingungslos und unbeschwert von inneren Zweifeln alles restlos und freudig für unseren Sieg einzusetzen ... Wir sind deshalb der Überzeugung, daß wir den Boden der nationalsozialistischen Gerechtigkeit verlassen und daß wir unserem Reich seinen Schutz in seinem Daseinskampf nicht ausreichend gewährleisten würden, wenn wir auf diese Tat nicht mit der schwersten Strafe antworten würden, mit der Todesstrafe.« Das am 6. Mai 1944 ausgefertigte Urteil ist außer von Freisler auch von dem Richter ↑ Rehse unterschrieben.

Rechtsanwalt Hans von Godin, der Sohn des Verurteilten, richtet ein Gnadengesuch an den Reichsjustizminister Thierack. Das kaum Erwartete geschieht. Der Minister, die Unangemessenheit des von Freisler in eigener Sache gesprochenen Urteils offenbar spürend, gibt dem Gesuch statt. Thieracks am 15. Dezember 1944 getroffene Verfügung lautet: »Die vom Volksgerichtshof am 26. April 1944 gegen Reinhard Freiherr von Godin erkannte Todesstrafe wandle ich mit Ermächtigung des Führers in acht Jahre Zuchthaus um. Den Ehrverlust kürze ich auf die gleiche Zeit ab.« Der Sohn hat das Verfahren in seinem Buch »Strafjustiz in rechtloser Zeit« (1990) dokumentiert.

Reinhard Freiherr von Godin ist am 4. August 1964, 79 Jahre alt, in seiner Geburtsstadt München gestorben.

## Joachim Gottschalk

***Schauspieler, Grunewald, Seebergsteig 2 T***

Die Stars von Bühne und Leinwand bleiben in Telefonbüchern gern ungenannt. So auch Joachim Gottschalk. Im Berliner Telefonbuch von 1941 ist sein Name nicht zu finden. Die Zeile mit Beruf und Wohnanschrift ist dem Berliner Adressbuch entnommen, das 1940 zum letzten Mal erscheint. Das große T zeigt an, daß der Schauspieler über ein Telefon verfügt (es hat laut »Deutsches Bühnen-Jahrbuch 1941«, dessen Herausgeber der Präsident der Reichstheaterkammer ist, die

Nummer 897139). So mag es denn erlaubt sein, Joachim Gottschalk, geboren am 10. April 1904 in Calau (Lausitz) als Sohn eines Arztes, außer der Reihe hier zu porträtieren. Der mächtige Schatten, den sein Schicksal auf die Berliner Szene im Kriegsjahr 1941 wirft, rechtfertigt seine Präsenz allemal.

Gottschalks Bühnenlaufbahn beginnt in Zwickau. Über Engagements in Stuttgart, Leipzig und Frankfurt a.M. kommt er 1938 an die Volksbühne Berlin. Mit seinem großen Talent spielt sich der Mime als jungenhaft-sensibler Held bald in die Herzen des Berliner Publikums. Er glänzt, zumal an der Seite von Brigitte Horney, auch in Filmrollen: »Eine Frau wie Du« (1939), »Ein Leben lang« (1940) und »Die schwedische Nachtigall« (1941).

Anfang 1941 gibt er auf der Bühne den »Fiesko«. Zu eben dieser Zeit verschärft das NS-Regime seinen Amoklauf gegen die Juden. Gottschalk ist mit einer Jüdin verheiratet: der Schauspielerin Meta Gottschalk. Seit Anfang 1933 sind ihr alle deutschen Bühnen versperrt. Durch die Ehe mit einem ›Arier‹ ist sie vor manchen Demütigungen geschützt: sie muß nicht den Judenstern tragen und erhält die gleichen Lebensmittelrationen wie ihr Mann. Aber sie erlebt täglich, was ihren Verwandten und Freunden widerfährt. Geschäfte werden geschlossen, Wohnungen durchsucht, Bankkonten gesperrt. 1940 wird ihnen das Telefon entzogen. Schilder »Für Juden verboten« oder »Juden unerwünscht« häufen sich. Ausreisen sind seit Kriegsbeginn nicht mehr möglich.

Goebbels drängt Gottschalk, sich von seiner jüdischen Frau zu trennen. Die Volksbühne, zu deren Ensemble René Deltgen, Werner Hinz und ↑ Agnes Windeck gehören, ist ein Theater des Reichs; es untersteht dem Reichsminister für Volksaufklärung und Propaganda. Gustav Knuth versucht vergeblich, Gottschalk an seine Bühne zu holen, an das Preußische Staatstheater. Dort, wo Gustaf Gründgens Intendant und Hermann Göring als Preußischer Ministerpräsident Hausherr ist, waltet bis zuletzt ein etwas liberalerer Geist.

In seinem Bericht »In memoriam Joachim Gottschalk« hat Gustav Knuth das Ende des Freundes beschrieben: »Am 6. November 1941 erschien er nicht zur Probe in der Volksbühne. Die Kollegen riefen bei René Deltgen an, der in Jochens Nachbarschaft wohnte (Dahlem, Dohnenstieg 28a — H.J.). René ging auch sofort hinüber. Als auf sein Klingeln niemand öffnete, brach er die Tür auf. Wenige Minuten später rief er bei mir an: ›Komm schnell her. Es ist etwas Schreckliches passiert‹. Joachim Gottschalk war mit Frau und Sohn in den Tod gegangen. Er hatte Matratzen in die Küche getragen, Meta und Michael Schlaftabletten gegeben und dann den Gashahn aufgedreht. Auf Jochens Schreibtisch lagen Abschiedsbriefe ... Jochen muß damals vor

Schmerz und Hoffnungslosigkeit völlig von Sinnen gewesen sein.« Der Schauspieler ist 37 Jahre alt, als er in den Tod geht.

Weil Berliner Friedhöfe sich der Aufnahme widersetzen, werden das Ehepaar Gottschalk und der achtjährige Sohn auf dem Südwestfriedhof in Stahnsdorf, vor den Toren Berlins, begraben. Als Goebbels von dem Freitod erfährt, läßt er, eine Demonstration befürchtend, in den Theatern und Filmateliers verbreiten, eine Teilnahme an der Beisetzung sei unerwünscht. Es kommen dennoch viele. Die Grabstelle in Block 3 ist heute ein Ehrengrab des Landes Berlin. Dagegen ist der Versuch, am Haus im Seebergsteig eine Gedenktafel anzubringen, 1999 am Einspruch der Eigentümer gescheitert. Seit langem aber befindet sich im Geburtshaus des Schauspielers eine Gedenkstätte (03205 Calau, Joachim-Gottschalk-Str. 34).

Der DEFA-Film »Ehe im Schatten« (Regie: Kurt Maetzig) hat 1947 das Drama der Gottschalks eindrucksvoll nachgezeichnet. Dem Film liegt Hans Schweikarts Novelle »Es wird schon nicht so schlimm« zugrunde.

## Wilhelm Grewe

***Dr., Dozent, Wilmersdorf, Wittelsbacherstr. 27***

Wilhelm Grewe, geboren am 16. Oktober 1911 in Hamburg als Sohn eines Kaufmanns, zählt zu den Jüngsten, die 1941 im Fernsprechbuch der Reichshauptstadt verzeichnet sind. Nach dem Kriege ist der zunächst in Göttingen, seit 1947 an der Universität Freiburg i.Br. lehrende Wissenschaftler einer der politisch einflußreichsten deutschen Staats- und Völkerrechtler. Am Anfang steht seine Schrift von 1948: »Ein Besatzungsstatut für Deutschland. Die Rechtsformen der Besetzung«. Darin fordert Grewe die Siegermächte auf, ihr Verhältnis zu den Besiegten auf eine völkerrechtlich klare Grundlage zu stellen.

Ein Jahr später ist Konrad Adenauer Bundeskanzler. Wilhelm Grewe wird sein Ratgeber. Die Wortmeldung von 1948 hat ihn als Kenner jener Materie ausgewiesen, die nun für lange Zeit auf der Tagesordnung bleibt. Als Chef der Delegation der Bundesregierung in den Verhandlungen mit den Alliierten Hohen Kommissaren über die Ablösung des Besatzungsstatuts durch den Deutschlandvertrag (1951–1955), als Leiter der Rechts-, dann der Politischen Abteilung des Auswärtigen Amtes, als am ›Katzentisch‹ sitzender Teilnehmer der Viermächtekonferenzen in Berlin (1954) und Genf (1955), seit 1957 als Botschafter in Washington, bei der NATO in Paris und schließlich in Tokio hat Grewe intensiver als andere den Weg der Rückkehr Deutschlands in den Kreis der (einstweilen beschränkt) souveränen und geachteten Staaten der Welt begleitet. Grewe, im Bewußtsein der Anomalität der deutschen Teilung, ist auch Schöpfer der »Hallstein-Doktrin«. Sie hat der Anerkennung der DDR durch Staaten der Dritten Welt länger als zwei Jahrzehnte erfolgreich Grenzen gesetzt. Ein eifernder ›Falke‹ ist Grewe nicht. Während der durch das Ultimatum Chruschtschows ausgelösten Berlin-Krise notiert ↑ Theodor Heuss am 19. Februar 1959 in seinen »Tagebuchbriefen«: »Sehr anständige Berichte von Grewe über Brandts Haltung, mit scharfer Kritik an törichten (freilich bestrittenen) Worten des Verteidigungsministers Strauß.«

1992 gibt der 80jährige in einem Rückblick auf sein Leben Auskunft auch über seine Erfahrungen im Dritten Reich. »Schulabschluß, Berufswahl und Studienbeginn fielen für mich in die Endzeit der Weimarer Republik — Abitur 1930, die ersten fünf Semester bis 1933 in Hamburg und Berlin.« Weltwirtschaftskrise, extreme Arbeitslosigkeit, Millionen in bitterer Existenznot, politische Radikalisierung, Straßenschlachten, der Zusammenbruch des parlamentarischen Systems bestimmen die Dramatik jener Jahre. Damals in Berlin »bin ich tief in diesen brodelnden Kessel politisch-juristischer Diskussionen eingetaucht. Ich saß in den Seminaren von Carl Schmitt und Rudolf Smend, besuchte Wahlveranstaltungen, Clubabende, Symposien.« 1932 engagiert sich Grewe in einem Komitee für die Wiederwahl des Reichspräsidenten Hindenburg; die Gegenkandidaten heißen Hitler und Thälmann.

Am 1. Mai 1933 tritt der 21jährige Student als Mitglied Nr. 3 125 858 der NSDAP bei. In seiner Dissertation »Gnade und Recht«, die 1936 als Buch erscheint, findet sich gleichwohl kein einziger Satz, der sich auf den NS-Staat und sein Recht bezieht. Seine kurz darauf vollzogene Hinwendung zum Völkerrecht erklärt Grewe so: »Im Dritten Reich schrumpfte das Staatsrecht rasch und reduzierte sich bald auf den Führerbefehl. Recht und Gesetz ist, was der Führer will.« Während zur innenpolitischen Entwicklung bald »niemand mehr kritische Fragen zu stellen wagte«, ließ sich das Völkerrecht mit Rücksicht auf die Regierungen und die öffentliche Meinung des Auslands nicht ähnlich radikal aus dem Weg räumen. Grewe wird Mitarbeiter in dem von ↑ Fritz Berber geleiteten »Deutschen Institut für außenpolitische Forschung«. Bei Ernst Forsthoff in Königsberg habilitiert er sich 1941 mit einer Studie, die erneut jeden NS-Bezug meidet: »Die Epochen der modernen Völkerrechtsgeschichte«. Das ausgedruckte Buch verbrennt 1943 bei einem Luftangriff auf Leipzig. Im gleichen Jahr steigt Grewe, der wegen einer Gehbehinderung nicht Soldat werden muß, vom Dozenten zum ao. Professor an der Berliner Universität auf.

Grewes Aufsätze aus jener Zeit, zumal seine Berichte über »völkerrechtliche Kriegsereignisse« in den *Monatsheften für Auswärtige Po-*

*litik*, machen deutlich, daß in Diktaturen nur die Sprachlosigkeit einen wirksamen Schutz gegen die Kontamination bietet, die jede öffentliche Erörterung politischer Themen früher oder später befällt. Nach dem deutschen Angriff auf die Sowjetunion unterscheidet sich Grewes Diktion kaum vom Tenor offizieller Verlautbarungen, mögen sich seine Kommentare auch bis zuletzt eine nüchterne Note bewahrt haben. Grewe, mit einer ›Halbjüdin‹ liiert, die er nach dem Kriege heiratet, spricht damals nach eigenem Bekunden häufig mit ↑Berthold Schenk Graf Stauffenberg, der wie er Völkerrechtler ist. Grewe, kein Mann des Widerstands, bleibt bemüht, in einem von der Politik total beherrschten Umfeld vor allem Jurist zu sein. Später wird man eben diese bedachtsame, bedenkentragende Art als seine größte Schwäche empfinden.

Als Wilhelm Grewe das diplomatische Parkett 1976 verläßt und in Königswinter im Siebengebirge seßhaft wird, kehrt er forschend und schreibend noch einmal zu seinen Anfängen, der Geschichte des Völkerrechts, zurück. Am 11. Januar 2000 ist er, 88 Jahre alt, in Bonn gestorben.

## Otto Grotewohl

***Kaufmann, W 30, Motzstr. 22***

Otto Grotewohl, geboren am 11. März 1894 in Braunschweig als Sohn eines Arbeiters, erlernt das Buchdruckerhandwerk. 1910 führt er die Sozialistische Arbeiterjugend seiner Heimatstadt, 1912 tritt er der SPD bei. 1914 wird er Soldat. Nach dem Waffenstillstand wählt ihn der Arbeiter- und Soldatenrat der an der holländischen Grenze stationierten Truppen zu seinem Sprecher.

Der Heimkehrer wird Angestellter einer Ortskrankenkasse. Dann setzt er zum Sprung in die Politik an: Grotewohl zieht 1920 für die SPD in den Braunschweigischen Landtag ein. Ein Jahr später ist er Minister für Inneres und Volksbildung, verliert das Amt 1922 und wird Gewerkschaftssekretär. 1923/24 kehrt er als Minister für Inneres und Justiz in die Landesregierung zurück, kandidiert 1924 erfolglos für den Reichstag, rückt aber im Oktober 1925 ohne Wahlgang nach. Bis 1933 bleibt er Präsident der Landesversicherungsanstalt und Landesvorsitzender der SPD. Im Reichstagshandbuch 1928 bezeichnet sich Grotewohl als Schriftsteller. Er schreibt, meist in der Parteipresse, über sozialpolitische und gewerkschaftliche Themen. Ein Buch über »Die Verfassung der Gemeinden und Kreise im Freistaat Braunschweig« erscheint 1925. In Berlin nimmt er Bildungsangebote wahr; an der Hochschule für Politik besucht er Kurse bei ↑Theodor Heuss und ↑Otto Suhr.

Mit Hitlers Machtantritt kommt dieses politisch bewegte Leben zum Stillstand. Am 23. März 1933 stimmt Grotewohl mit der gesamten Reichstagsfraktion der SPD gegen Hitlers Ermächtigungsgesetz. Es folgen Jahre der Isolation und Bedrängnis. Grotewohl geht als Kaufmann nach Hamburg. 1938 wird er in Untersuchungshaft genommen und wegen Hochverrats vor dem Volksgerichtshof angeklagt. Ohne Verfahren kommt er 1939 wieder frei. Die später im »Handbuch der Volkskammer« und anderen DDR-Schriften gegebene Auskunft, Grotewohl sei »erneuter Verhaftung durch Untertauchen in die Illegalität entgangen«, ist ebenso falsch wie der Eindruck, den Grotewohl in seiner Berliner Rede vor SPD-Funktionären am 17. Juni 1945 mit den Worten zu erwecken sucht: »Wir, die wir zwölf Jahre lang mit unzähligen Antifaschisten aus allen Lagern durch die Gefängnisse und Zuchthäuser, durch die Konzentrations- und Straflager gegangen sind ...«

Tatsächlich übersteht Grotewohl die zweite Halbzeit des Dritten Reichs nahezu unbehelligt in Berlin. Er darf zwar nicht mehr in der Großhandlung seines Freundes ↑Erich W. Gniffke tätig sein, wird 1940 aber Geschäftsführer der Hallenbäderbau GmbH, am Kaiserdamm 25. In Gniffkes Haus nahe der Krummen Lanke treffen sich Gleichgesinnte zum Gespräch und zum Skatspiel. Der Nachbar Georg Haeberer (Ithweg 17), zuständiger NS-Blockwart, beteuert der Gestapo auf Anfrage die politische Harmlosigkeit Gniffkes und seines Umgangs. Im übrigen spricht gegen die DDR-Version ein dokumentarischer Zeuge: Seit wann eigentlich lassen sich untergetauchte und mit Haftbefehl gesuchte Illegale in das Telefonbuch der Hauptstadt des Verfolgerstaates eintragen? Nach dem 20. Juli 1944 setzt sich Grotewohl in den Schwarzwald ab, kehrt aber wenig später nach Berlin zurück. Zum Kreis der Veschwörer zählt er nicht.

1945 macht sich der reaktivierte Sozialdemokrat Grotewohl um die Neugründung der Partei verdient, ehe er gegen den Willen der Mehrheit zum Erfüllungsgehilfen der KPD wird. Die Würfel für die von den Kommunisten gewollte Einheitspartei fallen in der Nacht vom 20. auf den 21. Dezember 1945 in Karlshorst, als ranghohe Sowjets den als konziliant und nicht sonderlich willensstark geltenden Vorsitzenden des Berliner Zentralausschusses der SPD auf ihre Seite ziehen. Den Frontwechsel mag Grotewohls Sorge befördert haben, von dem dynamischeren Kurt Schumacher, seit Mai 1946 SPD-Vorsitzender in den Westzonen, an den Rand oder ins Abseits gedrängt zu werden.

Am 11. Oktober 1949, vier Tage nach Gründung der Deutschen Demokratischen Republik, sieht sich Grotewohl für seine Dienste belohnt: er wird Vorsitzender des Ministerrats der DDR. Am 14. Oktober schreibt in Pacific Palisades, aus dem kalifornischen Exil, der Dichter Lion Feuchtwanger einen von Heinrich Mann mitgezeichneten Brief an Wilhelm Pieck, den Präsidenten der DDR: »Erlauben Sie uns, Ihnen und dem Kanzler Otto Grotewohl unsere herzlichsten Wuensche auszusprechen. Wir brauchen Ihnen nicht zu versichern, mit welch tiefer Teilnahme wir das Schicksal der jungen Republik unter Ihrer beider Fuehrung verfolgen.« Daß in Wahrheit andere die Republik führen, wird Grotewohl bald bewußt. Aber er geht nicht, wie Freund Gniffke, von der Fahne. Am 16. Juni 1953, am Vorabend des Volksaufstandes, wagt er vor dem Parteiaktiv der SED-Bezirksleitung Groß-Berlin immerhin den Satz: »Wenn sich Menschen von uns abwenden, wenn neben der staatlichen und wirtschaftlichen Spaltung noch die menschlichen Beziehungen zwischen den Deutschen zerrissen werden, dann ist diese Politik falsch.«

Regierungschef und stellvertretender Staatsratsvorsitzender (letzteres seit 1960) bleibt Grotewohl lebenslang. Eine schwere Krankheit hindert ihn seit Ende 1960 daran, die ihm zugewiesenen Funktionen im Staat und in der Staatspartei weiter auszuüben.

Am 21. September 1964 ist Otto Grotewohl, 70 Jahre alt, in Berlin (Ost) gestorben. Die nach ihm benannte Straße im Berliner Bezirk Mitte erhält im Juni 1993 wieder ihren alten Namen: Wilhelmstraße.

## Heinrich Grüber

***Pfarrer, Kaulsdorf, Dorfstr. 12a, Tel. 50 82 79***
***Büros: C 2, An der Stechbahn 3, Tel. 51 46 21***
***C 2, Oranienburger Str. 20, Tel. 42 08 97***

Die drei Telefonnummern des evangelischen Pfarrers mit den zwei Büros werden hier aufgeführt, obwohl Rufnummern auf diesen Seiten sonst nirgends vermerkt sind. Aber die Telefone Heinrich Grübers sind seit 1941 infolge der sich steigernden Bedrängnis der deutschen Juden vermutlich von mehr Menschen in äußerster Not angewählt worden als irgendeine andere Rufnummer in der alten Reichshauptstadt, sieht man von den bis 1942 bestehenden jüdischen Hilfsorganisationen einmal ab.

Heinrich Grüber, geboren am 24. Juni 1891 in Stolberg / Rheinland als Sohn eines Lehrers, studiert Theologie an den Universitäten Bonn, Berlin und Utrecht. Das erste Pfarramt tritt er 1920 in Dortmund an. Seinen sozialpädagogischen Neigungen folgend läßt er sich 1925 an die Düsseltaler Anstalten, einer Erziehungsanstalt für verwaiste und verwahrloste Kinder evangelischer Konfession, versetzen. Nach Konflikten mit dem konservativen Anstaltsdirektor übernimmt er 1926 die Leitung des »Waldhofs«, eines von der Landeskirche Brandenburg getragenen Erziehungsheims in Templin (Regierungsbezirk Potsdam). 1934 kommt Grüber als Gemeindepfarrer nach Berlin-Kaulsdorf. Er schließt sich der Bekennenden Kirche an, die sich zunächst als Antwort auf die dem NS-Staat und seiner völkischen Ideologie ergebenen »Deutschen Christen« (D.C.) versteht, dann aber zum Zentrum des kirchlichen Widerstandes gegen das Regime selbst wird.

Im Spätsommer 1936, als die 1935 erlassenen »Nürnberger Gesetze« die Lage der Juden in Deutschland weiter verschärfen, ruft Grüber eine Reihe ihm vertrauter Kirchenmänner zu einer Besprechung in das Gemeindehaus der Martin-Luther-Kirche in Lichterfelde und schlägt ihnen die Gründung einer Hilfsstelle für die evangelischen Christen jüdischer Herkunft vor. Die Runde, darunter Justus Perels, stimmt zu. Im Herbst eröffnet Grüber das Büro in der Oranienburger Straße, nahe der Synagoge. Von Hilfe bei der Auswanderung bis zur seelischen Betreuung reicht die Arbeit, die hier geleistet und bald von Zweigstellen in den anderen Landeskirchen unterstützt wird, die »Deutschen Christen« und die Amtskirche ausgenommen. Als Grüber 1938 bei der Gestapo-Leitstelle beantragt, die Hilfsstelle als kirchliche Einrichtung förmlich zu genehmigen, erhält er keine Antwort. »Das erste Schreiben, das wir von der Gestapo erhielten, trug die Aufschrift ›Büro Pfarrer Grüber‹. Diesen Namen haben wir übernommen«, heißt es dazu in Grübers »Erinnerungen aus sieben Jahrzehnten« (1968).

Die Kunde von der Existenz dieses Büros verbreitet sich rasch. Der in Dresden lebende Romanist Victor Klemperer, jüdischer Abstammung, aber seit 1912 evangelisch getaufter Christ, schreibt am 10. April 1940 in sein Tagebuch: »Besprechung mit dem Auswanderungsberater der Jüdischen Gemeinde, Ergebnis unter Null ... Amerikanisch-jüdische Komitees setzen sich nur für Glaubensjuden ein. Ihre zuständige Stelle Pfarrer Grüber, dem es an Mitteln fehlt.« Die Situation ist absurd: das Büro Grüber hilft nur ›Rassejuden‹, die Christen sind, während die außerdeutschen jüdischen Hilfsorganisationen nur jenen Juden beistehen, die sich zum jüdischen Glauben bekennen, denn nur sie werden von ihnen als Juden angesehen.

Allein die Bekennende Kirche hat die von den Rassegesetzen betroffenen evangelischen Christen jüdischer Abstammung nicht im Stich gelassen. Als die »Nationalkirche der Deutschen Christen« in Sachsen-Anhalt am 2. Februar 1939 durch Kirchengesetz dekretiert, daß Juden nicht länger der Landeskirche angehören dürfen, wenden sich siebzehn Pfarrer der Bekennenden Kirche in Anhalt mit einem Protestbrief an die Öffentlichkeit: »Dieses Gesetz steht im Widerspruch zu dem Ordinationsgelübde, das jeder Geistliche der Evangelischen Landeskirche Anhalts abgelegt hat.« Unter dem Titel »Die Unverbesserlichen« werden die Unterzeichner daraufhin von der Nationalkirche verunglimpft: »Mit Entrüstung und innerster Empörung« fragen die Pfarrer der Deutschen Christen »jeden anhaltischen Geistlichen: Willst du Judengenosse und Judenknecht oder deutscher Pfarrer und Seelsorger sein?«

Die Möglichkeiten zu helfen sind Ende 1941 fast erschöpft. Was bleibt, steht außerhalb der Legalität: das Beschaffen von Verstecken und neuen Identitäten. Das freilich läßt sich von einem kirchlichen Büro aus nicht organisieren. Aber kraft seiner weithin sichtbar ausgestreckten Hand hat Grüber bis zuletzt vielen als Vorbild gedient.

Nach dem Kriege ist der Berliner Kirchenmann zuständig für das »Hilfswerk der Evangelischen Kirchen in Deutschland«, zu dessen Gründung der erste Kirchentag zu Treysa am 31. August 1945 aufgerufen hat. 1961 ist Grüber der einzige Deutsche, der im Prozeß gegen Adolf Eichmann in Jerusalem als Zeuge aussagt.

Am 29. November 1975 ist Heinrich Grüber, 84 Jahre alt, in Berlin gestorben.

## Heinz Guderian

***General der Panzertruppe, Chef der Schnellen Truppen, Dahlem, Rheinbabenallee 5–7***

Heinz Guderian, geboren am 17. Juni 1888 in Kulm (Westpreußen) als Sohn eines Offiziers, tritt zielstrebig in die Fußstapfen des Vaters. Von den Kadettenanstalten in Karlsruhe und Berlin führt sein Weg in die Nachrichtentruppe und an die Fronten des Ersten Weltkriegs. 1917 wird Guderian Generalstabsoffizier. Seit 1920 gehört er dem 100 000-Mann-Heer der Reichswehr an.

Unter dem Hakenkreuz macht der Vordenker einer raumgreifenden Offensivstrategie rasch Karriere. 1934 wird er Stabschef des Kommandos der Kraftfahrtruppen, ein Jahr später Kommandeur der 1. Panzerdivision, 1938 General und Chef der Schnellen Truppen, 1940, nach den Siegen über Polen und Frankreich, Generaloberst und Führer einer Panzergruppe, aus der später die 2. Panzerarmee entsteht. Im Sommer 1941, nach dem Überfall auf die Sowjetunion, bilden Guderians Verbände den Stoßkeil der Heeresgruppe Mitte. In den Wehrmachtberichten des OKW, die Tag für Tag schwere Kämpfe und siegreiche Kesselschlachten melden, wird Guderian mehrfach rühmend genannt. Dann setzt, nach dem Herbstschlamm, der eisige russische Winter ein. Am 10. Dezember 1941 schreibt Guderian von der Ostfront an seine Frau: »Man hat den Gegner, die Weite seines Landes und die Tücken des Klimas erheblich unterschätzt und das rächt sich nun. Wir haben uns vor Ausbruch dieses Feldzuges oft genug über dieses Thema unterhalten und Du weißt, daß ich die Lage etwas anders ansehe als die Mehrzahl meiner Kameraden.«

Als der Armeeführer auf einen begrenzten Rückzug dringt, entläßt ihn Hitler auf der Stelle, ohne ihn freilich, wie kurz zuvor den eigenmächtig handelnden Generaloberst ↑Erich Hoepner, aus der Wehrmacht auszustoßen. Dem Ruheständler wird ein Gut im Warthegau als Dotation zugewiesen. Ein Jahr später, nach der Untergang der 6. Armee in Stalingrad, wird Guderian reaktiviert. Am 21. Februar 1943 läßt Hitler ihn in sein Hauptquartier »Werwolf« bei Winnizza (Ukraine) kommen und ernennt ihn dort zum Generalinspekteur der Panzertruppen.

In der Folgezeit sucht Karl Goerdeler, der nach einem Umsturz Reichskanzler werden soll, Guderian zweimal auf, um ihn für den Widerstand zu gewinnen. Guderian zögert; schließlich siegt der soldatische Gehorsam über die bessere Einsicht. Als die letzte Offensive des deutschen Ostheeres, die am 5. Juli 1943 ausgelöste Operation »Zitadelle« im Kursker Bogen, unter enormen Verlusten an Menschen und Material scheitert, rafft sich Guderian zwar zur Kritik am Kartentisch, nicht aber zu Taten auf. Noch am Abend des 20. Juli 1944 wird er in das Führerhauptquartier »Wolfsschanze« beordert. In seiner mitternächtlichen Rede (»Damit Sie meine Stimme hören ...«) verkündet der nur leicht verletzte Hitler die Berufung des bei der Truppe nach wie vor angesehenen Guderian als Nachfolger ↑Zeitzlers zum Chef des Generalstabs des Heeres. Guderian gehorcht und erklärt sich seinerseits bereit, in einem »Ehrenhof des Heeres« unter Generalfeldmarschall Gerd von Rundstedt daran mitzuwirken, die am Staatsstreich beteiligten Offiziere aus der Wehrmacht auszustoßen und damit dem Volksgerichtshof ↑Roland Freisler zu überantworten. In einem Aufruf »An alle Generalstabsoffiziere des Heeres« macht der neue Chef deutlich, wo er steht: »Der 20. Juli ist der dunkelste Tag in der Geschichte des deutschen Generalstabes.« Im übrigen agiert Guderian so glücklos wie sein Vorgänger. Die Niederschlagung des am 1. August 1944 losbrechenden Warschauer Aufstands wird zum gnadenlosen Gemetzel, die Lage an den Fronten immer düsterer.

Anfang 1945, nach dem Scheitern der Ardennenoffensive, drängt Guderian auf Waffenruhe im Westen. Von dort solle die 6. SS-Panzerarmee abgezogen werden, um mit den beiden Kurland-Armeen im Raum Pommern die zerbrechende Ostfront zu stabilisieren. Hitler lehnt ab, Guderian bleibt. Selbst auf Guderians Äußerung vom ›verlorenen Krieg‹, die Hitler hinterbracht wird, reagiert der Diktator mit ungewohnter Milde. Erst am 28. März 1945 entläßt er den wider besseres Wissen loyalen Bedenkenträger in Gegenwart ↑Keitels mit den Worten: »Generaloberst Guderian! Ihre Gesundheit erfordert einen sofortigen Erholungsurlaub von sechs Wochen.« Genau sechs Wochen später streckt die Wehrmacht an allen Fronten die Waffen.

In den »Erinnerungen eines Soldaten« (1951) sucht der Pensionär sich zu rechtfertigen. In seiner Schrift »So geht es nicht!«, die gleichfalls 1951 erscheint, tritt er für einen »neutralisierten deutschen Staat« und Distanz zum Westen ein. Am 14. Mai 1954 ist Heinz Guderian, 65 Jahre alt, in Schwangau bei Füssen gestorben.

## Emma Gumz

***Wäscherei, Plätterei und Heißmangel, Charlottenburg 2, Knesebeckstr. 17***

Stellvertretend für andere, die in Berlin während des Zweiten Weltkriegs jüdische Mitbürger unterstützt und versteckt haben, wird hier an Emma Gumz und ihren Mann Franz Gumz erinnert. Sie nehmen am 15. Januar 1943 die damals 21jährige Inge Deutschkron und deren Mutter Ella für zweieinhalb Wochen in einem Hinterraum ihrer Parterrewohnung in der Knesebeckstraße 17 auf. Eben dort befindet sich auch die Wäscherei. Dieser Unterschlupf ist für die Rettung der Deutschkrons, denen nach einem Besuch der Gestapo in ihrem möblierten Zimmer in der Hohenstaufenstraße in Schöneberg die baldige Deportation droht, entscheidend.

Inge Deutschkron hat in ihrem Bericht »Ich trug den gelben Stern« die Eheleute Gumz als Menschen geschildert, die das NS-Regime und die von ihm betriebene Ächtung unliebsamer Minderheiten ablehnen. Franz Gumz, Anhänger der im Dritten Reich gleichfalls verfolgten Ernsten Bibelforscher, ist »ein schlichter und naiver Mann, der sich seine Meinung und seine Lebensanschauung aus Büchern zusammengeklaubt hatte. Nun saß er wie so viele damals jeden Abend vor dem Rundfunkgerät und bemühte sich, die Sendungen der BBC zu empfangen und aus ihnen Ermutigung und Hoffnung zu beziehen.« Emma Gumz hat den beiden Deutschkrons (Inges Vater hatte Berlin noch im April 1939 mit einem britischen Einreisevisum verlassen, die Familie aber nicht mehr nachholen können) im November 1942 das Versprechen abgenommen, »sich nicht wie die anderen deportieren (zu) lassen«. Der Nachbarsjunge, der als Soldat im Osten steht, habe zu Hause erzählt, »was sie dort mit den Juden machen«. Und so sagt sie denn: »Wir helfen Ihnen ... Mein Mann und ich haben das schon beschlossen. Sie kommen zu uns.«

Anfang Februar geschieht, was sich in jenen Tagen immer wieder ereignet. Frau Gumz wird von der Nachbarin gefragt, »ob wir Besuch hätten«. Sie antwortet: »Ja, eine Kusine aus meiner pommerschen Heimat.« Damit ist klar, daß die Deutschkrons sich ein anderes Versteck suchen müssen — und dann wieder ein anderes. Die Angst, denunziert zu werden, ist in der dichtbesiedelten Metropole ständig gegenwärtig. Auch Emma Gumz spürt diese Angst und sagt beim tränenreichen Abschied immer wieder diesen einen Satz: »Ach, es tut mir so leid.« Die nächste Berlinerin, die den Deutschkrons für einige Zeit ein ›Kabuff‹ hinter ihrem Ladengeschäft zur Verfügung stellt, ist ebenfalls im Telefonbuch 1941 zu finden, und zwar so: »Margarete Sommer, Buchhandlung, Papier, Geschenkartikel, Halensee, Westfälische Str. 64«. Grete Sommer ist wiederum befreundet mit Dr. Otto Ostrowski (Charlottenburg, Dahlmannstr. 11), der von seiner jüdischen Frau getrennt lebt, sich aber nicht scheiden läßt, um sie nicht schutzlos zu machen. Er, der 1933 amtsenthobene ehemalige SPD-Bürgermeister vom Prenzlauer Berg, führt die Deutschkrons Mitte Februar 1943 bei Nacht und Nebel in sein Bootshaus nach Schildhorn, und er war es auch, der den Gehetzten ihr allererstes Versteck vermittelt hat, bei Frida Giese, einer Sozialdemokratin und pensionierten Schulrektorin, deren Zweizimmerwohnung sich in einem Gartenhaus in der Brandenburgischen Str. 36 befindet. Auch Frida Giese hat ein Telefon. Otto Ostrowski wird übrigens im Mai 1946 vom Magistrat der Stadt Berlin mit Genehmigung der Alliierten Kommandantur zum Bürgermeister von Wilmersdorf ernannt; seit dem 5. Dezember 1946 ist er als Vorgänger Ernst Reuters Oberbürgermeister des noch ungeteilten Berlin.

## H Ulrich Haacke

***Dr., Zehlendorf, Teichstr. 11***

Ulrich Haacke, geboren am 14. September 1890, ist keine Persönlichkeit der Zeitgeschichte. Wir würden von ihm nichts wissen, hätte diesem »leidenschaftlichen Lehrer« nicht einer seiner Schüler, der 1904 in Berlin geborene Architekt und Architekturhistoriker Julius Posener, ein assimilierter Jude, ein literarisches Denkmal gesetzt. Poseners Lebenserinnerungen »Fast so alt wie das Jahrhundert« (1990) sind die Quelle, aus der wir schöpfen, um einen Typus kenntlich zu machen, der an Deutschlands Schulen der Zwischenkriegszeit heimisch gewesen ist. Idealistisch gesinnte Pädagogen wie Haacke, in jungen Jahren von Kaiser und Reich, Wandervogel und Weltkrieg geprägt, werden Wegbereiter und Opfer einer Katastrophe, die niemand von ihnen gewollt hat. Ein »Geschichtsbuch für die deutsche Jugend« (Leipzig 1926), das Haacke mitverfaßt hat, ruft diese Jugend dazu auf, »für das Vaterland und damit auch zum Besten der ganzen Menschheit einst alle Kraft einzusetzen«. Das ließe sich auch heute so sagen. 1930 hat Haacke in einem Aufsatz über »Die Not des Literaturunterrichts« (in der Zeitschrift *Die Erziehung*, Bd.V, S. 117 ff.) für die Abkehr von den Klassikern und die Hinwendung zu modernen, auch ausländischen, Autoren plädiert.

Und wie hat Posener seinen Lehrer für Deutsch, Englisch und Geschichte erlebt? Ulrich Haacke, von Statur eher klein und dünn, hat als Kriegsfreiwilliger im Weltkrieg ein Auge verloren. Seine etwas krächzende Stimme »drückte ehrlich und eindringlich aus, was ihn bewegte«. Posener schildert ihn als einen Reformpädagogen ohne Dünkel, der seine Schüler zu Faltbootfahrten einlädt und auch die »Fragen der Zeit« mit ihnen bespricht. Haacke ist »einer jener disziplinierten Menschen, die in ihren Tag mehr hineinpacken, als man für möglich halten sollte«. Der Ehrgeiz, jedes Jahr eine fremde Sprache zu lernen, gehört dazu. Wo steht Haacke politisch? »Er hat zu der Zeit, als ich sein Schüler war, ganz sicher SPD gewählt«. Zugleich wird den Schülern sichtbar, »wieviel das Deutschtum ihm bedeutet hat.« Doch selbst wenn er den Bamberger Reiter absichtsvoll mit einer künstlerisch schwächeren Skulptur aus Reims vergleicht, bleibt sein Vortrag anregend. Poseners Fazit: »Er war Sozialist, und er war Nationalist.« Einer Bewegung, die es verstand, diese beiden bislang eher antithetischen Stränge im Seelenhaushalt der Deutschen miteinander zu verknüpfen, würde die Zukunft gehören. Eines Tages habe der Pädagoge »den Namen der Partei, welche bald nach dem Kriege von sich reden machte, wörtlich genommen: er wurde Nationalsozialist.« Mitglied der NSDAP (Nr. 5846840) wird Haacke freilich erst am 1. Mai 1937, als die vierjährige Aufnahmesperre endet. Da hat Posener Deutschland längst verlassen. Aber bevor er im Frühjahr 1933 geht, trifft der ehemalige Schüler den Lehrer noch einmal. Haacke und seine Frau sprechen »mit strahlenden Augen von dem, was der Kultusminister Rust in den Schulen durchzusetzen versuche ... Ich ging betreten von dieser letzten Zusammenkunft nach Hause. Dann aber ließ es mir keine Ruhe, ich mußte mich mit Haacke auseinandersetzen. Ich wählte einen Text von Ernst Jünger: ›Das ist der Rhythmus deutscher Politik: sie bedarf des Führers.‹ Ich zeichnete ein kleines Hitlerbild daneben und ergänzte: ›Und sie nimmt ihn ohne Ansehen der Person.‹« Haacke antwortet darauf nicht.

Als Posener zurückkommt, sind nicht tausend, sondern nur zwölf Jahre vergangen. »Frau Haacke, eine liebe kleine Frau mit strahlend blauen Augen, ... wohnte immer noch in dem Hause, das die Haackes in meiner Schulzeit in Zehlendorf bezogen hatten. Die Straße allerdings hatte man, wie ihr zum Hohn, in Leo-Baeck-Straße umbenannt; ich hatte den Eindruck, daß sie immer noch Nationalsozialistin war.« Posener besucht auch die alte Schule. »Vielleicht war es nicht eben taktvoll, das in britischer Uniform zu tun.« Den Lehrer Haacke will niemand mehr kennen: »Der hat ja die Schüler zur Sonnenwende an die Havel geführt und Wotansfeste mit ihnen gefeiert.« »Aber ich kenne ihn«, erwidert Posener, »und ich werde ihn mein Leben lang nicht vergessen.«

Ulrich Haacke ist Mitte April 1945, 54 Jahre alt, als Volkssturmmann im Kampf gegen die nach Berlin vordringende Rote Armee an der Hakeburg in Kleinmachnow gefallen. Ämter in der NSDAP hat er nicht bekleidet. In dem Fragebogen für die »Parteistatistische Erhebung 1939« gibt er an, Blockwalter der NSV zu sein. NSV ist die Abkürzung für Nationalsozialistische Volkswohlfahrt.

## Reinhold Habisch

***SO 36, Falckensteinstr. 13***

Ihn kannte schon lange vor 1941 jeder Berliner oder doch fast jeder: Reinhold Habisch, genannt Krücke, geboren am 8. Januar 1889 in Berlin. Als 18jähriger wird er von einer Straßenbahn überfahren, verliert ein Bein und nutzt, unter Aufgabe des Berufsziels Rennfahrer, sein fortan an eine Krücke gebundenes Leben dazu, ein Berliner Original zu werden, wobei er auf seine Berühmtheit vermutlich genauso gepfiffen hat wie auf den Sportpalastwalzer beim Sechstagerennen, der durch seine berühmten vier Pfiffe zum Klassiker veredelt wurde. Jahrzehntelang läßt Habisch, auf seinem Stammplatz im ›Heuboden‹ hockend, kein Volksvergnügen aus, das im Sportpalast, dieser inzwischen abgetragenen Berliner Kultstätte, stattfindet. Dort hat er freien Eintritt und ein Vorrecht, das als ›Ehrenamt‹ verstanden wird: »Er gab zu allem seinen Senf. Ob da nun geboxt oder geradelt wurde oder Richard Tauber aufkreuzte, um nicht zu singen. Nu aber Krücke: ›Richard, schmetter mal einen!‹ Das war Verpflichtung. Er sang ›Oh Mädchen, mein Mädchen‹. Ein andermal wollte Krücke den Mittelgewichtsboxer Prenzel aus dessen Ohnmacht erwecken, in die ihn Milenz geboxt hatte: ›Herr Prenzel, bitte ans Telefon!‹ Brausender Beifall erweckte den Geschlagenen. Das alles bot Krücke aus dem Stegreif — ohne Honorar, was Heutigen unvorstellbar ist. Krücke blieb immer genügsam. Er maulte nie. Er wurde ja geliebt« (Ekkehard Schwerk, *Der Tagesspiegel* vom 31. Januar 1999).

Bis zuletzt hat dieser Urberliner in Kreuzberg gewohnt, zuletzt in der Muskauer Straße 9. Am 7. Januar 1964, am Vorabend seines 75. Geburtstags, ist Reinhold Habisch in Berlin gestorben.

## Wilhelm Haegert

***Ministerialdirigent, Grunewald, Lassenstr. 22***

Wilhelm Haegert, geboren am 14. März 1907 in Rixdorf (heute Neukölln) als Sohn eines Postsekretärs, studiert Jura, tritt einer schlagenden Verbindung bei und wird als 22jähriger am 1. August 1929 Mitglied der NSDAP. Damit gehört der Träger des Goldenen Ehrenzeichens zu der erlesenen Schar der »Alten Kämpfer«. Entsprechend steil verläuft seine Karriere unter dem Hakenkreuz.

Gleich nach seinem Parteibeitritt zum stellvertretenden Ortsgruppenleiter der NSDAP in Angermünde gekürt, wird der Rechtsreferendar Haegert 1931 Leiter der Abteilung Rechtsschutz im Gau Berlin-Brandenburg. Da ist er in der SA bereits zum Sturmbannführer (Major) aufgestiegen. 1932 geht er nach München, um in der Reichspropagandaleitung der NSDAP als ehrenamtlicher Helfer tätig zu sein. Nach dem 30. Januar 1933 wird Haegerts Einsatz mit einem staatlichen Spitzenamt honoriert: Goebbels holt den eben 26jährigen im April 1933 als Leiter der Schrifttumsabteilung in das Reichsministerium für Volksaufklärung und Propaganda.

Haegert, jung, hingabebereit und dynamisch, darf als ein idealtypischer Vertreter der knapp zehntausend Mann (und fast keine Frauen) umfassenden Führungsgarde der NS-Bewegung bezeichnet werden. Wer zu ihr gestoßen ist, als der Sieg noch fern und ungewiß war, brachte neben dem Pflichtprogramm (Ablehnung des Versailler Diktats, der Juden, der Marxisten, des Parlamentarismus und des Liberalismus) meist tiefe Gläubigkeit mit. Den Idealismus der frühen Gefolgschaft Hitlers leugnen zu wollen, hieße, ein Schlüsselelement der niederschmetternden Stärke des NSDAP auf ihrem Wege zur Macht zu ignorieren. (Daß für die Jünger des Kommunistenführers Ernst Thälmann — von ihm ist in der biographischen Skizze ↑Fritz Ludwigs die Rede — haargenau dasselbe gilt, belegt die monströse Affinität dieser Bewegungen.)

Nach den Rückschlägen an den Fronten des Zweiten Weltkriegs ist dieser blinde Idealismus bei den Einsichtigen freilich rasch verbraucht. Seit 1943 wittert Haegert in den Durchhalteparolen der Führungsspitze Betrug am deutschen Volk. Ende 1944 geht er, notdürftig ausgebildet und bewaffnet, an die östliche Front. Dort treffen wir ihn wieder, und es ist Goebbels selbst, der uns diese Begegnung vermittelt. Der Reichspropagandaminister und Berliner Gauleiter bricht am Morgen des 9. März 1945 zu einer letzten Dienstfahrt in seinem Wagen gen Osten auf. In Görlitz erwartet ihn Generaloberst Ferdinand Schörner, standfester und hitlertreuer Befehlshaber der Heeresgruppe Mitte. Man fährt gemeinsam nach Lauban. Das am Queis gelegene niederschlesische Städtchen ist , eben noch von der Roten Armee besetzt, im Sturm zurückerobert worden. Goebbels' bis in die Tage des Untergangs geführtes Tagebuch hält die Szene anschaulich fest: »Auf dem Marktplatz in Lauban, der völlig zerstört ist, haben Fallschirmjäger, die bei der Operation von Lauban sehr ruhmvoll beteiligt waren, Aufstellung genommen. Schörner spricht zu den Truppen ... Unter den aufmarschierten Soldaten entdeckte ich als Leutnant meinen alten Mitarbeiter Haegert, der sich innerhalb der Großdeutschland-Verbände wieder zur Front gemeldet hat. Er ist auf das tiefste ergriffen, mich wiederzusehen.« Auch Goebbels hält auf dem Marktplatz eine Rede und zeigt sich beeindruckt von der Kampfmoral der Truppe. »Wir fahren dann unmittelbar an die Front ... Unsere

Soldaten kennen, nachdem sie die Greueltaten der Sowjets in Augenschein genommen haben, keinen Pardon mehr. Sie schlagen die Sowjets mit dem Spaten oder dem Gewehrkolben tot.«

Haegert entgeht diesem Schicksal. Er entgeht auch der Gefangennahme. In Zivilkleidern schlägt er sich nach Westen durch. In Göttingen holt er die seinerzeit abgebrochene Referendarzeit nach und paukt den Stoff für das Assessorexamen. Das legt er 1950 in Berlin (West) ab. Dort wird auch die Hürde des Entnazifizierungsverfahrens genommen: eine nachsichtige Spruchkammer stuft den Alten Kämpfer als bloßen ›Mitläufer‹ ein. Das Ziel, Anwalt und Notar werden zu können, ist damit erreicht. Haegerts Kanzlei befindet sich in Friedenau, Niedstr. 12, seine Wohnung in Zehlendorf, Kaunstr. 26. Wie er im Rückblick seine Rolle im Dritten Reich sieht, läßt sich nur mutmaßen.

Sogar das Ende der DDR hat Wilhelm Haegert noch erlebt. Am 24. April 1994 ist er, 87 Jahre alt, in Berlin gestorben.

## H Heinrich Härtle

***Friedenau, Handjerystr. 75***

Manche Lebenswege weisen bemerkenswerte Parallelen auf. So wird im Schicksal von ↑Ulrich Haacke, ↑Wilhelm Haegert und Heinrich Härtle, Nationalsozialisten aus dem dritten Glied, das Wirken des Zeitgeistes, der Hitlers Aufstieg zu unumschränkter Macht ermöglicht hat, ebenso sichtbar wie jenes schier ausweglose Dilemma, das seit dem Untergang der 6. Armee in Stalingrad und erst recht seit der Landung der Alliierten in der Normandie immer schärfer hervortritt: aufgeben oder standhalten?

Wie die Haackes, Haegerts und Härtles sich entscheiden, ist unschwer zu erraten. Es erscheint ihnen unehrenhaft, nach der freudigen Teilhabe an einem beispiellosen nationalen Rausch in der Stunde der Not von der Fahne zu gehen und eine verlorene Sache verloren zu geben, solange noch ein Rest militärischer Kampfkraft vorhanden ist. Denn wird das Volk, wenn die Waffen gestreckt sind, nicht der Willkür und Rache der Sieger ausgeliefert sein? Haacke hat seine Option im April 1945 mit dem Leben bezahlt. Haegert beginnt etwa zur gleichen Zeit umzudenken; der Tod Hitlers erleichtert diesen Prozeß. Härtle dagegen bleibt seinem weltanschaulichen Credo bis weit in die Nachkriegszeit hinein unbeirrt und einsichtslos treu.

Heinrich Härtle, geboren am 24. Februar 1909 in Sachrang, einem Dorf in den oberbayerischen Alpen, schließt sich am 26. April 1927 als Mitglied Nr. 60 393 der NSDAP an. Er wird Sekretär des Reichsleiters Alfred Rosenberg in der Münchner Parteizentrale. Als es zum Kriege kommt und dieser Krieg an immer neuen und längeren Fronten ausgefochten wird, bleibt er, wie Millionen andere auch, führergläubig und siegesgewiß. 1944 erscheint, versehen mit einem Vorwort Rosenbergs, sein Buch »Die ideologischen Grundlagen des Bolschewismus, Marxismus, Leninismus, Stalinismus«.

Als 1945 Härtles festgefügte Lebenswelt zusammenbricht und die Wahrheit über die Verbrechen des NS-Regimes ans Licht kommt, schottet er sich gegen die Erkenntnis ab, einem skrupellosen Hasardeur gefolgt zu sein. Während die Masse der überlebenden kleinen und mittleren Funktionäre der NSDAP die Vergangenheit zu verdrängen oder aufzuarbeiten sucht, setzt eine Minderheit ihre Hoffnung auf einen Rückschlag des Pendels der Geschichte — und auf Parteien wie die SRP und NPD.

Heinrich Härtle nutzt die demokratischen Freiheiten der Bundesrepublik, um in der ultrarechten Szene publizistisch zu agitieren. Er schreibt in den einschlägigen Gazetten wie *Deutsche Nachrichten*, *Deutsche Wochen-Zeitung* und *National-Zeitung*. 1955 läßt er — unter dem Pseudonym Helmut Steinberg — sogar die Propagandaschrift von 1944, gekürzt um das Vorwort Rosenbergs, in einem Hamburger Verlag kaum verändert erscheinen. »Marxismus — Leninismus — Stalinismus — der geistige Angriff aus dem Osten« lautet nun der Titel.

Zwei Härtle-Zitate reichen aus, um die hier konservierte Vorstellungswelt zu kennzeichnen. Die Vereinigten Staaten, liest man in Nr. 47/1967 der *Deutschen Nachrichten*, seien eine »imperialistische Macht, die sich nicht scheute, zwei europäische Kriege in zwei Weltkriege gegen Europa zu verwandeln«. Und in der *Deutschen Wochen-Zeitung* vom 18. September 1964 beklagt Härtle die »Diktatur« von Geldgebern und Meinungsmachern, die zur »Vorherrschaft der modernistischen Pseudokunst in Plastik und Malerei« geführt habe. Etwas besser stünde es um die »Welt des Buches«. Aber auch hier werde »später erst gewürdigt werden können, welche Leistung jene deutschen Schriftsteller und Verleger erbracht haben, die unter existentiellem Einsatz in das Dschungel der Feindpropaganda und ihre Fortsetzung im kalten Bürgerkrieg eine Lichtung der Wahrheit geschlagen haben«. Zu diesen mutigen Taten rechnet der Autor namentlich die Herausgabe der »Kriegserinnerungen von Rudel und Skorzeny«.

## Otto Hahn

***Prof.Dr., Dahlem, Altensteinstr. 48***

Otto Hahn, geboren am 8. März 1879 in Frankfurt a.M., studiert von 1897 bis 1901 in Marburg (Lahn) Chemie und promoviert zum Dr. phil. Nach zwei Assistentenjahren geht er ins Ausland: nach London zu

William Ramsay und nach Montreal (Kanada) zu Ernest Rutherford. Der Begegnung mit diesen berühmten Wissenschaftlern verdankt er sein lebenslanges Forschungsgebiet, die Radiochemie.

1906 kommt Otto Hahn nach Berlin, um sich ein Jahr später bei Emil Fischer (1852–1919) zu habilitieren. In der Hessischen Str. 1/2, dem Chemie-Gebäude der Friedrich-Wilhelms-Universität, richtet er für sich und die Physikerin Lise Meitner (1878 –1968) ein Labor ein. Das Haus steht noch heute. Eine Bronzetafel links vom Eingang trägt die Inschrift: »In der ehemaligen Holzwerkstatt im Erdgeschoss dieses Gebäudes haben die Radiumforscher Otto Hahn und Lise Meitner von 1906/07 bis 1912 durch bedeutende Entdeckungen der Naturwissenschaft gedient.«

1910 wird Hahn zum außerordentlichen Professor ernannt. Seit 1912 leitet er die Abteilung für Radioaktivität des Kaiser-Wilhelm-Instituts für Chemie. 1926 wird Hahn, inzwischen Mitglied der Preußischen Akademie der Wissenschaften, Direktor des Instituts. Im Frühjahr 1933 sucht er ↑Max Planck, den Präsidenten der Kaiser-Wilhelm-Gesellschaft, dazu zu bewegen, öffentlich gegen die rassistische und wissenschaftsfeindliche Entlassungspolitik der NS-Regierung zu protestieren. Planck weist das Ansinnen mit den Worten zurück: »Wenn heute 30 Professoren aufstehen ..., dann kommen morgen 150 Personen, die sich mit Hitler solidarisch erklären, weil sie die Stellen haben wollen« (Hahn, S. 145).

Im Frühjahr 1938 emigriert Lise Meitner, die als Österreicherin bislang nicht von dem für deutsche Staatsbürger geltenden neuen Recht betroffen war, nach Schweden. Im Dezember 1938 gelingt Hahn unter Assistenz von Fritz Straßmann (1902–1980) die erste Atomkernspaltung beim Uran. Im so genannten Farm-Hall-Protokoll Nr. 4 vom 6./7. August 1945 heißt es dazu: »Sie war die Frucht rein wissenschaftlicher Untersuchungen, die mit praktischen Zielen nichts zu tun hatten. Erst nach ihrer Veröffentlichung wurde ungefähr gleichzeitig in verschiedenen Ländern entdeckt, daß sie eine Kettenreaktion der Atomkerne und damit zum ersten Mal eine technische Ausnutzung der Kernenergien ermöglichen könnte« (zit. nach Dieter Hoffmann, S. 175).

Am 15. November 1945 erfährt Otto Hahn, daß ihm für seine Entdeckung der Nobelpreis für Chemie des Jahres 1944 zuerkannt worden ist. Nach Richard Kuhn (1938) und ↑Adolf Butenandt (1939) ist er binnen weniger Jahre der dritte deutsche Naturwissenschaftler, der diesen Preis erhält. Zuvor freilich, am 25. April 1945, wird Hahn im württembergischen Tailfingen, wohin sein Berliner Institut ausgelagert worden ist, im Zuge der »Operation Epsilon« von der US-Army festgenommen und zusammen mit neun weiteren deutschen Atomwissenschaftlern, unter ihnen ↑Carl Friedrich von Weizsäcker, im englischen Farm Hall, unweit von Cambridge, interniert. Die Sieger wollen wissen, wie nahe die Deutschen daran waren, eine Atombombe zu bauen (tatsächlich erweist sich die Entwarnung, die der Spion ↑Paul Rosbaud den Alliierten bereits 1943 übermittelt hat, als zutreffend). Über Monate hinweg werden die Wissenschaftler befragt und ihre Gespräche untereinander abgehört.

Im August 1945 wird Hahn von seinen Bewachern als »Mann von Welt« charakterisiert: »Der freundlichste der internierten Professoren. Er besitzt einen ausgeprägten Humor und common sense. Gegenüber England und Amerika ist er entschieden freundlich eingestellt. Über die Nachricht vom Abwurf der Atombombe zeigte er sich sehr erschüttert, da er sich auf Grund seiner Entdeckung für den Tod so vieler Menschen verantwortlich fühlt.«

Nach der Entlassung Anfang 1946 geht Hahn nach Göttingen. Dort haben auch ↑Max Planck und einige andere Berliner Kollegen Zuflucht gefunden. Im April 1946 wird Hahn als Nachfolger Plancks Präsident der nun in Max-Planck-Gesellschaft (MPG) umbenannten Kaiser-Wilhelm-Gesellschaft. Fast vierzehn Jahre widmet er sich ihrem Neuaufbau. Im Juli 1955 steht er als treibende Kraft hinter der »Mainauer Kundgebung« gegen den Mißbrauch der Atomkraft; der Aufruf wird von 52 Nobelpreisträgern unterzeichnet. Im April 1957 gehört er zu den Initiatoren der »Göttinger Erklärung«, die von der Bundesregierung als Affront betrachtet wird. 1960 scheidet Hahn als MPG-Präsident aus. In dem Buch »Vom Radiothor zur Uranspaltung« (1962) erzählt er die Geschichte seiner Entdeckungen.

Am 28. Juli 1968 ist Otto Hahn, 89 Jahre alt, Mitglied des Ordens Pour le mérite, in Göttingen gestorben. Kurz darauf erscheinen unter dem Titel »Mein Leben« seine Erinnerungen. Das Berliner Hahn-Meitner-Institut für Kernforschung trägt seinen Namen.

## Franz Halder

***Generaloberst, Grunewald, Kronberger Str. 12***

Der Berufssoldat Franz Halder, geboren am 30. Juni 1884 in Würzburg, wird 1904 Leutnant. Von 1911 bis 1914 besucht er die Bayerische Kriegsakademie. Im Ersten Weltkrieg gehört er dem Generalstab an. 1920 wird er als Hauptmann in die Reichswehr der Republik übernommen. Als Hitler 1933 an die Macht kommt, ist Halder Oberst und Chef des Stabes eines Wehrkreiskommandos.

Dann beschleunigt sich das Karrieretempo: 1934 Generalmajor und Kommandeur der 7. Infanteriedivision, 1936 Abordnung zum Reichskriegsministerium, 1937 Stabschef bei den großen Wehrmachtmanövern, Anfang 1938 General der Artillerie und Oberquartiermeister I im Generalstab des Heeres. Dann, am 1. September 1938, beruft ihn Hitler während der Sudetenkrise zum Chef des Generalstabs des Heeres. Sein Vorgänger, Generaloberst Ludwig Beck, der als führender Kopf des militärischen Widerstands am 20. Juli 1944 im Bendlerblock des OKH den Tod finden wird, hat im August 1938 um seine Entlassung gebeten, als er erkennt, die zum Kriege treibende Politik Hitlers weder mäßigen noch verhindern zu können.

Auch Halder hält den Kriegskurs und die beabsichtigte Verletzung der Neutralität Belgiens und Hollands für bedenklich. Es ist der überall nach Bundesgenossen suchende Carl Goerdeler, der ihn nach dem Polenfeldzug zum Widerstand drängt. Am 6. April 1940 notiert Ulrich von Hassell tief enttäuscht in sein Tagebuch, Goerdeler habe ihm bestätigt, »daß Halder kalte Füße bekommen hätte. Er (Goerdeler) zeigte mir einen Brief, in dem dieser (Halder) mit sehr naiven Argumenten (England und Frankreich hätten uns den Krieg erklärt, der nun durchgeschlagen werden müßte; ein Kompromißfriede sei sinnlos ...) eine Aktion zur Zeit! ablehnt. Der Eindruck von (Halder), der beim Erörtern seiner Verantwortung angefangen habe zu weinen, sei der eines schwachen, nervlich stark mitgenommenen Mannes gewesen«.

Der Generalstabschef, seit dem siegreich durchgeschlagenen Frankreichfeldzug Generaloberst, beläßt es bei Worten und wachsenden Skrupeln. Am 24. September 1942 wird er ohne Vorwarnung abgelöst. An seine Stelle tritt der elf Jahre jüngere, nationalsozialistisch gesinnte Generalmajor ↑Kurt Zeitzler, der alsbald zum General der Infanterie befördert wird. In Halders Tagebuch heißt es dazu: »Nach dem Tagesvortrag: Verabschiedung durch den Führer (meine Nerven verbraucht, auch seine nicht mehr frisch). Wir müssen uns trennen. Notwendigkeit der Erziehung des Gen.Stabs im fanatischen Glauben an die Idee.« Domarus hat wohl recht, wenn er dazu anmerkt: »An sich hatte Hitler keinen Grund, über Halder zu klagen. Denn dieser hatte in den vergangenen vier Jahren treu und brav alles mitgemacht, was Hitler angeordnet hatte, selbst die bedenklichsten und völkerrechtswidrigsten Unternehmungen« (S. 1910). Auch an Respekt habe es Halder, im Gegensatz zu ↑Jodl, nicht fehlen lassen und seine Opposition nur dem Tagebuch anvertraut.

Am Ende gerät der unschlüssige Halder dann doch noch in das Mahlwerk des Regimes, dem er so lange gedient hat. Als Mitwisser des Attentats vom 20. Juli verdächtig, wird er verhaftet, am 28. Januar 1945 unehrenhaft aus der Wehrmacht entlassen und in verschiedene Konzentrationslager, zuletzt nach Dachau, verbracht. Dort wird er am 28. April 1945 von der US-Armee befreit und als Kriegsgefangener in Gewahrsam genommen. Von 1946 bis 1961 ist er als Leiter des deutschen Arbeitsstabes der Historical Division der US-Army tätig.

Später hat Halder behauptet, sich schon Anfang 1938 von Hitler abgewandt zu haben. Im September 1938 will er Walter von Brauchitsch, dem (am 19. Dezember 1941 während der Krise bei der Heeresgruppe Mitte abgelösten) letzten Oberbefehlshaber des Heeres, vertraulich eröffnet haben, er stehe noch »viel aggressiver« als Beck gegen Hitler und werde jede Möglichkeit nutzen, ihn zu bekämpfen. Diese Version hat Halder in seinem Entnazifizierungsverfahren vor einer Münchener Spruchkammer im Herbst 1948 mit derart farbigen Details ausgeschmückt, daß die Kammer den Mann, der bis 1942 sämtliche Angriffsoperationen der Wehrmacht generalstabsmäßig vorbereitet und am Kartentisch begleitet hat, als »nicht belastet« einstuft. Halders Angaben über wiederholt geplante militärische Putschversuche stoßen auf Skepsis. Da ein Generalstäbler keine Kommandogewalt hat, hätte er Truppenbefehlshaber ins Vertrauen ziehen müssen. Dieses aber ist nicht belegt. Auf Halder hat sich auch die Verteidigung im Nürnberger Hauptkriegsverbrecherprozeß mehrfach berufen. Eine ›Ehrenrettung‹ des deutschen Generalstabs kann aus Halders Verhalten jedoch nicht abgeleitet werden.

Franz Halder ist am 2. April 1972, 87 Jahre alt, in Aschau im Chiemgau gestorben.

## Nikolaus Christoph von Halem

***NW 87, Händelallee 10***

Nikolaus von Halem, geboren am 15. März 1905 in Schwetz an der Weichsel (Provinz Westpreußen), weigert sich nach dem Tod des Reichspräsidenten von Hindenburg am 2. August 1934, den Beamteneid auf Adolf Hitler zu leisten. Er ist überzeugt, daß Hitler Deutschland in die Katastrophe führen wird. Halem, der deshalb nicht als Jurist in den Dienst des Staates treten kann, arbeitet in der Folgezeit als Kaufmann in der Reichsstelle für Industrie und als Referent in der Organisation für den Vierjahresplan.

Der unerschrockene NS-Gegner drängt frühzeitig auf Aktionen zur Ausschaltung Hitlers. Er unterhält vielfältige Kontakte zum militärischen und zivilen Widerstand. 1936 trägt ihm der Verdacht konspirativer Umtriebe eine mehrwöchige Haft ein. Kopf einer der aktivsten zivilen Gruppen, auf die Halem seine Hoffnungen setzt, ist der ehemalige Hauptmann und spätere Führer des Freikorps Oberland Josef (Beppo) Römer, ein linker Konvertit, der schon mit seiner 1930 gegründeten Zeitschrift *Der Aufbruch* den Nationalsozialismus erbittert bekämpft hat. Als ein falscher Freund Römer an die Gestapo verrät, wird am 22. Februar 1942 mit vielen anderen auch Nikolaus von Halem verhaftet. Sein von schwerer Folter begleiteter Leidensweg führt durch Gefängnisse, Gestapokeller, Straf- und Konzentrationslager, ehe er zu seinem Prozeß in das Untersuchungsgefängnis Moabit eingeliefert wird.

Am 16. Juni 1944, einen Monat vor dem Attentat im ostpreußischen Führerhauptquartier, wird Nikolaus von Halem vom Volksgerichtshof unter dem Vorsitz ↑Roland Freislers wegen Hochverrats zum Tode verurteilt und am 9. Oktober 1944 im Zuchthaus Brandenburg-Görden hingerichtet. Wie lange es damals dauert, bis die Nachricht vom Tod hinter Zuchthausmauern an die Außenwelt und zu den Freunden dringt, belegt Ursula von Kardorffs Tagebuch. Am 15. November 1944 trägt sie ein: »Es heißt, Nikolaus Halem sei tot. Er soll bei der Verhandlung so überlegen gewesen sein, daß selbst Freisler zu schreien vergaß — aber was nutzt das schon. Wer vor Freisler steht, steht vor dem Tod.«

## H Kurt Freiherr von Hammerstein-Equord

***Generaloberst, Zehlendorf, Breisacher Str. 19***

Der Berufsoffizier Kurt Freiherr von Hammerstein-Equord, geboren am 26. September 1878 auf dem Lehnsgut Hinrichshagen (Mecklenburg-Schwerin), wird 1930 von dem parteilosen Reichswehrminister Wilhelm Groener zum Chef der Heeresleitung der Reichswehr berufen. Unter den hohen Militärs ist er der einzige, der in den kritischen, hektischen Tagen vor dem 30. Januar 1933 die Kanzlerschaft Adolf Hitlers zu verhindern sucht. Er bedrängt den Reichspräsidenten von Hindenburg, den Führer der NSDAP nicht zu ernennen, und er wendet sich auch an Hitler persönlich. Noch neun Jahre später, im Tischgespräch vom 21. Mai 1942, erinnert sich der Diktator dieses Vorgangs: Hammerstein, der Oberbefehlshaber des Heeres, »habe sich nicht einmal entblödet, bei ihm anzurufen und ihm mitzuteilen, daß ›die Reichswehr seine Kanzlerschaft unter keinen Umständen billigen könne‹«.

Tatsächlich hat dieser Affront Hitler Respekt abgenötigt, aber auch in Unruhe versetzt. Jedenfalls ist er bereit, als neuen Reichswehrminister einen unpolitischen Militär, den Generalleutnant Werner von Blomberg, in sein Kabinett zu nehmen. Blomberg war schon am 29. Januar 1933 von Hindenburg nach Berlin beordert und am Morgen des 30. Januar zum Minister ernannt und vereidigt worden, obwohl dies laut Verfassung nur auf Vorschlag des Reichskanzlers hätte geschehen dürfen. Einer anderen Version des Vorgangs zufolge ist es Hitler gewesen, der die Initiative zur vorzeitigen Berufung Blombergs ergriffen hat, ehe ihm selbst wenige Stunden später die Kanzlerschaft übertragen wird.

Feststeht, daß Hitler seine Hand zu den Militärs weit ausstreckt. Am 3. Februar trifft er sich demonstrativ in Hammersteins Wohnung mit einem Kreis »höchster Reichswehroffiziere«, um ihnen die Ziele seiner Politik zu erläutern. Diese Aussprache mit den Befehlshabern des Heeres und der Marine, heißt es im *Völkischen Beobachter*, sei »angesichts der Wende des 30. Januar von besonderer Wichtigkeit« und zeige »die enge Verbundenheit der Politik der neuen Regierung mit den Aufgaben der Wehrmacht«. Hitler versichert der Generalität, die Armee werde auch in Zukunft der einzige Waffenträger der Nation sein. Hammerstein aber ändert seine Einstellung gegenüber der neuen Führung nicht. 1934 wird er als Chef der Heeresleitung entlassen. Zwar wird seine Besorgnis von Generaloberst Ludwig Beck, seit Juli 1935 Generalstabschef des Heeres, und Generaloberst Werner Freiherr von Fritsch geteilt. Aber beide lehnen ein politisch motiviertes Eingreifen der Wehrmacht mit dem Ziel, Hitler zu stürzen, ab. Aus heutiger Sicht wäre dies eine Entscheidung für das kleinere Übel gewesen, damals aber gewiß auch das Signal zum Bürgerkrieg.

Bei Kriegsbeginn 1939 wird Hammerstein noch einmal für kurze Zeit reaktiviert. Ende November 1941 registriert Ulrich von Hassell seinen »unerschütterlichen Pessimismus« und wenige Wochen später sein »total pessimistisches Urteil« über den Kriegsverlauf im Osten, wo die Rote Armee den deutschen Angriff zum Stehen gebracht hat. Am 24. April 1943 ist Kurt Freiherr von Hammerstein-Equord, 64 Jahre alt, in Berlin gestorben. »Wir sind traurig über Hammersteins Tod. Er war ein sehr kluger Mann, politisch und militärisch klarsehend, durch und durch anständig.«, vermerkt Hassell und fährt fort, »im großen Augenblick hätte er große Dienste geleistet«. Dieser Augenblick ist ausgeblieben.

Der Sohn Ludwig Freiherr von Hammerstein-Equord (1919–1996) ist als junger Potsdamer Offizier am Staatsstreichversuch des 20. Juli 1944 in der Bendlerstraße beteiligt. Er überlebt, weil es ihm gelingt, sich bis zum Ende der Diktatur im Untergrund verborgen zu halten.

## Siegfried Handloser

***Dr. Prof., Generaloberstabsarzt, Charlottenburg 5, Gustloffstr. 36–38 (1943)***

Der Militärarzt Siegfried Handloser, geboren am 25. März 1885 in Konstanz, wird im Zweiten Weltkrieg als Chef des Sanitätswesens der Deutschen Wehrmacht und oberster Sanitätsoffizier des Heeres in Verbrechen der SS verstrickt. Im Herbst 1941 nimmt Handloser zustimmend zur Kenntnis, daß das Hygiene-Institut der Waffen-SS in Berlin seine Abteilung für Fleckfieber- und Virusforschung um eine Klinische Station im Konzentrationslager Buchenwald zu erweitern gedenkt. Der Zweck dieser Station wird am 29. Dezember 1941 im Lager-Tagebuch so umschrieben: »Da der Tierversuch keine ausreichende Wertung (von Fleckfieberimpfstoffen) zuläßt, müssen die Versuche am Menschen durchgeführt werden.«

Im Mai 1943 ist Handloser Teilnehmer der »Dritten Arbeitstagung Ost der beratenden Fachärzte der Militärärztlichen Akademie Berlin«. Ort der Tagung ist das Konzentrationslager Ravensbrück. Spätestens jetzt erfährt Handloser, daß hier seit 1942 weibliche Häftlinge mit Staphylokokken und anderen Erregern infiziert werden, um die Heilwirkung von Sulfonamiden zu erproben. Zwar fallen die mörderischen Experimente in die Zuständigkeit der SS und in die Verantwortung des später hingerichteten Reichsarzt-SS und Polizei, SS-Gruppenführer Ernst Grawitz. Gleichwohl muß sich auch Handloser im Nürnberger Ärzteprozeß wegen Kriegsverbrechen und Verbrechen gegen die Menschlichkeit verantworten.

Am 25. Februar 1947 berichten die Zeitungen, daß sich zwanzig ehemalige Generalärzte der Wehrmacht aus einem Gefangenenlager bei Garmisch zu ihrem früheren Vorgesetzten bekennen. Niemals, so heißt es in ihrer eidesstattlichen Erklärung, habe Handloser von seinen Untergebenen Handlungen verlangt, die »den anerkannten Regeln ärztlicher Ethik ... widersprochen haben«. Am 20. August 1947, nach 139 Verhandlungstagen, verurteilt der amerikanische Militärgerichtshof Siegfried Handloser zu lebenslanger Haft. Sieben Angeklagte, darunter der Chef des Hygiene-Instituts der Waffen-SS ↑ Joachim Mrugowsky, werden zum Tode durch den Strang verurteilt. Eine Überprüfung des Handloser-Urteils lehnt der US-Supreme Court in Washington mit 5:3 Stimmen ab.

Ab 3. Juli 1954 ist Siegfried Handloser, 69 Jahre alt, gestorben.

## H Paul von Hase

***Generalleutnant, C 2, Unter den Linden 1***

Paul von Hase, geboren am 24. Juli 1885 in Hannover, ein Enkel des seinerzeit berühmten Jenaer Kirchenhistorikers Karl Hase, wächst in einem bürgerlich-liberalen Milieu auf. Nach dem Besuch des humanistischen Gymnasiums tritt er im Oktober 1905 in die preußische Armee ein. In den Ersten Weltkrieg zieht er als Oberleutnant und Zugführer in einem Garde-Grenadier-Regiment. Vier Jahre später ist er, mehrfach verwundet, Hauptmann und Generalstabsoffizier der 238. Infanterie-Division. In der Reichswehr dient er als Kompaniechef im Potsdamer Infanterie-Regiment 9, dem später auch Heinrich und Richard von Weizsäcker angehören.

Seit 1935 ist Paul von Hase Oberst und Regimentskommandeur. Hitlers Politik erfüllt ihn schon bald mit bangen Ahnungen. 1938 schließt er sich dem Kreis der Verschwörer um den Generalstabschef Ludwig Beck an, die durch Hitlers Sturz einen Krieg verhindern wollen. Die Pläne schlagen fehl. Hase nimmt als Divisionskommandeur an den Feldzügen in Polen und Frankreich teil. Ende November 1940 wird er, inzwischen zum Generalleutnant befördert, Stadtkommandant von Berlin. Sein Dienstsitz befindet sich neben dem Kronprinzenpalais.

In der Planung des Staatsstreichs ist Paul von Hase eine Schlüsselrolle zugedacht: er soll mit den Truppen der ihm unterstellten Berliner Garnison das Regierungsviertel um die Wilhelmstraße abriegeln, die Rundfunkanstalten besetzen und für Ruhe und Ordnung auf den Straßen der Hauptstadt sorgen. Am 20. Juli 1944, kurz nach 16 Uhr, gibt Hase den Alarmbefehl »Walküre« an das in Tiergarten stationierte Wachbataillon »Großdeutschland« aus. Zweimal trifft er an seinem Dienstsitz Unter den Linden 1 mit dem Kommandeur des Bataillons, Major Otto-Ernst Remer, zusammen, um ihn einzuweisen. Gegen 19 Uhr sucht Remer auf Anraten seines NS-Führungsoffiziers Goebbels im Propagandaministerium am Wilhelmplatz auf. Dort wird er mit dem durch Stauffenbergs Bombe nur leicht verletzten Hitler im Führerhauptquartier »Wolfsschanze« telefonisch verbunden. Hitler befiehlt, den Putsch niederzuschlagen.

Gegen 21.30 Uhr wird Generalleutnant von Hase von der SS verhaftet und in das Offiziersgefängnis Lehrter Straße 61 eingeliefert. Am 4. August 1944 stößt ihn ein »Ehrenhof des Deutschen Heeres« unter Vorsitz Rundstedts aus der Wehrmacht aus. Der Volksgerichtshof verurteilt Hase vier Tage später, am 8. August 1944, zum Tode durch den Strang. Das Urteil wird noch am selben Tag in der Strafanstalt Plötzensee vollstreckt. Mit dem 59jährigen Paul von Hase wird auch der Generalfeldmarschall Erwin von Witzleben hingerichtet. Hases Familie kommt in Sippenhaft. In Jena wird der nach dem 1890 verstorbenen Großvater benannte Karl-von-Hase-Weg im Eilverfahren umbenannt.

Daß außer dem Berliner Stadtkommandanten auch der Berliner Polizeipräsident, SA-Obergruppenführer Wolf-Heinrich Graf Helldorf, zu den Verschwörern gehört (er wird am 15. August 1944 hingerichtet), kennzeichnet die Dichte des in der Reichshauptstadt vielfältig vernetzten Widerstands.

## Theodor Haubach

***Dr., W 15, Bregenzer Str. 6***

Theodor Haubach, geboren am 19. Mai 1895 in Darmstadt, zieht 1914 als Kriegsfreiwilliger ins Feld, wird zum Offizier befördert und mehrfach verwundet. 1919 tritt er der SPD bei. Er studiert Philosophie an der Universität Heidelberg, gibt zusammen mit Carlo Mierendorff, dem Freund aus Darmstädter Schülertagen, die Literaturzeitschrift *Die*

*Dachstube* heraus und streitet wider die völkischen Republikverächter. 1923 promoviert Haubach bei Karl Jaspers. Dann wendet er sich nach Hamburg, wo er ein Jahr im »Institut für auswärtige Politik« und seit Ende 1924 als Redakteur der SPD-Zeitung *Hamburger Echo* tätig ist. Er wird in die Hamburger Bürgerschaft gewählt und tritt im Reichsbanner Schwarz-Rot-Gold für die republikanische Verfassungsordnung ein. Auf Hamburg folgt Berlin: 1929 wird Haubach Pressereferent des Reichsinnenministers Carl Severing (1875–1952). Nach dem Sturz der letzten Regierung der Weimarer Koalition (SPD, Zentrum, DVP und DDP) am 27. März 1930 übernimmt ihn der Polizeipräsident Albert Grzesinski (SPD) als Pressesprecher. Haubach schreibt in den *Neuen Blättern für den Sozialismus*, zu deren Herausgebern der evangelische Theologe Paul Tillich (1886–1963) gehört.

Nach Hitlers Machtantritt wird Haubach entlassen und mehrmals verhaftet. Zwei Jahre ist er ›Schutzhäftling‹ im KZ Esterwege. Ende 1936 entlassen, schlägt er sich in Berlin als Handels- und Versicherungsvertreter durch. Später kann er im Büro (Heerstr. 3) seines Freundes Viktor Bausch, eines Papierfabrikanten, arbeiten. Ende 1940 nimmt Haubach Kontakt zum Kreisauer Kreis um Helmuth Graf Moltke auf; 1943 ist er Mitverfasser des Aufrufs zur Bildung einer »Sozialistischen Aktion«. Das Scheitern des Staatsstreichs vom 20. Juli besiegelt auch Haubachs Schicksal. Am 9. August 1944 nimmt die Gestapo ihn, der als Regierungssprecher ausersehen war, in Berlin fest. Vom Volksgerichtshof zum Tode durch den Strang verurteilt, wird Theodor Haubach, 48 Jahre alt, am 23. Januar 1945 in Berlin-Plötzensee hingerichtet. Mit dem Wort »Die Grenze der Gewalt liegt nun darin, daß sie zwar die Person des Widerstandes, aber nicht die Gesinnung des Widerstandes vernichten kann« hat er Recht behalten.

## H Albrecht Haushofer

***Prof.Dr., SW 68, Wilhelmstr. 23***

Albrecht Haushofer, geboren am 7. Januar 1903 in München als Sohn des Geographieprofessors und Geopolitikers Karl Haushofer (1869–1946), ist »ein Mensch zwischen den Stühlen« (Margret Boveri). Der Vater diente lange Jahre als Berufsoffizier im bayerischen Heer, die Mutter ist Halbjüdin. Der Sohn teilt den im deutschen Bürgertum verbreiteten Antisemitismus. Er gerät früh in den Bann der schönen Literatur, tritt aber beruflich in die Fußstapfen des Vaters.

Das Studium der Geographie in München beendet Albrecht Haushofer 1924 mit der Promotion zum Dr. phil. Dann zieht er nach Berlin und erkundet von hier aus reisend die Welt. Der 25jährige wird Generalsekretär der Gesellschaft für Erdkunde. Von der Weimarer Republik hält er wenig oder nichts. Völker bedürfen der Führung, die eine parlamentarische Demokratie ihnen vorenthält. Er begrüßt Hitlers »nationale Revolution«: sie werde, so glaubt er, der deutschen Not ein Ende machen.

Haushofer berät Joachim von Ribbentrop, der damals ein »Amt für außenpolitische Sonderfragen« im Stab des Hitler-Stellvertreters Rudolf Heß leitet. Nebenbei lehrt er Geographie an der Berliner Hochschule für Politik. Im Sommer 1937 geht Haushofer erneut auf Reisen; er besucht die USA, Japan und China. Dann holt Ribbentrop, eben zum Reichsaußenminister berufen, ihn ins Auswärtige Amt. Doch schon im Herbst 1938 kommt es zwischen ihnen zum Bruch. Als Haushofer 1940 zum Professor für Geographie und Geopolitik ernannt wird, liegt er bereits auf klarem Gegenkurs zum NS-Regime. In zwei Römer-Dramen, »Sulla« (1938) und »Augustus« (1939), übt er verschlüsselt Kritik an der Tyrannis. Er sucht und findet Kontakt zum konservativen Widerstand, vor allem zu Karl Langbehn und Johannes Popitz. Ulrich von Hassell vermerkt am 16. März 1941 in seinem Tagebuch: Haushofer »denkt jetzt (nach einigen geistigen Irrfahrten ...) so wie wir, und erkennt sowohl die ›Qualitäten‹ des Regimes wie das Hindernis für jeden brauchbaren Frieden in Gestalt der Unglaubwürdigkeit und Unerträglichkeit Hitlers für die ganze Welt«.

Über seinen Vater kennt Albrecht Haushofer Rudolf Heß. Sie freunden sich an. Haushofer macht dem exzentrischen Heß klar, daß England niemals einen Frieden schließen wird, der dem nationalsozialistischen Deutschland die Herrschaft über Europa einräumt. Am Abend des 10. Mai 1941 startet Heß in Augsburg zu seinem spektakulären Flug nach Schottland. Am 17. Mai wird Haushofer in Berlin von der Gestapo verhaftet und wochenlang verhört. Mitte Juli ist er wieder frei. Fortan wird er überwacht. Bald nach dem 20. Juli 1944 wird Haushofers Nähe zum inneren Kreis der Verschwörer aufgedeckt, aber erst Mitte Dezember spüren die Häscher ihn, der das Attentat ablehnt, weil Hitler die Last der Verantwortung für das Ende nicht abgenommen werden dürfe, in seinem bayerischen Versteck auf. In der Haft schreibt er die »Moabiter Sonette« mit der berühmten Verszeile: »Es gibt wohl Zeiten, die der Irrsinn lenkt. Dann sind's die besten Köpfe, die man henkt.«

In der Nacht zum 23. April 1945, die Russen stehen bereits in Pankow und Weißensee, wird der Häftling Albrecht Haushofer, 42 Jahre alt, von einem Sonderkommando des SD auf einem Trümmergelände nahe dem Gefängnis Lehrter Straße erschossen. Sein Schicksal teilen, neben anderen, Klaus Bonhoeffer sowie die Juristen Rüdiger Schleicher und Friedrich Justus Perels. Auf dem Ehrenfriedhof an der Wilsnackerstraße, hinter der Schinkelschen Johanniskirche, sind sie gemeinsam begraben.

Albrechts Vater Karl Haushofer tritt im Nürnberger Prozeß gegen die Hauptkriegsverbrecher als Zeuge für Rudolf Heß auf. Am 13. März 1946 nimmt er sich zusammen mit seiner Frau auf seinem Gut am Ammersee das Leben.

## Robert Havemann

***Dr. phil., Chemiker, Charlottenburg 4, Bismarckstr. 100***

Robert Havemann, geboren am 11. März 1910 in München als Sohn eines Lehrers, wächst in einem nationalgesinnten Elternhaus auf. Der Vater, der zeitweilig in einem Landschulheim der Lietz-Stiftung in Thüringen unterrichtet, stößt früh zur NSDAP; als Schriftleiter ist auch er im Berliner Telefonbuch 1941 verzeichnet. Robert Havemann studiert nach dem Abitur in München und Berlin Chemie. 1932 schließt er sich der KPD an. 1933 ist er Praktikant am Kaiser-Wilhelm-Institut für Physikalische Chemie in Berlin-Dahlem. Nach der Promotion 1935 arbeitet er in der Gastherapeutischen Abteilung der Militärärztlichen Akademie Berlin, dann am Pharmakologischen Institut der Berliner Universität. Seit 1938 führt er mit Fritz von Bergmann für das Heereswaffenamt Forschungen zu chemischen Kampfstoffen aus. Dadurch entgeht er der Einberufung zur Wehrmacht. 1943 kann er sich habilitieren.

Von Anfang an versteht sich Havemann als Gegner der braunen Diktatur. Bis 1935 gehört er der Widerstandsgruppe »Neu Beginnen« an. 1943 zählt er zu den Gründern einer Gruppe, die sich »Europäische Union« nennt. Am 5. September 1943 wird er in Berlin verhaftet und mit seinen Freunden wegen Vorbereitung zum Hochverrat vor dem Volksgerichtshof angeklagt. Am 16. Dezember 1943 verkündet ↑ Roland Freisler das Todesurteil. Darin heißt es: »Robert Havemann, Georg Groscurth, Herbert Richter und Paul Rentsch, dekadente Intellektualisten, die sich nicht scheuten, feindhörig Auslandssender abzuhören, lebten sich in feigen Defaitismus hinein, Deutschland verliere den Krieg. Um für diesen Fall die Macht an sich zu reißen, gründeten sie eine ›Europäische Union‹, deren zur Schau getragenes Programm vor Kommunismus und angelsächsischer Scheindemokratie kriecht … In Flugblättern beschimpften sie unseren Führer, den Nationalsozialismus und unser kämpfendes Volk.« Überdies hätten die Angeklagten Beziehungen zu illegalen politischen Gruppen ausländischer Arbeiter in Deutschland unterhalten und die Sicherheit des Reichs dadurch bedroht, »daß sie Juden falsche Papiere beschafften, die sie als deutschblütig tarnen sollten«.

Während Groscurth, Richter und Rentsch am 8. Mai 1944 hingerichtet werden, überlebt Havemann die Haftzeit im Zuchthaus Brandenburg-Görden, weil Fritz von Bergmann die Fortsetzung ihrer Zusammenarbeit als kriegswichtig reklamiert. Bei seinen offiziellen Besuchen im Zuchthaus schmuggelt Bergmann auch Bauteile für ein Radio ein. Am 27. April 1945 werden die Häftlinge, unter ihnen auch Erich Honecker, durch die Rote Armee befreit. Im Juli 1945 wird Havemann Verwaltungsleiter der Kaiser-Wilhelm-Institute in Berlin-Dahlem (bis 1948) und Abteilungsleiter am Kaiser-Wilhelm-Institut für Physikalische Chemie und Elektrochemie (bis zu seiner Entlassung im Februar 1950). Seit dem 29. Dezember 1949 Mitglied der SED, setzt Havemann seine Karriere in der eben gegründeten DDR fort. Dort gehört er bald zu der mit Ämtern und Privilegien überhäuften Nomenklatura: Er ist unter anderem Ordinarius der Humboldt-Universität, Abgeordneter der Volkskammer, Mitglied des Präsidiums des Deutschen Friedensrates, Mitglied der Akademie der Wissenschaften und Nationalpreisträger.

Als Havemann erkennt, daß sein stalinistischer Glaube ein Irrglaube und die Parteiräson nur mehr ein Mittel der Unterdrückung ist, wagt er den Ausstieg. Im Wintersemester 1963/64 tritt er in einer philosophischen Vorlesung (»Dialektik ohne Dogma«) für die Freiheit des Geistes ein. Von der Staatspartei auf der Stelle gemaßregelt und verfemt, wird der furchtlose Dissident zum authentischen Symbol einer Ehrenrettung. Am 9. April 1982 ist Robert Havemann, 72 Jahre alt, in seinem Haus in Grünheide bei Erkner gestorben. Am Tage der Beisetzung werden Passierscheine für den Kreis Fürstenwalde nicht erteilt.

## Gustav Israel Held

***Dr. med., Behandler nur für Juden, C 2, Rosentaler Str. 43***

Gustav Held, geboren am 4. Oktober 1891 in Wertheim am Main, ist 46 Jahre alt, als seine ärztliche Approbation durch die IV. Verordnung zum Reichsbürgergesetz mit Wirkung vom 30. September 1938 für erloschen erklärt wird. Jedoch kann, so heißt es in der Verordnung, der Reichsminister des Innern »Ärzten, deren Bestallung erloschen ist, die Ausübung des Arztberufes zur Behandlung von Juden sowie ihrer Frauen und ihrer Kinder widerruflich gestatten«. Ohne diese Genehmigung ist jüdischen Ärzten die »Ausübung der Heilkunde verboten«.

Anfang 1941 sind noch 358 jüdische Ärzte in Berlin tätig. Sie verfügen, wiederum kraft einer besonderen und widerruflichen Erlaubnis, weiterhin über einen Telefonanschluß, obwohl Juden seit dem 29. Juli 1940 grundsätzlich kein Telefon mehr zusteht. Aber die jüdischen Ärzte dürfen sich nicht mehr Arzt nennen, sondern müssen als »Krankenbehandler« oder »Behandler« firmieren. Entsprechendes gilt für Rechtsanwalte: Sie haben hinfort, wie in der Skizze über ↑ Berl Coper nachzulesen ist, als »Konsulenten« aufzutreten.

Nicht wenige der betroffenen Mediziner stellen, wie Gustav Held, durch den Zusatz »nur für Juden« unmißverständlich klar, daß es ihnen untersagt ist, nichtjüdische Patienten zu behandeln. Andere lassen sich mit Wendungen wie »jüdischer Behandler« oder »zugelassen zur Behandlung jüdischer Zahnkranker« oder »behandelt nur jüdische Kranke« in das Telefonbuch eintragen. Seit dem 1. Januar 1939 müssen alle noch im Reichsgebiet lebenden deutschen Juden die zusätzlichen Vornamen »Israel« oder »Sara« führen, sofern sie nicht einen typisch jüdischen Vornamen tragen. Die neue Kennkarte, die Gustav Israel Held am 23. März 1939 auf dem 16. Polizeirevier am Hackeschen Markt ausgestellt wird, ist in Heinz Knoblochs Buch »Der beherzte Reviervorsteher« (2. Aufl. 1993) als Faksimile abgebildet. Ausgefertigt hat den Ausweis der Polizeiinspektor Wilhelm Krützfeld (1880–1953), der auf eigene Faust jüdischen Mitbürgern geholfen und sich in der Pogromnacht vom 9. November 1938 marodierenden SA-Leuten in den Weg gestellt hat. Krützfelds Grab in Berlin ist seit 1992 eine Ehrengrabstelle, und die Landespolizeischule Schleswig-Holstein trägt seit 1993 seinen Namen.

Gustav Held hat den Krieg in Berlin überlebt. Hätte seine nicht-jüdische Frau sich von ihm scheiden lassen oder wie die Frau Berl Copers vor 1945 den Tod gefunden, wäre der Schutz, den sie ihrem gefährdeten Ehemann geboten hat, augenblicklich entfallen.

## H Moritz Israel Henschel

***W 15, Lietzenburger Str. 8***

Moritz Henschel, geboren am 17. Februar 1879 in Breslau, ist der letzte Vorsitzende der Jüdischen Gemeinde Berlins im Dritten Reich. Seit November 1938 hat sich die bedrückende Situation der in der Stadt verbliebenen Gemeindemitglieder erneut verschärft. Rücksichten auf die öffentliche Meinung im westlichen Ausland oder die Kirchen werden nun offensichtlich nicht mehr genommen. Vom 1. Januar 1939 an ist auch Henschel genötigt, »Israel« als zusätzlichen Vornamen zu führen. Im Spätsommer 1941, nur wenige Wochen nach dem Angriff auf die Sowjetunion, rollen die ersten Deportationszüge nach Osten. Seit Mitte September 1941 sind alle deutschen Juden verpflichtet, den auf die Kleidung aufgenähten gelb-schwarzen Judenstern zu tragen.

Am Morgen des 26. Februar 1943 erscheint Moritz Henschel zum Befehlsempfang im Hauptquartier der örtlichen Gestapo, Burgstr. 26. Ihm wird eröffnet, daß für den kommenden Tag von jüdischer Seite fünf Gruppen von Schreibkräften mit Schreibmaschinen bereitzustellen seien (jeder Deportierte wird in einer Namensliste aufgeführt). Das Jüdische Krankenhaus habe Erste-Hilfe-Teams zu entsenden. Für die jüdischen Helfer werde es gelbe Armbinden geben, damit sie nicht selbst Opfer der Aktion werden. Henschel gehorcht — wie so oft .schon. Er befolgt auch das ihm auferlegte Schweigegebot. Das von Adolf Eichmann und Alois Brunner entworfene Konzept des Reichssicherheitshauptamts geht fast reibungslos auf. Die Verschickung der Berliner Juden findet unter tätiger Mithilfe der Repräsentanten der Jüdischen Gemeinde und jüdischer Ordner statt.

Jetzt, Ende Februar 1943, vier Wochen nach dem Ende der 6. Armee im Kessel von Stalingrad, sollen mit der »Fabrik-Aktion« auf einen Schlag alle Juden, die zur Arbeit in Berliner Betrieben dienstverpflichtet sind, ergriffen und in die Vernichtungslager verbracht werden. Ihren Platz sollen, ungeachtet der Einwände der Betriebsleiter und des Rüstungsministeriums, ausländische Zwangsarbeiter einnehmen. Das von Hitler und Goebbels verfolgte Ziel, Berlin ›judenrein‹ zu machen, hat selbst gegenüber der kriegswirtschaftlichen Vernunft Vorrang. An diesem 27. Februar 1943, einem Sonnabend, beschränken sich Polizei und SS nicht auf die umstellten Fabriken, sondern fahnden, von Haus zu Haus gehend, auch nach den Frauen, Kindern und weiteren Angehörigen der festgenommenen Arbeiter. Sie alle werden unter Schlägen zu Sammelpunkten und später in Lastwagen zu den Zügen der Reichsbahn gebracht.

In diesen Tagen macht eine größere Zahl Berliner Juden erstmals den Versuch, vor den Greiftrupps der Polizei zu fliehen und so den gewohnten Frieden der Abtransporte zu stören. Nur für wenige ist das Entkommen von Dauer. Die Suche nach einem sicheren Versteck bleibt meist vergeblich. Besser ist eine neue Identität. Ausweispapiere von Verstorbenen ohne das eingestempelte J werden zu Rekordpreisen gehandelt; mit neuem Lichtbild versehen retten sie Leben. Ende März 1943 diktiert Goebbels in sein Tagebuch: »Das Judenproblem ist in Berlin noch immer nicht ganz gelöst.« Die Güterzüge fahren vom Bahnhof Grunewald nach Auschwitz und Theresienstadt und kehren leer in die Hauptstadt zurück. Moritz Henschel wird der qualvollen Pflicht, bei der Deportation seiner Glaubensgenossen ordnend und listenführend mitzuwirken, bald für immer enthoben. Am 10. Juni 1943 hört die Jüdische Gemeinde Berlins auf zu existieren. Kurz darauf wird auch ihr letzter Vorsitzender nach Theresienstadt verbracht. Wie ↑Leo Baeck überlebt er das Inferno. 1947 ist Moritz Henschel, 68 Jahre alt, in Jerusalem (Palästina) gestorben.

## Hermann Henselmann

***Architekt, Charlottenburg 9, Mecklenburgallee 3 (1943)***

Hermann Henselmann, geboren am 3. Februar 1905 in Roßla/Harz als Sohn eines Holzbildhauers, gebührt der zweifelhafte Ruhm, Erbauer der — später in Karl-Marx-Allee umgetauften und heute unter Denkmalschutz stehenden — Stalinallee in der Hauptstadt der DDR zu sein. Die Turmhauspaare am Strausberger Platz (1952/53) und am Frankfurter Tor (1955/56) sind ganz von ihm gestaltet. Auch der Fernsehturm in der Mitte Berlins und das einem aufgeschlagenen Buch nachempfundene Hochhaus der Leipziger Karl-Marx-Universität sind Henselmanns Idee und wesentlich sein Werk.

Zum Werdegang: Nach einer Tischlerlehre in Bernburg besucht Henselmann bis 1925 die Fachklasse für Architektur der Handwerker- und Kunstschule Berlin. 1931 läßt er sich in Berlin als selbständiger Architekt nieder. Er baut vor allem Wohnhäuser. Über das, was Henselmann im Dritten Reich widerfährt, sind die Auskünfte widersprüchlich. Festzustehen scheint, daß er 1935 »aus rassischen Gründen« (Henselmann ist ›Halbjude‹) aus der Reichskammer der bildenden Künste ausgeschlossen wird und nicht mehr freiberuflich tätig sein darf. Er arbeitet in Baubüros und seit 1938 beim Verband der Wohnungsbaugenossenschaften von Groß-Berlin.

Im Mai 1941 wird er »Mitarbeiter der reichseigenen Gesellschaft ›Bauernsiedlung Hohensalza‹ des Kulturamtes Hohensalza und des Kreisbauernführers« (Günther Buch). Hohensalza, ehemals in der preußischen Provinz Posen gelegen, seit 1919 polnisch, gehört von 1939 bis 1944/45 zum Warthegau und damit zum Großdeutschen Reich. Um das Gebiet zu germanisieren, werden Bauernhöfe für Neusiedler benötigt — und eben auch Architekten. Im Telefonbuch 1941 ist Henselmann, anders als im Nachtrag 1943, noch mit einem Partner aufgeführt: Henselmann und Wentzel, Architekten, W 15, Schaperstr. 21. Von einem strikten Berufsverbot kann demnach keine Rede sein.

Nach 1945 macht Henselmann, Vater von fünf Kindern, rasch Karriere. In Gotha, wo er die örtliche KPD und das Antifaschistische Komitee mitgründet, wird er Kreisbaurat. Von 1946 bis 1949 wirkt er als Professor und Direktor an der Staatlichen Hochschule für Baukunst und Bildende Künste in Weimar. Hier sammelt er, der mit ↑ Hans Scharoun befreundet ist, Architekten um sich, die der Tradition des Dessauer Bauhauses verpflichtet sind. Da aber die SED einen anderen Begriff von zeitgemäßer Architektur hat, muß Henselmann umlernen. Als ›begnadeter Opportunist‹ beugt er sich den ideologischen Vorgaben und erntet reichen Lohn: 1949 wird er zum Direktor des »Instituts für Geschichte und Theorie der Baukunst« der Deutschen Bauakademie berufen. Im »Institut für Bauwesen« der Deutschen Akademie der Wissenschaften zu Berlin gibt er den Ton an. 1953 wird er von Ulbricht zum Chefarchitekten der Hauptstadt der DDR ernannt. Als linientreuer Genosse und Nationalpreisträger erfreut sich Henselmann all der Privilegien, mit denen der SED-Staat seine Funktionärs- und Leistungseliten belohnt.

Der Anblick der Stalinallee hat Bert Brecht zu dem Diktum veranlaßt, er glaube nicht nur an die Kraft des Sozialismus, sondern auch an die des Dynamits. Der Prunkstil des Sowjet-Klassizismus ist immerhin mit einigen altdeutschen Formelementen versetzt. Für die winzigen Fenster etwa stand laut Henselmann ein Maß Pate, das schon Schinkel verwendet hat. Den Geßlerhut der Partei grüßt der Chefplaner mit den Worten, diese Bauten seien »Ergebnisse jenes schöpferischen Prozesses, welcher der Anwendung der Methode des sozialistischen Realismus entspricht« (in: *Deutsche Architektur*, Heft 4/1952).

Henselmann bleibt seinem Staat bis zuletzt verbunden. In einem Brief an die Schriftstellerin Brigitte Reimann vom 1. März 1966 tadelt er die Dissidenten Stefan Heym und ↑Robert Havemann. Als der Schauspieler Manfred Krug Ende 1976 Stimmen gegen die Ausweisung Wolf Biermanns sammelt, verweigert er sich. Krug später: »Der Architekt Henselmann hat mich glatt rausgeschmissen.«

Am 18. Januar 1995 ist Hermann Henselmann, 89 Jahre alt, in Berlin gestorben. Auf dem Zehlendorfer Waldfriedhof ist seine Urne beigesetzt.

## Josef Herberger

***W 35, Bülowstr. 89***

Manches spricht dafür, daß der Fußballtrainer Josef Herberger, geboren am 28. März 1897 in Mannheim-Waldhof als Sohn eines Fabrikarbeiters, im Bewußtsein der Deutschen länger leben wird als die meisten der einst prominenten Zeitgenossen, die mit ihm im Berliner Fernsprechbuch von 1941 verzeichnet sind. Der Glanz einer sportlichen Großtat, die zur nationalen Legende verklärt ist, pflegt, zumal wenn Endsiege anderer Art ausgeblieben sind, Generationen zu überdauern.

Die Leidenschaft des kleinwüchsigen Herberger für den Fußball erwacht früh. Der 16jährige ›Sepp‹ debütiert am Neujahrstag 1914 als Mittelstürmer in der ersten Mannschaft des SV Waldhof. Er hat das Zeug zum Spielmacher. Im Mai 1920 schießt er das Siegtor im Punktespiel gegen den Deutschen Meister 1. FC Nürnberg. So etwas verschafft Prestige über den Tag hinaus.

Noch ehe Herberger 1930 seine aktive Laufbahn beendet, lernt er den Schauspieler Bernhard Minetti kennen; die beiden werden lebenslange Freunde. Dann gibt Herberger erstmals eine Gastrolle in Berlin: er wird Trainer beim Berliner Verein Tennis Borussia. Im August 1932 holt ihn der Westdeutsche Fußballverband nach Duisburg-Wedau. Ein halbes Jahr später ist Hitler Reichskanzler. Herberger, der mit Politik nichts im Sinn hat, arrangiert sich alsbald mit der neuen Macht. Von Freunden bedrängt, aber gewiß auch überzeugt, daß die über Nacht freigesetzten Kräfte für Deutschland segensreich sind, tritt er am 1. Mai 1933 der NSDAP bei. Ohne Parteibuch hätte er die Arbeit im gleichgeschalteten Deutschen Fußball-Bund (DFB) kaum fortsetzen können. Gerade der Sport soll schließlich den politischen Zielen und der Selbstdarstellung des NS-Staates dienstbar gemacht werden.

Als Herberger am 22. Mai 1933 mit einer westdeutschen Auswahl zum Freundschaftspiel nach Luxemburg kommt, nimmt er irritiert die schrillen Zeichen von Feindseligkeit gegen die in Deutschland entstehende Diktatur wahr. Aber steckt hinter den Pfiffen mehr als das künstlich geschürte Vorurteil einer unwissenden Menge? Herberger reagiert, wie es der heimische Zeitgeist befiehlt: er läßt seine Spieler zur Nationalhymne mit dem Hitlergruß antreten.

Am 7. August 1936 fallen im Berliner Poststadion jene Tore, die das Leben des rührigen Verbandstrainers gründlich verändern. An diesem Tag will Hitler die olympischen Regatta-Läufe besuchen. Er wird überredet, sich stattdessen die siegverheißende Partie der auf Goldkurs liegenden deutschen Olympiakicker gegen Norwegen anzusehen. Die Anwesenheit des Führers macht das Debakel — der Favorit verliert 0:2 — noch blamabler. Dem Reichstrainer Otto Nerz, seit 1928 im Amt, hilft es nicht, daß er, ein ehemaliger Sozialdemokrat, seine Karriere nach 1933 durch SA-Aktivitäten abgesichert hat. Er tritt in Etappen zurück. Sein Nachfolger heißt Sepp Herberger.

Das erste Länderspiel des Neuen (im November 1936 gegen Italien) endet wie auch das zweite (gegen die Niederlande) unentschieden. Dann festigt eine Serie von Siegen Herbergers Position so sehr. daß ihn selbst die beiden bittersten Niederlagen seiner Laufbahn nicht straucheln lassen: das 3:6 im Prestigekampf gegen England am 14. Mai 1938 in Berlin (wobei die englische Nationalelf die Hand zum Hitlergruß erhebt) und am 9. Juni 1938 in Paris das 2:4 gegen die Schweiz, das der großdeutschen Elf ein frühes Aus in der Weltmeisterschaft beschert.

Der 1939 beginnende Krieg berührt den Sport zunächst kaum. Der Anschein von Normalität soll erhalten bleiben. Vereinsspiele, Länderspiele und die Deutsche Fußballmeisterschaft werden wie gewohnt ausgetragen. Nach dem Endspiel 1941 sitzt Herberger mit den Nationalspielern in seiner Schöneberger Wohnung zusammen. Es ist Sonntag, der 22. Juni 1941, der Tag des Überfalls auf die UdSSR. Eine Sportsperre wird verhängt, aber zum 1. Oktober 1941 wieder aufgehoben. Der Trainer tut alles, um seine Schützlinge so oft wie möglich von der Front zu holen. In den Anträgen an das OKW verleiht er die zur Freistellung hilfreichen Kriegsorden notfalls selbst.

Am 22. November 1942 ist Preßburg Schauplatz des auf lange Zeit letzten Länderspiels. Jubel löst der Sieg über die Slowakei nicht mehr aus. Nach der Katastrophe von Stalingrad und der Ausrufung des totalen Krieges im Berliner Sportpalast wird der Sportbetrieb endgültig stillgelegt. »Länderkämpfe, internationale Wettkämpfe, Meisterschaften in der Reichsstufe usw. sind bis auf weiteres abzusetzen«, ordnet der Reichssportführer Hans von Tschammer und Osten am 19. Februar 1943 an. Herberger macht sich in Norwegen als Truppenbetreuer nützlich. In Oslo erreicht ihn Anfang 1944 die Nachricht, daß die Wohnung in der Bülowstraße zerstört sei. Er zieht zu den Schwiegereltern nach Weinheim. Dort erwartet er das Ende — und den Neuanfang.

Dazwischen liegt die Hürde der Entnazifizierung. Die Weinheimer Spruchkammer stuft den Reichstrainer im August 1946 als Mitläufer ein. Herberger damals: »Ich möchte mich nicht nach bekannten Mustern aus der Mitgliedschaft zur Partei herausreden, bedauere sie vielmehr aufrichtig.« Sie sei nur nominell und er »von allen parteilichen Obliegenheiten« befreit gewesen.

Seit dem Sommer 1947 lehrt Herberger an ↑Carl Diems Hochschule für Leibesübungen in Köln. Im Februar 1950 wird er vom DFB zum Bundestrainer gekürt und mit dem Aufbau einer Nationalmannschaft (West) betraut; im November gewinnt sie gegen die Schweiz ihr erstes Länderspiel. Dann, am 4. Juli 1954, ereignet sich das ›Wunder von Bern‹: der 3:2–Sieg gegen die favorisierten Ungarn macht Deutschland zum Fußballweltmeister. Es ist, als habe sich dieses geschundene und mit Schande bedeckte Volk erstmals wieder einen geachteten Platz unter den zivilisierten Nationen erkämpft.

Noch zehn Jahre, bis Mai 1964, bleibt Herberger Bundestrainer. Am 28. April 1977 ist er, 80 Jahre alt, in Mannheim gestorben. In Hohensachsen an der Bergstraße, seinem letzten Wohnort, liegt er begraben.

## Theodor Heuss

***Dr., Schriftsteller, Lichterfelde, Kamillenstr. 3***

Theodor Heuss, geboren am 31. Januar 1884 in Brackenheim als Sohn eines Tiefbauinspektors und späteren Stadtbaurats, hat an keinem Ort so lange gelebt wie in Berlin: 33 Jahre. Gleichwohl verbinden sich mit der Erinnerung an den ersten Präsidenten der Bundesrepublik Deutschland vor allem seine schwäbische Herkunft und die rheinische Hauptstadt, in der er zehn Jahre als Hausherr der Villa Hammerschmidt gewohnt und gewirkt hat.

Aufgewachsen ist Heuss in Heilbronn. 1894 bezieht der 10jährige das Humanistische Gymnasium. Am Beispiel eines Stücks Familiengeschichte vermittelt das Elternhaus ihm und den Brüdern den im deutschen Südwesten wehenden liberalen und demokratischen Geist: 1848 ist ein Vorfahr an der revolutionären Erhebung des nach Mitsprache verlangenden Volkes beteiligt und danach auf der Festung Hohenasperg eingekerkert gewesen. In Berlin und München studiert der junge Heuss Nationalökonomie, Staatswissenschaft und Kunstgeschichte. Schon als Schüler hat er sich dem 1896 von Friedrich Naumann (1860–1919) gegründeten »National-sozialen Verein« zugewandt; nun macht er sich mit der — von Naumann scharf abgelehnten — sozialistischen Ideenwelt vertraut. 1905 promoviert er in München bei Lujo Brentano über »Weinbauern und Weingärtnerstand in Heilbronn«. Im gleichen Jahr wird er Redakteur an Naumanns Zeitschrift *Die Hilfe* und Mitglied der »Freisinnigen Vereinigung«, für die sein Mentor 1907 in den Reichstag einzieht. 1912 verläßt Heuss Berlin, um in Heilbronn Chefredakteur der *Neckarzeitung* zu werden.

Sechs Jahre später, im Frühjahr 1918, ist der vom Militärdienst befreite Heuss wieder in der Hauptstadt. Er leitet die Zeitschrift *Deutsche Politik*, publiziert unermüdlich, führt die Geschäfte des 1907 gegründeten »Deutschen Werkbundes« und tritt der Deutschen Demokratischen Partei (DDP) bei. 1919 wird er Stadtverordneter im Bezirk Schöneberg. Dann weitet sich sein Wirkungskreis. Von 1924 bis 1928 und erneut seit 1930 gehört Heuss dem Reichstag an; am 5. März 1933 wird er ein letztes Mal gewählt. Nebenbei lehrt er von 1920 bis zur Entlassung 1933 an der Deutschen Hochschule für Politik, an der auch ↑ Otto Suhr und ↑ Fritz Berber als Studienleiter tätig sind.

Wiewohl Heuss' Weltbild auf starken Überzeugungen beruht, ist er ganz frei von doktrinärer Verengung. Dem entspricht es, daß sein Urteil über Menschen und menschliches Tun verletzende Schärfe nicht kennt. So verhalten der Publizist Heuss sich in dem Buch »Hitlers Weg« (1932) mit der von ihm bekämpften NSDAP und ihrem Führer auseinandersetzt, so vornehm-bedächtig bleibt auch der Redner im parlamentarischen Streit. Mit Worten wie »Herr Göring, von Ihnen hätte ich nicht erwartet, daß Sie hier im Reichstag, also in voller Verantwortung, die propagandistischen Naivitäten ihrer Versammlungsreden wiederholen« (11. Mai 1932) ist der Gipfel an Schroffheit erreicht. Kurz zuvor merkt Goebbels in seinem Tagebuch an: »Ich lese eine Broschüre, die ein Demokrat über ›Hitlers Weg‹ geschrieben hat. Das ist alles so dumm, daß es kaum einer Beachtung wert erscheint. Die bürgerliche Welt versteht uns nicht und kann uns wohl auch nicht verstehen« (Vom Kaiserhof zur Reichskanzlei, S. 31).

Am 23. März 1933 fällt ein Schatten auf die makellose Biographie. Heuss stimmt im Reichstag dem Ermächtigungsgesetz zu, das Hitler zum Diktator werden läßt. Mit dem Nein, für das Heuss zuvor im Kreis der Parteifreunde plädiert hat, kommt er nicht durch; so fügt er sich der Mehrheit. Für die fünf MdRs der Deutschen Staatspartei (so nennt sich die DDP seit August 1930) spricht im Plenum Reinhold Maier: »Im Interesse von Volk und Vaterland und in der Erwartung einer gesetzmäßigen Entwicklung werden wir unsere ernsten Bedenken zurückstellen ...« Später wird Heuss sagen, daß »vor allem die Beamten der verschiedenen Kategorien ... die Abgeordneten beschworen, ja zu sagen«, — aus Sorge um ihre berufliche Zukunft (so im Brief vom 5. Dezember 1947 an den Publizisten Kurt Hiller).

Die NS-Zeit übersteht der ausgebootete Politiker, ohne je ernstlich gefährdet zu sein. Mit seiner Frau Elly Heuss-Knapp, die Werbesprüche verfaßt und im Telefonbuch 1941 als ›Schriftstellerin‹ separat verzeichnet ist, lebt er zurückgezogen in dem 1930 erworbenen Haus in der Kamillenstraße. Bis 1936 gibt er noch *Die Hilfe* heraus. Vor allem aber verfaßt er große Biographien: über Friedrich Naumann (1937), den Architekten Hans Poelzig (1939), den Zoologen Anton Dohrn (1940) und den Industriellen Robert Bosch (1946). Gelegentlich schreibt er, zuletzt unter dem Pseudonym Thomas Brackenheim, Artikel für die *Frankfurter Zeitung*. Das Ehepaar pflegt vertrauten Umgang mit alten Parteifreunden wie ↑Ernst Lemmer und Werner Stephan (der nun dem Propagandaministerium angehört), mit dem Nachbarn Carl Georg Heise, dem Historiker ↑Friedrich Meinecke, dem 1933 entlassenen ↑Fritz Elsas. Als der Luftkrieg Berlin zu verwüsten beginnt, zieht das Ehepaar Heuss nach Heidelberg, das von Angriffen auf wundersame Weise verschont bleibt.

Dem Ende der NS-Herrschaft folgt die Rückkehr in das politische Leben. Heuss, Mitgründer des südwestdeutschen DVP/FDP, wird von Reinhold Maier, seit September 1945 Ministerpräsident von Württemberg-Baden, als Kultminister nach Stuttgart geholt. 1948/49 gehört Heuss dem Parlamentarischen Rat in Bonn an; ohne ihn wäre das Grundgesetz, im Sachlichen wie im Sprachlichen, nicht das geworden, was es ist.

Am 12. September 1949 wird Heuss zum ersten Staatsoberhaupt der unter westalliierter Aufsicht entstehenden Republik gewählt und im Juli 1954 für weitere fünf Jahre wiedergewählt. Warum er ein Glücksfall für Deutschland und die Deutschen gewesen ist, hat der Schweizer Historiker und Diplomat Carl J. Burckhardt auf diesen Nenner gebracht: »Falls es eine Demokratie gibt, deren Hauptprinzip die Freiheit des dem Ganzen verantwortlichen einzelnen ist, so ist dieser württembergisch-fränkische Nachkomme von Neckarschiffern (auf der Vaterseite) und Forstbeamten (im Mutterstamm) einer der vollkommensten Demokraten, die unsere Zeit gekannt hat.«

Am 12. Dezember 1963 ist Theodor Heuss, 79 Jahre alt, in Stuttgart gestorben.

## H Kurt Heynicke

***Schriftsteller, Wilmersdorf, Laubenheimer Str. 19***

Ende 1919 erscheint im Rowohlt-Verlag Berlin eine Sammlung expressionistischer Gedichte, die unter ihrem Titel »Menschheitsdämmerung« rasch berühmt wird. Die meisten dieser poetischen Texte von 23 Autoren sind durchtränkt von dem, was Kurt Pinthus, der Herausgeber der Sammlung, ein »allgemeines Grauen« nennt: Grauen vor dem apokalyptischen Todestrieb eines zu Ende gehenden Zeitalters, vor nahenden Katastrophen. Dagegen wird der Wille zum Aufbruch in eine reinere Welt gestellt. Erlösung, so der Herausgeber, könne »nur durch den Sieg der Idee vom brüderlichen Menschen« kommen. Dieser Sehnsucht, das wissen wir heute, entstammen freilich auch die totalitären Ideologien des 20. Jahrhunderts, diese Sehnsucht haben sie sich nutzbar gemacht.

Kurt Heynicke, geboren am 20. September 1891 in Liegnitz (Niederschlesien) als Sohn eines Handwerkers, ist in der »Menschheitsdämmerung« mit einem Dutzend heute vergessener Gedichte vertreten. Debütiert hat er in Herwarth Waldens Kultzeitschrift *Der Sturm*. 1917 erscheint der Lyrikband »Rings fallen Sterne«. Heimgekehrt aus den Grabenkämpfen des Ersten Weltkriegs erhält der 28jährige für seinen dritten Gedichtband »Das namenlose Angesicht« 1919 den Kleistpreis. Karge Wanderjahre folgen. 1923 wirkt Heynicke eine Zeitlang als Dramaturg in Düsseldorf. wo 1920 sein anthroposophisch beeinflußtes Bühnenstück »Der Kreis« aufgeführt worden ist. Als Verfasser ekstatischer Prosa (»Sturm im Blut«, 1926) bleibt er blass und erfolglos.

1931 zieht Heynicke nach Berlin und wechselt in das Genre der anspruchslos-gefälligen Unterhaltung, Nach 1933 führt ihn sein »verworrenes Bekenntnis zum Du, zu Heimat und Volk ... in die Nähe der Nazis« (so das »Lexikon deutschsprachiger Schriftsteller«, das 1972 in der DDR erscheint). Für die Ufa schreibt er Drehbücher; der Film »Wie einst im Mai« (1938) wird ein Kassenschlager. In rascher Folge entstehen besinnlich-seichte Romane mit Titeln wie »Herz, wo liegst du im Quartier?« (1938), »Die bunt bemalte Wiege« (1940; in Fortsetzungen im Parteiorgan *Völkischer Beobachter* abgedruckt) und »Rosen blühen auch im Herbst« (1942). 1943 flüchtet Heynicke vor den Berliner Bombennächten ins Badische.

Als der Krieg zu Ende ist, bleibt es still um den letzten Überlebenden unter den Autoren der »Menschheitsdämmerung«. Seine bemüht humorigen Romane sind Dutzendware. Für seine Hörspiele erringt er immerhin einen Preis. 1952 erscheint eine Auswahl der frühen Gedichte; später bringt ein Wormser Verlag das lyrische Werk Heynickes in drei Bänden heraus. Über seine Alterslyrik (»Am Anfang stehen die Träume«, 1978) schreibt Karl Krolow: »Der Jargon von 1919 ist noch einmal übernommen ... Er ist voller Erinnerung an das, was unwiederbringlich geworden ist« (FAZ vom 8. Mai 1979).

Am 20. März 1985 ist Kurt Heynicke, 93 Jahre alt, in Merzhausen bei Freiburg i.Br. gestorben.

## Otto Hintze

***Dr., Prof. an der Universität, Charlottenburg 9, Kastanienallee 28 (1940)***

Otto Hintze, geboren am 27. August 1861 in Pyritz/Pommern als Sohn eines Kreissekretärs und Rechnungsrats, ist zum letzten Mal 1940 im Berliner Fernsprechbuch verzeichnet. Wenn seiner hier gleichwohl gedacht wird, so deshalb, weil Hintzes Schicksal die Lage der Wissenschaft im Dritten Reich auf besonders bedrückende Weise kenntlich macht.

Hintze, Schüler von Johann Gustav Droysen, Rudolf Gneist und Gustav Schmoller, wird 1899 Professor in Berlin. 1907 wird er auf den Lehrstuhl für Neuere Geschichte (Verfassungs-, Verwaltungs- und Wirtschaftsgeschichte und Politik) berufen. Mit Studien über die Bildung der Staaten und ihrer Institutionen macht er sich einen glänzenden Namen. 1912 heiratet er seine Schülerin Hedwig Guggenheimer, die 1884 geborene, in einer assimilierten jüdischen Familie aufgewachsene Tochter des Münchener Bankiers Moritz Guggenheimer. 1915 erscheint, auf Wunsch des Kaisers verfaßt, Otto Hintzes monumentale Chronik einer 500 Jahre alten Dynastie: »Die Hohenzollern und ihr Werk«. Noch zeichnet sich das nahe Ende der Monarchie nicht ab.

Die Weimarer Republik sieht der national-konservative Historiker als Chance, demokratische Gesinnung in allen Schichten des Volkes zu verankern. »Faschistische Methoden sind für uns in Deutschland ausgeschlossen«, schreibt er 1928. Als Hitler an die Macht kommt, ist Hintze bereits emeritiert. Seine Frau wird im Mai 1933 von ihrem Doktorvater ↑Friedrich Meinecke genötigt, ihre Mitarbeit an der *Historischen Zeitschrift* (HZ) einzustellen. Die damals 49jährige Privatdozentin sei für Meinecke, heißt es dazu in der Hauszeitschrift der Berlin-Brandenburgischen Akademie der Wissenschaften (*Gegenworte*, Herbst 1998), »eine doppelte Bedrohung« gewesen: als Jüdin wie als engagierte Pazifistin und Sozialistin. Der Emeritus tritt daraufhin als Mitherausgeber der HZ zurück; die Freundschaft mit Meinecke zerbricht. Ende 1938 verläßt Hintze auch die Preußische Akademie der Wissenschaften, der er seit 1914 angehört. Auslöser ist ein Fragebogen, in dem die Mitglieder der Akademie Rubriken wie »Jude« und »jüdisch versippt« auszufüllen haben.

Hedwig Hintze ist — nach einer Enkelin Leopold von Rankes — die zweite Frau, die sich in Deutschland für das Fach Geschichte habilitiert. Ihre Habilitationsschrift »Staatseinheit und Föderalismus im alten Frankreich und in der Revolution« (1928; Reprint 1989) hat die Fachwelt beeindruckt. Mit der Entlassung aus dem Hochschuldienst im September 1933 verliert Hedwig Hintze auch die Lehrbefugnis (venia legendi) an der Berliner Universität. Wissenschaftlich arbeiten und publizieren kann sie nur noch im Ausland, etwa in Vincennes, dann in Paris. Am 22. August 1939, wenige Tage vor Kriegsbeginn, emigriert sie von Berlin aus nach Holland. Im Mai 1940 überrennt Hitlers Wehrmacht die neutralen Niederlande. Dem rettenden Ruf an die »New School for Social Research« in New York, der die Emigrantin im Oktober 1940 erreicht, kann sie, die jetzt in der Bibliothek des Europäischen Friedenspalastes in Den Haag tätig ist, nicht mehr folgen. Am 19. Juli 1942 setzt sie in einer Utrechter Klinik ihrem Leben ein Ende, um der Deportation in den Tod zu entgehen. Erst spät, im September 1998, rafft sich der Deutsche Historikertag dazu auf, dieses Opfer des Rassenwahns postum zu ehren: Ein Hedwig-Hintze-Preis soll fortan alljährlich einer herausragenden historischen Dissertation zuerkannt werden.

Am 25. April 1940, wenige Monate nach dem Weggang seiner Frau, ist Otto Hintze, 78 Jahre alt, in Berlin »nach harten Schicksalsschlägen vereinsamt gestorben, aber sein Werk lebt«. So heißt es verschlüsselt in dem Nachruf, der Anfang 1941 in Band 164 der *Historischen Zeitschrift* erscheint (S. 66 ff.). Den Kotau vor dem herrschenden Zeitgeist leistet der an Peinlichkeit schwer zu übertreffende Satz, daß »etwas in Hintzes Innerstem gegen die judenhörige Formaldemokratie revoltiert hat, die für Deutschland ›nicht ein Glück‹ war«.

## H | Fritz Hippler

***Dr., Niederschönhausen, Paul-Francke-Str. 11***

Fritz Hippler wird am 17. August 1909 in Niederschönhausen bei Berlin geboren; das gleichnamige Schloß war einst Wohnsitz der Gemahlin Friedrichs des Großen. Hipplers Vater, ein kleiner Beamter, fällt im April 1918 an der Westfront. Der Sohn wächst dort auf; wo er dreißig Jahre später noch immer wohnt: in der Paul-Francke-Str. 11.

Im Mai 1927 stößt der Abiturient als Mitglied Nr. 62 133 zur NSDAP. Er studiert Philosophie an der Friedrich-Wilhelms-Universität und führt bald den Kreis 10 (Groß-Berlin) des Nationalsozialistischen Deutschen Studentenbundes. Am Abend des 10. Mai 1933 findet auf dem Opernplatz Unter den Linden die berüchtigte Bücherverbrennung statt; eine Vorlesung ↑Alfred Baeumlers gibt zu ihr den Auftakt. Entgegen zeitgenössischen Presseberichten und späteren Darstellungen (Sauder, S. 175; Leske, S. 214) ist aber der NS-Student, der vor Goebbels am lodernden Scheiterhaufen spricht, nicht Hippler, den damals eine Krankheit ans Bett gefesselt hat. Die an vielen Orten stattfindenden Autodafés von undeutschem Schrifttum, räumt er in seinen Erinnerungen ein, »gereichten der deutschen Studentenschaft sicher nicht zur Ehre« (S. 129). Ein deutschtümelnder Fanatiker will der junge Hippler in der Tat nicht sein. Am 29. Juni 1933 setzt er sich im überfüllten Auditorium maximum der Berliner Universität für die Freiheit der modernen Kunst, für Barlach, ↑Nolde, ↑Heckel und ↑Schmidt-Rottluff ein, die vom »Kampfbund für deutsche Kultur« an den Pranger gestellt worden sind. Hippler, der den Kunstgeschmack der neuen Machthaber falsch eingeschätzt hat, verliert daraufhin sein Amt als Studentenführer und muß sich vor einem Parteigericht verantworten.

Der Gemaßregelte zieht sich nach Heidelberg zurück, um dort über »Staat und Gesellschaft bei Mill, Marx, Lagarde« zu promovieren. Die Arbeit, die 1934 als Buch erscheint, wird betreut von Arnold Bergsträsser, der bald darauf wegen eines ›Webfehlers‹ in seiner Ahnenreihe in die USA emigriert und nach dem Krieg als Gründervater der deutschen Politikwissenschaft prominent hervortritt. Hippler kehrt nach Berlin und in den Schoß der Partei zurück: Er wird hauptamtlicher Oberbannführer der Hitler-Jugend in der Reichsjugendführung. Sein Faible fürs Liberale behält er bei. Als er 1934 Werner Sombarts Buch »Deutscher Sozialismus« bespricht, lobt er den Autor für seine Bemerkung, er werde »innerhalb der regierenden Partei und außerhalb« gewiß Widersacher finden; durch Widerspruch »komme am ehesten die Wahrheit an den Tag«. Sombart wolle eben nicht zu den »gleichgeschalteten Nachbetern« gehören. Das Wort ›gleichschalten‹ so abschätzig zu verwenden, mutet 1934 kühn an, ist der Begriff doch durch das Gesetz vom 31. März 1933 »zur Gleichschaltung der Länder mit dem Reich« längst politisch geadelt.

Dann aber beugt sich auch Hippler der Parteiräson, ungeachtet der immer stickiger werdenden Atmosphäre, der wachsenden geistigen Gängelung und trotz des Schocks, den die Morde des 30. Juni 1934 in den eigenen Reihen ausgelöst haben. 1936 holt ihn Goebbels in das Reichsministerium für Volksaufklärung und Propaganda, und hier bleibt Hippler, trotz einiger interner Konflikte, bis alles in Scherben fällt. 1939 rückt er zum Leiter der Filmabteilung auf und führt nun den Titel »Reichsfilmintendant«. Unter seiner Regie entstehen die Wochenschauen und abendfüllende Leinwandepen über die Feldzüge in Polen und Frankreich. Vor allem der »Sieg im Westen« (1940) kündet euphorisch von deutschem Soldatentum. Am 28. November 1940 wird im Ufa-Palast am Zoo »Der ewige Jude«, ein »Dokumentarfilm über das Weltjudentum«, uraufgeführt. Ein Albert Brodbeck, auch er als Schriftleiter in unserem Telefonbuch verzeichnet, würdigt das Ereignis in der *Deutschen Allgemeinen Zeitung* so: »Der deutsche Zuschauer kennt den Juden hauptsächlich als zivilisierten Westeuropäer. Wenig weiß er vom Urzustand des Juden ... Mit der Skizzierung der jüdischen Ghettos in Polen zeigt der Film unbeschreibliche Bilder, Schmutz, grenzenlose Verwahrlosung, zeigt, wie der Jude überall schachert, wie Kinder auf Märkten mit dem letzten Plunder Profit machen. Wenn der Film ausklingt, indem er deutsche Menschen zeigt, atmet der Betrachter auf.« Wochenlang läuft dieser von Hippler-Texten begleitete Anschlag auf die Menschlichkeit in den Lichtspielhäusern in Stadt und Land. Knapp neun Monate später beginnt im Osten der Völkermord an den Juden. Hippler erhält als Anerkennung einen Ehrenrang in der SS.

Ende 1941 trifft sich der Reichsfilmintendant mit ↑ Erich Kästner, um ihn für die Ufa zu gewinnen. Er fädelt nach eigenem Bekunden ein, was später zum opulenten Jubiläumsfilm »Münchhausen« führt. Im übrigen nimmt Hippler Tag für Tag an den Ministerkonferenzen teil, wo entschieden wird, mit welchen Parolen das Volk in Stimmung und bei der Stange zu halten ist. 1943 geht Hippler, von Goebbels gedrängt, als Soldat an die Front. Er überlebt und wird 1945 zunächst als Kriegsgefangener, dann als Internierter für drei Jahre in Lager gesteckt, so in das ehemalige KZ Neuengamme bei Hamburg. In »Die Verstrickung« läßt er seinen Ressentiments gegenüber den Siegern, der »Farce des Internationalen Militärtribunals«, der Entnazifizierung und der Umerziehung freien Lauf. Eine Spruchkammer verurteilt ihn 1947 zu zwei Jahren Gefängnis und 5000 Mark Geldstrafe, wiewohl der als NS-Gegner ausgewiesene Kabarettist ↑ Werner Finck eidesstattlich versichert, daß Hippler — ein »oppositioneller Geist« — »vielfach Wege einschlug, die dem Parteiprogramm stark entgegengesetzt waren«.

In den fünfziger Jahren betätigt sich Hippler als Regisseur von Dokumentar- und Industriefilmen. Er berät auch die nordrhein-westfälische FDP; namentlich »mit Wolfgang Döring, Erich Mende, Willy Weyer und vor allem Walter Scheel« habe er eng zusammengearbeitet (S. 265 f.). Am 6. März 1997 meldet sich der Hochbetagte mit einem Leserbrief in der *Frankfurter Allgemeinen Zeitung* noch einmal zu Wort. Er begründet, warum er einen Interview-Wunsch des ZDF kategorisch abgelehnt habe: die Fernseh-Produktionen Guido Knopps über die NS-Zeit, besonders »dieses elende Machwerk über Dönitz«, erschienen ihm »wegen ihrer primitiven, extremen Einseitigkeit als indiskutabel«. Der Balken im eigenen Auge scheint längst erfolgreich verdrängt. Fritz Hippler lebt heute in Berchtesgaden, Am Rad 7.

## Reinhard Höhn

***Dr. jur., Univ.-Prof., Zehlendorf, Gobineaustr. 6***

Reinhard Höhn, geboren am 29. Juli 1904 in Gräfenthal (Thüringen) als Sohn eines Amtsanwalts, zählt im Dritten Reich nicht zuletzt wegen seiner engen Verbindung zur SS und ihrem Reichsführer zu den einflußreichen Staatsrechtlern. Als Höhn sein Jurastudium 1926 mit der Promotion abschließt, ist er bereits seit mehreren Jahren im völkisch-wehrhaften »Jungdeutschen Orden« aktiv. Sein erstes Buch »Arthur Maraun, der Wegweiser der Nation« (1929) gilt denn auch dem Ordensmeister, der ihm Vorbild ist. 1934 habilitiert sich Höhn in Heidelberg. Seit Oktober 1935 ist er beamteter außerordentlicher Professor an der Berliner Universität, 1939 wird er Ordinarius.

Zur NSDAP findet Höhn erst spät, im Mai 1933. Sein kurz darauf erfolgter Eintritt in die SS eröffnet ihm jedoch eine steile Karriere, die 1944 mit der Beförderung zum SS-Oberführer (Generalmajor) gekrönt wird. Als zeitweiliger Abteilungsleiter im SD-Hauptamt, als Vertrauter Heydrichs, als Mitglied der Akademie für Deutsches Recht und Direktor eines »Instituts für Staatsforschung« in der Berliner Rechts- und Staatswissenschaftlichen Fakultät ist Höhn mächtig genug, um 1936 die politischen Ambitionen seines berühmteren Kollegen ↑ Carl Schmitt durch gezielte Intrigen auszubremsen. Als der Leipziger Staatsrechtler Ernst Rudolf Huber, der später an der Reichsuniversität Straßburg lehrt, im Jahre 1939 mit seinem »Verfassungsrecht des Großdeutschen Reiches« eine ebenso authentische wie apologetische Beschreibung des nationalsozialistischen Führerstaats vorlegt, wird Höhn darin auffallend häufig zitiert. In der Tat hat der damals 35jährige einiges zum Staatsverständnis des Dritten Reichs beigesteuert, zum Beispiel Aufsätze wie »Das Gesetz als Akt der Führung« (in: *Deutsches Recht*, 1934), »Partei und Staat« (in: *Deutsches Recht*, 1935), »Der politische Eid« (in: *Deutscher Juristentag*, 1936), »Das Führerprinzip in der Verwaltung« (in: *Deutsches Recht*, 1936), »Volk und Verfassung« (in: Deutsche Rechtswissenschaft, Band 2, 1937) sowie die Bücher, »Vom Wesen der Gemeinschaft« und »Die Wandlung im staatsrechtlichen Denken« (beide 1934). Auch in der 1941 erschienenen »Festschrift für Heinrich Himmler«, die dem Reichsführer-SS zu seinem 40. Geburtstag dargebracht wird, ist Höhn mit einem Beitrag vertreten.

Am 1. Oktober 1944, als sich das Ende des Krieges und des Regimes bereits klar voraussehen läßt, verbreitet Höhn in der Wochenzeitung

*Das Reich* Tröstliches über die Zukunft der NS-Weltanschauung. »Im Schwur auf den Führer«, heißt es da, »kommt nicht nur der Gedanke zum Ausdruck, daß der Soldat ähnlich wie in der Monarchie einen Herrn besitzt, dem er in Treue verbunden ist, sondern die Verpflichtung auf die nationalsozialistische Idee ... Der Eid auf den Führer verpflichtet ... über dessen Tod hinaus zu Treue und Gehorsam gegenüber der nationalsozialistischen Idee und damit gegenüber dem neuen von der Bewegung gestellten Führer.« Sieben Monate später ist der von Höhn vorsorglich ins Auge gefaßte Ernstfall — Hitlers Tod — eingetreten. Freilich zeitigt dieses Ereignis bei ihm keineswegs die zuvor so markig beschworenen Folgen. Höhn taucht unter, und ist auch in dieser Disziplin erfolgreicher als andere. Da er weiß, daß an eine Fortsetzung seiner Universitätslaufbahn nicht zu denken ist, sieht er sich in anderen Berufen um. 1959 gründet er in Bad Harzburg eine private »Akademie für Führungskräfte der Wirtschaft«, die als Managerschule und Stellenvermittlungsbörse gleichermaßen floriert. Zu den Dozenten gehört auch Dr. Franz Six, Höhns ehemaliger SS-Kamerad aus dem Reichssicherheitshauptamt. Erst Anfang der siebziger Jahre wird die NS-Verstrickung des Akademieleiters, der über seine Vergangenheit hartnäckig schweigt, öffentlich angeprangert.

Am 14. Mai 2000 ist Reinhard Höhn, 95 Jahre alt, nach einem »langen, bewegten und außergewöhnlichen Leben als engagierter Wissenschaftler« (so heißt es in der Todesanzeige der Familie in der FAZ) im bayerischen Pöcking gestorben.

## Heinrich Hölscher

***Staatssekretär, W 35, Derfflingerstr. 7***

Heinrich Hölscher, geboren am 11. April 1874 in dem Dorf Wellingholzhausen bei Melle (Provinz Hannover), studiert Jura an den Universitäten Leipzig und Marburg und wird Richter. Im März 1919 kommt er als Kammergerichtsrat nach Berlin. 1923 verläßt er den Justizdienst und übernimmt das Rechtsreferat im Preußischen Finanzministerium. Im Oktober 1927 zum Staatssekretär im Preußischen Justizministerium berufen, dient er in diesem Amt binnen weniger Jahre fünf Justizministern. Im Juni 1933 wird Hölscher, ehemals Mitglied der Deutschnationalen Volkspartei, jetzt mit dem Parteibuch der NSDAP versehen, zum Nachfolger des aus politischen Gründen in den Ruhestand versetzten Kammergerichtspräsidenten Eduard Tigges (1874–1945). Es ist für die Lage der Justiz im NS-Staat bezeichnend, daß der höchste Berliner Richter von seinem Titel Staatssekretär weiterhin öffentlich Gebrauch macht. Dabei wird Hölscher nachgesagt, die Unabhängigkeit des Kammergerichts in den Grenzen des damals Möglichen nach Kräften verteidigt zu haben.

Ende 1942 tritt Hölscher in den Ruhestand. Im Mai 1945, kurz nach der Eroberung Berlins durch die Rote Armee, wird der 71jährige, mutmaßlich auf Grund einer Denunziation, von der sowjetischen Besatzungsmacht verhaftet und verschleppt. Damit verliert sich seine Spur. Umstände, Ort und Zeitpunkt seines Todes bleiben unbekannt. Es ist ein Schicksal, wie es in Berlin, in Mittel- und Ostdeutschland Zehntausende trifft. Unter ihnen befindet sich auch Hölschers Nachfolger, der 1881 in Flensburg geborene Dr. Johannes Block, Präsident des Kammergerichts von 1943 bis 1945. Auch er, der im Telefonbuch 1941 mit der Anschrift Hohenzollerndamm 91 (Wilmersdorf) verzeichnet ist, wird verschleppt, ohne seiner Familie je ein Lebenszeichen zukommen lassen zu könen. So nimmt das wenig ruhmvolle Kapitel der Justiz im Dritten Reich jedenfalls für ihre in sowjetische Hände gefallenen Spitzen ein weit schlimmeres Ende als für jene Mehrheit der Richter und Staatsanwälte, die in den Westzonen ungeachtet ihrer Zugehörigkeit zur NSDAP schon bald wieder in ihrem alten Beruf tätig sind.

## Erich Hoepner

***Kommandierender General, XVI. Armeekorps, Dahlem, Hohenzollerndamm 100/101***

Erich Hoepner, geboren am 14. September 1886 in Frankfurt/Oder als Sohn eines Sanitätsoffiziers, zählt neben Erwin Rommel, ↑ Heinz Guderian und ↑ Hans Hube zu den fähigsten Panzerstrategen des Zweiten Weltkriegs. Er ist zugleich, anders als die drei Genannten, eine zentrale Figur im Widerstand gegen Hitler. Hoepner, dessen Name in der Literatur allzu oft falsch (bald mit pp, bald mit ö) geschrieben wird, tritt 1905 als Berufssoldat in das preußische Heer ein. Am Ende des Ersten Weltkriegs ist er Generalstabsoffizier. 1920 wird er als Rittmeister (Hauptmann) in die durch den Versailler Vertrag auf 100 000 Mann begrenzte Reichswehr übernommen. Hitlers Machtübernahme wirkt sich auch auf Hoepners Karriere vorteilhaft aus: 1933 wird er Chef des Generalstabs im Wehrkreiskommando I (Königsberg), 1935 zum Generalstab des Heeres in Berlin versetzt, 1936 zum Generalmajor befördert, 1937 Divisionskommandeur, 1938 Generalleutnant, 1939 General. Ein Jahr später, im Polenfeldzug, stößt er mit den Panzern seines XVI. Armeekorps als erster auf Warschau vor. Im Juli 1940, nach dem Sieg über Frankreich, wird Hoepner Generaloberst. Im Rußlandfeldzug führt er die Panzergruppe 4, die im Oktober 1941 zur 4. Panzerarmee erweitert wird. Der Sieg in der Doppelschlacht von Wjasma und Briansk wird vor allem ihr zugeschrieben.

Im Winter 1941/42 gerät die deutsche Front vor Moskau in schwere Bedrängnis. Überzeugt, nur so die drohende Katastrophe abwenden zu können, nimmt Hoepner seine Truppen mehrere Kilometer zurück. Hitler, empört über diese Eigenmächtigkeit, löst den Armeeführer am 8. Januar 1942 ab und stößt ihn wegen Ungehorsams und Feigheit vor dem Feind aus der Wehrmacht aus. Den Unterstützungsbeitrag, der ihm statt der verwirkten Pension gnadenhalber angeboten wird, lehnt Hoepner ab. Die Rechte, die er sich als Berufsoffizier erworben habe, könnten nicht durch einen Führerbefehl, sondern allein in einem ordentlichen Verfahren aberkannt werden. Durch den Widerspruch aufs äußerste gereizt, kündigt der Diktator am 26. April 1942 vor dem zum letzten Mal einberufenen Reichstag an, er werde auf »sogenannte wohlerworbene Rechte« künftig keine Rücksicht mehr nehmen. Einstimmig läßt Hitler sich an diesem Tage von den zu Ja-Sagern degradierten Abgeordneten zum Obersten Gerichtsherrn der Nation proklamieren.

Schon 1938 ist Hoepner in Staatsstreichpläne der Militärs um den Chef des Generalstabs, Generaloberst Ludwig Beck, eingeweiht gewesen. Jetzt sucht er entschlossen den Weg in den Widerstand. Nach dem Umsturz soll Erich Hoepner Befehlshaber des Ersatzheeres werden. Am Abend des 20. Juli 1944 wird er am Sitz des Oberkommandos des Heeres verhaftet. Er lehnt ab, was nach Lage der Dinge fast ein Gnadenerweis ist: auf der Stelle von einem Standgericht abgeurteilt und im Hof des Bendlerblocks an der Seite von Oberst Graf Stauffenberg, General Olbricht, Oberst Mertz v. Quirnheim und Oberleutnant von Haeften erschossen zu werden. Hoepner bittet darum, sich vor einem Gericht rechtfertigen zu können. Generaloberst ↑Fromm kommt der Bitte nach.

Am 8. August 1944 wird Erich Hoepner, knapp 58 Jahre alt, vom Volksgerichtshof zum Tod durch den Strang verurteilt. Das Urteil wird am selben Tage im Gefängnis Plötzensee vollstreckt.

## H Cäsar von Hofacker

***Dr. jur., Zehlendorf, Chamberlainstr. 12***

Cäsar von Hofacker, geboren am 11. März 1896 als Sohn eines königlich-württembergischen Generals, zieht als 18jähriger in den Ersten Weltkrieg und wird zum Flieger ausgebildet. Als sein Bruder im März 1917 vor Verdun fällt, verspricht er der Mutter, nicht mehr zu fliegen. Im Juni 1918 wird er an die deutsche Militärmission in der Türkei versetzt, in Griechenland gerät er in französische Kriegsgefangenschaft und wird erst im März 1920 nach Deutschland entlassen. Der Spätheimkehrer studiert Jura, promoviert und tritt 1927 in die Geschäftsführung der Vereinigten Stahlwerke AG (W 9, Bellevuestr. 12) ein; 1938 wird er Prokurist. Im August 1939 wird Hofacker als Reserveoffizier zur Luftwaffe eingezogen. Seit Mitte 1940 gehört er der deutschen Militärverwaltung in Paris, seit Herbst 1943, inzwischen Oberstleutnant, dem Stab des Militärbefehlshabers Frankreich, General Carl-Heinrich von Stülpnagel, an.

Ulrich von Hassell, der kluge Analytiker in den Reihen des Widerstands gegen Hitler und designierter Außenminister, lernt Hofacker im Oktober 1943 in St.Remy bei Paris kennen und gewinnt von ihm einen »ausgezeichneten Eindruck«. Als Vetter Stauffenbergs, dem Hassell kurz darauf erstmals in Berlin begegnet, ist Hofacker in die Staatsstreichpläne eingeweiht; er hat den Auftrag, die Kontakte zwischen der militärischen Opposition in Paris und Berlin zu halten. Am frühen Nachmittag des 20. Juli 1944 ruft Stauffenberg seinen Vetter im Hotel »Majestic«, dem Hauptquartier des Militärbefehlshabers, an und teilt ihm mit, das Attentat sei geglückt, Hitler sei tot. Es gelingt Stülpnagel und Hofacker, binnen weniger Stunden in Paris die vorgesehene Flankendeckung für den Umsturz zu schaffen. Sein Scheitern bringt auch ihnen den Tod.

Cäsar von Hofacker wird am 26. Juli 1944 in Paris verhaftet. Am 30. August 1944 verurteilt ihn der Volksgerichtshof zusammen mit dem bei seinem Selbstmordversuch schwer verletzten Stülpnagel zum Tode. Stülpnagel wird noch am gleichen Tage in Plötzensee durch den Strang hingerichtet., Hofacker stirbt am 20. Dezember 1944, 48 Jahre alt, am selben Ort auf dieselbe Weise.

## Heinrich Hoffmann

***Reichsbildberichterstatter der NSDAP, SW 68, Kochstr. 10, und W 8, Unter den Linden 65 (Hotel Bristol)***

Heinrich Hoffmann, geboren am 12. September 1885 in Fürth als Sohn eines Fotografen, ergreift den Beruf des Vaters und eröffnet 1909 in München ein Porträt-Atelier. Nebenbei macht er sich als Pressefotograf nützlich. Im August 1914 schießt er das berühmte Bild vom Odeonsplatz in München, auf dem Hitler zu erkennen ist. Im Weltkrieg versorgt er die Heimat mit Bildern von der Front. 1919 erscheint sein erstes Fotobuch »Ein Jahr bayerische Revolution im Bilde«; es weist den Mann hinter der Kamera als politisch engagierten Zeitgenossen aus.

Im April 1920 wird Hoffmann eines der frühesten Mitglieder der NSDAP. Schon bald gehört er zum engeren Kreis um den damals 31jährigen Hitler, der in der Folgezeit häufig zu Gast im Haus der Familie Hoffmann ist. 1924, wenige Monate nach dem an der Feldherrnhalle blutig gescheiterten Putsch, ist es eine Hoffmann-Dokumentation, die den Boden für den Wiederaufstieg der verbotenen NSDAP mit propagandistischem Geschick vorbereitet: »Deutschlands Erwachen in Bild und Wort«. Als Hitler die Macht erringt, besitzt Hoffmann das ungemein lukrative Monopol auf alle Führeraufnahmen, die in der Presse, in Büchern oder als Postkarte erscheinen. 1934 eröffnet er in Berlin seinen zweiten Firmensitz.

Auf einer seiner Wahlkampfreisen durch Deutschland, bei denen ihn Heinrich Hoffmann zu begleiten pflegt, lernt Hitler wahrscheinlich schon 1929 die damals 17jährige Eva Braun kennen, Hoffmanns Fotoassistentin. Sie wird, vor den Augen der Öffentlichkeit strikt verborgen, des Diktators Geliebte, ehe Hitler sie am 30. April 1945, wenige Stunden vor ihrem gemeinsamen Selbstmord, im Führerbunker der Reichskanzlei in Berlin heiratet. Die Hoffmann-Tochter Henriette ehelicht im März 1932 den Reichsjugendführer Baldur von Schirach (1907–1974), was die Zugehörigkeit des Starfotografen, der weder Amt noch Rang innehat, zur Herrschaftselite des Dritten Reichs zusätzlich festigt. Hoffmann, der Jahr für Jahr neue Bildbände unter das Volk bringt, ist einer der wenigen, die statt »Mein Führer« »Herr Hitler« sagen dürfen. Im Juli 1938 wird er »in Anerkennung seiner Verdienste um die Große Deutsche Kunstausstellung« zum Professor ernannt.

Am 22. August 1939, wenige Tage vor dem Angriff auf Polen, fliegt Hoffmann mit dem Reichsaußenminister von Ribbentrop und dessen Begleitung nach Moskau, wo der spektakuläre Nichtangriffspakt mit der Sowjetunion geschlossen wird. Gleich nach der Rückkehr erstatten beide in der Reichskanzlei, in der sich auch Hermann Göring und der Staatssekretär ↑Ernst von Weizsäcker eingefunden haben, ihrem Führer Bericht. Hoffmann hebt lobend Stalins Tatkraft, Scharfsinn und Herzlichkeit hervor.

Mit dem Dritten Reich endet auch die Erfolgskarriere des — so der selbstverliehene Titel — Reichsbildberichterstatters. Hoffmann wird als prominenter Nutznießer des NS-Regimes inhaftiert. Mitte November 1947 meldet die Presse, der einstige Leibfotograf sei aus dem Internierungslager Rassburg entwichen, aber bei Nürnberg von amerikanischer Militärpolizei wieder dingfest gemacht worden. Im Entnazifizierungsverfahren verurteilt ihn die Münchner Spruchkammer zur Höchststrafe von zehn Jahren Arbeitslager. Die Berufungskammer hält im Juni 1948 drei Jahre für angemessen und setzt Hoffmann unter Anrechnung der Untersuchungshaft auf freien Fuß. 1954/55 druckt die *Münchner Illustrierte* etliche Folgen von »Heinrich Hoffmanns Erzählungen«, eine nostalgisch-verklärte Reportage über das süße Leben im NS-Staat und die Personen, die ihn in den Abgrund geführt haben. Am 16. Dezember 1957 ist Heinrich Hoffmann, 72 Jahre alt, in München gestorben.

## Hans Hube

***Oberst, Döberitz, Olympisches Dorf***

Hans Hube, geboren am 29. Oktober 1890 in Naumburg/Saale, ist einer der großen Panzerführer des Zweiten Weltkriegs.

Am 22. Juni 1941 zieht Hube mit der 16. Panzerdivision in den Rußlandfeldzug. In mehreren Schlachten sichert ihr Eingreifen den Sieg. Hitler befördert den erfolgreichen Kommandeur zum General und unterstellt ihm das XIV. Panzerkorps. Als Hube Ende 1942 in den Kessel von Stalingrad gerät, läßt Hitler ihn ausfliegen, um ihn mit der Gesamtversorgung der eingeschlossenen Verbände zu beauftragen.

Im Juni 1943 wird die neu aufgestellte 16. Panzerdivision nach Italien verlegt. Als in der Nacht zum 10. Juli 1943 »feindliche Kräftegruppen« auf Sizilien landen, übernimmt Hube das Kommando über die deutsch-italienische Abwehrfront. Sie zerbricht fünf Wochen später. Die OKW-Bericht vom 17. August 1943 meldet die »planmäßige Räumung der Insel« und schließt mit den Worten: »Als einer der letzten verließ General der Panzertruppen Hube, der die Kämpfe auf Sizilien geleitet hatte, die Insel.«

Ungeachtet der Krise, die mit der Kapitulation Italiens am Abend des 8. September 1943 ausgelöst wird, beordert Hitler Hube erneut an die zusammenbrechende Ostfront und überträgt ihm den Oberbefehl über die 1. Panzerarmee. Als sie im März 1944 bei Kamenez-Podolsk von der mit überlegenen Kräften angreifenden Roten Armee eingeschlossen wird, kämpft sich Hube mit 23 Divisionen unter hohen Verlusten nach Westen durch. Für diese Tat würdigt ihn der Wehrmachtbericht vom 9. April 1944 ein weiteres Mal namentlich.

Elf Tage später fliegt Hube mit einer Maschine der Heeresgruppe Mitte von Lemberg zum Obersalzberg. Hitler, der an diesem 20. April seinen 55. Geburtstag begeht, hat ihn zu sich befohlen, um ihm die bislang höchste Kriegsauszeichnung, die Brillanten zum Ritterkreuz des Eisernen Kreuzes mit Eichenlaub und Schwertern, zu verleihen und ihn zum Generaloberst zu befördern. Noch in der Nacht will Hube über Berlin zurück an die Front. Gewohnt, sich durch kein Wetter beirren zu lassen, verwirft er den Rat des Piloten, das Morgengrauen abzuwarten. Beim Start in Salzburg streift das Flugzeug mit der linken Tragfläche einen Baum und stürzt ab. Hube, der Pilot und fünf weitere Insassen sterben.

In dem Kriegstagebuch »Lauter Abschiede« des Generalstäblers Udo von Alvensleben heißt es dazu: »Hubes Tod trifft mich wie ein schwerer Schlag. Die Division hängt an ihm wie an einem Vater ... An vieles gewöhnt man sich in diesem Krieg. Nur an die ständigen Verluste hervorragender Kameraden kann ich mich nicht gewöhnen.

Das häuft sich zu einer furchtbaren Summe, und der Schmerz wird größer« (S. 393).

Hitler erläßt zum Tod Hans Hubes einen wortreichen Tagesbefehl und nimmt am 26. April 1944 im Mosaiksaal der Reichskanzlei persönlich an dem Staatsakt für den verunglückten Armeeführer teil. Es ist das letzte Mal, daß der Diktator einem Toten diese Ehre erweist (wobei an ein Wort aus Ernst Jüngers »Strahlungen« zu erinnern ist: »Das war mir doch von Anfang an deutlich, daß seine Ehrungen am meisten zu fürchten waren«).

## H Fritz Hübner

***Dr. phil., Oberstudienrat, Tegel, Schloßstr. 26***

Auf den Berliner Gymnasiallehrer Fritz Hübner, geboren am 18. Oktober 1889 in Trebbin, fällt unser Blick nur deshalb, weil eine ganz unspektakuläre und doch aufschlußreiche Episode aus dem Schulalltag im Dritten Reich mit seinem Namen verknüpft ist.

Seit Dezember 1931 lebt am nordwestlichen Rand Berlins, in der Schulzendorfer Str. 34 in Heiligensee, der Philosoph und Altphilologe Rudolf Schottlaender, gebürtiger Berliner vom Jahrgang 1900. Er ist jüdischer Abstammung, aber in jungen Jahren vom Glauben der Väter abgefallen und seither konfessionslos. Daß seine Frau arisch ist, spielt vor 1933 keine Rolle. Danach wird es lebenswichtig. Dank dieser arischen Frau und dank des Umstandes, daß die Ehe nicht kinderlos ist, führen die Schottlaenders das, was der NS-Staat eine »privilegierte Mischehe« nennt. Der Ehemann hat als »Volljude« zwar das große »J« in seinem Paß und muß seit dem 1. Januar 1939 den zusätzlichen Vornamen Israel führen. Aber den aufgenähten gelben Stern braucht er nicht zu tragen, und er wird nicht deportiert.

Anfang 1938 meldet der Privatgelehrte (so die Berufsangabe im Berliner Adressbuch von 1939) Rudolf Schottlaender seinen am 15. Januar 1928 geborenen Sohn Stefan zur höheren Schule an. Ihm, einem »Mischling 1. Grades«, wird der Zugang zur Oberschule nicht verwehrt. Nur das Abitur hätte er nicht ablegen dürfen, wären die Verhältnisse so geblieben, wie sie damals waren. Über die Anmeldung des 10jährigen im Realgymnasium Reinickendorf schreibt der Vater in seinen Erinnerungen (»Trotz allem ein Deutscher«, 1986): »Der als Nazi bekannte Oberstudienrat Hübner fragte mich nach dem ›Glauben‹ meines Sohnes. Die halbjüdische Abstammung war natürlich bekannt, über Religionszugehörigkeit aber stand nichts in den Akten ... Als ich zu der Angabe ›konfessionslos‹ ansetzte, wurde ich unterbrochen: ›Gibt's nicht. Es gibt nur entweder ›gottgläubig‹ oder ›glaubenslos‹; und Sie werden es Ihrem Sohn doch nicht antun, ihn als ›glaubenslos‹ zu bezeichnen.‹ Ich erfaßte blitzschnell, daß ich uns mit der Angabe ›glaubenslos‹ allesamt als marxistische Atheisten abgestempelt hätte, und ließ ›gottgläubig‹ eintragen, was nicht nur unwahr, sondern sogar grotesk war, denn die Bezeichnung ›gottgläubig‹ war für jene rassistischen Neuheiden bestimmt, die nicht mehr Christen sein, aber erst recht nicht mit Kommunisten verwechselt werden wollten.«

Die Privilegierung der Ehe wäre übrigens entfallen, wenn die Kinder der Schottlaenders jüdisch erzogen worden wären, wenn als Konfession ›mosaisch‹ in ihrer Geburtsurkunde gestanden hätte. »Solche Halbjuden hießen ›Geltungsjuden‹ und waren ebenso schutzlos wie ihr ›volljüdischer‹ Elternteil.«

Über den Pädagogen, der 1938 das Gespräch mit Rudolf Schottlaender geführt hat, wissen wir wenig. Die Befragung der Mitgliederkartei der NSDAP ergibt, daß Fritz Hübner ihr am 1. Mai 1933 als Mitglied Nr. 2839141 beigetreten ist. 1939 wird vermerkt, Hübner sei »führend in der SA tätig«, obwohl er offenbar nur den Rang eines Rottenführers (Gefreiter) bekleidet. Zwanzig Jahre später wohnt er, als Pensionär, noch immer in der Tegeler Schloßstr. 26.

Auch Rudolf Schottlaender hat die Diktatur und den Krieg mit seiner Familie in Berlin überlebt. Von 1947 bis 1949 lehrt er Philosophie an der Technischen Hochschule Dresden, unterrichtet dann alte Sprachen in Berlin (West), ehe er 1959 als ordentlicher Professor der Klassischen Philologie an die Humboldt-Universität im Ostteil der Stadt berufen wird. Wenige Wochen nach dem Bau der Mauer verlegt er seinen Wohnsitz von Hermsdorf in die »Hauptstadt der DDR«.

## Willy Jaeckel

***Kunstmaler, W 15, Kurfürstendamm 180***

Willy Jaeckel, geboren am 10. Februar 1888 in Breslau, geht nach einer abgebrochenen Malerlehre als Forstlehrling in das schlesisch-russische Grenzgebiet. Der 18jährige weiß dann genau, wohin er will: an die seit 1903 von dem Architekten Hans Poelzig geleitete Königliche Kunst- und Kunstgewerbeschule in Breslau. 1909 wechselt Jaeckel an die Akademie der Bildenden Künste in Dresden. 1913 erlebt er seinen ersten großen Erfolg auf der Berliner Juryfreien Kunstausstellung. Er entschließt sich, in der Hauptstadt zu wohnen, tritt der von ↑ Max Pechstein gegründeten Neuen Sezession und 1915 der Berliner Sezession bei.

Im selben Jahr, ehe er noch als Soldat und Kartenzeichner in den Krieg zieht, entsteht das »Memento 1914/15«, eine Mappe mit zehn Lithographien. Im Oktober 1916 bekommt sie ↑ Käthe Kollwitz in einer Berliner Galerie zu Gesicht. »Die haben mich sehr gepackt«, schreibt sie ihrem Sohn Hans ins Feld. »Erbarmungslos sind sie. So grauenhaft ist wohl der Krieg. Das eine Blatt habe ich gekauft.« Die Blätter tragen Titel wie »Sturmangriff«, »Platzende Granate«, »Tote Mutter und kleines Kind«, »Gefallener im Stacheldraht«, »Nahkampf«, »Vergewaltigung« und »Irrender Verwundeter«.

Als die Preußische Akademie der Künste republikanisch wird, gehört der 30jährige Jaeckel neben Ernst Barlach, Lovis Corinth, ↑ Fritz Klimsch, Georg Kolbe, der Kollwitz und Wilhelm Lehmbruch zu den sechzehn bildenden Künstlern, die Ende Januar 1919 als neue Mitglieder aufgenommen werden. Dann arbeitet Jaeckel vier Jahre lang in seinem Landhaus in Gunzesried im Allgäu an einem aus 200 Radierungen bestehenden Illustrationswerk zur Bibel. Zurück in Berlin übernimmt er 1925 eine Professur an der Staatlichen Hochschule für Kunsterziehung. 1928 erhält er den Rom-Preis der Preußischen Akademie der Künste: ein Jahr in der Villa Massimo. Seine Bilder werden in Paris, New York und Zürich ausgestellt. Sein Malstil verbindet Elemente des Expressionismus mit der distanzierten Kühle der Neuen Sachlichkeit. Die Berliner Gesellschaft schätzt ihn auch als Porträtmaler.

1933 wird Jaeckel aus seinem Lehramt an der Staatlichen Kunsthochschule entlassen — und nach einem Protest der Studenten wieder eingestellt. In der Ausstellung »Entartete Kunst« in München (1937) ist Jaeckel nicht vertreten; das belegt deren akribische Rekonstruktion bei Peter-Klaus Schuster (Hrsg.), »Nationalsozialismus und ›Entartete Kunst‹«. Seine Bilder werden jedoch aus den öffentlichen Sammlungen in die Magazine verbannt. Versuche, sich in Form und Sujet der neuen Zeit anzupassen (etwa mit dem um 1939 entstandenen Bild »Pflüger am Abend«), schlagen fehl. Privaten Ausgleich findet der von keiner Galerie mehr beachtete Maler im Golfsport, den er im Golfclub Wannsee mit Leidenschaft betreibt.

1943 gibt Jaeckel das Lehramt auf. Er verläßt die unsicher gewordene Hauptstadt. Für wenige Tage zurückgekehrt, findet er am 30. Januar 1944 bei einem der schwersten Luftangriffe auf Berlin den Tod. Im Keller des Hauses Kurfürstendamm 180 ist Willy Jaeckel, 55 Jahre alt, zusammen mit anderen Schutzsuchenden verbrannt oder erstickt. Die in der Atelier-Wohnung verwahrten Bilder werden vernichtet. Der Wehrmachtbericht vom 31. Januar 1944 führt eine ungewohnt offene Sprache: »Am Sonntagabend griffen die britischen Terrorbomber ausgedehnte Gebiete der Reichshauptstadt an, wodurch schwere Schäden in Wohnvierteln, an Kulturbauten, sozialen Einrichtungen und öffentlichen Gebäuden enstanden. Die Bevölkerung erlitt Verluste.« Heute kümmert sich vor allem das Berliner Bröhan-Museum (gegenüber dem Charlottenburger Schloß) um das Werk dieses Malers und Graphikers.

## Hans Jeschonnek

***General der Flieger, Chef des Generalstabs der Luftwaffe, Steglitz, Sedanstr. 2***

Hans Jeschonnek, geboren am 9. April 1899 in Hohensalza in der preußischen Provinz Posen als Sohn eines Studienrats, meldet sich Ende 1914 als noch nicht 16jähriger Kadett freiwillig an die Front. Mit 18 Jahren wird er Leutnant. Den Waffenstillstand, der Deutschlands Niederlage im Ersten Weltkrieg besiegelt, erlebt er bei der Fliegertruppe in Frankreich.

1919 zieht Jeschonnek mit einem Freikorps in das von Volkstumskämpfen heimgesuchte Oberschlesien; ↑Arnolt Bronnen hat diese Wirren in dem Roman »O.S.« thematisiert. Nach der Aufnahme in die Reichswehr wird der fronterprobte Offizier zum Generalstäbler ausgebildet. Später befaßt er sich im Reichswehrministerium mit der geheimen Planung zum Aufbau einer Luftwaffe. Nach Hitlers Machtantritt wird Jeschonnek Adjutant des Fliegerhauptmanns a. D. Erhard Milch, seit Mai 1933 Staatssekretär im Reichsluftfahrtministerium. Nach einem Praxisjahr als Geschwaderkommodore kehrt er 1937 als Abteilungsleiter in das Ministerium zurück. Am 1. Februar 1939 wird er zum Generalstabschef der Luftwaffe berufen. Im Juli 1940, nach dem triumphalen Sieg im Westen, ernennt ihn Hitler zum General der Flieger.

Nur wenige Monate später zeichnet sich das Ende dieser glänzenden Karriere ab. Was sich mit der verlorenen Luftschlacht um England im Herbst 1940 schon angekündigt hat, findet auf den neuen Kriegsschauplätzen in Afrika, auf dem Balkan und in den Weiten Rußlands seine Bestätigung: die Luftwaffe ist für die Aufgaben, die ihr dieser Krieg stellt, unzureichend gerüstet. Und da sich seinerzeit vor allem Jeschonnek für die ehrgeizigste Ausbauvariante dieser Waffengattung eingesetzt und ihre Realisierbarkeit bejaht hat, fällt jeder Mißerfolg nun auf ihn zurück.

Nach der Katastrophe von Stalingrad, die auch Görings Ansehen als Oberbefehlshaber der Luftwaffe ramponiert, soll im Sommer 1943 eine letzte deutsche Großoffensive die wankende Front im Osten stabilisieren und zugleich eine »Wendung des Krieges« (Hitler) bewirken. Zur Vorbereitung der »Operation Zitadelle« bespricht sich Hitler am 4. Mai 1943 in München mit den beteiligten Heerführern, mit ↑Guderian, dem Generalinspekteur der Panzertruppen, und mit Jeschonnek. Der Generalstabschef sichert eine kraftvolle fliegerische Unterstützung der Bodentruppen zu. Als die Panzerschlacht im Kursker Bogen, die am 5. Juli 1943 beginnt, zwölf Tage später gescheitert ist, wirft Göring seinem Stabschef erneut Versagen vor. Auch die Schutzlosigkeit der deutschen Städte vor den Tag und Nacht einfliegenden alliierten Bomberverbänden (Ende Juli 1943 geht Hamburg in einem glühenden Inferno unter) wird dem Stabschef angelastet.

Am 18. August 1943 erschießt sich Generaloberst Hans Jeschonnek im Hauptquartier des Generalstabs der Luftwaffe bei Goldap in Ostpreußen, etwa 65 km vom Führerhauptquartier »Wolfsschanze« entfernt. Auch dieser Vorgang wird der Öffentlichkeit auf höchste Weisung verheimlicht, wie zuvor der Freitod ↑Ernst Udets im November 1941 und später die erzwungene Selbsttötung Rommels im Oktober 1944. Die Angehörigen sind gehalten, bei der Täuschung mitzuspielen. Die mit dem Eisernen Kreuz geschmückte Todesanzeige, die am 19. August 1943 in der *Deutschen Allgemeinen Zeitung* erscheint, wartet mit einer doppelten Lüge auf. »In Treue zu unserem geliebten Führer und im Glauben an Deutschland«, heißt es da, »starb plötzlich an tückischer Krankheit im Alter von 44 Jahren mein innigstgeliebter Mann und liebevoller Vater ..., der Ritterkreuzträger Hans Jeschonnek, Generaloberst und Chef des Generalstabes der Luftwaffe« »In tiefer, stolzer Trauer« teilt die Familie mit, die Beisetzung finde »entsprechend einem Wunsche des Verstorbenen im engsten Kreise an der Stätte seiner Arbeit« statt.« Natürlich sickert die Wahrheit vielerorts als Gerücht durch, zumal es für den Stabschef nicht das ihm gebührende Staatsbegräbnis gibt.

In der Truppe wird die Nachricht von Jeschonneks Tod als Schock empfunden. ↑Hellmuth Stieff schreibt am 21. August 1943 aus dem OKH-Hauptquartier »Mauerwald« in Ostpreußen an seine Frau: »Der Freitod von Jeschonnek, der heute begraben wurde und an dessen Bahre jener bekannte Herr [gemeint ist Reichsmarschall Göring — H.J.] auch noch die Grabrede zu halten wagte, der ihn selbst in den Tod getrieben hat, hat Zeitzler und mich maßlos erregt ... Wir wollen uns jedenfalls nicht so zerbrechen lassen wie dieser an sich starke Mann.« ↑Kurt Zeitzler ist damals Chef des Generalstabs des Heeres.

## Alfred Jodl

***General der Artillerie, Dahlem, Auf dem Grat 1 (1943)***

Alfred Jodl, geboren am 10. Mai 1890 in Würzburg als Sohn eines Artillerieoffiziers der Königlich-bayerischen Armee, folgt bei der Berufswahl dem Vorbild des Vaters. Als 13jähriger tritt er in die Kadettenschule München ein. Am Ende des Ersten Weltkriegs ist er Oberleutnant, ausgezeichnet mit dem Eisernen Kreuz 1. Klasse. Jodl bleibt bei der Fahne: Er wird 1919 in die Reichswehr übernommen und zum Generalstabsoffizier ausgebildet. Seit Oktober 1932 ist sein Arbeitsplatz im Truppenamt des Reichswehrministeriums in Berlin.

Der NSDAP und ihrem Führer steht Jodl ablehnend gegenüber. Das ändert sich, als Hitler an die Macht kommt und eine Politik verfolgt, die Jodl gutheißt. Im Juli 1935 wird ihm die Abteilung Landesverteidigung im Wehrmachtsführungsamt übertragen. Wie üblich wird der Aufstieg des Generalstäblers zur Spitze noch einmal durch ein Truppenkommando unterbrochen: von Ende 1938 bis August 1939 steht Jodl als Artillerieführer in Wien und Brünn. Am Vorabend des deutschen Angriffs auf Polen wird er zum Chef des Wehrmachtsführungsamtes berufen, das ab August 1940 Wehrmachtsführungsstab heißt.

Nach dem Sieg über Frankreich ist Jodl dabei, als im Wald von Compiègne der Waffenstillstand geschlossen wird. Am Abend des 20. Juni 1940 führt er die Verhandlungen mit General Huntziger, dem Bevollmächtigten des Marschalls Pétain. Jodl gibt sich konziliant und betont, daß er für die Gefühle seines Gegenübers Verständnis habe. Er kann freilich nur Fragen beantworten, da die von deutscher Seite gestellten Bedingungen unabänderlich sind. Am 19. Juli 1940 schwimmt der 50jährige Generalmajor auf der großen Beförderungswelle mit: er wird General der Artillerie.

Kaum drei Jahre später hat sich das Kriegsglück gewendet. Der Kampf im Osten wird zunehmend erbitterter, blutiger und brutaler geführt. Am 7. November 1943, zu einer Zeit, da die Wehrmacht auf allen Kriegsschauplätzen zum Rückzug gezwungen ist und die Mehrheit der Deutschen den Glauben an einen Siegfrieden verliert, hält Jodl vor den in München versammelten Reichs- und Gauleitern der NSDAP eine Rede, die ihn, der die Lage an den Fronten genau kennt, entweder als Meister der Täuschung oder als Opfer wahnhafter Verblendung zeigt. Auszug: »Meine tiefere Zuversicht gründet sich aber darauf, daß an der Spitze Deutschlands ein Mann steht, der nach seiner ganzen Entwicklung, seinem Wollen und Streben vom Schicksal nur dazu ausersehen sein kann, unser Volk in eine hellere Zukunft zu führen. Allen gegenteiligen Meinungen zum Trotz muß ich hier zum Ausdruck bringen, daß er die Seele nicht nur der politischen, sondern auch der militärischen Kriegführung ist und daß die Kraft seines Willens wie der schöpferische Reichtum seiner Gedanken ... die ganze deutsche Wehrmacht durchpulst und zusammenhält.« Seit Friedrich dem Großen habe es eine solche Einheit von politischer und militärischer Führung nicht mehr gegeben.

Achtzehn Monate später, am Ende der dritten Morgenstunde des 7. Mai 1945, unterzeichnet Generaloberst Alfred Jodl in einem Schulhaus der ostfranzösischen Stadt Reims, dem Hauptquartier General Dwight D. Eisenhowers, des Obersten Befehlshabers der Alliierten Expeditionsstreitkräfte, die Urkunde der bedingungslosen Kapitulation der Deutschen Wehrmacht. An seinem Uniformrock trägt Jodl das ihm zum 30. Januar 1943 von Hitler verliehene Goldene Parteiabzeichen. Der Akt der Kapitulation wird am Morgen des 8. Mai 1945 in Berlin-Karlshorst, dem Hauptquartier der Roten Armee, durch Generalfeldmarschall ↑ Wilhelm Keitel wiederholt.

Im Nürnberger Hauptkriegsverbrecherprozeß erklärt Jodl, er habe nur als gehorsamer Soldat seine Pflicht getan. Der internationale Militärgerichtshof spricht ihn in allen vier Anklagepunkten schuldig. Am 16. August 1946 wird Alfred Jodl, 56 Jahre alt, im Nürnberger Gerichtsgefängnis durch den Strang hingerichtet.

## K Erich Kästner

***Dr., Charlottenburg 4, Roscherstr. 16***

Erich Kästner, geboren am 23. Februar 1899 in Dresden als einziger Sohn einer kleinbürgerlichen Familie, hat sich, wie seine Lebensgefährtin und Biographin Luiselotte Enderle mitzuteilen weiß, »in jenen unaussprechlichen Jahren« der NS-Herrschaft in keiner Stadt »so behütet aufgehoben« gefühlt wie in Berlin.

Der Vater, ein Sattlermeister, kommt aus der Provinz in die sächsische Hauptstadt, um hier Arbeit in einer Kofferfabrik zu finden. »Das Maschinenzeitalter rollte wie ein Panzer über das Handwerk und die Selbständigkeit hinweg«, schreibt Kästner später. Sein leiblicher Vater dürfte freilich der Hausarzt der Familie, der aus Oberschlesien stammende jüdische Sanitätsrat Dr. Emil Zimmermann gewesen sein, dem es gelingt, Ende 1938 über London nach Brasilien zu emigrieren.

Kästner zieht 1917 als Soldat in den Krieg, holt 1919 das Abitur nach und studiert, ausgestattet mit einem Stipendium der Stadt Dresden, in Leipzig, Rostock und Berlin Germanistik, Geschichte, Philosophie und Theaterwissenschaft. Die ersten Gedichte und Prosatexte werden gedruckt. Als er 1925 in Leipzig mit einer Arbeit über »Die Erwiderungen auf Friedrichs des Großen Schrift ›De la litterature allemande‹« promoviert, ist er bereits als Redakteur und Theaterkritiker tätig. 1927 zieht er nach Berlin, wo Erich Ohser sein Freund wird. 1928 erscheint der Gedichtband: »Herz auf Taille«; ihm folgen »Lärm im Spiegel« und »Ein Mann gibt Auskunft«. Dann machen drei Kinderbücher — »Emil und die Detektive« (1928), »Pünktchen und Anton« (1930), »Der 35. Mai« (1931) — Kästner über die deutschen Grenzen hinaus berühmt. 1931 wird er Mitglied des PEN-Clubs und zieht in die Roscherstraße.

Richtig froh wird Kästner seines Erfolgs nicht. Ihn bedrückt die unübersehbar wachsende Armut von immer mehr Menschen. Der gesellschaftskritische und resignative Ton des Satirikers wird schärfer. In dieser Stimmung entsteht »Fabian. Die Geschichte eines Moralisten« (1931). »Es gibt kein böseres, kein Buch, das so stichhaltig pessimistisch und melancholisch wäre«, urteilt ein Vierteljahrhundert später ↑ Friedrich Luft.

Am 30. Januar 1933 ist Erich Kästner im Ausland, in Südtirol. Die Mutter rät ihm, »draußen zu bleiben«. Aber Ende Februar, kurz nach dem Reichstagsbrand, kehrt er nach Berlin zurück. Mit fremden Sprachen kann er ohnehin nichts anfangen. Er drängt auch andere, die unschlüssig sind, dazubleiben. Am 10. Mai 1933 werden auf dem Opernplatz vor der Berliner Universität, in Sichtweite der Standbilder der Gebrüder Humboldt, die Bücher von 24 ›volksfremden‹ Autoren verbrannt. Kästner steht in der Menge der Schaulustigen und hört den ›Feuerspruch‹, der seinen Versen und dem »Fabian« gilt: »Gegen Dekadenz und moralischen Verfall!«

Später, in der Rede »Über das Verbrennen von Büchern«, bekennt Kästner, nicht ohne Koketterie, ein Schuldgefühl. »Ich habe mich, damals schon und seitdem manches Mal, gefragt: ›Warum hast du ...nicht widersprochen? Hättest du, als der abgefeimte Kerl eure und auch deinen Namen in die Mikrophone brüllte, nicht zurückschreien sollen? Daß ich dann heute nicht hier stünde, darum geht es jetzt nicht. Nicht einmal, daß es zwecklos gewesen wäre, steht zur Debatte. Helden und Märtyrer stellen solche Fragen nicht.«

Ein paar Wochen später nimmt Kästner, als sei nichts geschehen, an der Eröffnungssitzung des am 9. Juni 1933 gegründeten (und Ende September 1935 wieder aufgelösten) »Reichsverbands Deutscher Schriftsteller« teil, inmitten der Dichterkollegen in SA-Uniform. Der öffentlich Gebrandmarkte trägt sich als erster in die Anwesenheitsliste ein; »mein Autogramm wurde an diesem Abend, während die Liste kursierte, so gründlich bestaunt wie nie vorher oder nachher«. 1934 taucht Kästners Name zum letzten Mal in »Kürschners Deutschem Literaturkalender« auf. Der Roman »Drei Männer im Schnee« erscheint im selben Jahr noch in Fortsetzungen in der *Berliner Illustrirten*, nicht aber als Buch. Das schon damals berühmte und geliebte Jugendbuch »Emil und die Detektive« wird 1935 aus dem Verkehr gezogen.

Aber Kästner darf im Ausland publizieren und ins Ausland reisen. Noch 1938 besucht er London — und kehrt wiederum zurück. Seine Bücher und Aufsätze erscheinen fortan in der Schweiz. Erst 1942 wird ihm das verboten. Zwei kurzzeitige Verhaftungen und Verhöre in der Prinz-Albrecht-Straße machen die anhaltende Gefährdung deutlich. Dann aber, mitten im Kriege, verfaßt der verfemte Autor das Drehbuch zu einem Geniestreich des deutschen Films. 1943 soll das 25jährige Bestehen der Ufa glanzvoll gefeiert werden. »Ein großer und heiterer Farbfilm sollte die Zuversicht Deutschlands und die künstlerische Überlegenheit der Ufa beweisen« (Walter Kiaulehn). Der Propagandaminister favorisiert als Vorlage den »Tollen

Bomberg«, einen westfälischen Schelmenroman. Doch das dazu gelieferte Drehbuch taugt nichts. In der Not erinnert jemand an Erich Kästner. Am 25. Juli 1942 wird ihm eine Ausnahmegenehmigung erteilt: Er soll das Drehbuch zu einem »Münchhausen«-Film schreiben. Der Film wird in Babelsberg gedreht. Regie führt der Ungar ↑Josef von Baky, die Tricks besorgt der russische Kameramann Irmen Tschet. Der Draufgänger Hans Albers spielt die Titelrolle. Als Drehbuchautor weist der Vorspann einen »Berthold Bürger« aus. Kästner bleibt namenlos. Er wird entlohnt und im Januar 1943 wieder unter Schreibverbot gestellt, ehe noch das betörend schöne Filmwerk im Ufa-Palast am Zoo kurz vor dessen Zerstörung uraufgeführt wird. Für das Nachspiel sorgt eine Beschwerde der Dienststelle Rosenberg. »Kästner«, heißt es da, »ist uns alten Nationalsozialisten aus der Systemzeit her als führender Kulturbolschewist und Mitarbeiter der *Weltbühne* noch sehr gut bekannt.« Dieser Umstand allein hätte genügen müssen, um Kästner zu disqualifizieren. Auch Hitler soll erbost gewesen sein, als er nachträglich von dem Vorgang erfährt.

Im Februar 1944 brennt die Roscherstraße 16 nach einem Luftangriff aus. Erich Kästners Verlustbilanz: »Dreitausend Bücher, acht Anzüge, einige Manuskripte, sämtliche Möbel, zwei Schreibmaschinen, Erinnerungen in jeder Größe und mancher Haarfarbe.« Kästner zieht um die Ecke zu seiner Freundin Luiselotte Enderle. Am 8. März 1945 wird Kästner gewarnt: Die SS plane eine blutige Abschiedsfeier, eine Nacht der langen Messer. Auch er stehe auf der Liste. Aber niemand, der volkssturmtauglich ist, darf Berlin verlassen (»Ich klebe hier fest wie eine Fliege an der Leimtüte«). Da setzt ein Ufa-Freund, der zu Filmaufnahmen nach Mayrhofen ins Zillertal befohlen ist, Kästners Namen auf ein Formular, das der Reichskulturwalter Hans Hinkel blanko signiert hat: Kästner sei Drehbuchautor und müsse mitfahren. Das riskante Spiel glückt. Mitte März 1945 ist Kästner in Tirol.

Als der Spuk vorbei ist, hält Erich Kästner Einzug in den literarischen Olymp. Jede Wortmeldung, jedes Buch, jeder Film mehrt seinen Ruhm. In München, wo er jetzt lebt, gründet er 1945 das Kabarett »Die Schaubude«, 1951 »Die kleine Freiheit«. Er gibt den *Pinguin*, eine Zeitschrift für die Jugend, heraus und leitet das konkurrenzlos weltläufige Feuilleton der *Neuen Zeitung*. Am 19. Januar 1946 macht ein auf Thomas Mann gemünzter Kästner-Text (»Betrachtungen eines Unpolitischen«) die Kluft zwischen der ›inneren Emigration‹ und den außer Landes gegangenen Autoren deutlich. Thomas Mann ist verletzt. In einem Brief vom 9. Juni 1946 nennt er Kästners Artikel »das Unverschämteste, was die Deutschen sich gegen mich geleistet haben, und ein klassisches Stück sächsischer ›Heemdicke‹« (zu deutsch: Heimtücke). 1947 kommt es in Zürich zur Versöhnung.

Thomas Mann selbst hatte solche Konflikte vorausgesehen: »Die Völker Europas, Deutschland eingeschlossen«, schreibt er am 24. Juni 1943 dem in Ankara lebenden Emigranten Ernst Reuter, »sind schließlich durch ein Fegefeuer gegangen, durch das die meisten Emigranten ... nicht gegangen sind, und ich habe das Gefühl, daß sie in gewisser Beziehung weiter sind als die Völker, die sich gegenwärtig mit Erziehungsplänen für sie beschäftigen«.

1951 wird Kästner Präsident des Deutschen PEN-Zentrums (West); 1957 erhält er den Büchner-Preis. 1966 zieht er sich, krank und müde, aus der Öffentlichkeit zurück. Am 29. Juli 1974 ist Erich Kästner, 75 Jahre alt, in München gestorben.

## Friedrich Kayssler

***Staatsschauspieler, Zehlendorf, Quaststr. 17***

Friedrich Kayssler. geboren am 7. April 1874 in Neurode (Niederschlesien) als Sohn eines Arztes, zählt fünf Jahrzehnte lang zu den großen Mimen des deutschen Theaters. Die meisten der in diesem Buch Porträtierten dürften ihm mehr als nur einmal auf der Bühne oder der Leinwand begegnet sein. Marcel Reich-Ranicki zeigt sich noch nach sechzig Jahren von Kaysslers Schauspielkunst beeindruckt (Mein Leben, S. 123).

Kayssler, mit dem Dichter Christian Morgenstern (1871–1914) eng befreundet, beginnt seine Theaterlaufbahn nach einem abgebrochenen Studium der Philosophie in München 1895, also noch zu Lebzeiten Bismarcks, bei Otto Brahm am Deutschen Theater in Berlin. Hier gründet er zu Beginn des Jahrhunderts mit Max Reinhardt das Kabarett »Schall und Rauch«. Als Reinhardt das Deutsche und das Neue Theater übernimmt, wird Kayssler der gefeierte Star dieser Bühnen. Er ist es, der am 22. Oktober 1910 im Deutschen Theater die Gedenkrede auf den genialischen Josef Kainz hält, der kurz zuvor, 52 Jahre alt, auf der Höhe seines Ruhms verstorben ist.

Nun tritt mit Kayssler ein begnadeter Interpret von Charakterrollen an seine Stelle. Aber Kayssler ist auch Theaterleiter, und er schreibt: Gedichte, Märchen, Lustspiele, Dramen und Reflexionen über den Schauspielerberuf. Mit Christian Morgenstern führt er einen intensiven Briefwechsel. Am 14. Juni 1898 bittet Kayssler den Freund, Pate seines Sohnes zu werden: »Heute am Geburtstage unseres Jungen muß ich Dich schnell mal umarmen ... Chrischan, diese Art von Glück kennst Du nicht«. Als Kaysslers Hündin sechs Welpen wirft, schlägt Morgenstern mit dem Bemerken »Eins mehr und der Kaiser hätte Pate stehen müssen« passende Taufnamen vor: Turtelkauz, Nachtwindhund, Zwölfelf, Widiwondel, Schnarz und Littiti.

Die NS-Zeit läßt Kaysslers Leben weitgehend unberührt. Der Politik steht er fern. Von 1933 bis 1944 gehört er dem Ensemble des Staatlichen Schauspielhauses an. Zu seinem 65 Geburtstag flicht ihm der *Völkische Beobachter* ohne Überschwang die üblichen Kränze. In dem Film »Bismarck« (Regie: Wolfgang Liebeneiner), der am 6. Dezember 1940 im Berliner Ufa-Palast uraufgeführt wird, spielt Kayssler den Preußenkönig Wilhelm I. Der Streifen erhält von der NS-Filmprüfstelle in der Jägerstr. 26 das Spitzenprädikat »staatspolitisch und künstlerisch besonders wertvoll«. Mit der am 1. September 1944 wirksam werdenden Schließung aller Berliner Theater fällt auch der letzte Vorhang für den 70jährigen. Als die Front näherrückt bleibt er in Berlin, genauer: vor den Toren Berlins in Kleinmachnow, wo die Quaststraße sich befindet (sie wird später von der SED in Max-Reimann-Straße umbenannt und heißt so noch heute).

An einem der letzten Tage im April 1945 (die Angaben über das Datum widersprechen sich) wird Friedrich Kayssler, 71 Jahre alt, in seinem Haus von Soldaten der Roten Armee erschossen. ↑ Ernst Lemmer erinnert sich daran so: »Unvergeßlich wird mir jene Stunde bleiben, da wir in das Haus gerufen wurden, in dem der große Schauspieler Friedrich Kayssler wohnte. Jedermann kannte diesen Grandseigneur der Bühne und der Leinwand. Der Anblick, der sich uns in dem stummen Haus bot, war grauenhaft. Kayssler lag tot auf dem Fußboden. Im Nebenzimmer aber erwartete uns ein zweites Schreckensbild: Dort fanden wir die Leichen zweier junger Schauspielerinnen mit aufgeschlitzten Leibern.« Ein paar betrunkene russische Soldaten, so Lemmer, waren in das Haus eingedrungen. Kayssler »stellte sich schützend vor die Schauspielerinnen, die er bei sich aufgenommen hatte ... Seine heroische Haltung rettete weder ihn noch die jungen Frauen« (Manches war doch anders, S. 226).Kaysslers Sohn, nach seinem Paten auf den Namen Christian getauft, hat bereits 1944 in Berlin den Tod gefunden. Auch er wollte ein großer Schauspieler werden.

## K Wilhelm Keitel

***Generalfeldmarschall, W 62, Kielganstr. 6***

Wilhelm Keitel, geboren am 22. September 1882 auf dem elterlichen Gut in Helmscherode (preußische Provinz Hannover), ist 1940 noch als Generaloberst im Fernsprechbuch verzeichnet. Seine Ernennung zum Generalfeldmarschall gibt Hitler am 19. Juli 1940, vier Wochen nach dem Sieg über Frankreich, vor den »Männern des Deutschen Reichstags« bekannt. Keitel muß umgehend eine entsprechende Korrektur für das Telefonbuch 1941 veranlaßt haben.

Nach der Schulzeit in Göttingen tritt der Abiturient, der eigentlich Landwirt werden will, 1901 als Fahnenjunker in das preußische

Heer, genauer: das Niedersächsische Feldartillerie-Regiment Nr. 46 in Wolfenbüttel ein. 1915 wird der Hauptmann und Batteriechef von der Front in den Generalstab versetzt. 1919 ist Keitel einer der 4000 Offiziere, die das Rückgrat des 100 000-Mann-Heeres bilden. Seit 1929 leitet er die Heeres-Organisationsabteilung im Truppenamt, dem ›heimlichen Generalstab‹ der Reichswehr. Drei Monate nach Hitlers Machtantritt ist es dessen Rede zum 1. Mai auf dem Tempelhofer Feld, die das Herz des 50jährigen Oberstleutnants höher schlagen läßt.

1935 wird Wilhelm Keitel Chef des Wehrmachtamts im Reichskriegsministerium, das der mit ihm befreundete Werner von Blomberg leitet. Am 4. Februar 1938 beruft Hitler den pflichtbewußten, aber wenig ideenreichen General der Artillerie an die Spitze des Stabes des neugeschaffenen Oberkommandos der Wehrmacht (OKW) und damit faktisch zum Nachfolger des wegen einer privaten Affäre zum Rücktritt genötigten Reichskriegsministers; darüber zerbricht die Freundschaft zwischen Blomberg und Keitel. Die Macht des OKW-Chefs ist freilich gering. Denn es ist Hitler, der die Befehlsgewalt über die Wehrmacht »von jetzt an unmittelbar persönlich« ausübt.

Seit dem 1. September 1939, dem Tag des Angriffs auf Polen, ist Keitel ununterbrochen der engste militärische Gehilfe Hitlers, willig, jeden seiner Befehle auszuführen oder weiterzugeben. Ende 1941, als der ungemein verlustreiche Rußlandfeldzug erstmals zu scheitern droht, mag Keitel zuweilen an Rücktritt und Selbstmord gedacht haben; aber er macht weiter. Die prekäre Lage des Ostheeres hindert den ranghöchsten Soldaten und Strategen der Wehrmacht nicht einmal daran, Zeit für die Mehrung seines Grundbesitzes zu erübrigen. Ende 1942 trägt Keitel dem Chef der Reichskanzlei ↑ Lammers seinen Wunsch vor, das Familiengut Helmscherode um beträchtliche Waldgebiete zu erweitern. Hitler entscheidet am 13. Juli 1944, daß dem Gut die von Keitel gewünschten Liegenschaften im Wert von 740 000 Reichsmark zugeschlagen werden und eine bereits 1942 gewährte üppige Dotation nicht auf den aus dem Staatssäckel zu zahlenden Kaufpreis anzurechnen sei. Wie der Erweis solcher Wohltaten sich auf die Lust des Begünstigten zum Widerspruch auswirkt , ist unschwer zu erraten. Aber dem OKW-Chef haftet ja längst die spöttische Namensvariante »Lakeitel« an.

Das Attentat vom 20. Juli 1944, bei dem er selbst leicht verletzt wird, empört Keitel; und sein Anteil an dem Rachefeldzug gegen die Verschwörer ist erheblich. Er, der Hitler aus der zerfetzten Baracke führt, nimmt kurz darauf eigenhändig den General ↑ Erich Fellgiebel, Chef des Nachrichtenwesens im Hauptquartier, fest. Später fädelt er Rommels erzwungenen Freitod ein. Bis zuletzt redet er sich ein, Hitler werde schon einen Ausweg finden, um seine historische Mission zu erfüllen.

Am 9. Mai 1945, um 0.16 Uhr MEZ, unterzeichnet Keitel, bewehrt mit seinem Marschallstab, an seinem Uniformrock das ihm ehrenhalber verliehene Goldene Parteiabzeichen der NSDAP, im Hauptquartier der Roten Armee in Berlin-Karlshorst die Urkunde über die bedingungslose Kapitulation der Deutschen Wehrmacht. Er mag dabei an den 22. Juni 1940 gedacht haben, als er im Wald von Compiégne seinen Namenszug unter das deutsch-französische Waffenstillstandsabkommen setzte und seinem Gegenüber, dem General Huntziger, die Hand mit den Worten reichte: »Sie, Herr General, haben in diesen schwierigen Verhandlungen die Interessen Ihres Landes mit großer Würde vertreten«.

Vier Tage später wird Keitel von den Briten verhaftet. Im Nürnberger Hauptkriegsverbrecherprozeß wird Keitel in allen vier Anklagepunkten schuldig gesprochen und zum Tode verurteilt. Zu Keitels Verteidigung, er habe nur Befehle befolgt, heißt es im Urteil: »Befehle von oben, auch wenn einer Militärperson erteilt, können nicht als mildernder Umstand betrachtet werden, wenn derart empörende und massenhafte Verbrechen bewußt, rücksichtslos und ohne militärische Notwendigkeit ... begangen worden sind.« Am 16. August 1946 ist Wilhelm Keitel, knapp 64 Jahre alt, im Nürnberger Gerichtsgefängnis durch den Strang hingerichtet worden. »Alles für Deutschland!« sollen seine letzten Worte gewesen sein.

## K Werner Keller

***Dr. jur., Spandau, Askanierring 176***

Werner Keller, geboren am 13. August 1909 auf dem Gut Nutha bei Zerbst (Anhalt), studiert zunächst Maschinenbau und Medizin, dann Jura in Berlin, Rostock, Zürich, Genf und Jena. Dort promoviert er 1933. Seine Referendarzeit leistet er am Kammergericht in Berlin ab. Seit 1937 ist er publizistisch tätig, auf der Suche nach Spuren versunkener Kulturen. Germanische Königsgräber in Ostfriesland faszinieren ihn ebenso wie das Wrack eines Wikingerschiffs am Nordkap. Themen dieser Art haben damals Konjunktur und belegen überdies ideologische Korrektheit.

Nach 1945 macht sich Keller mit populärwissenschaftlichen Beiträgen für den Rundfunk (NWDR), für Zeitungen und Zeitschriften und später das Fernsehen, vor allem aber mit seinem Buch »Und die Bibel hat doch recht. Forscher beweisen die historische Wahrheit« (1955) einen Namen. Dieser Bestseller, in 22 Sprachen übersetzt, wird weltweit fast sieben Millionen mal verkauft, durch einen Bildband ergänzt (1963) und verfilmt (1977). Kellers zweites Buch »Ost minus

West = Null« (1960) sieht den Aufstieg Rußlands zur Weltmacht fast ausschließlich in der Hemmungslosigkeit begründet, mit der es westliche Leistungen und Erfindungen nachgeahmt und übernommen hat. Mit Büchern über die nachbiblische Geschichte des jüdischen Volkes (1966), die Etrusker (1970), den griechischen Historiker Herodot (1972) und die Geschichte der Parapsychologie (1973) setzt der Autor die Serie seiner Erfolge fort.

Am 29. Februar 1980 ist Werner Keller, 70 Jahre alt, an seinem Wohnsitz Ascona im Kanton Tessin gestorben.

## Franz Kempner

***Dr. jur., Geheimer Regierungsrat, Staatssekretär a. D., Charlottenburg 9, Kastanienallee 27***

Der 1879 geborene Franz Kempner, Mitglied der Deutschen Volkspartei (DVP), wird unter Reichskanzler Hans Luther (1879–1962) zum Staatssekretär der Reichskanzlei berufen. Der parteilose, aus der Kommunalpolitik kommende Luther, der sich später ebenfalls der DVP anschließt, steht vom 15. Januar 1925 bis zum 12. Mai 1926 zwei Kurzzeitkabinetten vor, wie sie in der Weimarer Republik an der Tagesordnung sind. Einzige Besonderheit: dem Kabinett Luther I gehören erstmals Minister der weit nach rechts ausgreifenden Deutsch-Nationalen Volkspartei (DNVP) an. Luther erhält im Gegenzug die Zusicherung seiner Minister, sich im Regierungsamt von der Bindung an ihre Fraktionen zu lösen.

Im Dritten Reich laufen die Lebenswege Kempners und Luthers auseinander. Hans Luther wird im März 1933 von Hitler gebeten, sein Amt als Reichsbankpräsident niederzulegen, das er seit drei Jahren innehat und das zur Teilnahme an den Sitzungen des Reichskabinetts berechtigt. Als Köder wird ihm der Botschafterposten in den USA angeboten. Luther nimmt an. Vier Jahre lang, von 1933 bis 1937, vertritt er, begabt in der Kunst des Schönredens, den auf wachsendes Mißtrauen stoßenden NS-Staat in Washington. Nach einer Weltreise zieht Luther sich auf sein oberbayerisches Gut zurück.

Franz Kempner steht dem nationalsozialistischen Regime kritisch gegenüber. Befreundet mit dem preußischen Finanzminister Johannes Popitz, der nach einem geglückten Umsturz Kultusminister werden soll, und mit Erwin Planck, dem Sohn ↑Max Plancks, verkehrt er auch im Kreis der Johanna Solf. 1943 lernt Kempner Carl Goerdeler, den designierten Kanzler, kennen. Ihm stellt er sich im Dezember 1943 als Staatssekretär der Reichskanzlei zur Verfügung. Einige Wochen nach dem 20. Juli 1944 wird Kempner verhaftet. In den Vernehmungen erklärt er, er hielte den Krieg wegen der großen Übermacht der Gegner an Menschen, Rohstoffen und Kriegsmaterial für verloren. Am 11. Januar 1945 steht Kempner zusammen mit dem Reichsminister a. D. Andreas Hermes vor dem Volksgerichtshof. Beide werden von ↑ Freisler zum Tode verurteilt. Der Prozeßbeobachter der Parteikanzlei des Führers schreibt in seinem Bericht an den »Herrn Reichsleiter Bormann, Führerhauptquartier«: »Es drängte sich unwillkürlich der Gedanke auf, welches Unheil entstanden wäre, wenn derartige Schwächlinge das Ruder des Reiches in die Hand bekommen hätten.«

Am 5. März 1945 wird der 65jährige Franz Kempner in Plötzensee hingerichtet. Andreas Hermes wird am 24. April 1945 von sowjetischen Truppen aus dem Gefängnis Lehrter Straße befreit. In der Literatur zum Widerstand begegnet man dem Namen Kempner selten. Deshalb sei hier seiner gedacht.

## K George F. Kennan

***Charlottenburg 9, Württembergallee 24***

Der Diplomat und Historiker George F. Kennan, geboren am 16. Februar 1904 in Milwaukee, Wisconsin, besucht die St. John's Military Academy seines Heimatstaates und schließt sein Studium 1925 in Princeton, New Jersey, ab. 1930 erwirbt er ein Diplom am Orientalischen Seminar der Berliner Universität. Zu dieser Zeit gehört Kennan bereits dem diplomatischen Dienst der USA an. Alle Auslandsposten, die er künftig wahrnimmt, liegen in Europa. Außer in Moskau, wo Kennan 1952/53 als Botschafter das Ende der Stalin-Ära beobachtet, ist er nirgendwo so oft wie in Berlin. Als die amerikanische Regierung aus Protest gegen das antijüdische Pogrom vom 9. November 1938 ihren Botschafter aus der deutschen Hauptstadt nach Washington zurückruft und ihn durch einen Geschäftsträger ersetzt, wird der 35jährige als 1. Botschaftssekretär nach Berlin geschickt. 1940 und 1941 ist er mit seiner privaten Anschrift im Telefonbuch der Reichshauptstadt verzeichnet.

In Berlin erlebt Kennan den Beginn des zunächst auf Europa begrenzten Kriegs mit. Nach dem Polenfeldzug kabelt er seiner Regierung, Deutschland sei, »geeint und diszipliniert, im Besitz einer in der Geschichte unerhörten Zerstörungskraft und entschlossen, Europa zu beherrschen oder den ganzen Kontinent in Trümmer zu legen«. In seinen Memoiren erinnert er an das verdunkelte Berlin, wo auch die Autos nur mit schmalen Lichtschlitzen fahren. Abends habe er sich nach dem Verlassen der Botschaft am Pariser Platz 2 oft an den Säulen des Brandenburger Tors entlang getastet, um den Weg zur Bushaltestelle zu finden. Als ihn »an jenem denkwürdigen Sonntagabend« — es ist der 7. Dezember 1941 — über einen Kurzwellensender aus den USA die Nachricht vom japanischen Angriff auf Pearl Harbor erreicht, herrscht in der Botschaft tagelang Ungewißheit. Vorsorglich werden geheime Papiere und Chiffriermaterial vernichtet. Am Nachmittag des 11. Dezember verkündet Hitler im Reichstag die Kriegserklärung an die Vereinigten Staaten von Amerika. Drei Tage später werden die US-Diplomaten in zwei Sonderzügen nach Bad Nauheim verbracht und dort fünf Monate lang interniert. Erst Mitte Mai 1942 kommt es in Lissabon zum Austausch mit einer Gruppe deutscher Diplomaten. Kennan kehrt in die USA zurück. 1944 geht er an die Botschaft in Moskau. Seit 1947 tritt er als Leiter des Planungsstabs im State Department für eine Politik des ›containment‹, der Eindämmung der sowjetischen Macht, ein. Den Weg der Bundesrepublik begleitet er mit Sympathie und plädiert frühzeitig für ihre Aufnahme in die NATO.

In seinem zweiten Leben, das er 1953 beginnt, dann aber noch einmal für zwei Jahre unterbricht, um als Botschafter nach Belgrad zu gehen, lehrt Kennan bis 1974 Geschichte und Außenpolitik am Institute for Advanced Study in Princeton. Er verfaßt in dieser Zeit mehr als ein Dutzend Bücher. 1974 wird er Mitglied der Friedensklasse des Ordens Pour le mérite. Als ihm im Oktober 1982 der Friedenspreis des Deutschen Buchhandels verliehen wird, spricht er in der Frankfurter Paulskirche über die unglückselige Spaltung Deutschlands und Europas. Er mahnt zur Geduld und verweist prophetisch auf die »geheimnisvolle, von uns nie ganz zu durchschauende, aber heilende und versöhnende Wirkung des historischen Wandels«. Ein Gorbatschow ist damals noch nicht in Sicht. George F. Kennan lebt heute zurückgezogen in Princeton.

## Jochen Klepper

***Schriftsteller, Nikolassee, Teutonenstr. 23***

Jochen Klepper, geboren am 22. März 1903 im schlesischen Beuthen (Oder) als Sohn eines Pfarrers, studiert einige Semester Theologie, bricht das Studium ab und arbeitet zunächst in Breslau, seit 1931 in Berlin als Journalist. Gleich nach der Errichtung des Dritten Reichs wird er wegen seiner jüdischen Frau vom Rundfunk entlassen und seiner Existenzgrundlage beraubt: Schriftleiter kann er im NS-Staat nicht werden. Vorübergehend findet er Beschäftigung im Berliner Ullstein-Verlag. Dann gelingt Klepper, den schon ein 1933 erschienener heiterer Roman über das Leben der Oderschiffer (»Der Kahn der fröhlichen Leute«) bekannt gemacht hat, ein großer literarischer Wurf: »Der Vater« (1937), ein Roman über den Preußenkönig Friedrich-Wilhelm I., führt das Beispiel einer moralisch integren Herrschaft vor und stellt zugleich die Frage nach der Legitimation des Königtums als Abbild einer göttlichen Ordnung. Noch im selben Jahr wird Klepper aus der Reichsschrifttumskammer ausgeschlossen. 1938 können noch ein Band geistlicher Lieder (»Kyrie«) sowie die Schrift »Der Soldatenkönig und die Stillen im Lande« erscheinen. Vom »Vater« aber druckt die Deutsche Verlags-Anstalt in Stuttgart dank einer Ausnahmegenehmigung immer neue Auflagen. Noch im ersten Quartal 1941 werden, wie Klepper befriedigt vermerkt, »rund 7000 Stück verkauft«.

Zu dieser Zeit ist er bereits Soldat in einer Infanteriedivision, die sich in Rumänien auf den Krieg gegen die Sowjetunion vorbereitet. Die Kameraden haben Respekt vor dem berühmten Schriftsteller, aber sie verstummen, wenn sie erfahren, daß er mit einer Jüdin verheiratet ist.

Ende August 1941 rollen die ersten Deportationszüge mit Berliner Juden in Richtung Osten. Kleppers posthum erschienene Tagebücher (»Unter dem Schatten deiner Flügel« und »Überwindung«) legen in ähnlicher Weise wie die Aufzeichnungen Victor Klemperers ein beklemmendes Zeugnis der Geschehnisse ab. Wegen ›Wehrunwürdigkeit‹ im Herbst 1941 entlassen, sieht Klepper sich mit einer ausweglosen Lage konfrontiert: Reni, die Tochter aus der ersten Ehe seiner Frau, soll als ›Volljüdin‹ deportiert werden. Am 20. Oktober 1941 spricht er erstmals das Ende eines verlorenen Kampfes um die Stieftochter an: »Wir wissen, was der Selbstmord in unserem Falle wäre: dreifacher Mord, Ungehorsam gegen Gott, Preisgabe der Geduld, Flucht aus der Führung Gottes.« Am 10. November: »Noch unverbürgt, erreichte uns die Nachricht, daß der Schauspieler Joachim Gottschalk … sich mit seiner jüdischen Frau das Leben genommen hat, nachdem er vorher seine Kinder tötete. Ihm war jetzt die Filmtätigkeit untersagt worden, seine Bühnentätigkeit galt als bedroht.« Am 14. November: »Im *Reich* ein grausiger Artikel ›Die Juden sind schuld‹, dessen Grund und Anlaß offenkundig sind: die Menschlichkeit, mit der die Bevölkerung auf den Gelben Stern und die Deportationen reagiert.« Aber gerade der Umstand, »daß weder Volk noch Heer hinter den Maßnahmen stehen«, mache »alles noch schwerer«, heißt es am 9. Oktober 1941.

Ein Jahr ist der Familie noch geschenkt. Am Nachmittag des 9. Dezember 1942 spricht Jochen Klepper im Reichssicherheitshauptamt mit Adolf Eichmann. Der hat es in der Hand, die vorbereitete Ausreise der Stieftochter nach Schweden zu genehmigen. Eichmann: »Ich habe noch nicht mein endgültiges Ja gesagt. Aber ich denke, die Sache wird klappen.« Am nächsten Tag erfährt Klepper in der Prinz-Albrecht-Straße, es sei negativ entschieden worden. Zu Hause schreibt er noch drei Sätze in sein Tagebuch: »Wir gehen heute nacht gemeinsam in den Tod. Über uns steht in den letzten Stunden das Bild des Segnenden Christus, der um uns ringt. In dessen Anblick endet unser Leben.«

In der Nacht zum 11. Dezember 1942 geht Jochen Klepper zusammen mit seiner jüdischen Frau und der 20jährigen Reni in seinem Haus in Nikolassee in den Tod. Der Verfasser des Buches über den ersten Preußenkönig ist 39 Jahre alt geworden. Seit 1961 erinnert am Jochen-Klepper-Weg/Ecke Beskidenstraße ein Gedenkstein an diese Opfer einer unmenschlichen Diktatur.

## Fritz Klimsch

***Prof., Bildhauer, Charlottenburg 9, Kastanienallee 18***

Fritz Klimsch, geboren am 10. Februar 1870 in Frankfurt a.M. als Sohn eines Malers, steht 1933 bereits im achten Lebensjahrzehnt. Es mag deshalb unbillig erscheinen, ihn nach seiner Rolle während der vergleichsweise kurzlebigen NS-Herrschaft zu beurteilen. Aber weder ist das historische Gewicht dieser Ära an ihrer Dauer zu messen, noch lassen sich Fritz Klimsch und sein Werk von der Kunstpolitik des Dritten Reiches trennen.

Wie sehr dieser bildende Künstler von Hitler geschätzt wird, belegt mitten im Kriege eine Passage seiner »Tischgespräche«. Am 30. Mai 1942, beim Mittagessen in der Reichskanzlei, erklärt der kunstsinnige Diktator, Klimsch werde in seinem Werk immer größer und bedeutender, während die Arbeiten Georg Kolbes an Vollendung abnähmen. Beim Gang durch die Große Münchner Kunstausstellung 1939 steht Hitler bewundernd vor der lebensgroßen Skulptur einer üppigen »Galatea« (deren Geliebten der Riese Polyphem der Sage zufolge eben erschlagen hat). Andere Frauengestalten, darunter die tonnenschwere »Woge«, tragen nicht minder sinnenhaft-heroische Züge. Am 27. Juni 1942 merkt Goebbels in seinem Tagebuch an: »Ich bin froh, daß die ›Woge‹ ... ein Auftrag von mir gewesen ist.« Goebbels teilt Hitlers Ansicht, mit der Rückkehr zum Klassisch-Schönen ließe sich eine neue, der Renaissance ebenbürtige Kunstepoche begründen.

In Hitlers privater Figurensammlung ist Klimsch mit mehreren Arbeiten vertreten: mit der »Tänzerin«, die auf der Pariser Weltausstellung 1937 einen Grand Prix erhielt, der »Hockenden« und der »Knienden«. Sie zeigen, daß dieser Künstler auch ohne Monumentalität bestehen kann. Schon 1909 wird ihm, der 16jährig an der Königlichen Akademischen Hochschule für bildende Künste in Berlin zu studieren beginnt, von der Kunstkritik bescheinigt, von Rodin beeinflußt zu sein und über »die Grazie und Feinheit der norddeutschen Zopf- und Rokokobildnerei« zu gebieten. 1911 wird Klimsch Mitglied der Preußischen Akademie der Künste; seit 1921 ist er Professor an seiner, nun freilich nicht mehr ›Königlichen‹, Berliner alma mater.

Anfang 1935 wird Klimsch, Leiter eines Meisterateliers für Bildhauerei, ungeachtet des Ansehens, das er im völkischen Führerstaat genießt, beamtenrechtlich korrekt, aber gegen den Einspruch des Senats der Akademie, in den Ruhestand versetzt. Der 65jährige beklagt sich bitter über diese bürokratische »Kaltstellung«. Seine besten Werke, so Klimsch später, habe er doch erst in den folgenden Jahren geschaffen. 1940 wird der Jubilar mit der Goethe-Medaille gewürdigt. Ende Juni 1940 schreibt ihm der acht Jahre ältere Dichterfreund Gerhart Hauptmann aus Agnetendorf: »Lieber Klimsch! — Du weißt, ich bin ein alter Bewunderer Deiner Kunst ... Deine Altersentwicklung aber ist eine Jugendentwicklung, und Du rückst den Großen von Griechenland und Italien bedenklich nahe.« Er, Hauptmann, der verhinderte Bildhauer, empfinde darob »schönen Neid«.

Noch in seinen Erinnerungen äußert sich Klimsch beglückt über den ihm 1941 erteilten Auftrag, das nach dem Sieg über Polen wieder deutsch gewordene Posen künstlerisch zu verschönern. Sein Gipsmodell eines Schiller-Denkmals wird 1942 nach Posen verfrachtet, doch läßt die angespannte Kriegslage den Bronzeguß nicht zu. Klimschs Schiller ist bis heute verschollen.

Am 22. November 1943 werden die Wohnung in der Kastanienallee und das Atelier in der Schillerstraße durch Bomben zerstört. Klimsch, obdachlos geworden und seiner Kunstsammlung beraubt, findet mit Frau und Kind Aufnahme in einem Künstlerheim bei Graz. Im Mai 1944 zieht er nach Salzburg. Er verspricht der Stadt einen Mozartbrunnen. Aber 1945 wird das Atelier von den US-Besatzern als Speise- und Küchenraum genutzt und der fertig modellierte Brunnen, »mein Lebenswerk«, achtlos zerstört. Anfang 1946 weist Salzburg den ›reichsdeutschen‹ Künstler als unerwünschten Ausländer aus; binnen 48 Stunden muß die Familie Österreich verlassen.

Der Hierahof in Saig im südlichen Schwarzwald wird sein Alterssitz. Dort ist Fritz Klimsch am 30. März 1960, wenige Wochen nach seinem 90. Geburtstag, geehrt mit dem Bundesverdienstkreuz am Bande, gestorben, und dort ist noch heute seine 1932 entstandene Bronzeplastik »Sturm« ausgestellt.

## K Eduard Kohlrausch

***Dr. jur., Prof., Halensee, Paulsborner Str. 21***

Eduard Kohlrausch, geboren am 4. Februar 1874 in Darmstadt, habilitiert sich 1903 in Heidelberg und wird 1906 als Ordinarius für Strafrecht und Rechtsphilosophie nach Königsberg berufen. 1914 wechselt er an die Reichsuniversität Straßburg; vier Jahre später macht ihn die Abtrennung Elsaß-Lothringens heimatlos. Als er 1919 den ehrenvollen Ruf an die Friedrich-Wilhelms-Universität zu Berlin annimmt, zählt der 45jährige bereits zu den angesehensten deutschen Rechtslehrern. Er bekennt sich zur Weimarer Verfassung und gehört dem Republikanischen Hochschullehrerbund an.

Als Hitler Reichskanzler wird, ist Kohlrausch Rektor der Berliner Universität. Mitte Februar 1933 läßt er den eben zum kommissarischen preußischen Kultusminister ernannten Leiter des NSDAP-Gaues Südhannover-Braunschweig Bernhard Rust im Auditorium maximum einen Vortrag zum Thema »Der nationalsozialistische Kulturwille« halten. Nicht der Mensch sei das Maß aller Dinge, sondern die Nation, erklärt Rust. Der auch von Heinrich Mann unterzeichnete Aufruf zu einem Aktionsbündnis von SPD und KPD sei ein Skandal, dem er ein Ende bereiten werde. Am 15. Februar 1933 — noch ist die Presse frei — wendet sich das *8-Uhr-Abendblatt* in scharfer Form gegen den Minister, rügt aber auch den Rektor, der Rusts Auftritt in der Universität genehmigt hat: »Herr Kohlrausch ist als Repräsentant der heute von den Nationalsozialisten wild bekämpften liberalen Strafrechtslehre an die Berliner Universität gekommen; er hat bisher stets Wert darauf gelegt, als geistiger Erbe seines ... großen Lehrers Franz von Liszt zu gelten, eines Mannes von wahrhaft freier und humaner Gesinnung. Nun hat er uns seine wahren Überzeugungen verraten.«

Die Kritik mag Kohlrausch gewurmt und ihn ermutigt haben, am 8. März 1933 die Universität kurzerhand zu schließen, als auf ihrem Gebäude Unter den Linden eine Hakenkreuzfahne gehißt wird. Unter den Studenten löst die Schließung, wie der *Völkische Beobachter* zu berichten weiß, »allgemeine Empörung und Erbitterung« aus. Als Kohlrausch sich überdies für jüdische Kollegen einsetzt, ist das Maß voll. Im Mai 1933 tritt er als Rektor zurück. Die Professur bleibt ihm. Kohlrausch ist bereit, an zwei Reformschriften des Reichsjustizministers Gürtner mitzuwirken: »Das kommende deutsche Strafrecht« (1935) und »Das kommende deutsche Strafverfahren« (1938). In einem Reisebericht, der im Juni 1935 im »Deutschland-Bericht der Sopade« (Exil-SPD) in Prag erscheint, heißt es: »In Berlin besuchte ich eine juristische Vorlesung bei Professor Kohlrausch. Als der Professor kam, hob er lässig die Hand zum vorgeschriebenen Hitlergruß, die Studenten begrüßten ihn wie früher mit Getrampel. Von irgendeiner neuen Art der Disziplin ist nichts zu merken.« Der keineswegs unkritische Autor gewinnt den Eindruck, daß die Älteren wie Kohlrausch sich umso fester an die Paragraphen der Strafprozeßordnung klammern, »je mehr die Rechtsunsicherheit in Deutschland zunimmt« (S. 705 f.). Noch im Wintersemester 1938/39 weist das Vorlesungsverzeichnis den betagten Gelehrten als Direktor des Kriminalistischen Instituts aus; er liest über »Verbrechen und Strafe« und bietet ein Praktikum sowie ein Seminar an.

Nach 1945 wird der parteilos und standhaft gebliebene Kohlrausch als Nestor der deutschen Strafrechtswissenschaft gefeiert. Am 3. Juli 1947 wird er zusammen mit dem Neurologen Karl Bonhoeffer, dem Vater der noch im April 1945 ermordeten Brüder Klaus und Dietrich Bonhoeffer, und Otto Warburg ordentliches Mitglied der Deutschen Akademie der Wissenschaften, die 1946 im noch ungeteilten Berlin an die Stelle der Preußischen Akademie der Wissenschaften getreten ist. Am 22. Januar 1948 ist Eduard Kohlrausch, knapp 74 Jahre alt, in Berlin gestorben.

K **Käthe Kollwitz**

***Professor, Radierer, N 58, Weißenburger Str. 25***

Aus dem Tagebuch: »Am 1. April 1941 lege ich die allerletzte Hand an die kleine Gruppe ›Abschied‹ und schicke dieselbe Noack ein mit der Anordnung, daß er sie in 4 Exemplaren gießt.« Noack — das ist Hermann Noack, Berlins berühmte Eisen- und Bronzegießerei, im Telefonbuch jenes Jahres als »Kunstgewerbliche Werkstatt« ausgewiesen. Käthe Kollwitz legt genau fest, für wen die vier Abgüsse bestimmt sind; »einer soll in meinem Nachlaß bleiben«.

Die am 8. Juli 1867 in Königsberg geborene Käthe Kollwitz gehört zu den unverrückbar Großen unter den bildenden Künstlern unserer Zeit. Sie ist damals knapp 74 Jahre alt. Ihr Tagebuch wird, je länger der Krieg dauert, zu einem Buch der Toten, der Abschiede. Im Juli 1940 ist ihr Mann Karl Kollwitz, Arzt in Prenzlauer Berg, gestorben. Im Dezember 1941 notiert sie: »Die furchtbaren Judenaktionen jetzt. Die Massen-Zwangsverschickungen, die Grausamkeiten jeder Art.« Am 22. September 1942 fällt ihr geliebter Enkel Peter in Rußland. Die Schrecken des Krieges wachsen unaufhaltsam an.

Käthe Kollwitz rüstet sich für das Ende. Vor 1933 war sie eine erfolgreiche, gefeierte Künstlerin. Jetzt ist sie in ihrem Land verfemt, fast schon ausgelöscht. Aber sie klagt nicht. Im Dezember 1941 notiert sie: »Es ist in der Ordnung, daß der Mensch auf eine Höhe kommt und daß er wieder absteigt. Da ist nichts zu murren.« Ihr Weg zur Höhe begann 1899. Da zeichnete der kunstsinnige König von Sachsen die 32jährige für ihren sozialkritischen Steindruck-Zyklus »Ein Weberaufstand« mit einer Medaille aus. Ende Januar 1919 wird sie als erste Frau Mitglied der Preußischen Akademie der Künste.

Es ist diese ehrenvolle Akademie-Mitgliedschaft, die Käthe Kollwitz gleich in den ersten Tagen des Dritten Reiches verliert. Sie und der Schriftsteller Heinrich Mann, Vorsitzender der Sektion für Dichtkunst, haben nach der Ernennung Hitlers zum Reichskanzler einen in den Straßen Berlins plakatierten Aufruf »zum Aufbau einer einheitlichen Arbeiterfront« und zur Zusammenfassung aller Kräfte, »die in der Ablehnung des Faschismus einig sind«, unterzeichnet. »Jetzt muß mich die Akademieleitung bitten, freiwillig auszutreten«, heißt es im Tagebuch, da Bernhard Rust, der für die Akademie zuständige NS-Reichskommissar, ihre Schließung angedroht hat. Mehrere Zeitungen, darunter auch rechte Blätter, reagieren bestürzt auf den am 15. Februar 1933 erklärten Austritt. »Käthe Kollwitz«, schreibt tags darauf die *Berliner Börsenzeitung*, »ist zwar Kommunistin, aber sie ist eine volkhafte deutsche Künstlerin. Wir bedauern es sehr, daß sie sich so leidenschaftlich für den Kommunismus einsetzt. Die deutsche Künstlerin aber möchten wir trotz diesem ihrem Irrtum ... für das ganze deutsche Volk erhalten wissen.«

Wäre es besser zu emigrieren? Ende März 1933 reisen Käthe und Karl Kollwitz zu Freunden nach Marienbad. »Mitte April kommen wir zurück in der festen Absicht zu bleiben.« Im Juli wird eine düstere Bilanz gezogen: »Vollkommenste Diktatur. 1. April Juden-Boykott. Entlassungen ... 10. Mai werden Bücher verbrannt. Am 21. Mai Nachricht, daß Clara Zetkin tot ist ... In ganz Deutschland existiert nur noch die NSDAP. Es gibt keine Zeitung, die eine andere Meinung vertritt.« Der *Völkische Beobachter* schlägt schon bald schärfere Töne an. »So sieht Gott sei Dank eine deutsche Mutter nicht aus!«, spottet das Parteiorgan Mitte 1933 über die trauernden und anklagenden Frauengestalten der Kollwitz, die bis dahin in der Berliner Nationalgalerie zu sehen gewesen waren. Als Käthe Kollwitz 1936 einem Reporter der regierungsamtlichen Moskauer Tageszeitung *Iswestija* ein Interview gibt und darin sowjetfreundliche Töne anschlägt, nimmt die Gefährdung zu. In einer ›Politischen Beurteilung‹ des Gau-Personalamts Berlin der NSDAP vom September 1937 heißt es: »Nach der Machtübernahme hat die Volksgenossin K. in keiner Weise versucht, den nationalsozialistischen Belangen mindestens nach außen hin gerecht zu werden. Sie scheint von den kommunistischen Ideen so stark beeinflußt zu sein, daß eine ehrliche Umstellung unmöglich ist.« Damals schreibt die »Volksgenossin K.« in ihr Tagebuch: »Wir fassen den Entschluß, dem KZ, wenn es unvermeidlich scheint, durch Selbsttod uns zu entziehen.«

Dennoch gibt es für sie kein Betätigungsverbot, da die Reichskammer der bildenden Künste sie nicht ausgeschlossen hat. Käthe Kollwitz kann allen Anfeindungen zum Trotz künstlerisch weiterarbeiten. Keines ihrer Werke wird im Juli 1937 in die Münchner Ausstellung »Entartete Kunst« aufgenommen, keines fällt den Säuberungsmaßnahmen in der Münchner Graphischen Sammlung zum Opfer. Ihre Bilder, ihre Skulpturen sind aber auch nirgends mehr sichtbar. Am 30. Juli 1937 berichtet die Kollwitz dänischen Freunden über ihren 70. Geburtstag: »Hier in Deutschland wurde ich gefeiert, indem meine Ausstellung bei Buchholz verboten wurde.« Der schwerste Schlag, der sie in dieser finsteren Zeit trifft, aber bleibt der Tod ihres

Enkels Peter an der Ostfront. Ihr jüngster Sohn gleichen Namens war 1914 als Kriegsfreiwilliger in Flandern gefallen. Nun wiederholt das Unglück sich. Käthe Kollwitz hält erst nach Monatsfrist in ihrem Tagebuch fest, wie ihr Peters Vater die Nachricht überbringt: »Er kam ganz still zu mir herein. Da wußte ich, daß Peter tot ist. Am 22. September ist er gefallen. Seit über einem Monat wissen wir es nun.« Ende 1942 entsteht die letzte Lithographie: eine Mutter, die mit schützenden Armen ihre Kinder umschließt. Das Blatt trägt als Titel das Goethe-Wort: »Saatfrüchte sollen nicht vermahlen werden«.

Als die Wohnung in der Weißenburger Straße, in der sich zuletzt auch das Atelier befand, im November 1943 bei einem Tagesangriff amerikanischer Bomber zerstört wird, hat Käthe Kollwitz Berlin bereits verlassen und in Nordhausen Zuflucht gefunden. Im August 1944 zieht sie, die 1899 von dem sächsischen Hof so demonstrativ geehrt worden ist, auf Einladung des Prinzen Ernst Heinrich von Sachsen, jüngster Sohn des letzten Königs, nach Moritzburg bei Dresden. Im Rüdenhof, dem Schloß gegenüber, bewohnt die Kollwitz zwei einfache Zimmer. Dort ist sie am 22. April 1945, 77 Jahre alt, gestorben.

Auf dem Internationalen Soldatenfriedhof in Vladslo bei Roggefelde in Flandern steht heute das 1915 begonnene und erst Jahre später vollendete Mahnmal »Die Eltern«; eine Replik dieses Hauptwerks befindet sich in der St. Alban-Kapelle in der Altstadt von Köln. Seit dem 14. November 1993 ist eine vergrößerte und deshalb heftig umstrittene Nachbildung der Bronzeskulptur »Mutter mit totem Sohn« (1937/38) Mittelpunkt der neugestalteten Gedenkstätte für die Opfer von Krieg und Gewaltherrschaft in der Neuen Wache Unter den Linden (das Original ist nur 38 cm hoch). Berlin beherbergt auch das Käthe-Kollwitz-Museum in der Villa Grisebach, Fasanenstr. 25.

## K Karl Korn

***Schriftleiter, Wilmersdorf, Bechstedter Weg 5***

Karl Korn, nach dem Kriege fast ein Vierteljahrhundert lang Mitherausgeber der *Frankfurter Allgemeinen Zeitung*, sei hier stellvertretend für die kopfstarke Schar prominenter bundesdeutscher Journalisten und Publizisten erwähnt, die ihre Karriere als Schriftleiter in der Hauptstadt des Dritten Reichs begonnen haben.

Schriftleiter im NS-Staat — das ist zunächst einmal die deutschtümelnde Ersatzbezeichnung für den Begriff des Redakteurs. Aber als am 1. Januar 1934 das Schriftleitergesetz vom 4. Oktober 1933 in Kraft tritt, ist Schriftleiter sehr viel mehr. Das Gesetz versetzt der Pressefreiheit den letzten Stoß, indem es jeden, der an der inhaltlichen Gestaltung einer im Reich herausgegebenen Zeitung oder Zeitschrift mitwirkt, der staatlichen Aufsicht und Gängelung unterwirft. Schriftleiter sind »verpflichtet, aus den Zeitungen alles fernzuhalten, ... was geeignet ist, die Kraft des Deutschen Reiches nach außen oder im Innern, den Gemeinschaftswillen des deutschen Volkes, die deutsche Wehrhaftigkeit, Kultur oder Wirtschaft zu schwächen«. Was im Einzelfall als Schwächung anzusehen ist, bestimmt der Reichsminister für Volksaufklärung und Propaganda, der auch gegen die Zulassung eines Bewerbers zum Schriftleiterberuf ohne Begründung Einspruch erheben kann.

In einem Vorgriff auf die Nürnberger Gesetze von 1935 wird schon jetzt zwingend vorgeschrieben, daß Schriftleiter nur sein kann, wer »arischer Abstammung ist und nicht mit einer Person von nichtarischer Abstammung verheiratet ist«. Damit war gegen mehrere hundert deutscher Redaktionsmitglieder ein Berufsverbot verhängt. Der jeweilige »Hauptschriftleiter« eines Blattes war überdies verpflichtet, »dafür zu sorgen, daß in eine Zeitung nur solche Beiträge aufgenommen werden, die von einem Schriftleiter verfaßt oder zur Aufnahme bestimmt sind.«

Wo ist Karl Korn 1941 Schriftleiter? Sein Arbeitsplatz ist *Das Reich*, jene seit dem 26. Mai 1940 erscheinende Wochenzeitung, mit der ihr Gründer und Herausgeber, der Reichsminister für Volksaufklärung und Propaganda Dr. Joseph Goebbels, mehr Farbe und intellektuellen Glanz in die eintönige Presselandschaft zu bringen gedenkt. Vor allem aber soll das Prestigeblatt wohl der unterschwellig georteten Kriegsmüdigkeit der gebildeten Stände mit listenreicher Offenheit entgegenwirken. Goebbels selbst schreibt im *Reich* die im Wortsinne blendenden wöchentlichen Leitartikel, die kraft Anweisung vom Januar 1942 von anderen Zeitungen ungekürzt nachzudrucken sind, wann immer der Autor ihnen »eine grundlegende Bedeutung für die Gesamtausrichtung des Volkes« bescheinigt. Aber auch ohne diese Nachhilfe ist die Breitenwirkung des Blattes groß. 1944 werden Woche für Woche über 1,4 Millionen Exemplare unter das zunehmend verunsicherte und zuspruchsbedürftige Volk gebracht. Am 15. April 1945 erscheint, wie gewohnt mit einem von ernster Entschlossenheit getragenen Leitartikel aus Goebbels' Feder, *Das Reich* zum letzten Mal.

## Hans Krebs

***Oberst im Generalstab des Heeres, Friedenau, Offenbacher Str. 4***

Der Generalstäbler Hans Krebs, geboren am 4. März 1898 in Helmstedt, dürfte der einzige Offizier der Deutschen Wehrmacht gewesen sein, den Josef Stalin in aller Öffentlichkeit kameradschaftlich umarmt hat. Die Szene ereignet sich am Sonntag, dem 13. April 1941, auf den Tag genau zehn Wochen vor dem deutschen Überfall auf die Sowjetunion. Ort des Geschehens ist jener Moskauer Bahnhof, von dem aus der von Stalin ebenfalls betont herzlich verabschiedete japanische Außenminister Yosuke Matsuoka nach Hause zurückfährt. Matsuoka hatte, von Berlin kommend, im Kreml einen Freundschaftspakt unterzeichnet, der, wenn auf das Wort der Japaner Verlaß sein würde, die sowjetische Fernostarmee andernorts verwendbar machte.

Stalins Motiv bei der spektakulären Geste gegenüber dem Militärattaché des Deutschen Reiches lag auf der Hand: die Welt sollte sehen, daß er den Gerüchten über einen bevorstehenden deutschen Angriff auf die UdSSR keinen Glauben schenkt, sondern den im August 1939 mit Deutschland geschlossenen Nichtangriffspakt weiterhin als Grundlage der deutsch-sowjetischen Beziehungen betrachtet. Zugleich will der rote Zar signalisieren, daß der Pakt mit Japan sich nicht gegen Berlin richtet, wobei Stalin natürlich weiß, daß Matsuokas Moskau-Visite zuvor mit der deutschen Seite abgestimmt worden ist.

Hans Krebs hat seine soldatische Laufbahn im August 1914 als 16jähriger Fahnenjunker begonnen. 1915 ist er Leutnant in einem preußischen Infanterie-Regiment. Nach dem Kriege dient er in der Reichswehr. 1937 wird Krebs als Generalstäbler in das Oberkommando des Heeres und Ende 1939 zum Generalstabschef des 7. Armeekorps berufen, mit dem er in den Krieg gegen Frankreich zieht. Von Anfang Oktober 1940 bis zum Abend des 22. Juni 1941 gehört Oberst Krebs der deutschen Botschaft in Moskau an. Im Januar 1942 wird er Chef des Generalstabs der tief in Rußland stehenden 9. Armee, im März 1943 der Heeresgruppe Mitte. Im April 1944 eilt Krebs, inzwischen General der Infanterie, von der wankenden Ostfront an die kurz darauf von der Invasion erfaßte Westfront — als Generalstabschef der von Rommel befehligten Heeresgruppe B. Am 29. März 1945 ernennt ihn Hitler als Nachfolger ↑ Guderians zum letzten (kommissarischen) Chef des Generalstabs des Heeres .

Die folgenden Wochen verbringt Krebs, eine »Persönlichkeit mit Würde und Gewissen« (Lenfeld/Thomas, S. 777), im Führerbunker der Reichskanzlei. Am 29. April 1945 unterzeichnet er als Zeuge das »politische Testament« Hitlers, ehe dieser tags darauf zusammen mit Eva Braun Selbstmord verübt. In den frühen Morgenstunden des 1. Mai verhandelt Krebs im Gefechtsstand des sowjetischen Generals Wassili Tschuikow in Tempelhof, Schulenburgring 2, über die Kapitulation der Berliner Garnison. Als die Vereinbarung am folgenden Tag in Kraft tritt, lebt Hans Krebs nicht mehr. Er hat sich am Abend des 1.Mai, 47 Jahre alt, im Bunker der Reichskanzlei erschossen, um der Gefangennahme zu entgehen.

**Karlrobert Kreiten**

***Pianist, W 30, Hohenstaufenstr. 36***

Mitte September 1943, das fünfte Kriegsjahr hat eben begonnen, veröffentlichen die deutschen Zeitungen eine Nachricht, die nicht nur Musikfreunde betroffen macht: »Am 7. September 1943 ist der 27 Jahre alte Pianist Karlrobert Kreiten aus Düsseldorf hingerichtet worden, den der Volksgerichtshof wegen Feindbegünstigung und Wehrkraftzersetzung zum Tode verurteilt hat. Kreiten hat durch übelste Hetzereien, Verleumdungen und Übertreibungen eine Volksgenossin in ihrer treuen und zuversichtlichen Haltung zu beeinflussen versucht und dabei eine Gesinnung an den Tag gelegt, die ihn aus der Volksgemeinschaft ausschließt.« Was war geschehen? Der 1916 in Bonn als Sohn eines niederländischen Vaters und einer deutschen Mutter geborene Kreiten erzählt im Frühjahr 1943, nach dem Schock von Stalingrad, in einer Wohnung des Hauses Lützowufer 1 (Tiergarten) einer Jugendfreundin seiner Mutter beim gemeinsamen Frühstück, der Krieg sei verloren und Deutschland mitsamt seiner Kultur dem »vollständigen Untergang« geweiht. Hitler, ein »Wahnsinniger«, habe das Unheil heraufbeschworen. Die Frau trägt das Gehörte ihrer Nachbarin zu, diese informiert eine Bekannte. Die beiden Frauen erstatten Anzeige bei der Reichsmusikkammer, dann, als sich dort nichts rührt, bei der Gestapo. Am 3. Mai 1943 wird Kreiten in Heidelberg verhaftet. Das Konzert, das er am Abend in der Aula der Neuen Universität geben soll, wird abgesagt. Vier Monate später, am 3. September 1943, hört der Hochbegabte, für den Wilhelm Furtwängler bei Goebbels um Gnade bittet, aus ↑Freislers Mund das Todesurteil. Am 7. September wird Karlrobert Kreiten in Plötzensee durch den Strang hingerichtet.

Mit dem Tod des jungen Pianisten verbindet sich viele Jahre später der Fall des bundesdeutschen Publizisten Werner Höfer, der uns im Nachtrag 1943 zum Berliner Telefonbuch 1941 als Schriftleiter mit der Anschrift W 30, Bamberger Str. 25, begegnet. Am 20. September 1943 erscheint im Berliner *Zwölf-Uhr-Blatt* unter der Überschrift »Künstler — Beispiel und Vorbild« ein Kommentar, in dem die Hinrichtung Kreitens ausdrücklich gutgeheißen wird. Es gehe nicht an, daß Künstler »sich unter Berufung auf eine tatsächliche oder eine nur eingebildete Genialität eine Sonderstellung im Gefüge des Volksganzen« anmaßen und daß das Leben eines »ehrvergessenen« Pianisten mehr zähle als ein Arbeiterleben. Als Verfasser der Schmährede zeichnet Werner Höfer, Mitglied der NSDAP seit März 1933, der sich bis zum Ende des Dritten Reichs auch mit anderen NS-frommen Texten hervortut.

Höfer moderiert seit Anfang 1952 im WDR-Fernsehen souverän und honorig eine sonntägliche Journalistenrunde, den »Internationalen Frühschoppen«. Er ist nicht mehr zu halten, als der Kreiten-Artikel 1987 erneut ans Licht der Öffentlichkeit kommt und diesmal in ihr Bewußtsein dringt (im März 1962 war Höfers Hinrichtungshymne bereits in Ost-Berlin enthüllt worden). Hartmut Langes Theaterstück »Requiem für Karlrobert Kreiten«, das im September 1987 zur 750-Jahr-Feier Berlins uraufgeführt wird, und ein Artikel von Peter Wapnewski in der *Frankfurter Allgemeinen* vom 28. November 1987 (»Karlrobert Kreiten, ich und wir«) beschleunigen den Sturz des Medienstars. Höfers Hinweis auf »Passagen unter meinem Namen, die gar nicht von mir waren«, wird nicht als Entlastung, sondern als Ausflucht empfunden. Am 26. November 1997 ist Werner Höfer, 84 Jahre alt, in Köln gestorben.

## K Hermann v. Krosigk

***Dr., Regierungs-Medizinalrat, Arzt, Schöneberg, Kufsteiner Str. 16***

Auch dies ist ein deutsches Schicksal, wie es nach dem Ende des Krieges tausendfach erlitten worden ist: Hermann von Krosigk, geboren am 7. November 1907 in Halle/Saale, wird 1945 in Berlin »auf offener Straße ohne Grund festgenommen und ohne Verfahren in das weiterbetriebene Konzentrationslager Sachsenhausen verbracht, wo er sich bis zu seinem Tode in der Pflege von Leidensgenossen verzehrte«. So steht es in einer Gedenkanzeige der Angehörigen, die am 24. November 1997 in der *Frankfurter Allgemeinen* erscheint. Am 17. Juni 1948 ist der 40jährige Hermann von Krosigk in dem nördlich von Berlin gelegenen sowjetischen Lager gestorben. In Sachsenhausen hat am 25. September 1946 auch der Schauspieler und Theaterleiter Heinrich George den Tod gefunden; ihn, einen der großen Charakterdarsteller des 20. Jahrhunderts, haben die russischen Behörden nach der Auflösung der Sowjetunion postum rehabilitiert.

## K Friedrich Wilhelm Krüger

***Charlottenburg 9, Bayernallee 48***

Nicht immer gibt schon der Name eine vermutete Identität preis. So konnte auch der im Berliner Fernsprechbuch 1941 ohne Angabe des Berufs verzeichnete Träger dieses nicht eben seltenen Namens erst ›entschlüsselt‹ werden, als sich mit Hilfe einer zuverlässigen Quelle jene Charlottenburger Wohnadresse dem SS-Obergruppenführer (General) Friedrich Wilhelm Krüger eindeutig zuordnen ließ. Seine Biographie darf in diesem Ensemble zeitgeschichtlich aufschlußreicher Lebenswege nicht fehlen.

Friedrich Wilhelm Krüger wird er am 8. Mai 1894 in Straßburg im Elsaß als Sohn eines Berufsoffiziers der preußischen Armee geboren. Dem Vorbild des Vaters folgend, verläßt Krüger frühzeitig das Humanistische Gymnasium in Rastatt und wird Schüler zunächst der Kadettenanstalt in Karlsruhe, dann jener berühmteren in Groß-Lichterfelde, das damals noch nicht in Berlin eingemeindet ist. Am 16. Juni 1914 erhält er sein Offizierspatent. Wenige Wochen später bricht der Weltkrieg aus. Krügers Vater fällt als Oberst und Regimentskommandeur bereits am 6. August 1914. Der Sohn dient, mehrfach verwundet, vier Jahre im Infanterie-Regiment 25 der 208. Infanterie-Division. Ehe er als Oberleutnant seinen Abschied nimmt, kämpft er 1920 im Freikorps Lützow mit.

Der Zivilist Krüger betätigt sich als Prokurist im Berliner Buchhandel. Von 1924 bis 1928 gehört er dem Vorstand der Berliner Müllabfuhr AG an. Dann macht er sich als Kaufmann selbständig. Am 15. November 1929 tritt er der NSDAP bei (Mitgliedsnr. 171 199), im März 1931 der SS und der SA. Er wird Führer zur besonderen Verwendung im Stab des SS-Abschnitts III. 1932 wird er auf der Liste der NSDAP in den Reichstag gewählt. Nach der Machtübernahme 1933 zum Chef des Ausbildungswesens der SA berufen, arrangiert er sich zum Verdruß des — im Juni 1934 auf Hitlers Befehl ermordeten — Stabschefs der SA Ernst Röhm mit der Reichswehrführung. Auch mit Röhms Nachfolger liegt Krüger im Streit. 1935 wird der Dienstbereich der vormilitärischen Ausbildung der SA aufgelöst, der SA-Obergruppenführer kurzerhand zum SS-Obergruppenführer umgepolt und in den Stab des Reichsführers-SS Himmler berufen. 1936 wechselt Krüger in das SS-Hauptamt, 1938 wird er zum Höheren SS- und Polizeiführer Ost befördert.

Die gleiche Funktion übt Krüger nach der Niederwerfung Polens beim Militärbefehlshaber Lodz, dann an der Seite des Generalgouverneurs ↑Hans Frank in Krakau aus. 1942 wird er dessen Staatssekretär für das Sicherheitswesen im Generalgouvernement. Am 20. November 1943 wird er, da sein Verhältnis zu Frank gespannt ist, seines Postens enthoben. Die Zeit in Polen hat Krüger genutzt, um einer der Hauptakteure bei der Vernichtung des polnischen Judentums zu werden. Nach seiner Abberufung wird Krüger dem Persönlichen Stab Himmlers zugeordnet, dann zur Partisanenbekämpfung auf den Balkan geschickt. Seit Mai 1944 ist er dort Kommandeur einer SS-Gebirgsdivision; seit Ende August 1944 führt er das V. SS-Gebirgs-Korps.

Friedrich Wilhelm Krüger überlebt das Ende des Dritten Reichs nur um Stunden. Am 10. Mai 1945 nimmt er sich, 51 Jahre alt, in Österreich das Leben. Nach einer anderen Lesart soll er an diesem Tag den Folgen einer Verwundung erlegen sein.

## K | Friedrich Wilhelm Krummacher

***Dr.theol., Oberkirchenrat, Marienfelde, Kirchstr. 77***

Der am 3. August 1901 als Sohn eines Hofpredigers in Berlin geborene, in Potsdam aufgewachsene Friedrich Wilhelm Krummacher studiert wie sein Vater Theologie, denkt wie er deutschnational und empfindet den Diktatfrieden von Versailles als schändlich. 1927 promoviert er in Tübingen zum Dr.theol. und tritt eine Pfarrstelle in Essen an. Seit dem Frühjahr 1933 ist Krummacher Mitglied der NSDAP. Kurz darauf wird er in das Evangelische Kirchenbundesamt nach Berlin berufen. Seit 1934 leitet er das Personalreferat im Kirchlichen Außenamt. 1939, kurz vor Kriegsbeginn, wird er als Lazarett- und Divisionspfarrer zum Heer eingezogen.

Im November 1943 gerät Krummacher zwischen Kiew und Shitomir mit Teilen seiner von allen Verbindungen abgeschnittenen Division in sowjetische Gefangenschaft. Er, der eben erst von einem Heimaturlaub in Berlin an die Front zurückgekehrt ist, berichtet später darüber so: Was wir »in diesem Moment als militärische Katastrophe erlebten, erlebten wir vierzehn Tage später als Katastrophe ganz anderer Art.« Der Zug der Gefangenen marschiert nach Kiew. Am Rande der Stadt, in Babij Jar, erwartet sie das »ehemalige deutsche Konzentrationslager, in dem sowjetrussische Bürger, Männer, Frauen und Kinder, Jugend und Greise, vor uns als deutsche Gefangene … ihre letzten verzweiflungsvollen Tage und Stunden durchlebt und durchlitten hatten. Was wir vorher nur geahnt und gerüchtweise gehört hatten, aber nicht von Augenzeugen erhärtet, nicht durch eigenen Augenschein bestätigt sahen, das erlebten wir nun in erschütternder Wahrheit: Die moralische Katastrophe, … das Leichenfeld der deutschen Massenmorde von Kiew!«

Krummachers Bericht, niedergeschrieben am 15. Juni 1944, ist ein Dokument der Zeit. Es bezeugt den Holocaust von Babij Jar. Ihm fielen, wie die Erschießungslisten der Einsatzgruppen der SS akribisch ausweisen, am 29. und 30. September 1941 33 771 Menschen, sämtlich jüdische Ukrainer, zum Opfer. An ihrer Exhumierung unmittelbar nach der Rückeroberung Kiews durch die Rote Armee, hat der kriegsgefangene Divisionspfarrer offenbar teilnehmen müssen. Unter dem Eindruck der Greueltat schließt Krummacher sich wenig später dem Nationalkomitee »Freies Deutschland« an. Seit Mitte 1944 wendet er sich in Rundfunkansprachen und -predigten an »die christlichen Menschen in der Wehrmacht und in der Heimat«. Er bekennt freimütig, 1933 den Verheißungen eines ›deutschen Sozialismus‹ Glauben geschenkt zu haben. Nun ruft er zum Widerstand gegen den SS-Terror und »einen völlig ausweglosen, sinnlosen, hoffnungslosen Endkampf« auf. Mancher seiner Hörer in der fernen

Reichshauptstadt mag sich damals an Hand des Telefonbuchs vergewissert haben, ob es den Berliner Kirchenmann mit den gutpreußischen Vornamen, der da über einen Feindsender zu vernehmen ist, auch wirklich gibt.

Die Zahl der dem kommunistisch gelenkten Nationalkomitee beigetretenen Wehrmachtangehörigen war übrigens nicht groß. Der Theologe Helmut Gollwitzer, ebenfalls mehrere Jahre deutscher Kriegsgefangener in Rußland, meint, daß an die 95 Prozent der Gefangenen gegen alle Propaganda der Sieger immun gewesen sind und daß von den übrigen »der größere Teil aus Opportunisten und hilflos im Netz zappelnden Opfern bestand, nicht aber aus Überzeugten«.

Ob Krummacher zu den Überzeugten gehörte, weiß nur er selbst. Schon bald nach Kriegsende kehrt er nach Berlin zurück. Dem SED-Staat ist der Heimkehrer freundlich gesonnen. Entsprechend steil verläuft seine Nachkriegskarriere. Als Bischof von Greifswald (1955–1972) und Vorsitzender der Konferenz der Evangelischen Kirchenleitungen in der DDR (1960–1968) sowie als Mitglied des Rats der EKD (seit 1961) spielt Krummacher in der Deutschen Demokratischen Republik eine bedeutsame und wegen seiner konfliktfreien Kooperation mit der Obrigkeit nicht unumstrittene Rolle. Seine Haltung hat ihn frühzeitig zum Widerpart von ↑ Otto Dibelius werden lassen.

Am 19. Juni 1974 ist Friedrich Wilhelm Krummacher, 73 Jahre alt, in Berlin gestorben. 1996 taucht der Verdacht auf, der Greifswalder Bischof habe dem sowjetischen Geheimdienst zugearbeitet und dem KGB auch den wegen seiner langjährigen Stasi-Kontakte nach 1989 ins Zwielicht geratenen Konsistorialpräsidenten Manfred Stolpe zugeführt (dessen Vater ist in Greifswald Krummachers Fahrer gewesen). Erwiesen ist dieser Verdacht einstweilen nicht.

## Wilhelm Külz

***Dr., Reichsminister a. D., W 15, Pfalzburger Str. 82***

Wilhelm Külz, geboren am 18. Februar 1875 in Borna bei Leipzig als Sohn eines Pfarrers, schließt sein Studium mit dem Dr.rer.pol. ab und widmet sich der Kommunalverwaltung. 1904 wird er, eben 29 Jahre alt, Oberbürgermeister von Bückeburg, damals die Hauptstadt des Fürstentums Schaumburg-Lippe. Er wird in den Landtag des Zwergstaats gewählt und, nebenamtlich, auch zum Landtagspräsidenten. 1907/08 geht Külz für das Reichskolonialamt nach Deutsch-Südwestafrika, um dort der gemeindlichen Selbstverwaltung aufzuhelfen; darüber schreibt er zwei Bücher.

1912 wird Külz Oberbürgermeister der (gegenüber Bückeburg sechsmal größeren) sächsischen Stadt Zittau. Der Erste Weltkrieg ruft ihn zu den Fahnen. Nach vier Kriegsjahren kehrt Külz im August 1918 als Major zurück. 1919 wird er Mitglied der Ende 1918 in Berlin gegründeten Deutschen Demokratischen Partei (DDP), der Partei des liberalen und gebildeten Bürgertums, der ↑Gertrud Bäumer, ↑Ferdinand Friedensburg, ↑Theodor Heuss, ↑Marie Elisabeth Lüders und ↑Hjalmar Schacht angehören. Als Külz im Juni 1920 in den ersten Reichstag der Weimarer Republik gewählt wird, ist darin die DDP mit ihren 39 Sitzen freilich nur noch halb so stark wie in der Weimarer Nationalversammlung vertreten. Aber sie bleibt zehn Jahre lang an nahezu jeder Regierungsbildung beteiligt.

Külz zieht es noch einmal in die Kommunalpolitik. 1923 geht er, ohne sein Reichstagsmandat aufzugeben, als Zweiter Bürgermeister und Stadtkämmerer nach Dresden. Am 20. Januar 1926 wird er als Reichsinnenminister in das zweite Kabinett des parteilosen Reichskanzlers Luther berufen und in das sich anschließende dritte Kabinett des dem Zentrum angehörenden Reichskanzlers Marx, dessen Lebensdauer vom 16. Mai bis zum 17. Dezember 1926 reicht. 1931 wird Külz Oberbürgermeister von Dresden. Als Hitler an die Macht kommt, weigert er sich, auf dem Rathaus dieser seit jeher von liberal-konservativen Mehrheiten regierten Stadt die Hakenkreuzfahne zu hissen. Im Stadtrat weist er noch Anfang März 1933 die Forderung der NSDAP-Fraktion zurück, alle Marxisten (also auch die Mitglieder der SPD) aus der städtischen Verwaltung zu entfernen. Külz muß noch im selben Monat einem nationalsozialistischen Nachfolger weichen. Als Pensionär, den das Regime unter Beobachtung stellt, kehrt er nach Berlin zurück.

Nach dem Ende des Dritten Reichs wird Külz erneut politisch aktiv. Am 10. Juni 1945 erläßt Marschall Shukow, Oberster Chef der tags zuvor errichteten Sowjetischen Militäradministration in Deutschland (SMAD), den Befehl Nr. 2. Er eröffnet, früher als in den westlichen Zonen, das Tor zur Bildung und Tätigkeit politischer Parteien. Mit Eugen Schiffer, der in der Weimarer Republik ebenfalls Reichsminister der DDP gewesen ist (Finanzen und Justiz), bereitet Külz die Gründung einer Liberal-Demokratischen Partei Deutschlands (LDP) vor. Am 16. Juni 1945 trifft sich ein Kreis Gleichgesinnter zur Gründungsversammlung, am 5. Juli tritt die Partei mit einem Aufruf an die Öffentlichkeit, und am 10. Juli wird sie, nicht ohne einige Auflagen, durch die Besatzungsmacht zugelassen. Nach der KPD, der SPD und der CDU ist die LDP die vierte Partei, die im Nachkriegsdeutschland tätig werden kann. Die in Dresden von Johannes Dieckmann, der später sächsischer Justizminister und im Oktober 1949 der erste Präsident der Volkskammer der DDR wird, fast zeitgleich aus der Taufe gehobene Demokratische Partei Deutschlands schließt sich bald darauf mit der LDP zusammen (seit Oktober 1951 kürzt sich die Partei LDPD ab).

Anfängliche Hoffnungen auf freie Wahlen und die Chance einer eigenständigen Politik der Liberalen erfüllen sich nicht. Schon die Mitte Juni 1945 erfolgte Bildung des antifaschistisch-demokratischen Blocks, eines kommunistisch beherrschten Dachs über den Parteien, verheißt nicht Gutes. Spätestens seit dem 7. Oktober 1949, dem Tag der Gründung der »Nationalen Front des demokratischen Deutschland«, leistet die LDPD der parlamentarisch verkleideten SED-Diktatur nur noch Handlangerdienste. Die Nationale Front bleibt vierzig Jahre lang Träger und Vollstrecker der Einheitslisten, die jede Wahl zu den Volksvertretungen der DDR zur Farce machen.

Das hat der liberale Demokrat Wilhelm Külz nicht mehr erlebt. Am 10. April 1948 ist er, 73 Jahre alt, in Berlin gestorben.

## Kurt Kusenberg

***Dr., Schriftleiter, Wilmersdorf, Südwestkorso 48***

Kurt Kusenberg, geboren am 24. Juni 1904 im schwedischen Göteborg als Sohn eines Ingenieurs, der als Vertreter von Textilmaschinen die Welt bereist, wächst in Lissabon auf. 1914 kehrt die Familie nach Deutschland zurück. Nach der Schulzeit im badischen Bühl studiert Kusenberg in München und Berlin Kunstgeschichte, sieht sich in Europa um und promoviert 1928 in Freiburg i.Br.

Ein Jahr später kommt der 25jährige nach Berlin. Er schreibt Kunstkritiken und Feuilletons für die *Vossische Zeitung*. Dem immer hektischer werdenden politischen Meinungsstreit hält er sich fern — oder weicht er aus. 1934 heiratet er eine Halbjüdin. Aber als Kusenberg 1935 stellvertretender Chefredakteur der Illustrierten *Koralle* wird, unterliegt auch er dem Treuegebot des Schriftleitergesetzes und den Weisungen des Propagandaministers. Das muß damals hinnehmen, wer eine Familie als Journalist durchbringen will. Der private Umgang, wenigstens das ist in Berlin leichter möglich als andernorts, bleibt frei von Bekundungen der Loyalität zu einer Regierung, der Kusenberg mißtraut. Zu Erich Ohser bestehen freundschaftliche und berufliche Kontakte. Sie geben den Anstoß zu Ohsers (= E.O. Plauen) unvergessener Zeichenserie »Vater und Sohn«.

1940 bringt Rowohlt Kusenbergs Geschichtenband »La Botella« heraus. Der Kritiker ↑Friedrich Luft erinnert sich später, aus dieser »wunderbar unzeitgemäßen« Prosa auf einer Zugfahrt mitten im Kriege Mitreisenden »unter dem winzigen Lichtstrahl einer der geschwärzten Abteillampen« vorgelesen zu haben. »Landser, Blitzmädchen, Bauern und zwei evakuierte Mütter mit Babies ... lachten, lauschten und plagten mich weiterzulesen, bis wir, mit sechs Stunden Verspätung, am Anhalter Bahnhof, oder was davon noch stand, eintrafen.« 1943 wird Kusenberg Soldat. 1944 gerät er bei Neapel in amerikanische Gefangenschaft. 1947 wird er von Italien aus in die neue Freiheit entlassen. Der Heimkehrer schreibt Amüsantes und Skurriles für Presse, Rundfunk, Film und Theater. 1952 wird er Mitglied des Deutschen PEN-Zentrums (West). 1958 heuert ihn der Rowohlt-Verlag an. Dort gründet und betreut Kusenberg eine der erfolgreichsten deutschen Taschenbuchreihen: »rowohlts monographien«, die das Leben berühmter Leute in Selbstzeugnissen und Bilddokumenten darstellen.

Am 3. Oktober 1983 ist Kurt Kusenberg, 79 Jahre alt, in Hamburg gestorben. Marcel Reich-Ranicki bescheinigt ihm in seinem Nachruf, einen eigenwilligen Beitrag zur deutschen Gegenwartsliteratur geleistet zu haben. Dazu zählt gewiß auch jenes Gedicht, das mit den Zeilen beginnt: »Ich wäre gern eine hübsche Witwe gewesen im alten Ägypten / Mit zweihundert Sklaven und dreizehn Gelypten« — und so endet: »Denn alles fließt und verrinnt und vergeht / Entweder zu früh oder zu speht«.

## L Hans-Heinrich Lammers

***Dr., Reichsminister und Chef der Reichskanzlei, W 35, Von-der-Heydt-Str. 18***

Hans Heinrich Lammers, geboren am 27. Mai 1879 in der oberschlesischen Kreisstadt Lublinitz als Sohn eines Tierarztes, studiert Jura und wird Richter. Aus dem Ersten Weltkrieg kehrt er verwundet zurück. 1921 tritt Lammers in das Reichs- und Preußische Ministerium des Innern ein. Als strammer Rechter nimmt er am 11. Oktober 1931 in Bad Harzburg an dem Treffen der Vertreter der sogenannten nationalen Parteien und Verbände (vor allem DNVP, NSDAP und Stahlhelm) teil. Da die »Harzburger Front« sich in einem Aufruf ausdrücklich gegen »die heutige Regierung und das heute herrschende System« wendet, wird der Ministerialrat Lammers wegen seiner Teilnahme disziplinarisch verwarnt.

Am 30. Januar 1933, in ihrer ersten Kabinettssitzung, beruft die »Regierung der nationalen Revolution« Lammers zum Staatssekretär in der Reichskanzlei. Der *Vorwärts* (SPD) kommentiert den Vorgang tags darauf mit den Worten: »Lammers ist der Typ des vertrockneten ›korrekten Beamten‹. Er trägt einen geistigen Stehkragen von mindestens 20 Zentimeter Höhe. Bis vor gar nicht langer Zeit war Herr Lammers noch eifriges Mitglied der Deutschnationalen Volkspartei.« In der Tat ist der farblose Jurist der NSDAP erst beigetreten, als ihm der Parteifreund Wilhelm Freiherr v. Gayl, der am 1. Juni 1932 Reichsinnenminister wird, die ersehnte Beförderung zum Ministerialdirektor versagt. Lammers verläßt die DNVP im Zorn und schließt sich, in der Hoffnung auf Wiedergutmachung, Ende 1932 der dicht vor den Toren der Macht stehenden NSDAP an.

Als Chef der Reichskanzlei versieht Lammers, seit November 1937 im Ministerrang, vom ersten bis zum letzten Tag des Dritten Reichs verläßlich seinen Dienst. Es gibt keinen Hinweis darauf, daß er irgendwann in diesen zwölf Jahren versucht hätte, Unheil abzuwenden. Lammers obliegt es, das Staatsschiff administrativ auf dem befohlenen Kurs zu halten und die Einfälle seines Dienstherrn umzusetzen. Oft heißt das: sie rechtlich zu bemänteln. Sämtliche zwischen 1933 und 1945 ergangenen Reichsgesetze, Verordnungen und Führererlasse sind von Lammers gegengezeichnet und ausgefertigt worden. Er nimmt es stillschweigend hin, daß geltendes Recht vor den Untertanen geheimgehalten wird, etwa die Anordnung zur »Vernichtung lebensunwerten Lebens«, die rund 100 000 Opfer fordert, oder das Reichsverteidigungsgesetz vom 4. September 1938, das eindeutig der Kriegsvorbereitung dient.

Ob Lammers, der seit April 1940 über den Generalsrang und die Uniform eines SS-Obergruppenführers verfügt, eigenen Einfluß besessen oder danach gestrebt hat, ist ungewiß. Als Hitlers Kanzleivorsteher und Schaltstelle zu den Reichsministerien und Obersten Reichsbehörden scheint er sich mit der Rolle des willigen Vollstreckers begnügt zu haben. Dazu gehört auch, Briefe wie diesen zu schreiben: »Der Führer hat, wie ich Ihnen auftragsgemäß mitteile, wegen Ihrer Beteiligung an den Vorgängen des 20. Juli 1944 Ihre Ausstoßung aus dem Verhältnis der Ruhestandsbeamten angeordnet. Damit sind alle Rechte aus Ihrem früheren Amte verwirkt« (so am 8. September 1944 an den verhafteten und später hingerichteten Botschafter Ulrich von Hassell, dem zu diesem Zeitpunkt noch nicht einmal die Anklageschrift für den Prozeß vor dem Volksgerichtshof zugestellt worden war). Als Goebbels nach den Anschlag vom 20. Juli von Hitler zum »Reichsbevollmächtigten für den totalen Kriegseinsatz« ernannt wird, beruft Lammers zum 31. Juli 1944 eine Konferenz der höchsten Amtsträger des Reiches nach Berlin ein, um auf die »restlose Konzentration der Kräfte und eine totale Ausschöpfung der Reserven des deutschen Kriegspotentials« zu dringen. Anschließend trägt Goebbels vor, wie er die »Entwicklung Deutschlands zu einem wahren ›Volk im Kriege‹« bewerkstelligen will.

Es ist vor allem der ständig im Führerhauptquartier präsente Hitler-Vertraute Martin Bormann, der Lammers' Position schwächt. Nach einem im März 1945 erlittenen Nervenzusammenbruch darf Lammers seinen Dienstsitz rechtzeitig vor dem Sturm der Roten Armee auf Berlin von der Wilhelmstraße nach Bischofswiesen bei

Berchtesgaden verlegen. Dort berät er am 23. April 1945 den Reichsmarschall Göring, der wissen will, ob er aufgrund des Nachfolge-Gesetzes vom 29. Juni 1941 nun, da Hitler in der umzingelten Hauptstadt zu bleiben entschlossen ist, die »Gesamtführung des Reiches« an sich ziehen könne. Lammers' Auskunft, nachzulesen in den Aufzeichnungen von Görings Stabschef Karl Koller, lautet: »Das Gesetz ist voll gültig. Der Führer hat nichts anderes bestimmt. Wenn er etwas anderes bestimmt hätte, müßte ich das wissen. Ohne mich hätte er das nicht rechtskräftig durchführen können.« Hitler hat den in diesem Sinne abgefaßten Funkspruch Görings allerdings als anmaßenden Affront empfunden, den Reichsmarschall aller seiner Titel und Ämter für verlustig erklärt und ihn sowie Lammers durch die SS verhaften lassen.

Wenige Tage später sind es Soldaten der US-Army, die für eine Fortdauer der Haft sorgen: Lammers wird in Dachau interniert. Seine Frau und seine Tochter begehen Selbstmord. Im »Wilhelmstraßen-Prozeß« gegen ↑Ernst von Weizsäcker und andere wird Lammers am 11. April 1949 als einziger der 21 Angeklagten in fünf (von sechs) Anklagepunkten für schuldig befunden und zu 20 Jahren Gefängnis verurteilt. Anfang 1951 wird die Strafe auf 10 Jahre ermäßigt. Am 16. Dezember 1951 folgt die vorzeitige Entlassung. Am 4. Januar 1962 ist Hans-Heinrich Lammers, 82 Jahre alt, in Düsseldorf gestorben. Anders als die Mehrzahl der NS-Prominenten, die das Dritte Reich überlebt haben, hat er keine Memoiren hinterlassen.

Nachzutragen bleibt, daß Lammers eine der schönsten Dienstvillen bewohnte, die das Reich an seine Würdenträger zu vergeben hatte. Das 1860-1862 vom Baumeister Hermann Ende für den damaligen preußischen Handelsminister von der Heydt im neuhellenischen Stil errichtete Haus wurde 1945 fast völlig zerstört. Seit dem vom Bund finanzierten Wiederaufbau (1976-1979) beherbergt die Villa von der Heydt die Hauptverwaltung der Stiftung Preußischer Kulturbesitz.

## L Friedo Lampe

***Dr. phil., Schriftleiter, Charlottenburg 9, Neuer Fürstenbrunner Weg 10***

Der Dichter und Erzähler Friedo Lampe, geboren am 4. Dezember 1899 in Bremen, ist seit 1934 als Lektor im Berliner Rowohlt-Verlag tätig. 1936 veröffentlicht er einen Band Balladen, 1937 die Erzählung »Septembergewitter«. Er gilt als bedeutendes literarisches Talent. Oft hält Lampe sich in Grünheide vor den Toren der Stadt auf. Hier, im Landhaus von Ernst Rowohlts dritter Frau, werden muntere Feste gefeiert, bei denen trink- und sangesfreudige Autoren wie Hans Fallada und Ernst von Salomon selten fehlen. 1938 emigriert Rowohlt nach Brasilien, kehrt aber 1940 nach Berlin zurück.

Friedo Lampe hat das Ende des Krieges nur um wenige Tage überlebt. Er fällt einem tödlichen Irrtum zum Opfer. Manche seiner Freunde erfahren von seinem Schicksal erst Monate später, so auch die Berlin-Chronistin Ursula von Kardorff. Anfang September 1945 teilt ihr der Schriftsteller Otto-Ernst Schüddekopf (laut Telefonbuch 1941 wohnhaft in Zehlendorf, Walterhöferstr. 33) brieflich mit, »daß Friedo Lampe am Wannsee mit neun in Zivil gekleideten SS-Leuten erschossen worden ist — eine so gräßliche Szene, die mich mehr erschüttert hat als alles aus dem Füllhorn des Grauens in dieser erbarmungslosen Zeit.« Wie fast immer in jenen Tagen gibt es auch über Lampes Tod mehrere Versionen. In Karl Voß' »Reiseführer für Literaturfreunde Berlin« ist dieses zu lesen: »Lampe wurde bei der Eroberung Berlins von einem sowjetischen Soldaten, dem er seine Ausweispapiere vorweisen sollte, mit den Worten ›Paß nix gutt, du SS‹ erschossen.«

## Elisabeth Langgässer

***Grunewald, Eichkatzweg 33***

Im Telefonbuch steht nur Langgässer. Kein Vorname, kein Beruf. Anschlußinhaber ist, wie sich mit Hilfe des Berliner Adressbuchs 1939 ermitteln läßt, der Oberingenieur Heinrich Langgässer. Er wohnt mit seiner Mutter, seiner Schwester Elisabeth, ihrem Mann und ihrer Tochter unter einem Dach. Das Telefon steht allen zur Verfügung. Deshalb darf hier der Schriftstellerin und ihrer Tochter gedacht werden.

Elisabeth Langgässer, geboren am 23. Februar 1899 in Alzey (Rheinhessen) als Tochter eines getauften Juden, Baurat von Beruf, macht als 25jährige mit einem Gedichtzyklus zu den Sonn- und Feiertagen des Kirchenjahres (»Der Wendekreis des Lammes«), auf sich aufmerksam. Bis 1928 ist sie Lehrerin an einer hessischen Schule. Dann zieht sie nach Berlin und bringt hier, wo ledige Mütter es leichter haben als in der Provinz, 1929 die Tochter Cordelia zur Welt. Als Vater des Kindes wird der Berliner Staatsrechtslehrer Hermann Heller genannt, der 1933 als Jude von der Universität entfernt wird und nach Spanien emigriert; er stirbt am 5. November 1933, 42 Jahre alt, in Madrid.

Elisabeth bleibt in Berlin und unterrichtet Pädagogik an der Sozialen Frauenschule. Im Juli 1935 heiratet sie den ehemaligen Benediktiner-Novizen und Augustin-Forscher Wilhelm Hoffmann. »Zum 1. Oktober 1935 haben wir ein wunderschönes 6 1/2 Zimmerhäuschen mit Garten und verglaster Veranda in Eichkamp gemietet«, schreibt sie nach dem Einzug, »einer entzückenden Siedlung im Westen hinter der Heerstraße.« Drei Töchter kommen zu Welt. Doch die Idylle täuscht. 1938 wird Elisabeth Langgässer als Halbjüdin aus der

Reichsschrifttumskammer ausgeschlossen. Das kommt einem Berufsverbot gleich. Schon ihr 1936 erschienener Roman »Der Gang durch das Ried« ist in der »Bücherkunde der Reichsstelle zur Förderung des deutschen Schrifttums« (1936, S. 282 f.) abschätzig rezensiert worden. In Österreich erscheint 1938 noch die »Rettung am Rhein«. Der Rückzug ins Private beginnt. Zu ihren Freunden zählen die Lyrikerin ↑Oda Schäfer und der im Nachbarhaus wohnende Horst Krüger, der Philosophie studiert und im Dezember 1941 wegen des Verdachts der Vorbereitung zum Hochverrat verhaftet wird. (Später lebt Krüger, der sich als Schriftsteller einen Namen macht, in Frankfurt a.M.; dort ist er 1999 gestorben.)

Cordelia ist nach den NS-Rassegesetzen Volljüdin. Sie wird auf dem Schulhof verhöhnt und gedemütigt. Ihr heißer Wunsch, wie ihre Mitschülerinnen in den BDM, den Bund Deutscher Mädel, aufgenommen zu werden, bleibt unerfüllt. Seit dem 15. September 1941 trägt die 12jährige an ihrer Kleidung den Judenstern. Dem Verein katholischer Mädchen darf sie nicht mehr angehören. 1942 findet sich in München ein altes spanisches Ehepaar, das bereit ist, Cordelia zu adoptieren. Im Reichssicherheitshauptamt bittet die Mutter, ihrer Tochter, die jetzt einen spanischen Paß und ein spanisches Einreisevisum hat, die Ausreise zu gestatten. Die Bitte wird abgelehnt. Das Nein wird damit begründet, daß nun eine doppelte Staatsangehörigkeit bestehe, Cordelia also Deutsche geblieben sei: »Und jetzt können Sie ins Zimmer gegenüber gehen und sich dort einen neuen Judenstern abholen, er kostet 50 Pfennig.«

Cordelia wird der Mutter entzogen, in das von Spitzeln durchsetzte Jüdische Krankenhaus (»der Vorhof der Hölle«) eingewiesen und später über Theresienstadt nach Auschwitz deportiert. Sie überlebt, tief traumatisiert, das Elend, die Erniedrigung, die Zwangsarbeit. In Schweden, wo die Journalistin Cordelia Edvarson nach der Befreiung eine Heimat findet, ehe sie 1973 nach Israel übersiedelt, erscheinen 1984 ihre Erinnerungen. Die deutsche Ausgabe folgt 1986 unter dem Titel »Gebranntes Kind sucht das Feuer«.

Elisabeth Langgässer, als kaum 40jährige an multipler Sklerose erkrankt, wird 1944 trotz ihrer drei jüngeren (und als ›arisch‹ geltenden) Töchter wie alle deutschen ›Halbjuden‹ zur Zwangsarbeit herangezogen. In dieser Zeit äußerster Bedrängnis durch das Regime, ihre Krankheit und die Sorge um ihre Tochter schreibt die glaubensstarke Katholikin den Roman »Das unauslöschliche Siegel«. Er macht sie 1947 über Nacht berühmt. Ein Jahr später, während der Berlin-Blockade, zieht die Familie nach Rheinzabern/Pfalz. Dort ist die Langgässer am 25. Juli 1950, 51 Jahre alt, gestorben. Kurz darauf wird ihr der Büchner-Preis zuerkannt und erscheint ihr letzter Roman, die

»Märkische Argonautenfahrt«: sieben von Diktatur und Krieg gezeichnete Menschen verlassen das zerstörte Berlin, um in einem Kloster Vergessen und Gnade zu finden. Es ist ein Zeugnis christlicher Zuversicht inmitten von Not, Schrecken und Schuld.

Der literarische Ruhm der Langgässer mag heute verblaßt sein. Ihr extremes Schicksal, gezeichnet von Not und Schrecken, bleibt uns gegenwärtig. Die Frage, ob sie Schuld auf sich geladen hat, weil sie nicht bis zum Äußersten bei der Tochter geblieben ist, wurde noch immer erörtert, zuletzt von Ursula El-Ahramy in ihrem Buch »Wotans Rabe. Elisabeth Langgässer, ihre Tochter Cordula und die Feuer von Auschwitz« (1997).

## Annedore Leber

***Modeatelier, Zehlendorf, Eisvogelweg 71***

Annedore Leber, geboren am 18. März 1904 in Berlin als Tochter des Gymnasiallehrers und Schulreformers Dr. Georg Rosenthal, wächst in Lübeck auf, beginnt nach dem Abitur ein Jurastudium in München, bricht es nach fünf Semestern ab und wird Schneiderin. Am 21. November 1927 heiratet sie den sozialdemokratischen Politiker und Gewerkschaftler Julius Leber, geboren am 16. November 1891 im elsässischen Biesheim als Sohn einer ledigen Magd.

Leber, seit 1912 Mitglied der SPD, eilt 1914, auf der Woge des »nationalen Kriegssozialismus«, freiwillig zur Fahne und kehrt 1918 als Leutnant zurück. Er studiert Geschichte und Volkswirtschaft und promoviert 1920 an der Universität Freiburg i.Br. zum Dr.rer.pol. 1921 wird er Schriftleiter der Parteizeitung *Lübecker Volksbote* und Mitglied des Lübecker Stadtparlaments, der Bürgerschaft. Annedore Leber lernt ihren Mann aber in Berlin kennen. Den »Zufall vom Schiffbauerdamm, der uns zusammenführte«, ruft Leber ihr im September 1933 in einem Brief aus der Haft in Erinnerung.

Seit dem 4. Mai 1924 ist Julius Leber Abgeordneter des Deutschen Reichstags. Als guter Redner gewinnt der wehrpolitische Sprecher seiner Fraktion rasch Profil. Zwei Tage nach Hitlers Machtantritt wird Leber in Lübeck in eine nächtliche Schlägerei mit SA-Leuten verwickelt und deshalb verhaftet. Dank der Bemühungen seiner Frau und einer spontanen Arbeiterdemonstration kommt er am 16. Februar wieder frei. Als er drei Tage später an einer Wahlkundgebung der SPD teilnimmt, kann er sich infolge seiner Verletzungen nur mit dem Ruf »Freiheit« zu Gehör bringen.

Nach der Reichstagswahl vom 5. März 1933, der letzten vor Errichtung des Einparteienstaates, fährt das Ehepaar vorzeitig nach Berlin, um den Nachstellungen in Lübeck zu entgehen. Aber am frühen Nachmittag des 23. März wird der wiedergewählte Abgeordnete

Julius Leber beim Betreten der Krolloper, der provisorischen Tagungsstätte des Reichstags, erneut verhaftet und gefesselt abgeführt. An der Abstimmung über das verfassungsändernde Ermächtigungsgesetz kann er nicht mehr teilnehmen. Die folgenden Jahre sind für die Familie eine fast ununterbrochene Leidenszeit.

Julius Leber bleibt bis Mai 1937 »Schutzhäftling« in den Konzentrationslagern Esterwegen und Sachsenhausen. Nach seiner Entlassung nimmt er in Berlin den Kampf gegen das NS-Regime wieder auf. Zusammen mit ↑ Gustav Dahrendorf, Ernst von Harnack, ↑ Wilhelm Leuschner und Carlo Mierendorff repräsentiert Leber den sozialistischen Flügel des deutschen Widerstands und grenzt sich von den bürgerlich-konservativen Neuordnungsplänen des Kreisauer Kreises deutlich ab. Ende 1943 trifft Leber erstmals mit Claus Graf Stauffenberg zusammen. Goerdeler, der designierte Reichskanzler, sieht Julius Leber nach Hitlers Sturz als Innenminister vor. Seine Kontakte zu observierten Kommunisten führen am 5. Juli 1944 zu Lebers Verhaftung. Am 20. Oktober 1944 wird er vom Volksgerichtshof zum Tode verurteilt und am 5. Januar in Plötzensee hingerichtet.

Annedore Leber, zunächst als Schneiderin tätig, leitet seit 1938 die Schnittmusterabteilung eines Berliner Verlags. Nach der Verhaftung ihres Mannes wird sie mit ihren Kindern in Sippenhaft genommen. 1945 schließt sie sich in Berlin der wiedergegründeten SPD an, wird 1946 Lizenzträgerin der Tageszeitung *Telegraf* und Mitglied der Berliner Stadtverordnetenversammlung. Ihr Buch »Das Gewissen steht auf« (1954) zählt noch heute zu den eindrucksvollsten literarischen Zeugnissen über den deutschen Widerstand gegen Hitler.

Am 28. Oktober 1968 ist Annedore Leber, 64 Jahre alt, in Berlin gestorben.

## L Emil Leeb

***General der Artillerie, Charlottenburg 9, Insterburgallee 8/9***

Emil Leeb, letzter Chef des Heereswaffenamtes, geboren am 17. Juni 1881 in Passau, als Sohn eines Majors der Königlich bayerischen Armee, wird ebenfalls Berufsoffizier. Im Ersten Weltkrieg ist er zunächst Regimentsadjutant, seit 1915 2. Generalstabsoffizier (Versorgung und Nachschub) einer bayerischen Infanteriedivision. Vor seiner Übernahme in die Reichswehr im Mai 1919 arbeitet Leeb als Lehrling in einer Spinnerei. Dann setzt er seine militärische Karriere fort. 1938 ist er Kommandierender General des 11. Armeekorps. Im September 1939 greift er »an der Spitze seines Korps am linken Flügel der 10. Armee« in die Kämpfe ein und macht dadurch den Weg nach Warschau frei. Im April 1940 wird er zum Chef des Heereswaffenamts berufen.

Die Art, wie im letzten Kriegsjahr Leebs Verdienste öffentlich gewürdigt werden, spiegelt die am Ende des Dritten Reichs ganz auf schönfärbende Durchhalteparolen reduzierte Politik authentisch wider. Am 1. Juni 1944 spricht Reichsminister ↑Albert Speer »in einer durch Fliegerangriff beschädigten Munitionsfabrik ... zu den Arbeitern«. Er dankt ihnen »mit Worten hoher Anerkennung für die unerwartet schnelle Wiederingangsetzung der Produktion und die Wiederaufnahme der Arbeit«. Überall im Reich habe er die gleiche hervorragende Haltung der Munitionsarbeiter gefunden. Gerade in den letzten Monaten seien »trotz der feindlichen Luftangriffe laufend immer höhere Produktionsleistungen vollbracht worden«.

Dann kommt die Rede auf »die hohe Auszeichnung, die der Führer dem Chef des Heereswaffenamtes, General der Artillerie Leeb, durch Verleihung des Ritterkreuzes zum Kriegsverdienstkreuz mit Schwertern zugesprochen hat«. Leeb habe sich »durch hervorragende Sachkenntnis, schöpferische Energie und zielbewußte Führung des Heereswaffenamtes entscheidende Verdienste um die Bewaffnung des Heeres« erworben. »Er hat das Heereswaffenamt vorbehaltlos in den Dienst der Gesamtaufgaben der vom Reichsminister für Rüstung und Kriegsproduktion Speer geführten deutschen Rüstung gestellt und ... an der qualitativen Vollendung und dem ständigen Fortschritt der Heeresrüstung in stärkstem Maße mitgewirkt.«

Die Zitate entstammen der Chronik »Deutschland im Kampf« (Band Mai/Juni 1944), die, auf Presseberichten fußend, das Geschehen des Zweiten Weltkriegs in der Optik des NS-Staates fortlaufend dokumentiert. Herausgeber sind der Chef der Propagandatruppen im Oberkommando der Wehrmacht und der im Goebbels-Ministerium tätige ↑Alfred Ingemar Berndt.

Nach der Rückkehr aus der Gefangenschaft beteiligt sich Leeb 1957 an der Gründung der »Deutschen Gesellschaft für Wehrtechnik«. Am 8. August 1969 ist Emil Leeb, 88 Jahre alt, in München gestorben.

## Johann von Leers

***Dr., Dahlem, Goßlerstr. 17***

Den manisch anmutenden Geisteszustand des Publizisten Johann von Leers, geboren am 25. Januar 1902 in Vietlübbe (Mecklenburg-Schwerin), machen Zahl und Titel seiner zwischen 1933 und 1939 erschienenen Bücher und Schriften hinreichend kenntlich: »Reichskanzler Adolf Hitler«, »Kurzgefaßte Geschichte des Nationalsozialismus«, »Juden raus!«, »14 Jahre Judenrepublik«, »Juden sehen dich an«, »Geschichte auf rassischer Grundlage«, »Die bäuerliche Gemeindeverfassung in der deutschen Geschichte«, »Blut und Rasse in der Gesetzgebung«, »Arteigenes Recht und Unterricht«, »Rassen, Völker und Volkstümer«. Mitverfaßt hat der Hauptschriftleiter der NS-Zeitschrift *Wille und Weg*, der nebenbei Studienleiter an der von Staatssekretär ↑Lammers betreuten Verwaltungs-Akademie Berlin ist, das Aufklärungsbuch »Die Kriminalität des Judentums«. Eben daran knüpft auch sein letztes Werk an: »Die Verbrechernatur der Juden«, das 1943, während der Völkermord in vollem Gange ist, in einem Berliner Verlag erscheint.

Erhalten hat sich in den Archiven ein handschriftlicher Lebenslauf des promovierten Juristen, datiert vom Juni 1936. In ihm heißt es: »Am 1. 8. 1929 schloß ich mich der NSDAP an; ich habe seither als Redner in vielen Versammlungen, als Schriftleiter und Schriftsteller für die NSDAP, in der ich meine Lebensaufgabe auf dem Gebiet der deutschen Geschichte im Sinne von Blut und Boden gefunden habe, gekämpft. Eine besonders beglückende Anerkennung meiner Arbeit auf diesem Gebiet ist mir, daß mich der Reichsführer-SS, ungeachtet dessen, daß ich gesundheitlich immer etwas kränklich war und bin, mit Rücksicht auf meinen Einsatz auf diesem Gebiete, in die SS aufgenommen hat, daß ich mit meinen Kräften hier für den Führer und die Bewegung noch besser wirken zu können hoffen darf.«

Seitdem häufen sich die beglückenden Ereignisse in der Goßlerstraße 17. Das neue SS-Mitglied wird trotz seiner Kränklichkeit im November 1936 zum Obersturmführer, im Januar 1938 zum Hauptsturmführer und im April 1938 zum Sturmbannführer (Major) befördert. Als der fanatische Antisemit 1933 Schriftführer im »PEN-Club — Deutsche Gruppe« wird, bleibt interne Kritik freilich nicht aus. Der Schriftsteller Rudolf G. Binding schreibt im Januar 1934 an den tiefbraunen Kulturfunktionär Hans Hinkel, den Vorsitzenden der Deutschen PEN-Gruppe: »Ich habe nichts gegen Herrn von Leers; aber das Ausland, bei dem wir Anklang mit unserem Aufruf, ja sogar Widerstand gegen die laue Internationalität des PEN-Clubverbandes erhoffen, hat allerhand gegen diesen Namen.«

Noch im Juli 1943 bringt Leers für das »Hauptamt Lehrmittel« der Dienststelle Rosenberg Grundsätzliches zu Papier: »Das Judentum ist keine Minderheit, sondern ein Staatsfeind, keine Volksgruppe, sondern eine Gaunergruppe, kein Nationalitätenproblem, sondern eine nationale Todesgefahr für jedes Volk, das nicht mit rücksichtsloser Entschlossenheit die Juden abschüttelt und zerschmettert.« Im gleichen Jahr wird er, Beleg für den inzwischen erreichten Grad der Verkommenheit der Universität unter dem Hakenkreuz, auf einen juristischen Lehrstuhl an der Universität Jena berufen.

1945 gelingt Leers die Flucht über Italien nach Argentinien, wo er seine antisemitische Mission fortsetzt. Von arabischer Seite wird er für seinen Kampf »gegen die durch das Weltjudentum verkörperten Mächte der Finsternis« mit Lob bedacht. Mitte der fünfziger Jahre verfügt er sich nach Kairo, tritt zum Islam über und heißt nun Omar Amin von Leers. Ägyptens Präsident Gamal Abd el-Nasser nutzt seine Fähigkeiten für die Auslandspropaganda. Im März 1965 ist Johann von Leers, 63 Jahre alt, in Kairo gestorben. Deutschen Boden hat er, soweit bekannt, seit 1945 nicht mehr betreten.

## Ernst Lemmer

***Schriftleiter, Zehlendorf, Hohe Kiefer 13***

Ernst Lemmer, geboren am 28. April 1898 in Remscheid als Sohn eines Bauunternehmers, ist in seiner Jugend Mitglied des »Wandervogel« und schreibt als Obersekundaner im Juli 1914 einen Klassenaufsatz über den Zweizeiler aus Schillers »Wallensteins Tod«: »Der Krieg ist schrecklich wie des Himmels Plagen, doch er ist gut, ist ein Geschick wie sie.« Drei Wochen später meldet sich der 16jährige kriegsfreiwillig, um dem Vaterland in seiner Not beizustehen. Seit 1915 ist er Frontsoldat, wird Offizier und bekommt im Frühjahr 1918 »im Namen des Königs von Preußen« ohne weitere Prüfung das Reifezeugnis zuerkannt, weil er sich »durch anhaltende Tapferkeit vor dem Feinde ausgezeichnet« hat.

Der Heimkehrer studiert in Marburg Nationalökonomie und wird 1922 Generalsekretär des Gewerkschaftsringes Deutscher Arbeiter- und Angestelltenverbände. Er ist 26 Jahre alt, als er am 7. Dezember 1924 auf der Liste der Deutschen Demokratischen Partei (DDP) in Pommern als jüngster Abgeordneter in den Reichstag gewählt wird. 1932 verliert er sein Mandat, gewinnt es aber am 5. März 1933 — die DDP heißt nun »Deutsche Staatspartei« — zurück. Wie sein Parteifreund ↑Theodor Heuss stimmt er am 23. März Hitlers Ermächtigungsgesetz zu, in der »törichten Hoffnung«, der Diktatur dadurch »eine legale Begrenzung« zu geben. Im Juli 1933 werden sämtliche Mandate der nun aufgelösten Parteien für erloschen erklärt.

Lemmer wird Journalist. Sein Arbeitsplatz ist das Büro der *Neuen Zürcher Zeitung* in der Zimmerstraße 79. Für die in Budapest erscheinende deutschsprachige Zeitung *Pester Lloyd* berichtet er bis Ende 1944 regelmäßig über das Geschehen in Deutschland. Natürlich liegen seine Beiträge voll auf der Linie der NS-Propaganda. Einige Kostproben: »Man muß ... daran erinnern, daß England und nicht Deutschland den Krieg in Westeuropa entfesselt hat« (2. Juli 1940). Oder (nach dem Sieg über Frankreich): »Als der Zug Hitlers in den Anhalter Bahnhof einlief, begannen sämtliche Kirchenglocken Berlins zu läuten. Auf seiner Fahrt vom Bahnhof zur Reichskanzlei umbrandete Hitler eine Welle von Begeisterung. In seinem Wagen stehend, braungebrannt und sichtbar in bester Stimmung, dankte er für die Ovationen, die ihm dargebracht wurden« (6. Juli 1940). Oder (als Thierack Reichsjustizminister und ↑ Freisler Präsident des Volksgerichtshofs wird): »Die Persönlichkeiten ... stehen in dem Ruf, als Männer von großer Rechtserfahrung die erweiterte Aufgabe der Justiz des Reiches tatkräftig erfüllen zu können« (25. August 1942). Und schließlich: »Das deutsche Volk hat sich in den ersten Wochen des 6. Kriegsjahres daran gewöhnt, daß an einigen Stellen der deutsche Boden zum Kriegsschauplatz geworden ist. Aber die Moral des deutschen Volkes und vor allem seiner Soldaten an den Fronten konnte trotzdem nicht gebrochen werden« (21. September 1944).

Dennoch gilt Lemmer 1945 als unbelastet. Er wird Bürgermeister von Kleinmachnow (dort befindet sich die Hohe Kiefer) und Mitgründer der CDU in der sowjetischen Besatzungszone. Wie Jakob Kaiser lehnt er standhaft ab, die Partei kommunistisch gleichschalten zu lassen. Im Januar 1948 verläßt er die SBZ, wird im Dezember 1948 in die Berliner Stadtverordnetenversammlung (West) und 1952 in den Bundestag gewählt. Als er im Oktober 1957 zum Bundesminister für gesamtdeutsche Fragen berufen wird, feuert die SED aus allen Rohren auf den »Goebbels-Journalisten« und »Revanche-Minister«. 1968 erscheinen Lemmers »Erinnerungen eines deutschen Demokraten«. Am 18. August 1970 ist Ernst Lemmer, 72 Jahre alt, in Berlin gestorben, wo er bis zuletzt in Zehlendorf, Schützallee 135, gelebt hat.

## L Fritz Lenz

***Universitätsprofessor, Zehlendorf, Forststr. 45***

Fritz Lenz, geboren am 9. März 1887 in dem pommerschen Dorf Pflugrade (Kreis Naugard), studiert Medizin, promoviert zum Dr. med. und wird 1919 Privatdozent an der Universität München. Zusammen mit den Anthropologen Erwin Baur und ↑ Eugen Fischer verfaßt er 1922 einen »Grundriß der Rassenhygiene«. Das Buch, das auch Hitler beeinflußt haben soll, findet 1936 in erweiterter Form unter dem Titel »Menschliche Erblehre« breite Resonanz.

1923 ist Lenz der erste deutsche Wissenschaftler, der auf eine Professur für Rassenhygiene berufen wird. Es sind der Freistaat Bayern und die Universität München, die sich dieser dem Zeitgeist vorauseilenden Bestallung 1933 rühmen dürfen. Bereits 1931 sieht Lenz in Hitler den ersten Politiker von Rang, der die Rassenhygiene zum »Grundgesetz seines Handelns« erklärt. In der nach dem Ersten Weltkrieg gegründeten »Gesellschaft für Rassenhygiene« befehden sich zwei Richtungen: die gemäßigte Berliner Sektion lehnt die These einer genetischen Überlegenheit der arischen Rasse ab; die von Lenz vertretene Münchner Schule propagiert die »nordische Ideologie«.

Sie setzt sich unmittelbar nach Hitlers Machtantritt tonangebend durch.

Fritz Lenz wird im November 1933 als Ordinarius nach Berlin berufen. Im selben Jahr erscheint »Die Rasse als Wertprinzip« mit dem anspruchsvollen Untertitel »Zur Erneuerung der Ethik«. Bis 1945 leitet Lenz in Berlin-Mitte, Dorotheenstr. 28a, unter einem Dach mit dem Hygienischen Institut, das Institut für Rassenhygiene und doziert über »Menschliche Auslese und Rassenhygiene«. Zugleich ist er als Nachfolger des 1933 entlassenen ↑Hermann Muckermann am Dahlemer »Kaiser-Wilhelm-Institut für Anthropologie, menschliche Erblehre und Eugenik« tätig, dessen Direktor der Anthropologe Eugen Fischer ist. Zusammen mit dem 1935 nach Berlin berufenen Hans F.K. Günther, Direktor der Anstalt — das Wort ›Institut‹ lehnt er als undeutsch ab — für Rassenkunde, Völkerbiologie und Ländliche Soziologie, sind Lenz und Fischer angetreten, um die von Jahr zu Jahr rigorosere NS-Rassenpolitik wissenschaftlich zu begleiten.

Diese Troika beherrscht auch jene Gremien, die dem Reichsminister des Innern etwa empfehlen, das Problem von Deutschlands farbiger Minderheit durch Zwangssterilisation zu lösen. Bisweilen aber wird der Übereifer der Rasseforscher von oben abgebremst. Im Juni 1937 führt Lenz auf einer Tagung erbbiologische Gründe gegen die rechtliche Gleichstellung unehelicher Kinder ins Feld. Der anwesende Reichsführer-SS Himmler weist das knapp und entschieden zurück. »Uneheliche Geburt, sagt der mächtige Mann, sei keine Schande, und die Gleichstellung sei nötig, um eine hohe Geburtenrate zu sichern und der Ausbreitung von Homosexualität und Abtreibung vorzubeugen« (Friedlander, S. 55 f.).

Wie Fischer beruft sich Lenz nach 1945 darauf, nur der Wissenschaft gedient zu haben. Er bleibt unbehelligt und kann seine durch das Ende des NS-Staats vorübergehend unterbrochene Karriere bald an einer renommierten Universität fortsetzen. Seit 1946 unterweist er als außerordentlicher Professor Göttingens Jungmediziner im Fach »Erbbiologie des Menschen (Humangenetik)«. Zur Feier seines 65. Geburtstags werden ihm 1952 wieder Rang und Titel eines Ordinarius verliehen. Auch der Emeritus Fritz Lenz erreicht ein biblisches Alter. Am 6. Juli 1976 ist er, 89 Jahre alt, in Göttingen gestorben.

## Wilhelm Leuschner

***Armaturen, Apparatebau, Leichtmetallveredelung, SO 36, Eisenbahnstr. 5 / Patentverwertung, Charlottenburg 4, Bismarckstr. 84***

Wilhelm Leuschner, geboren am 15. Juni 1890 in Bayreuth als Sohn eines Ofensetzers, wird nach einer Lehre als Holzbildhauer 1908 Möbelschreiner in Darmstadt. Die von ihm gefertigte Eingangstür der

1913/14 erbauten Villa eines Anwalts in der Dieburger Straße 199 (Haus Wilbrand, ausgewiesen als Baudenkmal) ist noch heute zu besichtigen. Leuschner schließt sich in jungen Jahren der SPD und der Gewerkschaftsbewegung an. Nach dem Ersten Weltkrieg, den er als Frontsoldat erlebt, wird er in den Darmstädter Stadtrat und den Hessischen Landtag gewählt. 1928 wird er Innenminister des Landes Hessen (mit damals 1,35 Mio. Einwohnern). Er greift Kommunisten und Nationalsozialisten mit gleicher Schärfe an.

Trotz des SPD-Siegs in der Landtagswahl vom 19. Juni 1932 gibt Leuschner, durch persönliche Angriffe seitens der NSDAP zermürbt, Ende 1932 sein Ministeramt auf und zieht als stellvertretender Vorsitzender des Allgemeinen Deutschen Gewerkschaftsbundes (ADGB) nach Berlin. Nach Hitlers Machtantritt, am 2. Mai 1933, stürmen Schlägertrupps der SA die Häuser der Gewerkschaften und verhaften deren Funktionäre. Leuschner wird im Haus des ADGB am Engelufer von Robert Ley, dem Führer der Deutschen Arbeitsfront (DAF), verhört, im Keller des Antikriegsmuseums in der Parochialstraße mißhandelt und später im Gefängnis Plötzensee eingesperrt. Nach ein paar Tagen ist er wieder frei: er soll Ley Anfang Juni 1933 zur Jahrestagung der Internationalen Arbeitskonferenz nach Genf begleiten, um den Anspruch der DAF auf den (vierten) deutschen Sitz in diesem Gremium zu rechtfertigen. Leuschner sagt während der Versammlung demonstrativ kein Wort. Sein »mutiges Schweigen« beeindruckt die Delegierten. Der Plan der DAF, an Stelle der freien Gewerkschaften in die International Labour Conference einzuziehen, scheitert. Leuschner wird bei seiner Rückkehr an der Grenze von der Gestapo verhaftet und für zwei Jahre zunächst in das Zuchthaus Rockenberg (Oberhessen), dann in die KZ-Lager Börgermoor und Lichtenberg eingeliefert.

1935 übernimmt Leuschner in Berlin die Firma, mit der er noch 1941 im Telefonbuch verzeichnet ist. Seine Mitarbeiter sind Weggefährten aus der SPD und den Gewerkschaften. Wie ↑ Gustav Dahrendorf nutzt er die Geschäftsreisen, um mit alten Freunden, namentlich Julius Leber und Jakob Kaiser, »ein Netz von Widerstandszellen über ganz Deutschland zu knüpfen« (Annedore Leber, Das Gewissen steht auf). Im August 1939 schreibt er einem Vertrauten im Ausland, der kommende Krieg werde Jahre dauern. »Aber wir sind gänzlich unfähig, die Katastrophe zu verhindern. Wir sind Gefangene in einem großen Zuchthaus. Zu rebellieren wäre genau so Selbstmord, als wenn Gefangene sich gegen ihre schwer bewaffneten Aufseher erheben würden.«

Leuschner trifft Vorsorge »für die Zeit danach«. Zugleich sucht er den ehemaligen Gewerkschaftern zu helfen, denen der NS-Staat die Renten und Pensionen aberkannt hat. Dann nehmen die Pläne zum

Sturz des NS-Regimes konkrete Gestalt an. Leuschner soll in einer neuen Regierung Vizekanzler werden. Als das Attentat am 20. Juli 1944 mißlingt, ist auch er aufs Höchste gefährdet. Untergetaucht trifft er sich noch einmal mit dem designierten Reichskanzler und jetzt ebenfalls flüchtigen Carl Goerdeler — in einem Hinterzimmer des Zigarrengeschäfts Albert Voß in N 54, Rosentaler Str. 65, einem unauffälligen Treffpunkt der Berliner Regimegegner.

Am 16. August 1944, nach der Verhaftung seiner Frau, stellt sich Leuschner in Berlin der Polizei. Am 8. September 1944 verurteilt ihn der Volksgerichtshof zum Tode. Drei Wochen später, am 29. September 1944, wird Wilhelm Leuschner, 54 Jahre alt, in Plötzensee hingerichtet.

## Hanns Lilje

***Dr., Lichterfelde, Hortensienstr. 36***

Hanns Lilje, geboren am 20. August 1899 in Hannover, studiert an den Universitäten Göttingen, Leipzig und Zürich Theologie. Seit 1927 leitet er die Deutsche Christliche Studenten-Vereinigung. 1935 wird er Generalsekretär des — im innerdeutschen Kirchenkampf auf strikte Neutralität bedachten — Lutherischen Weltkonvents. Sein Pfarramt versieht der regimekritisch eingestellte Theologe an der Johanneskirche in Berlin-Lichterfelde.

Nach dem 20. Juli 1944 wird Lilje als Mitwisser der Verschwörung von der Gestapo verhaftet und am 18. Januar 1945 von ↑Freislers Volksgerichtshof zu vier Jahren Gefängnis verurteilt: er hat den fieberhaft gesuchten Carl Goerdeler, der nach dem Umsturz das Amt des Reichskanzlers übernehmen sollte, nicht angezeigt, obwohl er wußte, wo dieser vorübergehend Unterschlupf gefunden hatte. Die Hände gefesselt, tritt Lilje in mehreren Verfahren vor dem Volksgerichtshof als Zeuge auf, so auch in der Verhandlung gegen ↑Theodor Haubach, der zum Tode verurteilt und hingerichtet wird. Lilje überlebt; das Kriegsende bringt ihm die Befreiung.

Noch im Jahre 1945 wird der nach Niedersachsen Heimgekehrte Oberlandeskirchenrat der evangelisch-lutherischen Landeskirche Hannover; seit 1947 steht er ihr als Bischof vor. Im selben Jahr verleiht die Universität Edinburgh ihm als erstem Deutschen nach dem Kriege die Ehrendoktorwürde. Als Mitglied des Rates der EKD und Präsident des Lutherischen Weltbundes (seit 1952), als Gründer und Herausgeber des *Sonntagsblatts*, als guter Geist der Tagungsstätte im Kloster Loccum und Inhaber ungezählter Nebenämter darf Lilje ein Prototyp des ubiquitären Daseins genannt werden. Für ↑Theodor Heuss, der ihm im Oktober 1957 das Großkreuz des Bundesverdienstordens verleiht, ist er »ein beweglicher Mann von geistigem Rang, sehr viel unterwegs, jetzt drei Monate Süd- und Nordamerika. Es geht folgendes Wort über ihn, das seine Pastoren beten: ›Du, Herr, weißt allein, wo z.Zt. unser Bischof weilt, wir wissen es nicht. Aber wir empfehlen ihn Deiner Fürsorge‹«. Zugleich sei Lilje von »solcher Art, daß ich das in meine Ansprache flechten konnte« (Tagebuchbriefe, S. 269).

Am 6. Januar 1977 ist Hanns Lilje, 77 Jahre alt, in Hannover gestorben.

## L Paul Löbe

***Korrektor, Wilmersdorf, Uhlandstr. 123 (1943)***

Warum der Sozialdemokrat Paul Löbe, der länger als ein Jahrzehnt, von 1920 bis 1932, Präsident des Deutschen Reichstags gewesen ist, nur im Nachtrag 1943, nicht aber in den früheren Ausgaben des Berliner Telefonbuchs verzeichnet ist, ließ sich nicht ermitteln. Da kein Wohnungswechsel stattgefunden hat, darf vermutet werden, daß Löbe tatsächlich erst mitten im Kriege wieder einem Fernsprechanschluß erhalten hat. Womöglich waren dabei Abhörinteressen im Spiel, aber auch das ist Spekulation.

Paul Löbe, geboren am 14. Dezember 1875 im niederschlesischen Liegnitz, wird Schriftsetzer. Als noch nicht 18jähriger tritt er 1893 der SPD bei. 1898 heuert ihn die Breslauer Parteizeitung *Volkswacht* an. Wenige Monate später avanciert der Setzer zum Redakteur (Löbe: »eine reine Arbeiterredaktion ohne Akademiker«); bis 1919 bleibt dies sein Hauptberuf. 1905 wird Löbe Stadtverordneter in Breslau, seit 1915 gehört er dem Provinziallandtag an. 1919 nimmt er in der Weimarer Nationalversammlung (und als einer ihrer Vizepräsidenten) am Prozeß der Verfassunggebung teil. 1920 wird er auf Vorschlag der SPD-Fraktion, der stärksten im Hohen Hause, zum Reichstagspräsidenten gewählt. Dieses Amt hat Paul Löbe bis zur Schicksalswahl vom 31. Juli 1932 inne. Da wird Hermann Göring, Mitglied der nun stärksten NSDAP-Fraktion, sein Nachfolger. Löbe zieht aus dem Reichspräsidentenpalais in die Redaktion des *Vorwärts* um.

Hitlers Machtantritt ist der Anfang vom Ende der parlamentarischen Demokratie. In der Wahl vom 5. März 1933 gewinnt Löbe noch einmal ein Reichstagsmandat. Am 23. März 1933 stimmt die durch die Verhaftung von zwölf Abgeordneten bereits geschwächte SPD-Fraktion geschlossen gegen das Ermächtigungsgesetz. Sie steht mit ihrem Nein allein; die Fraktion der KPD ist von der Sitzung bereits ausgeschlossen. Auf der letzten Reichskonferenz der noch nicht verbotenen SPD, am 26. April 1933 in Berlin, wird Löbe erneut in den Parteivorstand gewählt. Um die bedrohte Existenz der SPD zu sichern, setzt er sich in seiner Fraktion mit Erfolg dafür ein, am 17. Mai

1933 dem außenpolitischen Programm Hitlers im Reichstag zuzustimmen. Das Liebeswerben bleibt unerwidert: bereits Ende Juni wird Löbe zusammen mit über dreitausend Amts- und Mandatsträgern der SPD in »Schutzhaft« genommen. Diese Aktion ist der Auftakt zum »Reichsgesetz gegen die Neubildung von Parteien« vom 14. Juli 1933, das am Schicksal der Weimarer Republik besiegelt, was zu besiegeln noch übriggeblieben ist. »In Deutschland«, heißt es da, »besteht als einzige politische Partei die Nationalsozialistische Deutsche Arbeiterpartei«. Mit bis zu drei Jahren Zuchthaus wird künftig bestraft, »wer es unternimmt, den organisatorischen Zusammenhalt einer anderen politischen Partei aufrechtzuerhalten oder eine neue politische Partei zu bilden«.

Löbe wird in das bei Breslau gelegene Konzentrationslager Dürrgoy geschafft. Dort findet jene von der SA inszenierte Empfangsgroteske statt, die oft beschrieben worden ist: Löbe geht durch ein Spalier der in Reih und Glied angetretenen Häftlinge, die ihn stürmisch feiern. Eine Schalmeienkapelle kommunistischer Lagerinsassen spielt auf, Reden werden gehalten, und schließlich bekommt Löbe eine »glänzende Aluminiumblechdose« auf den Kopf gesetzt. Als er sagen soll »Grüß Gott, ihr alten Knochen, ein neuer Hammel kommt gekrochen!«, weigert er sich.

Dank der internationalen Aufmerksamkeit, die sein Verschwinden ausgelöst hat, kommt Löbe noch 1933 wieder frei. In Berlin behandelt man ihn betont korrekt. Aber Arbeit findet er nicht. Der Kioskverkauf von Zeitungen wird ihm ebenso untersagt wie die Eröffnung eines Zigarrenladens. Im Januar 1935 verhilft ihm Adolf Grimme zu einer Stelle im Verlag Walter de Gruyter. Paul Löbe liest fortan Korrektur bei wissenschaftlichen Werken, und er kann das sogar in seiner Wohnung tun. Im übrigen macht er es sich zur Pflicht, nie zu flaggen und nie »Heil Hitler« zu sagen. Im Mai 1938 bittet ihn Hermann Göring, im Nebenamt nach wie vor preußischer Ministerpräsident, überraschend zu einem Gespräch. »Guten Tag, Herr Löbe!«, begrüßt er ihn jovial. Was Löbe denn nun sage: Für sieben Millionen ohne Arbeit sei Arbeit geschaffen worden. Löbe verweist auf die düstere Kehrseite dieser Bilanz. Göring läßt ihn reden und verfügt wenig später die Wiedergutmachung des Rentenschadens, den Löbe 1933 erlitten hat.

Ein Luftangriff vernichtet am 30. Januar 1944 die Wohnung in der Uhlandstraße, »wobei alle meine Aufzeichnungen und Briefschaften, Erinnerungen und Dokumente verbrannten«. Die Löbes finden Aufnahme im Riesengebirge, in Schieferstein am Zobten. Mit dem 20. Juli 1944 endet das dem Krieg entrückte Idyll. Löbe hat 1942 den Kontakt zu ↑ Wilhelm Leuschner und Julius Leber wieder aufgenommen.

Auch Carl Goerdeler hat er getroffen. Am 26. August stürmen »sechs Gendarmen auf Motorrädern das kleine Häuschen am Berge«. Über das Breslauer Gestapogefängnis gelangt Löbe ins Lager Groß-Rosen bei Striegau. Wieder kommt er nach einigen Wochen frei.

In der Grafschaft Glatz erlebt Löbe am 9. Mai 1945 den Einmarsch der Russen und danach die Austreibung der Bevölkerung durch die Polen. Wenig später ist Löbe wieder in Berlin. Er nimmt teil am Wiederaufbau der SPD, er wendet sich gegen deren Vereinigung mit der KPD und er wird Mitherausgeber der Berliner Tageszeitung *Telegraf*. 1948/49 ist Löbe Mitglied des Parlamentarischen Rates. dann wird er Abgeordneter des ersten Deutschen Bundestages. Als Alterspräsident eröffnet er am 7. September 1949 die konstituierende Sitzung mit dem Satz: »Ich bin geboren am 14. Dezember 1875.« Niemand macht ihm das Privileg, Nestor zu sein, streitig. Ein Mal noch, am 10. Oktober 1951, schlüpft Löbe, weil kein gewählter Präsident oder Vizepräsident anwesend ist, in seine alte Rolle als echter Parlamentspräsident: ein historisches und verfassungsrechtliches Kuriosum. 1955 wird der 80jährige Ehrenbürger Berlins.

Am 3. August 1967 ist Paul Löbe, 91 Jahre alt, in Bonn gestorben.

## L Oskar Loerke

***Schriftsteller, Frohnau, Kreuzritterstr. 8***

Oskar Loerke, geboren am 13. März 1884 im westpreußischen Dorf Jungen an der Weichsel als Sohn eines Ziegeleibesitzers, kommt nach kurzer Tätigkeit als Forst- und Landwirtschaftseleve 1903 nach Berlin. Er studiert Philosophie, Germanistik, Geschichte und Musik. Als 1907 seine Erzählung »Vineta« erscheint, bricht er das Studium ab. 1911 macht sein erster Gedichtband »Wanderschaft«, dessen Verhaltenheit der expressionistischen Zeitströmung trotzt, ihn literarisch bekannt. 1913 wird Loerke mit dem Kleist-Preis ausgezeichnet. Seit 1917 ist er Lektor im S. Fischer-Verlag. 1928 wird er ständiger Sekretär in der Sektion für Dichtkunst der Preußischen Akademie der Künste; im Frühjahr 1933 verliert er dieses Amt auf eine Weise, die ihn demütigt und verbittert.

Loerke ist ein Gegner des Nationalsozialismus, aber im Oktober 1933 unterzeichnet auch er das Treuegelöbnis, das 88 deutsche Schriftsteller dem Reichskanzler Adolf Hitler aussprechen. Aus seinen Tagebüchern geht hervor, daß Loerke auf diese Weise dem Verlag und dessen jüdischem Verleger Schutz zu bieten hoffte.

In einer Tagebuchaufzeichnung Loerkes vom 22. April 1933 heißt es: »Die *Literarische Welt* stellt sich um. Sie wird national. Ich erhielt die erste Nummer der neuen Leitung. Wortführer ist Paul Fechter. Das Ungeheuerliche geschieht: Wer das Wort der Muttersprache zu bilden versucht hat aus seinem Leben und seinen Gaben, wird an den Marterpfahl gebunden, damit die Trägen und Rohen, denen er die Zunge lösen helfen wollte, ihn peinigen und töten … Die Winzigen und Mittelmäßigen brüsten sich und tun es den Bösen zuvor.«

Oskar Loerke ist am 24. Februar 1941, noch nicht 57 Jahre alt, in seinem Haus in Berlin-Frohnau an einem Herzleiden gestorben. Sein Ruhm als Lyriker, der im Widerspruch zu seiner Zeit und im Bewußtsein einer sinnstiftenden poetischen Mission dichtete, hat ihn überdauert.

## Wilhelm Loschelder

***Dr., Ministerialrat, Schlachtensee, Spanische Allee 70***

Der Jurist Wilhelm Loschelder, geboren am 22. Januar 1900 in Neuss, gehört während der gesamten Laufzeit des Dritten Reiches, zuletzt als Ministerialdirigent, dem Reichsministerium des Innern an, einer Behörde mithin, die für nicht wenige Untaten des NS-Staates zuständig und verantwortlich ist. Für skrupellose Härte haben seine Hausherren gebürgt: seit dem 30. Januar 1933 Wilhelm Frick, seit dem 24. August 1943 der Reichsführer-SS Heinrich Himmler. Himmler verübt nach seiner Ergreifung am 23. Mai 1945 Selbstmord, Frick wird am 16. Oktober 1946 in Nürnberg durch den Strang hingerichtet.

Loschelder bleibt, ganz im Sinne der Doppelstaats-Definition Ernst Fraenkels, von den inhumanen Aktivitäten seines Hauses fast unberührt. Denn anders als sein um zwei Jahre älterer Kollege ↑ Hans Globke betreut Loschelder ein weit weniger ideologiehaltiges Sachgebiet: das Gemeinderecht. Für die Deutsche Gemeindeordnung vom 30. Januar 1935 entwirft er die haushaltswirtschaftliche Architektur. Aber natürlich ist auch dieses Gesetz unübersehbar ein Abbild nationalsozialistischen Denkens, vom Recht der NSDAP, durch ihre Kreis- und Gauleiter die Bürgermeister-Kandidaten in Stadt und Land zu benennen, bis hin zur Verankerung des Führerprinzips in der kommunalen Verwaltung.

Der Beamte Loschelder gilt wie ↑ Karl Ott aus dem Propagandaministerium als exzellenter Fachmann. Nach dem Zusammenbruch des NS-Regimes, der zumindest im Westen Deutschlands nur einen begrenzten Elitenwechsel nach sich zieht, paßt er sich mühelos der demokratischen Zeitrechnung an. Von 1945 bis 1952 amtiert er als Erster Beigeordneter des Deutschen Städtetages. Auf Geheiß der britischen Besatzer wirkt er an der Revision der ihm vertrauten Gemeindeordnung von 1935 mit. Ganz sein Werk ist die neue Gemeindeordnung für das Land Nordrhein-Westfalen, die im Oktober 1952 in Kraft tritt.

Fast gleichzeitig wird Loschelder Staatssekretär im Düsseldorfer Innenministerium. 1962 geht er, dekoriert mit dem Großen Verdienstkreuz mit Stern des Verdienstordens der Bundesrepublik Deutschland, in den Ruhestand. Als Wilhelm Loschelder am 17. März 1989, 89 Jahre alt, stirbt, wird die allen Umbrüchen trotzende Traditionspflege in der deutschen Verwaltung im Nachruf des SPD-Innenministers von Nordrhein-Westfalen ohne Scheu angesprochen: Auf seinen »schon vor 1945 entwickelten« Grundsätzen beruhe »das heutige moderne Gemeindehaushaltsrecht«, heißt es da.

## L Vera Lourié

***Halensee, Westfälische Str. 56***

Vera Lourié, geboren am 21. April 1901 in St.Petersburg als Tochter eines russischen Arztes hugenottischer Abstammung, wächst im Wohlstand einer Familie auf, die alljährlich zur Kur in deutsche Badeorte zu reisen pflegt. Die junge Vera nimmt in St.Petersburg Schauspielunterricht und schreibt Gedichte. Dann setzen Krieg und Revolution der Idylle ein Ende. Der Dichter, dessen Lyrikkurs Vera besucht, wird 1921 als Anhänger einer monarchistischen Verschwörung erschossen. Noch im selben Jahr flieht die Familie Lourié über Lettland nach Berlin, das damals für viele zehntausend Emigranten aus Rußland zum rettenden Hafen wird. Man wohnt in ›Charlottengrad‹, liest in Berlin gedruckte russische Bücher und Zeitungen, kauft in russischen Läden ein und ißt in russischen Lokalen. Für die Zeitung *Dni* (Tage) schreibt Vera Lourié Artikel und Rezensionen, und während die meisten ihrer Landsleute um 1924 in das gastfreundlichere Emigrantenzentrum Paris weiterziehen, bleibt sie in Berlin.

Im Dritten Reich wird das Leben für die Familie schwer. Der Vater, der in Berlin nicht als Arzt praktizieren darf, stirbt 1937. Die Mutter wird als Jüdin in einem der seit Herbst 1941 gen Osten rollenden Deportationszüge nach Theresienstadt verschickt (sie überlebt und kehrt nach dem Krieg nach Berlin zurück). Veras Verlobter, ein russischer Jurist namens Alexis Posnjakow, beschafft Fluchtwilligen gefälschte Pässe, wird an die Gestapo verraten und in das KZ Dachau eingeliefert. Das dürfte 1938/1939 geschehen sein, denn im Berliner Adreßbuch von 1939 ist Alexis Posnjakow, der in Dachau zu Tode kommt, noch mit der Anschrift Wilmersdorf, Landhausstr. 3, verzeichnet, nicht aber mehr im Telefonbuch 1940. Als Mitwisserin verbringt Vera acht Wochen, vom 24. Oktober bis zum 24. Dezember 1938, in Gestapohaft. Das Kriegsende 1945, als mancher russische Emigrant von der Roten Armee als Verräter erschossen wird, übersteht Vera Lourié unbehelligt. Sie dolmetscht, tätigt Geschäfte und gibt Sprachunterricht. Später schreibt sie ihre Erinnerungen auf. Bis zuletzt lebt sie in der Hinterhauswohnung, mit der sie 1941 im Telefonbuch eingetragen ist. Ende August 1995 macht ein Beitrag von Doris Liebermann in der *Zeit* auf die hochbetagte Zeitzeugin, die auch in Wolfgang Kasacks »Lexikon der russischen Literatur des 20. Jahrhunderts« gewürdigt wird, noch einmal aufmerksam. Am 11. September 1998 ist Vera Lourié, 97 Jahre alt, in Berlin gestorben.

## Fritz Ludwig

***Rechtsanwalt und Notar, W 50, Hardenbergstr. 29a–e***

Fritz Ludwig hat als Verteidiger Ernst Thälmanns, des am 3. März 1933 in Charlottenburg, Lützower Straße 9, verhafteten Vorsitzenden der Kommunistischen Partei Deutschlands (KPD), ein bemerkenswert mutiges Zeichen für Menschlichkeit und rechtsstaatliches Denken gesetzt.

Daß Thälmann sich 18 Monate nach seiner Festnahme überhaupt eines Anwalts bedienen kann, verdankt sich vor allem der ausländischen Anteilnahme an seinem Schicksal. Im September 1934 gelingt es Thälmanns Frau Rosa, den Hamburger Anwalt Dr. Erich Wandschneider zu bestimmen, die Interessen ihres Mannes zu wahrzunehmen. Wer der NS-Justiz als ideologisch ungefestigt gilt, scheidet als Vertreter politischer Gefangener grundsätzlich aus: Wandschneider ist Mitglied der NSDAP. Er nimmt das ihm erteilte Mandat ernst und tut ein übriges: er informiert Vertrauensleute der KPD über Thälmanns Zustand im Moabiter Untersuchungsgefängnis und gibt Nachrichten der KP-Führung an Thälmann weiter.

Prozeßanwalt in Berlin aber kann der Hamburger nicht werden. Dafür ist der Berliner Anwalt Dr. Friedrich Roetter vorgesehen. Thälmann spricht mit ihm im Beisein des Untersuchungsrichters und teilt seiner Frau Anfang März 1935 mit, Roetter habe auf ihn »einen guten Eindruck gemacht. Er ist klug und kann was. Er ist Marineoffizier gewesen und besitzt das Eiserne Kreuz 1. Klasse. Er war deutschnational gesinnt und hat in seiner früheren Praxis niemals Kommunisten verteidigt.« Aber Roetter, der von Thälmanns Unschuld überzeugt und von seiner Charakterstärke beeindruckt ist, wird vom Volksgerichtshof als Verteidiger abgelehnt und Ende März 1935 selbst verhaftet. Wenig später flüchtet er ins Ausland.

An seine Stelle tritt nun Fritz Ludwig. In der 1979 vom Institut für Marxismus-Leninismus beim Zentralkomitee der SED herausgegebenen Thälmann-Biographie heißt es dazu: »Während alle anderen vorgesehenen Rechtsanwälte ablehnten, erklärte sich Ludwig sofort bereit, die Verteidigung zu übernehmen, für die er kein Honorar forderte.« Thälmann übergibt ihm »wichtige Materialien zur Aufbewahrung sowie Kassiber und Briefe zur Weiterleitung«. Unterstützt wird Ludwig von Rechtsanwalt Helmut Külz, der wie sein Vater ↑ Wilhelm Külz im Telefonbuch 1941 verzeichnet ist. Dem Sohn bescheinigen die SED-Autoren, er habe »aus Tarnungsgründen« NS-Organisationen angehört, »gute Beziehungen zum faschistischen Justizapparat« unterhalten und bis 1936 mit dem Kurier der KPD-Führung in Verbindung gestanden.

Am 15. März 1935, nach über zwei Jahren Haft, wird Ernst Thälmann angeklagt. Um dem Vorwurf des Landesverrats zu begegnen, nimmt Ludwig auch die Hilfe der Botschaft der UdSSR in Anspruch. Im Juli 1935 gibt er die Anklageschrift trotz des hohen Risikos an Friedrich Roetter. Der läßt sie abschreiben und schafft sie bei seiner Flucht außer Landes. Zwölf Kladden mit Aufzeichnungen Thälmanns werden von Ludwig aus dem Gefängnis gebracht und für die Nachwelt aufbewahrt.

Aber die Arbeit des Anwalts ist vergeblich. Der Schauprozeß gegen den populären Kommunistenführer findet nicht statt: in Erinnerung an den Reichstagsbrandprozeß fürchtet das Regime die Reaktion der Weltöffentlichkeit. Mitte November 1935 wird Thälmann mitgeteilt, er werde »unter Aufrechterhaltung des Haftbefehls« (wegen Fluchtgefahr) »mit dem weiteren Vollzug der Untersuchungshaft verschont«. Für Thälmann bedeutet die Einstellung des Verfahrens de facto das Todesurteil, denn sein Schicksal liegt nun in den Händen von SS und Gestapo.

In der Frühe des 18. August 1944 wird Thälmann im Krematorium des Konzentrationslagers Buchenwald auf dem Ettersberg bei Weimar hinterrücks erschossen. Zwei Wochen später wird öffentlich mitgeteilt, Ernst Thälmann sei bei einem Luftangriff auf das Lager ums Leben gekommen.

In Ludwigs Kanzlei ist auch der Anwalt Josef H. Dufhues tätig (im Telefonbuch 1941 mit der Anschrift Lichterfelde-Ost, Bahnhofstr. 3. verzeichnet). Dufhues, Jahrgang 1908, geht nach 1945 in die Politik. Von 1958 bis 1962 ist er Innenminister des Landes Nordrhein-Westfalen, danach bis 1966 Bundesgeschäftsführer der CDU.

## L Marie-Elisabeth Lüders

***Dr., Grunewald, Im Hornisgrund 25***

Marie-Elisabeth Lüders wird am 25. Juni 1878 in Berlin als Tochter des Wirklichen Geheimen Oberregierungsrats Karl Lüders geboren, der sich um das preußische Fachschulwesen verdient gemacht hat. Da Mädchen in Deutschland der Besuch einer zum Abitur führenden staatlichen Schule verwehrt ist, legt sie die Reifeprüfung nach privater Vorbereitung erst im Oktober 1910 ab. Seit 1905 an der Berliner Universität als Hörerin zugelassen, wird sie jetzt ordnungsgemäß immatrikuliert. Das Studium der Nationalökonomie, Geschichte und Philosophie schließt sie am 26 Februar 1912 als erste Frau in Deutschland mit der Promotion zum Dr.rer.pol. ab.

Die nun 34jährige wird Sozialarbeiterin beim Magistrat Berlin-Charlottenburg und engagiert sich wie die um fünf Jahre ältere Gertrud Bäumer mit Elan in der Frauenbewegung. Sie streitet für eine familienfreundliche Sozial- und Wohnungspolitik sowie eine Reform des Scheidungsrechts. Nach Ausbruch des Krieges leitet sie die Charlottenburger Kriegsfürsorgestelle. 1915 richtet sie im »Deutschen General-Gouvernement Belgien« eine Soziale Hilfsstelle für belgische Frauen ein. Seit 1916 leitet sie im preußischen Kriegsministerium die Frauenarbeitszentrale.

1919 wird die Studiendirektorin der Frauen-Akademie in Düsseldorf und mehrfache Verbandsfunktionärin für die neugegründete Deutsche Demokratische Partei (DDP) in die Weimarer Nationalversammlung gewählt. Seit 1920 gehört sie dem Reichstag an. Von 1930 bis 1932 ist sie stellvertretende Vorsitzende der DDP, die nun Deutsche Staatspartei heißt. Als die Partei sich Ende Juni 1933 unter dem Druck der Verhältnisse auflöst, hat Marie-Elisabeth Lüders schon ein Berufsverbot ereilt. 1937 wird sie zeitweilig inhaftiert.

Nach dem Kriege beginnt für die Mitgründerin der Berliner LDPD, später FDP, eine zweite politische Karriere. Seit 1947 in der Sozialverwaltung tätig, wird die nunmehr Siebzigjährige 1948/49 in die Berliner Stadtverordnetenversammlung und 1949/50 zur Stadträtin für Sozialwesen gewählt. Seit 1953 gehört sie dem Deutschen Bundestag an, bis zu ihrem Ausscheiden 1961 als seine Alterspräsidentin. 1957 wird sie Ehrenvorsitzende der FDP, ein Jahr später Ehrenbürgerin von Berlin.

Marie-Elisabeth Lüders ist am 23. März 1966, 87 Jahre alt, in Berlin gestorben.

## Friedrich Luft

***Schriftsteller, W 62, Maienstr. 4***

Friedrich Luft, geboren am 24. August 1911 in Berlin als Sohn eines Studienrats und einer schottischen Mutter, ist unter den auf diesen Seiten porträtierten Zeitgenossen aus dem Berliner Telefonbuch 1941 einer der jüngsten (1940 war er im Fernsprechbuch noch nicht zu finden). Die Berufsangabe Schriftsteller verrät Selbstbewußtsein. Luft hat in Berlin und Königsberg studiert, das Studium aber 1936 abgebrochen. Außer Theaterkritiken und Kulturfilm-Texten kann der jugendliche Autor nichts weiter vorweisen als einen schmalen, 1939 erschienenen Band mit kurzweiligen Essays, »Luftballons« betitelt. Daß Luft der Versuchung widersteht, sich dem NS-Regime mit seiner Feder anzubiedern, verdankt er nicht zuletzt dem Kabarettisten ↑ Werner Finck, den Luft bewundert und verehrt. Fincks Antwort auf eine Umfrage des *Berliner Tageblatts* im Dezember 1938 (»Haben wir eigentlich Humor?«) führt Anfang Februar 1939 zum Verbot der Zeitung und zum erneuten Arbeits- und Auftrittsverbot für den widerspenstigen Kabarettisten. Luft bleibt dem Gemaßregelten und mehrfach Inhaftierten freundschaftlich und helfend verbunden.

Nach 1945 arbeitet Friedrich Luft zehn Jahre als Feuilleton-Redakteur für die Berliner Ausgabe der unter amerikanischer Regie in München erscheinenden *Neuen Zeitung*, an der eine Weile auch ↑Erich Kästner für Weltläufigkeit und literarische Spitzenkost sorgt. 1955 geht Luft zur Tageszeitung *Die Welt*, als Chefkritiker. Inzwischen ist er in seiner Heimatstadt und über sie hinaus durch die — gleiche Stelle, gleiche Welle — an jedem Sonntag um 11.45 Uhr beginnende RIAS-Sendung »Die Stimme der Kritik« fast so berühmt geworden wie einst Alfred Kerr und Herbert Ihering. An Popularität übertrifft er mühelos beide. Das verheißt schon sein erster Funkauftritt, der am 7. Februar 1946 mit den Worten beginnt: »Luft ist mein Name. Friedrich Luft. Ich bin 1,86 groß, dunkelblond, wiege 122 Pfund, habe Deutsch, Englisch, Geschichte und Kunst studiert, bin geboren im Jahre 1911, bin theaterbesessen und kinofreudig und beziehe die Lebensmittel der Stufe II. Zu allem trage ich neben dem letzten Anzug, den ich aus dem Krieg gerettet habe, eine Hornbrille auf der Nase.« Und: »Der Krieg hat uns geschlagen zurückgelassen, in einer geistigen Dürre, voll Hungers nach guten und füllenden Gedanken und voller Neugier in die Welt hinaus ...« Diesen Hunger zu stillen, diese Neugier zu steigern, hat Friedrich Luft sich schreibend und sprechend zur Aufgabe gesetzt. Im Januar 1976 beschließt der Senat von Berlin, Luft für seine 40jährige Arbeit als Theaterkritiker den Titel eines Professors ehrenhalber zu verleihen.

Am 24. Dezember 1990 ist Friedrich Luft, 79 Jahre alt, in Berlin gestorben. Eine im August 1992 enthüllte Bronzetafel am Haus Maienstr. 4, nicht weit vom Nollendorfplatz, trägt die Inschrift: »Hier wohnte und arbeitete / 50 Jahre lang / bis zu seinem Tod 1990 / Friedrich Luft / ›Die Stimme der Kritik‹«.

## M Maria Gräfin von Maltzan

***Dr., Wilmersdorf, Detmolder Str. 11***

Maria Gräfin von Maltzan, geboren am 25. März 1909 in Militsch, einer Kleinstadt im Bezirk Breslau mit (1905) 2956 Protestanten, 658 Katholiken und 100 Juden, kommt frühzeitig nach Berlin, besteht hier das Abitur, studiert in München Naturwissenschaften, promoviert 1933 zum Dr. rer.nat. und studiert anschließend Veterinärmedizin. Von den antisemitischen Ausschreitungen des Dritten Reiches abgestoßen, schließt sie sich der Widerstandsgruppe um den Jesuitenpater Friedrich Muckermann an (vgl. dazu das Porträt von ↑Hermann Muckermann). Die Hilfe für jüdische Mitbürger wird ihr zur Lebensaufgabe. Vielen verhilft sie im Zusammenwirken mit Birger Forell (Wilmersdorf, Landhausstr. 27), dem Pfarrer der Schwedischen Gesandtschaft in Berlin, zur Flucht aus Deutschland. »Einer der von ihr Geretteten schrieb später an die Holocaust-Gedenkstätte Yad Vashem in Israel: ›Ich schätze, daß ihr und ihrem Einsatz allein 60 Menschen ihr Leben verdanken.‹ In enger Verbundenheit mit der schwedischen Kirche in Berlin hatte die Gräfin während der NS-Zeit vielen untergetauchten Juden zur Flucht verholfen, manche auch in ihrer kleinen Ladenwohnung in Berlin-Wilmersdorf versteckt. Der Film ›Versteckt‹, den Hollywood aus ihrer Geschichte drehte, mißfiel der Gräfin allerdings. In der geschmeidigen, eleganten Frau, die Jacqueline Bisset verkörperte, konnte sich die Zigarellos paffende Berliner Kodderschnauze mit dem Spitznamen ›Maruska‹ nicht wiederentdecken. Berühmt wurde die Gräfin eher durch ihre eigenen, 1986 erschienenen Memoiren mit dem Titel ›Schlage die Trommel und fürchte dich nicht‹. In den letzten Jahrzehnten arbeitete sie als Tierärztin in Kreuzberg, beliebt bei den Punkern, deren Hunde sie oft umsonst behandelte, gefürchtet von Politikern, weil sie in Talkshows kein Blatt vor den Mund nahm« (*Der Spiegel*, 17. November 1997).

Maria Gräfin Maltzan, ausgezeichnet mit dem Verdienstorden des Landes Berlin, ist am 12. November 1997, 88 Jahre alt, in Berlin gestorben. Seit dem 12. November 1999 erinnert eine Gedenktafel auf dem Gehweg vor dem Haus Detmolder Str. 11 an die mutige Tierärztin.

## Gerhard Marcks

***Professor, Zehlendorf, Wahrmundzeile 30***

Der Bildhauer und Holzschneider Gerhard Marcks, geboren am 18. Februar 1889 in Berlin als Sohn eines Kaufmanns, ist bereits berühmt, als der Machtantritt Hitlers sein Leben verändert. Die von Marcks seit 1928 geleitete Kunstgewerbeschule Halle-Giebichenstein muß er 1933 verlassen. Eine Emigration schließt er seiner vier Kinder wegen aus. Berlin bleibt sein Wohnsitz; Ahrenshoop an der Ostsee wird sein Refugium. Als Marcks am 13. November 1981, 92 Jahre alt, in dem Eifeldorf Burgbrohl stirbt, widmet ihm der *Spiegel* diesen Nachruf (Nr. 47/1981):

»Gerhart Hauptmann war der erste, der ihm eine Plastik abkaufte: einen Falken, 1908 in Berlin. Dort hatte er, bei Kolbe und dem Plastiker und Tiermaler (August) Gaul, seine solide Ausbildung erhalten. 1919 rief ihn Walter Gropius an das ›Bauhaus‹ nach Weimar, wo Marcks eine Zeitlang die Leitung der Töpferschule übernahm. Bald hatte er sich als Plastiker einen internationalen Ruf erworben und stellte 1930, gemeinsam mit Kolbe, in New York aus. 1937 verhängten die Nationalsozialisten ein Ausstellungs- und Arbeitsverbot über ihn, der Krieg vernichtete schließlich ein Großteil seiner Werke. Doch Marcks begann wieder neu: er lehrte an der Landeskunstschule in Hamburg (1946 bis 1950) und folgte dann einem Ruf der Stadt Köln. Seine Werke, die auch Graphiken, Terrakotten und Zeichnungen umfaßten, beschworen immer wieder eine nahezu arkadische Einheit und Reinheit der Schöpfung. Die Natur nicht aus den Augen zu verlieren, naiv bleiben, war sein Anliegen«.

Nachzutragen bleibt, daß Marcks in der NS-Ausstellung »Entartete Kunst«, die im Juli 1937 in München eröffnet wird, mit mehreren Werken vertreten ist. Später treffen ihn schwere Schicksalsschläge. Die ihm befreundete ↑Käthe Kollwitz, selbst vom Krieg gezeichnet, merkt dazu am 21. Februar 1944 an: »Die Kraft, die Gerhard Marcks aufbringt, bleibt mir fast unbegreiflich. Nicht nur, daß sein Sohn gefallen ist, seine ganze Arbeit ist vernichtet, alles ist hin, und doch fängt der Mensch ein neues Leben an.«

## M Friedrich Meinecke

***Prof.Dr., Geh. Reg.Rat, Dahlem, Am Hirschsprung 13***

Der Historiker Friedrich Meinecke, geboren am 30. Oktober 1862 in Salzwedel (Altmark) als Sohn eines höheren Postbeamten, wird 1901 Professor in Straßburg, 1906 in Freiburg i.Br. und 1914 an der Friedrich-Wilhelms-Universität Berlin. Er zählt mit Max Weber (1864–1920), Ernst Troeltsch (1865–1923), ↑Otto Hintze (1861–1940) und ↑Hermann Oncken (1869–1945) zu der nicht eben großen Schar renommierter deutscher Geisteswissenschaftler, die zur Republik von Weimar stehen, ohne der Linken anzugehören. Die meisten von ihnen sind Liberale durchaus konservativer Prägung; den verlorenen Krieg und die Revolution von 1918 betrachten sie als nationales Unglück. Namentlich Meinecke fällt der Wandel vom »Herzensmonarchisten« zum »Vernunftrepublikaner« nicht leicht. Weber und Troeltsch sterben früh, und politische Vernunft ist in dieser Demokratie ohne Demokraten, zumal an den hohen Schulen, wenig gefragt und entsprechend schwer zu vermitteln.

Als das Dritte Reich ausbricht, ist Meinecke, Ehrendoktor von Harvard, bereits emeritiert. Bis 1935 betreut er, zunehmend zu Kompromissen genötigt, noch die *Historische Zeitschrift*, die er seit 1896 herausgibt. Dann zieht der Nestor der deutschen Geschichtswissenschaft sich aus der Öffentlichkeit zurück.

Nach 1945 ist Friedrich Meinecke unter den ersten, die sich dem geistigen und moralischen Neubeginn widmen und sich der immer offeneren kommunistischen Einmischung an der Universität Unter den Linden (die ja erst im Februar 1949 den Namen Humboldts erhält) widersetzen. 1948 wird er Mitgründer und erster Rektor der Freien Universität Berlin.

Am 6. Februar 1954 ist Friedrich Meinecke, 91 Jahre alt, in Berlin gestorben. Seit 1990 trägt das Haus Am Hirschsprung eine Gedenktafel, auf der es heißt: »Hier lebte von 1914 bis 1954 der Historiker Friedrich Meinecke, ... der sich zur Weimarer Republik bekannte und den Nationalsozialismus ablehnte.«

## Ernst Melsheimer

***Dr., Landgerichtsdirektor. Südende, Borstellstr. 14***

Einen bemerkenswert verschlungenen Lebensweg hat Ernst Melsheimer, geboren am 9. April 1897 in Neunkirchen/Saar als Sohn eines Hüttendirektors, zurückgelegt. Der Abiturient von 1914, vom Wehrdienst befreit, studiert während des Ersten Weltkriegs Jura in Marburg und Bonn. 1918 folgt dem 1. Staatsexamen sogleich die Promotion zum Dr. jur. 1924 wird Melsheimer Landgerichtsrat in Berlin. 1928 tritt er der SPD und dem Reichsbanner bei. Er wechselt als Oberjustizrat in das preußische Justizministerium über. 1932 gibt er seine SPD-Mitgliedschaft wieder auf.

Im Sommer 1933 wird Melsheimer Landgerichtsdirektor im 1. Zivilsenat des Berliner Kammergerichts. 1937, nach der Aufhebung der vierjährigen Beitrittssperre, wird er Mitglied der NSDAP und ehrenamtlicher Rechtsberater der NS-Volkswohlfahrt. Am 1. Oktober 1937, nach kurzer Tätigkeit im Reichsjustizministerium, folgt die Ernennung zum Kammergerichtsrat. Mit ↑ Roland Freisler soll er befreundet gewesen sein. 1944 erfährt Melsheimer noch ein Zeichen besonderer Wertschätzung: er ist als Richter am Reichsgericht vorgesehen. Doch dazu kommt es nicht mehr.

Vielmehr schließt sich Melsheimer unmittelbar nach ihrer Neugründung im Juni 1945 der KPD an. Sein systemkonformes Verhalten unter dem Hakenkreuz erklärt er als Tarnung. Noch 1945 wird er Staatsanwalt in Berlin-Friedenau, ein Jahr später Vizepräsident der von den Sowjets errichteten Deutschen Zentralverwaltung für Justiz. Bald zählt er zu den »berüchtigsten und gefürchtetsten Juristen, die für die Durchsetzung der Parteilinie im Justizbereich arbeiteten« (Dietrich Güstrow, S. 271).

Im Februar 1947 äußert sich der Günstling der neuen Machthaber in der Zeitschrift *Neue Justiz* (Herausgeber ist die Deutsche Justizverwaltung der SBZ in Deutschland) zum Umgang mit ehemaligen NS-Richtern pikanterweise so: »Wir sind uns klar darüber, daß weder durch Befehle, noch durch Verfassungen Richter zu Demokraten gemacht werden können. Man kann einem Menschen nicht ins Herz schauen, und bei all den Vielen, die als Pg's aus dem ›Dritten Reich‹ hinüberkamen und die heute bereit sind, zu beschwören, daß sie im Herz stets brave Antifaschisten waren, muß man immer wieder fragen: Logen sie damals, oder lügen sie heute? Deshalb ist größte Vorsicht am Platz. In der Ostzone hat man ganze Arbeit gemacht: hier darf grundsätzlich keiner, der im ›Dritten Reich‹ der Nazipartei als Mitglied oder Anwärter angehört hat oder Mitglied einer Parteigliederung war, in der neuen Justiz tätig sein. Wir wissen, daß das in dem einen oder anderen Fall eine Härte bedeuten kann.« Im Juli 1947 bezeichnet Melsheimer die Verwendung von »Volksrichtern« als den besten Weg zur Demokratisierung des deutschen Rechtswesens.

Am 7. Dezember 1949 wird Melsheimer Generalstaatsanwalt der eben aus der Taufe gehobenen DDR. Er übt das Amt des höchsten Anklägers im SED-Staat bis zu seinem Tode aus. Gemeinsam mit Hilde Benjamin (1902–1989), der Vizepräsidentin des Obersten Gerichts, die im Juli 1953, nach dem Sturz ↑Max Fechners, DDR-Justizministerin wird, steuert Melsheimer zahlreiche Schauprozesse bis zum politisch erwünschten Urteil, so 1957 die spektakulären Verfahren gegen Wolfgang Harich und Walter Janka. Sein Lohn ist der Vaterländische Verdienstorden der DDR in Silber.

Am 25. März 1960 ist Ernst Melsheimer, knapp 63 Jahre alt, in Berlin (Ost), mutmaßlich durch Selbsttötung, gestorben. Auf der Gedenkstätte der Sozialisten in Berlin-Friedrichfelde liegt er begraben.

## M Hans Meyer-Hanno

***Schauspieler, Wilmersdorf, Laubenheimer Platz 2***

Hans Meyer-Hanno, geboren 1901, macht sich dem Berliner Theaterpublikum in jungen Jahren als Charakterdarsteller bekannt, ehe er 1934 zum Film wechselt. Bis 1944 ist er in über 40 Rollen neben den Stars der Ufa auf der Leinwand zu sehen.

Die Anschrift — Laubenheimer Platz — ist schon fast ein Ausweis linksliberaler Gesinnung und widerständigen Denkens. Autoren wie Ernst Bloch, ↑Axel Eggebrecht, Walter Hasenclever und Arthur Koestler haben im Umfeld dieser Künstler- und Literatenkolonie gelebt. Hier entsteht 1940 die Widerstandsgruppe »Revolutionäre Arbeiter und Soldaten«. Ihr Kopf ist der am Laubenheimer Platz 5 wohnende Schriftsteller und überzeugte Marxist Alexander Graf Stenbock-Fermor (1902–1972). Er, der das Dritte Reich und den Krieg — nach eigener Bekundung unverdient — überlebt, schreibt rückblickend: »Wir trafen uns abwechselnd bei mir, in der Wohnung von Alja Blomberg am Südwestkorso und oft bei Meyer-Hannos am Laubenheimer Platz 2. Hans Meyer-Hanno und seine Frau Irene wurden die eifrigsten Mitarbeiter. Wir verfaßten Texte für antifaschistische Flugblätter und Flugschriften.«

Manche dieser Texte erscheinen im *Informationsdienst* Josef (Beppo) Römers. Das hektographierte Blatt wird 1941 per Post an Zufallsadressaten verschickt; ihre Namen werden dem Telefonbuch entnommen. Natürlich erhält so auch die Gestapo binnen kurzem von dieser Aktivität Kenntnis. Anfang 1942 hebt sie den Römer-Kreis aus. Die Verbindung zu Stenbock-Fermor und Meyer-Hanno bleibt unentdeckt. Beide nehmen nun Kontakt zur Widerstandsgruppe um Anton Saefkow auf. Als diese Ende Juli 1944 ebenfalls zerschlagen wird, gerät auch Meyer-Hanno unter Verdacht. Aber er räumt in den Gestapo-Verhören lediglich ein, Saefkow gekannt zu haben. Wegen »Nichtanzeigens eines hochverräterischen Unternehmens« verurteilt der Volksgerichtshof den Schauspieler zu drei Jahren Zuchthaus.

Im April 1945 soll der Bautzen-Häftling Meyer-Hanno zusammen mit anderen als letztes Aufgebot in den Kampf gegen die unaufhaltsam vordringende Rote Armee geworfen werden. Bei dem Versuch, über eine Mauer aus dem Kasernengelände zu flüchten, wird Hans Meyer-Hanno, 44 Jahre alt, von einem Wachtposten erschossen.

## Ludwig Mies van der Rohe

***Architekt, Atelier: W 35, Woyrschstr. 9***

Als das Berliner Fernsprechbuch 1941 mit diesen Angaben erscheint, lebt Ludwig Mies van der Rohe, geboren am 27. März 1886 in Aachen als Sohn eines Maurer- und Steinmetzmeisters, längst nicht mehr in der deutschen Hauptstadt. Er ist 1937 in die USA emigriert. Seit 1938 leitet er in Chicago das Architektur-Department des Illinois Institute of Technology. 1944 wird er amerikanischer Staatsbürger. Worauf die objektiv fehlerhafte Eintragung zurückzuführen ist, ließ sich nicht ermitteln. Offenbar hat Mies das Atelier samt Telefonanschluß behalten wollen und die Kosten dafür getragen. Vier Jahre hat er hier gearbeitet.

Auf Drängen von Walter Gropius übernimmt Mies 1930 die Leitung des Bauhauses in Dessau. Bereits 1925 hat die »völkische« Mehrheit im thüringischen Landesparlament das wegen seiner modernen Formensprache angefeindete Bauhaus zum Umzug von Weimar nach Dessau genötigt. Im Sommer 1930 beschließt auch das inzwischen von der NSDAP dominierte Stadtparlament von Dessau, das Bauhaus zum 30. September 1932 aufzulösen. Im Oktober 1932 wird in einer ehemaligen Telefonfabrik in der Steglitzer Birkbuschstraße das Bauhaus Berlin eröffnet. Mies van der Rohe bleibt sein Direktor, bis es 1933 auch in der weltoffenen Reichshauptstadt zwangsweise schließen muß. Mies arbeitet fortan als freiberuflicher Architekt, ehe er seine unwirtlich gewordene Heimat verläßt. Zahlreiche Bauten zwischen Brünn und Krefeld tragen seine Handschrift. »Die Einfachheit der Konstruktion, die Klarheit der tektonischen Mittel und die Reinheit des Materials werden die Träger einer neuen Schönheit«, lautet das Credo, das Mies 1933 formuliert.

Nach dem Ende von Diktatur und Krieg kehrt der nun Weltberühmte wenigstens zeitweise in das zerstörte und geteilte Berlin zurück. Hier errichtet er zwischen 1962 und 1968 eines seiner bedeutendsten öffentlichen Gebäude: die Neue Nationalgalerie in Tiergarten. Am 17. August 1969 ist Ludwig Mies van der Rohe, 83 Jahre alt, in seiner zweiten Heimat Chicago gestorben.

## M Wilhelm Mohnke

***SS-Hauptsturmführer, Lichterfelde, Undinestr. 22***

Einen Hauch zeitgeschichtlicher Bedeutsamkeit gewinnt Wilhelm Mohnke, geboren am 15. März 1911 in Lübeck, erst in den Stunden des Untergangs des Dritten Reichs — als Verteidiger der inmitten Berlins gelegenen Reichskanzlei. Dort erwartet Hitler das Ende, und dort beschließt er am 30. April 1945 sein Leben. Der Gefechtsstand, von dem aus Mohnke seine rund tausend Mann starke SS-Verfügungstruppe kommandiert, befindet sich nicht in einem der tief in die Erde eingelassenen Bunker, unter denen der Führerbunker der größte und komfortabelste ist, sondern in einem Kellertrakt der 1938/39 von ↑ Albert Speer erbauten und nun weitgehend zerstörten Neuen Reichskanzlei.

Mitte April 1945 rückt Mohnke, inzwischen vom SS-Hauptsturmführer (Hauptmann) zum SS-Brigadeführer und Generalmajor der Waffen-SS aufgestiegen, mit seiner Kampfgruppe von der Kadettenanstalt in Lichterfelde, dem Standquartier der »Leibstandarte-SS Adolf Hitler« (heute Sitz der Berliner Außenstelle des Bundesarchivs), in das Regierungsviertel ein. Das ihm zugewiesene Areal erhält den Namen »Zitadelle«, wie die letzte große und gescheiterte Offensive, zu der die Heeresgruppe Mitte im Juli 1943 im Kursker Bogen angetreten ist. Hitler befiehlt, den Abschnitt »Zitadelle« bis zum letzten Mann zu verteidigen. Mohnke scheint dafür der rechte Garant zu sein. Als Kommandeur eines Regiments der an der Invasionsfront eingesetzten 12. SS-Panzergrenadier-Division »Hitlerjugend« (bis August 1944) und später der 1. SS-Panzer-Division »Leibstandarte Adolf Hitler« (bis Februar 1945) ist Mohnke es gewohnt, an Brennpunkten zu kämpfen.

Frontverlauf und Kommandostrukturen sind in der nun anbrechenden Endphase der Schlacht um Berlin freilich kaum mehr kenntlich. Zudem besteht die »Kampfgruppe Mohnke« aus einem bunten Gemisch von Uniformen und Nationalitäten: Neben Soldaten einer SS-Panzerdivision und Freiwilligen der Hitlerjugend gehören ihr Skandinavier der SS-Panzergrenadierdivision ›Nordland‹, Letten der 15. Waffen-SS-Grenadier-Division, Franzosen der 33. Waffen-SS-Genadier-Division ›Charlemagne‹ und sogar einige Spanier der ›Blauen Division‹ an (Bahnsen / O'Donnell, S. 171). Am 1. Mai 1945, am Tage nach Hitlers Tod, stellt die Kampfgruppe den Widerstand ein. Ihr überlebender Rest bricht, zunächst unterirdisch in den Schächten der U-Bahn, dann durch Keller und Hinterhöfe, aus der russischen Umzingelung nach Norden aus. Am 2. Mai nistet er sich im Kellergeschoß der Weddinger Malzbierbrauerei Groterjan in der Prinzenallee 78/80 ein. Am Abend erreichen die ersten Rotarmisten das Gebäude. Unschlüssig, ob ein kollektiver Selbstmord der Gefangenschaft vorzuziehen sei, entscheidet sich die Mehrheit, darunter Mohnke, für die Übergabe. Allein der Gesandte Walther Hewel und ein SS-Obersturmführer erschießen sich, als die ersten Russen den Raum betreten. Wilhelm Mohnke kehrt erst ein volles Jahrzehnt später, 1955, aus sowjetischer Gefangenschaft nach Deutschland zurück.

## Otto Morgenstern

***Oberstudienrat i.R., Prof., Lichterfelde, Söthstr. 2***

Otto Morgenstern, geboren am 2. Februar 1860 in Magdeburg und evangelisch getauft, ist nach den Rassegesetzen des NS-Staates ›Volljude‹. Er muß seit 1939, wie alle männlichen Juden, deren Vorname in der Liste des Ministerialrats ↑ Hans Globke nicht als typisch jüdisch aufgeführt ist, den zusätzlichen Vornamen Israel führen. Wieso Otto Morgenstern im Telefonbuch 1941 ohne ›Israel‹ verzeichnet ist, ließ sich nicht klären. Da sich strafbar machte, wer es unternahm, die Öffentlichkeit über seinen Status als Jude zu täuschen, dürfte die Zahl der jüdischen Anschlußinhaber, die dieses Risiko bewußt auf sich nahmen, sehr gering gewesen sein. Falsch ist im Telefonbuch 1941 jedenfalls die Schreibweise der Straße, in der Otto Morgenstern gewohnt hat. Sie heißt richtig Söhtstraße.

Nach seinem Studium in Tübingen und Berlin legt Otto Morgenstern die Lehramtsprüfung in den Fächern Latein, Griechisch, Deutsch, Geschichte und Erdkunde ab (später lehrt er auch Hebräisch und erteilt evangelischen Religionsunterricht). Im Drei-Kaiser-Jahr 1888 kommt der 28jährige an das Gymnasium in Groß-Lichterfelde, einer rasch wachsenden Gartenstadt vor den Toren Berlins. Der Pädagoge, universal gebildet und von rastlosem Lerneifer, verfaßt Aufsätze in lateinischer Sprache und sammelt antike Sprüche für die Klassenzimmer deutscher Gymnasien. 1925 tritt er als stellvertretender Schulleiter in den Ruhestand. Über den Nutzen des Lateins schreibt er später für ein Lexikon: »Die Beschäftigung mit einer von der unsern so abweichenden Sprache öffnet die Augen für die Muttersprache und weckt die Lust, ihre Eigenart zu erfassen.«

Politisch steht Morgenstern im deutsch-nationalen Lager. 1918 erhält er das Verdienstkreuz für Kriegshilfe. Der Zusammenbruch der Monarchie erschüttert ihn. Seit 1919 engagiert er sich in der Kommunalpolitik, zuerst als Gemeindeverordneter von Lichterfelde, dann, nach der Bildung Groß-Berlins 1920, als Bezirksverordneter von Steglitz. Zwölf Jahre hat sein Wort in den Ausschüssen für das höhere Schulwesen sowie für Kunst und Bildung Gewicht. Zu seinen Schülern zählt Robert M.W. Kempner, der sich später als stellvertretender Hauptankläger im Nürnberger Prozeß gegen die Hauptkriegsverbrecher und als Publizist einen Namen macht; die Familie Kempner wohnt damals in Lichterfelde, Potsdamer Str. 58a.

1933 wird Otto Morgenstern von allem, was für ihn zählt und wofür er gelebt hat, ausgeschlossen. Der Junggeselle zieht sich in die Abgeschiedenheit seiner Studierstube zurück. Nach der Pogromnacht vom 9. November 1938 wird der 78jährige genötigt, die Straße zu fegen. Den gelb-schwarzen Judenstern (jeder Betroffene erhält ein Kontingent von fünf Stück kostenpflichtig ausgehändigt) näht er sich im September 1941 selbst auf seine Kleidung. Öffentliche Verkehrsmittel darf er nicht mehr nutzen; bei Fliegeralarm ist es ihm verwehrt, einen Luftschutzkeller aufzusuchen, in dem sich auch Nicht-Juden aufhalten. Im Spätsommer 1942 wird der Verfemte in einem Güterzug der Deutschen Reichsbahn nach Theresienstadt deportiert. Dort ist Otto Morgenstern am 28. November 1942 unter ungeklärten Umständen gestorben.

42 Jahre später, am 9. November 1984, wird am Haus Söhtstraße 2 eine Gedenktafel enthüllt, auf der zu lesen ist: »Hier wohnte Otto Morgenstern, geboren 1860, langjähriger Lehrer der humanistischen Fächer am Schiller-Gymnasium zu Lichterfelde. 1920–33 Bezirksverordneter in Steglitz. Als Zweiundachtzigjähriger wurde er 1942 wegen seiner jüdischen Abstammung in das Konzentrationslager Theresienstadt verschleppt. Noch im gleichen Jahr erlag er den Schikanen der Nazis.«

Die Bismarckstraße am Bahnhof Lichterfelde-Ost in Lankwitz heißt seit dem 1. Oktober 1961 Morgensternstraße. Freilich dürfte, da ein Vorname fehlt, kaum jemand wissen, daß sie nach dem Schulmann und Kommunalpolitiker Otto Morgenstern und nicht nach dem Dichter Christian Morgenstern so benannt ist.

## Joachim Mrugowsky

***Dr., Zehlendorf, Himmelsteig 1***

Hinter dem schlichten Eintrag verbirgt sich ein Mediziner, der im Zweiten Weltkrieg gemordet und Mordbefehle erteilt hat: der SS-Oberführer Joachim Mrugowsky, Dr.sc.nat. und Dr.med., seit Juli 1939 Professor an der Berliner Universität, Leiter des Hygiene-Instituts der Waffen-SS in Berlin-Zehlendorf, Spanische Allee 10.

Seit dem 22. November 1946 muß sich der »Oberste Hygieniker der SS« mit 22 weiteren Angeklagten (darunter ↑ Siegfried Handloser, Chef des Heeres-Sanitätswesens) im Nürnberger Ärzteprozeß vor dem 1. Amerikanischen Militärgerichtshof verantworten. Die Anklage hält ihnen vor, zwischen September 1939 und April 1945 als Täter, Anstifter oder Helfer medizinische Experimente ohne Zustimmung der Versuchspersonen ausgeführt und dabei »Morde, Brutalitäten, Grausamkeiten, Folterungen, Greueltaten und andere unmenschliche Taten« begangen zu haben. Dieses Handeln stelle eine Verletzung internationaler Vereinbarungen, des Kriegsrechts, der allgemeinen Grundsätze des Strafrechts aller zivilisierten Nationen sowie der nationalen Strafgesetze jener Länder dar, in denen die Verbrechen verübt wurden.

Mrugowsky bestreitet die Vorwürfe. Er sei außer Stande gewesen, die in den Konzentrationslagern praktizierten Menschenversuche anzuordnen oder zu verhindern. Wörtlich führt er im Kreuzverhör aus: »So war das ja nicht in Deutschland, daß jeder seine Meinung sofort mit Erfolg durchsetzen konnte, sondern wenn irgend jemand von den verantwortlichen hohen Männern sich etwas vorgenommen hatte, dann ging er von seinem gegebenen Befehl nicht wieder ab.« Dokumente und Zeugenaussagen belasten den SS-Arzt im Generalsrang freilich schwer.

Das Militärgericht, dessen Zuständigkeit auf dem Gesetz Nr. 10 des Alliierten Kontrollrats für Deutschland beruht, verurteilt am 20. August 1947 sieben Angeklagte, darunter Joachim Mrugowsky, zum Tode durch den Strang. Das Urteil wird wenig später vollstreckt. Alexander Mitscherlich und Fred Mielke haben 1949 eine Dokumentation zu diesem Verfahren mit dem Titel »Medizin ohne Menschlichkeit« veröffentlicht.

## Hermann Muckermann

***Prof. Dr., Frohnau, Kammgasse 9***

Hermann Muckermann, geboren am 30. August 1877 in Bückeburg als Sohn eines Feldwebels und Schuhmachers, tritt 19jährig in den Jesuitenorden ein. In den Niederlanden und Wisconsin (USA) studiert er Theologie, Philosophie und Naturwissenschaften. Nach der Promotion zum Dr. phil. (1902) lehrt er an verschiedenen Hochschulen des Ordens. 1913 promoviert er in Löwen (Belgien) im Fach Zoologie ein zweites Mal. Bis 1916 ist er Herausgeber der katholischen Monatsschrift *Stimmen der Zeit.*

Seit 1917 befaßt sich Muckermann mit Bevölkerungspolitik und Eugenik. Sein Buch »Kind und Volk« (1919) macht ihn weithin bekannt. 1926 wird der fast 50jährige, nachdem er sich von seinen Ordensverpflichtungen hat entbinden lassen, an das neuerrichtete Kaiser-Wilhelm-Institut für Anthropologie, menschliche Erblehre und Eugenik in Berlin-Dahlem berufen, das bald als führend in der Erforschung der Vererbungsgesetze gilt. Direktor des Instituts ist ↑ Eugen Fischer.

Als das Haus in der Ihnestraße 22 im Frühjahr 1933 auf NS-Kurs getrimmt wird, wehrt sich Muckermann gegen die ideologischen Vorgaben. Die Lehre von der Überlegenheit der arischen Rasse lehnt er ab. Als politisch unzuverlässig wird er mit gekürzter Pension entlassen. Er darf fortan weder publizieren noch Vorträge halten. Sein Paß wird eingezogen. Trotzdem bringt er im Mai 1934, kurz vor der als »Röhm-Putsch« getarnten Mordaktion, den gefährdeten ehemaligen Reichskanzler Heinrich Brüning in seinem Auto außer Landes. »Mit Hermann Muckermann fuhr ich über die Grenze nach Holland«, heißt es in Brünings Memoiren. Im Juli 1934 flieht auch Hermanns jüngerer Bruder, der Publizist und Jesuit Friedrich Muckermann (1883–1946) in die Niederlande. Da er von dort bis 1940 mit der Exilzeitschrift *Der deutsche Weg* den Kampf gegen das NS-Regime fortsetzt, bleibt auch der im Norden Berlins zurückgezogen lebende Zwangspensionär ständig überwacht.

Nach Kriegsende übernimmt Hermann Muckermann den Lehrstuhl für angewandte Anthropologie und Sozialethik an der Technischen Hochschule Berlin und leitet das Max-Planck-Institut für Natur- und Geisteswissenschaftliche Anthropologie. Als ihn im August 1947 der Deutsche Pressedienst interviewt, zeigt sich der 70jährige darüber beglückt, daß nun »wieder Wissenschaftler aus England, Frankreich und Amerika in das Frohnauer Laboratorium« kommen. Fünfzehn Jahre sind Muckermann, der auf die »eiskalte Dusche jeden Morgen« schwört, noch beschieden. Sein letztes Buch (»Vom Sein und Sollen des Menschen«) erscheint 1954; ihm folgen 1973 postum die Lebenserinnerungen des Bruders (»Im Kampf zwischen zwei Epochen«).

Am 27. Oktober 1962 ist Hermann Muckermann, 85 Jahre alt, in Berlin gestorben.

## Arthur Mülverstedt

***Generalleutnant der Polizei, Zehlendorf, Limastr. 18***

Am 13. August 1941 meldet der *Völkische Beobachter* den Tod eines 47jährigen Divisionskommandeurs, der wenige Wochen nach dem deutschen Angriff auf die Sowjetunion gefallen ist. Es handelt sich um den am 30. Juni 1894 geborenen Arthur Mülverstedt, der noch vor Hitlers Machtantritt am 1. September 1932 als Oberst der Landespolizei der NSDAP beigetreten ist. Damals gehören ihr immerhin schon über 1,33 Millionen Mitglieder an. Die VB-Meldung spiegelt die heroische Theatralik der Sprache des Dritten Reichs Zeile für Zeile wider. Sie lautet:

»Berlin, 12. August. Der Kommandeur der SS-Polizei-Division, einer Division der Waffen-SS, SS-Gruppenführer Generalleutnant der Polizei Parteigenosse Arthur Mülverstedt, fiel im Kampf gegen den Weltfeind bei einem Sturmangriff seiner Division in vorderster Linie. Die SS verliert in ihm einen Nationalsozialisten, der bereits vor der Erringung der Macht durch den Führer zu den fanatischen stillen Kämpfern gehörte, der Chef der Ordnungspolizei, General Daluege, (verliert) einen seiner vertrautesten Mitarbeiter schon vor der Machtergreifung. Als Offizier der Landespolizei stand Generalleutnant Mülverstedt beim nationalsozialistischen Aufbau an verantwortungsvoller Stelle ... Nach seinen großen Aufgaben der Ausbildung und Schulung junger Rekruten für die Polizei erhielt er den ehrenvollen Auftrag des Reichsführers SS, die Führung der SS-Polizei-Division zu übernehmen. Mit dieser Division kam er zum Einsatz an der Ostfront. Er hat als Nationalsozialist, als SS-Gruppenführer und als Soldat, als Polizeigeneral seine Pflicht erfüllt wie alle jene, die vor ihm ihr Leben in diesem großen Entscheidungskampfe für Führer und Volk gegeben haben. Er marschiert mit in den Reihen der im Felde Gebliebenen als Vorbild für die SS und Polizei und für unser Volk.«

Am selben Tage preist der Leitartikel des *Völkischen Beobachter* die Salzburger Festspiele. Viele Soldaten seien in diesem Jahr »als Gäste des Führers und der Partei« nach Salzburg gekommen. Sie wissen, was »ihnen die Länder, durch die sie marschierend und kämpfend gezogen sind, geboten haben«. Ihr Urteil sei eindeutig: »Welche Wüste der Seelenlosigkeit sind die Städte im Osten, in Polen und der Sowjetunion.« Doch nun kommt ja Rettung: »Wie aber klingt gleich das Leben auf, wenn deutsche Truppen die Städte besetzen und halten. Sie schaffen als erstes eine neue Atmosphäre um sich, in der das Kunsterlebnis in der Mitte schwebt.«

Welcher Art das Kunsterlebnis gewesen ist, das die ihres Kommandeurs beraubte SS-Polizei-Division den Ukrainern und Russen bereitet hat, ist nicht überliefert. Aber als der Reichsführer-SS

Himmler dem SS-Obergruppenführer Reinhard Heydrich, der am 1. Juni 1942 den Folgen des Prager Attentats erlegen ist, in Berlin die Totenrede hält, erinnert er darin auch an den Kameraden Mülverstedt, der dem hingemordeten Heydrich im Tod vorausgegangen sei.

## N Erich Naumann

***SS-Oberführer, Zehlendorf, Hans-Knirsch-Weg 47***

Erich Naumann, geboren am 29. April 1905 in Meißen, besucht die Realschule und wird kaufmännischer Angestellter. 1924 tritt er der NSDAP (Mitglieds-Nr. 170257) und bald darauf der SA bei. Seit 1933 im Polizeidienst, wird Naumann im Juli 1935 im Range eines Sturmbannführers (Major) in die SS aufgenommen und dem SD-Hauptamt in der Prinz-Albrecht-Straße 8 in Berlin zugewiesen. Von 1936 bis 1938 leitet er den SD-Abschnitt Nürnberg, sodann für kurze Zeit den SD-Oberabschnitt Stettin. Am 20. April 1938 wird Naumann SS-Oberführer (ein Rang zwischen Oberst und Generalmajor). Ende Juli 1939 vereinbart Reinhard Heydrich, Chef der Sicherheitspolizei und des SD, mit dem Oberbefehlshaber des Heeres, den fünf Armeen, die für den Angriff auf Polen bereitstehen, sogenannte Einsatzgruppen mit jeweils bis zu fünfhundert Angehörigen der SS, des SD und der Polizei zuzuordnen. Für ihre Aufstellung ist der SS-Brigadeführer ↑ Werner Best zuständig. Naumann wird Mitte September 1939 Führer einer weiteren, im Raum Posen, dem späteren Warthegau, operierenden Einsatzgruppe VI. Die Einheiten haben den Auftrag, »reichs- und deutschfeindliche Elemente« hinter der »fechtenden Truppe« auszuschalten und jeden organisierten Widerstand zu brechen. Die mit dem Heer getroffene Absprache, derzufolge »Mißhandlungen oder Tötungen festgenommener Personen ... strengstens untersagt« sind, wird von Anfang an mißachtet. Neben der polnischen Intelligenz fällt vor allem die jüdische Bevölkerungsgruppe der mordenden Truppe gezielt zum Opfer. Bis zum Frühjahr 1940 werden von den Einsatzgruppen in Polen 60 000 bis 80 000 Menschen getötet.

Im November 1941 übernimmt Naumann als Nachfolger ↑ Arthur Nebes die Einsatzgruppe B in Weißrußland. Aus begrenzten Liquidierungsbefehlen wird nun der umfassende Genocid, dessen Kunde auf unterschiedlichen Wegen nach Deutschland dringt, sei es über hohe Offiziere der Wehrmacht, über Soldaten auf Heimaturlaub oder aber über Feindsender, in denen etwa der Wehrmachtspfarrer ↑ Friedrich Wilhelm Krummacher zu hören ist. Im Februar 1943 kehrt der willige Vollstrecker Naumann, inzwischen SS-Brigadeführer (Generalmajor), nach Berlin zurück, um wenig später das Kommando über die Sicherheitspolizei und den SD in den besetzten Niederlanden zu übernehmen.

Im Nürnberger »Einsatzgruppenprozeß« wird Naumann 1948 wegen der Massenmorde an vornehmlich jüdischen Männern, Frauen und Kindern zum Tode verurteilt. Namens der Bundesregierung erhebt Franz Blücher (FDP), Vizekanzler im ersten Kabinett Adenauer, gegen die Exekution Naumanns und der mit ihm verurteilten Otto Ohlendorf, Paul Blobel und Oswald Pohl Einspruch. Da die Todesstrafe 1949 durch Artikel 102 Grundgesetz verfassungskräftig abgeschafft worden sei, solle sie auch an Kriegsverbrechern nicht vollstreckt werden. Der Protest offenbarte freilich auch die Unfähigkeit, zwischen Kriegsverbrechen an der Front oder bei der Bekämpfung von Partisanen einerseits, dem planmäßig vorbereiteten und kaltblütig ausgeführten Völkermord an Zivilisten andererseits hinreichend klar zu unterscheiden.

Am 8. Juni 1951 ist Erich Naumann, 46 Jahre alt, in Landsberg am Lech durch den Strang hingerichtet worden, nachdem der amerikanische Hohe Kommissar McCloy das Urteil bestätigt hatte.

## Rudolf Caspar Neher

***Bühnenbildner, Zehlendorf, Zinsweiler Weg 16***

Caspar Neher, geboren am 11. April 1897 in Augsburg, ist ohne Bertolt Brecht nicht zu denken. Umgekehrt gilt das fast ebenso. Beide besuchen in Augsburg dieselbe Schule, sitzen in derselben Klasse und sind schon als Zehnjährige eng miteinander befreundet. Es ist eine Freundschaft, die ein Leben lang hält und auch das Intervall der Hitlerzeit überdauert, als beider Wege sich getrennt haben.

Der 18jährige Neher meldet sich im Juni 1915 kriegsfreiwillig an die Front. Brecht, ein Jahr jünger, beschwört den Freund brieflich, sich ja nicht totschießen zu lassen, denn »Kunst darf nicht unter dem Krieg leiden.« Als beide glücklich heimgekehrt sind, beginnt eine kongeniale Bühnenpartnerschaft, zu der auch gehört, daß Neher sich entschließt, wie Brecht eine Nickelbrille zu tragen. Am 29. September 1922 gelingt mit der Münchener Uraufführung von Brechts »Trommeln in der Nacht« der Durchbruch. Fortan entwirft Neher für jedes Stück des Freundes das meist in Grautönen gehaltene Bühnenbild und oft auch die Kostüme. Seine Skizzen bestimmen immer häufiger die Architektur der Inszenierung. Nach »Mann ist Mann« (1927) wird die am 31. August 1928 im Berliner Theater am Schiffbauerdamm uraufgeführte »Dreigroschenoper« zum Welterfolg. Nehers Idee ist es, dem Orchester auf offener Bühne hinter den Schauspielern Platz zu schaffen.

1933 geht Brecht über Österreich, die Schweiz und Frankreich nach Dänemark ins Exil. »Cas«, wie er Neher nennt, entscheidet sich, ebenso wie Herbert Ihering und ↑ Peter Suhrkamp in Deutschland zu bleiben. Brecht, der nur mit einer kurzlebigen Diktatur rechnet, hat für die Haltung der Freunde Verständnis, die im NS-Staat »auf möglichst anständige Art und mehr oder weniger unauffällig ihrer Arbeit nachgingen, obwohl sie eben noch an der Seite des kommunistischen Dichters extrem linke Positionen vertreten hatten« (Klaus Völker). Neher wendet sich ganz der Oper zu. Fern von der zunehmend die Blut- und Bodenmystik zelebrierenden Bühne taucht er ab in die Welt des klassischen Musiktheaters. Es sind vornehmlich Mozart-Inszenierungen, die Neher in Berlin, Wien oder bei den Salzburger Festspielen bildnerisch ausstattet.

1945 stellt der Kontakt zu Brecht, der seit 1941 in Amerika lebt, sich zunächst brieflich wieder her. Bis zum Wiedersehen vergehen noch zwei volle Jahre. Erst Ende Oktober 1947, unmittelbar nach seinem berühmten Verhör vor dem Senatsausschuß zur Untersuchung unamerikanischer Umtriebe, verläßt Brecht die USA. Er hat nicht vor, in das zerstörte Deutschland zu gehen. Von Paris aus trifft er am 5. November 1947 in Zürich ein, wo Neher ihn erwartet. Brecht erscheint ihm »dicker geworden, männlicher, zurückhaltender«. Am Züricher Schauspielhaus wird der Neuanfang geprobt. Aber Neher fühlt sich in der Schweiz fremd; er vermißt die Nachkriegsnot. Das veranlaßt Brecht, nun doch nach Berlin, das ihn ruft und lockt, heimzukehren. Am 22. Oktober 1948 trifft der Dichter im Ostteil der Viersektorenstadt ein. Neher folgt ihm, ohne den von Brecht gewählten Umweg über Prag zu nehmen (westdeutschen Boden will Brecht nicht betreten). Wenige Wochen später hebt am Schiffbauerdamm noch einmal ein großes Kapitel deutscher Theatergeschichte an.

Am 30. Juni 1962 ist Caspar Neher, 65 Jahre alt, in Wien gestorben. Er hat seinen Freund, den »armen B.B.«, um knapp sechs Jahre überlebt.

## N Erich Neumann

***Ministerialdirektor im Preußischen Staatsministerium, Dahlem, Schwendenerstr. 1***

Erich Neumann, geboren am 31. Mai 1892 in Forst (Lausitz), dient schon eine Reihe von Jahren dem preußischen Staat, ehe er im Dritten Reich Karriere macht. Als das Telefonbuch 1941 erscheint, ist der promovierte Jurist seit wenigen Monaten Staatssekretär und Stellvertreter Görings in dessen Eigenschaft als Bevollmächtigter für den Vierjahresplan. Am 20. Januar 1942 nimmt er an der Wannsee-Konferenz zur »Endlösung der Judenfrage« teil; bei einem Vorhaben dieser Größenordnung wollen schließlich auch die wirtschaftlichen Folgen für das Reich bedacht sein. Neumann merkt in der Aussprache an, daß es unklug wäre, »die in kriegswichtigen Betrieben im Arbeitseinsatz stehenden Juden« zu evakuieren, bevor für sie »Ersatz zur Verfügung steht«. Dem stimmt Heydrich zu (Arno J.Meyer, S. 463).

Ein fanatischer Nationalsozialist und Antisemit ist Neumann sicherlich nicht gewesen. Ulrich von Hassell berichtet in seinem Tagebuch von Gesprächen, in denen der Staatssekretär sich bald »recht gedämpft« (Mai 1941), bald »sehr pessimistisch« (November 1941) zur Kriegslage geäußert habe. Aber als der Staatssekretär nach dem Kriege inhaftiert wird, spricht er nicht von dem Skrupel des Mitmachens, sondern leugnet beharrlich seine eindeutig belegte Teilnahme an der Wannsee-Konferenz. Im April 1947 von dem stellvertretenden US-Ankläger Robert M.W. Kempner, vor seiner Emigration Regierungsrat im Preußischen Innenministerium, in Nürnberger Gerichtsgefängnis vernommen und mit dem Ergebnis der Konferenz konfrontiert, behauptet er: »Das höre ich von Ihnen das erste Mal.« Befragt, ob er denn wisse, daß er in Dahlem in einer Villa gewohnt habe, die einem Juden enteignet war, lautet die Antwort ähnlich: »Das habe ich später erst gehört.« Das Anwesen Schwendenerstr. 1 gehörte dem jüdischen Industriellen Dr. Paul Grünfeld, der noch im Berliner Adreßbuch von 1939 als dort wohnhafter Eigentümer verzeichnet ist. Vermutlich ist es ihm um die Jahreswende 1938/39 gelungen, Deutschland zu verlassen. In dem Gedenkbuch für die 55 695 umgebrachten Berliner Juden ist sein Name nicht zu finden.

Anfang 1948 wird Neumann krankheitsbedingt ohne Gerichtsverfahren aus der Haft entlassen. Er ist das Beispiel eines Staatsbeamten alter Schule, den die Diktatur zerstört hat und der sich nach ihrem Ende bemüht, diese bedrückende Lebensbilanz zu verdrängen. Ungezählt viele haben sich ebenso verhalten. Eben deshalb gehört auch der Staatssekretär Erich Neumann, der 1952, 60 Jahre alt, gestorben ist, in das schillernde Sittenbild jener Zeit.

## Konstantin Freiherr von Neurath

***Reichsminister, Präsident des Geheimen Kabinettsrats, Dahlem, Rheinbabenallee 23***

Nicht viele Würdenträger des Dritten Reiches, die das Berliner Telefonbuch 1941 mit ihrer privaten Anschrift verzeichnet, geben über ihre Titel so offenherzig Auskunft wie der am 2. Februar 1873 auf dem Familiengut in Kleinglattbach (württembergischer Neckarkreis) geborene Konstantin Freiherr von Neurath. Sein Vater ist Oberstkammerherr im Dienst des Königs von Württemberg, der in den erblichen Adelsstand erhobene Großvater war Außenminister des Königreichs.

Im ersten Kabinett Hitler, das über keine parlamentarische Mehrheit verfügt, sondern wie seine Vorgänger ein dem Reichspräsidenten Hindenburg verantwortliches ›Präsidialkabinett‹ ist, gehören nur Wilhelm Frick und Hermann Göring der NSDAP an. Der parteilose Jurist Neurath, der 1901 in das Berliner Auswärtige Amt eingetreten und seit Juni 1932 Reichsminister des Auswärtigen unter Franz von Papen und Kurt von Schleicher ist, wird von Hitler in dieser Position belassen, weil Hindenburg ihn dazu gedrängt hat. Neurath, ein enger Vertrauter Hindenburgs, hat damals von sich gesagt, wie ↑Ernst von Weizsäcker in seinen »Erinnerungen« schreibt, »seine Sache sei, als Steinblock im Fluß die Strömung aufzuhalten«. Sollte er dies wirklich versucht haben, hat er seine Kräfte erheblich überschätzt. Der konservativ und antisemitisch gesinnte Neurath, der die Weimarer Republiker wenig geschätzt hat, erweist sich als weder mutig noch dynamisch genug, um Hitler gegenüber die Rolle des entschlossenen Mahners zu spielen. Als Hitler sich am 19. August 1934 die bereits angetretene Nachfolge des am 2. August verstorbenen Hindenburg durch eine Volksabstimmung bestätigen lassen will, gibt ausgerechnet Neurath die nationalistische Losung aus: »Die Welt hat sich gegen Deutschland verschworen wie 1914. — Wählt Hitler!« (Thomas Mann merkt dazu in seinem Tagebuch ironisch an: »Eine bittere Wahl, zwischen einem Übel, sozusagen.«)

Als Hitler Kurs auf den Krieg nimmt, muß Neurath seinen Platz räumen. Seine Schuldigkeit hat er getan: als Diplomat der alten Schule, der von 1930 bis 1932 Botschafter in London gewesen ist, die Friedfertigkeit der Außenpolitik des Dritten Reichs zu bezeugen. Sein Nachfolger wird im Februar 1938 der zwanzig Jahre jüngere und rundum gefügige Joachim von Ribbentrop, seit Mai 1932 Mitglied der NSDAP. Neuraths Sturz wird vor der Öffentlichkeit als Aufstieg kaschiert: er bleibt Reichsminister (ohne Geschäftsbereich), wird Mitglied des Reichsverteidigungsrats und Präsident des Geheimen Kabinettsrat, der freilich niemals zusammentritt. Am 18. März 1939, unmittelbar nach dem Einmarsch in die »Rest-Tschechei«, ernennt Hitler Neurath zu seinem Prager Statthalter. Als »Reichsprotektor in Böhmen und Mähren« (bis September 1941) legt der noch im Juni 1943 zum SS-Obergruppenführer (General) erhobene Freiherr den Grund für seine Einstufung als Hauptkriegsverbrecher. In Nürnberg wird er in allen Anklagekategorien schuldig gesprochen und zu fünfzehn Jahren Gefängnis verurteilt. 1954 wegen seines schlechten Gesundheitszustands vorzeitig aus Spandau entlassen, ist Konstantin Freiherr von Neurath am 14. August 1956, 83 Jahre alt, in Enzweihingen (Württemberg) gestorben.

## Martin Niemöller

***Pfarrer, Dahlem, Cecilienallee 61***

Noch immer dürfte der am 14. Januar 1892 im westfälischen Lippstadt als Sohn eines Pfarrers geborene Martin Niemöller ganz vorn liegen, wenn ältere Deutsche nach dem bekanntesten evangelischen Theologen dieses Jahrhunderts gefragt werden. Es sind sehr unterschiedliche Momente, die Niemöllers Popularität und Prominenz begründet haben: daß er im Ersten Weltkrieg Kommandant eines Unterseeboots gewesen und mit seinem Buch »Vom U-Boot zur Kanzel« (1934) zu frühem Bestsellerruhm gekommen ist; daß er während des Dritten Reiches mit beispielgebender Unnachgiebigkeit dem Regime und seinen Übergriffen getrotzt hat und daß er sich nach dem Zweiten Weltkrieg der deutschen politischen Linken zugesellt und an (meist zornigen) öffentlichen Auftritten zunehmend Geschmack gefunden hat.

Durch das Reichsgesetz vom 14. Juli 1933 wurde handstreichartig der Versuch unternommen, die Evangelischen Landeskirchen und ihre Gemeinden auf der Grundlage einer neuen Reichskirchenverfassung unter Führung eines servilen Reichsbischofs gleichzuschalten. Der Versuch scheitert nicht zuletzt an der Tatkraft von Pfarrern, die sich wie Martin Niemöller nicht als Untertanen der Obrigkeit, sondern als echte Protestanten erweisen. Sie widersprechen dem Ansinnen an die Landeskirchen, sich unter das Dach einer regimefrommen »Deutschen Evangelischen Kirche« zu begeben, die theologisch von der »Nationalkirchlichen Einung Deutsche Christen« bestimmt werden sollte.

Dank der Initiative einer ebenso mutigen wie entschlossenen Minderheit von Pfarrern und Bischöfen kommt es schon im März 1934 zu der Gegengründung einer »Bekenntnisgemeinschaft der Deutschen Evangelischen Kirche«, die von einem »Reichsbruderrat« geleitet wird. Ihr gehören neben den Landeskirchen in Baden, Württemberg, Bayern und Hannover, die sich insgesamt dem Ruf des Reichsbischofs und seiner »Deutschen Christen« verschlossen haben, die sogenannten freien Bekenntnissynoden der übrigen, nun organisatorisch gespaltenen Regionalkirchen an.

Martin Niemöller war von Anfang an führend im Bruderrat der Bekenntnissynode der größten Landeskirche, der »Evangelischen Kirche der altpreußischen Union«, tätig. Er ist Mitverfasser der berühmten Barmer Erklärung vom 29. Mai 1934, geboren aus der »gegenwärtigen kirchlichen Not«. Am 1. Juli 1937 wird Niemöller in seinem Dahlemer Pfarrhaus von der Gestapo verhaftet. Er wird beschuldigt, »führende Persönlichkeiten des Staates und der Bewegung verunglimpft und unwahre Behauptungen über staatliche Maßnahmen verbreitet« zu haben. Dem Freispruch des Berliner Sondergerichts am 2. März 1938 folgt die KZ-Haft, erst in Sachsenhausen, seit Juli 1941 in Dachau. In Südtirol wird Niemöller Anfang Mai 1945 von amerikanischen Truppen befreit (vgl. Seite 47).

Noch viele Jahre steht Niemöller, streitbar und umstritten, im Dienst seiner Kirche: als treibende Kraft des »Stuttgarter Schuldbekenntnisses« vom Oktober 1945, als Mitglied des Rates der EKD (bis 1955), als Präsident der hessischen Landeskirche (bis 1964) und Präsidiumsmitglied des Weltkirchenrats (bis 1967). Am 6. März 1984 ist Martin Niemöller, 92 Jahre alt, in Wiesbaden gestorben.

N

## Emil Nolde

***Kunstmaler, Charlottenburg 9, Bayernallee 10***

Der Maler und Graphiker Emil Nolde, geboren am 7. August 1867 als Emil Hansen in Nolde, Kreis Südtondern (Holstein), gehört zu den Großen des deutschen Expressionismus. Die Behauptung, Nolde sei ein frühes Mitglied der eben gegründeten NSDAP gewesen, wird durch die Einsicht in deren Mitgliederkartei nicht bestätigt. Richtig ist freilich, daß der einer heimattreuen und bodenständigen Bauernfamilie entstammende Nolde schon um 1920 mit nationalistischen Parolen sympathisiert: Ihn empören die Artikel 109 bis 114 des Versailler Vertrags, in denen die Abtretung Nordschleswigs an Dänemark festgeschrieben ist. Richtig ist auch, daß sich Nolde 1934 als dänischer Staatsbürger der »Nationalsozialistischen Arbeitsgemeinschaft Nordschleswig«, einer Organisation der deutschen Volksgruppe, anschließt, die 1935 in die NSDAP-Nordschleswig übergeleitet wird. Falls er sich von diesem Schritt, wie anzunehmen ist, die Gunst der neuen Machthaber versprochen haben sollte, wird er enttäuscht.

Noldes Aufstieg war mühsam. Nach dem Besuch der Holzschnitzerschule in Flensburg (1884–1888) ist er zunächst vorwiegend zeichnend für Möbelfabriken in München, Karlsruhe und Berlin tätig. Dann geht er als Lehrer an die Industrie- und Kunstgewerbeschule St. Gallen und bleibt dort sechs Jahre. 1898 wird er freier Maler. 1901 tritt er der Berliner Sezession bei und 1906 der in Dresden gegründeten »Brücke«, die er 1907 wieder verläßt. Die öffentliche Anerkennung seiner dem Kunstgeschmack der Zeit widerstrebenden Malweise bleibt lange aus. Nolde, der die Wintermonate regelmäßig in Berlin verbringt, hat das 40. Lebensjahr schon überschritten, ehe sich 1908 das Westfälische Landesmuseum in Münster bereitfindet, eines seiner in neoimpressionistischer Manier gemalten Bilder (»Burchards Garten«) zu erwerben. Zwei Jahre später ist das erste eindeutig expressionistische Bild, das von einer staatlichen Sammlung —

der Moritzburg in Halle — angekauft wird, ebenfalls ein Nolde: das »Abendmahl«. Aber seit 1908 wird der Maler dreimal in Folge nicht zur Ausstellung der Berliner Sezession zugelassen und im Dezember 1910 nach heftigem Streit mit Max Liebermann, dem Präsidenten der Sezession, sogar aus ihr ausgeschlossen. Erst Anfang der zwanziger Jahre gelingt der erhoffte Durchbruch. 1931 wird der inzwischen 64jährige in die Preußische Akademie der Künste aufgenommen.

Die »nationale Erhebung« von 1933 hat Nolde aus Überzeugung begrüßt. Warum sollten seine ausdrucksstarken Bilder meerumschlungener Landschaften mit tiefhängenden Wolken, seine Blumenstücke und Darstellungen religiöser Motive, die mittlerweile in nahezu jedem Museum zu sehen sind, auf Ablehnung stoßen, ihm Konflikte mit den neuen Machthabern geben? Tatsächlich ist diese Frage zunächst nicht entschieden. Nolde findet öffentliche Fürsprecher. Aber seit er 1937 in der von ↑Wolfgang Willrich vorbereiteten und zunächst in München gezeigten Ausstellung »Entartete Kunst« mit zahlreichen Bildern vertreten ist, gehört er endgültig zu den Verfemten. Rund tausend seiner Werke werden aus den Museen entfernt. In der 1938 erscheinenden Neuauflage des »Handbuchs der Judenfrage«, das jetzt auf fast 600 Seiten angeschwollen ist, wird Nolde unter den fünfzehn deutschen Künstlern, die als Mittäter an der von Juden verursachten »Kulturschande« angeprangert werden, an erster Stelle genannt. Für ihn, der sich lange Zeit als bekennender Antisemit gebärdet hat, dürfte diese Diffamierung besonders schmerzlich gewesen sein. 1941 folgt der Ausschluß aus der Reichskulturkammer. Nolde, mit Malverbot belegt, zieht sich nach Seebüll in Nordfriesland zurück. Die Charlottenburger Atelierwohnung wird im Februar 1944 durch Bomben zerstört.

In der Tat dünkte sein Werk, so Walter Jens 1967 zu Noldes 100. Geburtstag, den braunen Machthabern »so bedrohlich zu sein, daß sie ausgerechnet den, der gern ihr Paladin gewesen wäre, mit besonderer Tücke verfolgten«. Wiewohl es »auch Parteikreise gab, die Nolde und Barlach ein Sonderrecht zubilligen wollten — die Fanatiker siegten und bewahrten den großen Maler davor, mit dem Kainsmal des Söldlings gebrandmarkt zu werden — entehrt und vielleicht bis zu dieser Stunde geächtet«.

Als der Krieg und das Dritte Reich ihr Ende gefunden haben, erlebt Nolde noch ein mit wachsendem Ruhm und Auszeichnungen angefülltes Jahrzehnt. Bis 1951 malt er ohne Unterlaß. In seinem Testament legt er fest, daß sein Haus in Seebüll der Öffentlichkeit als Museum zugänglich gemacht werden soll.

Am 13. April 1956 ist Emil Nolde, 88 Jahre alt, in Seebüll gestorben.

N

## Edmund Noortwyck

***Regierungsrat, W 30, Viktoria-Luise-Platz 8***

Auch dies ist ein deutsches Schicksal, wenig spektakulär, in Umbruch- und Wendezeiten fast alltäglich. Deshalb sei hier davon berichtet.

Edmund Noortwyck wird am 17. Mai 1945 als Leiter der Abteilung für Finanz- und Steuerwesen in den vom »Militärkommando der Roten Armee« eingesetzten ersten Berliner Nachkriegs-Magistrat berufen. Seine siebzehn Mitglieder, Oberbürgermeister Dr. Arthur Werner eingeschlossen, sind ohne Ausnahme parteilos, denn erst am 10. Juni 1945 wird durch Marschall Schukows Befehl Nr. 2 die Bildung politischer Parteien zugelassen. Noortwyck tritt ohne Zögern der KPD bei, die nun mit acht Stadträten die Mehrheit im Magistrat stellt.

Der Herr der Finanzen hat einen guten Blick für das, was in der Stunde Null unverändert not tut: eine kontinuierliche Erhebung von Steuern und Abgaben. Schon am 4. Juni 1945, drei Wochen nach Kriegsende, mahnt er die säumigen Berliner Steuerzahler, die seit April fälligen Umsatz-, Lohn- und Gewerbesteuern zu entrichten. Kurze Zeit später holt ihn die Vergangenheit ein. Am 15. Oktober 1945 wird Noortwyck von der Alliierten Kommandantur, dem für Groß-Berlin zuständigen Viermächteorgan, abgesetzt: Er habe verschwiegen, Oberscharführer im Nationalsozialistischen Kraftfahrkorps (NSKK) gewesen zu sein. Das Verschweigen selbst einer belanglosen Verstrickung reicht damals wie heute zur Disqualifikation aus.

Der Vorgang hat ein Nachspiel. Am 12. November 1945 erörtert der Magistrat den Schadensfall. Stadtrat Wilhelm Pieck (KPD), vier Jahre später Präsident der DDR, erklärt zu Protokoll, Noortwyck habe seine Entlassung »offensichtlich nicht verschuldet«. Daß er 1934 für neun Monate dem NSKK angehört habe, sei nämlich bekannt gewesen. Die von der Kommandantur verfügte Absetzung bedeute für Noortwyck eine unbillige Härte, zumal er auch die Dienstwohnung im Oberfinanzpräsidium habe räumen müssen. Nun stehe er mittel- und arbeitslos auf der Straße. Zur Abhilfe sieht sich der Magistrat freilich außerstande. Die Alliierte Kommandantur hat mit ihrem ersten auch das letzte Wort.

O

## Erik Ode

***Schauspieler, Grunewald, Gillstr. 6***

Erik Ode, geboren am 6. November 1910 in Berlin als Sohn des Schauspielers Fritz Odemar (1890–1955), wächst in Hamburg auf; seine Mutter ist am Altonaer Theater engagiert. Als Zwölfjähriger tut Erik es zum ersten Mal den Eltern gleich: er wirkt in dem Stummfilm »INRI« mit, dessen Stars Henny Porten und Asta Nielsen heißen. Seit 1928 ist er an vielen Bühnen zu Hause, am Schiffbauerdamm in Berlin ebenso wie am Münchner Max-Josef-Platz. Das »Deutsche Bühnen-Jahrbuch« weist ihn 1941 als Mitglied des Bayerischen Staatsschauspiels (Residenztheater und Prinzregententheater) mit der Anschrift München, Mauerkircher Str. 30 aus. Nach Berlin kommt er, um sein Talent weiterhin auch dem Film zu widmen. Zwischen 1930 und 1945 vergeht kaum ein Jahr, in dem der Unermüdliche nicht vor der Kamera steht, darunter in »Kadetten« (1931), »Mädchenjahre einer Königin« (1936), »Ich verweigere die Aussage« (1939) und »Meine Herren Söhne«, der, 1944 gedreht, noch 1945 in die Kinos kommt. Propagandistisch Brauchbares ist dabei nicht auszumachen.

Nach dem Krieg lebt Ode wieder in seiner Heimatstadt Berlin. Er spielt an der »Tribüne« und führt Regie am »Hebbeltheater«. 1960 findet ↑Friedrich Luft für die Darbietung eines »Berliner Volksstücks« das Lob: »Erik Ode hat's liebevoll inszeniert. Im Theater herrschte bald eine Stimmung wie auf einem gehobenen Bockbierfest.« Im Berliner Telefonbuch ist er nun nicht mehr als Schauspieler, sondern als Regisseur verzeichnet, der in Charlottenburg, Lindenallee 22 wohnt. Treffender wäre Filmregisseur: bis zum Ende der sechziger Jahre dreht er mehr als zwei Dutzend fast ausnahmslos erfolgreiche Spielfilme ab. 1968 beginnt dann im Medium Fernsehen das Ereignis der »Kommissar«-Serie mit Erik Ode als Kommissar Keller in der Hauptrolle. Nur er und der Drehbuchautor Herbert Reinecker, der ebenfalls im Berliner Fernsprechbuch 1941 verzeichnet ist, halten die fast hundert Folgen bis ins Jahr 1976 durch. Allein 18 Regisseure lösen einander ab.

Danach bleiben Ode noch fünf Jahre, um das übermächtige Image als Fernseh-Kommissar abzumildern. In Lübeck, München, Hamburg und Berlin spielt und inszeniert er Arthur Miller, Max Frisch und George Bernard Shaw; als »Hauptmann von Köpenick« geht er auf Tournee. 1982 bricht er während eines Gastspiels in München zusammen. Am 19. Juli 1983 ist Erik Ode, 72 Jahre alt, in seinem Haus in Rottach-Egern am Tegernsee gestorben. Im Nachruf der FAZ wird doppelsinnig angemerkt, im Gesicht dieser Vaterfigur aus einer idealeren Welt »schien das Leid der Menschheit aufgehoben«.

## Friedrich Olbricht.

***General der Infanterie, Dahlem, Wildpfad 24***

Friedrich Olbricht, geboren am 4. Oktober 1888 an Leisnig in der Freiberger Mulde (Sachsen) als Sohn eines Realschul-Oberlehrers, tritt im März 1907 als Fahnenjunker in das sächsische Heer ein, wird im August 1908 Leutnant im Infanterieregiment 106 und zieht 1914 in den Ersten Weltkrieg, in dessen Verlauf er auch als Generalstabsoffizier eingesetzt wird. 1919 findet Olbricht als Hauptmann Aufnahme in die Reichswehr. In der Folgezeit wechselt er zwischen Truppenkommandos, Stabsstellen und dem Reichswehrministerium (Abteilung Fremde Heere). 1933 ist Olbricht Chef des Stabes einer Infanteriedivision, 1935, inzwischen Oberst, Chef des Stabes des IV. Armeekorps. Im November 1938 wird er Kommandeur der 24. Infanteriedivision. Da steht er bereits in Opposition zu der immer klarer hervortretenden Kriegspolitik Hitlers. Als Vertrauter Ludwig Becks, der im August 1938 um seinen Rücktritt als Generalstabschef des Heeres ersucht hat und im Oktober 1938 als Generaloberst verabschiedet wird, erkennt Olbricht frühzeitig, daß Deutschland ein Verhängnis droht, wenn es nicht gelingt, dem nach Lebensraum im Osten dürstenden Diktator in den Arm zu fallen.

Am 1. September 1939 führt der Generalleutnant Olbricht seine 24. Infanteriedivision in den Polenfeldzug; als einer der ersten wird er mit dem Ritterkreuz ausgezeichnet. Als Hitler ihn am 15. Februar 1940 zum Chef des Allgemeinen Heeresamtes im Oberkommando des Heeres ernennt, rückt zum ersten Mal ein zum Handeln entschlossener Mann des Widerstands in eine militärische Schlüsselstellung ein. Er folgt in dieser Funktion dem gleichaltrigen ↑Fritz Fromm nach, der nun als Chef der Heeresrüstung und Befehlshaber des Ersatzheeres Olbrichts unmittelbarer Vorgesetzter ist. Im Juni 1940 wird Olbricht zum General der Infanterie befördert.

Der bis Ende 1941 unerwartet günstige Kriegsverlauf macht eine Ausführung der Staatsstreichpläne vorerst illusorisch. Gegen einen siegreichen Feldherrn, dem das Volk und die Truppe gleichermaßen ergeben sind, finden Kassandrarufe kein Gehör. Erst die Katastrophe von Stalingrad Anfang 1943 und die ihr folgende Niederlage der Achsenmächte auf dem afrikanischen Kriegsschauplatz mindern das Risiko, mit einer Beseitigung Hitlers nichts als blankes Entsetzen und einen blutigen Bürgerkrieg auszulösen. Entscheidend wird die von Olbricht veranlaßte Berufung des im Afrikafeldzug schwer verwundeten Claus Graf Schenk v. Stauffenberg zum Chef des Stabes im Allgemeinen Heeresamt, dann zum Stabschef des Ersatzheeres. Auch Stauffenberg ist seit Ende 1938, als er dem Stab der Panzerdivision des späteren Mitverschwörers ↑Erich Hoepner angehört, überzeugt, daß Hitlers bedenkenlose Expansionspolitik zum Kriege und zu einer erneuten Niederlage Deutschlands führen werde.

Der für das Szenario eines Staatsstreichs ausgearbeitete Operationsplan »Walküre« sieht zur Abwehr innerer Unruhen die Übernahme der vollziehenden Gewalt im Reich durch die Wehrmacht vor. Der »Walküre«-Befehl wird von den Verschwörern in Berlin ausgelöst, nachdem Stauffenbergs Bombe am 20. Juli 1944 gegen 12.45 Uhr im ostpreußischen Führerhauptquartier detoniert ist. Als sich herausstellt, daß Hitler das Attentat nur leicht verletzt überlebt hat, bricht der Umsturzversuch binnen weniger Stunden zusammen. Generaloberst Fromm, der von der Entschlossenheit seiner engsten Mitarbeiter zum Staatsstreich Kennnis hat, sich aber abwartend verhält, läßt noch in der Nacht Stauffenberg, Olbricht, Oberst Albrecht Ritter Mertz von Quirnheim und Oberleutnant Werner von Haeften im Innenhof des Bendlerblocks standrechtlich erschießen. Friedrich Olbricht, der Älteste unter ihnen, ist 55 Jahre alt, Werner von Haeften, der Jüngste, 35 Jahre.

Seit 1953 erinnert an der Hinrichtungsstätte die von Richard Scheibe geschaffene Skulptur eines gefesselten jungen Mannes an die erschossenen Offiziere. Die Inschrift auf einer in den Boden eingelassenen Bronzetafel lautet: »Ihr trugt / die Schande nicht / Ihr wehrtet euch / Ihr gabt / das grosse / ewig wache / Zeichen der Umkehr / opfernd / euer heisses Leben / für Freiheit / Recht und Ehre«. Der ehemalige Bendlerblock in der Stauffenbergstr. 13–14 beherbergt heute die »Gedenkstätte Deutscher Widerstand« sowie Teile des Bundesministeriums der Verteidigung.

## Hermann Oncken

***Prof. Dr., Geheimrat, Dahlem, Gelfertstr. 18***

Hermann Oncken, geboren am 16. November 1869 in Oldenburg, habilitiert sich 1898 an der Berliner Universität für das Fach Geschichte. Seinem vielbeachteten Frühwerk »Lassalle. Zwischen Marx und Bismarck« (1904) bescheinigt Eduard Bernstein, der sozialdemokratische Vordenker, »ein im wesentlichen zuverlässiges Buch« zu sein. »Und das ist bei einer bürgerlichen Biographie Lassalles immerhin keine Kleinigkeit.« Das Studienjahr 1905/06 verbringt Oncken in den USA, als Gastprofessor an der Universität Chicago. Er ist einer der wenigen deutschen Historiker seiner Generation, die Amerika aus eigener Anschauung kennen. Im März 1906 wird Oncken nach Gießen, 1907 nach Heidelberg, 1923 nach München und 1928 nach Berlin berufen. Hier bleibt er, und hier erlebt er seine bittersten Jahre.

Oncken ist, nach anfänglicher Reserve, ein überzeugter Demokrat. 1929 legt er auf der Feier der Berliner Hochschulen zum zehnten Verfassungstag ein klares Bekenntnis zur Republik ab. 1932 erscheint »Das deutsche Reich und die Vorgeschichte des Weltkriegs«, das die These einer deutschen Alleinschuld ablehnt, sich aber kritisch mit dem Stil der deutschen Politik jener Jahre befaßt. Als Hitler 1933 Reichskanzler wird, ist die Haltung des nationalliberalen Gelehrten zunächst schwankend, aber schon wenige Monate später deutlich ablehnend. Ende 1933 warnt er in einem Cromwell-Vortrag in der Preußischen Akademie der Wissenschaften vor den Gefahren des Führerkults und der Hybris der Macht. Im Juni 1934 wendet sich Oncken, wiederum in einem Vortrag, gegen die kurzatmige Umdeutung der nationalen Werte der Geschichte. Im Januar 1935 referiert er vor der Deutschen Philosophischen Gesellschaft erneut unüberhörbar kritisch über »Wandlungen des Geschichtsbildes in revolutionären Epochen«. Die vielgelesene *Deutsche Allgemeine Zeitung* druckt die Vorträge im Wortlaut ab.

Bald darauf wird Oncken das Ziel einer scharfen und zum Teil verleumderischen Attacke: Im *Völkischen Beobachter*, dem Zentralorgan der NSDAP, erscheint am 3. Februar 1935 ganzseitig der Aufsatz »L'incorruptible: Eine Studie über Hermann Oncken«. Verfasser ist Walter Frank, einer seiner Münchner Schüler, der jetzt Referent für Geschichtswissenschaft im Stab Alfred Rosenbergs ist (im Mai 1936 wird Frank Präsident des ganz auf NS-Kurs getrimmten »Reichsinstituts für Geschichte des neuen Deutschlands«; am 9. Mai 1945 verübt er Selbstmord). Allein die *Frankfurter Zeitung* tritt beherzt für Oncken ein und wertet die gegen ihn gerichtete Kampagne als Anschlag auf die Freiheit der Wissenschaft.

Oncken muß seine Vorlesungen abbrechen. Das Recht der Emeriti, weiterhin zu lehren, wird ihm verweigert. Bereits am 15. Januar 1935 hat Bernhard Rust, Minister für Wissenschaft und Volksbildung im Reich und in Preußen, mit einem Erlaß angeordnet: »Die Weltgeschichte ist als Geschichte rassisch bestimmter Volkstümer darzustellen.« Wenn Kulturen untergegangen sind, so deshalb, »weil sie unbewußt wider die rassischen Naturgesetze gesündigt haben«. Onckens Berliner Kollege ↑Friedrich Meinecke nimmt diese Vorgänge zum Anlaß, als Mitherausgeber der renommierten *Historischen Zeitschrift* (HZ), auszuscheiden.

Sein letztes Buch, die Essay-Sammlung »Nation und Geschichte«, die noch 1935 erscheinen kann, widmet Oncken seinen Studenten. Zum 70. Geburtstag im ersten Kriegswinter finden sich die alten Freunde ein. Friedrich Meinecke schließt seine Ansprache mit den Worten: »Wir kennen Dich, wir lieben Dich, wir ehren Dich.« ↑Max Planck äußert sich mit prophetischer Kühnheit: »Daß Sie vor dem Urteil der Nachwelt Recht behalten werden, kann nicht zweifelhaft sein. Was ich Ihnen aber wünsche, ist, daß Sie diese Wendung noch erleben und an ihr Freude haben mögen.« Am 19. Juni 1940 tritt Oncken zur Feier der 1000. Sitzung der noblen »Mittwochs-Gesellschaft«, der auch ↑Eugen Fischer angehört, in Schloß Brüningslinden in Kladow ein letztes Mal als Redner auf. »Den Schluß bildete ein fröhliches Festmahl«, heißt es im Sitzungsprotokoll.

Nach längerem Krankenlager ist Hermann Oncken am 28. Dezember 1945, 76 Jahre alt, acht Monate nach dem Ende der NS-Diktatur, in Berlin gestorben.

## Karl Ott

***Dr. jur., Ministerialdirigent, Grunewald, Elgersburgerstr. 7***

Karl Ott, geboren am 28. Juli 1891 im damals deutschen Straßburg, studiert an den Universitäten München und Würzburg Rechtswissenschaft und zieht 1914 für vier Jahre in den Ersten Weltkrieg. Zuletzt ist er Oberleutnant im 2. bayerischen Ulanenregiment. 1925 promoviert er mit einer rundfunkrechtlichen Arbeit zum Dr. jur. 1926/27 ist Karl Ott im Sekretariat des Völkerbunds in Genf tätig. Dann faßt er in Berlin Fuß: als Referent im Reichsfinanzministerium, später im Wirtschaftsministerium. Von 1933 bis 1945 leitet er die Haushaltsabteilung im Reichsministerium für Volksaufklärung und Propaganda und übt die Staatsaufsicht über das Finanzgebaren der zahlreichen Einrichtungen aus, die — so etwa die Ufa — dem Goebbels-Ministerium unterstehen. Ott wird auf diesen Seiten erwähnt, weil er neben ↑Wilhelm Loschelder der ranghöchste Beamte des Dritten Reichs gewesen ist, der dem NS-Staat bis zuletzt loyal gedient und seine Karriere nach 1945 erfolgreich fortgesetzt hat. Unter den Ministerial- und Legationsräten — zu ihnen zählt an prominentester Stelle ↑Hans Globke — ist das vielen geglückt.

Den Wechsel in das Propagandaministerium verdankt Ott weniger dem Parteibuch der NSDAP als seinem Ruf als exzellenter Haushaltsexperte. Der Typus des fachlich qualifizierten Laufbahnbeamten ist in den NS-Ministerien sehr viel häufiger anzutreffen, als man vermuten möchte. Ott macht den Eindruck eines »gemütlichen und gepflegten Herrn mittleren Alters, von der alten Schule«, so schildert ihn in seinen Memoiren der schwedische Reiseschriftsteller Sven Hedin, der Ott 1938 in Berlin begegnet ist. Auf die später übliche Schutzbehauptung, man sei geblieben, um Schlimmeres zu verhüten, kann der in die Verbrechen des Regimes nicht verwickelte Beamte verzichten. Aber natürlich waren auch die Otts objektiv Stützen der Diktatur.

Von 1952 bis 1956 amtiert Karl Ott, nun Mitglied des Gesamtdeutschen Blocks/BHE, als Staatssekretär im Innenministerium des Landes Niedersachsen, das damals von einer Koalition aus SPD und GB/BHE unter Führung des Sozialdemokraten Hinrich Wilhelm Kopf regiert wird. Auch der Innenminister gehört der SPD an. 1956 wird Ott, der zwölf lange Jahre Goebbels zur Seite gestanden hat, mit dem Großen Bundesverdienstkreuz ausgezeichnet. Vermutlich Anfang der siebziger Jahre ist Karl Ott in Emden gestorben.

## P Friedrich Paulus

***Generalmajor, Dahlem, Altensteinstr. 19***

Friedrich Paulus, geboren am 23. September 1890 in Breitenau (Nordhessen) als Sohn eines kleinen Beamten, bewirbt sich 1909, nach dem in Kassel abgelegten Abitur, um Aufnahme in die Kaiserliche Marine, wird aber, wohl wegen seiner bescheidenen Herkunft, abgewiesen. Nach einem Jura-Semester in Marburg tritt Paulus 1910 als Fahnenjunker in ein Badisches Infanterie-Regiment in Rastatt ein. Ein Jahr später ist er Leutnant, am Ende des Ersten Weltkriegs Hauptmann und Generalstabsoffizier. In der Reichswehr dient Paulus im üblichen Turnus bald in Stäben, bald bei der Truppe. Als Stabschef bei ↑ Guderian und ↑ Hoepner begleitet er den Aufbau der Panzerwaffe, und als Stabschef der 10. Armee unter Generaloberst Walther von Reichenau nimmt Paulus, seit Anfang 1939 Generalmajor, an den Feldzügen in Polen, Belgien und Frankreich teil. Am 3. September 1940 wird er zum Oberquartiermeister I im Generalstab des Heeres berufen. Als solcher ist er maßgeblich an der Vorbereitung der Operation »Barbarossa«, Deckname für den Überfall auf die Sowjetunion, beteiligt. Am 3. Februar 1941 erläutert er Hitler auf dem Obersalzberg den Stand der strategischen Planung. Am 22. Juni 1941 wird der russische Feldzug, in dem sich auch das Schicksal des Friedrich Paulus entscheidet, ohne Kriegserklärung eröffnet.

Am Morgen des 17. Januar 1942 stirbt im russischen Poltawa an den Folgen eines drei Tage zuvor erlittenen Schlaganfalls der Oberbefehlshaber der 6. Armee und Führer der Heeresgruppe Süd, Generalfeldmarschall von Reichenau. Am 20. Januar trifft Generalleutnant Paulus in Poltawa ein, um den ihm von Hitler übertragenen Oberbefehl über die 6. Armee zu übernehmen. Ziemlich genau ein Jahr später kapituliert er mit den Resten der 6. Armee — etwa 90 000 Mann — in den Trümmern von Stalingrad und geht als erster Generalfeldmarschall der Wehrmacht in Gefangenschaft. Hitler, mit dem Paulus ein letztes Mal am 1. Juni 1942 im Hauptquartier der Heeresgruppe Süd in Poltawa zusammengetroffen ist, wütet gegen den Armeechef, der zu feige gewesen sei, sich selbst den Tod zu geben.

Nach dem 20. Juli 1944 tritt Paulus aus ähnlichen Motiven wie ↑ Friedrich Wilhelm Krummacher dem »Bund deutscher Offiziere« bei, der an der Seite des »Nationalkomitees Freies Deutschland« das Ende der NS-Herrschaft zu beschleunigen versucht. Im Nürnberger Prozeß gegen die Hauptkriegsverbrecher tritt Paulus, dessen Verbleib bis dahin unbekannt gewesen war, am 11. Februar 1946 überraschend als Zeuge der sowjetischen Anklagebehörde auf. »Die Kunde von dem Erscheinen Paulus' verbreitete sich wie ein Lauffeuer durch das Gerichtsgebäude«, vermerkt ein Prozeßbeobachter. Paulus sagt über die generalstabsmäßige Vorbereitung des Angriffskriegs gegen die Sowjetunion aus, den er nachträglich als »verbrecherischen Überfall« qualifiziert. Vor allem Keitel und Jodl werden von ihm belastet.

Bis Oktober 1953 bleibt Paulus in sowjetischer Kriegsgefangenschaft. Dann läßt er sich in der DDR nieder, die ihn von Zeit zu Zeit auch propagandistisch in Anspruch nimmt. Am 1. Februar 1957, vierzehn Jahre nach dem Untergang der 6. Armee in Stalingrad, ist Friedrich Paulus, 66 Jahre alt, in Dresden gestorben.

## Rudolf Pechel

***Dr., Herausgeber der »Deutschen Rundschau«, Grunewald, Hohenzollerndamm 60***

Rudolf Pechel, geboren am 30. Oktober 1882 im mecklenburgischen Güstrow als Sohn eines Gymnasiallehrers, studiert in Göttingen und Berlin Germanistik, Publizistik und Volkswirtschaft. Im April 1919 übernimmt er die Herausgeberschaft der 1874 von Julius Rodenberg gegründeten *Deutschen Rundschau*, die schon Fontane zu ihren Stammlesern zählte. Binnen kurzem sind Pechel und *Deutsche Rundschau* identische Begriffe. Der neue Herausgeber macht die Monatsschrift für Politik und Kultur zu seinem Lebenswerk und sichert ihr fast im Alleingang über vier Jahrzehnte hinweg öffentliche Aufmerksamkeit. In den Tagen der Weimarer Republik steht die *Deutsche Rundschau* gleichgewichtig neben S. Fischers *Neuer Rundschau*, der *Weltbühne* oder der *Literarischen Welt* des Willy Haas.

Mit mancherlei Listen gelingt es, die Zeitschrift als weltoffenes Forum eines liberalen und wertkonservativen Bürgertums nach 1933 fortzuführen und vor dem Zugriff der mißtrauischen Staatsmacht zu bewahren, ohne der NS-Ideologie den erwarteten Kotau zu erweisen. Im September 1937 kommt es zur ersten Krise. In Pechels Beitrag »Sibirien« werden die bedrückenden Aspekte des Lebens im Dritten Reich, unter Anprangerung der Zustände in der fernen GPU-Region, kaum verschlüsselt beim Namen genannt. Das ruft die Gestapo und die Reichskanzlei auf den Plan. Fortan wird Pechel überwacht und bespitzelt, im Kriege erscheinen Monat für Monat Beiträge, deren Doppelsinn sich dem Leser zwischen den Zeilen, oft auch in poetischer oder aphoristischer Tarnung kundtut. Im Juli 1940 etwa wird Gottfried Kellers Gedicht »Schlechte Zeit« kommentarlos abgedruckt; sein Schluß lautet: »Es ist ein harter Stand, / Mit Schurken atmen gleiche Luft / Im engen Vaterland.« In dem Essay »Die Dämonie der Macht« porträtiert Pechel in aller Breite einen Machthaber, den »der Rausch des Erfolges ... verblendet und ihn über alle Grenzen des Menschlichen hinwegreißt«, der »illegitim bis zum Äußersten« ist (Januar 1941). Ein ganz ohne Polemik verfaßter Artikel über den

Staatsmann Winston Churchill zitiert ihn mit dem Satz: »Ich habe immer den Standpunkt vertreten, daß man Kriege oder sonstige Gewaltmaßnahmen mit allen Machtmitteln bis zum vollkommenen Siege durchführen muß, dann aber dem Überwundenen die Hand zur Freundschaft reichen soll« (Juli 1941).

Am Morgen des 8. April 1942 wird Rudolf Pechel verhaftet und die Wohnung, die zugleich Redaktion ist, durchsucht. Die seit langem unter dem Verdacht der Subversion stehende Zeitschrift, die von den Großtaten des Führers keine Notiz nimmt, wird verboten. Ein im Januar 1942 erschienener Artikel über »Nachrichtenpolitik«, erkennbar gegen Goebbels gerichtet, liefert den Anlaß. Pechel hat Glück im Unglück: Ein ihm von Goerdeler übergebener Aufruf, den Generalfeldmarschall Erwin von Witzleben am Tag des Umsturzes an die Wehrmacht richten soll, bleibt unentdeckt, weil er offen in einer Ablage auf dem Schreibtisch liegt. Es folgen drei Haftjahre in den Konzentrationslagern Sachsenhausen und Ravensbrück, nur unterbrochen von Verhören in Berlin und der Verhandlung vor dem Volksgerichtshof.

Im April 1945 wird Pechel befreit. Als die *Deutsche Rundschau* ein Jahr später wieder erscheint, begleitet sie den Neuanfang der Deutschen in Ost und West mit jener Mischung aus orientierender Information und hellhöriger Skepsis, die zu ihrem Markenzeichen geworden ist. Golo Mann plädiert auf ihren Seiten als einer der ersten für die Anerkennung der Oder-Neiße-Grenze.

1957 schreibt Pechel, der Umsturzversuch des 20. Juli 1944 sei gescheitert, weil er zu spät unternommen wurde und weil — »hier wird die schwere deutsche Tragik sichtbar« — die zahlreichen günstigeren Gelegenheiten, beginnend bei den Juni-Morden 1934, ungenutzt geblieben sind. Später hätten die Alliierten es versäumt, den deutschen Widerstand zu stärken.

Am 28. Dezember 1961 ist Rudolf Pechel, 79 Jahre alt, in Zweisimmen im Kanton Bern gestorben.

## P Max Pechstein

***Kunstmaler, W 62, Kurfürstenstr. 126***

Max Pechstein, geboren am 31. Dezember 1881 im sächsischen Zwickau als Sohn des Appreturmeisters einer Textilfabrik, wächst mit fünf Geschwistern auf. Seiner Berufung ist er sich früh gewiß. »Mit einem Schlage änderte sich meine Jugend, als ich im zehnten Jahr Zeichenunterricht erhielt«, erinnert er sich. »Ostern 1896 verließ ich die Schule, da es bei mir feststand, daß ich nur Maler werden wollte. Aber da niemand in Zwickau mir sagen konnte, wie man dies anfängt, kam ich zu einem Malermeister auf vier Jahre in die Lehre.«

Im Oktober 1900 geht Pechstein an die Kunstgewerbeschule in Dresden, 1902 an die Kunstakademie. Im April 1906 schließt er das Studium, ausgezeichnet mit dem Sächsischen Staatspreis, ab. Einen Monat später wird er Mitglied der 1905 von ↑ Erich Heckel, Ernst Ludwig Kirchner und ↑ Karl Schmidt-Rottluff gegründeten Künstlergemeinschaft »Die Brücke«. 1908 siedelt Pechstein nach Berlin über und wird Mitglied der »Berliner Sezession«. Als deren Jury im Frühjahr 1910 seine eingereichten Bilder zurückweist, gründet er mit anderen Abgelehnten die »Neue Sezession«. Damals wohnt und arbeitet Pechstein in Friedenau, Offenbacher Str. 1, wenn er nicht gerade umherreist: nach Nidden auf der Kurischen Nehrung (seit 1912), nach Italien, Gent oder Paris. Als der Erste Weltkrieg ausbricht, ist Pechstein auf den Palau-Inseln in der Südsee. Über Japan, Manila, Honolulu und New York kehrt er im Oktober 1915 als Kohlentrimmer auf einem Dampfer nach Holland und von dort in die Heimat zurück; die Südsee-Bilder gehen fast sämtlich verloren. 1916 zieht der 34jährige mit dem sächsischen Infanterie-Regiment 133 in die Kämpfe an der Somme und in Flandern.

Das Kriegserlebnis weckt Pechstein politisch auf. Ende 1918 stellt er sich der Regierung der Volksbeauftragten unter Friedrich Ebert zur Verfügung. Er wird Mitgründer der »Novembergruppe« und des Arbeiterrates für Kunst. Später tritt er dem »Bund der Freunde der Sowjetunion« und der »Liga für Menschenrechte« bei. 1921 entdeckt er, dem Nidden zu umtriebig wird, den Fischerort Leba in Ostpommern, den er von Berlin immer wieder aufsucht. Im Oktober 1922 wird Pechstein in die Preußische Akademie der Künste berufen. 1925 malt er in Sorrent und Positano. Sein Ruhm als Wegbereiter der Moderne wächst. Dem Carnegie-Preis 1926 folgen Ehrungen in Mailand, Bordeaux und Wien.

Im Mai 1933 trifft Pechstein der erste Bannstrahl der neuen Machthaber: Die 1923 übernommene Professur an der Hochschule für Bildende Kunst in Berlin wird ihm entzogen. Im Frühjahr 1934 bezeichnet Alfred Rosenberg ihn und andere bildende Künstler als undeutsch und schädlich. Pechstein protestiert schriftlich und bekommt zur Antwort, »daß ich als ein Begriff des verflossenen Regimes zu verschwinden habe« (Brief vom 13. November 1934 aus Berlin an George Grosz, der bereits emigriert ist). 1935 folgen Gestapo-Verhöre. Nur die Berliner Galerie von der Heyde in W 35, Großadmiral-von-Koester-Ufer 79, zeigt noch ab und an, zuletzt 1939, einzelne Werke des Expressionisten.

Am Vorabend der Eröffnung der Ausstellung »Entartete Kunst« in München, es ist der 18. Juli 1937, spricht Hitler von dem »erbärmlichen Marktbetrieb vieler unserer sogenannten modernen ›Kunstschaffenden«", von »ihren unnatürlichen Schmierereien und Klecksereien«. Sechzehn Bilder Pechsteins werden dem Publikum in der auch von Kunstfreunden besuchten Schau als entartet dargeboten, 326 seiner Gemälde, Aquarelle, Zeichnungen und Drucke werden aus den deutschen Museen entfernt und großenteils im Ausland verkauft. Am 6. September 1937 wird Pechstein aus der Preußischen Akademie der Künste ausgeschlossen. Nur wenige private Sammler, unter ihnen ↑ Adolf Arndt, kaufen noch Bilder des Künstlers.

Als Pechstein 1941 60 Jahre alt wird, nimmt niemand in Deutschland davon öffentlich Notiz. In Leba sucht er immer häufiger Zuflucht, bis Anfang 1945 auch diese Idylle endet. Pechstein und seine Frau werden zum Ausheben eines ebenso riesigen wie nutzlosen Panzergrabens, »Pommernwall« genannt, dienstverpflichtet. Dann kommt die Rote Armee. Leba wird polnisch. Mit einem Madonnenbild für die jetzt katholische Kirche der Kleinstadt erdient sich Pechstein die Rückkehr nach Berlin. Dort sind Wohnung und Atelier zerstört, alle Bilder vernichtet. Aber Ende September 1945 wird Pechstein von Carl Hofer an die neu gegründete Hochschule für bildende Künste geholt. 1947 wird er, der jetzt in Grunewald, Hubertusallee 18 wohnt, Ehrenbürger seiner Vaterstadt Zwickau.

Zehn Jahre der Anerkennung und des wachsenden Ruhms sind dem Maler der leuchtenden Farben, der sich »von Kindesbeinen an« den Idealen der Sozialdemokratischen Partei verbunden gefühlt hat, nach dem Kriege noch beschieden. Am 29. Juni 1955 ist Max Pechstein, 73 Jahre alt, in Berlin gestorben.

## P Hans Peters

***Dr., a.o. Prof., Charlottenburg 5, Herbartstr. 16***

»Hans Peters ist der einzige deutsche Staatsrechtler, der sich an den konspirativen Planungen des Widerstandes für ein freiheitliches Nachkriegsdeutschland beteiligt hat.« Levin von Trott zu Solz hat in seiner 1997 erschienenen Studie »Hans Peters und der Kreisauer Kreis« diese Aussage materialreich belegt. Der durch die Emigration der jüdischen Gelehrten personell verarmten und im Handumdrehen gleichgeschalteten deutschen Rechtswissenschaft stellt ein solcher Befund kein gutes Zeugnis aus, mögen auch Gestalten wie Heinrich Triepel und Wilhelm Wengler (beide Berlin) das Grau in Grau ein wenig aufhellen.

Hans Peters, geboren am 5. September 1896 in Berlin, steht von 1915 bis 1918 als Soldat an der Westfront. Der Heimkehrer studiert in Münster, Wien und Berlin Mathematik und Rechtswissenschaft. 1923 tritt er in das Preußische Innenministerium ein, später, von 1928 bis 1931, ist er Referatsleiter in der Hochschulabteilung des Preußischen

Ministeriums für Wissenschaft Kunst und Volksbildung. Nach dem »Preußenschlag« vom 20. Juli 1932 vertritt er vor dem Staatsgerichtshof die SPD-geführte preußische Regierung gegen das Deutsche Reich. Am 5. März 1933 zieht der engagierte Katholik für das Zentrum in den Preußischen Landtag ein; vier Monate später, als alle Parteien außer der einen aufgelöst und verboten werden, wird das Mandat kassiert.

Seit 1928 lehrt Peters als außerordentliches Professor öffentliches Recht an der Berliner Universität. Eine Berufung zum Ordinarius bleibt ihm im Dritten Reich versagt. Im WS 1938/39 liest Peters über »Deutsches Gemeinderecht« und bietet ein verwaltungswissenschaftliches Seminar an. 1940 wird er für zwei Jahre zum Führungsstab der Luftwaffe eingezogen, wo er mit ↑Harro Schulze-Boysen Kontakt aufnimmt. Im Kreisauer Kreis ist Hans Peters an der Ausarbeitung der »Grundsätze für die Neuordnung« und der Expertise über die »Bestrafung von Rechtsschändern« beteiligt, die auf den Treffen zu Pfingsten 1942, im Oktober 1942 und zu Pfingsten 1943 beraten werden.

Peters überlebt das NS-Regime. Weder die Verhaftung des Kreisauer Gastgebers, Helmuth Graf von Moltke, am 19. Januar 1944 noch die am 20. Juli einsetzende Verfolgungswelle decken der Gestapo Art und Ausmaß seiner Verstrickung auf. 1946 wird Peters — er wohnt noch immer in der Herbartstr. 16 — ordentlicher Professor an der Berliner Universität, Dekan ihrer Juristischen Fakultät und Stadtverordneter der CDU. 1949 geht er als Ordinarius an die Universität Köln. 1961 erscheint seine Schrift »Verfassungs- und Verwaltungsreformbestrebungen innerhalb der Widerstandsbewegung gegen Hitler«. Am 15. Januar 1966 ist Hans Peters, 69 Jahre alt, in Köln gestorben.

## Max Planck

***Prof. Dr., Geh. Reg.-Rat, Grunewald, Wangenheimstr. 21***

Im Schicksal Max Plancks, eines der bedeutendsten Naturwissenschaftler des 20. Jahrhunderts, spiegelt sich das Verhängnis, das die nationalsozialistische Diktatur über Deutschland gebracht hat, paradigmatisch wider. Geboren am 23. April 1858 in Kiel, wird dem (unter sieben Geschwistern zweitjüngsten) Sohn eines Professors für Zivilprozeßrecht die Gelehrsamkeit schon in die Wiege gelegt: Auch der Urgroßvater Gottlieb Jakob Planck, geboren 1751 in Nürtingen, und dessen Sohn Heinrich Ludwig waren Professoren; beide lehrten Theologie an der Universität Göttingen. Der junge Planck wächst in München auf und vertritt schon als Primaner am Maximilian-Gymnasium den erkrankten Mathematiklehrer. Das Prinzip von der Erhaltung der Energie nimmt der Schüler »wie eine Heilsbotschaft« in sich auf. Mit 17 Jahren beginnt er in München Physik zu studieren. Der musisch Hochbegabte, ausgesttatet mit einem absoluten Gehör, schwankt aber noch lange, ob es nicht seine wahre Bestimmung sei, Pianist zu werden.

An der Friedrich-Wilhelms-Universität zu Berlin setzt Planck sein Studium fort. Über seinen berühmtesten Lehrer, den Physiker Hermann von Helmholtz (1821–1894), schreibt er später: »Helmholtz hatte sich offenbar nie richtig vorbereitet. Er sprach immer nur stockend, wobei er in einem kleinen Notizbuch die nötigen Daten heraussuchte. Außerdem verrechnete er sich beständig an der Tafel, und wir hatten das Gefühl, daß er sich selber bei diesem Vortrag ebenso langweilte wie wir.« Im Juni 1879 promoviert Planck, 21 Jahre alt, in München summa cum laude mit der in Latein verfaßten Dissertation »Vom zweiten Hauptsatz der mechanischen Wärmetheorie«. Ein Jahr später folgt die Habilitation mit einer Arbeit über »Gleichgewichtszustände isotroper Körper«. Als Privatdozent der noch jungen und wenig anerkannten Wissenschaft der theoretischen Physik muß er sich zunächst mit einem Lehramt an der Aschaffenburger Forstakademie begnügen, ehe er 1885 an die Universität Kiel und 1889 nach Berlin berufen wird. Hier wirkt er über ein halbes Jahrhundert als einer der angesehensten Gelehrten seiner Zeit. Wie nur wenige ist er fähig, naturwissenschaftliche Erkenntnis und menschliches Denken als organische Einheit zu fassen. Einfachheit, Religiosität und tiefe Ehrfurcht vor dem »Wunder der Welt« prägen sein Wesen. Plancks Quantentheorie verändert um die Jahrhundertwende fast zeitgleich mit der Relativitätstheorie Albert Einsteins das physikalische Weltbild und bahnt den Weg in das Atomzeitalter, das wenig später durch Physiker und Chemiker wie Ernest Rutherford, ↑Otto Hahn und Niels Bohr erschlossen wird. Seit 1912 ist Planck Ständiger Sekretär der Preußischen Akademie der Wissenschaften. 1915 wird er in die Friedensklasse des Ordens Pour le mérite aufgenommen, Ende 1919 mit dem Physik-Nobelpreis für 1918 ausgezeichnet. Akademien und gelehrte Gesellschaften in Wien, Kopenhagen, Uppsala, Dublin, Rom, Stockholm, Turin, London, Amsterdam, Athen, Edinburgh, Boston und Washington gewinnen ihn als Mitglied. Im Juli 1930 wird Planck als Nachfolger Adolf von Harnacks Präsident der »Kaiser-Wilhelm-Gesellschaft zur Förderung der Wissenschaften« (KWG), die heute seinen Namen trägt. Im selben Jahr erscheint seine fünfbändige »Einführung in die theoretische Physik«.

Mit Hitlers Machtantritt gerät fast alles, wofür Planck ein Leben lang eingetreten ist, unter das Diktat einer dumpfen Ideologie. Ungeachtet ihres Ranges werden jüdische Wissenschaftler von den Hochschulen vertrieben; hunderte von ihnen verlassen das Land. Planck bleibt vom Sog der ›nationalen Erhebung‹, diesem »Sturm, der über unser Land braust«, unberührt, und das wohl auch, weil sein Sohn Erwin, hoher Ministerialbeamter und seit Mitte 1932 Staatssekretär in der Reichskanzlei, noch am 30. Januar 1933 entlassen wird. Aber auch Planck ist verunsichert. Am 19. März 1933 schreibt er an den Kollegen Albert Einstein, der sich in den USA aufhält und die Welt vor der neuen deutschen Regierung unverblümt warnt, er habe »mit tiefer Bekümmernis allerlei Gerüchte (erfahren), die sich über Ihre öffentlichen und privaten Kundgebungen politischer Art in dieser unruhigen und schwierigen Zeit gebildet haben«. Planck, der Einstein 1914 nach Berlin geholt hat, legt ihm nun nahe, freiwillig den Austritt aus der Akademie der Wissenschaften zu erklären. Vier Wochen später erfährt Planck an seinem Urlaubsort in Sizilien von Lise Meitner, daß auch der weltberühmte Fritz Haber, Direktor des Kaiser-Wilhelm-Instituts für Physikalische Chemie in Dahlem, aufgrund des »Gesetzes zur Wiederherstellung des Berufsbeamtentums« als Jude entlassen worden ist. Planck ist schockiert, aber zu einem demonstrativen Protest nicht bereit. Am 2. Mai 1933 dankt er dem Reichskanzler brieflich für dessen Glückwünsche zu seinem 75. Geburtstag und bittet um eine Aussprache »über die augenblickliche Lage und die weiteren Pläne« der Kaiser-Wilhelm-Gesellschaft. Am 5. Mai erklärt Planck im Berliner Schloß vor den Institutsdirektoren, die Gesellschaft habe sich »der nationalen Regierung voll zur Verfügung gestellt«.

Das Treffen mit Hitler findet am 16. Mai 1933 um 11 Uhr vormittags in der Reichskanzlei statt. Planck weist auf die Folgen hin, die der rassisch motivierte Aderlaß der KWG und der deutschen Wissenschaft insgesamt zufüge. Auch der weltweite Ansehensverlust sei zu bedenken. Hitler reagiert unwillig und verständnislos. Er unterstellt den Juden, auch ihren Gelehrten, pauschal eine kommunistische Gesinnung. Planck versichert Hitler, stets bestrebt zu sein, »die Pflege der wissenschaftlichen Forschung in erster Linie in den Dienst des Vaterlandes zu stellen«. Er scheidet in dem Gefühl, wenigstens seine Pflicht getan und, zwar vergeblich, versucht zu haben, den Machthaber zur Umkehr zu bewegen. Wiedergesehen hat er Hitler nicht.

Planck hält sich nicht für befugt, die Konfrontation mit einer Regierung zu suchen, die von der Mehrheit der Deutschen begrüßt und getragen wird. Der Nobelpreisträger Max Born (1882–1970), damals schon Emigrant, nimmt ihn rückblickend in Schutz, doch sein Urteil bleibt zwiespältig: »Planck war kein Schwächling. Er wußte, daß jeder Widerstand vergeblich und gefährlich für die deutsche Wissenschaft sein würde. So fügte er sich dem Druck.« Er, Born, frage sich freilich, ob Max von Laue ebenso gehandelt hätte, denn dieser »war nicht, wie Planck, derart konservativ, daß er Befehlen des Staates, auch wenn sie schlecht waren, gehorchte«. Fortan eröffnet Planck die Veranstaltungen mit dem Hitler-Gruß, verwendet den Briefschluß »Heil Hitler« und läßt in den Häusern der Gesellschaft Hitler-Büsten aufstellen. Die Hauptversammlung der KWG gelobt am 23. Mai 1933 in einem Telegramm an »Herrn Reichskanzler Hitler«, »daß auch die deutsche Wissenschaft bereit ist, an dem Wiederaufbau des neuen nationalen Staates, der ihr Schutz und Schirmherr zu sein gewillt ist, nach besten Kräften mitzuarbeiten«.

Aber im Januar 1935 lädt ein sichtbar kämpferischer Max Planck zu einer Gedenkfeier für den am 29. Januar 1934 in Basel gestorbenen Fritz Haber ein. Der Reichserziehungsminister Rust untersagt allen Inhabern akademischer Ämter die Teilnahme. Dennoch findet im vollbesetzten Saal des Harnack-Hauses in Dahlem eine würdige Feier statt. Otto Hahn, Direktor des Kaiser-Wilhelm-Instituts für Chemie, hat den Mut, die Gedenkrede Karl Friedrich Bonhoeffers zu verlesen (Bonhoeffer selbst wird an der Anreise aus Leipzig gehindert). Seine Begrüßungsansprache schließt Planck mit den Worten: »Haber hat uns die Treue gehalten, wir werden ihm die Treue halten.« Fortan gilt Planck manchem, zumal dem *Schwarzen Korps* des ↑ Gunter d'Alquen, als ›weißer Jude‹, wie übrigens auch der Physiker Werner Heisenberg.

Im Mai 1937 scheidet Planck als Präsident der KWG aus; an der Amtsübergabe nimmt auch der ihm befreundete amerikanische Botschafter William E. Dodd teil. Im April 1938, zur Feier von Plancks 80. Geburtstag, erscheint kein Vertreter der NS-Regierung, wohl aber der französische Botschafter André François-Poncet. Ende Dezember 1938 legt Planck auch sein Amt als Sekretär der Preußischen Akademie der Wissenschaften nieder. Anfang März 1943 verläßt er mit seiner Frau das nun fast pausenlos von Luftangriffen heimgesuchte Berlin und folgt einer Einladung auf das Gut Rogätz bei Magdeburg. Den 23. April 1943, seinen 85. Geburtstag, verbringt Planck in Amorbach in Mainfranken. In einem Brief an Max von Laue berichtet er von ungezählten Glückwünschen, »diesmal sogar auch vom Führer«. Im Juni 1944 reist der Hochbetagte ein letztes Mal nach Berlin, zur Feier seines ›goldenen‹ Akademie-Jubiläums. Er nächtigt im »Adlon«, erkennt die zerstörte Stadt aber nicht mehr wieder.

In dem vermeintlich sicheren Refugium an der Elbe endet der Krieg mit Schrecken: Der Evakuierung des Dorfes folgt ein tagelanges Umherirren unter Artilleriebeschuß, dann die Rückkehr in das geplünderte Gutshaus. Endlich, am 16. Mai 1945, erreicht das Ehepaar in einem Jeep der US-Army Göttingen. Harte Schicksalsschläge sind vorausgegangen. Das Haus in der Wangenheimstraße, das die Plancks fast vier Jahrzehnte bewohnt haben, brennt am 15. Februar

1944 in einer Bombennacht nieder. Erwin Planck, das letzte seiner vier Kinder (»mein Sonnenschein, mein Stolz, meine Hoffnung«), wird am 23. Oktober 1944 als Mitwisser der Verschwörung des 20. Juli vom Volksgerichtshof zum Tode verurteilt und am 23. Januar 1945 in Plötzensee hingerichtet. Das Gnadengesuch des berühmten Vaters bleibt unbeachtet.

Am 11. September 1946 wird in Göttingen die »Max-Planck-Gesellschaft zur Förderung der Wissenschaften«, Nachfolgerin der traditionsreichen KWG, gegründet; Otto Hahn wird ihr erster Präsident. Als Max Planck am 4. Oktober 1947 im 90. Lebensjahr in Göttingen stirbt, schreibt Albert Einstein der Witwe aus Princeton, New Jersey: »Wie anders und besser stände es um die Menschenwelt, wenn mehr von seiner Eigenart unter den Führenden sein würden.«

## Hermann Proebst

***Lichterfelde, Reichensteiner Weg 7***

Hermann Proebst, geboren am 25. Februar 1904 in München als Sohn eines Kaufmanns, hat ein Drittel seiner journalistischen Lebensarbeit im Dritten Reich abgeleistet. Aber zwei Umstände mögen ihn, neben der Prägung durch das Elternhaus, davor bewahrt haben, im NS-Staat beschädigt zu werden: daß sein beruflicher Start noch in die Zeit der Weimarer Republik fällt und daß er sein Studium der Geschichte und Germanistik in München, Köln und Berlin durch Aufenthalte in England (1926) und den USA (1928/29) abgerundet hat. Solche akademischen Ausflüge pflegen den Blick für gelebte Liberalität und Toleranz inmitten politisch-kultureller Konflikte zu schärfen.

1930 wird Proebst Rundfunkjournalist in Berlin. Er betreut die Sendungen der Aktuellen Abteilung des Reichssenders Berlin und leitet später den Zeitfunk. Nebenbei hört er Vorlesungen an der Deutschen Hochschule für Politik, an der ↑Theodor Heuss und ↑Otto Suhr lehren. Als die Medien 1933 gleichgeschaltet werden, wird der eben 29jährige als Zeitfunk-Leiter abgelöst und zur Abteilung Kunst versetzt. Aufforderungen, in die NSDAP einzutreten, weist Proebst zurück. 1936 wird er entlassen. Als freier Schriftsteller verfaßt er eine Biographie über den britischen Staatsmann William Pitt d.Ä. und eine Studie über die Brüder Friedrichs des Großen. Von Jugoslawien aus ist er als Auslandskorrespondent für deutsche Zeitungen tätig.

1946 wird Hermann Proebst außenpolitischer Redakteur der *Rheinischen Zeitung* in Köln, ein Jahr später Chef des Presse- und Informationsamts der Bayerischen Staatskanzlei und 1949 Leiter des Ressorts Innenpolitik bei der *Süddeutschen Zeitung*. Zum Auftakt der Bonner Republik plädiert er, der seine Beiträge mit »Junius« kennzeichnet, für die Bildung einer Großen Koalition, damit die Weimarer Zustände nicht wiederkehren. Proebst forscht unbefangener als andere nach den Ursachen der europäischen Tragödie und prangert nicht nur den 1933 eingeschlagenen Irrweg, sondern auch den Kriegsschuldartikel des Versailler Vertrags an. Damals sei nicht bedacht worden, »daß aus verletzter Ehre zuweilen ein Trotz erwächst, der Menschen und selbst Völker dahin bringen kann, vor eben solchen Verbrechen, die man ihnen fälschlich unterschob, schließlich nicht mehr zurückzuscheuen«. Als Proebst dies 1962 schreibt, ist er schon zwei Jahre, seit Mai 1960, Chefredakteur der *Süddeutschen Zeitung*, deren liberales Banner er auch in stürmischen Zeiten hochhält. 1966 erscheinen seine Erinnerungen »Denk ich an München«.Am 15. Juli 1970 ist Hermann Proebst, 66 Jahre alt, in München gestorben, während er an einem Leitartikel zum Abwurf der ersten Atombombe auf Hiroshima vor 25 Jahren schrieb.

P

## Willibald Pschyrembel

***Dr. med., Dr. phil., Arzt, N 65, Bristolstr. 15***

Jeder im 20. Jahrhundert geborene deutschsprachige Mediziner kennt den »Pschyrembel«, das allwissende »Klinische Wörterbuch«, das bis heute 258 Auflagen erlebt hat und damit selbst Evergreens der Belletristik weit hinter sich läßt. Allein nach 1945 sind mehr als 2,5 Millionen Exemplare verkauft worden. Der Autor des Dauersellers Willibald Pschyrembel, geboren am 1. Januar 1901 in Berlin, ist um wenige Monate zu jung, um noch in den Krieg ziehen zu müssen. Er studiert Physik und Medizin, verdient sich sein Studium als Barpianist und promoviert 1924 über »Entwicklung und Stand der Elektrotechnik in Japan«. Den Dr. med. erwirbt er erst 1935 als Schüler ↑ Sauerbruchs. Da ist er schon seit drei Jahren Herausgeber des von Otto Dornbluth 1894 begründeten »Klinischen Wörterbuchs« und macht es zu einem Standardwerk. Im Laufe der Zeit schwillt der »Pschyrembel« auf über 40 000 Stichwörter und fast 2000 Seiten an.

Seit 1937 arbeitet der zurückgezogen lebende und dem NS-Staat gegenüber gleichgültige Gynäkologe als Oberarzt an der Städtischen Frauenklinik Neukölln. Von 1945 bis 1961 ist er Chefarzt der Frauenklinik des Städtischen Krankenhauses Friedrichshain. 1952 verleiht ihm die Humboldt-Universität den Professorentitel. Fachliche Anerkennung finden auch seine Bücher, namentlich die zuletzt 1994 erschienene »Praktische Geburtshilfe« (1947) und die »Praktische Gynäkologie« (1964). Im Herbst 1998 hat ein Autorenteam, den Namen des großen Vorbilds nutzend, ein »Therapeutisches Wörterbuch« vorgelegt, das auch den Laien umfassend über die Heilkunst informiert.

Nach dem Kriege lebt Willibald Pschyrembel in Charlottenburg, Halmstr. 5. Am 26. November 1987 ist er, 86 Jahre alt, in seiner Heimatstadt Berlin gestorben.

## John Rabe

***Kaufmann, W 15, Xantener Str. 2***

Wer ist John Rabe? Kaum einer in Deutschland hatte von ihm gehört, ehe 1997 seine Tagebücher, herausgegeben von Erwin Wickert, erscheinen und Aufsehen erregen: »John Rabe: Der gute Deutsche von Nanking«. Die Zeitungen feiern das Buch und den Mann als zeithistorische Novität, der *Spiegel* widmet dem »Retter mit dem Hakenkreuz« einen sechs Seiten langen Bericht, und auch das Fernsehen nimmt sich seiner an: Am 15. Oktober 1997 sendet der Ostdeutsche Rundfunk Brandenburg (ORB) Tina Mendelsohns Film »Der Schindler von China«.

In einer Kritik heißt es dazu: »Er hat keine Liste geschrieben. Aber täglich Briefe, in denen er die japanischen Grausamkeiten an der chinesischen Bevölkerung notierte. Ordentlich numeriert von 1 bis 444. Doch das war nicht das Wichtigste im Leben des John Rabe. Viel beeindruckender ist, daß er, der Direktor der Siemens-Niederlassung in Nanking, im Herbst und Winter 1937/38 Tausenden Chinesen das Leben rettete. Mit dem Roten Kreuz an einem Arm und dem Hakenkreuz am anderen schuf er eine große Flüchtlingszone mitten in Nanking. Organisierte, mit dem Stahlhelm auf dem Kopf, für 250 000 Menschen Suppenküchen, Lazarette und Toiletten. Siemens degradiert John Rabe dafür zum Sachbearbeiter in Berlin und entläßt ihn 1945, weil er ein Nazi war. Erst 1996 werden seine Tagebücher in dieser Stadt gefunden. Die US-Sachbuchautorin Iris Chang bewirkt eine Mediensensation im Ausland, und in Nanking entsteht ein John-Rabe-Museum.« Der Fernsehfilm wirke »wie ein Gedicht aus Stille, aus Schweigen und Scham« (*Der Tagesspiegel* vom 16. Oktober 1997).

John Heinrich Detlev Rabe, geboren 1882 in Hamburg als Sohn eines Schiffskapitäns, folgt als junger Kaufmann dem hanseatischen Drang in die Ferne. Über die portugiesische Kolonie Mosambique gelangt er nach China. In Peking heuert er 1908 bei der Siemens China Co. an, geht für sie nach Tientsin, dann nach Nanking. Die Stadt wird 1927 Sitz der nationalchinesischen Regierung unter Tschiang Kaischek. Als die Japaner im Sommer 1937 ihren Großangriff gegen die chinesische Armee beginnen und Nanking im Dezember 1937 nach schweren Kämpfen erobern, wird Rabe Zeuge der Massaker an der Zivilbevölkerung. An die 300 000 Chinesen sollen die Soldaten des Tenno hingemetzelt haben. Rabe organisiert Hilfe, öffnet den Bedrängten sein Haus und setzt sich für die Respektierung einer Schutzzone ein.

Im April 1938 kehrt Rabe nach Deutschland zurück. Von Berlin aus versucht er, auf die Leiden des chinesischen Volkes aufmerksam zu machen. Am 8. Juni 1938 wendet er sich an Hitler: »Mein Führer! Die Mehrzahl meiner Freunde in China ist der Meinung, dass Ihnen über die tatsächlichen Ereignisse in Nanking kein ausführlicher Bericht erstattet wurde.« Wenige Tage später holt ihn die Gestapo zum Verhör; sein Film über den Terror der Eroberer wird konfisziert. Das Dritte Reich ist nicht bereit, Notiz von Japans Kriegsverbrechen zu nehmen.

1945, nach dem Fall Berlins, wird Rabe von den Sowjets verhaftet. Er kommt wieder frei. Dann hält man ihm vor, in Nanking stellvertretender Ortsgruppenleiter der NSDAP gewesen zu sein. Die Arbeitserlaubnis wird ihm entzogen. Im Spruchkammerverfahren führt erst die Berufung zu seiner Entlastung. »In Nanking der ›Lebende Buddha‹ für Hunderttausende«, schreibt er verbittert in sein Tagebuch, »hier ein Paria, ein Outcast.« Am 5. Januar 1950 ist John Rabe, 67 Jahre alt, in Berlin gestorben.

## R Erich Raeder

***Dr.h.c., Großadmiral, Oberbefehlshaber der Kriegsmarine, Charlottenburg 9, Ulmenallee 8; lt. Nachtrag von 1943: Potsdam-Babelsberg, Stubenrauchstr. 12–14)***

Erich Raeder, geboren am 24. April 1876 in Wandsbek als Sohn eines Oberlehrers, tritt am 1. April 1894 als Offiziersanwärter in die Kaiserliche Marine ein. Es ist das Jahr, in dem Nikolaus II. als Zar den russischen Thron besteigt und Hauptmann Alfred Dreyfus wegen angeblichen Landesverrats in Frankreich verurteilt wird. Raeder ist ein geschichtsbewußter Mann, den zwei Ereignisse des Ersten Weltkriegs dauerhaft geprägt haben: die Seeschlacht am Skagerrak von 1916 und der Kieler Matrosenaufstand vom November 1918. Beide Traumata mögen auch für spätere Fehlentscheidungen ursächlich gewesen sein. 1926 verleiht die Universität Kiel Raeder für seine Darstellung des Kreuzerkriegs die Ehrendoktorwürde.

Unter Raeder, der seit 1928 Chef der Marineleitung und seit Jahresbeginn 1935 Oberbefehlshaber der Kriegsmarine ist, wird die deutsche Kriegsflotte aufgerüstet und zugleich zu einer Bastion der NS-Ideologie ausgebaut, wobei es zutreffen dürfte, daß die Zahl der Anhänger Hitlers unter den Offizieren und Mannschaften der Marine schon vor 1933 bemerkenswert groß gewesen ist. Das erklärt zugleich, weshalb hier selbst latente Neigungen zu Kritik oder gar Widerstand bis in die letzten Tage des für die deutschen Seestreitkräfte extrem verlustreichen Krieges kaum erkennbar sind. (Admiral Wilhelm Canaris, Abwehrchef im OKW und und im April 1945 als Widerständler hingerichtet, mag als Ausnahme gelten. 1933 hat freilich auch er Hitlers Machtantritt begrüßt, und seit 1935 ist Canaris kein Mann der Marine mehr.)

Am 30. Januar 1937 verleiht Hitler seinem parteilosen Großadmiral das Goldene Parteiabzeichen der NSDAP. Im Gegenzug bekennt sich Raeder, so in seiner Rede zum Heldengedenktag am 12. März 1939, mit ungemein markigen Worten zum Nationalsozialismus und attestiert dem deutschen Volk, der NS-Weltanschauung und »den Symbolen seiner Wiedergeburt mit ebenso heißer Liebe wie fanatischer Leidenschaft« anzuhängen. Der Führer habe gezeigt, »daß in der nationalsozialistischen Volksgemeinschaft die größte unversiegbare Kraftquelle liegt, deren Dynamik nicht nur den inneren Frieden sichert, sondern auch die Erschließung aller schöpferischen Volkskräfte ermöglicht.« Und weiter: »Darum die klare und schonungslose Kampfansage an den Bolschewismus und das internationale Judentum, deren völkervernichtendes Treiben wir zur Genüge am eigenen Volkskörper zu spüren bekommen haben. Darum der Zusammenschluß mit allen gleichgesinnten Nationen, die, wie Deutschland, nicht gewillt sind, ihre dem Aufbau und dem inneren Friedenswerk gewidmete Kraft von volksfremden Ideologien und artfremden Parasiten zersetzen zu lassen.«

Am 30. Januar 1943 ernennt Hitler den Befehlshaber der U-Boot-Waffe, Karl Dönitz, zu Raeders Nachfolger. Raeder hatte kurz zuvor um seinen Abschied gebeten. Auslösender Grund ist eine überaus banale Meinungsverschiedenheit mit Hitler: Raeder widersetzt sich der nicht standesgemäßen Heirat eines seiner Offiziere. Im Nürnberger Prozeß gegen die Hauptkriegsverbrecher gefragt, ob der von ihm, Raeder, mißbilligte Feldzug gegen die Sowjetunion nicht eher Anlaß für einen Rücktritt gewesen wäre, gibt er zur Antwort, in der Heiratsfrage sei es um ein in seiner Verantwortung liegendes Prinzip gegangen; Entscheidungen über Krieg und Frieden seien dagegen nicht seine Sache gewesen. Im übrigen habe er mit Hitler schon länger seine Schwierigkeiten gehabt.

Wegen der Vorbereitung eines Angriffskriegs und Verbrechen gegen die Menschlichkeit wird Raeder am 1. Oktober 1946 zu lebenslanger Haft verurteilt, aber 1955 mit Zustimmung der Gewahrsamsmacht UdSSR aus Gesundheitsgründen vorzeitig entlassen.

Am 6. November 1960 ist Erich Raeder, 84 Jahre alt, in Kiel gestorben.

## Hans von Raumer

***Reichsminister a. D., Grunewald, Taubertstr. 26***

Der promovierte Jurist Hans von Raumer, geboren am 10. Januar 1870 in Dessau, wird am 6. Juni 1920 für die Deutsche Volkspartei (DVP) in den ersten Reichstag der Weimarer Republik gewählt und noch im gleichen Monat als Reichsschatzminister in das Kabinett des Zentrumspolitikers Konstantin Fehrenbach berufen. Die DVP, die mit der Losung »Von roten Ketten macht euch frei allein die Deutsche Volkspartei« in den Wahlkampf gezogen war, erhöht damals ihren bei der Wahl zur Nationalversammlung im Januar 1919 erzielten Stimmenanteil um mehr als das Dreifache und überflügelt mit stolzen 14 Prozent sogar das Zentrum, das nur 13,6 Prozent erreicht.

Raumer, seit 1905 Landrat in Wittlage (Provinz Hannover), scheidet 1911 aus dem Staatsdienst aus und geht in die Energiewirtschaft. 1915 wird er in Berlin Direktor des Bundes der Elektrizitäts-Versorgungsunternehmungen Deutschlands. Weitere Aufgaben und Vorstandsposten folgen. 1920 wird er Reichsbevollmächtigter der Außenhandelsstelle der Elektrotechnik. Er tritt als Sachverständiger auf internationalen Konferenzen auf. Ein knappes Jahr amtiert er als Schatzminister. Eine noch kürzere, aber durchaus weimartypische Amtszeit ist ihm 1923 als Wirtschaftsminister im ersten Kabinett Stresemann beschieden, das nur zwölf Wochen Bestand hat. Dem Reichstag gehört Hans von Raumer immerhin ein volles Jahrzehnt, bis zum September 1930, an.

Wie ergeht es jemandem mit dieser Biographie im Dritten Reich? Schon im Mai 1933 wird Raumer das Ruhegehalt als Minister entzogen. Das »Gesetz zur Wiederherstellung des Berufsbeamtentums« vom 7. April 1933 sieht die »Neufestsetzung« der Bezüge aller Reichsminister vor, die seit dem 9. November 1918 ernannt worden sind. Der Entlassung aus einem Aufsichtsrat folgt im Oktober 1933 der ihm aufgenötigte Rücktritt als Leiter des Zentralverbands der Deutschen Elektrotechnischen Industrie. 1936 wird er von der Gestapo verwarnt: In einem abgefangenen Brief an den britischen Luftfahrtminister Lord Swinton hatte Raumer sich für einen nach England ausgewanderten Juden verwandt.

Bis 1938 bleibt von Raumer noch Präsident der Deutsch-Rumänischen Handelskammer. Wie viele Freiberufler, die der NSDAP nicht beitreten mögen, sich aber ein politisches Alibi zu verschaffen suchen, wird er »förderndes Mitglied« der SS. Aber in Würdigung dieser bloß nominellen Mitgliedschaft stuft ihn die Spruchkammer in Böblingen im November 1946 als »entlastet« ein. Glaubwürdigen Zeugen zufolge habe von Raumer »den Nationalsozialismus aktiv bekämpft und ist deshalb auch Verfolgungsmaßnahmen ausgesetzt gewesen«. Das wird in der frühen Nachkriegszeit freilich vielen bescheinigt.

Am 3. November 1965 ist Hans von Raumer, 95 Jahre alt, in Berlin gestorben.

## Hans Joachim Rehse

***Landgerichtsrat, NO 55, Gubitzstr. 40***

Hans Joachim Rehse, geboren am 27. September 1902 in Prenden (Kreis Niederbarnim) als Sohn eines Pfarrers, studiert in Berlin Jura. Nach kurzer Tätigkeit als Anwalt geht der Assessor in den preußischen Justizdienst. Politisch steht Rehse rechts. Als 17jähriger schließt er sich der Bismarck-Jugend an. Von 1925 bis 1929 ist er Mitglied der Deutschnationalen Volkspartei. Am 1. Mai 1933 tritt er der NSDAP bei.

Im April 1934 wird der Amtsrichter Rehse für drei Jahre als Hilfsarbeiter des Untersuchungsrichters an den soeben gebildeten Volksgerichtshof (VGH) abgeordnet. Dann ist er Richter in einer Großen Strafkammer des Landgerichts I Berlin. Ende 1939 kehrt er als Ermittlungsrichter an den VGH zurück. Im November 1941 wird er Beisitzer im 1. VGH-Senat unter Otto Thierack. Als dieser im August 1942 Reichsjustizminister wird, übernimmt der neue VGH-Präsident ↑ Roland Freisler den Vorsitz. Zuständig ist der 1. Senat (es gibt noch zwei weitere) u.a. für die Straftaten der Wehrkraftzersetzung und der Feindbegünstigung. Als Rehse am 1. Oktober 1942 zum Kammergerichtsrat befördert wird, beantragt er, nun auch an das Kammergericht (das Berliner Oberlandesgericht) versetzt zu werden. Ihm wird mitgeteilt, daß er für die Dauer des Krieges am VGH bleiben müsse.

Im Laufe der Jahre wirkt der Richter Rehse an 373 Urteilen des VGH mit: 231 Todesurteilen stehen 25 Freisprüche und 117 Urteile gegenüber, mit denen eine Freiheitsstrafe verhängt wird. Erst 1958 sickert durch, daß Rehse, seit Anfang 1956 als Hilfsrichter am Landesverwaltungsgericht in Schleswig tätig, an Freislers Seite Terrorurteile gefällt hat. Seit April 1964 wird gegen den Kammergerichtsrat a. D. in Berlin wegen Mordes und versuchten Mordes ermittelt. 1966 wird er angeklagt, in den Jahren 1943 und 1944 aus niedrigen Beweggründen Menschen getötet oder zu töten versucht zu haben, indem er — so die prozessual übliche Fixierung auf einige wenige Fälle — in sieben Strafverfahren der Verhängung der Todesstrafe zustimmte, die nachweislich in drei Fällen auch vollstreckt wurde. Rehse wird mit der Anklageerhebung verhaftet, Anfang Februar 1967 aber gegen eine Kaution von 200 000 Mark vor weiterer Haft verschont.

Am 3. Juli 1967 verurteilt das Schwurgericht beim Landgericht Berlin Rehse wegen Beihilfe zum Mord in drei Fällen und Beihilfe zum versuchten Mord in vier Fällen zu fünf Jahren Zuchthaus. Der Bundesgerichtshof in Karlsruhe hebt das von Rehse als zu hart, von der Staatsanwaltschaft als zu milde angefochtene Urteil am 30. April 1968 auf und verweist die Sache mit einer Rechtsbelehrung an das Berliner Schwurgericht zurück. Dieses spricht Rehse am 6. Dezember

1968 frei. Beim VGH habe es sich nicht um ein Organ der Exekutive, sondern um »ein unabhängiges, nur dem Gesetz unterworfenes Gericht« gehandelt. Folglich könne sich der Angeklagte auch nur durch vorsätzliche Rechtsbeugung — durch die bewußt fehlerhafte Anwendung des geltenden NS-Rechts oder die Anwendung erkennbar ungültiger, gegen höheres Recht verstoßender Gesetze — schuldig gemacht haben. Jenes sei nicht nachzuweisen (Rehse habe sich vielmehr strikt an das geltende Recht gehalten), und dieses scheide aus, weil es das Recht eines jeden Staates sei, »in Zeiten gefährlicher Bedrängnis von außen seinen Bestand im Innern durch harte Kriegsgesetze zu sichern. Sie verstoßen nicht gegen ungeschriebenes, übergesetzliches Recht«.

Das Urteil ist weithin auf Unverständnis gestoßen, ja als Skandal empfunden worden. Es hat zumal unter den damals rebellierenden Studenten die Stimmung gegen das ›restaurative Establishment der BRD‹ zusätzlich aufgeheizt. Der Name des Richters Rehse wird zum Schlüsselwort in der Auseinandersetzung mit der Erblast der NS-Zeit. Wer genauer hinsieht, erkennt freilich, daß die juristische Ahndung von Akten staatlicher Repression, die vom so genannten positiven Recht gedeckt sind, nur überzeugend gelingen kann, wenn dieses Recht während seiner Geltung von den Rechtsunterworfenen mehrheitlich und eindeutig als Unrecht empfunden worden ist. Das traf auf die Deutschen unter dem Hakenkreuz, die Richterschaft eingeschlossen, offensichtlich nicht zu.

Hans Joachim Rehse, der sich nach dem Krieg im norddeutschen Schleswig in sein, wie die Presse berichtet, behagliches Landhaus zurückgezogen hat, ist für die vom Volksgerichtshof unter seiner Mitwirkung geübte Blutjustiz letztlich nicht zur Rechenschaft gezogen worden. Seine Pension als Kammergerichtsrat hat ihm zwar das Kieler Finanzministerium bereits im April 1961 aberkannt. Als Rehse dagegen klagt, werden ihm die halben Ruhestandsbezüge ausgezahlt. Seit das freisprechende Urteil rechtskräftig ist, dürfte die Kürzung mit rückwirkender Kraft aufgehoben worden sein.

## R Robert Ritter

***Dr. phil., Dr. med. habil., Lichterfelde, Züricher Str. 30***

Robert Ritter, geboren am 14. Mai 1901 in Aachen als Sohn eines Marineoffiziers, wechselt als 14jähriger Gymnasiast von Aachen an die Kadettenanstalt in Berlin-Lichterfelde. 1918 kommt er noch für kurze Zeit als Offiziersanwärter an die Front. 1921 kämpft er in den Reihen eines Freikorps für den »Grenzschutz Ost« in Oberschlesien.

Der nationalen Tristesse der Nachkriegszeit setzt Ritter ein Doppelstudium entgegen. 1927 erwirbt er in München mit einer pädagogischen Arbeit den Dr. phil., 1930 promoviert er in Heidelberg zum Dr. med. Seit 1934 ist er Facharzt für Kinderpsychiatrie. Er bildet sich in Paris, Zürich und Berlin weiter und schreibt über Themen wie »Rothaarigkeit als rassenhygienisches Problem« (1935). Als Oberarzt an der Universitäts-Nervenklinik in Tübingen habilitiert er sich 1936 mit einer Feldstudie über in Deutschland lebende Zigeunerfamilien. Der Untertitel ist sprechend genug: »Erbärztliche und erbgeschichtliche Untersuchungen über die — durch zehn Geschlechterfolgen erfaßten — Nachkommen von Vagabunden, Gaunern und Räubern.« Mit dieser Arbeit empfiehlt sich der Verfasser für höhere Aufgaben: Robert Ritter wird wenig später zum Leiter der »Rassenhygienischen und bevölkerungsbiologischen Forschungsstelle« des Reichsgesundheitsamts in Berlin berufen.

In den folgenden Jahren widmen sich Ritter und seine Mitarbeiter Forschungen zur Familiengeschichte von Landstreichern, Arbeitsscheuen und Betrügern, wobei den »Fremdrassigen« (Zigeuner und Juden) und den »Mischlingen« ihr besonderes Augenmerk gilt. Diese »Bastardbiologie« wird als Beitrag zu einer fortschrittlichen Eugenik von der Deutschen Forschungsgemeinschaft finanziert.

Mit dem Jahr 1945 endet die Karriere des Rassenhygienikers. In Kürschners »Deutschem Gelehrten-Kalender« taucht sein Name nicht mehr auf. Im Oktober 1948 leitet die Staatsanwaltschaft in Frankfurt a.M. ein Ermittlungsverfahren gegen ihn ein; es wird 1951 eingestellt. Am 15. April 1957 ist Robert Ritter im Alter von 55 Jahren gestorben.

## Paul Rosbaud

***Dr.-Ing., Chemiker, Zehlendorf, Waltraudstr. 15***

Unter den Akteuren des deutschen Widerstands, von denen mancher im Berliner Telefonbuch 1941 verzeichnet ist, zählt Paul Rosbaud, geboren am 18. November 1896 in Graz als dritter Sohn einer ledigen Mutter, zu den wenigen, die sich zur Spionage für Deutschlands Kriegsgegner bereit gefunden haben.

Rosbaud, im Ersten Weltkrieg Offizier der österreichischen Armee, kommt nach dem Abschluß seines Studiums Mitte der zwanziger Jahre nach Berlin. Als Lektor einer Fachzeitschrift, dann als Berater des Berliner Wissenschaftsverlags Springer lernt er die Elite der Naturwissenschaftler Europas persönlich kennen. Den Physikern Niels Bohr, Max Born, ↑Otto Hahn, Lise Meitner und Ernest Rutherford ist er freundschaftlich verbunden.

Als Hitler Reichskanzler wird, entschließt sich Rosbaud, seinem ehemaligen österreichischen Landsmann Widerstand zu leisten. Er wittert in Hitler von Anfang an den skrupellosen Demagogen und

Psychopathen. Diskret agierend, aber an vielen Plätzen präsent versorgt Rosbaud den britischen Geheimdienst über Jahre hinweg mit Nachrichten über den Stand der deutschen Rüstungsforschung. Mitte 1942 signalisiert er London das Ende der Arbeiten an einer potenziell kriegsentscheidenden Waffe: der deutschen Atombombe. Die NS-Führung hat die um den Nobelpreisträger Werner Heisenberg in Berlin-Dahlem gescharten Experten ausgebremst. Vorrang genießt fortan der Raketenbau in Peenemünde.

Der Amerikaner Arnold Kramish, selbst Physiker, hat das Leben des wohl erfolgreichsten Technologiespions im Zweiten Weltkrieg nachgezeichnet. Als der *Spiegel* die Biographie mit dem Titel »Der Greif« im April 1987 ausführlich vorstellt (Heft 17, S. 94 ff.), erfährt die deutsche Öffentlichkeit zum ersten Mal vom Wirken eines Mannes, dessen Name ihr durch den Dirigenten-Bruder Hans Rosbaud seit langem geläufig ist. Kramish berichtet über die Gesprächspartner des Meisterspions, seine Verbindung zu Käthe Kollwitz, seine mitten im Krieg quer durch Europa unternommenen Reisen und die Kanäle, auf denen bis zuletzt geheimes Wissen aus den Forschungsstätten des Dritten Reiches nach außen getragen wird.

Paul Rosbaud erlebt das Kriegsende in Berlin. Wenig später wird er in britischer Uniform nach London ausgeflogen, um ihn dem russischen Zugriff zu entziehen. In London gründet er eine Tochtergesellschaft des Springer-Verlags. Dort ist er am 28. Januar 1963, 66 Jahre alt, an Leukämie gestorben.

## R Alfred Rosenberg

***(unter NSDAP:) Der Beauftragte des Führers für die Überwachung der gesamten geistigen und weltanschaulichen Schulung und Erziehung der NSDAP, W 35, Margaretenstr. 17***
***im Nachtrag 1943: Charlottenburg 2, Bismarckstr. 1***

Von außen gesehen glückt Alfred Rosenberg, geboren am 12. Januar 1893 in Reval als Sohn einer Estin und eines baltendeutschen Kaufmanns, lange Jahre einfach alles. Keinem anderen nationalsozialistischen Intellektuellen, Goebbels ausgenommen, ist eine so erfolgreiche Karriere als Parteiideologe, Publizist und Politiker beschieden.

In Moskau schließt Rosenberg 1918 sein in Riga begonnees Architekturstudium ab. Kurz darauf kommt er als Emigrant nach München, arbeitet publizistisch für rechte Blätter und tritt 1919 als Mitglied Nr. 625 der Deutschen Arbeiterpartei bei, die sich bald NSDAP nennen wird. 1923 wird Rosenberg Hauptschriftleiter des *Völkischen Beobachter*, der parteiamtlichen Tageszeitung der NSDAP. Seit 1930 gibt er auch die *Nationalsozialistischen Monatshefte* heraus. Am 14. September 1930 wird Rosenberg in den Reichstag gewählt. Seit April 1935 leitet er das Außenpolitische Amt der NSDAP. Zwei Monate später wird er von Hitler zum Reichsleiter und im Januar 1934 zum »Beauftragten des Führers für die Überwachung der gesamten geistigen und weltanschaulichen Schulung und Erziehung der NSDAP« berufen. Rosenbergs Hauptwerk, »Der Mythus des 20. Jahrhunderts«, 1930 erstmals erschienen, wird trotz seiner Unverständlichkeit zum Kultbuch der Bewegung erklärt und millionenfach verkauft. Sein Autor läßt sich als Schöpfer einer politischen Philosophie neuer Zeitrechnung feiern.

1937 wird Alfred Rosenberg als erster mit dem »Deutschen Nationalpreis für Kunst und Wissenschaft« ausgezeichnet. 1940 beginnen die Vorarbeiten für die von ihm angeregte Errichtung einer »Hohen Schule«, die der NS-Elite als akademische Ausbildungsstätte dienen soll. Seit Oktober 1940 ist der »Einsatzstab Reichsleiter Rosenberg« mit dem planmäßigen und massenhaften Kunstraub aus den okkupierten Ländern Europas befaßt. Schließlich, im Juli 1941, ernennt Hitler Rosenberg, dem ein Staatsamt bislang nicht beschieden war, zum »Reichsminister für die besetzten Ostgebiete«. In dieser Funktion ist er vor allem für deren wirtschaftliche Ausbeutung, aber auch für die Rekrutierung eines Heers von Zwangsarbeitern, darunter Zehntausende von 10- bis 14jährigen, verantwortlich.

Rosenbergs Auftritte in der Öffentlichkeit, sein mangelndes Geschick bei Verhandlungen, die Takt und Menschenkenntnis erfordern, und nicht zuletzt seine erbittert geführten innerparteilichen Kleinkriege um Einfluß und Kompetenzen bezeugen eine so wichtigtuerische Eitelkeit, daß dieser Gralshüter der nationalsozialistischen Weltanschauung am Ende nur noch von wenigen seiner Weggefährten ernst genommen wird.

Im Nürnberger Prozeß gegen die Hauptkriegsverbrecher beruft sich Rosenberg darauf, immer ein Freund der Russen und Ukrainer gewesen zu sein und mehrfach eine humanere Besatzungspolitik gefordert zu haben. Der Raub von Kunstschätzen habe vor allem deren Sicherheit gedient, wenn er auch gehofft habe, daß einige der Werke später in Deutschland bleiben könnten. Noch 1934 habe er sich in einer Rede für eine »ritterliche Lösung« der Judenfrage eingesetzt.

Die Last der Gegenbeweise ist erdrückend. Alfred Rosenberg wird in allen vier Anklagepunkten schuldig gesprochen und am 16. Oktober 1946, 53 Jahre alt, im Nürnberger Gerichtsgefängnis durch den Strang hingerichtet.

## Ernst Ruska

***Dr.-Ing,, Spandau, Teltower Str. 17***

Ernst Ruska, geboren am 25. Dezember 1906 in Heidelberg, führt wie die Mehrzahl der deutschen Naturwissenschaftler, soweit sie nicht als Juden oder Regimegegner verfolgt und vertrieben werden, inmitten der Diktatur ein unpolitisches Forscherleben,

Bereits 1931 ist Ruska der Bau eines ersten Elektronenmikroskops mit magnetischen Linsen gelungen. 1934 schließt er sein Studium der Physik an der Technischen Hochschule Berlin mit der Promotion ab. 1937 erscheint seine wegweisende Arbeit: »Elektronenmikroskop und Übermikroskopie«. Ihr folgen, neben zahlreichen Aufsätzen, 1940 zwei weitere Schriften zur Elektronenoptik. 1941 wird Ruska mit der Silbernen Leibniz-Medaille der Preußischen Akademie der Wissenschaften ausgezeichnet. 1944 habilitiert er sich in dem von immer wuchtigeren Luftangriffen heimgesuchten Berlin.

Nach dem Kriege versichert sich die Max-Planck-Gesellschaft der Mitarbeit dieses jetzt weltweite Anerkennung findenden Forschers. Ruska wird Gründungsmitglied und Direktor des Instituts für Elektronenmikroskopie am Fritz-Haber-Institut in Berlin-Dahlem. Er lehrt er an der Technischen und der Freien Universität. 1974, im Jahr seiner Emeritierung, gelingt es ihm, mit einem eigens zu diesem Zweck entwickelten Hochleistungs-Elektronenmikroskop atomare Strukturen abzubilden.

1986 wird Ruska für sein Lebenswerk zusammen mit dem Deutschen Gerd Binnig und dem Schweizer Heinrich Rohrer der Nobelpreis für Physik verliehen. Am 27. Mai 1988 ist Ernst Ruska, 81 Jahre alt, in Berlin gestorben.

## S Karl Sack

***Dr., Reichskriegsgerichtsrat, Wilmersdorf, Güntzelstr. 14***

Der Lebensweg des Juristen Karl Sack, geboren am 9. Juni 1896 im rheinhessischen Bosenheim als Sohn eines Pfarrers, vervollständigt das Bild des niemals ganz aufgehobenen Gegensatzes zwischen Wehrmacht und politischer Führung im NS-Staat. Er belegt, daß es unter den Wehrmachtrichtern im Frieden wie im Krieg keineswegs nur gefügige Gefolgsleute Hitlers gegeben hat.

Die Herkunft aus dem evangelischen Pfarrhaus bleibt für Karl Sack lebenslang prägend. Die Gebote der christlichen Ethik bestimmen auch sein Handeln im Dienst des Vaterlandes. Sack gehört zu einer Generation, die diesen Dienst früh antreten muß. Kaum hat der knapp 18jährige im Sommer 1914 als Jurastudent die Universität Heidelberg bezogen, eilt er am 2. August 1914 kriegsfreiwilig zu den Fahnen. Als Infanterist mehrfach schwer verwundet, mit dem EK 1 und der hessischen Tapferkeitsmedaille ausgezeichnet, kehrt der Leutnant vier Jahre später in eine veränderte, für die Mehrzahl der Deutschen verdüsterte Welt zurück.

Sack wird wieder Student, besteht die beiden juristischen Staatsprüfungen mit »gut« und wird Richter an einem kleinen Amtsgericht in Oberhessen. 1926 tritt er der Deutschen Volkspartei (DVP) bei. Er ist Anhänger der Politik Gustav Stresemanns, der Deutschlands nationale Interessen im Wege der Verhandlung und Verständigung mit seinen Nachbarn zu wahren sucht. Den Parteien der Weimarer Koalition, SPD und Zentrum, steht Sack distanziert bis ablehnend gegenüber.

1934 tritt der Landgerichtsrat Sack in die Heeresjustiz ein. 1936 wird er Obergerichtsrat in München, 1938 Reichsgerichtsrat in Berlin. Im »Fritsch-Prozeß« trägt Sack entscheidend zur Entlastung des als homosexuell denunzierten Chefs der Heeresleitung, Generaloberst Werner Freiherr von Fritsch, bei. Ende November 1939 scheidet Sack auf eigenen Wunsch aus dem Richteramt aus und geht als Rechtsberater der Heeresgruppe A (Generaloberst von Rundstedt) an die Front. Dort lernt er den Generalstäbler Henning von Tresckow kennen, einen der entschiedensten Köpfe des militärischen Widerstands. Ende August 1941, wenige Wochen nach dem Angriff auf die Sowjetunion, wird Sack Gruppenleiter der Rechtsabteilung des OKW (Oberkommando der Wehrmacht). Von dort wechselt er im Oktober 1942 als »Chefrichter des Heeres« zum OKH, dem Oberkommando des Heeres in der Bendlerstraße. Seit Mai 1944 führt er den Titel »Generalstabsrichter«. In Berlin ist Sack nach Kräften bemüht, erklärte Regimegegner vor der Todesstrafe zu bewahren. Nur die »zweifellos landesverräterische Haltung« der Gruppe um ↑Harro Schulze-Boysen und Arvid Harnack (»Rote Kapelle«) macht ihm dies »auch innerlich unmöglich« (Gerhard Ritter, S. 481). Nach dem 20. Juli 1944 wird Sack verhaftet. Seine engen Kontakte zu Admiral Wilhelm Canaris, Hans Oster und Hans von Dohnanyi sowie der Umstand, daß er auf der Kabinettsliste Goerdelers als Justizminister fungiert, lassen ihm keine Überlebenschance. Am 8. April 1945 wird er im Konzentrationslager Flossenbürg bei Weiden in der Oberpfalz von einem SS-Standgericht zusammen mit dem Theologen Dietrich Bonhoeffer, Canaris, Oster und zwei Hauptleuten zum Tode verurteilt. Am 9. April 1945 werden die Urteile durch Erhängen vollstreckt. Karl Sack ist 48 Jahre alt geworden.

## E. Ferdinand Sauerbruch

***Prof. Dr. med., Geheimer Hofrat, Direktor der Chirurgischen Klinik der Charité, NW 7, Schumannstr. 21; Wohnung: Grunewald, Herthastr. 11***

Ernst Ferdinand Sauerbruch, geboren am 3. Juli 1875 in Barmen als Sohn des technischen Leiters einer Weberei, studiert in Marburg, Jena und Leipzig Medizin und lernt als Assistenzarzt Kassel, Erfurt und Berlin kennen. In Breslau, der nächsten Station, entwickelt der 29jährige eine bahnbrechende Neuerung für die Thoraxchirurgie: die Unterdruckkammer, die der Gefahr des Pneumothorax vorbeugt. Nach der Habilitation 1905 lehrt Sauerbruch als Dozent in Greifswald und Marburg, ehe er 1910 als Ordinarius für Chirurgie nach Zürich und 1918 nach München berufen wird. 1927 übernimmt er den Lehrstuhl für Chirurgie an der Berliner Charité. Mit neuen operativen Verfahren (z. B. die Ersetzung des Ober- durch den Unterschenkelknochen) erregt er Aufsehen. Der Ruf, der beste Chirurg seiner Zeit zu sein, beschert ihm Schüler, Patienten und Auszeichnungen aus aller Welt und verschafft ihm überdies eine ungewöhnlich große, anekdotenumwobene Popularität.

Sauerbruch ist kein homo politicus. Immerhin hat er sich an der Universität München öffentlich gegen den am 9. November 1923 blutig fehlgeschlagenen Hitler-Putsch gewandt — und ist dafür von rechtsgerichteten Studenten niedergeschrieen worden. Im Dritten Reich verhält er sich ambivalent. Als eine Anzahl »deutscher Wissenschaftler von Weltruf« — unter ihnen die Universitätsrektoren ↑ Eugen Fischer (Berlin) und Martin Heidegger (Freiburg) — am 11. November 1933 auf einer »machtvollen Kundgebung« in Leipzig einen »Appell an die Gebildeten der ganzen Welt« richtet, ist auch Sauerbruch dabei. Die Unterzeichner fordern »Verstehen für Hitlers Kampf um Deutschlands Gleichberechtigung«, jenes außenpolitische Ziel also, dem zweifellos eine überwältigende Mehrheit der Deutschen ungeachtet aller politischen und ideologischen Gegensätze zustimmt. Fatal ist nur, daß dieses demonstrative Eintreten für legitime deutsche Interessen unter den herrschenden Umständen als pauschales Treuebekenntnis zu Hitler, die schamlose Judenverfolgung eingeschlossen, gewertet wird.

NSDAP-Mitglied wird Sauerbruch nicht, und er läßt sich auch nicht vorschreiben, was er zu tun und zu lassen hat. Am 11. Februar 1935 zählt er zu den 38 Trauergästen, die auf dem Friedhof an der Schönhauser Allee Max Liebermann, dem verfemten jüdischen Künstler, das Grabgeleit geben. Im selben Jahr spricht Sauerbruch in der Militärärztlichen Akademie Berlin über »Arzttum und Soldatentum«. Noch Ende Mai 1943 nimmt er hier an einer Tagung teil, auf der SS-Ärzte über die Sulfonamid-Experimente an Frauen des KZ Ravensbrück berichten (Sauerbruch später: es sei damals nicht von Häftlingen, sondern von zum Tode verurteilten Verbrecherinnen die Rede gewesen). Auf dem Nürnberger NSDAP-Parteitag im September 1937 wird ihm der neugeschaffene »Deutsche Nationalpreis für Kunst und Wissenschaft« zuerkannt, eine Art Ersatz-Nobelpreis, weil der echte von keinem deutschen Staatsbürger mehr angenommen werden darf. Die Größen des Regimes lassen sich von Sauerbruch behandeln; das bietet in schwierigen Zeiten Schutz. Am 8. Oktober 1944 notiert Goebbels in sein Tagebuch, neue Berichte zeigten, daß an der Vorbereitung des 20. Juli auch ↑ Oncken und Sauerbruch beteiligt waren. In der Tat zählen Widerständler wie Johannes Popitz zu seinem Freundeskreis, andere, wie der in Afrika schwer verwundete Claus Graf Stauffenberg, zu seinen Patienten. Das Regime weiß, daß es unklug wäre, gegen den Arzt vorzugehen.

Als die Rote Armee im April 1945 zum Sturm auf die Hauptstadt ansetzt, schnellt die Zahl der schwerstverletzten Soldaten und Zivilisten noch einmal in die Höhe. Sauerbruch bleibt auf seinem Posten und operiert inmitten des wachsenden Chaos Tag und Nacht. Die einrückenden Sowjets begegnen dem berühmten Arzt, der sich nun auch ihrer Verwundeten annimmt, mit Ehrerbietung. Da Sauerbruch nicht als Anhänger des NS-Regimes gilt, ist er als Werbeträger für den demokratischen Neuanfang willkommen. Mitte Mai 1945 wird er zum Stadtrat für Gesundheitswesen berufen. Aber er bleibt unbequem, widersetzt sich einer Entnazifizierung in seinem Umfeld und stellt sich dem politisch unbelasteten Internisten ↑ Theodor Brugsch in den Weg. Am 12. Oktober 1945 wird Sauerbruch von der Alliierten Kommandantur — treibende Kraft sind die Amerikaner — entlassen: Er habe in den letzten zwölf Jahren dazu beigetragen, »Prestige für die Nationalsozialisten zu schaffen«, und sei deshalb für eine leitende Tätigkeit nicht geeignet. Der Charité bleibt er erhalten.

Nach seiner Emeritierung im Dezember 1949 verläßt Ferdinand Sauerbruch die eben gegründete DDR und setzt seine Arbeit an der Grunewald-Klinik im Westen Berlins fort. Er stirbt am 2. Juli 1951, einen Tage vor seinem 76. Geburtstag. Kurz darauf kommen seine Erinnerungen (»Das war mein Leben«) auf den Markt, ein ›gesprochenes Buch‹, wie Sauerbruchs Witwe einräumt, als die Authentizität der millionenfach verkauften Memoiren öffentlich angezweifelt wird. An der Grundstücksmauer Ecke Delbrück- / Richard-Strauss-Straße in Grunewald erinnert heute eine Bronzebüste an diesen Großmeister der Chirurgie.

## Hjalmar Schacht

***Dr., Ministerbüro, Charlottenburg 9, Badenallee 9***

Der Bankier und Politiker Hjalmar Schacht, geboren am 22. Januar 1877 in dem (heute dänischen) Dorf Tingleff in der preußischen Provinz Schleswig-Holstein, gehört zu den nicht eben zahlreichen Deutschen, die unter vier staatlichen Ordnungen in leitender oder beratender Funktion beruflich tätig gewesen sind: im Kaiserreich, in der Weimarer Republik, im NS-Staat und in der Bundesrepublik Deutschland.

Nach dem Besuch der Gelehrtenschule des Johanneums in Hamburg studiert Schacht in Berlin, München, Leipzig, Paris und Kiel Germanistik und Nationalökonomie. Seit 1903 im Bankfach, wird er 1916 Direktor der privaten Nationalbank (sie fusioniert 1922 mit der Darmstädter Bank zur Danatbank, deren Zusammenbruch 1931 die Bankenkrise auslöst). Ende 1918 tritt Schacht als Mitgründer der bürgerlich-linksliberalen Deutschen Demokratischen Partei (DDP) zum ersten Mal auch politisch hervor. Im November 1923 wird er Reichswährungskommissar und kurz darauf Reichsbankpräsident. Die Berufungen fallen zeitlich mit dem Ende der Inflation zusammen. Ob und inwieweit die Stabilisierung der Währung Schachts Wirken zuzuschreiben ist, steht dahin. 1926 verläßt er die DDP.

1929 ist Schacht Leiter der deutschen Delegation bei der Pariser Sachverständigenkonferenz, die eine Minderung der Deutschland auferlegten Reparationslasten beschließt. Im Frühjahr 1930 legt er aus Protest gegen die in seinen Augen zu nachgiebige Politik der Regierung unter Reichskanzler Hermann Müller (SPD) seine Ämter nieder und fordert »ein großes und starkes Deutschland«. Daß der Reichspräsident von Hindenburg am 30. Januar 1933 Hitler zum Reichskanzler beruft, geht auch auf Schachts Fürsprache zurück.

Von Hitler wieder zum Reichsbankpräsidenten berufen, finanziert Schacht die Arbeitsbeschaffung für über 6 Millionen Arbeitslose. Von August 1934 bis Februar 1938 mit der zusätzlichen Funktion des Reichswirtschaftsministers betraut, sichert er auch die forciert betriebene Aufrüstung des Reiches finanziell ab. 1937 beginnt Schacht, Hitlers Politik kritischer und die deutsche Wirtschaft zunehmend überfordert zu sehen. 1938 erkennt er nach eigenem Bekunden Hitlers Kriegsabsichten und die Notwendigkeit eines Staatsstreichs. Anfang 1939 trägt er seine Besorgnis in einem Memorandum Hitler vor. Dieser entläßt ihn daraufhin am 18. Januar 1939 auch als Reichsbankpräsident. Das im Telefonbuch 1941 verzeichnete »Ministerbüro« ist schon lange ein Anachronismus.

Seit 1943 hält Schacht das Schicksal des Regimes für besiegelt. Anfang 1944 verurteilt er den Einsatz von Schülern als sogenannte Luftwaffenhelfer an den Flakgeschützen der Heimatfront. »Die Einziehung von Fünfzehnjährigen«, schreibt er maliziös an Göring, »wird sicherlich die Bedenken bestärken, wie eigentlich dieser Krieg gewonnen werden soll.« Der Reichsmarschall reagiert gereizt mit einer Sanktion, die keine mehr ist: »Meine Antwort auf Ihren defaitistischen, die Widerstandskraft des deutschen Volkes untergrabenden Brief gebe ich damit, daß ich Sie hiermit aus dem Preußischen Staatsrat ausweise.«

Am 29. Juli 1944 wird Schacht wegen seiner Kontakte zu konservativen Kreisen des Widerstands verhaftet und bis zu seiner Befreiung am 5. Mai 1945 in den Konzentrationslagern Ravensbrück und Flossenbürg festgehalten.

Im Nürnberger Hauptkriegsverbrecher-Prozeß wegen der Vorbereitung eines Angriffskriegs angeklagt, erklärt Schacht am 31. August 1946 in seinem Schlußwort, die Beweisaufnahme habe ergeben, »daß ich fanatischer Kriegsgegner war und aktiv durch Widerspruch, Sabotage, List und Gewalt versucht habe, den Krieg zu verhindern«. Schacht wird freigesprochen, aber bei Verlassen des Gerichtsgebäudes aufgrund eines deutschen Haftbefehls erneut festgenommen. Die nach dem Entnazifizierungs-Gesetz zuständige Stuttgarter Spruchkammer verurteilt ihn 1947 als »Hauptschuldigen« zu acht Jahren Arbeitslager. Die Berufungsspruchkammer des Internierungslagers Ludwigsburg hebt das Urteil am 1. September 1948 auf und spricht Schacht frei. In seinem Buch »Abrechnung mit Hitler«, das im selben Jahr erscheint, präsentiert sich Schacht als Mann des Widerstands.

Schacht kehrt zurück in seinen Beruf als privater Bankier und Finanzexperte. In der Schrift »Mehr Geld — Mehr Kapital — Mehr Arbeit« (1949) weist er Wege zur Marktwirtschaft. Seinen Rat lassen sich vor allem ausländische Regierungen und Investoren etwas kosten. Am 3. Juni 1970 ist Hjalmar Schacht, 93 Jahre alt, in München gestorben.

## Christian Schad

***Kunstmaler, W 30, Geisbergstr. 36***

Christian Schad, geboren am 21. August 1894 im oberbayerischen Miesbach als Sohn eines Juristen, wächst in München auf, besucht dort die Kunstakademie und zieht 1915 in die neutrale Schweiz. 1920 kehrt er nach München zurück, arbeitet aber auch in Rom, Neapel und Wien. 1927 kommt er nach Berlin und bleibt hier bis 1943. Schads von der Neuen Sachlichkeit bestimmter Malstil verbindet sich mit Elementen des magischen Realismus. Seit Ende der zwanziger Jahre setzt sich Schad international durch. Sein berühmtes »Selbstbildnis« mit dem schräg zurückgelehnten weiblichen Akt als Kontrapunkt entsteht 1927.

Unter der NS-Herrschaft schwinden die intellektuelle Szene und das Halbweltmilieu, aus denen Schad seine Motive geschöpft hat. Mitte der dreißiger Jahre ist der Maler weitgehend isoliert und kaum mehr produktiv. Seit 1935 führt er die Berliner Vertretung einer bayerischen Brauerei. 1938 beginnt er ein Studium der Sinologie. Mitte 1943, nach der Zerstörung von Wohnung und Atelier in der Geisbergstraße, zieht Schad nach Aschaffenburg. Im Auftrag der Stadtväter fertigt er in jahrelanger Arbeit eine Kopie der »Stuppacher Madonna« von Mathias Grünewald an.

Auch nach 1945 bleibt Schads Kreativität gelähmt. Aber sein Ruhm und der Marktwert seiner Bilder wachsen. 1961 baut er sich in Keilberg im Spessart ein Atelierhaus. 1972 findet im Palazzo Reale in Mailand eine erste große Retrospektive des Gesamtwerks statt; eine zweite folgt 1980 in der Staatlichen Kunsthalle Berlin. Am 25. Februar 1982 stirbt Christian Schad, 87 Jahre alt, in Stuttgart. Seither sind seine Bilder wiederholt in Zürich, München, Emden und zuletzt in Berlin, im »Haus am Waldsee« in Zehlendorf, ausgestellt worden.

## S Jakob Schaffner

***Schriftsteller, Wilmersdorf, Ravensberger Str. 7***

Jakob Schaffner, geboren am 14. November 1875 in Basel als Sohn eines Gärtners, wird, früh verwaist, pietistisch erzogen. Nach der Schusterlehre durchwandert er als Geselle viele Länder. Seit 1905 erscheinen in rascher Folge realistisch erzählte Romane aus dem Handwerker- und Kleinbürgermilieu, die zumal in Deutschland hohe Auflagen erreichen. 1911 verläßt der Dichter die ihm zu eng gewordene Heimat und wird in Berlin seßhaft.

Schaffner wohnt anfangs in Schöneberg, Bozener Str. 17, unweit der Wohnung ↑ Gottfried Benns. Wie dieser ist er 1933 fasziniert vom Aufbruch der deutschen Nation im Zeichen des Hakenkreuzes. Im Führerstaat Hitlers sieht Schaffner die wahre, vom Volk gewollte und vom Volksgeist inspirierte Demokratie verwirklicht. »Er hat das Erlebnis des Dritten Reiches in sich aufgenommen«, urteilt 1941 der zeitgenössische Literaturpapst Josef Nadler. Der Schweizer Romancier wird in die Sektion für Dichtung in der Preußischen Akademie der Künste aufgenommen und trägt dazu bei, das durch die literarische Emigration verursachte Verlustgefühl ein wenig zu mildern. In dem Buch »Offenbarung in deutscher Landschaft« (1934) rühmt Schaffner die Lager des Arbeitsdienstes, in »Volk zu Schiff« (1936) preist er die Urlaubsfahrten der Organisation »Kraft durch Freude«, während der »Schicksalsweg des deutschen Volkes« (1940) heroische Töne anschlägt. Im September 1940 wird Schaffner sogar von Hitler empfangen. Daraufhin mahnt der Dichter in mehreren Beiträgen, die in der Wochenzeitung *Das Reich* erscheinen, die Schweiz, sich positiv zum nationalsozialistischen Deutschland einzustellen. Im Januar 1941 lehnt Goebbels derartige Appelle eines Emigranten an seine Landsleute als nutzlos und kontraproduktiv ab.

Am 25. September 1944 findet Jakob Schaffner, 68 Jahre alt, bei einem amerikanischen Bombenangriff auf Straßburg im Elsaß, den der deutsche Wehrmachtbericht tags darauf meldet, den Tod. In der Schweiz ist der abtrünnige Eidgenosse lange Zeit als Landesverräter betrachtet und mit dem Norweger Knut Hamsun verglichen worden, der Deutschland bis zuletzt den Sieg gewünscht hat. Heute wird Schaffners Beitrag zur schweizerischen Literatur des 20. Jahrhunderts sehr viel unbefangener gewürdigt.

**Hans Scharoun**
***Prof., Architekt, Siemensstadt, Jungfernheideweg 4***
***Büro: W 50, Passauer Str. 4***

Hans Scharoun, geboren am 20. September 1893 in Bremen als Sohn eines Brauereidirektors und Nachkomme einer aus Böhmen stammenden Familie, studiert von 1912 bis 1914 an der Technischen Hochschule Charlottenburg. Nach dem Ende des Ersten Weltkriegs wirkt Scharoun in Berlin als Architekt, ehe er 1925 auf eine Professur an die Akademie für Kunst und Kunstgewerbe in Breslau berufen wird. Hier wird er zum Wegbereiter eines neuen städtebaulichen Denkens, das die »bewohnbare Stadtlandschaft« anstrebt: An die Stelle der herkömmlichen Straßenzeile tritt der von Grünflächen umgebene Wohnblock. Berlin-Siemensstadt wird dafür das erste Beispiel. 1932 kehrt Scharoun nach Berlin zurück, wo er im selben Jahr auf der Austellung »Sonne, Luft und das Haus für alle« prominent vertreten ist. In der Folgezeit baut er als privater Architekt vor allem Einfamilienhäuser.

Unmittelbar nach dem Ende der Kämpfe im Mai 1945 ist Scharoun zur Stelle, um am Wiederaufbau und an der Neugestaltung der weitgehend zerstörten Stadt mitzuwirken. Ein Jahr lang leitet er als Stadtrat im ersten Berliner Nachkriegsmagistrat die Abteilung für Bau- und Wohnungswesen. Dann wird er auf einen Lehrstuhl für Städtebau an der Technischen Universität sowie zum Direktor des im Sowjetsektor gelegenen Instituts für Bauwesen der Akademie der Wissenschaften berufen. Dieses Amt führt er nach der Zäsur von 1948 — dem Auftakt zur Zweiteilung der Viersektorenstadt — im Auftrag des Ostmagistrats bis 1950 weiter.

Scharoun tritt von Anfang an für die Erhaltung des stark, aber nicht irreparabel beschädigten Berliner Stadtschlosses ein. Zunächst mit Erfolg: Auf sein Drängen wird der kunsthistorisch besonders wertvolle Weiße Saal gesichert und restauriert. Als die politisch motivierte Entscheidung zum Abriß fällt und ungeachtet massiver Proteste am 7. September 1949 mit der Sprengung des Baudenkmals begonnen wird, ist Scharouns Vertrauen in die städtebauliche Kompetenz der SED und ihren verantwortungsvollen Umgang mit dem Erbe der Vergangenheit geschwunden. Ende November 1949 nimmt er noch an einer von Ministerpräsident ↑ Otto Grotewohl einberufenen

Konferenz über den Wiederaufbau Berlins teil. Aber da die Regierung der eben gegründeten DDR wegen des Viermächtestatus der Stadt selbst für den Ostteil Berlins nicht zuständig ist, bleibt die Initiative einer sektorenübergreifenden Planung folgenlos.

Von 1955 bis 1968 ist Scharoun der erste Präsident der Akademie der Künste in Berlin (West). Unter seinen Bauten ragt die neue Philharmonie in Tiergarten an Schönheit und akustischer Perfektion heraus. ↑Adolf Arndt, der das Haus im Oktober 1963 eröffnet, verweist auf den wiedergewonnenen Rang Berlins »als maßstabsetzende Hauptstadt Deutschlands«. Am 25. November 1972 ist Hans Scharoun, 79 Jahre alt, in Berlin gestorben.

## S Hans Schmidt-Leonhardt

***Professor, Dr., Ministerialdirigent, W 62, Lützowufer 20***

Hans Schmidt-Leonhardt, geboren am 6. August 1886 in Leipzig, wird 1933 Leiter der Rechtsabteilung in dem neugeschaffenen Reichsministerium für Volksaufklärung und Propaganda des Dr. Joseph Goebbels. Der Jurist ist Mitverfasser des maßgeblichen Kommentars zum Schriftleitergesetz vom 4. Oktober 1933, das die Pressefreiheit beseitigt und das hergebrachte Berufsbild des Journalisten grundlegend verändert. Nach § 1 obliegt den Schriftleitern eine »vom Staat durch dieses Gesetz geregelte öffentliche Aufgabe«. Dazu paßt das rassistische Reinheitsgebot: »Schriftleiter kann nur sein, wer arischer Abstammung und nicht mit einer Person nichtarischer Abstammung verheiratet ist.« Das damit statuierte Berufsverbot nötigt in Deutschland mehrere hundert Journalisten und Redakteure zur Emigration.

In ihrem 1934 erschienenen Kommentar begründen die Verfasser das »öffentlich-rechtliche Pflichtverhältnis gegenüber dem Staat« so: durch seine vom Liberalismus geleugnete »nationalerzieherische Aufgabe« werde der Schriftleiter dem Lehrer ähnlich, »der ja ebenfalls eine wichtige Erziehungsaufgabe erfüllt«. Deshalb habe der ursprüngliche Entwurf des Gesetzes auch vorgesehen, den Schriftleiter zum Amtsträger zu erklären. Wiewohl diese Absicht »aus juristisch-technischen Gründen« wieder aufgegeben worden sei, behalte der Schriftleiter »eine beamtenähnliche Stellung«, sein Beruf sei fortan ein »staatlich gebundener Beruf«.

Seit 1934 nimmt Schmidt-Leonhardt nebenamtlich einen Lehrauftrag für das »Recht des Kulturstandes« an der Berliner Universität wahr. 1935 faßt er den eingetretenen Wandel in dem Aufsatz »Kultur und Staat im Recht des neuen Reichs« zusammen. 1938 wird der Reichskulturwalter — mit diesem Titel erscheint Schmidt-Leonhardt im Vorlesungsverzeichnis — zum Honorarprofessor ernannt, der den

Studierenden insbesondere das Recht und die segensreiche Arbeit der von ihm beaufsichtigten Reichskulturkammer nahebringt.

Im April 1945 setzt Hans Schmidt-Leonhardt, 58 Jahre alt, seinem Leben beim Einmarsch der Roten Armee in Berlin selbst ein Ende, nachdem Goebbels in einer letzten Dienstbesprechung den Mitarbeitern seines Hauses ihr künftiges Schicksal ebenso drastisch wie zynisch vor Augen geführt hat: mitgefangen, mitgehangen.

## Karl Schmidt-Rottluff

***Maler, W 30, Bamberger Str. 19***

Karl Schmidt-Rottluff, geboren am 1. Dezember 1884 in Rottluff bei Chemnitz als Sohn eines Müllers, studiert Architektur und Malerei in Dresden. 1905 gründet er dort mit Erich Heckel und Ernst Ludwig Kirchner die Malervereinigung »Die Brücke«, der sich bald auch ↑Emil Nolde, ↑Max Pechstein und Otto Müller anschließen. 1911 kommt Schmidt-Rottluff, anderen vorauseilend, in die preußische Metropole Berlin, wo das neue expressionistische Lebensgefühl sich in allen Künsten vehement Bahn gebrochen hat.

1915 zieht der 30jährige aus patriotischer Pflicht in den Ersten Weltkrieg, 1918 kehrt er als republikanisch gesinnter Bürger zurück. Er macht Entwürfe für ein Staatswappen, befaßt sich mit der Kunst Afrikas und zeigt sich in vielen seiner Arbeiten als Gebrauchskünstler. Im August 1931 wird der als Maler, Graphiker und Holzschneider gleichermaßen Anerkannte in die Preußische Akademie der Künste berufen. Nicht für sehr lange freilich: am 18. Mai 1933 erklärt Schmidt-Rottluff sich auf eine nötigende Anfrage des Akademiepräsidenten »gern bereit, die Akademie zu verlassen«. 1936 folgt ein Ausstellungsverbot, im Juli 1937 wird er in der Ausstellung »Entartete Kunst« in München als »Kunstbolschewist« und »Größe der Verfallzeit« diffamiert. 638 seiner Bilder werden aus den deutschen Museen entfernt, viele davon, so noch am 30. Juni 1939 auf einer Auktion in Luzern, ins Ausland verkauft.

Als 1938 das von dem Antisemiten Theodor Fritsch (1852–1933) begründete »Handbuch der Judenfrage« in einer 43. Auflage erscheint, sind darin nicht nur die »führenden Kunstjuden« aufgelistet. Erstmals werden auch »die ›Künstler‹ aus dem nichtjüdischen Lager« als Mittäter an den rassistischen Pranger gestellt, übertrafen sie doch »an Zügellosigkeit teilweise sogar noch die Juden«. Unter den Genannten befinden sich die großen Meister des deutschen Expressionismus: Emil Nolde, Erich Heckel, Max Pechstein, Karl Hofer, Christian Rohlfs, Max Beckmann, Otto Dix und eben auch Karl Schmidt-Rottluff. Am 3. April 1941 wird ihm durch ein Schreiben des Präsidenten der Reichskammer der bildenden Künste ein Malverbot auferlegt.

1943 verläßt der Geächtete Berlin, 1946 kehrt er in die zerstörte Stadt zurück. Von 1947 bis 1954 wirkt er als Professor an der Berliner Hochschule für bildende Künste. Mit einer Schenkung von 74 Gemälden an das Land Berlin gibt der 80jährige im Dezember 1964 den Anstoß zur Gründung des »Brücke-Museums«. Am 10. August 1976 ist Karl-Schmidt-Rottluff, 91 Jahre alt, in Berlin gestorben.

## S Carl Schmitt

***Preußischer Staatsrat und Universitätsprofessor, Dahlem, Kaiserswerther Str. 17***

»In Carl Schmitt gewann der Nationalsozialismus seinen zweifellos glänzendsten Geist«, schreibt Ernst Niekisch, politischer Publizist der Linken und hellsichtiger Gegner des NS-Regimes, in »Das Reich der niederen Dämonen«. Der Staats- und Völkerrechtler Carl Schmitt, geboren am 11. Juli 1888 im sauerländischen Plettenberg als Sohn eines Bahnbeamten, spielt nach Hitlers Machtergreifung eine verhängnisvolle Rolle als Anwalt, Kronjurist und Galionsfigur der Diktatur. Der konservativ und antiliberal eingestellte Autor einer »Verfassungslehre« (1928), in der die Fragmentierung des Staates durch die politischen Parteien beklagt wird, begrüßt im April 1933 die Aufhebung der Grundrechte und Verfassungsgarantien durch das Ermächtigungsgesetz und verkündet im Dezember 1933 »Neue Leitsätze für die Rechtspraxis«. Einer von ihnen lautet: »Für die Anwendung und Handhabung der Generalklauseln ... sind die Grundsätze des Nationalsozialismus unmittelbar und ausschließlich maßgebend.« In den beigefügten Erläuterungen wird unmißverständlich, ja drohend angemerkt: »Gegenüber den herrschenden nationalsozialistischen Anschauungen des deutschen Volkes andere, ihnen fremde oder gar feindliche Anschauungen geltend zu machen, wäre subjektive Willkür und ein gegen den nationalsozialistischen Staat gerichtetes politisches Unternehmen, es würde die Voraussetzung und Grundlage der richterlichen Unabhängigkeit, die Rechts- und Gesetzesgebundenheit des Richters, gefährden und zerstören.« Dem Verrat an der tradierten Kultur des Rechts folgt die öffentliche Rechtfertigung der Mordaktion vom 30. Juni 1934, die Hitler befohlen hat, um einem angeblichen Putsch der SA-Führung zuvorzukommen. Mit seinem Aufsatz »Der Führer schützt das Recht« hat sich Carl Schmitt auch moralisch desavouiert.

Abzusehen war dieser Absturz nicht. Nach der Habilitation an der Reichsuniversität Straßburg (1916) macht Schmitt, katholisch geprägt, aber der Amtskirche entfremdet, mit drei dialektisch geschliffenen staatstheoretischen Frühwerken auf sich aufmerksam: »Politische Romantik« (1919), »Die Diktatur« (1921), »Politische Theologie«

(1922). 1921 wird er als Ordinarius des öffentlichen Rechts nach Greifswald berufen. 1922 geht er nach Bonn, 1926 an die Handelshochschule Berlin und 1932 nach Köln. Hier stellt Schmitt Ende April 1933 den Antrag auf Mitgliedschaft in der NSDAP (sein Parteibuch erhält er wegen des verhängten Aufnahmestops erst 1937, mit der Datierung 1. Mai 1933). An der Seite Martin Heideggers, des Freiburger Rektors, macht er sich demonstrativ zum Fürsprecher des Staats der »nationalen Erhebung«. Wenig später erreicht ihn ein Ruf an die Friedrich-Wilhelms-Universität Berlin. In der Folgezeit wird Schmitt Mitglied im gleichgeschalteten Preußischen Staatsrat, Leiter der Reichsfachgruppe Hochschullehrer im NS-Juristenbund und Herausgeber der *Deutschen Juristen-Zeitung*. In der 1934 von ↑Hans Frank, dem Reichsrechtsführer, eröffneten »Akademie für Deutsches Recht« gebärdet er sich prononciert antisemitisch. In Dutzenden Aufsätzen und Wortmeldungen heißt er gut, was ihm gestern noch fremd und suspekt war.

Ob ihn die Mißgunst von Kollegen zermürbt oder der Übereifer im Dienst einer banalen und gewalttätigen Ideologie intellektuell erschöpft hat, ist schwer auszumachen. Jedenfalls geht ein sichtlich ernüchterter Carl Schmitt seit Mitte 1936 zum Regime auf Distanz. Nach Konflikten mit der SS (das *Schwarze Korps* diffamiert ihn im Dezember 1936 ohne Namensnennung als berechnenden Opportunisten) legt er seine außerakademischen Ämter nieder. Aber noch Anfang 1945 steht er in der Universität Unter den Linden staatstreu und unverdrossen auf dem Katheder. Als das Dritte Reich untergeht, gehört der 56jährige wie seine Gegenspieler ↑Alfred Baeumler und ↑Reinhard Höhn zu jenem knappen Dutzend deutscher Professoren, die wegen ihrer prononcierten Parteinahme für das befleckte Regime auf keinen Lehrstuhl mehr zurückkehren.

Carl Schmitt erlebt das Ende in Berlin. Ende September 1945 wird er zum ersten Mal verhaftet, von den Amerikanern verhört und länger als ein Jahr zunächst im Lager Lichterfelde-Süd an der Wismarer Straße, dann im »Civilian Detention Camp« in Wannsee, Königstraße / Ecke Endestraße, interniert. Nach seiner zweiten Verhaftung im März 1947 wird er für fünf Wochen in das Nürnberger Justizgefängnis verbracht und dort mehrfach von dem US-Ermittler Robert M.W. Kempner verhört. Schmitt beteuert, die Diskriminierung der Juden »für ein großes Unglück, und zwar von Anfang an« gehalten zu haben. Er selbst freilich hat sich noch in seiner am Vorabend des Zweiten Weltkriegs erschienenen Schrift »Völkerrechtliche Großraumordnung mit Interventionsverbot für raumfremde Mächte« (1939, 4. Aufl. 1941) abfällig über »diese jüdischen Autoren« geäußert, die weder eine Raumtheorie noch »irgend etwa anderes geschaffen haben«. Befragt, ob er sich schäme, »damals derartige Dinge geschrieben (zu) haben«, bekennt er im Verhör vom 29. April 1947: »Heute selbstverständlich. ... Es ist schauerlich, sicher. Es gibt kein Wort darüber zu reden.«

Der ohne Prozeß Freigelassene zieht sich nach Plettenberg in seine sauerländische Heimat zurück. In dem Büchlein »Ex Captivitate Salus« (1950), das ↑ Wilhelm Ahlmann gewidmet ist, setzt er sich andeutend mit seinem Schicksal und der Last der Vergangenheit auseinander. Heute gilt Carl Schmitt nahezu unbestritten als der bedeutendste deutsche Staatsdenker und Verfassungsrechtler des 20. Jahrhunderts. Seine Schriften sind in viele Sprachen übersetzt. Die Literatur zu Person und Werk mitsamt einer ›Schmittiana‹ genannten Edition umfaßt weltweit hunderte von Büchern und tausende von Aufsätzen. Noch immer sucht man herauszufinden, was diesen überragenden Kopf für den Nationalsozialismus anfällig gemacht hat.

Am 7. April 1985 ist Carl Schmitt, 96 Jahre alt, in seinem Geburtsort Plettenberg gestorben.

## S Heinrich Schnee

***Dr., Wirklicher Geheimer Rat, Gouverneur z.D., Charlottenburg 5, Lietzensee-Ufer 11***

Als prominenter Vertreter des Anspruchs, das Deutsche Reich als weltweit respektierte Kolonialmacht wiederherzustellen, darf Heinrich Schnee, geboren am 4. Februar 1871 in Neuhaldensleben bei Magdeburg, auf diesen Seiten nicht fehlen. Denn auch im Kriegsjahr 1941 träumen noch immer einige Unentwegte von der Rückgewinnung der 1919 verlorenen Kolonien als einer der Früchte des kommenden Sieges. Überdies verkörpert Heinrich Schnee in seiner Person jene erstaunliche systemübergreifende Kontinuität, die viele deutsche Biographien des 20. Jahrhunderts kennzeichnet. Schnee hat im Kaiserreich, in der Weimarer Republik und unter der Herrschaft Hitlers ohne Unterlaß für die koloniale Idee geworben und die nationale Notwendigkeit überseeischer Besitztümer und Einflußzonen beschworen. Noch 1939 wird sein Wirken in dem Buch »Deutsche Kulturpolitik im indopazifischen Raum« des Geopolitikers Karl Haushofer, Vater des im April 1945 in Berlin ermordeten ↑ Albrecht Haushofer, gewürdigt.

Nach dem Besuch des Gymnasiums in Nordhausen studiert Schnee Jura in Heidelberg und Berlin und entdeckt als Student sein Herz für das Kolonialwesen. Er lernt Suaheli und tritt 1897 in die Kolonialabteilung des Auswärtigen Amtes ein. Schon 1898 wird er als Vize-Gouverneur nach Deutsch-Neuguinea und zwei Jahre später nach Samoa entsandt, wo es ihm gelingt, »innerhalb von drei Jahren ruhige und friedliche Zustände« herzustellen. 1906 zieht der Heimkehrer in das Berliner Reichskolonialamt ein und leitet als Ministerialdirektor dessen Politische Abteilung. 1912 wird Schnee der letzte Gouverneur von Deutsch-Ostafrika, dem heutigen Tansania. In Daressalam setzt er, so jedenfalls sieht es Karl Haushofer, »die kluge Eingeborenenpolitik seiner Vorgänger fort«. Mit der Niederlage im Ersten Weltkrieg sind auch die Kolonien verloren. Heinrich Schnee, seit 1919 wieder in Berlin, agitiert fortan in Wort und Schrift gegen das Deutschland angetane Unrecht und die »koloniale Schuldlüge«. Die Kräfte für eine Rückgabe der Kolonien zu sammeln, die Erinnerung an sie wachzuhalten, ist ihm patriotische Pflicht. Er erfüllt sie unter anderem als Präsident der Deutschen Kolonialgesellschaft und als Vorsitzender des Bundes der Auslandsdeutschen; dort heißt sein Stellvertreter von 1925 bis Ende 1932 ↑Theodor Heuss, während der Kölner Oberbürgermeister Konrad Adenauer dem Ehrenpräsidium des Bundes angehört. 1929 ist Schnee Mitherausgeber einer dreibändigen Bilanz der Folgen des schmachvollen Friedens: »Zehn Jahre Versailles«. 1924 zieht der Ex-Gouverneur für die gemäßigt rechte Deutsche Volkspartei in den Reichstag ein. Im Juli 1932 verliert er sein Mandat, gewinnt es aber nach seinem am 1. Mai 1933 vollzogenen Eintritt in die NSDAP zurück. Im Februar 1941 verleiht ihm Hitler zum 70. Geburtstag den Adlerschild des Deutschen Reiches mit der Widmung »Dem deutschen Kolonialpionier«.

Den Zusammenbruch 1945 erlebt Schnee als Zerstörung aller kolonialen Hoffnungen und als Scheitern seiner Lebensarbeit. Im Februar 1947 stuft ihn die Entnazifizierungskommission des Berliner Magistrats als »belastet« ein. Am 23. Juni 1949 ist Heinrich Schnee, 78 Jahre alt, in Folge eines Autounfalls in Berlin gestorben. Nicht viel später haben auch die letzten Kolonialreiche dieser Erde ihr wohlverdientes Ende gefunden.

## Georg Schulze

***Zehlendorf, Teltower Damm 20***

Der Diplom-Landwirt Georg Schulze, geboren 1887 in Berlin als Sohn eines Bauern, steht im Dritten Reich dem Berliner Haus- und Grundbesitzerverein vor. Der NSDAP gehört er seit 1937 an. Desungeachtet wird Schulze am 27. April 1945 vom russischen Ortskommandanten zum kommissarischen Bürgermeister des Verwaltungsbezirks Zehlendorf bestellt. Wie diese Berufung damals zustande gekommen ist, kann in dem von Schulze 1950 verfaßten Bericht nachgelesen werden, in dem es eingangs heißt: »Unmittelbar vor dem Russeneinmarsch hatte sich der damalige Bürgermeister Helffenstein mit seiner Frau, seiner Sekretärin Fräulein G. und deren Schwester von dem

Bezirksstadtrat T. erschießen lassen, der auch seine eigene Frau noch erschoß, bevor er sich als letzter selbst entleibte. Die Tochter des Bürgermeisters Helffenstein wurde von Dr. (Erich) Kunowski schwer verwundet im Hausflur Teltower Damm 19 aufgefunden und in die (im selben Haus gelegene) Wohnung des Schuhmachermeisters (Otto) Gericke gebracht, wo sie wenige Stunden später verschied«.

Wie Schulze weiter berichtet, seien kurz nach dem Einmarsch zwei Offiziere als Quartiermacher zu ihm gekommen und hätten zu essen verlangt. Tags darauf beziehen der Kommandant und sein Stab »mein Haus, das von allen bisherigen Bewohnern kurzfristig geräumt werden mußte. Durch Zufall kam ich mit dem Kommandanten zusammen. Bei dieser Gelegenheit fragte er mich durch seine Dolmetscherin nach der Größe Zehlendorfs und forderte einen Stadtplan, aus dem die Grenzen zu ersehen wären«. Als Schulze diesen Wünschen nachkommt, wird er beauftragt, kommissarisch die Geschäfte des Bürgermeisters zu übernehmen. »Meine Einwände, daß ich keine Fachkraft sei und keine Erfahrungen für dieses Amt hätte, wies er lächelnd mit der Bemerkung zurück: die Deutschen können alles.« Parteigenossen sowie Angehörige der SA und SS dürfe Schulze aber nicht als Mitarbeiter auswählen. Schulze erklärt, daß er selbst Mitglied der NSDAP gewesen und bei der Auswahl von geeigneten Fachkräften auch auf diesen Personenkreis angewiesen sei. Der Kommandant begnügt sich schließlich mit drei Bedingungen: keine Sabotage zu üben, keine Politik zu treiben und keine SS-Leute zu beschäftigen. Die Schlacht um Berlin ist noch im Gange, als in Zehlendorf bereits begonnen wird, die Seuchengefahr zu bannen, Nahrung zu beschaffen und geordnet zu verteilen und die Haushalte wieder mit Wasser, Strom und Gas zu versorgen.

Wo immer eine neue Macht als Racheengel auf den Plan tritt, ist die Versuchung groß, sich ihr anzudienen. Oft geschieht das anonym, durch das Anschwärzen mißliebiger Mitbürger. »Sehr beschämend für jeden anständigen Zehlendorfer«, so Schulze, sei es gewesen, »daß sich unter ihnen Menschen befanden, die ihre eigenen Landsleute ... denunzierten, damit sie von den Russen verhaftet und entführt wurden.« Die Häufung dieser Fälle habe den russischen Kommandanten veranlaßt, seine Mißachtung darüber zu äußern. Derartiges gebe es in Rußland nicht.

Nach dreizehn Tagen ist ein fachlich kompetenter Nachfolger für Schulze gefunden und seine Mission beendet. Der Vorgang illustriert das eigenwillige Improvisationstalent der sowjetischen Militärs in der Stunde Null — und schließt negative Erfahrungen, die der gleichen Eigenwilligkeit geschuldet sind, natürlich nicht aus.

1957 ist Georg Schulze,70 Jahre alt, in Berlin gestorben.

## Harro Schulze Boysen

### *Charlottenburg 9, Altenburger Allee 19*

Harro Schulze-Boysen (im Telefonbuch 1941 fehlt der korrekte Bindestrich), geboren am 2. September 1909 in Kiel als Sohn eines Fregattenkapitäns, ist der »aktivste und leidenschaftlichste Geist« (Margret Boveri) jener Berliner Widerstandsgruppe, der später der Name »Rote Kapelle« gegeben wird. In ihr haben sich konservative, liberal-bürgerliche und nicht zuletzt sozialistisch-kommunistisch orientierte Gegner des NS-Regimes zu einem Handeln zusammengefunden, das auch den Verrat einschließt.

Anders als den zum 20. Juli 1944 führenden militärischen und zivilen Widerstand treibt Schulze-Boysen weniger ein ethisches und patriotisches Motiv als eine weltanschauliche Überzeugung an: er glaubt an »die erlösende Kraft der kommunistischen Ideologie«. Aus dem nationalrevolutionär gesinnten Mitglied des Jungdeutschen Ordens, das sich 1923 im Ruhrkampf — Schulze-Boysen wächst in Duisburg auf — gegen die französischen Besatzer auflehnt, wird der Herausgeber einer linksliberalen Zeitschrift, die sich *Der Gegner* nennt und 1933 eingestellt wird. Es mag auch eine in jenem Jahr in Kiel erlittene Mißhandlung durch SA-Schläger gewesen sein, die ihn, den gebildeten Bürgersohn, für Marx und Lenin entflammt hat. Jedenfalls sind Schulze-Boysen und seine Frau Libertas, Enkelin des Fürsten Philipp Eulenburg, schon Widersacher des Regimes, als ein familiärer Draht zu Göring ihm 1938 eine Stelle im Reichsluftfahrtministerium verschafft.

Den 22. Juni 1941, den Tag des deutschen Angriffs auf die Sowjetunion, erlebt der junge Oberleutnant in der Nachrichtenabteilung des Führungsstabs der Luftwaffe im Hauptquartier Wildpark unweit Berlins. Um sechs Uhr morgens, schreibt er seinen Eltern, »ertönten Lautsprecher durchs ganze Haus, die den Krieg gegen Rußland verkündeten. Ich wußte ja längst alles, aber es war doch ein historischer Augenblick, mehr noch: Eine Zeitwende schien es mir.« Vorbehaltlos ist Schulze-Boysen von der kriegspolitischen Notwendigkeit überzeugt, Moskau Hilfe zu leisten. Diese Ansicht teilen, aus naheliegenden Gründen, innerhalb der deutschen Opposition gegen Hitler nur ganz wenige. Daß diese Hilfe den Staatsmännern der westlichen Welt, die wie Churchill, Roosevelt und de Gaulle kommunistischer Neigungen ganz unverdächtig sind, im Sommer 1941 gleichfalls als Gebot der Stunde gilt, ist bei der Bewertung der nach wie vor umstrittenen Rolle der »Roten Kapelle« gewiß zu berücksichtigen.

Welche Informationen von den Angehörigen der Gruppe in mehreren hundert Funksprüchen über Kontaktleute in der Schweiz und in Brüssel an die sowjetische Seite übermittelt worden sind, ist nur bruchstückhaft bekannt. Als sicher wird angenommen, daß im Frühjahr 1942 die Entscheidung Hitlers, den neuerlichen Offensivstoß des Ostheeres gegen den Süden Rußlands zu richten, verraten worden ist. Ob der mißtrauische Stalin diese bedeutsame Information ernst genommen und ob sie zu Konsequenzen geführt hat, ist wiederum ungeklärt. Das Verdikt des Freiburger Historikers und NS-Gegners Gerhard Ritter von 1956, die »Rote Kapelle« habe mit »deutschem Widerstand« nichts zu tun, da sie doch »ganz eindeutig im Dienst des feindlichen Auslandes« stand, ist im Rückblick kaum haltbar, und das nicht nur im Blick auf »die völlige Überschätzung der Wirksamkeit dieser Gruppe im Zusammenhang mit dem Kriegsverlauf« (so Peter Steinbach 1994). Die Geschichte der »Roten Kapelle« sei schließlich wie die des Gesamtwiderstands keine Geschichte des Erfolgs, sondern eine des Scheiterns.

Im Frühjahr 1942 werden gegen die im Berliner Zeughaus veranstaltete Ausstellung »Das Sowjetparadies« kleine Zettel an Schaufenster, Hauswände und Plakatsäulen geklebt, auf denen, von Schulze-Boysen verfaßt, dieses zu lesen ist: »Ständige Ausstellung des Naziparadieses / Krieg, Hunger, Lüge, Gestapo / Wie lange noch?« Im Sommer 1942 gelingt es der Funkabwehr des OKW, einen der vier Sender anzupeilen und ausfindig zu machen. Nach einer anderen Version hat ein entschlüsselter russischer Funkspruch auf die Spur der Gruppe geführt. Am 30. August 1942 beginnen die Verhaftungen und die von schwerer Folter begleiteten Verhöre. In zeitversetzten Verfahren wird schließlich gegen 75 Angeklagte — Berufssoldaten, Beamte, Künstler, Journalisten, Studenten, Arbeiter und Handwerker — teils vor dem Reichskriegsgericht, teils vor dem Volksgerichtshof verhandelt. Das Urteil für die meisten steht von vornherein fest.

Am 22. Dezember 1942 wird Harro Schulze-Boysen, 33 Jahre alt, in Plötzensee hingerichtet. In seinem Abschiedsbrief an die Eltern heißt es: »In Europa ist es einmal so üblich, daß geistig gesät wird mit Blut.« Der Mutter wird von Manfred Roeder, Oberstkriegsgerichtsrat im Reichsluftfahrtministerium, mitgeteilt, der Führer habe »die Todesstrafe des Erschießens, zu der Ihr Sohn verurteilt war, umgewandelt in den Tod durch den Strang«. Zum ersten Mal in der deutschen Militärgeschichte wird mit Schulze-Boysen ein Offizier erhängt. Das Beispiel wird Schule machen. Schulze-Boysens Ehefrau Libertas stirbt am selben Tag unter dem Fallbeil.

## S Hans Schwarz van Berk

***Schriftleiter, Zehlendorf, Fischerhüttenstr. 120; Büro: W 8, Behrenstr. 67***

Hans Schwarz van Berk, geboren 1902 in Elberfeld als Sproß einer rheinischen Handwerker- und Kaufmannsfamilie, zählt neben ↑Gunter d'Alquen und dem Rundfunkkommentator Hans Fritzsche zu den Stars der nationalsozialistischen Publizistik. Schwarz studiert in Leipzig, München und Köln Geschichte und Zeitungswissenschaft, bricht das Studium ab und ist bald ein »Journalist mit Leib und Seele« (Boelcke, S. 110). 1930 wird er Chefredakteur der *Pommerschen Tagespost* in Stettin und tritt im selben Jahr als Mitglied Nr. 312753 der NSDAP bei. 1932 gründet er mit der *Pommerschen Zeitung* ein in dieser Region bislang fehlendes Parteiorgan. Mit der Schrift »Preußentum und Sozialismus. 7 Briefe an einen preußischen Junker« profiliert er sich als geschickter Propagandist. Die NSDAP sei es, legt er darin dar, die nun den preußischen Geschichtsauftrag erfülle.

1935 wird Schwarz Chefredakteur des *Angriff*, der 1927 von Goebbels gegründeten und von ihm herausgegebenen Zeitung, dazu bestimmt, den Kampf um die Köpfe und Herzen der Berliner zu gewinnen. Schwarz gelingt es, die sinkende Auflage zu stabilisieren. Bei all dem bewahrt er sich ein Stück geistige Unabhängigkeit. So schreibt er im Dezember 1934 nach einem Besuch des Berliner Kabaretts »Katakombe« (↑ Werner Finck) in das ihm hingehaltene Gästebuch: »Gefährlich oder nicht gefährlich! Weitermachen!« Das führt zu einem Konflikt mit der SS-Führung. Goebbels nimmt seinen Mitarbeiter in Schutz, verfügt aber 1935 die Schließung der »Katakombe«, deren Publikum so ganz anders zu reagieren scheint, »als ein nationalsozialistisches Publikum es getan hätte«. 1937 legt Schwarz die Chefredaktion des *Angriff* nieder und begibt sich auf eine zweijährige Weltreise. Kurz vor dem Angriff auf Polen kehrt er zurück und schließt sich als Kriegsberichterstatter einer Propagandkompanie an. Anfang 1941 zieht Schwarz von Charlottenburg, Wandalenallee 44, in die Nähe des Schlachtensee in Zehlendorf. Als Goebbels im Jahr darauf, am 29. Oktober 1942, seinen 45. Geburtstag feiert, ist es Schwarz van Berk, der in *Das Reich* den Lobpreis des Propagandaministers in Worte faßt.

Danach sind es meist weniger erfreuliche Anlässe, die den für unabkömmlich erklärten, vom Kriegsdienst mit der Waffe befreiten Autor zur Feder greifen lassen. Ende 1943, nach den die Berliner Innenstadt verwüstenden Luftangriffen der letzten Novembertage, verheißt Schwarz van Berk dem tief verunsicherten Volk die nahe Ankunft des Racheengels. In den geheimen Lageberichten des Sicherheitsdienstes der SS heißt es dazu, der Artikel von Schwarz van Berk im *Reich* vom 5. Dezember 1943, »Die ungeahnten Folgen« betitelt, werde »immer noch lebhaft besprochen und von Hand zu Hand gereicht. Die kühnsten Vermutungen über Konstruktion und Wirkung der Vergeltungswaffen werden unter Bezugnahme auf diesen Aufsatz angestellt. Diese Veröffentlichung habe im besonderen Maße dazu beigetragen, daß die Bevölkerung die Vorbereitungen für den

Vergeltungsschlag für abgeschlossen hält und mit dem Beginn des Gegenschlages von Tag zu Tag rechnet. Auch die Hoffnungen, daß die Vergeltung kriegsentscheidende Bedeutung haben könnte, sind durch die Ausführungen Schwarz van Berks stark gefördert worden« (Boberach, Meldungen aus dem Reich, 16. Dezember 1943). Tatsächlich vergeht noch ein halbes Jahr, ehe die erste V 1 mit mäßiger Wirkung gegen England fliegt. Ende November 1944 feiert Schwarz im Hause Goebbels auf Schwanenwerder den letzten Geburtstag des Ministers mit. Da weiß er, daß der Krieg verloren ist. In Victor Klemperers »LTI«, der berühmten Studie über die Lingua Tertii Imperii (1947), ist dazu dieses festgehalten: »Im Dezember 1944 brachte das ›Reich‹ einen Leitartikel zur Lage von dem damals angesehenen Literaten Schwarz van Berk. Die Betrachtung war betont leidenschaftslos gehalten. Ihre Überschrift lautete: ›Kann Deutschland in diesem Krieg technisch ausgepunktet werden? Ich wette Nein.‹« Vor Beginn der Schlacht um Berlin setzt sich Hans Schwarz van Berk nach Westen ab. Über sein weiteres Schicksal ließ sich Näheres nicht ermitteln.

S

## Hanns Seel

***Ministerialdirigent, W 15, Kaiserallee 22***

In der Reihe »Das Recht der nationalen Revolution« erscheint im Frühsommer 1933 die Schrift »Erneuerung des Berufsbeamtentums«. Den Auskünften des Verfassers Hanns Seel, Ministerialrat im Reichsinnenministerium, können die deutschen Staatsdiener »nicht arischer Abstammung« entnehmen, was das von der Reichsregierung am 7. April 1933 verabschiedete »Gesetz zur Wiederherstellung des Berufsbeamtentums« für sie bedeutet. Zum Kreis der Betroffenen gehören unter anderen der Richter ↑ Adolf Arndt, der Kommunalpolitiker ↑ Fritz Elsas, die Frau des Schauspielers ↑ Joachim Gottschalk und einige hundert auf Lebenszeit berufene Hochschullehrer.

Seel stellt eingangs fest, daß dieses Gesetz »vollkommen neues Recht schafft«, und fährt fort: »So schwer die Eingriffe ... in die Rechtssphäre der davon betroffenen Beamten sind, so sind diese Eingriffe doch aus Gründen des Staatswohles unvermeidlich.« Der Arier-Paragraph sei ja »nicht etwa einem Gefühle des Hasses entsprungen, sondern notwendig und geboten durch die immer bedrohlichere Überfremdung des deutschen Volkes ... Daß dabei so mancher Beamte mit seiner Familie schwer in Mitleidenschaft gezogen wird, läßt sich leider nicht umgehen.« Umso schöner werde die Zukunft des Beamtentums nach der »Säuberung seiner Reihen« sein: Hat das Gesetz »seinen Zweck erfüllt, sind die Schädlinge ... entfernt, so wird auch die deutsche Beamtenschaft wieder in alter Reinheit und Güte dastehen.«

Juristen wie Seel, in der Weimarer Republik ausgebildet, haben offensichtlich keine Skrupel, das »vollkommen neue Recht« im Sinne der neuen Machthaber zu kommentieren und sich durch ein eingefügtes ›leider‹ sogar eine Geste mitfühlenden Bedauerns zu gestatten. Später sind es dann ↑ Wilhelm Stuckart und ↑ Hans Globke, die als authentische Interpreten des NS-Beamtenrechts mit einem verbindlichen Standardwerk auf den Plan treten. Seel, der 1941 als Ministerialdirigent firmiert, hat ihnen vorgearbeitet.

## Renée Sintenis

**W 35, *Bissingzeile 16***

Die Bildhauerin Renée Sintenis, geboren am 20. März 1888 in Glatz (Niederschlesien), als Tochter eines Justizrats, besucht von 1908 bis 1911 die Kunstgewerbeschule in Berlin und wird im August 1931 durch den preußischen Kultusminister Adolf Grimme zusammen mit ↑ Ludwig Mies van der Rohe, ↑ Emil Nolde, ↑ Karl Schmidt-Rottluff und anderen in die Preußische Akademie der Künste berufen. Im Mai 1933 legt ihr ein Schreiben des Akademiepräsidenten Max von Schillings nahe, auf die — angeblich nicht ordnungsgemäße — Berufung zu verzichten und sich erneut zur Wahl zu stellen. Sintenis antwortet dem »sehr verehrten Herrn Präsidenten« am 21. Mai 1933: »Ich habe seinerzeit nichts dazu getan, in die Akademie hereinzukommen, so möchte ich jetzt auch nichts dazu tun, wieder herauszukommen. Wenn aber die Akademie aus den von Ihnen angedeuteten Gründen glaubt, die damalige Berufung als ungültig erklären zu müssen, so steht dem, so viel ich sehe, nichts im Wege.« Anfang März 1934 teilt der »Sachverständige für Rasseforschung beim Reichsministerium des Innern« der Akademie mit, daß »die Eltern der Mutter von Frau Renée Sintenis jüdisch geboren und später zum evangelischen Glauben übergetreten sind. Frau Sintenis ist demnach nichtarisch«. Daraufhin wird die Bildhauerin »in sinngemäßer Anwendung des § 3 des Berufsbeamtengesetzes« aus der Akademie ausgeschlossen. Ihr Mann, der Maler und Graphiker Emil Rudolf Weiß, seit 1907 Professor für Malerei in Berlin (auch er findet sich im Telefonbuch 1941 verzeichnet), ist schon 1933 aus der Akademie entfernt worden. Er stirbt 1942. Als sie 1943 in der Ausstellung »Niederschlesische Kunst« mit einigen Tierfiguren vertreten ist, wird dies vom »Hauptkulturamt der Reichspropagandaleitung« sogleich beanstandet. Am 16. März 1944 schreibt der Präsident der Reichskammer der bildenden Künste, der Architektur-Professor Wilhelm Kreis, einen beschwichtigenden Brief an das Goebbels-Ministerium. Über das »Selbstporträt 1944« der Sintenis urteilt Carl Georg Heise später: »Bliebe nichts von ihrer Kunst als dies Selbstbildnis der Alternden allein, es wäre Ausweis genug für ihre Lebensleistung.«

Nach dem Ende des Dritten Reiches erfährt die Bildhauerin mancherlei Ehrung und erneuerten Zuspruch. Im Mai 1947 wird sie in den Präsidialrat des »Kulturbundes zur demokratischen Erneuerung Deutschlands« gewählt; Präsident ist Johannes R. Becher (SED). Dem Rat gehören damals u.a. Anna Seghers, ↑ Ernst Lemmer und ↑ Ferdinand Friedensburg an. Im Aufbau-Verlag erscheint, ebenfalls 1947, der Bildband »Renée Sintenis«. Rudolf Hagelstange, seit Juni 1939 mit ihr bekannt, charakterisiert sie darin als jemand, der »kaum mehr als das nackte Leben aus diesem Kriege rettete und nahezu sein ganzes Lebenswerk nur noch in der Erinnerung besitzt«. Am 18. März 1948 beschließt die Stadtverordnetenversammlung die Stiftung eines mit 20 000 Mark dotierten »Sintenis-Preises von Groß-Berlin«. Sie selbst wird wenige Tage später zu ihrem 60. Geburtstag zur ersten Preisträgerin bestimmt. Am 1. Februar 1950 folgt ihre Berufung auf eine ordentliche Professur an der Hochschule für bildende Künste.

Am 22. April 1965 ist Renée Sintenis, 77 Jahre alt, in Berlin gestorben.

## S Albert Speer

***Dipl.Ing., Architekt, Charlottenburg 9, Lindenallee 18***

Albert Speer, geboren am 19. März 1905 in Mannheim als Sohn eines Architekten, besteht als 22jähriger Schüler Heinrich Tessenows an der Technischen Hochschule Charlottenburg sein Diplomexamen. Drei Jahre später, inzwischen Assistent, hört er Hitler vor Studenten und Professoren in der Hasenheide reden. Speer ist auf der Stelle »suggestiv berührt«. Hitlers »überredende Kraft, die eigentümliche Magie seiner keineswegs angenehmen Stimme, die Fremdartigkeit seines eher banalen Gehabes, die verführerische Einfachheit, mit der er die Kompliziertheit unserer Probleme anging — das alles verwirrte und bannte mich« (Erinnerungen, S. 34). Verwirrt oder gebannt: Im Januar 1931 tritt Speer als Mitglied Nr. 474481 der NSDAP bei. Kleine Parteiaufträge folgen.

Nach dem 30. Januar 1933 beginnt ein Höhenflug, der erst zwölf Jahre später mit einem jähen Absturz endet. Ob die neuen Dienstwohnungen Hitlers und Görings herzurichten oder Großkundgebungen massenwirksam zu gestalten sind, — Speer ist zur Stelle. Er verwandelt das Parteitagsgelände in Nürnberg in ein atemberaubendes Abbild der Stärke der jungen Bewegung. Als Ludwig Troost, der eben noch das Haus der Deutschen Kunst in München entworfen hat, am 21. Januar 1934 stirbt, avanciert Speer, knapp 29 Jahre alt, zum Stararchitekten. Hitler betraut ihn mit der Planung der Neuen Reichskanzlei und ernennt ihn 1937 zum »Generalbauinspekteur für die Reichshauptstadt Berlin«. Nach dem Endsieg wird sie Germania heißen und mit gigantischen Bauten von Deutschlands Weltherrschaft zeugen. Das österreichische Linz soll die Kunststadt des Reiches werden. Bald gehört Speer, als Hitlers alter ego, zu dem kleinen Kreis von Vertrauten, die jederzeit Zugang zum Machthaber und seiner Mittagstafel haben. Er wohnt mit der Familie im Villenvorort Nikolassee, Schopenhauerstr. 38.

Der Krieg zerstort die Idylle und storniert die Träume. Am 9. Februar 1942 ernennt Hitler Speer zum Reichsminister für Bewaffnung und Munition (seit September 1943: für Rüstung und Kriegsproduktion). Von seinem Ministerium am Pariser Platz treibt Speer, der gleichzeitig Generalinspekteur für das Straßenwesen und für Wasser und Energie ist, die Industrie zu Höchstleistungen an. Dem tödlichen Ernst der Lage und dem Erfolgszwang, dem Speer nun ausgesetzt ist, entspricht es, daß nicht nur Millionen Fremdarbeiter erbarmungslos ausgebeutet, sondern daß Korruption und Schlendrian auch unter Volks- und Parteigenossen mit drakonischer Härte geahndet werden. Noch im Februar 1942 statuiert Speer ein Exempel: »Auf Veranlassung des Reichsministers für Bewaffnung und Munition ... hat der Reichsführer-SS zwei Betriebsführer eines Rüstungsbetriebes in ein Konzentrationslager eingeliefert, weil sie für die Rüstung bestimmte Arbeitskräfte ... für Arbeiten in ihrem Haushalt verwandt und dadurch den vordringlichen Rüstungsaufgaben entzogen« haben. Speer kündigt an, auch dort »schärfstens einzuschreiten«, wo »wissentlich falsche Angaben die Leistung der Rüstung schädigen«. Kein Zweifel, daß die Mehrheit des Volkes den neuen Kurs billigt: »Der Soldat an der Front untersteht schärfsten Kriegsgesetzen, die Verantwortlichen der Heimat werden in Zukunft bei Verstößen nicht weniger streng behandelt werden« (zitiert nach: *Rügensche Post.* Parteiamtliche Zeitung der NSDAP, Gau Pommern, 21./22. Februar 1942).

Als Speer Anfang 1945 erkennt, daß der Krieg verloren ist, schickt er Hitler eine defätistische Denkschrift. Er widersetzt sich dem Befehl der ›verbrannten Erde‹ und will sogar Attentatspläne gehegt haben. Dennoch fliegt Speer am 20. April 1945 und nochmals drei Tage später in das von der Roten Armee eingeschlossene Berlin, um in der Tiefe des Führerbunkers Abschied von dem Mann zu nehmen, der »uns alle, sich selber und sein Volk verriet«.

Im Nürnberger Hauptkriegsverbrecherprozeß bekennt Speer seine Mitschuld. Er wird wegen Verbrechen gegen die Menschlichkeit zu 20 Jahren Haft verurteilt. Am 1. Oktober 1966 verläßt er das Spandauer Gefängnis. Seine autobiographischen Bücher werden Bestseller. Am 1. September 1981 ist Albert Speer, 76 Jahre alt, während einer Reise in London gestorben.

## Berthold Schenk Graf von Stauffenberg

***Wannsee, Tristanstr. 8***

Berthold Schenk Graf von Stauffenberg, geboren am 15. März 1905 in Stuttgart als Sohn eines königlich württembergischen Kammerherrn und Stallmeisters, der 1908 zum Oberhofmarschall avanciert, ist der ältere Bruder des am 15. November 1907 geborenen Hitler-Attentäters Claus Schenk Graf von Stauffenberg. Für beide werden frühe Begegnungen mit dem Dichter Stefan George und seinem Kreis lebenslang prägend.

Berthold studiert Jura in Jena, Tübingen, Berlin und München. Er bewirbt sich ohne Erfolg um Aufnahme in den Auswärtigen Dienst. Im März 1929, nach der Promotion zum Dr. jur., wird er Assistent am Kaiser-Wilhelm-Institut für ausländisches öffentliches Recht und Völkerrecht, das seinen Sitz im Berliner Schloß hat. Im Juli 1931 geht der 26jährige zum Ständigen Internationalen Gerichtshof nach Den Haag, wo er für dessen Kanzler tätig ist. Von der Arbeitsweise und der begrenzten Wirkung des Gerichts ernüchtert, kehrt Berthold, der für ein hohes Ideal leben will, 1933 an das Berliner Institut zurück. Die inzwischen vollzogene »nationale Revolution« wird von den Brüdern, die der Weimarer Demokratie wenig abgewinnen konnten, begrüßt; Mitglied der NSDAP wird keiner von ihnen.

1939 wird der Dozent für Völkerrecht als Marinestabsrichter zum Oberkommando der Kriegsmarine eingezogen. Hier knüpft er erste Kontakte zur militärischen Opposition. Etwa zur selben Zeit wie sein Bruder Claus, im Sommer 1942, also Monate vor dem Menetekel von Stalingrad, kommt Berthold zu der Einsicht, daß Hitler, der den Krieg als »Rassenkampf« führt und die Wehrmacht bewußt in Verbrechen verstrickt, eine unrechte, zum Widerstand nötigende Herrschaft ausübt. Die Verantwortlichen für ihre Untaten zur Rechenschaft zu ziehen, »das seien die Deutschen sich und der Welt schuldig, und kein Opfer sei dafür zu groß« (Peter Hoffmann, Stauffenberg, S. 450).

Im Oktober 1943 wird Claus Graf Stauffenberg, von schweren, im Afrikafeldzug erlittenen Verwundungen kaum genesen, Stabschef beim Befehlshaber des Ersatzheeres, Generaloberst ↑ Fromm. In den folgenden Monaten reift der Entschluß zum Handeln. Am frühen Morgen des 20. Juli 1944 begleitet Berthold seinen Bruder zum Flugplatz Rangsdorf; auf dem Flug nach Ostpreußen ist ↑ Hellmuth Stieff der Begleiter des Obersten, der die Schmach und Schande eines verbrecherischen, Deutschland zu Grunde richtenden Regimes nicht länger ertragen will. Hitler überlebt den Anschlag, der für drei Mitarbeiter tödlich ist. Die Stauffenberg-Brüder werden am Abend im Bendlerblock verhaftet. Während Claus noch in der Nacht standrechtlich erschossen wird, steht Berthold am 10. August 1944 vor dem

Volksgerichtshof. Das Todesurteil wird noch am selben Tag durch Erhängen vollstreckt.

**Peter A. Steiniger**

***Dr. jur., Schriftsteller, Lichterfelde, Hortensienstr. 63***

Peter Alfons Steiniger, geboren am 4. Dezember 1904 in Berlin als Sohn eines Kaufmanns, studiert Jura, Philosophie und Volkswirtschaft in Berlin, Marburg, Halle und Bonn, wo er 1928 promoviert. 1933 wird er wegen seiner halbjüdischen Abstammung aus dem Berliner Justizdienst entlassen. Fortan ist er als Repetitor, Privatlehrer, Bankangestellter und Autor tätig. 1936 erscheint unter dem Pseudonym Peter A. Steinhoff sein Buch »Heinrich der Löwe«. 1942 zieht er sich zurück nach Krummhübel, den auch von Theodor Fontane geschätzten Kurort im Riesengebirge. Nach dem Krieg amtiert er hier bis zur Austreibung der deutschen Bevölkerung als Bürgermeister.

Nach Berlin heimgekehrt, macht der unbelastete Jurist, der alsbald Mitglied der KPD/SED wird, rasch Karriere: 1946 Professor für Öffentliches Recht und Rechtsphilosophie an der Berliner Universität, 1947 Präsident der Verwaltungsakademie in Forst Zinna. 1950 übernimmt er einen Lehrstuhl für Völkerrecht an der mittlerweile umbenannten Humboldt-Universität. In seinen Schriften wie als Mitglied des Weltfriedensrates und Präsident der Liga für die Vereinten Nationen in der DDR vertritt er konsequent die Interessen des SED-Staates.

Peter Alfons Steiniger ist am 27. Mai 1980, 75 Jahre alt, gestorben.

**Hellmuth Stieff**

***Major i.G., Charlottenburg 4, Sybelstr. 66***

Hellmuth Stieff, geboren am 6. Juni 1901 in Deutsch-Eylau (Westpreußen) als Sohn eines Premierleutnants, wird wie sein Vater Berufssoldat. Nach dem Notabitur eilt der 17jährige noch im Juli 1918 als Freiwilliger zu den Waffen. Als der Krieg verloren ist, dient er 1919/20 im Grenzschutz Ost. Danach wird Stieff, klein von Statur, pflichtbewußt und erfüllt von soldatischem Ehrgeiz, in das 100 000-Mann-Heer übernommen. Als Hitler an die Macht kommt, ist Stieff Oberleutnant in einem in Schweidnitz (Niederschlesien) stationierten Artillerieregiment.

In Reichspräsident von Hindenburg hat Stieff den Garanten von Recht und Ordnung gesehen. Als Hindenburg am 2. August 1934 stirbt, schreibt Stieff seiner Frau, »tief unter dem Eindruck dieser Trauerbotschaft« zu stehen. Aber »bei der Lauterkeit des Charakters des Führers« leistet er freudig und vertrauensvoll den Eid auf das neue Staatsoberhaupt. Lange bleibt Stieff, wie fast alle Angehörigen seiner Offiziersgeneration, ein Bewunderer Hitlers, den er als Retter Deutschlands und »Begründer einer neuen unzweifelhaft epochalen Weltanschauung« glorifiziert. Die Erschießung des Stabschefs der SA, Ernst Röhm, und seiner Gefolgsleute am 30. Juni 1934 hält er für rechtens, die Wiederherstellung der Wehrhoheit im Mai 1935 erfüllt ihn mit Stolz. Daß die Aufrüstung auch der Karriere dienlich ist, darf Stieff bald erfahren. 1934 wird er zum Hauptmann befördert, 1935 zweiter Generalstabsoffizier (Ib) einer Division in Elbing, 1937 Batteriechef in Landau/Pfalz, 1938 Major. Im Oktober 1938 in die Operationsabteilung des Generalstabs des Heeres nach Berlin versetzt, erlebt er dort die antijüdischen Ausschreitungen vom 9. November hautnah mit. Im Haus Sybelstr. 66 wohnen auch Juden; als der Blockwart sie drangsaliert, gebietet Stieff Einhalt.

Ein Jahr später, im besetzten Polen, erlebt der christlich erzogene Offizier die an Zivilisten verübten Untaten der SS–Verbände. Das große Umdenken beginnt. »Ich schäme mich, ein Deutscher zu sein!«, schreibt er an seine Frau am 21. November 1939 aus dem Hauptquartier des OKH in Zossen. »Diese Minderheit, die durch Morden, Plündern und Sengen den deutschen Namen besudelt, wird das Unglück des ganzen deutschen Volkes werden, wenn wir ihnen nicht bald das Handwerk legen.« Stieff beschwört hellsichtig die »rächende Nemesis«, glaubt aber noch nicht an Verbrechen der Führung. Am Rußlandkrieg nimmt er als Generalstabsoffizier (Ia) einer Armee teil; die Schrecken des Winterfeldzugs 1941/42 graben sich tief ein. Im Oktober 1942 wird er, inzwischen Oberst, Chef der Organisationsabteilung im Generalstab des Heeres. Ende Februar 1943 teilt er seiner Frau mit, man sei an ihn herangetreten, um ihn für ein Attentat gegen Hitler zu gewinnen. Stieff schwankt. Im Juli 1943 ringt er sich nach Gesprächen mit Henning von Tresckow zu der Auffassung durch, »daß man sich keiner Verantwortung, die einem das Schicksal abfordert, entziehen darf« (Brief vom 6. August). Aber die wiederholte Frage Stauffenbergs, ob Stieff bereit sei, das Attentat selbst auszuführen, muß er verneinen.

Am Morgen des 20. Juli 1944 fliegt Stieff, seit Februar Generalmajor, mit Stauffenberg und Oberleutnant von Haeften von Rangsdorf bei Berlin nach Ostpreußen. Stauffenberg zündet die Bombe und kehrt sofort nach Berlin zurück. Stieff bleibt vor Ort, im Hauptqartier des OKH im Mauerwald bei Angerburg. Als feststeht, daß Hitler lebt, verbrennt er Papiere. Nach Mitternacht wird er ins Führerhauptquartier beordert und dort verhaftet.

Am 7. und 8. August 1944 steht Hellmuth Stieff zusammen mit Generalfeldmarschall Erwin von Witzleben, Generaloberst ↑Erich Hoepner, Generalleutnant ↑Paul von Hase, Hauptmann Klausing, Oberleutnant Peter Graf Yorck von Wartenburg, Oberleutnant Bernardis und Oberleutnant von Hagen vor dem Volksgerichtshof in Berlin. Alle Angeklagten werden zum Tode verurteilt und noch am 8. August in Berlin-Plötzensee durch den Strang hingerichtet.

## Francis Stuart

***Univ.-Prof., Halensee, Westfälische Str. 71***

Francis Stuart, geboren am 29. April 1902 in Queensland/Australien als Sohn nordirischer Eltern, wächst in Irland auf und nimmt 1919/20 an den Kämpfen für eine von Großbritannien unabhängige irische Republik teil. Der 21jährige legt einen Band Gedichte vor und wird dafür preisgekrönt. 1936 erscheint die Autobiographie »Things to Live For«. Dann verknüpft sich Stuarts Lebensgeschichte auf ungewöhnliche Weise mit dem Dritten Reich.

Am Anfang steht eine Einladung des Deutschen Akademischen Austauschdienstes (DAAD). Sie bringt den Dichter im Frühjahr 1939 nach Berlin. Als der Krieg ausbricht, bleibt Stuart und wird 1940 Dozent für englische Sprache an der Berliner Universität (der Professortitel im Telefonbuch ist nicht ganz wörtlich zu nehmen). Stuart erklärt sich bereit, für die deutsche Auslandspropaganda zu arbeiten. Von August 1942 bis Anfang 1944 verfaßt und verliest er Radioansprachen, die nach England und in das neutrale Irland ausgestrahlt werden.

Stuart tritt damit in die Fußstapfen des im August 1939 nach Berlin gekommenen britischen Kollaborateurs und Rundfunkkommentators William Joyce. Der 1906 in New York geborene Joyce, besser bekannt als »Lord Haw-Haw«, ist überzeugter Faschist, der sich bis zuletzt fast täglich von Berlin aus über die Ätherwellen an seine Landsleute wendet und ihnen erzählt, wie positiv das Kriegsgeschehen aus großdeutscher Sicht einzuschätzen sei. (Joyce wird 1945 gefaßt, wegen Landesverrats zum Tode verurteilt und am 3. Januar 1946 in London gehenkt.) Stuart begnügt sich damit, für die Neutralität Irlands einzutreten und den antibritischen Kurs des irischen Präsidenten de Valera zu stärken. Freilich spiegeln auch Stuarts Botschaften »eine nationalsozialistisch gefärbte Geschichtsauffassung wider, auch Bewunderung für Hitler, der die auf einem verderblichen Materialismus gründende westliche Zivilisation zum Einsturz bringen werde« (Gudrun Boch).

Im Frühjahr 1944 setzt sich Stuart aus der im fliegenden Wechsel von amerikanischen und britischen Bombern heimgesuchten Reichshauptstadt ab. Nach Kriegsende wird er in der französischen Zone ergriffen und wegen des Verdachts der Kollaboration acht Monate lang von den Franzosen interniert; zu einem Prozeß kommt es jedoch nicht. Von 1949 bis 1951 lebt er in Paris, danach in London. Erst 1958 kehrt Francis Stuart nach Irland zurück.

In seinen Romanen sind die Berliner Jahre noch gegenwärtig. In »Black List, Section H« (1971) bekennt der Held, ohne ständige existentielle Gefährdung antriebsschwach und lebensuntüchtig zu sein. »Deshalb gerät er in eine fatale Ehe, einen fatalen Bürgerkrieg und landet schließlich im Deutschland des Nationalsozialismus« (Boch). Von seiner Vergangenheit eingeholt wird Stuart, als er im Oktober 1996 von der Präsidentin der Republik Irland zum poeta laureatus und »Weisen des Volkes« ernannt wird. Seitdem fragen sich manche seiner Landsleute, ob jemand wie er, der sein Engagement unter dem Hakenkreuz nie bedauert hat, dieser Ehre wirklich würdig ist.

Am 2. Februar 2000 ist Francis Stuart, 97 Jahre alt, in Ennis (Irland) gestorben.

## S Wilhelm Stuckart

***Abteilungsleiter, Steglitz, Immenweg 11b***

Wilhelm Stuckart, geboren am 16. November 1902 in Wiesbaden, tritt der NSDAP als Jurastudent im Dezember 1922 in München bei. Vermutlich hat er damals eine der zahlreichen Reden Adolf Hitlers gehört. Als Stuckart sein Studium in Frankfurt a.M. fortsetzt, wird er wegen des Verdachts, an Sabotageakten beteiligt zu sein, von den Franzosen verhaftet, deren Truppen am 11. Januar 1923 in das Rhein-Ruhr-Gebiet einmarschiert sind. Stuckart gibt seine Parteimitgliedschaft auf, steht der NSDAP aber schon 1926 als Rechtsberater der Ortsgruppe Wiesbaden wieder zur Verfügung. Im August 1930 tritt er der Partei wieder bei.

Als Stuckart im März 1931 Richter in Wiesbaden wird, führt sein NSDAP-Engagement bald zu beruflichen Konflikten. Im Februar 1932 verläßt er den Staatsdienst und wird Anwalt in Stettin. Er leitet das Gaurechtsamt der NSDAP in Pommern und wird Gauführer im NS-Rechtswahrerbund, an dessen Spitze ↑Hans Frank steht. Im April 1933, im Zuge der Auswechslung der Amtsträger auch in den Kommunen, wird Stuckart kommissarischer Bürgermeister Stettins.

1934 glückt der Absprung nach Berlin. Stuckart wird Unterstaatssekretär im Reichsministerium für Wissenschaft und Volksbildung. Seit 1935 leitet er die Abteilung I (Recht und Gesetzgebung) im Reichsinnenministerium. Den Titel Unterstaatssekretär darf er weiterführen, obwohl er nur Ministerialdirektor ist. Aus dieser Diskrepanz erklärt sich die karge Telefonbuchauskunft: Abteilungsleiter. Seit 1936 ist Stuckart ranghohes Mitglied der SS und des SD (Sicherheitsdienst). Seit 1938 befaßt sich Stuckart mit den nun vermehrt anfallenden Eingliederungsprozessen, bei denen bald die Überleitung, bald die Ausbeutung im Vordergrund steht: Stuckart leitet die ressortübergreifenden Zentralstellen für Österreich, das Sudetenland,

Böhmen und Mähren, Elsaß-Lothringen und Luxemburg sowie die besetzten Gebiete in Südosteuropa.

Als Chef der Abteilung, die auch für »Staatsbürgerschafts- und Rasseangelegenheiten« zuständig ist, wirkt Stuckart an fast allen antijüdischen Verfolgungsmaßnahmen führend mit. Zusammen mit ↑Hans Globke verfaßt er den maßgeblichen Kommentar zu den »Nürnberger Gesetzen«. Frühzeitig hat er Kenntnis vom Massenmord an den Juden; am 20. Januar 1942 nimmt er an der Wannsee-Konferenz teil. 1941/42 bereitet er die »Eindeutschung« und Rekrutierung der wehrfähigen Elsässer vor, die völkerrechtlich nach wie vor Franzosen sind. Im September 1942 wird Stuckart, wie Ulrich von Hassell berichtet, als möglicher Nachfolger des in Prag einem Attentat zum Opfer gefallenen Reinhard Heydrich gehandelt.

Als Hitler am 24. August 1943 den Reichsführer-SS Heinrich Himmler anstelle Wilhelm Fricks zum Reichsinnenminister ernennt, wird Stuckart sein Staatssekretär. Am 30. Januar 1944 verleiht ihm Himmler den Generalsrang eines SS-Obergruppenführers. Da ist das Ende dieser Erfolgskarriere freilich schon in Sicht.

1948 steht Stuckart als Angeklagter im Wilhelmstraßen-Prozeß vor dem amerikanischen Militärtribunal in Nürnberg. Am 11. April 1949 wird er wegen Verbrechen gegen die Menschlichkeit, Plünderung und der Mitgliedschaft in verbrecherischen Organisationen zu drei Jahren, 10 Monaten und 20 Tagen Gefängnis verurteilt. Sie gelten durch die erlittene Untersuchungshaft als verbüßt. Später schließt sich Stuckart dem BHE, dem Block der Heimatvertriebenen und Entrechteten, an. 1951 wird er zum 2. Vorsitzenden des stark rechtslastigen niedersächsischen Landesverbands gewählt.

Als Wilhelm Stuckart am 15. November 1953, am Tage vor seinem 51. Geburtstag, durch einen Autounfall ums Leben kommt, beginnt ein zermürbender Rechtsstreit um die Pensionsansprüche der Witwe. Ihre Klage weist der Hessische Verwaltungsgerichtshof im August 1968 ab: Stuckart habe im Dritten Reich gegen die Gebote der Menschlichkeit und Rechtsstaatlichkeit verstoßen. Da ihm deshalb selbst kein Ruhegehalt zugestanden habe, gehe auch die Witwe leer aus. Es gibt nicht viele Fälle, in denen deutsche Gerichte so konsequent entschieden haben.

## Otto Suhr

***Dr., Wilmersdorf, Kreuznacher Str. 28***

Otto Suhr, geboren am 17. August 1894 in Oldenburg als Sohn des Bezirksdirektors einer Versicherung, zieht 1914 als Student der Germanistik und Geschichte für vier Jahre in den Ersten Weltkrieg. Das Fronterlebnis formt ihn zum Sozialisten; 1919 tritt er der SPD bei.

»Diese früh entschiedene und lebenslang bestimmende politische Haltung«, schreibt er später, habe ihn auch veranlaßt, nun Volkswirtschaft zu studieren. 1923 promoviert er in Leipzig über »Die berufsständische Verfassungsbewegung in Deutschland bis zur Revolution von 1848« zum Dr. phil. In seinen ersten Berufsjahren als ›Arbeitersekretär‹ in Kassel befaßt er sich mit Sozialpolitik und dem Arbeitsrecht. Im Juli 1932, nach der Amtsenthebung der SPD-geführten preußischen Regierung durch den Reichspräsidenten und Papens Präsidialkabinett, drängt Suhr vergeblich auf den Generalstreik. Im Dezember 1932 erscheint in der *Berliner Volkszeitung* sein Aufsatz »Faschistische Gefahr größer denn je«. Ein paar Monate später setzt das Dritte Reich der gewerkschaftlichen Arbeit ein Ende. Auch seine Dozentur an der Deutschen Hochschule für Politik wird Suhr entzogen. Aber den Gedanken an Emigration verwirft er. 1936 wird er freier Mitarbeiter des Wirtschaftsteils der *Frankfurter Zeitung*. Im März 1939 teilt ihm der Präsident der Reichsschrifttumskammer mit, er sei »mangels erforderlicher Zuverlässigkeit mit sofortiger Wirkung« aus der Gruppe der Schriftsteller ausgeschlossen. Eine Wiederaufnahme setze den Nachweis der Scheidung von seiner jüdischen Frau voraus. Bis dahin wird Suhr eine jederzeit widerrufliche Sondergenehmigung zur Weiterarbeit erteilt. Noch im April 1941 mahnt der Kammerpräsident die umgehende »Regelung Ihrer privaten Verhältnisse« an. Suhr reagiert nicht. Die ›Mischehe‹ bleibt bestehen.

Im Mai 1945 tritt Otto Suhr als Leiter des Referats Druck und Papier in den von der Sowjetischen Militäradministration eingesetzten Berliner Magistrat ein; dann leitet er eine Hauptabteilung in der »Deutschen Zentralverwaltung der Industrie in der SBZ«. Im August 1946 wird Suhr, der sich wie ↑ Dahrendorf und ↑ Löbe den Einheitsparolen der KPD widersetzt hat, Generalsekretär der Berliner SPD. Seit November 1946 steht er der nach der freien Wahl vom 20. Oktober 1946 gebildeten Stadtverordnetenversammlung vor. Als ihn der russische Stadtkommandant im März 1948 anweist, künftig jede antisowjetische Äußerung in der Versammlung zu unterbinden, erklärt Suhr: »Ich bin nicht in der Lage, Büttel irgendeiner alliierten Macht zu sein, noch gewillt, Zensor der gewählten Stadtverordneten zu werden.« Bald darauf kommt es zur Spaltung der Stadt.

Die Wiedereröffnung der Deutschen Hochschule für Politik im Januar 1949 ist vor allem Suhrs Verdienst. Die Hochschule wird später als »Otto-Suhr-Institut« Teil der Freien Universität. Am 22. Januar 1955 wird Otto Suhr zum Regierenden Bürgermeister gewählt. In diesem Amt ist er am 30. August 1957, 63 Jahre alt, gestorben. Es sind Hunderttausende, die vier Tage später den Weg des Begräbniszuges vom Schöneberger Rathaus zum Friedhof Zehlendorf säumen.

**Peter Suhrkamp**

***Schriftsteller, Charlottenburg 5, Gustloffstr. 37***

Peter Suhrkamp, geboren am 28. März 1891 in Kirchhatten (Oldenburg) als erstes Kind des Landwirts und Tischlers Johann Friedrich Suhrkamp, verläßt den elterlichen Hof und wird »Schüler des eigenen Lebens«: in der Jugendbewegung, im Violinspiel, als asketisch lebender Einzelgänger, als Volksschullehrer in der Nähe seines Heimatdorfes (1911). 1914 holt er als Externer in Bremen das Abitur nach. Im Herbst 1914 will er an der Berliner Universität Germanistik studieren.

Dazu kommt es nicht. Der 23jährige meldet sich freiwillig und erlebt die Schlachten des Ersten Weltkriegs als Infanterist an vorderster Front. 1917 wird er Führer einer Sturmkompanie und wird, inzwischen Leutnant, »für besondere Tapferkeit« mit dem Hohenzollernschen Hausorden ausgezeichnet. Im Januar 1918 erleidet er einen psychischen Zusammenbruch, an dem er lange krankt. Von 1919 bis 1929 wirkt er als Lehrer und Erzieher an der Odenwaldschule und der Freien Schulgemeinde Wickersdorf.

Schon kurz nach dem Krieg hat Suhrkamp Bert Brecht kennengelernt; jetzt begegnen sie sich in Darmstadt wieder und freunden sich an. Durch Brecht kommt Suhrkamp 1929 als Journalist und Redakteur zu Ullstein nach Berlin. 1932 folgt er einem Ruf zu S. Fischer. Am 1. Januar 1933 übernimmt er die Redaktion der *Neuen Rundschau*, Flaggschiff des Verlags und Forum einer geistigen Elite, die es bald nicht mehr geben wird. 1934 stirbt Samuel Fischer, der Verlagsgründer, in Berlin. Als seine Erben, auch sie als Juden angefeindet, 1936 Deutschland verlassen, führt Suhrkamp den gefährdeten Verlag weiter. Es ist sein Verdienst, daß der S. Fischer–Verlag bestehen bleibt und unter diesem Namen selbst 1941 noch im Berliner Telefonbuch verzeichnet ist (W 35, Lützowstr. 89/90).

1937 klagt Suhrkamps Frau in einem Brief: »Wenn man so die scheußlichen Anstrengungen dieses Berufes miterlebt, der ... von Jahr zu Jahr schwerer werden wird, so fragt man sich, was eigentlich dafür spricht, diese unerhörte Schufterei mitzumachen, anstatt mit ganz wenig Mitteln annähernd frei zu sein.« Suhrkamp aber denkt nicht an Aufgabe. 1939 stellt er in dem Aufsatz »Über das Verhalten in der Gefahr« die Frage nach dem richtigen Verhalten des Menschen: »Er wird nicht handeln, wie es seiner Erhaltung, sondern wie es seiner Bedeutung zukommt.« 1941 bemüht er sich vergeblich um eine Druckgenehmigung für Hermann Hesses »Glasperlenspiel«. Noch 1943 schreibt Suhrkamp in der *Neuen Rundschau* widerständige Betrachtungen zur Zeit. Bücher unliebsamer Autoren werden weiter ausgeliefert. Als Martin Bormann, Hitlers mächtiger Sekretär, die

Schließung des Verlags fordert, winkt Goebbels ab: Dies sei seine Zuständigkeit. Dann wird ein Lockspitzel der Gestapo, Dr. med. Paul Reckzeh (Grunewald, Seebergsteig 20a), der auch Elisabeth von Thadden zur Strecke bringt, auf den renitenten Verleger angesetzt. Am 13. April 1944 wird Suhrkamp verhaftet, wegen Landesverrats angeklagt und in das KZ Sachsenhausen eingeliefert. Am 8. Februar 1945 wird er todkrank entlassen.

Im Herbst 1945 erhält Suhrkamp als erster deutscher Verleger in Berlin die Lizenz für einen Buchverlag. Der S. Fischer-Verlag fällt an die Erben zurück, aber 33 Autoren, darunter Hesse und Brecht, wollen, daß Suhrkamp ihr Verleger bleibt. Auf der Grundlage dieses Votums kommt es zum Vergleich. Am 1. Juli 1950 wird der Suhrkamp-Verlag gegründet. Noch fast neun Jahre öffentliches Wirken sind dem Verleger, der nun in Königstein im Taunus wohnt, vergönnt. Am 31. März 1959 ist Peter Suhrkamp, 68 Jahre alt, in Frankfurt a.M. gestorben.

## T Robert Tillmanns

***Dr., Wannsee, Kronprinzessinnenweg 23a***

Robert Tillmanns, geboren am 5. April 1896 in Wuppertal-Barmen, zieht 1914 wie fast alle seine Altersgenossen als Kriegsfreiwilliger ins Feld. Nach vier Jahren heimgekehrt, studiert Tillmanns Volkswirtschaft und promoviert 1921 an der Universität Tübingen zum Dr.rer.pol. Als Mitgründer der »Wirtschaftshilfe der Deutschen Studentenschaft« (1922), aus der später das »Deutsche Studentenwerk« entsteht, und der »Studienstiftung des Deutschen Volkes« (1925) empfiehlt er sich früh als durchsetzungsfähiger Organisator. Aber den Staatsdienst, in den ihn 1930 der preußische Kultusminister Carl Heinrich Becker (1876–1933) geholt hat, muß er im April 1933 aus politischen Gründen wieder verlassen.

Wie viele andere aus dem öffentlichen Dienst verdrängte NS-Gegner findet Tillmanns sein Auskommen in der privaten Wirtschaft: Er ist von Berlin aus für die zum Flick-Konzern gehörige Mitteldeutsche Montan-Industrie tätig. Dem Widerstand hält er sich fern. Im Frühsommer 1945 beginnt seine politische Laufbahn. Der bekennende Protestant wird Mitgründer der CDU in Berlin und der sowjetisch besetzten Zone. Das Zentralbüro Ost des Hilfswerks der Evangelischen Kirche steht unter seiner Leitung. Für kurze Zeit, bis zur Gleichschaltung der CDU, gehört Tillmanns dem Sächsischen Landtag an. 1949 zieht der 53jährige als Berliner Abgeordneter in den Deutschen Bundestag ein. Er gehört dem Parteivorstand der CDU an und wird 1953 Bundesminister für besondere Aufgaben im zweiten Kabinett Adenauer. Als Robert Tillmanns, inzwischen stellvertretender Vorsitzender seiner Partei, am 12. November 1955, 59 Jahre alt, in Berlin stirbt, verliert die CDU nach dem 1954 verstorbenen Bundestagspräsidenten Hermann Ehlers erneut einen ihrer profilierten protestantischen Politiker.

## Kurt von Tippelskirch

***Generalmajor, Charlottenburg 5, Witzlebenplatz 3***

Kurt von Tippelskirch, geboren am 9. Oktober 1891 in Charlottenburg (damals eine selbständige Stadt), tritt im März 1910 als Fähnrich in das preußische Heer ein. Nach dem verlorenen Weltkrieg wird er als Hauptmann in das Reichsheer übernommen und zum Generalstäbler ausgebildet. Anfang Februar 1933 zum Oberstleutnant befördert, steigt Tippelskirch bis 1940 zum Generalleutnant auf. Im Rußlandfeldzug führt er zunächst eine am Nordflügel eingesetzte Infanterie-Division der 16. Armee und wird im August 1942 unter Beförderung zum General der Infanterie als deutscher General zu der an der Ostfront mitkämpfenden italienischen Armee abgeordnet. Am 3. April 1944 meldet der Wehrmachtbericht des OKW, der nun Rückzüge als Siege drapieren muß, die unter dem Befehl des Generals von Tippelskirch stehenden Truppen (es ist das XII. Armeekorps) hätten »in siebentägigen schweren Kämpfen Durchbruchsversuche von 17 feindlichen Schützendivisionen, einer motorisierten und zweier Panzerbrigaden vereitelt und damit einen hervorragenden Abwehrerfolg errungen. Die Sowjets hatten schwerste Verluste.« Daß allein an der Ostfront seit Monaten Tag für Tag weit mehr als tausend deutsche Soldaten getötet werden, spricht niemand öffentlich aus. Am 30. Juli 1944, zehn Tage nach dem Attentat, erhält Tippelskirch als Führer der 4. Armee aus Hitlers Hand das Eichenlaub zum Ritterkreuz des Eisernen Kreuzes verliehen.

Als ein Jahr später der Krieg in Europa mit der bedingungslosen Kapitulation der Wehrmacht zu Ende geht, begibt sich Tippelskirch als Oberbefehlshaber der dezimierten, kaum noch kampffähigen und bis Mecklenburg zurückgedrängten 21. Armee unversehrt in amerikanische Gefangenschaft. 1953 veröffentlicht der Pensionär eine über 700 Seiten starke »Geschichte des zweiten Weltkrieges«, die von der Kritik wegen ihrer preußisch-knappen und sachlich-korrekten Darstellung durchweg gut aufgenommen wird. Vorarbeiten hat der Autor schon als Gefangener im Generalslager Neustadt bei Marburg verrichten können. Für die »Historical Division« der US-Army zeichnet er auf, wie er Führung und Verlauf des Krieges an den verschiedenen Fronten erlebt und mitgestaltet hat. Später ist Tippelskirch als Handelsvertreter und Dolmetscher tätig sowie, das berichtet *Der Spiegel* vom 1. Juli 1953, als Schriftführer des exklusiven, von

↑ Hjalmar Schacht gegründeten »Klubs von Lüneburg«. Am 10. Mai 1957 ist Kurt von Tippelskirch, 65 Jahre alt, in Lüneburg gestorben.

## T Werner von Tippelskirch

***Oberstleutnant des Generalstabs, W 30, Barbarossastr. 39***

Daß Ernst Jüngers Tagebuch aus dem Zweiten Weltkrieg, das 1949 unter dem Titel »Strahlungen« erschienen ist, auch als zeithistorische Quelle genutzt werden kann, belegt ein Eintrag wie dieser: »Paris, 21. April 1943. Mittags Besuch von einem alten Niedersachsen, Oberst Schaer. Lagebesprechung. Kein Ölzweig noch. Unter den Dingen, die er erzählte, war besonders die Schilderung einer Erschießung von Juden schauerlich. Er hat sie von einem anderen Oberst, ich glaube Tippelskirch, den seine Armee dorthin schickte, um zu sehen, was gespielt wurde. Bei solchen Mitteilungen erfaßt mich Entsetzen, ergreift mich die Ahnung einer ungeheueren Gefahr. Ich meine das ganz allgemein und würde mich nicht wundern, wenn der Erdball in Stücke flöge, sei es durch Aufschlag eines Kometen, sei es durch Explosion. In der Tat habe ich das Gefühl, daß diese Menschen den Erdball anbohren, und daß sie die Juden dabei als kapitalstes Opfer wählen, kann kein Zufall sein.« Jünger schließt mit dem Satz: »Übrigens sollen diese Erschießungen nicht mehr stattfinden, da man zur Vergasung der Opfer übergegangen ist.«

Daß die Truppenführer und Stabsoffiziere des deutschen Ostheeres von dem als ›Endlösung der Judenfrage‹ etikettierten Massenmord recht genaue Kenntnis haben und Dritten davon berichten, legt dieser Text aus der Pariser Etappe zumindest nahe. Es darf als sicher angenommen werden, daß es sich bei dem Oberst Tippelskirch um den Generalstäbler Werner von Tippelskirch handelt, der im Telefonbuch 1941 als Oberstleutnant verzeichnet ist, und nicht um seinen älteren Bruder ↑ Kurt von Tippelskirch, der 1943 längst General ist. Werner von Tippelskirch, geboren am 7. Oktober 1900 in Berlin, hat den Krieg überlebt. Als alleiniger Gesellschafter einer Versicherungsagentur ist er am 28. April 1967, 66 Jahre alt, gestorben.

## T Wolf von Trotha

***Vizeadmiral z.V., Zehlendorf, Teichstr. 18***

Wolf von Trotha, geboren am 1. Oktober 1884 in Potsdam, wird im April 1902 Seekadett in der Kaiserlichen Marine. Am Ersten Weltkrieg nimmt er als Kapitänleutnant und Kommandant von Torpedobooten teil. 1924 wird er Chef der II. Torpedobootsflottille, 1926 Kommandeur der Torpedo- und Nachrichtenschule, 1928 Kommandant eines Kreuzers, 1932 Kommandeur der Marineschule Mürwik. Das bleibt er, bis er 1936 als Vizeadmiral seinen Abschied nimmt. Nach seiner Reaktivierung 1939 ist Trotha 1941/42 Oberwerftdirektor der Kriegsmarinewerft in St. Nazaire.

Über sein Ende liegt der Bericht eines Zeitzeugen vor: »(Als) wir bereits zum amerikanischen Sektor gehörten, wurde der mit seiner Familie neben uns in Teichstraße 18 wohnende, längst pensionierte Vizeadmiral von Trotha von den Russen ›abgeholt‹ — ein damals gängiger Begriff. Ich sah selbst, wie der große grauhaarige ältere Herr auf einen kleinen LKW stieg und sich beugte, um unter die Plane zu kommen. Er kam nicht wieder.« Peter Erkelenz, der diese Erinnerung im Jahre 1994 für eine Schrift des Heimatvereins Zehlendorf aufgeschrieben hat, ist damals neun Jahre alt; sein Vater war bei der Einnahme Zehlendorfs Ende April 1945 von russischen Soldaten erschossen worden. Die Entführung Wolf von Trothas dürfte am 4. Dezember 1945 stattgefunden haben, ausgeführt nicht von Angehörigen des sowjetischen Geheimdienstes, sondern der mit gefälschten Papieren ausgestatteten ostzonalen Polizei. Bemühungen der amerikanischen Militärbehörden, den 62jährigen Admiral freizubekommen, bleiben erfolglos.

Am 24. Oktober 1950 setzt das Amtsgericht Berlin-Zehlendorf als Todeszeitpunkt des Verschollenen den 31. Januar 1946 fest. Warum Wolf von Trotha entführt worden ist und wie er im Gewahrsam sowjetischer Dienststellen, vermutlich im Gefängnis Teltow südlich Berlins, den Tod gefunden hat, ist noch immer ungeklärt.

## Fritz von Twardowski

***Dr., Gesandter, Leiter der kulturpolitischen Abteilung des Auswärtigen Amtes, NW 87, Brückenallee 30***

Fritz von Twardowski, geboren am 9. Juli 1890 in Metz als Sohn eines Generalleutnants (Metz ist damals Standort des XVI. Armeekorps), wird 1909, nach dem Abitur, Seekadett in der Kaiserlichen Marine und dient im Ersten Weltkrieg als U-Boot-Kommandant. 1919 nimmt er wie ↑ Ernst von Weizsäcker seinen Abschied, studiert Rechts- und Staatswissenschaften und tritt 1922 in den diplomatischen Dienst ein. Von 1924 bis 1928 leitet er das Inlandspressereferat des Auswärtigen Amtes , geht dann bis 1935 als Botschaftsrat nach Moskau.

1939 übernimmt Twardowski die Leitung der kulturpolitischen Abteilung des AA. Gleichzeitig gehört er dem Aufsichtsrat der 1939 in Absprache mit Himmler, dem »Reichskommissar für die Festigung deutschen Volkstums«, gegründeten »Deutschen Umsiedlungs-Treuhandgesellschaft m.b.H.« an, die unter anderem den »heim ins Reich« geholten Baltendeutschen zur Seite stehen soll. 1943 wird Twardowski Generalkonsul in Istanbul. Dort endet seine Mission im Mai 1945. Ulrich von Hassell, selbst mit der Türkei gut vertraut, berichtet Ende Mai 1944 in seinem Tagebuch von einem erfreulichen Gespräch mit Twardowski, »den ich während eines Tagesangriffs im Adlon-Bunker traf«.

Im Wilhelmstraßen-Prozeß gegen Ernst von Weizsäcker und andere sagt Twardowski, inzwischen Mitarbeiter des Evangelischen Hilfswerks in Hamburg, als Zeuge der Verteidigung aus; er selbst bleibt von Anklagen unbehelligt. Später gehört er zu den zahlreichen Angehörigen des alten AA, die in den Dienst des Amtes zurückkehren. Zuvor, im November 1950, beruft Adenauer Twardowski zum Leiter der Auslandsabteilung des Bundespresseamts und stellvertretenden Bundespressechef; für kurze Zeit steht er dem Amt kommissarisch vor. »Es war keine schlechte Wahl, wenn auch keine Lösung auf Dauer. Er verstand wenig von der Innenpolitik, besaß aber außenpolitische Interessen und Erfahrungen«, heißt es bei Baring (»Am Anfang war Adenauer«). Als Botschafter in Mexiko (1952-1956) geht Twardowski in Pension. Auch seine Laufbahn spiegelt ungebrochene Kontinuität: Von 30 Jahren im auswärtigen Dienst entfallen elf auf die Weimarer Republik, zwölf auf das Dritte Reich und sieben auf die Bundesrepublik Deutschland.

Am 21. September 1970 ist Fritz von Twardowski, 80 Jahre alt, in Wien gestorben.

## U Ernst Udet

***Generaloberst, Charlottenburg 9, Stallupöner Allee 11***

Ernst Udet, geboren am 26. April 1896 in Frankfurt a.M. als Sohn eines Ingenieurs, meldet sich 1914 nach dem in München abgelegten Notabitur als Kriegsfreiwilliger an die Front. 1915 wird er Jagdflieger — und in der Folgezeit fast so populär wie die Fliegerasse Manfred von Richthofen und Max Immelmann, die er mit seinen 62 Abschüssen noch übertrifft. Richthofen und Immelmann fallen; Udet, bei Kriegsende erst 22 Jahre alt, überlebt.

Als wagemutiger Kunstflieger bleibt er seinem Metier treu. Wo er auftritt, kommen die Menschen in hellen Scharen. 1922 gründet er in München eine eigene Flugzeugbaufirma. Aber dann, 1935, locken ihn die junge Luftwaffe und der alte Fliegerkamerad Hermann Göring nach Berlin: Udet tritt als Oberst in das Reichsluftfahrtministerium ein, wird dort im Juni 1936 Chef des Technischen Amtes und im Februar 1938 Generalluftzeugmeister, zuständig für die Ausrüstung und die Schlagkraft der fliegenden Truppe.

Als der Zweite Weltkrieg beginnt, ist Udet General der Flieger. In seiner Sieg-über-Frankreich-Rede vom 19. Juli 1940 an die »Männer des Deutschen Reichstages«, der die Nation bis in das fernste Dorf stolz und ergriffen lauscht, bescheinigt Hitler Udet »höchste Verdienste« und befördert ihn zum Generaloberst. Aber kaum drei Monate später lasten Hitler und Göring ihm den Mißerfolg der »Luftschlacht um England« an. Im Spätherbst 1941 wird Udet für das Versagen der längst überforderten Luftwaffe im Feldzug gegen die Sowjetunion verantwortlich gemacht.

Die Vorwürfe treffen Ernst Udet, dessen organisatorisches Vermögen begrenzt ist, schwer. Am Morgen des 17. November 1941 setzt er, 45 Jahre alt, seinem Leben durch einen Schuß aus seiner Pistole ein Ende. Die Freundin, die er vor dem Freitod noch anruft, findet ihn tot in seinem Haus in der Stallupöner Allee. Dem Volk wird mitgeteilt, Udet sei bei der Erprobung einer neuen Waffe verunglückt. Hitler ordnet, um die offizielle Lesart glaubhaft erscheinen zu lassen, ein Staatsbegräbnis an. Das gefeierte Fliegeras Werner Mölders stürzt auf dem Flug von der Ostfront zu Udets Begräbnis tödlich ab. Das Jagdgeschwader III erhält Udets Namen. Die Titelfigur des Harras in Carl Zuckmayers Drama »Des Teufels General« (1946) ist Udets Schicksal frei nachempfunden.

## Clara Viebig

***Schriftstellerin, Zehlendorf, Königstr. 3***

Clara Viebig, geboren am 17. Juli 1860 in Trier als Tochter eines Regierungsrats, besucht die Höhere Töchterschule in Düsseldorf und lebt danach ein paar Jahre auf einem Gut von Verwandten bei Posen. 1883 kommt sie nach Berlin und läßt sich an der Musikhochschule zur Sängerin ausbilden. Seit 1894 schreibt sie und findet als anspruchsvolle Heimatschriftstellerin alsbald Anerkennung. Die düster-karge Landschaft der Eifel, deren Menschen ein schlichtes, bedrängtes Leben führen, ist der Schauplatz der Novellensammlung »Kinder der Eifel« (1897). Es folgt der Großstadtroman »Das tägliche Brot« (1900), für den Heinrich Zille den Umschlag zeichnet. »Die Wacht am Rhein« (1902) schildert die Konflikte in den preußisch gewordenen Rheinlanden, »Das schlafende Heer« (1904) den Volkstumskampf zwischen Deutschen und Polen in den preußischen Ostprovinzen. »Die vor den Toren« (1910) und »Eine Handvoll Erde« (1915) sind Berliner Themen gewidmet: der Tempelhofer Bodenspekulation in den Gründerjahren und dem Leben in einer Laubenkolonie.

Die naturalistische Erzählweise paart sich mit sozialkritischen Spitzen gegen die politisch Mächtigen. Aber nicht nur das bewahrt die Viebig davor, im Dritten Reich als Blut-und-Boden-Dichterin in Anspruch genommen zu werden. Ihr Ehemann Fritz Th. Cohn, Verlagsbuchhändler und Freund Theodor Fontanes, ist Jude. Bis zu seinem Tode bleibt Clara Viebig in der »kleinen Villa« (»Haus Clara«) in Zehlendorf immer neuen Pressionen ausgesetzt. Bereits 1933 weigert sie sich, das beflissene »Treuegelöbnis« von immerhin 88 deutschen Schriftstellern zu unterschreiben. 1935 erscheint als ihr letztes Buch »Die Vielgeliebte und die Vielgehaßte«, ein historischer Roman über die Liebe Friedrich Wilhelms II. zu der Trompeterstochter Wilhelmine Encke. Im November 1937 merken die im Prager Exil gedruckten »Deutschland-Berichte der SPD (Sopade)« über die »deutsche Zolaide« an: »Im heutigen Deutschland wäre selbst eine mittlere Erscheinung von der Art einer Clara Viebig unmöglich, denn realistische Zustandsschilderung ist verboten.« Vom 80. Geburtstag der Autorin im Juli 1940 nimmt die Presse kaum Notiz.

Von 1942 bis Kriegsende lebt Clara Viebig, um den Bomben zu entgehen, in Mittenwalde (Schlesien). 1946 kehrt sie mittellos nach Berlin zurück. Im »Haus Clara« räumt der neue Eigentümer ihr und ihrer Haushälterin zwei Zimmer ein. Hier ist sie am 31. Juli 1952, 92 Jahre alt, gestorben. In Bad Bertrich, Clara-Viebig-Str. 1, ist ein »Clara-Viebig-Freundeskreis« um eine Gesamtausgabe ihrer Werke bemüht.

## W Josef Wagner

***Gauleiter, Grunewald, Winklerstr. 2 (1943)***

Josef Wagner, geboren am 12. Januar 1898 in Algringen/Lothringen als Sohn eines Bergmanns, zieht 1917 als Soldat in den Krieg und gerät verwundet in französische Gefangenschaft. Erst 1919 kehrt er nach Deutschland zurück. Er will Lehrer werden. Nach dem Abschluß seiner Ausbildung in Fulda ist Wagner, der sich als Angehöriger einer ›verlorenen Generation‹ empfindet, arbeitslos. 1922 schließt er sich der NSDAP an. 1927 wird er Bezirksleiter der Partei in Bochum. Für kurze Zeit ist er Lehrer — bis zu seiner politisch motivierten Entlassung. Vor 1933 haben NS-Aktivisten im preußischen Staatsdienst keinen leichten Stand. Im Oktober 1928 ernennt Hitler seinen Gefolgsmann zum Gauleiter der NSDAP in Westfalen. Nach der Parteireform von 1931 übernimmt er den Gau Westfalen-Süd und 1935 zusätzlich der Gau Schlesien. 1938 kommen noch zwei staatliche Ämter hinzu: Wagner wird Oberpräsident der preußischen Provinz Schlesien und Reichskommissar für die Preisbildung.

Dann folgt dem steilen Aufstieg unvermittelt der tiefe Sturz. Josef Wagner ist auch im Braunhemd bekennender Katholik. Er liebt es, dem Volk aufs Maul zu schauen, die Sorgen der Leute ernst zu nehmen und auch Kritik offen zu äußern. Dies mag Hitler zu Ohren gekommen sein. Anfang 1941 teilt er den Gau Schlesien auf: An die Stelle Wagners treten zwei neue Gauleiter. Am 9. November 1941, nach der traditionellen Rede im Münchner Löwenbräu-Saal, läßt Hitler im Kreis der Reichs- und Gauleiter über den abwesenden Wagner »ein klirrendes Scherbengericht« (so Goebbels in seinem Tagebuch) niedergehen. Wagner habe sich »von einer so miserablen Seite gezeigt«, daß er aus allen Ämtern entfernt werden müsse. Seine »klerikale Einstellung ist eines Gauleiters unwürdig«. Vor der Heirat der Tochter mit einem gottgläubigen (d.h. aus der Kirche ausgetretenen) Kriegsberichterstatter habe Wagners Frau ihr einen — offenbar sehr besorgten — Brief geschrieben, »der einfach jeder Charakterisierung spottet«. Zwei Wochen später weiß Goebbels noch mehr: Der Führer »schildert mir die ganze Genesis des ominösen Heiratsfalls in der Familie Wagner, der geradezu haarsträubend ist ... Heute ist der Führer überzeugt, daß Wagner ein durchaus pfäffischer Mensch ist, der unter Umständen sogar von der Katholischen Aktion in unsere Reihen hineingestellt worden ist, um Zwietracht zu säen«.

Noch im Dezember 1941 wird Wagner als Gauleiter von Westfalen-Süd abgesetzt und aus der NSDAP ausgestoßen. Gegen den Ausschluß ruft der ›alte Kämpfer‹, der das Goldene Parteiabzeichen trägt, das Oberste Parteigericht in München an. Das Unerwartete geschieht: Die Richter unter Vorsitz von Walter Buch geben dem Widerspruch statt. (Walter Buch, seit März 1933 Oberster Parteirichter der NSDAP, nimmt sich nach vierjähriger Internierungshaft und seiner Spruchkammer-Einstufung als Hauptschuldiger am 12. September 1949 in Bayern das Leben.) Goebbels vermerkt am 17. April 1942 in seinem Tagebuch, »daß der Führer über das Urteil sehr empört war und seinen Willen kundgetan hat, in keiner Weise darauf irgendwie Rücksicht zu nehmen«. Das sei richtig so. Denn was gehe den Führer bei der Führung des deutschen Volkes das Oberste Parteigericht an? »Die Richter sind überall die gleichen, ob sie im Staat oder im Parteileben tätig sind.« Ein paar Wochen später, am 24. Juni 1942, vergleicht Goebbels Wagner mit dem rabiaten Antisemiten Julius Streicher, bis 1940 Gauleiter von Franken. Während Wagner »ein richtiger Musterknabe«, aber kein Nationalsozialist sei, sei Streicher zwar kein Musterknabe, aber »ein in der Wolle gefärbter Nazi«. Nur das zähle in harten Zeiten; zu Recht habe der Führer deshalb einen privaten Fehltritt Streichers »mit dem Mantel der Liebe« zugedeckt.

Ob Josef Wagner tatsächlich, wie der Zeithistoriker Peter Hoffmann mutmaßt, während seiner schlesischen Jahre die Fronten gewechselt hat, weil ↑ Nikolaus von Halem ihn in Gesprächen »weitgehend gegen Hitler einnehmen konnte«, bleibt ungeklärt. Daß der entthronte Wagner, der 1942 nach Berlin zieht, sich im Telefonbuch weiterhin als Gauleiter ausweist, ist bemerkenswert; aber auch Streicher durfte den Titel weiterführen. Ungeklärt sind auch der Tag und die Umstände von Wagners Tod in der umkämpften Reichshauptstadt. Nach der einen Version ist der 47jährige als Häftling der Gestapo Ende April 1945 von der SS umgebracht, nach der anderen am 2. Mai 1945 von einem russischen Soldaten zufällig und grundlos als eines der ungezählten zivilen Opfer jener Tage auf offener Straße erschossen worden.

Mit Versorgungsansprüchen der Witwe, die sich dabei auf Wagners Gegnerschaft zum Nationalsozialismus beruft, hat sich das Bundesverwaltungsgericht in Berlin noch 1958 zu befassen.

## W Marie Prinzessin Wassiltschikoff

***W 62, Einemstr. 18 (1943)***

Die Oktoberrevolution von 1917 hat viele russische Familien als Flüchtlinge nach Mittel- und Westeuropa verschlagen, so auch die des Fürsten Illarion Wassiltschikoff, die ihre Heimatstadt St. Petersburg im Frühjahr 1919 verläßt. Marie, am 11. Januar 1917, im letzten Jahr der Zarenherrschaft, in der Stadt, die später Leningrad heißt, geboren, verbringt ihre Kindheit und Jugend abwechselnd in Deutschland, Frankreich und Litauen, wo die Familie über Besitzungen verfügt. Als Hitler den Zweiten Weltkrieg beginnt, befindet sich die 22jährige »Missie« mit ihrer Schwester bei einer Jugendfreundin ihrer Mutter auf Schloß Friedland, einem oberschlesischen Rittergut. Um Arbeit zu finden, begeben sich die Schwestern im Januar 1940 nach Berlin.

Dank ihrer außergewöhnlichen Sprachkenntnisse und gewiß auch ihrer gesellschaftlichen Position stehen der attraktiven jungen Frau viele Türen offen. Sie arbeitet zunächst im Haus des Rundfunks in der Masurenallee beim »Drahtlosen Dienst«, der führenden deutschen Nachrichtensendung, die seit 1933 der Presseabteilung des Reichspropagandaministeriums unterstellt ist. Später hilft Missie in der Kulturpolitischen Abteilung des Auswärtigen Amts aus. Schon bald gehört eine ganze Reihe illustrer Regimegegner zu ihrem Freundeskreis, unter ihnen Adam von Trott zu Solz, ↑Hasso von Etzdorf, Hans-Bernd von Haeften, Ulrich von Hassell und Wolf-Heinrich Graf Helldorf, der Polizeipräsident. Mit Ausnahme Etzdorfs fallen sie alle nach dem 20. Juli 1944 Hitlers Rache zum Opfer. Am 10. November 1944 wird auch Missies väterlicher Freund Friedrich-Werner Graf von der Schulenburg, der letzte deutsche Botschafter in Moskau, durch den Strang hingerichtet.

Über die Jahre in der Hauptstadt des Dritten Reichs hat die russische Prinzessin mit litauischem Paß Aufzeichnungen hinterlassen, die auch deshalb bemerkenswert sind, weil hier fremde Augen auf das Geschehen in Deutschland blicken. Die 1985 zunächst in Großbritannien, 1987 aus dem Englischen übersetzt erschienenen »Berliner Tagebücher der Marie ›Missie‹ Wassiltschikow 1940–1945« spiegeln den Kriegsalltag und die zunehmende Vernichtung der Stadt ebenso lebendig wider wie die wechselnden Stimmungslagen ihrer Bewohner. Am 26. Mai 1941 berichtet Missie über ein Abendessen mit dem amerikanischen Diplomaten ↑ George F. Kennan und seiner Frau (»Er hat hochintelligente Augen, spricht aber nicht offen. Die Situation ist allerdings auch recht zweideutig, da die Deutschen noch immer Verbündete der Sowjets sind«). Auch an Ereignissen wie der Hochzeit der Prinzessin Maria Adelgunde von Hohenzollern mit dem Prinzen Konstantin von Bayern am 31. August 1942 auf Schloß Sigmaringen und Missies Reisen nach Rom und Capri oder in das trotz der Besetzung friedensmäßig wirkende Paris nimmt der Leser teil. Dann verdüstert sich das Bild. Am 23. November 1943 heißt es: »In der letzten Nacht ist die Berliner Innenstadt zum größten Teil zerstört worden ... Zum ersten Mal begriff ich die Bedeutung des Ausdrucks ›Bombenteppich‹ ... Es sah wirklich so aus, als ob uns nichts retten könnte.« Am 3. August 1944 kommt es zu einer letzten, flüchtigen Begegnung mit Etzdorf auf dem Kurfürstendamm: »Er bestätigte das Gerücht, daß Fritzi Schulenburg Listen der Verschwörer und der für sie vorgesehenen Posten aufbewahrt habe« — mit schlimmen Folgen für die dort Genannten (dasselbe wird freilich auch von Unterlagen berichtet, die von der Gestapo im Safe des Dienstzimmers von Hans von Dohnanyi entdeckt worden seien).

Ende 1944 setzt sich Missie aus Berlin ab und wird Rote-Kreuz-Schwester im Luftwaffenlazarett in Wien, das eben jetzt verstärkt zum Ziel alliierter Bombenangriffe wird. Im Januar 1946 heiratet sie in Kitzbühel einen amerikanischen Offizier, lebt mit ihm, der Architekt ist, in Paris und zieht vier Kinder groß. Ihre letzten Jahre verbringt sie in London. Dort ist Marie Wassiltschikoff-Harnden am 12. August 1978, 61 Jahre alt, an Leukämie gestorben.

## Wilhelm Weiß

***Hauptschriftleiter, Schöneberg, Kufsteiner Str. 59***

Wilhelm Weiß, geboren am 31. März 1892 im oberfränkischen Stadtsteinach, wird nach dem Abitur Berufsoffizier in der Königlich bayerischen Armee. 1914 zieht er als Leutnant ins Feld, meldet sich zur Fliegertruppe, wird verwundet und verliert ein Bein. Die Niederlage 1918 erlebt der 26jährige in der Pressestelle des bayerischen Kriegsministeriums in München. 1920 wird er als Hauptmann ausgemustert.

Ein Jahr später ist Wilhelm Weiß Redakteur der Zeitschrift *Heimatland* der Bayerischen Heimatwehr. 1922 wird er Mitglied der NSDAP und der SA. Er nimmt am Putschversuch des 9. November 1923 teil, der an der Münchner Feldherrnhalle blutig endet, aber die

Hitler-Bewegung im ganzen Reich mit einem Schlag bekannt macht. Die Niederlage beschert der NSDAP neben ihrem Verbot die ersten »Blutzeugen« und den am Marsch Beteiligten den im März 1934 von Hitler gestifteten »Blutorden«. Weiß, seit 1924 Chefredakteur eines *Völkischen Kurier*, wird 1927 Chef vom Dienst des Parteiorgans *Völkischer Beobachter*. Er steigt zum SA-Oberführer (Generalmajor) und zum Leiter des Presseamts der Obersten SA-Führung in München auf. In der ›Kampfzeit‹ steht Weiß mehrfach wegen verfassungsfeindlicher Umtriebe vor Gericht. Als die Politische Abteilung des Berliner Polizeipräsidiums 1930 — die Hauptstadt ist damals wie Preußen sozialdemokratisch regiert — einen Bericht über die NSDAP »als staats- und republikfeindliche, hochverräterische Verbindung« vorlegt, dienen auch Weiß-Zitate als Beleg für den revolutionären Charakter der Hitler-Partei. Diese (1983 zum ersten Mal veröffentlichte) »Preußische Denkschrift von 1930« bleibt freilich in jeder Hinsicht folgenlos.

1933 wird Weiß stellvertretender Hauptschriftleiter des *Völkischen Beobachter*. 1938 löst er Alfred Rosenberg als Hauptschriftleiter ab. Öffentlich tritt der Spitzenfunktionär, der auch dem Reichstag und dem Reichskultursenat angehört, den Reichsverband der deutschen Presse führt und Hauptamtsleiter in der Reichsleitung der NSDAP ist, zu keiner Zeit hervor. Seit 1937 bekleidet er den Generalsrang eines SA-Obergruppenführers.

Am 12. August 1941 zieht Weiß (sein Kürzel ist ein kleines »w«) im *Völkischen Beobachter* unter der rot markierten Schlagzeile »Sechs Wochen Ostoffensive« eine überaus verhaltene Bilanz des Krieges gegen die Sowjetunion. »Im Bewußtsein seiner technisch verschwenderischen Ausrüstung«, heißt es da, »kämpft auch der Sowjetsoldat selbst zäh und verbissen. Die unbestreitbare Härte seiner Verteidigung erklärt sich nicht zuletzt aus dem Umstand, daß der Bolschewismus seit 25 Jahren in Rußland eine Macht geworden ist, die für das breite Volk außer Diskussion stand. Die große Masse der jetzt an der Front kämpfenden Generation kennt überhaupt nur den Bolschewismus und seine Welt.« Doch eines stehe desungeachtet fest: »Dieses System ist reif für den Zusammenbruch.«

Als 1945 dann doch ein anderes System zusammenbricht, taucht Weiß unter. Er wird von den Fahndern der US-Armee aufgespürt und interniert. Am 15. Juli 1949 verurteilt ihn die Münchner Spruchkammer als Hauptschuldigen zu drei Jahren Arbeitslager, zehn Jahren Berufsverbot und einer Vermögensabgabe von 30 Prozent. Da die bereits erlittene Haft angerechnet wird, bleibt er auf freiem Fuß. Wenige Monate später, am 24. Februar 1950, ist Wilhelm Weiß, 57 Jahre alt, in Wasserburg am Inn gestorben.

### Carl Friedrich Freiherr von Weizsäcker

***Dr., Dozent, Dahlem, Bitterstr. 3***

Auf *ein* Mitglied der Familie von Weizsäcker, so will es das Bonmot, trifft man überall. Das Berliner Telefonbuch 1941 hält sich nicht an diese Regel, denn der freiherrliche Zweig der Familie ist in ihm gleich zweifach vertreten: in der Person des jungen Physikers Carl Friedrich und in der seines Vaters, des Staatssekretärs ↑ Ernst von Weizsäcker.

Carl Friedrich Freiherr von Weizsäcker, geboren am 28. Juni 1912 in Kiel (der Vater ist damals aktiver Seeoffizier), wächst mit drei Geschwistern in einem protestantisch-liberalen Elternhaus auf. Nach dem Abitur 1929 studiert er in Berlin, Göttingen und Leipzig Physik, promoviert 1933 bei Werner Heisenberg, der in diesem Jahr mit dem Physik-Nobelpreis 1932 ausgezeichnet wird, und habilitiert sich 1936 in Leipzig. Dann geht der knapp 25jährige als Mitarbeiter an das Kaiser-Wilhelm-Institut für Physik in Berlin-Dahlem, Boltzmannstr. 20. 1942 wechselt Weizsäcker als außerordentlicher Professor für theoretische Physik nach Straßburg im Elsaß. Dort ist, wie der *Völkische Beobachter* (VB) am 23. August 1941 stolz berichtet, nach einer Zwangspause von dreiundzwanzig Jahren die alte Reichsuniversität »als Bollwerk deutschen Geistes und ... nationalsozialistische Musterhochschule« neu eröffnet worden, ausgestattet mit hundert handverlesenen Dozenten und vier Fakultäten (Recht und Staat, Medizin, Philosophie, Naturwissenschaft). »Aus allen Teilen des Reiches sowie aus dem Elsaß liegen Anmeldungen von Studierenden vor«, heißt es in der VB-Meldung. Der Zufall will es, daß vor genau 70 Jahren schon einmal ein Mitglied der Familie, der Historiker Julius Weizsäcker, an die 1872, nach dem preußisch-deutschen Sieg über Frankreich, gegründete Reichsuniversität gegangen ist und dies damals als patriotische Pflicht empfunden hat.

Als das Elsaß sechs Semester später erneut abhanden zu kommen droht (Straßburg wird am 23. November 1944 von franko-amerikanischen Truppen erobert), verläßt Carl Friedrich die bedrohte Stadt, kehrt für kurze Zeit nach Berlin zurück und zieht dann mit dem Physik-Institut ins süddeutsche Hechingen. Er ist inzwischen ein namhafter Wissenschaftler. In einem Leipziger Verlag erscheint noch Anfang 1945 die dritte Auflage von Weizsäckers »Zum Weltbild der Physik« (1943), Zeugnis einer fast absurden Normalität inmitten von Tod und Vernichtung. Zwar darf in Deutschland seit dem 1. September 1944, dem Tag, an dem auch alle Theater »für die Dauer des Krieges« schließen müssen, kein schöngeistiges Buch mehr gedruckt werden. Von dem Verbot ausgenommen sind aber Naturwissenschaft und Technik. Das Buch erläutert auch die allgemeine Relativitätstheorie. Von deren Urheber Albert Einstein, der noch vor wenigen

Jahren Deutscher war, ist freilich nicht die Rede. Juden sind im Dritten Reich namenlos.

1945 wird Weizsäcker zusammen mit ↑ Otto Hahn und anderen deutschen Kernforschern in Farm Hall in Südengland interniert. Zu seiner Person heißt es in einer internen alliierten Beurteilung: »Er hat behauptet, sowohl direkt als auch in abgehörten Gesprächen, daß er aufrichtig gegen das Naziregime gewesen sei und nicht an einer Atombombe habe arbeiten wollen. Als Sohn eines Diplomaten ist er selbst so etwas wie ein Diplomat.« Nach der Entlassung setzt Weizsäcker seine akademische Karriere 1946 an der Universität Göttingen fort, wo sich auch ↑ Max Planck eingefunden hat und der alten Kaiser-Wilhelm-Gesellschaft seinen Namen gibt. An dem 1947 errichteten Max-Planck-Institut für Physik wird Weizsäcker Leiter der theoretischen Abteilung. Im Juni 1947 sagt er im Nürnberger Justizpalast im sogenannten Wilhelmstraßen-Prozeß als Zeuge der Verteidigung aus: Seinen Vater hätten die Dämonie und Skrupellosigkeit Hitlers immer abgestoßen; in seinen Augen sei Hitler »ein Scharlatan und wahnsinniger Verbrecher« gewesen.

1957 folgt der Physiker einem Ruf auf den Lehrstuhl für Philosophie an der Universität Hamburg. Der Wechsel, so Weizsäcker, bedeute keinen Bruch in seiner Biographie: »Ich habe Physik studiert aus philosophischem Interesse und Philosophie betrieben als Konsequenz des Nachdenkens über Physik.« Um eben diese Zeit ist Weizsäcker Wortführer der »Göttinger Achtzehn«, deren Appell zum weltweiten Verzicht auf die Produktion von Atomwaffen Aufsehen erregt. Seine späteren Schriften, unheilschwanger schon im Tonfall, beschwören die Gefahren des technischen Fortschritts in einer hochgerüsteten Welt. Die Suche nach Strategien des Überlebens für eine stetig wachsende Menschheit, die ihre natürlichen Ressourcen zerstört und der finalen Megakrise entgegentaumelt, läßt ihn nicht mehr los. Von 1970 bis 1980 leitet Weizsäcker zusammen mit Jürgen Habermas das »Max-Planck-Institut zur Erforschung der Lebensbedingungen in der wissenschaftlich-technischen Welt« in Starnberg. Im Mai 1979 lehnt er es ab, sich als Kandidat der sozialliberalen Koalition um das Amt des Bundespräsidenten zu bewerben. Heute lebt der Emeritus im oberbayerischen Söcking, Alpenstr. 15.

## W | Ernst Freiherr von Weizsäcker

**W 35, *Admiral-von-Schröder-Str. 34–36***

Ernst Weizsäcker, geboren am 25. Mai 1882 in Stuttgart als Sohn des Juristen und späteren Königlich-württembergischen Ministerpräsidenten (1906–1918) Karl Hugo Weizsäcker, entscheidet sich schon als Schüler, dem Deutschen Reich zu dienen. Am 1. April 1900 geht der

Abiturient als Seekadett zur Kaiserlichen Marine. Im Herbst 1912 wird der Kapitänleutnant Weizsäcker zum Marinekabinett nach Berlin versetzt. Als 1914 der Krieg ausbricht, meldet sich der patriotisch Erglühte wieder zu Flotte. Die Seeschlacht am Skagerrak am 31. Mai 1916 erlebt er an Bord des Flaggschiffs »Friedrich der Große« mit. Im selben Jahr verleiht der württembergische König Wilhelm II. seinem bereits persönlich geadelten Ministerpräsidenten den erblichen Freiherrntitel. So kommt es, daß der 36jährige Korvettenkapitän, der 1918 die Seekriegsleitung bei der Obersten Heeresleitung im Großen Hauptquartier im belgischen Spa vertritt, nun Ernst Freiherr von Weizsäcker heißt.

Nach der Niederlage kümmert sich Weizsäcker im Reichsmarineamt in Berlin um entlassene Seeoffiziere. Als am 28. Juni 1919 der Versailler Vertrag unterzeichnet wird, ist er Marineattaché in Den Haag. Er betreibt nun den Wechsel ins Auswärtige Amt (AA), obwohl ihn der Verstand eher in die Industrie zieht. Dem Seiteneinsteiger wird Anfang 1921 als erste Auslandsstation das Konsulat in Basel zugewiesen. Im Juli 1933, Hitler ist inzwischen Reichskanzler, geht er als Gesandter nach Bern. Im August 1936 kehrt der parteilose Weizsäcker als Leiter der Politischen Abteilung in die Zentrale zurück und begleitet nun die schrittweise Revision des von ihm wie von der Mehrheit der Deutschen als schmachvoll und ungerecht empfundenen Diktats von Versailles. Als der Ministerialdirektor am 19. März 1938 zum Staatssekretär des AA unter dem neuen Reichsaußenminister Joachim von Ribbentrop avanciert, liefert er sich dem Regime auf Gedeih und Verderb aus. Für seine Berufung hat sich freilich auch der Ribbentrop-Berater und spätere NS-Gegner ↑ Albrecht Haushofer eingesetzt. Am 1. April 1938 tritt Weizsäcker mit der haushohen Mitgliedsnummer 4 814 617 der NSDAP bei. Kurz darauf, zu Führers Geburtstag, wird ihm ein hoher SS-Rang beim Stab des Reichsführers SS verliehen: Fortan darf er das schwarze Tuch eines SS-Oberführers tragen.

Im Juni 1939 tauschen die Weizsäckers ihre Mietwohnung in der Meineckestr. 12 gegen eine der schönsten Dienstvillen ein, die das Reich in der Hauptstadt zu vergeben hat. Mit ihrer Anschrift, aber ohne Titel, läßt sich der Staatssekretär in das Telefonbuch eintragen. Fünf volle Jahre — »mein privates Leben hörte auf« — bleibt Weizsäcker auf seinem Posten. Im Juni 1943 wird er auf eigenen Wunsch als Botschafter beim Heiligen Stuhl nach Rom versetzt. Nach der alliierten Besetzung der Stadt am 4. Juni 1944 wohnt Weizsäcker mit seiner Frau als privater Gast des Papstes im Palazzo del Tribunale, in den schutzbietenden Mauern des Vatikan. Im Mai 1946 sagt Weizsäcker, nach Zusicherung freien Geleits, als Zeuge der Verteidigung im Nürnberger Hauptkriegsverbrecherprozeß aus. Erst Ende August 1946 kehrt das Ehepaar nach Deutschland zurück.

Wer im Dritten Reich, ohne je sichtbar in Ungnade gefallen zu sein, so hoch gestiegen ist, findet mit der Beteuerung, er habe sich den Untaten der Führung nach Kräften entgegengestemmt, nur schwer Glauben. Er muß sich, wenn er auf seine persönliche Honorigkeit verweist, sogar vorhalten lassen, für das NS-Regime besonders nützlich gewesen zu sein. Mancher mag aus dem Mittun dieses integren Mannes gefolgert haben, in der hohen Politik werde verantwortlich gehandelt, und umlaufende Gerüchte über Mordtaten des Regimes seien schiere Feindpropaganda. Weizsäcker selbst erlangt nach eigenem Bekunden Ende 1941 Kenntnis von den Verbrechen, die von den Einsatzgruppen hinter der Front im Osten verübt werden. Auch über das Schicksal, das die europaweit deportierten Juden erwartet, kann er sich kaum täuschen, mag ihn vor der Teilnahme an der Wannsee-Konferenz am 20. Januar 1942 auch ein glücklicher Zufall bewahrt haben. Am 20. März 1942 erklärt er die Deportation von 6000 französischen Juden aus Drancy durch Abzeichnung eines entsprechenden Schriftstücks als außenpolitisch bedenkenfrei; zumindest zwei der Transportzüge fahren nach Auschwitz-Birkenau.

In der Tat ist Ernst von Weizsäckers Charakterbild in der Geschichte schwankend und zwiespältig. Als Ulrich von Hassell, der das Auswärtige Amt schon 1938 verlassen hat und seinen Widerstand gegen Hitler im September 1944 mit dem Leben bezahlt, Ende 1943 erfährt, Weizsäcker »dränge mit äußerster Schärfe auf Aktion«, kommentiert er den Ruf aus Rom in seinem Tagebuch so: »Das ist von dort aus bequem! Vorher hat er sich doch nicht allzu tief eingelassen.« Ähnlich heißt es am 15. Mai 1943: »H sehr scharf über Weizsäcker. Merkwürdig, wie oft man bei Schwaben beim tieferen Bohren auf Mangel an Festigkeit des Charakters ... stößt.« H ist der Gesandte Werner Otto von Hentig. Aber auch Hassell erkennt an, daß Weizsäcker das AA davor bewahrt hat, eine NS-Hochburg zu werden. In Weizsäckers »Erinnerungen« (1950) liest man dieses: »Warum ich bei völligem innerem Widerspruch gegen die herrschenden Menschen, Maximen, Methoden und Motive meinen Namen zu einer fast aussichtslosen Arbeit hergegeben hatte, das mußte ich mit mir allein abmachen« (S. 349). An anderer Stelle spricht er, was in diesem Kontext befremdlich anmutet, von ›Fahnenflucht‹, die er nicht habe begehen wollen (S. 131). Sicher ist, daß Weizsäcker den drohenden Krieg abzuwenden gesucht hat. Aber das interne Dagegensein eines nach außen bis zuletzt loyalen Staatsbeamten wiegt leicht, wenn ihm jeglicher Erfolg versagt bleibt und das Verhängnis ungehindert seinen Lauf nimmt.

Weizsäcker, den Vater, trifft die Furie des Kriegs als einen der ersten. Am Abend des 2. September 1939, am zweiten Tag des Angriffs auf Polen, fällt sein ältester Sohn. »In der Tucheler Heide am Bahnübergang bei Klonowo ist der Ort, wo Heinrich als Leutnant und Führer des 1. Zuges des Infanterie-Regimentes Nr. 9 seinen Leuten voran, gegen polnische Schützen vorgehend, sein frühes, schnelles Ende fand. Unser Sohn Richard, im gleichen Regiment, hat am 3. September in den Morgenstunden bei seinem Bruder gewacht«, heißt es in den »Erinnerungen«. Der Sohn wird, begleitet von der Familie, in der Heimat, auf der Solitüde bei Stuttgart, begraben, neben seinem im September 1914 gefallenen Onkel Carl. »Dort oben am Waldrand auf dem kleinen und stillen Soldatenfriedhof sprach unser Sohn Carl-Friedrich für Heinrich das Abschiedswort. Da liegt er nun, unter dem Holzkreuz aus der Tucheler Heide« (S. 263).

Am 25. Juli 1947 wird der in Lindau am Bodensee lebende und schon mehrfach verhörte ehemalige Staatssekretär in Nürnberg verhaftet. Seit dem 6. Januar 1948 steht er im sogenannten Wilhelmstraßen-Prozeß vor dem 4. amerikanischen Militärgerichtshof. Trotz vieler Fürsprecher fordert die Anklage die Todesstrafe. Das im April 1949 verkündete Urteil lautet auf sieben Jahre Gefängnis. Ostern 1950 setzt sich auch ↑Theodor Heuss für eine Begnadigung Weizsäckers ein. Mitte Oktober 1950 kann er die Festung Landsberg, die jetzt als War Criminal Prison dient, auf Anordnung des amerikanischen Hohen Kommissars John J. McCloy vorzeitig verlassen.

Am 4. August 1951 ist Ernst Freiherr von Weizsäcker, 69 Jahre alt, in Lindau gestorben. Er ist wohl der einzige Deutsche, der wegen seines Verhaltens im Dritten Reich schuldig gesprochen wurde und gleichwohl vielen als aufrechter Gegner Hitler gilt.

## Wolfgang Willrich

***Kunstmaler, Frohnau, Forstweg 70***

Wolfgang Willrich, geboren am 31. März 1897 in Göttingen, zieht nach dem Abitur (1915) als Kriegsfreiwilliger in den Ersten Weltkrieg, gerät im September 1918 in französische Gefangenschaft und kehrt erst im März 1920 nach Deutschland zurück. Er studiert an der Kunstakademie Dresden, schließt sich dem »Tannenbergbund« und dem »Nordischen Ring« an wird 1931 Zeichenlehrer in Göttingen. 1933 sieht er sich endlich als Maler »im Sinne des Nordischen Gedankens« (Willrich über Willrich) anerkannt. Mit zu seinen Förderern gehören der NS-Ideologe ↑Gottfried Feder, der Rasseforscher Hans F.K. Günther und Walter Darré, der Reichsbauernführer, der ihn 1934 nach Berlin holt und in dessen Diensten er serienweise meist flachsblonde bäuerlich-germanische Köpfe malt. Nebenbei arbeitet er an Blättern wie

*Politische Erziehung* (Herausgeber ↑ Alfred Baeumler), *Volk und Rasse* und *Das Schwarze Korps* mit. Von Anfang an habe Willrich versucht, heißt es 1936 in der Zeitschrift *Das Bild*, »den Rassegedanken künstlerisch zu formen, und zwar in schroffem Gegensatz zur damals üblichen Auffassung vom Menschen als jämmerliche Kreatur, wie sie uns sattsam aus den Schilderungen der bekannten Kulturbolschewisten Schmidt-Rottluff, Heckel, Kirchner, Kokoschka, Dix, Grosz und Hofer bekannt geworden sind«.

Aber Willrich ist nicht nur befähigt, die Schönheit arischer Menschen ins Bild zu setzen, sondern auch bereit, seinen und des Reiches Feinden entschlossen und mit Vorliebe denunziatorisch entgegenzutreten. 1937 gehört er zu den Organisatoren der Ausstellung »Entartete Kunst«, die am 19. Juli 1937 in München eröffnet wird und sich monatelang an der Isar, in Berlin, Hamburg, Düsseldorf und später auch in Österreich als Publikumsmagnet erweist. Kurz zuvor hat sich Willrich mit seinem Buch »Die Säuberung des Kunsttempels. Eine kulturpolitische Kampfschrift zur Gesundung deutscher Kunst im Geiste nordischer Art« für die Ausrichtung eines solchen barbarischen Akts der Selbstzerstörung nachdrücklich empfohlen. In dem Buch wird neben Malerkollegen auch ↑ Gottfried Benn so maßlos als Kulturbolschewist und Rassenschänder angegriffen, daß sich sogar der Reichsführer-SS Himmler im September 1937 veranlaßt sieht, Willrich in barscher Form zurechtzuweisen (Mittenzwei, S. 366 f.). Das hindert Himmler freilich nicht, zu Willrichs Bildermappe »Vom Lebensbaum deutscher Art« (1938) das Vorwort zu schreiben, denn sie »zeigt uns Köpfe von SS-Männern aus allen Gegenden Deutschlands«, mithin »das ewige Gesicht germanisch-deutschen Blutes«. 1943 läßt Willrich, der im Kriege auch prominente Soldatenköpfe auf Postkarten in hoher Auflage unter das Volk bringt, noch die Bücher »Des Edlen ewiges Reich« und »Nordisches Bluterbe im süddeutschen Bauerntum« folgen.

Über das weitere Schicksal Willrichs konnte Sicheres nicht ermittelt werden.

## W Franz Willuhn

***Dr., Reichskabinettsrat, Schlachtensee, Stöckerzeile 41***

Franz Willuhn, geboren am 24. Oktober 1885 als Sohn einer ostpreußischen Landwirtsfamilie, besucht das Gymnasium in Insterburg und studiert Jura in Königsberg, Berlin und Halle. 1914 zieht er in den Ersten Weltkrieg; 1918 kehrt er als Oberleutnant der Reserve zurück. Er wird Beamter in der preußischen Staatsverwaltung.

Im März 1933 wird der Ministerialrat Willuhn als Referent für den Bereich Industrielle Wirtschaft und Handelspolitik in Hitlers Reichskanzlei berufen. Zwölf Jahre versieht er in der Regierungszentrale des NS-Staats unter ↑Hans Heinrich Lammers als gehorsamer Beamter seinen Dienst. Aber Ende Mai 1940 bringt eine Zufallsbegegnung mit Ulrich von Hassell, dem wohl klügsten Kopf des deutschen Widerstands, ans Licht, daß selbst am Arbeitsplatz Reichskanzlei kritisch, ja defaitistisch gedacht wird. In seinem Tagebuch kommentiert Hassell am 19. Mai 1940 zunächst die neue Lage, die durch die »unvorstellbar großen Erfolge der Deutschen im Westen« entstanden ist, so: »Die Skepsis der meisten Generale, vor allem Becks, ist widerlegt, der bramarbasierende Fromm hat recht behalten.« General ↑Fromm ist damals Chef der Heeresrüstung.

Hassell weiter: »Da dem Nationalsozialismus, so wie er geworden ist, jede Seele fehlt und sein eigentliches Bekenntnis die Gewalt ist, so werden wir eine entgötterte Natur, ein entseeltes, kulturloses Deutschland und vielleicht Europa bekommen, gewissenlos und roh.« Und dann: »Ich saß beim Essen des Mitteleuropäischen Wirtschaftstags neben einem (wirtschaftlichen) Vortragenden Rat in der Reichskanzlei Willuhn, der zu meinem Erstaunen sofort von sich aus die gleichen Sorgen entwickelte, weil nämlich drei Dinge zerstört worden seien, der Glaube, der Charakter und der Gehorsam. Statt ›Gehorsam‹ möchte ich sagen: alle Bindungen. Das schlimmste ist vielleicht das furchtbare Verwüsten des deutschen Charakters, der ohnehin oft genug Neigung zu sklavenhafter Art gezeigt hat.«

Franz Willuhn hat Diktatur und Krieg überlebt. 1979 ist er, 94 Jahre alt, gestorben.

## Agnes Windeck

***Schauspielerin, Wilmersdorf, Brandenburgische Str. 22***

Agnes Windeck, geboren am 27. März 1888 in Hamburg, kommt nach ihrem Debut in Hamburg und einem Engagement in Hannover schon vor dem Ersten Weltkrieg nach Berlin. Als sie 1915 heiratet, gibt sie ihren Beruf auf, erzieht ihre Kinder und kehrt erst 1938, als 50jährige, auf die Bühne zurück. Nebenbei unterrichtet sie an der Schauspielschule des Deutschen Theaters in Charlottenburg, Berliner Str. 37.

1941 gehört Agnes Windeck zum Ensemble des »Theaters Unter den Linden«, wo leichte, komödiantische Kost geboten wird und auch Johannes Heesters gelegentlich gastiert. Das Haus im Eigentum der Deutschen Zündholz AG ist eine der über dreißig Bühnen, die es damals in der Reichshauptstadt gibt. Mit Stücken wie »Drei blaue Augen«, »Großer Herr auf kleiner Insel« oder »Der schlafende Amor« eckt im NS-Kulturleben niemand an. Goebbels hat den Wert politikfreier Unterhaltung, die von den wachsenden Nöten abzulenken vermag, mit sicherem Gespür erkannt. Ende 1943 setzen die Bomben dem Spielbetrieb ein Ende.

Nach 1945 tritt die Windeck — sie wohnt noch immer in der Brandenburgischen Straße — im Frontstadt-Kabarett »Günter Neumann und die Insulaner« auf, allwöchentlich dargeboten vom Sender Rias Berlin. Bühnenerfolge feiert sie 1949/50 in dem Lustspiel »Jean«, das ↑ Eric Ode in der »Tribüne« inszeniert, oder 1953 in der Komödie »Der Parasit«, wo sie »mit einer lieblich herrschaftlichen Dümmlichkeit das Fach der adligen, komischen Alten entzückend (verwaltet)«. So sieht es jedenfalls ↑ Friedrich Luft, der sie zwei Jahre später in Thornton Wilders »Die Heiratsvermittlerin« im Theater am Kurfürstendamm als »umwerfend vertrottelt« rühmt. Mit Käthe Haack spielt Agnes Windeck jahrelang »Zwei ahnungslose Engel«.

Ihr größter Alterserfolg aber wird »My Fair Lady«: In der Rolle der Mutter von Professor Higgins ist sie über dreihundertmal zu sehen. Später verkörpert sie diese Figur ähnlich ausdauernd im Schauspiel »Pygmalion« von George Bernard Shaw, dem Urtext des berühmten Musicals, an der Seite ihres Schülers Hans-Joachim Kulenkampff in der Rolle des Sprachforschers. Dann lockt das Fernsehen. In der Familienserie »Die Unverbesserlichen« glänzt sie, deren Witz und Schlagfertigkeit gerühmt werden, als »Oma Köpcke«. Mit 86 Jahren tritt sie im Theater des Westens ein letztes Mal auf.

Ein Jahr später, am 29. September 1975, ist Agnes Windeck in Berlin gestorben. Keiner der Wechselfälle des 20. Jahrhunderts, ob Diktatur, Krieg oder Besatzungsregime, hat ihr und ihrem beruflichen Erfolg etwas anhaben können. Auch das gab es unter den Menschen in Berlin. Aber es war sicher die Ausnahme.

## W Eduard von Winterstein

***Charlottenburg 4, Niebuhrstr. 8***

Eduard von Winterstein, geboren am 1. August 1871 in Wien als Eduard von Wangenheim, entstammt einer Schauspielerfamilie; die Mutter, bei der er lernt, ist Luise von Wangenheim-Dub. Winterstein hat in seinem fast siebzig Jahre währenden Theaterleben auf fast allen großen Bühnen der Hauptstadt gespielt: Lessingtheater, Deutsches Theater (unter Max Reinhardt und Heinz Hilpert), Preußisches Staatstheater, Theater am Kurfürstendamm, Tribüne. Von 1938 bis 1944 gehört er dem Ensemble des von Heinrich George geleiteten Schiller-Theaters an. Dort spielen damals auch Lucie Höflich, Wolfgang Lukschy, Will Quadflieg, Ernst Schröder und ↑ Hans Meyer-Hanno.

1945 kehrt der Schauspieler an das Deutsche Theater in Berlin-Mitte zurück. Zu seinen Glanzrollen zählen nun der Klosterbruder und später der Nathan in Lessings »Nathan der Weise«, den er — nach dem Urteil Bernhard Minettis — »gewaltiger, auch fürchterlicher« spielt als der allzeit freundliche Ernst Deutsch. Seit den Stummfilmtagen wirkt Winterstein auch in gut 160 Filmen mit, darunter die DEFA-Produktion »Der Untertan« nach dem Roman Heinrich Manns. In den Erinnerungen des Schauspielers Werner Krauss heißt es: »Winterstein war immer ein treuer Geselle.« Als Krauss 1950 in West-Berlin wegen seiner umstrittenen Rolle in dem NS-Propaganda-Film »Jud Süss« öffentlich angefeindet wird, »da ist er extra aus dem Osten gekommen und hat mich umarmt«.

Am 22. Juli 1961 ist Eduard von Winterstein wenige Tage vor seinem 90. Geburtstag in Berlin gestorben. 1967 sind seine Erinnerungen erschienen: »Mein Leben und meine Zeit«. Wintersteins Sohn ist der Schaupieler Gustav von Wangenheim (1895–1975), der als Emigrant in der Sowejtunion für den Rundfunksender des »Nationalkomitee Freies Deutschland« gearbeitet hat.

## Rudolf Wissell

***Dr.h.c., Tempelhof, Wiesenerstr. 22***

Auch der Wirtschafts- und Sozialpolitiker Rudolf Wissell, geboren am 8. März 1869 in Göttingen als Sohn eines Obersteuermanns der Handelsmarine, hat als bekannte Figur der Systemzeit, wie die Weimarer Republik im NS-Jargon gern genannt wurde, das Dritte Reich in Berlin überlebt.

Nach der Volksschule und einer Maschinenbaulehre in Bremen findet Wissell in Kiel Arbeit als Dreher. Das Schicksal des Vaters, den seine Reederei rücksichtslos auf die Straße setzt, als er auf einem Auge erblindet ist, wird dem Sohn zum Schlüsselerlebnis. 1888 tritt er, dem Bismarckschen Sozialistengesetz trotzend, der SPD bei. Den Fachverein der Schlosser und Maschinenbauer, dessen Vorsitz er innehat, überführt er 1890 in den neugründeten Deutschen Metallarbeiter-Verband. 1903 wird Wissell in die Lübecker Bürgerschaft gewählt.

Seit 1908 lebt Wissell als Leiter des Zentralen Arbeitersekretariats und der Sozialpolitischen Abteilung der gewerkschaftlichen Generalkommission in Berlin. Nebenbei ist er Redakteur der Parteizeitung *Vorwärts*. Im März 1918 zieht er für die SPD in den letzten Reichstag des untergehenden Kaiserreichs ein. Als die Vertreter der linksradikalen USPD den Rat der Volksbeauftragten Ende 1918 unter Protest verlassen, rückt Wissell in die Exekutive der kurzlebigen Räterepublik nach. Seit Mitte Februar 1919 ist er Reichswirtschaftsminister. In der Weimarer Nationalversammlung betont er den »ernsten Willen der Regierung, auch auf dem Gebiete der Sozialisierung vorwärts zu gehen«. Als sich für deren beinharte Verankerung in der Verfassung zwar seine Partei, nicht aber das Kabinett einsetzt, tritt Wissell im Juli 1919 unter Protest zurück.

Er wird Sekretär und Vorstandsmitglied des Allgemeinen Deutschen Gewerkschaftsbundes (ADGB). 1928 beruft ihn Hermann Müller, auf lange Zeit der letzte sozialdemokratische Kanzler in Deutschland, zum Arbeitsminister. Diese 16. Reichsregierung der Zwischenkriegszeit zerbricht im März 1930 an dem Streit über die — von Wissell abgelehnte — Erhöhung der Beitragssätze zur Arbeitslosenversicherung.

Am 23. März 1933 stimmt Wissell mit der Reichstagsfraktion der SPD vergeblich gegen das vom Kabinett Hitler/Papen eingebrachte verfassungsändernde Ermächtigungsgesetz. Das Verbot der unabhängigen Gewerkschaften läßt nicht lange auf sich warten. Im Mai 1933 wird Wissell für kurze Zeit verhaftet. Später widmet er sich in seinem Tempelhofer Haus Studien über die Geschichte des Handwerks.

Nach 1945 nimmt der altgediente Gewerkschafter noch fast ein volles Jahrzehnt am politischen Neuaufbau in Berlin teil. In der Stadtverordnetenversammlung vom 13. Mai 1948 beklagt er, daß die Mehrheit auch seiner Partei nicht bereit sei, das liberale Wirtschaftssystem zu überwinden. Gemeinwirtschaft sei das Gebot der Stunde. Der 80jährige wird im März 1949 Ehrenbürger Berlins. Am 13. Dezember 1962 ist Rudolf Wissell, 93 Jahre alt, in Berlin gestorben.

## W Ernst Woermann

***Dr., Unterstaatssekretär im Auswärtigen Amt, W 35, Lichtensteinallee 2 a***

Ernst Woermann, geboren am 30. März 1888 in Dresden als Sohn eines Kunsthistorikers, studiert Jura und zieht 1914 als Soldat in den Krieg. 1919 tritt er als Attaché in das Auswärtige Amt (AA) ein. 1936 wird er zweiter Mann der Deutschen Botschaft in London. Als Hitler den Botschafter Joachim von Ribbentrop am 4. Februar 1938 zum Reichsaußenminister ernennt, steigt auch Woermann auf. Im April 1938 wird er mit dem Titel eines Unterstaatssekretärs zum Ministerialdirektor befördert und mit der Leitung der Politischen Abteilung des AA betraut. Zugleich wird ihm, der erst im Dezember 1937 der NSDAP beigetreten ist, ein hoher SS-Rang verliehen. Von dieser Ehrung, die fast allen Spitzenbeamten des AA zuteil wird, verspricht sich Himmler, der Reichsführer-SS, eine Stärkung seines Einflusses auf die auswärtige Politik.

Fünf Jahre leitet Woermann unter dem Amtschef ↑Ernst von Weizsäcker seine Abteilung. Die Arbeit ist nicht immer erfreulich. Am 11. Januar 1939 überreicht ihm der Geschäftsträger der USA eine Note, in der die Regierung der USA gegen die Behandlung amerikanischer Juden in Deutschland protestiert. Woermann sagt eine Prüfung zu, versäumt aber nicht, dabei »einzuflechten« (so sein eigener Vermerk), »daß die Vereinigten Staaten gegenüber den Negern selbst eine Politik der Diskriminierung betrieben« — ein bemerkenswertes Exempel großdeutscher Diplomatenkunst.

Anfang Februar 1943, die Sechste Armee ist soeben im fernen Stalingrad untergegangen, steht Woermann im Mittelpunkt einer bizarren Affäre, die das Alltagsgesicht des Dritten Reichs unverhüllt spiegelt. Ernst Kaltenbrunner, Chef der Sicherheitspolizei und des SD im Reichssicherheitshauptamt, Prinz-Albrecht-Straße 8, sieht Anlaß, sich brieflich an den Chef des Persönlichen Stabes des Reichsführers-SS, den SS-Obergruppenführer und General der Waffen-SS Karl Wolff, zu wenden. Unerhörtes hat sich ereignet. In dem Blumenladen Walter Loesch, W 35, Friedrich-Wilhelm-Straße 4, sind ausländische Zeitungen, wenige Wochen alt, entdeckt und sichergestellt worden: zehn Ausgaben der *Neuen Zürcher Zeitung*, zwei der Londoner *Times*. Deren Verbreitung, so Kaltenbrunner, »ist grundsätzlich verboten. Beide Organe dürfen nur in ganz besonders gelagerten Ausnahmefällen bezogen werden und unterliegen selbstverständlich der Geheimhaltung«.

Der Vorgang ist kein Fall für den Volksgerichtshof. Die Ermittlungen ergeben, daß Woermanns Wirtschafterin die Zeitungen »dem Blumengeschäft zur Verfügung gestellt« hat, wo sie »als Einwickelpapier verwandt werden sollten«. Dem Unterstaatssekretär, so mahnt Kaltenbrunner, sei »eine sorgfältigere Behandlung derartiger Druckschriften nahezulegen«. Diesem Begehren wird unter Einhaltung des Dienstwegs entsprochen. Anfang März 1943 verläßt der Brief eines Hauptsturmführers vom Persönlichen Stab des Reichsführers-SS dessen ostpreußische Feldkommandostelle (Deckname »Hochwald«) und erreicht im etwa 25 km entfernten Führerhauptquartier »Wolfsschanze« den Gesandten 1. Klasse von Steengracht (der wenig später neuer Staatssekretär des AA wird). Steengracht antwortet am 15. März 1943 aus Berlin. Er habe, teilt er dem Himmler-Gehilfen (»Lieber Kamerad Heckenstaller«) mit, Woermann »auf die besondere Geheimhaltungspflicht aufmerksam gemacht«. (Der Kamerad Heinrich Heckenstaller findet sich im Berliner Telefonbuch 1941 übrigens als »SS-Unterführer« und im Nachtrag von 1943 als »SS-Führer« mit seiner privaten Anschrift verzeichnet.)

Im April 1943 verläßt Woermann Berlin. Er wird Botschafter in Nanking (China), wo seit 1940 eine japanfreundliche Marionettenregierung residiert. Der klarblickende Ulrich von Hassell merkt zu diesem Abschied in seinem Tagebuch an, Woermann sei »noch weit unerfreulicher« als ein AA-Kollege, den Hassell »gesinnungsmäßig höchst subaltern« nennt (Eintrag vom 20. April 1943).

Erst geraume Zeit nach Kriegsende kehrt Woermann aus dem Fernen Osten zurück. Im »Wilhelmstraßen-Prozeß«, in dem sich auch Ernst von Weizsäcker verantworten muß, wird er im April 1949 wegen Verbrechen gegen die Menschlichkeit zu fünf Jahren Freiheitsstrafe verurteilt: Als aktiver Mitwisser ist er in den Völkermord an den Juden verstrickt. Wie alle in diesem Verfahren Verurteilten wird er vorzeitig aus der Haft entlassen. Am 5. Juli 1979 ist Ernst Woermann, 91 Jahre alt, in Heidelberg gestorben.

## Z Peter von Zahn

***Friedenau, Stubenrauchstr. 17***

Peter von Zahn, geboren am 29. Januar 1913 in Chemnitz als Sohn eines Berufsoffiziers, geht in Meißen und Dresden zur Schule, volontiert nach dem Abitur im Verlag Langen-Müller in München und beginnt 1932 in Wien Jura, Geschichte und Philosophie zu studieren. Später wechselt er nach Jena und Freiburg i.Br., wo er 1939 bei dem Historiker Gerhard Ritter mit einer Arbeit über die Wiedertäufer-Bewegung zum Dr. phil. promoviert. Eine Anstellung beim Deutschen Verlag führt ihn im gleichen Jahr nach Berlin. Freilich nicht für lange, denn mit Kriegsbeginn wird der 26jährige eingezogen und in der Propaganda-Kompanie 501 als Kriegsberichterstatter eingesetzt. Am 18. Februar 1943 hört er im Berliner Sportpalast jene Rede, in der Goebbels vor der Kulisse von 3000 kampfbereiten Volksgenossen den totalen Krieg verkündet. Nur Zahn selber weiß, ob er, damals Leutnant der Reserve, in das frenetische »Ja« auf die zehn suggestiven Fragen des Propagandaministers eingestimmt hat.

Nach kurzer Gefangenschaft beginnt für den Heimgekehrten bereits 1945 unter Aufsicht der britischen Besatzer beim Nordwestdeutschen Rundfunk (NWDR) in Hamburg eine erfolgreiche Rundfunk- und Fernsehkarriere. Als Leiter der Abteilung Wort verfaßt und spricht er Kommentare, deren nüchterne ›englische‹ Diktion einen neuen stilbildenden Akzent setzt. Sie sind auch in den *Nordwestdeutschen Heften* nachzulesen, die Zahn seit 1946 zusammen mit ↑ Axel Eggebrecht herausgibt. Dritter in der Runde ist der Schriftsteller Ernst Schnabel, der seinen Wohnsitz 1941 ebenfalls in Berlin hatte.

1951 geht Peter von Zahn als Korrespondent für das Funkhaus Köln in die USA, nach Washington. Nach seiner Rückkehr 1960 betätigt er sich als freier Fernsehjournalist; die Gründung der »Windrose Film- und Fernsehproduktion GmbH« verleiht dem 1961 Ausdruck. Zahns konservative Grundhaltung veranlaßt ihn, im Vorfeld der Bundestagswahl 1972, als das Schicksal der Deutschland- und Ostpolitik Willy Brandts auf Messers Schneide steht, der CDU beizutreten und öffentlich zur Wahl der Union aufzurufen. Das Engagement bleibt vergeblich: Die SPD überflügelt bei dieser Wahl zum ersten und bis 1998 einzigen Mal die CDU/CSU.

Peter von Zahn, unermüdlich alle Winkel der Welt bereisend, dreht und produziert über 1000 Fernsehfilme. Er möchte seinen Zuschauern und Lesern eine vergessene Kunst nahebringen: das Staunen. »Als Mensch muß man staunen, um zu begreifen, was das Leben ausmacht.« Ein anderes Credo Zahns bringt auf den Punkt, worin die Freiheit der Presse besteht: »Ein Journalist muß Dinge richtigstellen.« Wo Machthaber dies verhindern, ist Journalismus nicht möglich.

Peter von Zahn lebt heute in Hamburg. 1991 sind unter dem Titel »Stimme der ersten Stunde« seine Erinnerungen an die Jahre bis 1951 erschienen, in denen auch das Jahrzwölft unter dem Hakenkreuz betrachtet wird. 1994 folgte unter dem Titel »Die Welt der Windrose« eine Fortsetzung.

## Karl Zech

***SS-Gruppenführer, Schlachtensee, Dühringzeile 35a***

Karl Zech, geboren am 6. Februar 1892 in Swinemünde, tritt nach dem Abitur als Berufssoldat in die preußische Armee ein. Als Leutnant in einem oberschlesischen Infanterie-Regiment zieht er 1914 in den Krieg. Dessen Ende erlebt er, ausgezeichnet mit dem EK I, als Brigadeadjutant. Danach schließt sich der Hauptmann a. D. bis 1920 einem Freikorps an.

Zech stößt früh zur NSDAP, die den Kampf gegen Versailles auf ihre Fahnen geschrieben hat und eben deshalb auf den ehemaligen Frontsoldaten eine starke Anziehungskraft ausübt. 1932 wird Zech in einem Düsseldorfer Wahlkreis in den Preußischen Landtag gewählt und bei dessen Neuwahl am 5. März 1933 wiedergewählt. Das »Handbuch für den Preußischen Landtag 1933« weist Zech als SS-Oberführer (Generalmajor) aus. Im August 1933 wird er Polizeipräsident von Essen. Seit 1938 ist er, zum SS-Gruppenführer (Generalleutnant) befördert, im SS-Führungshauptamt in Berlin tätig. Nach dem Feldzug in Polen wird Zech zum SS- und Polizeiführer für den Distrikt Krakau ernannt. Dort hat am 7. November 1939 ↑Hans Frank als »Generalgouverneur für die besetzten polnischen Gebiete« sein Amt angetreten. Im Oktober 1940 kehrt Zech als Chef des Kommandoamtes der Waffen-SS in die Reichshauptstadt zurück. Dann verliert sich die Spur eines der ranghöchsten Angehörigen der SS, die das Berliner Telefonbuch 1941 verzeichnet.

## Wilhelm Ziegler

***Dr. phil., Ministerialrat, Grunewald, Humboldtstr. 45***

Nicht wenige Volksgenossen dürften 1941 zu einer soeben in 4. Auflage erschienenen Broschüre gegriffen haben, deren Titel Auskunft über eine die Nation bewegende Frage verheißt: »Wie kam es zum Kriege 1939?«. Verfasser ist Wilhelm Ziegler, geboren am 25. November 1891 in Birstein (Hessen-Nassau). Die 72 Seiten lange Antwort fällt eindeutig aus: Während Hitler bis zuletzt aufrichtig um den Frieden gerungen hat, ist es die durch nichts gerechtfertigte Einmischung Englands und Frankreichs in den begrenzten deutsch-polnischen Konflikt gewesen, die das Höllenfeuer entfacht hat.

Die Fallstricke des geschmeidig geschriebenen und geschickt argumentierenden Textes sind für Leser, die den Standpunkt der anderen Seite nicht kennen, kaum wahrzunehmen. Wenn etwa ein für die Reaktion der Westmächte so bedeutsames Ereignis wie Hitlers Einmarsch in die »Rest-Tschechei« im März 1939 wortlos ausgeblendet wird, bleibt auf der Strecke, was ein fundiertes eigenes Urteil ermöglichen könnte.

Wer ist Wilhelm Ziegler? Laut Vorlesungsverzeichnis 1938/39 der Berliner Friedrich-Wilhelms-Universität nimmt er seit Mai 1937 einen Lehrauftrag in der Philosophischen Fakultät wahr. Sein Fachgebiet ist die »Geschichte der Judenfrage«. Es folgt der Hinweis: »Sprechstunden im Reichsministerium für Volksaufklärung und Propaganda nach telefonischer Vereinbarung«. Ziegler ist damals als Oberregierungsrat, seit Ende 1939 als Ministerialrat, Judenreferent im Ministerium des Dr. Joseph Goebbels. In der massenhaft verbreiteten Schrift wird das verschwiegen. Zieglers Aufstieg zum NS-Propagandisten hat sich nach dem üblichen Muster eines Wandels durch Anpassung vollzogen. Sein Buch »Einführung in die Politik« von 1927 weist den Autor noch als nationalbewußten Demokraten aus. Die der Weimarer Republik wohlgesonnene »Reichszentrale für Heimatdienst«, Vorläuferin der »Bundeszentrale für politische Bildung«, streut damals einen Teil der Auflage zur Stärkung staatsbürgerlicher Tugenden unter das Volk. Von Rasse, Juden, gar von Judenfeindschaft ist in dem Buch nirgends die Rede.

Nach Hitlers Machtantritt sattelt Ziegler zügig um. Am 1. Mai 1933 wird er Mitglied der NSDAP. 2 011 035 Deutsche sind der Partei vor ihm beigetreten. Um die Scharte auszuwetzen, ist besonderer Eifer geboten. Bald arbeitet Ziegler in der »Forschungsabteilung Judenfrage« des »Reichsinstituts für Geschichte des neuen Deutschlands« mit. Auf deren Tagungen sorgt Julius Streicher, der Herausgeber des berüchtigten *Stürmer*, mit Beiträgen wie »Mein politischer Kampf gegen das Judentum« für die rechte Stimmung. Ziegler, der inzwischen

Bücher über Versailles (»Vom Vertrag zum Diktat«, 1935) und »Verdun« (1936) geschrieben hat, wird mit der Leitung eines an das Reichsinstitut angekoppelten »Instituts zum Studium der Judenfrage« belohnt. 1937 legt er die Schrift »Die Judenfrage in der modernen Welt« vor, 1940 einen frohgemuten »Rückblick auf das Kriegsjahr 1939«. 1943 wird der verdiente Autor in den Professorenstand erhoben.

Was aus Wilhelm Ziegler weiter geworden ist, ließ sich nicht ermitteln.

## Konrad Zuse

***Dipl.Ing., SW 61, Methfesselstr. 10***

Konrad Zuse, geboren am 22. Juni 1910 in Berlin als Sohn eines Postbeamten, studiert an der TH Berlin-Charlottenburg und arbeitet von 1935 bis 1937 als Statiker bei den Henschel-Flugwerken in Berlin-Schönefeld. 1936 konstruiert der Bauingenieur die erste elektronische Rechenmaschine der Welt. Zuse später: »Als wir 1938 im kleinen Kreis an der Technischen Hochschule eine Versuchsschaltung vorführten ..., war die Reaktion bei unseren Zuhörern enttäuschend. Als wir erklärten, wir würden etwa 2000 Röhren und einige tausend Glühlampen brauchen, um ein leistungsfähiges programmgesteuertes Rechengerät zu bauen, reagierte man mit Kopfschütteln. Das war Phantasterei.« 1941 gelingt Zuse mit dem Bau der Z 3 die erste relaistechnisch betriebene Rechenanlage. Daß Konrad Zuse heute als Pionier des Computerzeitalters nicht weltweit anerkannt wird, hat viel mit der damals politisch gewollten und seit Ende 1939 kriegsbedingten Abschottung der deutschen Wissenschaft vom Ausland zu tun. Forscherteams in den USA kommen wenig später zu den gleichen Resultaten wie der einsame Tüftler aus Berlin.

Nach dem Krieg gründet Zuse in Hopferau bei Füssen (Allgäu) ein Ingenieurbüro und 1949 in Neunkirchen (Unterfranken) die später nach Bad Hersfeld verlagerte Zuse KG. Doch der Versuch, seine Erfindung gewinnbringend zu vermarkten, schlägt fehl. In den sechziger Jahren übernimmt die Siemens AG die Firma. Später baut Zuse seinen konferenztischgroßen Ur-Computer Z 1 originalgetreu nach; seit 1989 ist er im Berliner Museum für Verkehr und Technik ausgestellt. Das landeseigene »Konrad-Zuse-Zentrum für Informationstechnik« Berlin hält die Erinnerung an diesen Schrittmacher einer neuen Ära wach.

Am 18. Dezember 1995 ist Konrad Zuse, 85 Jahre alt, im hessischen Hünfeld gestorben. Seine Erinnerungen sind unter dem Titel »Der Computer — mein Lebenswerk« 1970 erschienen.

# Literaturverzeichnis


Uwe Dietrich Adam, Judenpolitik im Dritten Reich, Düsseldorf 1972
Wilhelm Adam, Der schwere Entschluß, Berlin (Ost) 1965
Helmuth Albrecht, »Max Planck: Mein Besuch bei Adolf Hitler« – Anmerkungen zum Wert einer historischen Quelle, in: H.A. (Hrsg.), Naturwissenschaft und Technik in der Geschichte, Stuttgart 1993
Udo von Alvensleben, Lauter Abschiede. Tagebuch im Kriege, Frankfurt a.M. – Berlin – Wien 1979
Axel von Ambesser, Nimm einen Namen mit A, Berlin – Frankfurt a.M. 1985
Erik Amburger, Das Kammergericht und seine Präsidenten, Berlin 1955
Reinhold Andert / Wolfgang Herzberg, Der Sturz. Erich Honecker im Kreuzverhör, 2. Aufl., Berlin und Weimar 1991
Manfred v. Ardenne, Die Erinnerungen, München 1990
ders., Erinnerungen fortgeschrieben, München 1997
Hannah Arendt, Besuch in Deutschland, Berlin 1993
dies., Eichmann in Jerusalem. Ein Bericht von der Banalität des Bösen, München 1964
Adolf Arndt, Das Verbrechen der Euthanasie, in: Der Konstanzer Juristentag (2. – 5. Juni 1947), Tübingen 1947
ders., Zur Eröffnung der neuen Philharmonie, Berlin 1964
Claus Arndt, Spuren in der Zeit. Politische und persönliche Erinnerungen aus einem halben Jahrhundert, Düsseldorf 1991
Manfred Asendorf / Rolf von Bockel (Hrsg.), Demokratische Wege. Deutsche Lebensläufe aus fünf Jahrhunderten. Weimar 1997
Friedbert Aspetsberger, arnolt bronnen. Biographie, Wien – Köln – Weimar 1995
Otto Bach (Hrsg.), Rudolf Wissell. Ein Leben für soziale Gerechtigkeit, Berlin 1959
Gertrud Bäumer, Lebensweg durch eine Zeitenwende, Tübingen 1933
dies., Im Licht der Erinnerung, Tübingen 1953
Alfred Baeumler, Bildung und Gemeinschaft, Berlin 1942
ders., Hitler und der Nationalsozialismus. Aufzeichnungen von 1945 – 1947, in: *Der Pfahl*. Jahrbuch aus dem Niemandsland zwischen Kunst und Wissenschaft, Nr. 5, München 1991

ders., Nietzsche und der Nationalsozialismus, in: *Nationalsozialistische Monatshefte*, 5.Jhg., Heft 49, April 1934
Jan-Pieter Barbian, Literaturpolitik im »Dritten Reich«, München 1995
Arnulf Baring, Außenpolitik in Adenauers Kanzlerdemokratie, München 1969 (später unter dem Titel: Im Anfang war Adenauer. Die Entstehung der Kanzlerdemokratie, München 1982)
Boleslaw Barlog, Theater lebenslänglich, München 1981
Stephanie Barron (Hrsg.), Exil. Flucht und Emigration europäischer Künstler 1933 – 1945 (Ausstellungskatalog), München 1997
Karl Barth, Zur Genesung des deutschen Wesens. Ein Freundeswort von draußen, Stuttgart 1945
Dorothea Beck, Julius Leber. Sozialdemokrat zwischen Reform und Widerstand, Berlin 1983
Joachim Beckmann (Hrsg.), Kirchliches Jahrbuch für die Evangelische Kirche in Deutschland 1933 – 1944, Gütersloh 1948
Helga Bemmann, »Humor auf Taille«. Erich Kästner – Leben und Werk, Frankfurt a.M. 1985
Gottfried Benn, Briefe an F.W. Oelze 1932 – 1945, Wiesbaden – München 1977
ders., Der neue Staat und die Intellektuellen, 2. Aufl. (4. und 5. Tausend), Stuttgart – Berlin 1933
Wolfgang Benz / Hermann Graml (Hrsg,), Biographisches Lexikon zur Weimarer Republik, München 1995
Wolfgang Benz / Hermann Graml / Hermann Weiß (Hrsg.), Enzyklopädie des Nationalsozialismus, München 1997
Wolfgang Benz / Walter H. Pehle (Hrsg.), Lexikon des deutschen Widerstandes, Frankfurt a.M. 1994
Friedrich Berber, Zwischen Macht und Gewissen. Lebenserinnerungen, München 1986
Joachim Berger, Berlin freiheitlich & rebellisch, Berlin o.J.
Dietz Bering, Der Name als Stigma. Antisemitismus im deutschen Alltag 1812 – 1933, Stuttgart 1987
Walther L. Bernecker / Volker Dotterweich (Hrsg.), Persönlichkeit und Politik in der Bundesrepublik Deutschland. Politische Porträts, 2 Bde., Göttingen 1982
Barbara Beuys, Vergeßt uns nicht. Menschen im Widerstand 1933 – 1945, Reinbek 1987
Oswald Bindrich / Susanne Römer, Beppo Römer. Ein Leben zwischen Revolution und Nation, Berlin 1991
Karl-Heinz Biernat / Luise Kraushaar, Die Schulze-Boysen / Harnack-Organisation im antifaschistischen Kampf, Berlin (Ost) 1970

Heinz Boberach (Hrsg.), Meldungen aus dem Reich, Neuwied 1965
Gudrun Boch, Kurzer Weg zur Ächtung. Wie ein irischer Patriot mit den Nazis kollaborierte, in: *FAZ* vom 30. Oktober 1997
Ernst-Wolfgang Böckenförde (Hrsg.), Staatsrecht und Staatsrechtslehre im Dritten Reich, Heidelberg 1985
Eric H. Boehm (Hrsg.), We survived: The Stories of Fourteen of the Hidden and Hunted of Nazi Germany, New Haven, Conn. 1949
Willi A. Boelcke (Hrsg.), Kriegspropaganda 1939 – 1941. Geheime Ministerkonferenzen im Reichspropagandaministerium, Stuttgart 1966
Hermann Bösch, Heeresrichter Dr. Karl Sack im Widerstand. Eine historisch-politische Studie, München 1967
Dietrich Bonhoeffer, Widerstand und Ergebung. Briefe und Aufzeichnungen aus der Haft, hrsg. von Eberhard Bethge, München – Hamburg 1964
Max Born, Mein Leben. Die Erinnerungen des Nobelpreisträgers, München 1975
Felicitas Bothe-von Richthofen, Widerstand in Wilmersdorf, *Schriftenreihe Widerstand* 1933 – 1945, hrsg. von der Gedenkstätte Deutscher Widerstand, Bd.7, Berlin 1993
Margret Boveri, Der Verrat im XX. Jahrhundert, 3 Bde., Reinbek 1956/57
dies., Spiel zwischen den Stühlen. Albrecht Haushofers Haltung gegenüber dem Dritten Reich, in: *FAZ* vom 16. April 1975
dies., Verzweigungen. Eine Autobiographie, hrsg. von Uwe Johnson, München 1977
dies., Wir lügen alle. Eine Hauptstadtzeitung unter Hitler, Olten – Freiburg i.Br. 1965
Elsa Boysen, Harro Schulze-Boysen. Das Bild eines Freiheitskämpfers, Düsseldorf 1947
Karl Dietrich Bracher, Theodor Heuss und die Wiederbegründung der Demokratie in Deutschland, Tübingen 1965
ders., Julius Leber, in: Hermann Graml (Hrsg.), Widerstand im Dritten Reich, Frankfurt a.M. 1984
ders. / Gerhard Schulz / Wolfgang Sauer, Die nationalsozialistische Machtergreifung, Frankfurt a.M. – Berlin – Wien 1983
ders. / Manfred Funke / Hans-Adolf Jacobsen (Hrsg.), Nationalsozialistische Diktatur 1933 – 1945. Eine Bilanz, Düsseldorf 1983
dies., Deutschland 1933 – 1945. Neue Studien zur nationalsozialistischen Herrschaft, 2. Aufl., Bonn 1993
Arno Breker, Im Strahlungsfeld der Ereignisse, Preußisch Oldendorf 1972

Hildegard Brenner, Die Kunstpolitik des Nationalsozialismus, Reinbek 1963
Marianne Brentzel, Die Machtfrau. Hilde Benjamin 1902 – 1989, Berlin 1997
Eduard Bristler, Die Völkerrechtslehre des Nationalsozialismus, Zürich 1938
Hanspeter Brode, Benn Chronik. Daten zu Leben und Werk, München – Wien 1978
Margit Bröhan (Hrsg.), Theodor Wolff. Erlebnisse, Erinnerungen, Gedanken im südfranzösischen Exil, Boppard a.Rh. 1992
Arnolt Bronnen, Tage mit Bertolt Brecht. Geschichte einer unvollendeten Freundschaft. Nachwort von Barbara Bronnen, München 1998
Martin Broszat, Der Nationalsozialismus, Stuttgart 1961
Martin Broszat / Norbert Frei (Hrsg.), Das Dritte Reich im Überblick, München 1989
Heinrich Brüning, Memoiren 1918 – 1934, Stuttgart 1970
Günter Buch, Namen und Daten wichtiger Personen der DDR, 2. Aufl., Bonn 1979
Heinrich Bücheler, Generaloberst Erich Hoepner und die Militäropposition gegen Hitler, Berlin 1978
ders., Hoepner. Ein deutsches Soldatenschicksal des zwanzigsten Jahrhunderts, Herford 1980
Carl J. Burckhardt, Theodor Heuss, in: C.J.B., Betrachtungen und Berichte, Zürich 1964
Walter Busse (Hrsg.), ... wir danken Ihnen für dieses Gespräch. 24 SPIEGEL-Gespräche, München 1970
Ulrich Cartarius, Opposition gegen Hitler. Deutscher Widerstand 1933 – 1945, Berlin 1984
Udo Christoffel (Hrsg.), Berlin Wilmersdorf. Die Juden. Leben und Leiden, Berlin 1987
Albert Coppenrath, Meine Kanzelvermeldungen und Erlebnisse im Dritten Reich, Köln 1946
Hans Coppi / Geertje Andresen (Hrsg.), Dieser Tod paßt zu mir. Harro Schulze-Boysen – Grenzgänger im Widerstand, Berlin 1999
Hans Coppi / Jürgen Danyel / Johannes Tuchel (Hrsg.), Die Rote Kapelle im Widerstand gegen den Nationalsozialismus, Berlin 1994
Walter von Cube, Ich bitte um Widerspruch, Frankfurt a.M. 1952
Gustav Dahrendorf, Der Mensch das Maß aller Dinge. Reden und Schriften zur deutschen Politik 1945 – 1954, Hamburg 1955
Alfred Delp, Im Angesicht des Todes. Geschrieben zwischen Verhaftung und Hinrichtung 1944 – 1945, Freiburg i.Br. 1958

Barbara Deppe / Elisabeth Dickmann (Hrsg.), Hedwig Hintze (1884 – 1942), Bremen 1997
Wolfgang Günter Deurer, Danzig. Die Dokumentation 52 historischer Kirchen, Wesel 1996
Deutscher Pressedienst (DPD), Forscher in der Soutane. Professor Dr. Hermann Muckermann, in: *Westfalenpost*, 5. Sept. 1947
Inge Deutschkron, Mein Leben nach dem Überleben, München 1995
dies., Ich trug den gelben Stern, Köln 1978
Otto Dibelius, Obrigkeit, Stuttgart – Berlin 1953
Carl Diem, Ein Leben für den Sport. Erinnerungen aus dem Nachlaß, Ratingen – Kastellaun – Düsseldorf o.J.
Otto Dietrich, Zwölf Jahre mit Hitler, München 1955
Bernd Diroll (Hrsg.), Personen–Lexikon der NSDAP. Band 1: SS–Führer A–B, Norderstedt 1998
Reinhard Döhl, Das Hörspiel zur NS–Zeit, Darmstadt 1992
Stefan Doernberg, Kurze Geschichte der DDR, Berlin (Ost) 1968
Klaus Dörner / Angelika Ebbinghaus / Karsten Linne (Hrsg.), Der Nürnberger Ärzteprozeß 1946/47, Mikrofiche–Edition, München 1999
Hans–Jürgen Döscher, Das Auswärtige Amt im Dritten Reich. Diplomatie im Schatten der ›Endlösung‹, Berlin 1987
Max Domarus (Hrsg.), Hitler. Reden und Proklamationen 1932 – 1945, 4 Bde., München 1965
Walter Dornberger, V2 – Der Schuß ins Weltall, Esslingen 1952
Julius Dorpmüller, Die Reichsbahn und die Autobahn. Verkehrspolitik und Leben des Verkehrsministers bis 1945, Alfred Gottwaldt, Berlin 1995
Emil Dovifat, Die Publizistik an der Friedrich–Wilhelms–Universität, in: Leussing / Neumann / Kotowski (Hrsg.), aaO., S. 726 ff.
Boguslaw Drewniak, Das Theater im NS–Staat. Szenarium deutscher Zeitgeschichte 1933 – 1945, Düsseldorf 1983
Richard Drews / Alfred Kantorowicz (Hrsg.), verboten und verbrannt. Deutsche Literatur – 12 Jahre unterdrückt, Berlin – München 1947
Wolfgang U. Eckart, Mythos Sauerbruch. Halbgott in Weiß zwischen biographischer Verklärung und politischer Realität, in: *FAZ*, 15. Juli 2000
Cordelia Edvardson, Gebranntes Kind sucht das Feuer, München – Wien 1986 (Bränt barn söker sig till elden, Stockholm 1984)
Wolfgang Eggert, Jüdische Rechtsanwälte und Richter im Deutschland des 19. und 20. Jahrhunderts, in: *Historische Mitteilungen*, Heft 1/1989, S. 79 ff

Ursula El-Akramy, Wotans Rabe. Elisabeth Langgässer, ihre Tochter Cordelia und die Feuer von Auschwitz, Frankfurt a.M. 1997
Luiselotte Enderle, Erich Kästner in Selbstzeugnissen und Bilddokumenten, Reinbek 1966
Victor Farias, Heidegger und der Nationalsozialismus, Frankfurt a.M. 1989
Gottfried Feder, Der deutsche Staat auf nationaler und sozialer Grundlage, München 1923
ders., Das Programm der NSDAP und seine weltanschaulichen Grundgedanken, München 1927
Joachim C. Fest, Das Gesicht des Dritten Reiches. Profile einer totalitären Herrschaft, München 1963
ders.: Hitler, Frankfurt a.M. 1973
ders., Staatsstreich. Der lange Weg zum 20. Juli, Berlin 1996
Andrea Feth, Hilde Benjamin – Eine Biographie, Berlin 1997
Werner Finck, Alter Narr – was nun? Die Geschichte meiner Zeit, München 1972
Kurt Finker, Graf Moltke und der Kreisauer Kreis, Berlin 1993
Albert Fischer, Hjalmar Schacht und Deutschlands »Judenfrage«. Der »Wirtschaftsdiktator« und die Vertreibung der Juden aus der deutschen Wirtschaft, Köln – Weimar – Wien 1995
Birgit Fleischmann, Die Ehrenbürger Berlins, Berlin 1993
Andreas Flitner (Hrsg.), Deutsches Geistesleben und Nationalsozialismus, Tübingen 1965
Wilhelm Flitner, Erinnerungen 1889 – 1945 (Gesammelte Schriften, Bd.11), Paderborn – München – Wien – Zürich 1986
Ernst Fraenkel, Der Doppelstaat, hrsg. von Alexander von Brünneck, Frankfurt a.M. 1997
ders., Reformismus und Pluralismus (darin: Das Dritte Reich als Doppelstaat, 1937), Hamburg 1973
Hans Frank, Im Angesicht des Galgens, München 1953
Ralph Freedman, Hermann Hesse, Autor der Krise, Frankfurt a.M.1982 (Hermann Hesse, Pilgrim of Crisis, New York 1978)
Norbert Frei, Ein Mutiger, kein Held. Der »Fall Sänger« und die journalistische Ethik in totalitären Systemen, in: *Frankfurter Allgemeine Zeitung*, 31. März 1990
Ferdinand Friedensburg, Es ging um Deutschlands Einheit. Rückschau eines Berliners auf die Jahre nach 1945, Berlin 1971
ders., Lebenserinnerungen. Kaiserzeit, Weimarer Republik, Hitlerzeit, Frankfurt a.M. 1969
ders., Politik und Wirtschaft. Aufsätze und Vorträge, Berlin 1961

Henry Friedlander, Der Weg zum NS-Genozid. Von der Euthanasie zur Endlösung, Berlin 1997 (The Origins of Nazi Genocide, Chapel Hill – London 1995)
Jörg Friedrich, Freispruch für die Nazi-Justiz. Die Urteile gegen NS-Richter seit 1948, Reinbek 1983
Max Frisch, Tagebuch 1946 – 1949, München – Zürich 1965
Theodor Fritsch, Handbuch der Judenfrage, 42. Aufl. (238. Ts.), Leipzig 1938 (letztmalig aufgelegt 1942)
Elke Fröhlich (Hrsg.), Die Tagebücher von Joseph Goebbels. Teil I: Sämtliche Fragmente. Aufzeichnungen 1924 – 1941, 4 Bde., München 1987; Teil II: Diktate 1941 – 1945, 15 Bde., München 1993 – 1996
Ulrich M. Gassner, Heinrich Triepel. Leben und Werk, Berlin 1999
Wolfgang Genschorek, Ferdinand Sauerbruch. Ein Leben für die Chirurgie, Leipzig 1979
Eugen Gerstenmaier, Reden und Aufsätze, Stuttgart 1956
Klaus Gietinger, Eine Leiche im Landwehrkanal. Die Ermordung der Rosa L., Berlin 1995
G.M. Gilbert, Nürnberger Tagebuch, Frankfurt a.M. 1962
Günther Gillessen, Auf verlorenem Posten. Die Frankfurter Zeitung im Dritten Reich, Berlin 1986
Hans Bernd Gisevius, Bis zum bitteren Ende. Vom 30. Juni 1934 zum 20. Juli 1944, Frankfurt a.M. – Berlin 1964
ders., Wo ist Nebe? Erinnerungen an Hitlers Reichskriminaldirektor, Zürich 1966
Peter Glotz / Wolfgang R. Langenbucher (Hrsg.), Vorbilder für Deutsche, München – Zürich 1974
Erich W. Gniffke, Jahre mit Ulbricht, Köln 1966
Hans von Godin, Strafjustiz in rechtloser Zeit. Mein Ringen um Menschenleben in Berlin 1943 – 1945, Berlin 1990
Joseph Goebbels, Vom Kaiserhof zur Reichskanzlei, Eine historische Darstellung in Tagebuchblättern, 4. Aufl., München 1934
Walter Görlitz (Hrsg.), Generalfeldmarschall Keitel – Verbrecher oder Offizier?, Göttingen 1961
Franz Josef Görtz / Hans Sarkowicz, Erich Kästner. Eine Biographie, München – Zürich 1998
Friedrich Gollert, Dibelius vor Gericht, 2. Aufl., München 1959
Helmut Gollwitzer, Lieber Günther Anders! Offener Brief, in: *Forum* (Wien), Heft 397/98, März 1987
ders., … und führen, wohin du nicht willst. Bericht einer Gefangenschaft, München 1951

ders. / Käthe Kuhn / Reinhold Schneider (Hrsg.), Du hast mich heimgesucht bei Nacht. Abschiedsbriefe und Aufzeichnungen des Widerstandes 1033 – 1945, 2. Aufl., München 1955
Dieter Gosewinkel, Adolf Arndt. Die Wiederbegründung des Rechtsstaats aus dem Geist der Sozialdemokratie (1945 – 1961), Bonn 1991
Peter Gosztony (Hrsg.), Der Kampf um Berlin 1945 in Augenzeugenberichten, Düsseldorf 1970
Klaus Gotto (Hrsg.), Der Staatssekretär Adenauers. Persönlichkeit und politisches Wirken Hans Globkes, Stuttgart 1980
Regina Gottschalk, Theodor Heuss' geistige Auseinandersetzung mit dem Nationalsozialismus, in: *liberal*, 22. Jhg. (1980), Heft 7/8, S. 544 ff.
Alfred Gottwaldt, Julius Dorpmüller. Die Reichsbahn und die Autobahn. Verkehrspolitik und Leben des Verkehrsministers bis 1945, Berlin 1995
ders., »Fahren für Deutschlands Sieg!« Julius Dorpmüller und die Deutsche Reichsbahn, in: Museum für Sport und Technik Berlin (Hrsg.), Ich diente nur der Technik, Berlin 1995, S. 153 ff.
Hermann Graml, Hans Oster, in: Hermann Graml (Hrsg.), Widerstand im Dritten Reich, Frankfurt a.M. 1984
Matthias Gretzschel, Historische Friedhöfe in Deutschland, Österreich und der Schweiz, München 1996
Wilhelm G. Grewe, Ein Leben mit Staats- und Völkerrecht im 20. Jahrhundert, in: *Freiburger Universitätsblätter*, Heft 118, Dez. 1992, S. 25–40
Leonard Gross, Versteckt. Wie Juden in Berlin die Nazi-Zeit überlebten, Reinbek 1983 (The Last Jews in Berlin, New York 1982)
Heinrich Grüber, Erinnerungen aus sieben Jahrzehnten, Köln – Berlin 1968
Wolf Gruner, Judenverfolgung in Berlin 1933 – 1945. Eine Chronologie der Behördenmaßnahmen in der Reichshauptstadt, Berlin 1997
Heinz Guderian, Erinnerungen eines Soldaten, Heidelberg 1950 (13. Aufl. 1994)
Dietrich Güstrow, Tödlicher Alltag. Strafverteidiger im Dritten Reich, Berlin 1981 (München 1984)
ders., In jenen Jahren. Aufzeichnungen eines »befreiten« Deutschen, Berlin 1983 (München 1985)
Sebastian Haffner, Von Bismarck zu Hitler, München 1987
ders., Germany: Jekyll & Hyde. 1939 – Deutschland von innen betrachtet, Berlin 1996 (1. Aufl. London 1940)

ders., Zur Zeitgeschichte. 36 Essays (darin: S. Fischer und die deutsche Literaturblüte 1890 – 1933), München 1982
Peter Haller, Der Rechtskampf der Bekennenden Kirche und ihre Juristen, Diss.iur., Freiburg i.Br. 1963
Notker Hammerstein, Die deutsche Forschungsgemeinschaft in der Weimarer Republik und im Dritten Reich, München 1999
Ernst Hanfstaengl, 15 Jahre mit Hitler, 2. Aufl., München – Zürich 1980
Axel von Harnack, Ernst von Harnack (1888 bis 1945). Ein Kämpfer für Deutschlands Zukunft, Stuttgart 1951
Ernst von Harnack, Jahre des Widerstands 1932 – 1945, Pfullingen 1989
Hans Hartmann, Max Planck als Mensch und Denker, Leipzig 1948 (1. Aufl. 1938)
Harald Hartung, Königswusterhäuser Landbote. Günter Eichs »Fehlbarkeit« zwischen 1933 und 1945, in: *FAZ*, 27. April 1993, S. 34
Hans Christoph von Hase (Hrsg.), Evangelische Dokumente zur Ermordung der »unheilbar Kranken« unter der nationalsozialistischen Herrschaft in den Jahren 1939 – 1945, Stuttgart 1964
Ulrich von Hassell, Die Hassell-Tagebücher 1938 – 1944: Aufzeichnungen vom Andern Deutschland, Berlin 1988
Karl Haushofer, Deutsche Kulturpolitik im indopazifischen Raum, Hamburg 1939
Robert Havemann, Dokumente eines Lebens, zusammengestellt von Dirk Draheim, Hartmut Hecht, Dieter Hoffmann, Klaus Richter und Manfred Wilke, Berlin 1991
ders., Fragen Antworten Fragen. Aus der Biographie eines deutschen Marxisten, München 1970
ders., Rückantworten an die Hauptverwaltung »Ewige Wahrheiten«, hrsg. von Hartmut Jäckel, München 1971 (2. Aufl. Berlin 1990)
Sven Hedin, Ohne Auftrag in Berlin, Tübingen 1951
Helmut Heiber, Universität unterm Hakenkreuz. Teil I: Der Professor im Dritten Reich, München 1991; Teil II: Die Kapitulation der Hohen Schulen, München 1992/1994
Heinz Heitzer / Karl-Heinz Noack / Walter Schmidt (Hrsg.), Wegbereiter der DDR-Geschichtswissenschaft, Berlin 1989
Hildegard Henschel, Aus der Arbeit der jüdischen Gemeinde Berlin während der Jahre 1941 – 1943, in: *Zeitschrift für die Geschichte der Juden*, Tel Aviv 1972, Heft 1/2, S. 33 ff.
Hermann Henselmann, Vom Himmel an das Reißbrett ziehen. Ausgewählte Aufsätze 1946 – 1981, Berlin (West) 1982
ders., Drei Reisen nach Berlin, Berlin (Ost) 1981

Ulrich Herbert, Best. Biographische Studien über Radikalismus, Weltanschauung und Vernunft 1903 – 1989, Bonn 1996
Heinrich Hermelink (Hrsg.), Kirche im Kampf. Dokumente des Widerstands und des Aufbaus der Evangelischen Kirche Deutschlands von 1933 bis 1945, Stuttgart 1950
Adolf Heusinger, Befehl im Widerstreit. Schicksalsstunden der deutschen Armee 1923 – 1945, Tübingen 19
Theodor Heuss, Aufzeichnungen 1945 – 1947, hrsg. von Eberhard Pikart, Tübingen 1966
ders., Erinnerungen 1905 – 1933, Tübingen 1963
ders., Hitlers Weg. Eine Schrift aus dem Jahre 1932, hrsg. von Eberhard Jäckel, Tübingen 1968
ders., Profile. Nachzeichnungen aus der Geschichte, Tübingen 1964 (u.a. über Albrecht Bernstorff, Fritz Elsas, Julius Leber und Paul Löbe)
Elly Heuss-Knapp, Ausblick vom Münsterturm, Tübingen 1952
dies., Bürgerin zweier Welten. Ein Leben in Briefen und Aufzeichnungen, Tübingen 1961
dies., Schmale Wege, Tübingen und Stuttgart 1946, 4.Aufl. 1952
Joe Heydecker / Johannes Leeb, Bilanz der tausend Jahre. Die Geschichte des III. Reiches im Spiegel des Nürnberger Prozesses, München 1975
Raul Hilberg, Täter, Opfer, Zuschauer. Die Vernichtung der Juden 1933 – 1945, Frankfurt a.M. 1992 (Perpetrators, Victims, Bystanders. The Jewish Catastrophe 1933–1945, New York 1992)
Werner Hoche (Hrsg.), Die Gesetzgebung des Kablnetts Hitler, 3 Bde., Berlin 1933
Karla Höcker, Gespräche mit Berliner Künstlern, Berlin 1964
Karl Höffkes, Hitlers politische Generale. Die Gauleiter des 3. Reiches, Tübingen 1986
Karl Hofer, Erinnerungen eines Malers, München 1963
Karl Hofer 1878–1955, hrsg. von der Staatlichen Kunsthalle Berlin (Katalog), Berlin 1978
Walther Hofer (Hrsg.), Der Nationalsozialismus. Dokumente 1933 – 1945, Frankfurt a.M. 1957
Dieter Hoffmann (Hrsg.), Operation Epsilon. Die Farm-Hall-Protokolle oder Die Angst der Alliierten vor der deutschen Atombombe, Berlin 1993
Peter Hoffmann, Claus Schenk Graf von Stauffenberg und seine Brüder, Stuttgart 1992
ders., Widerstand – Staatsstreich – Attentat. Der Kampf der Opposition gegen Hitler, 4. Aufl., München 1985

F.G. Hohmann (Hrsg.), Deutsche Patrioten in Widerstand und Verfolgung 1933 – 1945, Paderborn 1986
Alexander Hollerbach, Zu Leben und Werk Heinrich Triepels, in: *Archiv des öffentlichen Rechts*, Bd. 91 (1966), S. 417 ff.
Werner Holtfort, Adolf Arndt (1904–1974). Kronjurist der SPD, in: Kritische Justiz (Hrsg.), Streitbare Juristen, Baden-Baden 1988
Holger Hübner, Das Gedächtnis der Stadt. Gedenktafeln in Berlin, Berlin 1997
Herbert Ihering, Begegnungen mit Zeit und Menschen, hrsg. von der Deutschen Akademie der Künste, Berlin (Ost) 1963
ders., Theater in Aktion. Kritiken aus drei Jahrzehnten. 1913 – 1933, Berlin (Ost) 1987
ders., Theater der produktiven Widersprüche. 1945 – 1949, Berlin (Ost) und Weimar 1967
Institut für Marxismus-Leninismus beim Zentralkomitee der SED (Hrsg.), Ernst Thälmann. Eine Biographie, Berlin (Ost) 1979
Rolf Italiaander (Hrsg.), Wir erlebten das Ende der Weimarer Republik. Zeitgenossen berichten, Düsseldorf 1982
Hans-Adolf Jacobsen (Hrsg.), 20. Juli 1944. Die deutsche Opposition gegen Hitler im Urteil der ausländischen Geschichtsschreibung, Bonn 1969
Eberhard Jäckel, Frankreich in Hitlers Europa, Stuttgart 1966
ders., Das deutsche Jahrhundert. Eine historische Bilanz, Stuttgart 1996
Hartmut Jäckel, Brauchte Hitler das Zentrum? Zur Abstimmung über das Ermächtigungsgesetz am 23. März 1933, in: *Die Zeit*, 18. März 1983
ders. (Hrsg.), Ein Marxist in der DDR. Für Robert Havemann, München – Zürich 1980
ders., Meldungen aus dem Reich. Die deutsche Heimatfront 1939 –1945, in: *Der Monat*, Heft 212, Mai 1966, S. 48 ff.
ders., Prophet eines humanen Sozialismus. Zum Tod Robert Havemanns, in: Deutschland Archiv, Mai 1982, S. 452 ff.
Ludwig Jäger, Seitenwechsel. Der Fall Schneider/Schwerte und die Diskretion der Germanistik, München 1998
Karl Jaspers, Die Schuldfrage, Heidelberg 1946
Alan Jefferson, Elisabeth Schwarzkopf, München 1996 (Elisabeth Schwarzkopf, London 1996)
Manfred Jenke, Verschwörung von rechts? Ein Bericht über den Rechtsradikalismus in Deutschland nach 1945, Berlin 1961
Inge Jens, Dichter zwischen rechts und links. Die Geschichte der Sektion für Dichtkunst der Preußischen Akademie der Künste, München 1971

Markus Jodl, Amboß oder Hammer? Otto Grotewohl. Ene politische Biographie, Berlin 1997
P. Johnson, Mies van der Rohe, Stuttgart 1956 (New York 1947, 3. Aufl. 1978)
Ernst Jünger, Strahlungen, Tübingen 1949
Friedrich Kabermann, Widerstand und Entscheidung eines deutschen Revolutionärs. Leben und Denken von Ernst Niekisch, Köln 1973
Erich Kästner, Notabene 45. Ein Tagebuch, Zürich 1961
Alfred Kantorowicz, Deutsches Tagebuch, Bd. 1, München 1964
ders., Politik und Literatur im Exil. Deutschsprachige Schriftsteller im Kampf gegen den Nationalsozialismus, Hamburg 1978 sowie – als dtv Zeitgeschichte – München 1983
Ursula von Kardorff, Berliner Aufzeichnungen 1942 – 1945, München 1992
Wilhelm Keitel, Mein Leben. Pflichterfüllung bis zum Untergang, Berlin 1998
Robert M.W. Kempner, Das Dritte Reich im Kreuzverhör. Aus den unveröffentlichten Vernehmungsprotokollen des Anklägers Robert M.W. Kempner, München – Esslingen 1969
ders. mit Carl Haensel (Hrsg.), Das Urteil im Wilhelmstraßen-prozeß, Schwäbisch-Gmünd 1950
George F. Kennan, Memoiren eines Diplomaten, Stuttgart 1968 (Memoirs 1925 – 1950, Boston 1967)
Uwe-K. Ketelsen, Literatur und Drittes Reich, 2. Aufl., Köln 19
Walther Kiaulehn, Berlin – Schicksal einer Weltstadt, München 1958
Johann Adolf Graf Kielmansegg, Der Fritschprozeß 1938. Ablauf und Hintergründe, Hamburg 1949
ders., Panzer zwischen Warschau und Atlantik, Berlin 1941
Kurt Georg Kiesinger, Dunkle und helle Jahre. Erinnerungen 1904 – 1958, Stuttgart 1989
Ernst Klee, Die SA Jesu Christi. Die Kirche im Banne Hitlers, Frankfurt a.M. 1989
Klemens von Klemperer (Hrsg.), Für Deutschland. Die Männer des 20. Juli, Frankfurt a.M. – Berlin 1994
ders., Die verlassenen Verschwörer. Der deutsche Widerstand auf der Suche nach Verbündeten 1938 – 1945, Berlin 1994 (German Resistance Against Hitler. The Search for Allies Abroad, Oxford 1992)
Victor Klemperer, Ich will Zeugnis ablegen bis zum letzten. Tagebücher 1 (1933 – 1941) und 2 (1942 – 1945), Berlin 1995
ders., LTI. Notizbuch eines Philologen, Leipzig 1947

Jochen Klepper, Unter dem Schatten deiner Flügel. Aus den Tagebüchern der Jahre 1938 – 1942, München 1964
Fritz Klimsch, Erinnerungen und Gedanken eines Bildhauers, Stollhamm und Berlin 1953
Lisel Klimsch, Zur Erinnerung an Prof. Fritz Klimsch anläßlich seines 120. Geburtstages am 10.2.1990 (Privatdruck)
Wolfgang Knauft, Christen im Widerstand. Der 20. Juli im Bistum Berlin, Berlin o.J. (1994)
Hildegard Knef, »Meine Zeit wird knapp«, Interview, in: *Der Tagesspiegel*, 30. Mai 1999
Guido Knopp, Hitlers Helfer. Täter und Vollstrecker, München 1999
Gustav Knuth, In memoriam Joachim Gottschalk, in: Renate Seydel (Hrsg.), Schauspieler erzählen … über sich und andere, Berlin 1980
Hannsjoachim W. Koch, Geschichte der Hitlerjugend. Ihre Ursprünge und ihre Entwicklung 1922 – 1945, Percha 1975
Werner Koch, Der Kampf der Bekennenden Kirche im Dritten Reich, 3. Aufl., Berlin 1981
Bruno Köhler, Gotha, Berlin, Dachau: Werner Sylten. Stationen seines Widerstandes im Dritten Reich, Stuttgart 1980
Michael Köhn, Zahnärzte 1933 – 1945. Berufsverbot, Emigration, Verfolgung, Berlin 1994
Eugen Kogon, Der SS-Staat. Das System der deutschen Konzentrationslager, Berlin 1947
Jürgen Konert, Theodor Brugsch. Internist und Politiker, Leipzig 1988
Karl Koller, Der letzte Monat. Tagebuchaufzeichnungen des ehemaligen Chefs des Generalstabs der deutschen Luftwaffe, Mannheim 1949
Käthe Kollwitz, Briefe an den Sohn 1904 bis 1945, Berlin 1992
dies., Die Tagebücher, Berlin 1989
Christopher Kopper, Zwischen Marktwirtschaft und Dirigismus. Bankenpolitik im ›Dritten Reich‹ 1933 – 1939, Bonn 1995
Klaus Kordon, Die Zeit ist kaputt. Die Lebensgeschichte des Erich Kästner, Weinheim – Basel 1994
Fritz Kortner, Aller Tage Abend, München 1959
Erich Kosthorst, Die Geburt der Tragödie aus dem Geist des Gehorsams. Deutschlands Generäle und Hitler, Bonn 1998
Arnold Kramish, Der Greif. Paul Rosband – der Mann, der Hitlers Atompläne scheitern ließ, München 1987
Kritische Justiz (Hrsg.), Streitbare Juristen, Baden-Baden 1988
Bernhard R. Kroener, »Ich sterbe, weil es befohlen wurde«. Ein Offizier zwischen loyaler Opposition, Resignation und Widerstand – Generaloberst Friedrich Fromm, in: *Die Zeit*, 12. März 1998

Lutz Graf Schwerin von Krosigk, Es geschah in Deutschland, 3. Aufl., Tübingen – Stuttgart 1952
Friedrich-Wilhelm Krummacher, Ruf zur Entscheidung. Predigten – Ansprachen – Aufsätze 1944/1945, Berlin (Ost) 1965
Adam Kuckhoff, Gedächtnisschrift, hrsg. vom Rektorat der Martin-Luther-Universität Halle-Wittenberg, Leipzig 1967
Fridolf Kudlien, Ärzte im Nationalsozialismus, Köln 1985
Stefan Kühl, Die Internationale der Rassisten. Aufstieg und Niedergang der internationalen Bewegung für Eugenik und Rassenhygiene im 20. Jahrhundert, Frankfurt a.M. – New York 1997
Hans Kühner-Wolfskehl, Adam von Trott zu Solz, in: Hermann Graml (Hrsg.), Widerstand im Dritten Reich, Frankfurt a. M. 1984
Rolf-Ulrich Kunze, Theodor Heckel 1894 – 1967. Eine Biographie, Stuttgart – Berlin – Köln 1997
Kurt Kusenberg, Zwist unter Zauberern. Vorwort von Peter Rühmkorf, Reinbek 1998
Ursula Laack-Michel, Albrecht Haushofer und der Nationalsozialismus, Stuttgart 1974
Friedrich Lambart (Hrsg.), Tod eines Pianisten. Karlrobert Kreiten und der Fall Werner Höfer, Berlin 1988
Landesarchiv Berlin. Abteilung Zeitgeschichte (Hrsg.), Berlin. Quellen und Dokumente 1945 – 1951, 2 Bde., Berlin 1964
Annedore Leber (Hrsg.), Das Gewissen steht auf, Frankfurt a.M. 1955
dies. (Hrsg.), Das Gewissen entscheidet, 4. Aufl., Berlin – Frankfurt a.M. 1960
dies. / Freya Gräfin von Moltke, Für und Wider. Entscheidungen in Deutschland 1918 – 1945, Berlin – Frankfurt a.M. 1961
Julius Leber, Ein Mann geht seinen Weg: Schriften, Reden und Briefe von Julius Leber, Berlin – Frankfurt a.M. 1952
Claus Leggewie, Von Schneider zu Schwerte, München 1998
Jürgen Leinemann, Sepp Herberger. Ein Leben, eine Legende, Berlin 1997
J.G. Leithäuser, Wilhelm Leuschner. Ein Leben für die Republik, Köln 1962
Ernst Lemmer, Manches war doch anders. Erinnerungen eines deutschen Demokraten, Frankfurt a.M. 1968
Otto Lenz, Im Zentrum der Macht. Das Tagebuch von Staatssekretär Lenz 1951 – 1953, Düsseldorf 1989
Monika Leske, Philosophen im »Dritten Reich«. Studie zu Hochschul- und Philosophiebetrieb im faschistischen Deutschland, Berlin (Ost) 1990

Hans Leussing / Eduard Neumann / Georg Kotowski (Hrsg.), Studium Berolinense. Aufsätze und Beiträge zur Problemen der Wissenschaft und zur Geschichte der Friedrich-Wilhelms-Universität zu Berlin, Berlin 1960

Hanns Lilje, Kirche und Welt, München 1956

ders., Im finstern Tal, Nürnberg 1947

Rudolf Lill / Heinrich Oberreuter (Hrsg.), 20. Juli. Porträts des Widerstands, Düsseldorf – Wien 1984

Henrik Lindgren, Adam von Trotts Reisen nach Schweden 1941–1944, in: *Vierteljahrshefte für Zeitgeschichte*, 18. Jg., Heft 3, Juli 1970, S. 274 ff.

Regine Lockot, Die Reinigung der Psychoanalyse. Die deutsche Psychoanalytische Gesellschaft im Spiegel von Dokumenten und Zeitzeugen (1933 – 1951), Tübingen 1994

Paul Löbe, Der Weg war lang. Lebenserinnerungen, 3. erw. Aufl., Berlin 1954

Richard Löwenthal / Patrik von zur Mühlen (Hrsg.), Widerstand und Verweigerung in Deutschland 1933 bis 1945, Bonn 1990

Werner von Lojewski, Tausend Jahre – durch meine Brille. Ein Journalistenleben im Dritten Reich, Freiburg i.Br. 1985

Marie-Elisabeth Lüders, Fürchte dich nicht. Persönliches und Politisches aus mehr als achtzig Jahren (1878 – 1962), Köln – Opladen 1963

Irmgard von der Lühe, Eine Frau im Widerstand. Elisabeth von Thadden, Hildesheim 1989

Friedrich Luft, Berliner Theater 1945 – 1961, Hannover 1961

ders., Die Stimme der Kritik. Gespräch mit Hans Christoph Knebusch in der Reihe »Zeugen des Jahrhunderts«, Göttingen 1991

Hermann Maas / Gustav Radbruch (Hrsg.), Den Unvergessenen. Opfer des Wahns 1933 bis 1945, Heidelberg 1952

Julius Mader, Hitlers Spionagegenerale sagen aus. Ein Dokumentarbericht über Aufbau, Struktur und Operationen des OKW-Geheimdienstamtes Ausland/Abwehr, Berlin (Ost) 1970

Litta Magnus Andersen, Lale Andersen – die Lili Marleen. Lebensbild einer Künstlerin, Frankfurt a.M. – Berlin 1991

Henry O. Malone, Adam von Trott zu Solz. Werdegang eines Verschwörers, 1909 – 1938, Berlin 1986 (The Road to Conspiracy Against Hitler, Austin, Texas 1980)

Maria Gräfin von Maltzan, Schlage die Trommel und fürchte dich nicht. Erinnerungen, Frankfurt a.M. – Berlin 1986

Golo Mann, Deutsche Geschichte des 19. und 20. Jahrhunderts, Frankfurt a.M. 1958

Klaus Mann, Der Wendepunkt. Ein Lebensbericht, München 1976
Thomas Mann, Briefe 1937 – 1947, hrsg. von Erika Mann, Frankfurt a.M. 1979
ders., Tagebücher 1933 – 1934, Frankfurt a.M. 1977
Arno J. Mayer, Der Krieg als Kreuzzug. Das Deutsche Reich, Hitlers Wehrmacht und die »Endlösung«, Reinbek bei Hamburg 1989 (Why Did The Heavens Not Darken? The »Final Solution« In History, New York 1988)
Dorothee von Meding, Mit dem Mut des Herzens. Die Frauen des 20. Juli, Berlin 1992
Joachim Mehlhausen (Hrsg.), Zeugen des Widerstands, Tübingen 1996
Kurt Mehner (Hrsg.), Die Waffen-SS und Polizei 1939–1945. Führung und Truppe, Norderstedt 1995
Friedrich Meinecke, Autobiographische Schriften, Werke, Band 8, hrsg. von Eberhard Kessel, München 1969
ders., Die deutsche Katastrophe. Betrachtungen und Erinnerungen, 4. Aufl., Wiesbaden 1949
Ernst Melsheimer, Zu einer neuen Justiz, in: *Neue Justiz*, Jg. 1, Nr. 2, Februar 1947
Wolfgang Michalka (Hrsg.), Das Dritte Reich. Bd. 1: Volksgemeinschaft und Großmachtpolitik 1933 – 1939; Bd. 2: Weltmachtanspruch und nationaler Zusammenbruch 1939 – 1945, München 1985 (als Taschenbuch unter dem Titel: Deutsche Geschichte 1933 – 1945, Frankfurt a.M. 1999)
Militärregierung des französischen Besatzungsgebietes in Deutschland (Hrsg.), Der Konstanzer Juristentag (Juni 1947), Tübingen 1947
Bernhard Minetti, Erinnerungen eines Schauspielers, Stuttgart 1985
Alexander Mitscherlich / Fred Mielke (Hrsg.), Medizin ohne Menschlichkeit. Dokumente des Nürnberger Ärzteprozesses, Frankfurt a.M. und Hamburg 1960
Werner Mittenzwei, Der Untergang einer Akademie oder Die Mentalität des ewigen Deutschen. Der Einfluß der national-konservativen Dichter in der Preußischen Akademie der Künste 1919 – 1947, Berlin und Weimar 1992
Norbert Molkenbur / Klaus Hörhold (Hrsg.), Oda Schottmüller, Eine Dokumentation, Berlin (Ost) 1983
Freya von Moltke, Erinnerungen an Kreisau 1930 – 1945, München 1997
Helmuth James Graf von Moltke, Bericht aus Deutschland im Jahre 1943. Letzte Briefe aus dem Gefängnis Tegel, Berlin 1975

ders., Briefe an Freya. 1939 – 1945, München 1988
Christian Morgenstern, Ein Leben in Briefen, hrsg. von Margareta Morgenstern, Wiesbaden 1952
Otto Morgenstern, Dokumentation zweier Gedenkreden auf Otto Morgenstern, in: *Steglitzer Heimat. Mitteilungsblatt des Heimatvereins für den Bezirk Steglitz*, Heft 2/1983, S. 3 ff.
Rudolf Morsey / Hans Peter Schwarz (Hrsg.), Adenauer im Dritten Reich, Berlin 1991
Dietz-Rüdiger Moser (Hrsg.), Neues Handbuch der deutschen Gegenwartsliteratur seit 1945, München 1990
George L. Mosse, Der nationalsozialistische Alltag, 3. Aufl., Frankfurt a.M. 1993
Ingo Müller, Furchtbare Juristen. Die unbewältigte Vergangenheit unserer Justiz, München 1987
Museum für Verkehr und Technik Berlin (Hrsg.), Ich diente nur der Technik. Sieben Karrieren zwischen 1940 und 1950, Berlin 1995
Josef Nadler, Literaturgeschichte des deutschen Volkes, Band 4, Berlin 1941
Ludwig Nestler (Hrsg.), Der Weg deutscher Eliten in den zweiten Weltkrieg, Berlin 1990
Neue Deutsche Biographie, hrsg. von der Historischen Kommission bei der Bayerischen Akademie der Wissenschaften, Berlin 1953 ff.
Franz Neumann, Behemoth. Struktur und Praxis des Nationalsozialismus 1933–1944, Frankfurt a.M. 1984 (zuerst 1942 in den USA, dort erweiterte Neuauflagen 1944 und 1963)
Ernst Niekisch, Das Reich der niederen Dämonen, Hamburg 1953
Wilhelm Niemöller, Die evangelische Kirche im Dritten Reich, Bielefeld 1956
ders., Macht geht vor Recht. Der Prozeß Martin Niemöllers, München 1952
Nürnberger Prozeß – Der Prozeß gegen die Hauptkriegsverbrecher vor dem Internationalen Militärgerichtshof, 42 Bände, Nürnberg 1947
Hermann Oncken, Lassalle. Zwischen Marx und Bismarck, 5. Aufl., Stuttgart – Berlin – Köln – Mainz 1966
Walther G. Oschilewski, Gustav Dahrendorf. Ein Kämpferleben, Berlin 1955
Carl von Ossietzky, Lesebuch. Der Zeit den Spiegel vorhalten, Reinbek 1989
Heribert Ostendorf / Heino Ter Veen, Das »Nürnberger Juristenurteil«. Eine kommentierte Dokumentation, Frankfurt a.M. 1985

Rolf Pabst, Als Leo Baeck mit Eichmann verhandelte. Ein Gespräch mit Shulamith Eytan, der Frau, die von 1936 bis 1939 Rabbiner Baecks Sekretärin war, in: *DIG Magazin, Zeitschrift der Deutsch-Israelischen Gesellschaft*, Bonn, Dezember 1997
Kurt Pätzold (Hrsg.), Verfolgung, Vertreibung, Vernichtung. Dokumente des faschistischen Antisemitismus 1933 – 1942, Leipzig 1984
Wolfgang Paul, Architektur in Mitteldeutschland, in: *Deutsche Rundschau*, 79. Jhgg., Heft 4 (April 1953), S. 378 ff.
Rudolf Pechel (Hrsg.), Deutsche Rundschau. Acht Jahrzehnte deutschen Geisteslebens, Hamburg 1961
ders., Deutscher Widerstand, Zürich 1947
ders., Zwischen den Zeilen. Der Kampf einer Zeitschrift für Freiheit und Recht, 1932 – 1942, Wiesentheid 1948
Max Pechstein, Erinnerungen, Stuttgart 1993
Jürgen Pfeiffer, Hirnforschung im Zwielicht. Beispiele verführbarer Wissenschaft aus der Zeit des Nationalsozialismus, Husum 1997
Leon Poliakov / Joseph Wulf (Hrsg.), Das Dritte Reich und seine Denker, Berlin 1959
dies. (Hrsg.), Das Dritte Reich und seine Diener, Berlin 1956
dies. (Hrsg.), Das Dritte Reich und die Juden, Berlin 1955
Heinrich Portmann, Dokumente um den Bischof von Münster, Münster i.W. 1948
Julius Posener, Fast so alt wie das Jahrhundert, Berlin 1990
Terence Prittie, Deutsche gegen Hitler. Tübingen 1965 (Germans Against Hitler, London 1964)
Helmut Quaritsch (Hrsg.), Complexio Oppositorum. Über Carl Schmitt, Berlin 1988
Erich Raeder, Mein Leben, 2 Bde., Tübingen 1956
Birgit Rätsch, Hinter Gittern. Schriftsteller und Journalisten vor dem Volksgerichtshof 1934 – 1945, Bonn 1992
Paul Ortwin Rave, Kunstdiktatur im Dritten Reich, Berlin 1987
Hans J. Reichhardt / Wolfgang Schäche, Von Berlin nach Germania. Über die Zerschlagung der Reichshauptstadt durch Albert Speers Umgestaltungsplanungen, 4. Aufl., Berlin 1986
Marcel Reich-Ranicki, Feuilleton und Poesie. Zum Tode von Kurt Kusenberg, in: *Frankfurter Allgemeine Zeitung*, 5. Okt. 1983
Brigitte Reimann / Hermann Henselmann, Briefwechsel, Berlin 1994
Ernst Reuter, Schriften – Reden, 2. Band (1922 – 1945), Frankfurt a.M. – Berlin – Wien 1973
Monika Richarz (Hrsg.), Jüdisches Leben in Deutschland. Selbstzeugnisse zur Sozialgeschichte 1918 – 1945, Stuttgart 1982

Gerhard Ritter, Carl Goerdeler und die deutsche Widerstandsbewegung, München 1964
Eberhard Röhm / Jörg Thierfelder (Hrsg.), Evangelische Kirche zwischen Kreuz und Hakenkreuz, Stuttgart 1981
Bodo Rollka / Volker Spiess / Bernhard Thieme (Hrsg.), Berliner Biographisches Lexikon, Berlin 1993
Ger van Roon, Helmuth James Graf von Moltke. Völkerrecht im Dienst der Menschen, Berlin 1986 (London 1971)
ders., Neuordnung im Widerstand. Der Kreisauer Kreis innerhalb der deutschen Widerstandsbewegung, München 1967
ders., Oberst Wilhelm Staehle: Ein Beitrag zu den Auslandskontakten des deutschen Widerstandes, in: *Vierteljahrshefte für Zeitgeschichte*, Jhg. 14 (1966), S. 209 ff.
ders., Wilhelm Staehle. Ein Leben auf der Grenze, München 1969
ders., Widerstand im Dritten Reich, 6. Aufl., München 1994
Hans Rothfels, Die deutsche Opposition gegen Hitler. Eine Würdigung, 2. Aufl., Frankfurt a.M. – Hamburg 1969
Jürgen Rühle, Literatur und Revolution, München – Zürich 1963
Peter Rühmkorf, Wolfgang Borchert in Selbstzeugnissen und Bilddokumenten, Reinbek 1961
Reinhard Rürup (Hrsg.), Topographie des Terrors. Gestapo, SS und Reichssicherheitshauptamt auf dem »Prinz-Albrecht-Gelände«, Berlin 1987
Fritz Sänger, Marsch in den Krieg. Die Praxis der Nachrichtenpolitik der Nationalsozialisten, in: *Das Parlament, Beilage ›Aus Politik und Zeitgeschichte‹*, 30. August 1969
ders., Politik der Täuschungen. Mißbrauch der Presse im Dritten Reich. Weisungen, Informationen, Notizen 1933 – 1939
Rüdiger Safranski, Ein Meister aus Deutschland. Heidegger und seine Zeit, Frankfurt a.M. 1998
Ursula Salentin, Sieben Wege in die Präsidentenvilla. Von Elly Heuss-Knapp bis Christiane Herzog, Freiburg – Basel – Wien 1995 (erweiterte Neuausgabe von: Fünf Wege in die Villa Hammerschmidt, Freiburg i.Br. 1984)
Marie-Corentine Sandstede-Auzelle / Gerd Sandstede, Clemens August Graf von Galen. Bischof von Münster im Dritten Reich, Münster 1986
Gerhard Sauder (Hrsg.), Die Bücherverbrennung. 10. Mai 1933, Frankfurt a.M. – Berlin – Wien 1985
Ferdinand Sauerbruch, Das war mein Leben, Bad Wörishofen 1957
Hjalmar Schacht, Abrechnung mit Hitler, Hamburg 1948
ders., 76 Jahre meines Lebens, Bad Wörishofen 1953

Detlev Scheffler, Schutzhaft im Nationalsozialismus (1933 bis 1945), Diss.phil., FU Berlin 1998 (ungedruckt)
Wolfgang Scheffler, Judenverfolgung im Dritten Reich, Berlin 1964
Heinrich Scheller, Zur Geschichte der Psychiatrie an der Berliner Universität. Erinnerung an Karl Bonhoeffer, in: Leussing / Neumann / Kotowski, aaO., S. 290 ff.
Fabian von Schlabrendorff, Begegnungen in fünf Jahrzehnten, Tübingen 1979
ders., Eugen Gerstenmaier im Dritten Reich, Stuttgart 1965
ders., Offiziere gegen Hitler, Frankfurt a.M. – Hamburg 1959
Jürgen Schmädeke / Peter Steinbach (Hrsg.), Der Widerstand gegen den Nationalsozialismus. Die deutsche Gesellschaft und der Widerstand gegen Hitler, München – Zürich 1985
Bernd Schmalhausen, »Ich bin doch nur ein Maler«. Max und Martha Liebermann im ›Dritten Reich‹, Hildesheim – Zürich – New York 1996
Giselher Schmidt, Hitlers und Maos Söhne. NPD und Neue Linke, Frankfurt a.M. 1969
Matthias Schmidt, Albert Speer: Das Ende eines Mythos. Speers wahre Rolle im Dritten Reich, München 1982
Paul Schmidt, Statist auf diplomatischer Bühne 1923 – 45, Bonn 1950
Rainer F. Schmidt, Rudolf Heß – »Botengang eines Toren«? Der Flug von Rudolf Heß nach Großbritannien vom 10. Mai 1941, Düsseldorf 1997
Carl Schmitt, Antworten in Nürnberg, herausgegeben und kommentiert von Helmut Quaritsch, Berlin 2000
ders., Der Führer schützt das Recht. Zur Reichstagsrede Adolf Hitlers vom 13. Juli 1934, in: *Deutsche Juristen-Zeitung,* Band 39, Heft 15 (1. August 1934)
ders., Ex Captivitate Salus. Erfahrungen der Zeit 1945/1947, Köln 1950
ders., Verfassungsrechtliche Aufsätze aus den Jahren 1924 – 1954, Berlin 1958
Martin Schönfeld, (I) Gedenktafeln in Ost-Berlin, Berlin 1991; (II) Gedenktafeln in West-Berlin, Berlin 1993
Klaus Scholder, Die Kirchen und das Dritte Reich, Band I: Vorgeschichte und Zeit der Illusionen (1918 – 1934), Frankfurt a.M. – Berlin – Wien 1977 (3. Aufl. 1986)
ders. (Hrsg.), Die Mittwochs-Gesellschaft. Protokolle aus dem geistigen Deutschland 1932 bis 1944, Berlin 1982
Rudolf Schottlaender, Trotz allem ein Deutscher. Mein Lebensweg seit Jahrhundertbeginn, Freiburg i.Br. 1986
ders. (Hrsg.), Verfolgte Berliner Wissenschaftler. Ein Gedenkwerk, Berlin 1988

Wilhelm von Schramm, Aufstand der Generale. Der 20. Juli 1944 in Paris, München 1978
ders., Verrat im Zweiten Weltkrieg, Düsseldorf – Wien 1960
Matthias Schreiber, Martin Niemöller, Reinbek 1997
ders., Friedrich Justus Perels. Ein Weg vom Rechtskampf der Bekennenden Kirche in den politischen Widerstand, München 1989
Karl-Friedrich Schrieber, Das Recht der Reichskulturkammer, Band 1 – 4, Berlin 1935/36
Martin Schumacher (Hrsg.), M.d.R. Die Reichstagsabgeordneten der Weimarer Republik in der Zeit des Nationalsozialismus, Düsseldorf 1991
Peter-Klaus Schuster (Hrsg.), Nationalsozialismus und ›Entartete Kunst‹. Die ›Kunststadt‹ München 1937, München 1987, 5. ergänzte Aufl. 1998
Hans-Peter Schwarz, Adenauer. Der Aufstieg: 1876 – 1952, Stuttgart 1986
Detlef Graf von Schwerin, »Dann sind's die besten Köpfe, die man henkt«. Die junge Generation im deutschen Widerstand, 2. Aufl., München – Zürich 1994 (erweiterte Ausgabe von: Die Jungen des 20. Juli 1944, Berlin 1991)
Hanns Seel, Erneuerung des Berufsbeamtentums, erschienen in der Schriftenreihe *»Das Recht der nationalen Revolution«*, Heft 4, Berlin 1933
Reinhard Siegmund-Schultze, Mathematiker auf der Flucht vor Hitler. Quellen und Studien zur Emigration einer Wissenschaft, Wiesbaden 1998
Karl Silex, Mit Kommentar. Lebensbericht eines Journalisten, Frankfurt a.M. 1968
Ronald Smelser / Enrico Syring (Hrsg.), Die Militärelite des Dritten Reiches. 27 biographische Skizzen, Berlin 1997
Rudolf Smend, Zur Geschichte der Berliner Juristenfakultät im 20. Jahrhundert, in: Leussing et al., aaO., S. 109 ff.
Nicolaus Sombart, Die deutschen Männer und ihre Feinde. Carl Schmitt – ein deutsches Schicksal zwischen Männerbund und Matriarchatsmythos, München – Wien 1991
Albert Speer, Erinnerungen, Frankfurt a.M. – Berlin 1969 (erw. Neuausgabe 1996)
ders., Der Sklavenstaat, Stuttgart 1981
Steglitzer Heimat. *Mitteilungsblatt des Heimatvereins für den Bezirk Steglitz*, Nr. 2/1983 (über Otto Morgenstern)
Peter Steinbach / Johannes Tuchel (Hrsg.), Lexikon des Widerstandes 1933–1945, München 1994

P.A. Steiniger / K. Leszcynski (Hrsg.), Fall III. Das Urteil im Juristenprozeß, Berlin 1969
Fritz Stern, Der Traum vom Frieden und die Versuchung der Macht. Deutsche Geschichte im 20. Jahrhundert, Berlin 1988
Hellmuth Stieff, Briefe, hrsg. von Horst Mühleisen, Berlin 1991
Erich Stockhorst, 5000 Köpfe. Wer war was im 3. Reich, 2. Aufl., Kiel 1985
Reinhard M. Strecker (Hrsg.), Dr. Hans Globke. Aktenauszüge – Dokumente, Hamburg 1961
Hermann Stresau, Von Jahr zu Jahr, Berlin 1948
Wolfgang Stresemann, Wie konnte es geschehen?, Berlin – Frankfurt a.M. 1987
A.J.P. Taylor, Die Ursprünge des Zweiten Weltkrieges, Gütersloh 1962 (The Origins of the Second World War, 1961)
Hans-Ulrich Thamer, Verführung und Gewalt. Deutschland 1933–1945, 3.Aufl., Berlin 1992
Marion Thielenhaus, Zwischen Anpassung und Widerstand: Deutsche Diplomaten 1938 – 1941, Paderborn 1984
Hugh R. Trevor-Roper, Hitlers letzte Tage, Frankfurt a.M. – Berlin 1965
Clarita von Trott zu Solz, Adam von Trott zu Solz. Eine Lebensbeschreibung, Berlin 1994
Levin von Trott zu Solz, Hans Peters und der Kreisauer Kreis. Staatslehre im Widerstand, Paderborn 1997
Henry Ashby Turner, Die Großunternehmer und der Aufstieg Hitlers, Berlin 1985 (German Big Business and the Rise of Hitler, Oxford University Press 1985)
Untersuchungsausschuß Freiheitlicher Juristen (Hrsg.), Ehemalige Nationalsozialisten in Pankows Diensten, 3. Aufl., Berlin 1960
Dan van der Vat, Der gute Nazi. Leben und Lügen des Albert Speer, Berlin 1997
Isa Vermehren, Reise durch den letzten Akt, Hamburg 1946 (Neuausgabe Hamburg 1998)
Axel Vieregg, »Der eigenen Fehlbarkeit begegnet«. Günter Eichs Realitäten 1933 – 1945, Eggingen 1993
Eberhard von Vietsch, Wilhelm Solf. Botschafter zwischen den Zeiten, Tübingen 1961
Klaus Völker, Bertolt Brecht. Eine Biografie, München – Wien 1976
Winfried Vogel, »… schlechthin unwürdig«. Mit hohen Dotationen in Reichsmark oder Immobilien versuchte Hitler,

Feldmarschälle und Generale der Wehrmacht zu korrumpieren, in: *Die Zeit*, 28. März 1997, S. 44
Hans-Erich Volkmann (Hrsg.), Ende des Dritten Reiches – Ende des Zweiten Weltkriegs. Eine perspektivische Rückschau, München 1995
Klemens Vollnhals (Hrsg.), Entnazifizierung. Politische Säuberung und Rehabilitierung in den vier Besatzungszonen 1945 – 1949, München 1991
Karl Voß, Reiseführer für Literaturfreunde: Berlin. Vom Alex bis zum Kudamm, Frankfurt a.M. – Berlin – Wien 1980
Hans-Ulrich Wagner, Günter Eich und der Rundfunk. Essay und Dokumentation, Berlin 1999
Joseph Walk, Kurzbiographien zur Geschichte der Juden 1918 – 1945, München 1988
ders. (Hrsg.), Das Sonderrecht für die Juden im NS-Staat, 2. Aufl., Heidelberg 1996
Heinrich Walle (Hrsg.), Aufstand des Gewisssens. Militärischer Widerstand gegen Hitler und das NS-Regime 1933 – 1945, 4. Aufl., Berlin – Bonn – Herford 1994
Günther Weisenborn (Hrsg.), Der lautlose Aufstand. Bericht über die Widerstandsbewegung des deutschen Volkes 1933 – 1945, Hamburg 1953
Hermann Weiß (Hrsg.), Biographisches Lexikon zum Dritten Reich, Frankfurt a.M. 1998
Manfred Weißbecker, Die nichtproletarischen Demokraten im Kampf gegen Faschismus und Krieg (1933 bis 1945), in: Dieter Fricke (Leiter eines Autorenkollektivs), Deutsche Demokraten, Berlin (Ost) 1981, S. 317 ff.
Carl Friedrich Freiherr von Weizsäcker, Zum Weltbild der Physik. 3. Aufl., Leipzig 1945
Ernst von Weizsäcker, Erinnerungen, München – Leipzig – Freiburg i.Br. 1950
Richard von Weizsäcker, Vier Zeiten, Berlin 1997
Hans-Heinrich Welchert, Theodor Heuss. Ein Lebensbild, Frankfurt a.M. – Bonn 1968
Erwin Wickert (Hrsg.), John Rabe. Der gute Deutsche von Nanking, Stuttgart 1997
K H. Wildhagen (Hrsg.), Erich Fellgiebel: Meister operativer Nachrichtenverbindungen, Wenningsen 1970
Manfred Wilke / Werner Theuer, »Der Beweis eines Verrats läßt sich nicht erbringen«. Robert Havemann und die Widerstandsgruppe Europäische Union, in: *Deutschland Archiv*, 32. Jhg., Heft 6 (Nov./Dez. 1999), S. 899 ff.

Heinrich August Winkler, Der Weg in die Katastrophe. Arbeiter und Arbeiterbewegung in der Weimarer Republik 1930 bis 1933, Berlin – Bonn 1987
Robert Wistrich, Wer war wer im Dritten Reich, München 1983 (Who's Who in Nazi Germany, London 1982)
Albert Wucher (Hrsg.), Wie kam es zur Bundesrepublik? Politische Gespräche mit Männern der ersten Stunde, Freiburg i.Br. 1968
Joseph Wulf (Hrsg.), Die Bildenden Künste im Dritten Reich, Gütersloh 1963
ders., Das Dritte Reich und seine Vollstrecker, Berlin 1961
ders., Literatur und Dichtung im Dritten Reich, Gütersloh 1963
ders., Musik im Dritten Reich, Gütersloh 1963
ders., Presse und Funk im Dritten Reich, Gütersloh 1964
ders., Theater und Film im Dritten Reich, Gütersloh 1964
Peter H. Wyden, Stella, Göttingen 1993 (Stella, New York 1992)
Eberhard Zeller, Claus und Berthold Stauffenberg, in: *Vierteljahrshefte für Zeitgeschichte*, 12/1964, S. 223 ff.
ders., Geist der Freiheit, Der zwanzigste Juli, 3. Aufl., München 1956
Wolf-Dieter Zimmermann (Hrsg.), Kurt Scharf. Brücken und Breschen. Biographische Skizzen, Berlin 1977
Christoph Zuschlag, ›Entartete Kunst‹. Ausstellungsstrategien im Nazi-Deutschland, Worms 1995

Befragt wurden ferner Parlamentshandbücher (Deutscher Reichstag, Preußischer Landtag 1933, Berliner Stadtverordnetenversammlung, Berliner Abgeordnetenhaus, Deutscher Bundestag, Volkskammer der DDR), das Reichshandbuch der deutschen Gesellschaft (1930), Keesings Archiv der Gegenwart, Munzingers Biographisches Archiv, Vorlesungsverzeichnisse der Friedrich-Wilhelms-Universität zu Berlin, das Berliner Adreßbuch für das Jahr 1939, Kürschners Deutscher Gelehrten-Kalender, Kürschners Deutscher Literatur-Kalender, Degeners »Wer ist's?« von 1935 sowie das 1948 in Berlin erschienene erste »Wer ist Wer?« der Nachkriegszeit.

# Register

Personen, deren Namen im Register durch Fettdruck hervorgehoben sind, finden sich im Textteil porträtiert. Soweit sie auch in anderen biographischen Skizzen genannt werden, ist ihrem Namen dort ein Pfeil vorangestellt (↑).

u.
02
itzer
9 44
rer Str
25 71
+ Hoch-
zendorff-
54 74 53
am Journ.
91 69 76
ator-Com-
SW68 Schüt-
★ 16 65 51
Boston The
U. d. Linden 40
11 31 52
& Co.

Sicherer L...
Lankwz Thaliaweg 73
Sicherheitsglas GmbH
zendorf Vertr. Grun...
schuh-Str 5 ★
Sicherheitspoliz...
Der Chef der ...
polizei u. des ...
Reichssicher...
+ SW 11 Pr...
Dass. SW 6...
Reichsi...
Reich...
C 2